中国社会科学年鉴
YEARBOOK OF CHINESE SOCIAL SCIENCES

YEARBOOK OF
GUO MORUO
STUDIES

郭沫若研究年鉴

2022

中国社会科学出版社

图书在版编目（CIP）数据

郭沫若研究年鉴 . 2022 / 刘曦光主编 . -- 北京：中国社会科学出版社，2024. 12. -- ISBN 978-7-5227-4567-1

Ⅰ . K825.6-54

中国国家版本馆 CIP 数据核字第 2024V6W230 号

出 版 人	赵剑英
责任编辑	王鸣迪
责任校对	韩海超
责任印制	张雪娇
出　　版	中国社会科学出版社
社　　址	北京鼓楼西大街甲 158 号
邮　　编	100720
网　　址	http：//www.csspw.cn
发 行 部	010—84083685
门 市 部	010—84029450
经　　销	新华书店及其他书店
印刷装订	三河市东方印刷有限公司
版　　次	2024 年 12 月第 1 版
印　　次	2024 年 12 月第 1 次印刷
开　　本	787×1092　1/16
印　　张	31.75
插　　页	2
字　　数	770 千字
定　　价	268.00 元

凡购买中国社会科学出版社图书，如有质量问题请与本社营销中心联系调换
电话：010—84083683
版权所有　侵权必究

《郭沫若研究年鉴2022》编委会

编委会委员（按姓氏笔画排序）

卜宪群　王世民　王锦厚　冯　时　刘曦光
李　怡　李　斌　杨胜宽　张　勇　张　越
周海波　赵笑洁　彭邦本　谢保成　蔡　震
廖久明　魏　建

《郭沫若研究年鉴2022》编辑部

主　　　编　刘曦光
执行主编　张　勇
副　主　编　王　静　梁雪松
编辑部主任　王　静
编　　　辑　彭冠龙　张　宇　王润泽

编辑说明

一、《郭沫若研究年鉴》是由中国社会科学院古代史研究所（郭沫若纪念馆）主编的以人物研究为编撰对象的学术年鉴，为构建郭沫若研究的话语体系、学科体系和学术体系，推动郭沫若研究的蓬勃发展提供学术支撑。

二、《郭沫若研究年鉴》2010年创办，本年鉴为《郭沫若研究年鉴2022》，是连续出版的第13部年鉴。多年来，《郭沫若研究年鉴》逐渐形成了自己的编撰风格，内容集学术性与资料性于一体，汇选优秀学术成果，追踪年度学术动态，记录珍贵学术历史，保存重要学术资料。

三、本年鉴设置12个栏目。"研究综述""论文选编""观点摘编""新书推介""学位论文"栏目，选刊推评在文学、历史学和古文字学等领域中具有深度和创新性的郭沫若研究成果，反映年度研究现状与趋势。

"年度课题"栏目记录年度学科动态；"郭沫若纪念馆馆藏资料"栏目披露新发现郭沫若相关史料；"活动展览"栏目展示郭沫若相关主题展览与文化活动，体现郭沫若纪念馆的博物馆特色。

除以上基本栏目之外，本年鉴还推出若干特别栏目。2022年是郭沫若诞辰130周年，围绕"郭沫若与马克思主义"这个主题，本年鉴选入5位知名学者的论文，为郭沫若对马克思主义中国化所作的贡献进行再评价。此外，还推出"纪念郭沫若诞辰130周年"栏目，回顾2022年郭沫若研究学界的纪念活动。

"学人回忆"栏目转载了曾任郭老秘书的王戎笙先生的3篇论文，"年度访谈"栏目收入对陕西师范大学人文高等研究院李继凯教授的学术访谈，展现其对郭沫若研究的深度思考。

四、本年鉴秉持"编评结合"的编撰原则，在选入已刊论文时，对原刊出现的错漏进行了校改。

目 录

研究综述

诞辰蓄力　多点突围
　　——2022年郭沫若文学研究学术综述 ………………………… 张　勇（3）
2022年郭沫若史学研究综述 …………………………………………… 王　静（10）
聚焦世界文化视野下作为马克思主义者的郭沫若
　　——郭沫若研究的新进展 ……………………………………… 陈　瑜（15）

郭沫若与马克思主义

郭沫若与中国马克思主义史学体系构建 ……………………………… 卜宪群（25）
郭沫若研读翻译马克思主义理论著作若干史料的重温 ……………… 郭平英（30）
郭沫若怎样成为马克思主义者 ………………………………………… 蔡　震（38）
唯物史观与格物致知
　　——郭沫若马克思主义与中国文化相结合的史学贡献 ……… 冯　时（43）
郭沫若与中国现代文学史 ……………………………………………… 李　怡（48）

纪念郭沫若诞辰130周年

郭沫若：潜心积累　绽放风华 ………………………………………… 廖久明（55）
纪念郭沫若诞辰130周年暨"新文科"视野下的
　　郭沫若研究国际学术研讨会 ……………………………………………（59）

研究郭沫若"人民本位"的学术路径 ………………………… 曾　江　朱　娜（60）
纪念郭沫若诞辰130周年系列展览 ………………………… 梁雪松　张　宇（62）

论文选编

新发现抗战期间郭沫若未刊电文稿本91件释读 ……………………… 沈卫威（69）
夏氏兄弟书信中的郭沫若 ……………………………………………… 邱　田（107）
郭沫若《蒋委员长会见记》版本的由来及用途 ………………………… 商金林（116）
郭沫若为古籍诠译馆筹备事致尹达信写于哪一年 ……………………… 廖久明（129）
郭沫若译《少年维特之烦恼》版本考 …………………………………… 李　斌（134）
从歌德遗产到"时代精神"
　　——文化政治中的郭沫若、冯至和卢卡奇 ………………………… 王　璞（147）
郭沫若、廖平与古今诗学问题
　　——从神游经验到文明立法 ………………………………………… 冯　庆（162）
郭沫若的南下与新国家想象 …………………………………… 邹佳良　张武军（180）
新诗"情绪节奏"的内涵、机制与实践 ………………………………… 王雪松（192）
立足本土的"突变"：郭沫若与20世纪20年代社会科学思潮 ……… 熊　权（204）
"左派文人的大本营"：抗战时期郭沫若与《中原》杂志述论 ………… 何　刚（212）
《女神》诗人的诗性本格与郭沫若的位格意识 ………………………… 朱寿桐（221）
郭沫若"人民本位"文艺观再认识
　　——以历史剧《南冠草》及相关文献资料为中心 ………… 宋　宁　魏　建（231）
花木兰的姐姐们：抗战时期历史剧中的"在家女性" ………………… 罗雅琳（243）
《鲁拜集》中国百年经典化研究 ………………………………………… 李宏顺（258）
文学考古学：试论郭沫若的考古研究与抗战历史剧之联系 …………… 张千可（270）
旅日体验与前期创造社的激情书写 ……………………………………… 罗振亚（285）
三位留日作家与中国现代文学创生期的主体问题 ……………………… 吴晓东（297）
记忆如何重构历史：创造社同人的"创造社"回忆 …………………… 李跃力（313）
一本未列入鲁迅书帐的藏书
　　——鲁迅藏《沫若自选集》的透视与疏解 ………………………… 张　勇（325）
郭沫若的通史编纂思想 …………………………………………………… 陈时龙（333）

《中国古代社会研究》问世前后的学术史考察 ……………………… 张　越（341）

李大钊、郭沫若与中国马克思主义史学的形成 ……………………… 谢辉元（363）

观点摘编

《卷耳集》之争与古代文学研究机制的生成 …………………………… 吴　寒（381）

百年中国新文学史著作中郭沫若书写的嬗变 …………………………… 古大勇（381）

从话剧《屈原》看皖南事变后中国共产党统一战线对敌斗争的
　　政治智慧 …………………………………………………………… 吴文杰（381）

郭沫若《女神》中人神关系的互文性建构——以《女神之再生》《湘累》
《棠棣之花》三部诗剧为中心 ………………………………… 袁宇宁　冯　超（381）

郭沫若与"青记"关系考 ………………………………………………… 杨华丽（382）

破体与变体：郭沫若新诗文体观探赜 ………………………… 景立鹏　傅修海（382）

五四前后郭沫若对孔子儒学与马克思主义关系之思考 ………………… 张　明（382）

新发现的郭沫若函电、佚文与演讲 …………………………… 金传胜　钱　程（383）

自我与身体：郭沫若早期写物诗的"抒情"与"物质性" ……………… 王玮旭（383）

后社会史论战时期的学术转向与中国马克思主义史学的形成
　　——以陶希圣、郭沫若、侯外庐为例 …………………………… 程鹏宇（383）

郭沫若的铁器研究与先秦社会形态研究体系的建立与发展 …………… 王舒琳（383）

战国时代有纵横之士而无纵横之学论
　　——兼论郭沫若《十批判书》不"批判"纵横家 ……………… 杨胜宽（384）

郭沫若《管子》研究没有剽窃马非百
　　《管子轻重篇新诠》考 ……………………………………………… 廖久明（384）

郭沫若流亡时期论学书札三考 …………………………………………… 李红薇（384）

年度访谈

郭沫若研究的历史追忆与视野方法
　　——访陕西师范大学李继凯教授 ………………………………………（387）

附录一　难忘郭沫若 ……………………………………………………… 李继凯（394）

附录二 "全人视境"下的掘进与开拓
　　——以《"大现代"文化视域中的郭沫若》为例 ················· 马　杰（397）

学人回忆

学人简介 ··· （405）
傅斯年与郭沫若 ··· 王戎笙（406）
郭沫若关于历史编纂体裁的思考 ······························· 王戎笙（417）
依然是警钟
　　——重读《甲申三百年祭》 ······························· 王戎笙（419）

年度课题

立项课题

国家社科基金项目 ·· （425）
2022年度四川省教育厅人文社会科学（郭沫若研究）立项课题 ·············· （426）

结项课题

当代学术视野下的郭沫若与马克思主义史学研究 ················ 何　刚（428）
郭沫若金文著作的文献学研究
　　——以《两周金文辞大系》为中心 ·························· 李红薇（430）
郭沫若翻译作品版本演变研究及语料库建设 ····················· 张　勇（432）

新书推介

郭沫若学术述论 ·· 谢保成（437）
郭沫若纪念馆藏品图录：郭沫若藏书·古籍卷 ··················· 刘曦光（441）

学位论文

硕士学位论文：近四十年郭沫若《天狗》的接受研究 ············· 何　琪（445）

硕士学位论文：日本体验与郭沫若的旧体诗词创作·················梅旻璐（446）
硕士学位论文：初中语文郭沫若作品教学研究··················张盼盼（447）
硕士学位论文：郭沫若旅日期间的石鼓文研究与书法创作··········孔诗雨（447）
硕士学位论文：翻译视域下的中日革命文学交流——以郭沫若的《屈原》为例
（翻訳视野における中日革命文学の交流——郭沫若の
『屈原』を例とする）···································郝逍遥（448）
硕士学位论文：论《棠棣之花》四十年代的写作与演出············刘 蓉（449）
硕士学位论文：中国现代文学思潮中的屈原形象建构·············张 艳（450）
硕士学位论文：体验式教学法在初中现代诗歌教学中的应用研究·····李 佳（451）
硕士学位论文：多元智能理论视域下的初中语文中国新诗教学研究····王露甜（452）
硕士学位论文：郭沫若创造性气质论···························周 倩（452）
博士学位论文：中国戏曲传统与郭沫若历史剧的民族形式··········宋 宁（453）

活动展览

"甲申三百年祭——反腐倡廉话甲申"主题展览在甘肃武威巡展········胡 淼（459）
8+ 名人故居纪念馆联盟 2022 年活动展览·················徐 萌 王润泽（461）

郭沫若纪念馆馆藏资料

1941 年纪念郭沫若五十寿辰暨创作生活廿五周年贺词贺诗选编（三）
沫若先生五秩大庆···冯玉祥（468）
孩子剧团献诗··孩子剧团（470）
张志让祝诗···张志让（472）
郭沫若的藏书：郭沫若藏《管子》
··（473）

2022 年郭沫若研究资料索引

··（479）

2022年郭沫若研究大事记

....（493）

后　　记..（495）

研究综述

诞辰蓄力　多点突围
——2022年郭沫若文学研究学术综述

张　勇

2022年11月16日是郭沫若诞辰130周年的纪念日，2022年度的郭沫若文学研究呈现出围绕纪念郭沫若130周年诞辰而展开的鲜明特征，具体来讲表现出集中性、突破性和反思性等特性。2022年度郭沫若研究还呈现出多点突围的态势，对于热点问题和难点问题都有所涉及，并展开了集中而深入的探讨，呈现出近十年来郭沫若文学研究难得一见的"热闹非凡"的研究场景。

一

2022年度有关郭沫若文学研究方面的论文共计有150余篇，论文成果的数量明显高于往年。之所以出现如此情形，主要的原因是2022年是郭沫若诞辰130周年，诸多重要的刊物都推出了"郭沫若研究专栏"，邀请相关学者撰写文章，如《中国史研究》2022年第3期刊出2篇；《中国现代文学研究丛刊》2022年第6期刊出3篇、2022年第11期刊出5篇；《新文学史料》2022年第3期刊出4篇；《文艺争鸣》2022年第5期刊出6篇；《现代中文学刊》2022年第6期刊出8篇；《中国社会科学院大学学报》2022年第11期刊出3篇；《海南师范大学学报（社会科学版）》2022年第5期刊出2篇，以上"郭沫若研究"专栏所刊发的论文总计33篇，占据了全年论文总数的五分之一左右。

这30余篇专栏文章集中对郭沫若文学作品、文艺思想、史料整理、史事阐述等方面的内容进行深入阐释与辨析，主要体现出如下几个方面的特点。

1. 凸显了郭沫若文学研究者老、中、青三代结合研究梯队的雏形。

阅读33篇专栏论文最直接的印象便是，它们集中了近几年来郭沫若研究的代表性研究者。其中既有长年从事郭沫若研究的老一辈学者，如蔡震先生、郭平英女士、陈俐女士等，他们大多数已经从工作单位退休，但在安享晚年生活之余还对郭沫若研究念念不忘，保持着研究的热情和学术的敏感性。在2022年，蔡震发表了《郭沫若与马克思主义》（《中国现代文学研究丛刊》2022年第11期），郭平英发表了《郭沫若研读翻译马克思主义理论著作若干史料的重温》（《中国现代文学研究丛刊》2022年第11期）等文章，对郭沫若与马克思主义的学术话题展开论述，他们每年都有多篇研究文章问世，为郭沫若研究继续发挥着重要作用；也有郭沫若研究的中坚力量，如李怡的《"借文学来鸣我的存在"——郭沫若散文的历史价值》（《中国现代文学研究丛刊》2022年第6期）、朱寿桐的《〈女神〉诗人的诗性本格与郭沫若的位格意识》（《文艺争鸣》2022年第5期）等论文，对郭沫若文学作品进行了全新的解读，代表着郭沫若研究的最高水准；还有一些优秀的年轻学者的成果，如王璞的《郭沫若研究的"自我批判"》(《中国现代文学研究丛刊》2022年第11期)、刘奎的《〈女神〉的召唤结构》(《文艺争鸣》2022年第5期)等成果，都展示出青年学者特有的学术锐气与学术探索精神；很多后起之秀也崭露头角，如邹佳良的《"广州郭沫若"：从文学家到"革命名流"》(《现代中文学刊》2022年第6期)等文章，奠定了未来郭沫若研究的基础。

郭沫若研究迫切需要建立起一支年龄结构合理、知识视野宽泛、学养层次深厚的学术研究队伍。多年来从事郭沫若研究的人员从数量上来说虽然并不少，但是持续性地进行郭沫若研究的学者却不多，特别是年轻学者比较匮乏。随着近几年郭沫若研究由"冷"逐步转"暖"，不少优秀学者开始将学术关注点定格在郭沫若研究上，这种现象在2022年诸多重量级的刊物所刊发论文作者的年龄结构上得以呈现。

2. 提出诸多有关郭沫若文学研究的新命题。

随着郭沫若研究的不断深化，一系列研究的新命题被学者们提出，其中郭沫若与马克思主义的关系问题是近几年来学者们所重点关注的领域。郭沫若是一名马克思主义者，这是大家耳熟能详的结论性论断，但郭沫若是如何成长为一名马克思主义者的、郭沫若的马克思主义观有什么样的特点恰恰是以往研究所忽略的关键问题。蔡震在《郭沫若怎样成为马克思主义者》(《中国史研究》2022年第3期)一文中通过梳理郭沫若在新诗创作、投笔从戎和流亡日本三个重要人生阶段的史事，认为郭沫若"在接受马克思主义，并成为马克思主义者的过程中，他有着比同时代许多知识分子都更为丰富的理论活动和实践经历，而且走过了一条独特的道路"。郭平英在《郭沫若研读翻译马克思主义理论著作若干史料的重温》(《中国现代文学研究丛刊》2022年第11期)一文中，重点阐述了郭沫若翻译《社会组织与社会革命》《政治经济学批判》《德意志意识形态》等马克思主义经典名著的过程，探寻了郭沫若接受马克思主义并成为马克思主义者的学术积淀和理论基础，进而认为郭沫若"对当时马克思主义在中国的传播起到了重要作用，也使他成为运用马克思主义的观点方法研究中国古代社会的第一人"。以上两篇文章虽然看似是以时间推演的顺序梳理了郭沫若接受马克思主义的历史经过，没有过多理论阐释、学理总结，但是对每条史料的梳理与阐释，都演变成郭沫若成为马克思主义者的学理逻辑。

在《中国现代文学史》教材中，郭沫若是一个重要的部分，但多是千篇一律的叙述，都未能从历史发展，特别是从中国现代文学发展史的宏观角度来认识郭沫若的历史价值，为此李怡的《郭沫若与中国现代文学史》(《中国史研究》2022年第3期)一文从中国现代白话新诗产生的历史语境以及现代戏剧、散文等诸多文体产生的历史过程等角度，"重新检视和总结郭沫若之于中国现代文学史的价值"，进而认为郭沫若"不仅直接投身于文学创造过程，而且以更为广阔的社会历史视野介入到文学的思想运动之中"，作者从中国现代文学史发展进程的历史高度，重新梳理和界定了郭沫若的文学价值与存在意义，具有学术引领性。

3. 深化郭沫若研究中的热点问题。

《女神》研究是郭沫若研究持续不断的学术热点，在郭沫若研究领域所引起的学术热度最高，在庆祝郭沫若诞辰130周年专栏文章中，就有多篇涉及这一主题。其中较有代表性的有朱寿桐的《〈女神〉诗人的诗性本格与郭沫若的位格意识》（《文艺争鸣》2022年第5期）、蔡震的《说不尽的〈女神〉》（《文艺争鸣》2022年第5期）、刘奎的《〈女神〉的召唤结构》（《文艺争鸣》2022年第5期）三篇。这三篇论文分别从白话诗歌创作主体与客体、《女神》创作的文学现场以及《女神》的诗体结构等三个不同方面对《女神》进行了深入的解读，进一步提升了《女神》研究的学术水准，强化了《女神》经典文本的历史认知。

郭沫若历史剧研究同样是每年学者关注的重点，但是近些年相关成果取得的突破并不多。2022年度唐文娟的《"把人当成人"：郭沫若"战国剧"的历史想象及其根源》（《现代中文学刊》2022年第6期）从唯物史观的角度入手，阐释了郭沫若四部以战国历史为题材的历史剧创作的独特笔法，揭示郭沫若历史剧中所蕴含的文学诗性与历史叙事完美统一的美学特征。该文认为郭沫若历史剧的"核心价值在于，站在被压迫奴隶的立场，洞见战国历史进程的悲剧性，发扬其中蕴含的人民解放精神"。王璞的《漫谈马克思主义的历史剧难题（上）——从郭沫若历史剧说起》（《现代中文学刊》2022年第6期）一文，从郭沫若四部历史剧创作的历史背景出发，着力对郭沫若历史剧"以古释今"的创作方法的合理性和历史性进行了全面的辨析与阐述，从而认为郭沫若的"历史剧和历史的文学再现正是中国革命的危机状态的内在一部分"。

此外，商金林的《郭沫若〈蒋委员长会见记〉版本的由来及用途》（《中国现代文学研究丛刊》2002年第11期）、何刚的《"左派文学的大本营"：抗战时期郭沫若与〈中原〉杂志述论》（《现代中文学刊》2022年第6期）、邱田的《夏氏兄弟书信中的郭沫若》（《新文学史料》2022年第3期）等都是2022年度为纪念郭沫若诞辰130周年各名刊所推出"郭沫若研究"专栏中值得一读的研究论文。

以《中国现代文学研究丛刊》《新文学史料》等为代表的诸多刊物，在郭沫若诞辰130周年之际，推出了多篇高水准、新选题、深论述的研究成果，从整体上提升了2022年度郭沫若研究的水平与高度。

二

2022年除了有《中国现代文学研究丛刊》《文艺争鸣》等刊物开辟专栏刊发郭沫若相关的研究成果外，刊发郭沫若文学方面研究成果的刊物达60余种，其中既有《中国翻译》《文学评论》《名作欣赏》《文艺理论与批评》等中国人文社会科学引文索引（CSSCI）来源期刊，也有《四川戏剧》《昭通师范学院学报》等一般刊物，显示出郭沫若文学研究得到各层级编辑者的关注。以上刊物所刊发的文章范围更加广泛、选题更加灵活，也是郭沫若文学研究年度成果的重要组成部分。具体来讲有如下几个方面的特点。

1. 重视郭沫若相关文献资料的整理与阐释。

史料的收集整理与研究阐释，是郭沫若文学研究的基础，也是得到研究者一致认可的学术路径。2022年度郭沫若文学史料的收集主要集中在对郭沫若散佚诗文的发现，以及对郭沫若文学作品版本文献的整理等方面。如梁仪的《从郭沫若佚诗〈隔海送时珍赴德行〉谈起》

(《新文学史料》2022年第2期），通过对郭沫若刊发于1923年3月第一卷第二号《自觉月刊》上的一首题为"隔海送时珍赴德行"的诗歌的发现，对该佚诗创作、发表的时间、写作地点以及诗歌中的内容进行解读与考证，分析了该佚诗与《女神》《分类白话诗选》等诗集的关系，提供了进一步研究"女神时期"的郭沫若的有益史料佐证；宋宁、魏建的《郭沫若"人民本位"文艺观再认识——以历史剧〈南冠草〉及相关文献资料为中心》（《山东师范大学学报（社会科学版）》2022年第2期）在对郭沫若历史剧《南冠草》"初版本""群益修改本""文集本"等不同版本进行比较阅读的基础上，对郭沫若"人民本位"文艺创作观的来源、思想本质以及历史价值进行了辨析，认为他"深化和坚持自己的'人民本位'文艺观，实际上是一种文化自信，这种文化自信促使他在中华人民共和国成立后致力于民族文化的复兴事业"。

2. 拓展对郭沫若文学作品解读的深度与广度。

各类文学作品是郭沫若创作活动的主要成果，因此每年度对这些作品的多元释读必然成为郭沫若文学研究者们关注的重点。2022年度相关的研究选题也依然延续过往的样态，对郭沫若文学作品的解读在深度与广度上都有所拓展，如吴寒的《〈卷耳集〉之争与古代文学研究机制的生成》（《文艺理论与批评》2022年第2期）以20世纪20年代初期郭沫若运用古诗今译的方式所出版的《卷耳集》引发的讨论为切入点，在分析郭沫若所倡导的"审美体验为本位的"古代文学研究和定位的方法与态度的基础上，再一次提出"如何在确立古代文学研究规范的同时，又保持其独立性，仍是古代文学研究者面前的难题"；徐刚的《诗歌的下沉与诗人的去界域化——重新理解郭沫若的当代诗歌》（《华中师范大学学报（人文社会科学版）》2022年第6期）则试图突破对郭沫若当代诗歌创作的"认识装置"，从创作的历史现场出发来重新评价郭沫若在新中国成立后的诗歌作品，将其以人民和劳动等为主题的诗歌解释为"从文人士大夫的视野，向劳动人民的诗歌视野的审美'下移'"，展现出"新的写作姿态与自我意识"。

3. 尝试从文学史整体观角度深化对郭沫若的研究。

郭沫若的文学创作并非在一个纯文学空间里的构思与想象，而是综合了时代风云、多元知识、周边环境等多种元素的创造性产物，因此，对郭沫若文学创作的研究也必然是站在开放和整体的高度上宏观的把握分析。邹佳良、张武军的《郭沫若的南下与新国家想象》（《文艺理论与批评》2022年第5期）对1926年郭沫若南下广州的动因进行了重新考察，文章不拘泥于"瞿秋白的推荐"与"陈公博的邀请"这两种比较传统的认知，而是延伸到中国革命文学发展的历史进程中进行探究，并对"革命与文学"的关系进行了重新阐释，在此基础上得出郭沫若南下广州"是文学与革命相互角力，苏俄想象与新旧国家的选择与认同的合力所致"的结论。罗雅琳的《花木兰的姐姐们：抗战时期历史剧中的"在家女性"》（《中国现代文学研究丛刊》2022年第4期）则将郭沫若历史剧《虎符》中的女性形象，放置在抗战时期的大背景下考察，将其与同时期的《杨娥传》进行比较阅读，认为以郭沫若《虎符》为代表的"抗战时期的左翼历史剧其实并未对政治作机械图解，而是因对复杂人性的正视和细腻处理从而成为广受欢迎的名作"，作者由此跳出传统意义上对郭沫若历史剧单一解读的范式，从历史整体观的高度重新梳理以《虎符》等为代表的历史剧作的文学价值。

4. 广泛加强郭沫若史事的大众化普及。

郭沫若文学研究除了应注重研究理论的探索、作品美学特色的阐释以及文学史料的收集整理外，大众普及介绍类的文章也是重要的组成部分。虽然这些文章没有特别高深的理论建构，也没有太多的逻辑阐释，但是在宣传介绍郭沫若的史实和史事方面起到了重要的作用，对于认识和了解一个全面多元的郭沫若，重述历史进程中的郭沫若有着非常重要的作用。2022年度郭沫若文学研究方面的大众普及文章也达30余篇，其中万绚的《墨宝映照的关怀——郭沫若与安徽文化教育事业》（《江淮文史》2022年第4期）主要从郭沫若在考察安徽期间所留下的题词、题字，以及与安徽各行业工作者的通信等方面，叙述了郭沫若对于安徽文化教育事业的关怀与促进。田正超、龚燕杰的《话剧〈屈原〉公演的前与后》（《文史天地》2022年第8期）详细介绍了郭沫若创作《屈原》的过程，以及《屈原》演出时的社会文化状况及由此产生的重要社会影响，让读者对历史剧《屈原》有了比较详细的了解与认知。

5. 注重郭沫若比较研究。

比较研究是郭沫若文学研究的重要方法之一，在每年的研究成果中，虽然数量不多，但是也提出了一些较为创新性的结论。姜振昌、袁堂红的《艺术真实的两极想象——同题材历史小说鲁迅的〈出关〉和郭沫若的〈函谷关〉》（《鲁迅研究月刊》2022年第1期）将同一题材的两部历史小说《出关》和《函谷关》进行比较阅读，重点分析了两篇小说文本写作策略的差异，以及鲁迅与郭沫若对历史真实的不同艺术处理方法。

学术研讨会是聚焦学术问题、凝聚学术力量、推进学术研究的重要途径。2022年度围绕郭沫若文学研究共召开了三次重要的学术会议，3月26—27日，由中国鲁迅研究会、中国郭沫若研究会、中国茅盾研究会、杭州师范大学文艺批评研究院联合主办的第四届鲁迅、郭沫若、茅盾研究高端论坛——鲁郭茅与中国精神文化传统学术研讨会在杭州师范大学举行，此次会议共提交参会论文47篇，其中涉及郭沫若文学研究的有11篇，约占参会论文总数的四分之一；4月22日，郭沫若与中国共产党国际学术研讨会暨中国郭沫若研究会第五届青年论坛在中国历史研究院召开，此次会议共提交参会论文31篇，其中涉及郭沫若文学研究的有11篇，约占参会论文总数的三分之一；11月16—17日，由中国社会科学院古代史研究所、乐山师范学院、绍兴文理学院主办，中共乐山市沙湾区委、沙湾区人民政府、中国郭沫若研究会、四川省郭沫若研究会协办，郭沫若纪念馆（北京）、乐山师范学院文学与新闻学院、绍兴文理学院鲁迅研究院、四川郭沫若研究中心承办的纪念郭沫若诞辰130周年暨"新文科"视野下的郭沫若研究国际学术研讨会，在四川乐山师范学院举行，此次会议共提交论文多达98篇，虽然会议因为疫情原因采取了线上的方式，但相比较而言，此次会议是近几年来以郭沫若为专题的学术研讨会中参会人数最多、提交论文数量最多、规模最大的一次，近百篇会议论文中涉及文学研究的有近60篇，占全部参会论文的近三分之二。2022年度举办的三次以郭沫若文学研究为主题的学术研讨会对于引导郭沫若研究的方向、聚合郭沫若研究的队伍、提升郭沫若研究的热情、发掘郭沫若研究的新人都起到了重要作用。

三

从刊发文章的数量、刊发文章刊物的层级、研讨问题的深度与广度等方面来看，2022年郭沫若文学研究的水平是近十年来最高的，其中主要原因有两个方面，一是2022年度是郭沫若诞辰130周年，较多重要刊物开辟了郭沫若研究专栏，有目的、有意识地邀请郭沫若研究的专家撰写相关的学术文章，有效地提升了2022年度郭沫若研究的水准；二是经过多年的积累与积淀，多位青年郭沫若研究学者成长、成熟了起来，他们从研究方法、研究视野和研究角度等方面都带给郭沫若文学研究新的气息与希望。在阐述了2022年度郭沫若文学研究取得可喜的成绩之外，我们也应该透过现象看本质，透过2022年度郭沫若文学研究的现状总结其中所存在的问题，具体来讲有如下几点。

1. 郭沫若文学研究的自觉性还不够。

与鲁迅文学研究相比，郭沫若文学研究目前的水平还是有差距的，原因自然是多方面的，但其中一个关键原因就是从事研究的自觉性还较为薄弱。仅以每一年所举办的有关郭沫若研究的会议来看，近几年来郭沫若文学研究方面会议的主办方基本都是中国郭沫若研究会、郭沫若纪念馆以及四川郭沫若研究中心等，联合科研院所等单位协助举办，2022年举办的三次有关重要会议便是明显的例证，可见由其他单位单独举办的郭沫若文学研究类的会议少之又少，这从一个侧面反映出科研机构与科研人员主动从事郭沫若文学研究的自觉性还比较低。

2. 郭沫若文学研究的历史观还不强。

多年来郭沫若文学研究基本是围绕作品解读、史料整理等几个方面展开，虽然取得了不错的成果，对《女神》等经典文学作品的分析越来越细化，理论水准也在不断提升，但是大多数的研究成果只是局限于文本分析本身，对于这些作品产生的历史背景、社会状况以及局势发展等历史要素涉及较少。郭沫若是一个复杂的存在，在他文学创作、文艺观念中蕴含着丰富的历史基因，他的文学作品对于中国社会历史的描述自有特色，构成了现代中国文化发展链条上不可或缺的一环，因此要加强从历史整体观、发展观的角度来解读郭沫若文学作品的独特审美性，阐释郭沫若文艺观念的多元繁复性。

3. 郭沫若文学研究的新领域还不广。

郭沫若的文学世界是丰富多彩的，但我们对其的阐释却是相对生涩的，多年来的郭沫若文学研究多集中于《女神》等经典名篇上，而绝大多数的佳作却在不经意间被遗忘，随着时间的推移，很可能被提及的篇目会越来越少。仅以郭沫若诗歌创作为例，很长时间以来，我们总是以文学性的单一标准来严格要求这些作品，以至于造成了对于新中国成立后郭沫若的诗歌创作的漠视，但是这些作品经过解读后依然具有重要的历史价值与时代意义。因此，对于郭沫若的文学研究还应该扩大研究的视野，开辟新的领域，将更多更全的作品纳入阐释与研究的范畴之中。

总体来讲，2022年度郭沫若文学研究呈现较为良好的发展态势，形成了在理论探究、作品解读、史料整理等方面多点突围并进的局面，随着研究范畴的扩大、青年人才的培养等要素的加强，郭沫若文学研究必将向纵深方向发展。

2022年郭沫若史学研究综述

王 静

2022年是郭沫若诞辰130周年，每逢十周年，社会各界均给予较为隆重的纪念，学界同仁亦集中发力，关于郭沫若历史学、考古学、古文字学研究的学术成果近30篇（部），较前一年略有增长。除了郭沫若史学研究的"传统领域"——中国古代社会史研究、以先秦诸子为代表的古代思想研究、古文字研究等，在郭老诞辰纪念之际，多位学者对郭沫若在中国马克思主义史学史上的地位与贡献进行了再总结与再评价。

一

史学研究的重要刊物《中国史研究》于2022年第3期刊发"纪念郭沫若先生诞辰一百三十周年"专题稿4篇，其中3篇着重讨论郭沫若与马克思主义、中国马克思主义史学的关系，此外，2022年还有5篇重要成果亦围绕以上主题。这是近几年所未见的，可以说明，对郭沫若进行学术史意义上的再评价，是中国马克思主义史学史书写的重要环节。

蔡震回顾了郭沫若成为马克思主义者的过程，认为郭沫若参加国民革命军北伐的革命实践活动是"一次对于旧的社会秩序、社会结构所进行的武器的批判"，而后他通过运用唯物辩证法研究中国古代社会的学术实践，掌握了马克思主义唯物主义史观和唯物辩证法的方法论，进而掌握了"思想批判"的武器。这一过程的独特性使得郭沫若比同时代许多知识分子具有更丰富的理论与实践经历。[①] 郭平英通过对史料的挖掘与梳理，还原郭沫若研读翻译马克思主义相关理论著作，如《社会组织与社会革命》《资本论》《政治经济学批判》《德意志意识形态》《艺术作品之真实性》等历史过程之细节，证明其对马克思主义在中国的传播发挥了重要作用。[②]

卜宪群对郭沫若在中国马克思主义史学体系中的贡献进行了高屋建瓴式的总结与评价。他认为在中国史学体系从传统史学体系向近代史学体系转化，再向马克思主义史学体系转化的过程中，郭沫若作为亲历者与实践者作出了重大贡献。郭沫若对历史学的性质、任务与史学指导思想、史学学科规划均有系统思考，对于历史学自身的理论与方法做出过许多具体探讨。他认为郭沫若作为一位优秀的史学家，"是一位坚持唯物史观立场、观点、方法，立足中国、放眼世界，立时代潮头，通古今变化，发思想先声，学贯中西，知古鉴今，资政育人，推出有思想穿透力的精品力作的马克思主义史学家"[③]。

在史学发展过程方面，谢辉元通过比较李大钊与郭沫若，程鹏宇通过比较陶希圣、郭沫

[①] 蔡震：《郭沫若怎样成为马克思主义者》，《中国史研究》2022年第3期。
[②] 郭平英：《郭沫若研读翻译马克思主义理论著作若干史料的重温》，《中国现代文学研究丛刊》2022年第11期。
[③] 卜宪群：《郭沫若与中国马克思主义史学体系构建》，《中国史研究》2022年第3期。

若与侯外庐，分别对中国马克思主义史学的"形成"阶段进行了研究论述。谢辉元的文章回溯中国马克思主义史学史之叙事，辨析不同学者对中国马克思主义史学的不同分期，认为应以"史学形态"为中国马克思主义史学之分期标准，认定"五四"前后为萌芽期，中国社会性质和社会史论战时期为形成期，李大钊与郭沫若分别是萌芽期和形成期的标志人物。① 程鹏宇参考张越观点，将"后社会史论战时期"视为中国马克思主义史学从初步形成到最终形成的关键过渡期，他对这一时期社会史论战之三种学术转向的三位代表进行研究，即陶希圣转向史料整理而回避马克思主义，走回"实验主义"路径，郭沫若从史料角度夯实中国马克思主义史学的基础，侯外庐从理论角度提升中国马克思主义史学的高度，郭沫若与侯外庐推动了中国马克思主义史学的最终形成。② 此外，张越梳理了《中国古代社会研究》问世前郭沫若的理论探索和史学实践，还原成书过程的历史情境，通过史实辨析，否定了认为该书是"组织委托"的观点。③

冯时讨论了郭沫若为马克思主义与中国文化结合所作的贡献，他认为马克思主义唯物史观与中国传统认识论之格物致知具有相通之处，都重在对客观世界的考察。郭沫若在接受唯物史观之后，通过对史料、古文字的钻研，对社会史中物质生产力的探索，重建古史，也是格物致知的体现。④ 陈时龙对郭沫若主持编纂《中国史稿》时秉持的通史编纂思想进行了梳理总结：第一，通史编纂的前提要解决好社会形态问题，这是唯物史观的基本问题，表现为郭沫若对中国历史分期问题的思考；第二，郭沫若注重吸收不同学术意见，但要异中求同、民主集中，不同的观点通过选择后，必须有所"一致"；第三，郭沫若主张通史编纂应有主线，同时要力求全面。⑤

以上这些研究，既有对郭沫若在中国马克思主义史学史重要地位和重大贡献的重申，又有对郭沫若马克思主义史学思想与理论的新挖掘，成为2022年郭沫若史学研究最重要的亮点。

二

在古代社会史方面，有两位学者选择从社会经济史的细微方面，对郭沫若古史研究进行了分析与评价。王舒琳通过研究"郭沫若的铁器研究"，说明了郭沫若在先秦社会形态研究范式形成过程中的开创性贡献，认为郭沫若把铁器的发展水平作为衡量社会经济发展程度的标尺，再与五种社会形态对应，将经济史与社会形态相链接，这是一种新范式。同时她也提

---

① 谢辉元：《李大钊、郭沫若与中国马克思主义史学的形成》，《江海学刊》2022年第4期。
② 程鹏宇：《后社会史论战时期的学术转向与中国马克思主义史学的形成——以陶希圣、郭沫若、侯外庐为例》，《近代史研究》2022年第3期。
③ 张越：《〈中国古代社会研究〉问世前后的学术史考察》，《天津社会科学》2022年第5期。
④ 冯时：《唯物史观与格物致知——郭沫若马克思主义与中国文化相结合的史学贡献》，《中国史研究》2022年第3期。
⑤ 陈时龙：《郭沫若的通史编纂思想》，《郭沫若研究》2022年第17辑。

出，郭沫若陷入"生产工具决定论"，是其被其他史家诟病的原因之一。①卢中阳研究了郭沫若的"井田制观"，认为其是一种综合的"制度体系"，将其内涵阐述为"以固定亩积的'方块田'为表现形式，以土地国有制为存在基础，以集体耕作为劳动组织方式"。他认为，尽管郭沫若的井田制观存在对马克思主义理论僵化理解和机械整合的问题，但在中国史学史上依旧是叙述史学走向分析史学的里程碑著作。②

在古代思想史方面，徐国利、陈晨通过比较研究的路径，对郭沫若、吕振羽、侯外庐的"先秦民主论"进行考察，他们认为在先秦民主思想的三个命题——"人的发现""天民合一""赋民权利"方面，三位史家对先秦诸子思想进行了研究探索，并且运用唯物史观从社会经济和阶级变迁来深解先秦民主思想产生的原因。他们认为郭沫若、吕振羽的考察路径有简单化等缺陷，而侯外庐在社会史与思想史的辩证运动中考察先秦民主思想，更有广度和深度。作者对以其为代表的马克思主义史家做出肯定，认为他们开创了以社会构造、社会关系阐释思想的新范式。③

2022年，在先秦诸子研究方向，孔子与儒学研究较少而其他诸子研究较多，表明这一方面的学术关注从"显学"向其他方向转移。张明认为，在五四新文化运动时期，郭沫若"逆势而行"，对传统文化特别是儒家和孔子学说表达强烈认同，并将其入世人格精神转化为政治实践，把孔子之仁学、儒家的大同思想与马克思主义进行对接，为马克思主义中国化奠定思想基础。④田宝祥的《近代以来的"墨辩"研究与墨学复兴》一文主要讨论近代"墨学复兴"浪潮中，对后期墨学之墨辩思想的研究，在文章第一部分中提及郭沫若对墨学义理的阐发。⑤廖久明研究了1921年郭沫若致宗白华的一封佚信，其内容为讨论墨子问题，他认为该信的写作目的是"阿好"宗白华进而发表自己的诗作，而信中对墨子的认识可以看作"理解郭沫若后来评价墨子的一把钥匙"，即从那时开始郭沫若对墨子的批判态度基本未变。⑥

廖久明亦撰文批驳与澄清了那些认为郭沫若的《管子》研究剽窃马非百的观点。据其考证，马非百让学生转交给郭沫若审阅，后在《历史研究》上发表的文章是1956年7月4日脱稿的《关于"管子""轻重"篇的著作年代问题》，而郭沫若发表的《〈侈靡篇〉的研究》与《管子集校》均在此之前。就内容而言，郭沫若《〈侈靡篇〉的研究》与马氏著作《管子轻重篇新诠》有根本性不同，《管子集校》确有引用《管子轻重篇新诠》，但这是集校的研究方法本身所要求，且标明了出处，而《管子轻重篇新诠》对《管子集校》引用更多。⑦张沛

---

① 王舒琳：《郭沫若的铁器研究与先秦社会形态研究体系的建立与发展》，《河北师范大学学报（哲学社会科学版）》2022年第6期。
② 卢中阳：《郭沫若的"井田制"研究及其价值》，《郭沫若学刊》2022年第4期。
③ 徐国利、陈晨：《20世纪前期马克思主义史家的先秦民主论——以郭沫若、吕振羽和侯外庐为中心》，《江淮论坛》2022年第2期。
④ 张明：《五四前后郭沫若对孔子儒学与马克思主义关系之思考》，《理论学刊》2022年第1期。
⑤ 田宝祥：《近代以来的"墨辩"研究与墨学复兴》，《理论界》2022年第8期。
⑥ 廖久明：《论郭沫若与宗白华讨论墨子的通信》，《现代中文学刊》2022年第6期。
⑦ 廖久明：《郭沫若〈管子〉研究没有剽窃马非百〈管子轻重篇新诠〉考》，《管子学刊》2022年第4期。

林分析了郭沫若在《〈侈靡篇〉的研究》一文中对《管子·侈靡篇》进行断代的证据，认为其对关键证据及旁证的使用存在逻辑倒置等问题。①

杨胜宽发表了三篇论郭沫若诸子研究的文章，分别对郭沫若的邓析、慎到和纵横家观点进行了批判性论述。他认为，郭沫若将邓析与邓陵视为同一人的观点是错误的，而邓析对古代法制建设的历史贡献亦被郭沫若所忽视。郭沫若将慎到列为受道家思想影响而分化出的法家一派，杨胜宽认为郭沫若对慎到的"因人之情"观尚缺乏充分认识，并未抓住慎到之思想实质，即儒法结合的特征。郭沫若对纵横之术和纵横之士并未重视，而对吕不韦进行了深入研究，并给出肯定性评价，其学理逻辑在于吕不韦成就的思想基础是郭沫若认同的儒家政治思想②。

在探讨郭沫若的古代思想研究时，除了对郭沫若的研究本身进行针对性研究之外，将郭沫若与同时代学者进行比较研究也是必要的路径，这需要更广阔的研究视角和更深厚的学术积累，近年来比较研究的趋势见长，是值得欣喜的。

三

2022年，谢保成的文集《郭沫若学术述论》由社会科学文献出版社出版，该书是对其郭沫若研究论作的选编和增补，共选文34篇，总论一篇，聚焦郭沫若的思想体系、学术研究、学界交往等领域，并对若干学术问题进行辩诬纠谬，是其30多年研究郭沫若的心得汇总。③

在古文字研究方面，孔诗雨完成了硕士学位论文《郭沫若旅日期间的石鼓文研究与书法创作》，该文考察郭沫若旅日之背景，分析了郭沫若进行石鼓文研究的动因和契机，总结其研究的主要方法，并对郭沫若在日期间的书法作品做了形式分析，认为旅日经历对其学术研究和有别于"郭体"的早期书法创作之走向产生了直接影响。④孙泽仙、江翠华对郭沫若甲骨文字的考释进行了梳理，总结其"实践与成就"，归纳其"思想与方法"，认为学界对于郭沫若甲骨文考释的研究成果相对较少，"缺乏对其甲骨文释义模式的深入研究，语言学本体研究成果亦较少"。⑤

有关学术史及相关史事，亦有若干新论。李红薇考证了郭沫若致田中庆太郎、容庚致郭沫若、郭沫若致于省吾的三封函札，确定了其写作时间。廖久明考订郭沫若与尹达谈籍诠译馆事的信函时间为1954年，并梳理了这一事件的历史脉络。张勇澄清了郭沫若与雷台汉墓铜奔马相关的史事，即郭沫若并未命名"铜奔马"与"马踏飞燕"，并阐释了郭沫若推动铜

---

① 张沛林：《〈〈侈靡篇〉的研究〉书后——郭沫若〈侈靡篇〉断代证据复核》，《郭沫若研究》2022年第17辑。
② 杨胜宽：《从郭沫若的误解说到邓析对古代法制建设的特殊贡献》，《郭沫若学刊》2022年第1期；杨胜宽：《从"人情"观看慎到的思想构成——兼评郭沫若论慎到的法家思想》，《郭沫若学刊》2022年第4期；杨胜宽：《战国时代有纵横之士而无纵横之学论——兼论郭沫若〈十批判书〉不"批判"纵横家》，《郭沫若研究》2022年第17辑。
③ 谢保成：《郭沫若学术述论》，社会科学文献出版社2022年版。
④ 孔诗雨：《郭沫若旅日期间的石鼓文研究与书法创作》，硕士学位论文，中国艺术研究院，2022年。
⑤ 孙泽仙、江翠华：《郭沫若甲骨文字考释述要》，《赤峰学院学报（汉文哲学社会科学版）》2022年第2期。

奔马走向"公共文化空间"的意义。①

值得一提的是,张千可在《文学考古学:试论郭沫若的考古研究与抗战历史剧之联系》一文中,进行了考古学与文学的跨学科探索。该文认为,郭沫若的考古学研究产生于对古代社会进行科学认识的要求,着眼于文字与其物质载体的关系,由此发展出某种考古学式的认识路径。通过《甲骨文字研究》中的《释和言》,翻译《隋唐燕乐调研究》,写作《隋代大音乐家万宝常》等音乐研究,郭沫若建立了文学家与"地下世界"考古学的连续性,重新表达了他早年的浪漫主义诗学。而郭沫若的抗战历史剧的写作与展演,正是考古学的"戏剧化",其历史剧常常"因物起兴",而其故事的展开可以被视为"虚构的考掘",基于历史考掘进行虚构,走向一种"积极的构成"。②

综上所述,2022年有关郭沫若史学的研究是较为丰富的,研究主题有集中的一面,如"郭沫若与中国马克思主义史学";亦有分散的一面,如先秦思想研究。在开拓新的研究视角与开展跨学科探索方面,郭沫若史学研究也有新的进展,期待未来有更多学术洞见和丰硕成果的产生。

---

① 李红薇:《郭沫若流亡时期论学书札三考》,《郭沫若学刊》2022年第4期;廖久明:《郭沫若为古籍诠译馆筹备事致尹达信写于哪一年》,《新文学史料》2022年第1期;张勇:《郭沫若与铜奔马新论》,《海南师范大学学报(社会科学版)》2022年第5期。

② 张千可:《文学考古学:试论郭沫若的考古研究与抗战历史剧之联系》,《现代中文学刊》2022年第6期。

聚焦世界文化视野下作为马克思主义者的郭沫若

——郭沫若研究的新进展

陈 瑜

2022年是郭沫若130周年诞辰，中国历史研究院、中国社会科学院古代史研究所（郭沫若纪念馆）、中国郭沫若研究会、四川郭沫若研究会、四川郭沫若研究中心等科研机构举办了三次大型郭沫若学术研讨会，多家重要学术刊物推出了郭沫若研究专栏，在学术界形成了郭沫若研究的阶段性高潮。同时，多项郭沫若研究课题获得国家社会科学基金和四川郭沫若研究中心立项。相较于前几年，2022年国内郭沫若研究的学术论文在数量和质量上稳步提升；研究团队后继乏力的局面正在逐步得到扭转，新生力量不断成长；研究方向不断扩展。本文将从以下几个方面做出较为详细的探讨。

一 纪念郭沫若诞辰130周年学术会议为推动郭沫若研究提供了极为重要的交流平台

郭沫若是中国现代文学史上里程碑式的人物，在他的五十诞辰之际，中共党组织在重庆举行盛大的庆祝活动，周恩来代表中国共产党对他给予高度评价，并正式确认他为鲁迅之后"革命文化的班头"。[1] 2022年3月26—27日，中国鲁迅研究会、中国郭沫若研究会、中国茅盾研究会、杭州师范大学文艺批评研究院联合主办的第四届鲁迅、郭沫若、茅盾研究高端论坛——鲁郭茅与中国精神文化传统学术研讨会在杭州师范大学举办。来自中国社会科学院、北京鲁迅博物馆、北京大学、复旦大学、中国人民大学、南京大学、华东师范大学、杭州师范大学等各地高校和学术机构的70余位资深学者和青年新秀就"鲁郭茅的创作研究"等前沿、热点问题展开了深入的交流与讨论。会议将鲁迅、郭沫若、茅盾这三位中国现代文学巨匠放在一起，从较为普遍的个人研究扩展到整体性、一体化的比较研究，这对于深刻认识中国新文学，认识中国现代思想与文化，认识20世纪中国的历史，以及认识这三位文学巨匠个人都有着极为重要的意义。

郭沫若的文化影响力早已走出国门，深受国际学术界关注。4月22日，中国历史研究院主办郭沫若与中国共产党国际学术研讨会暨中国郭沫若研究会第五届青年论坛，来自日本、美国以及中国社会科学院、北京大学、澳门大学等科研机构和高等院校的30余位专家学者通过线上线下相结合的方式参加研讨。时任中国社会科学院副院长、中国历史研究院院长高翔在开幕致辞中指出，郭沫若无愧于在中国共产党领导下的我国文化战线上的一面光辉旗帜，"革命队伍中人"是郭沫若的首要身份，是他在诸多领域重要建树的底色和根基。他是

---

[1] 周恩来：《我要说的话》，《新华日报》1941年11月16日第1版。

运用马克思主义立场、观点、方法研究中国历史的开拓者，为我国文艺和科学工作者树立了榜样。与会资深专家围绕郭沫若的史学立场和史学方法、《女神》《中国古代社会研究》等经典著作、生平文献史料等问题进行了精彩的大会发言。与会青年学者围绕郭沫若的甲骨文金文研究、通史编纂、领导哲学社会科学事业、诗歌历史剧创作等话题进行了热烈讨论。

11月12—13日，在郭沫若故乡的四川乐山师范学院召开了纪念郭沫若130周年诞辰暨"新文科"视野下的郭沫若研究国际学术研讨会。来自中国、美国、日本、韩国、约旦等国家的100余名专家学者以及社会各界嘉宾在"云端"共聚，以"'新文科'视野下的郭沫若研究"为主题，从大文学观视野、大历史观视野和大哲学观视野出发，围绕郭沫若的文学创作、书法、诗歌、翻译、史学立场和史学方法、生平文献史料、文旅IP开发、历史剧等多个方面进行精彩发言和热烈讨论，通过跨学科的研究方法，全方位、多层次地发掘郭沫若文化遗产的当代价值，提炼郭沫若文化的精神标识和精髓，以激发新时代郭沫若研究新的生命力和创造力，从而以高度的文化自信增强实现中华民族伟大复兴的精神力量。此外，乐山市为纪念郭沫若130周年诞辰精心策划了"沫若文化年"系列活动，以沫若文化合作、沫若文化演出、沫若文化展示、沫若文化推广为主要内容，涵盖对外交流合作、沫若经典戏剧展演、沫若书法艺术馆揭牌、郭沫若书法作品展、沫若文化学术研讨会、沫若故里采风创作等活动，进一步展示郭沫若巨大的文化成就，传承郭沫若不断进取的文化精神，打造沫若文化品牌，更好助力乐山加快融入巴蜀文化旅游走廊建设，提升文旅融合发展层级。

二 多家重要学术刊物特设郭沫若研究专栏；郭沫若研究的相关期刊、辑刊、年鉴、学术专著等出版物及科研立项在往年基础上均有新突破

为纪念郭沫若130周年诞辰，《中国史研究》《中国现代文学研究丛刊》《新文学史料》《文艺争鸣》《现代中文学刊》《中国社会科学院大学学报》《海南师范大学学报》等多家重要学术期刊纷纷推出郭沫若研究专栏，集中发表了30余篇高水平研究论文。作者既包括文学、史学研究领域的资深专家，也包括初涉郭沫若研究的青年学人，他们对郭沫若的政治信仰、学术精神、学界地位、历史贡献等方面进行了深入剖析探讨，有效提升了郭沫若研究的学术价值和学界影响力。

创刊于1987年的《郭沫若学刊》是国内外公开发行的以郭沫若为研究对象的专业学术性期刊，2022年出版4期。《郭沫若研究》由中国社会科学院郭沫若纪念馆、中国郭沫若研究会共同主办。2022年出版的《郭沫若研究》总第17辑收录论文18篇、书评1篇、文献辑佚5篇，分为"创造社与现代中国文化""文化审视""文学研究""史学研究""古文字研究"等多个专栏，或提供新见史料，或辨析订正旧有材料，或探究郭沫若翻译某著作的缘由，或阐发郭沫若的学术贡献，对郭沫若研究起到了极大的推动作用。[1]中国社会科学院郭沫若纪念馆主编的《郭沫若研究年鉴》是以郭沫若研究为编撰对象的学术年鉴，集学术性与资料性于一体，为构建郭沫若研究的话语体系、学科体系和学术体系，推动郭沫若研究的蓬勃发展起到了重要作用。2022年出版的《郭沫若研究年鉴2020》设置了"研究综述""特别推介""专

---

[1] 赵笑洁、蔡震主编：《郭沫若研究》总第17辑，社会科学文献出版社2022年版。

题研讨""论文选编""学术争鸣""观点摘编""新书推介""硕博论文"栏目，选刊推评2020年在文学、历史学和古文字学等领域具有代表性的郭沫若研究成果，反映年度研究现状与趋势。此外，该年鉴通过"学人回忆""研究课题""学术会议""获奖成果""活动展览""馆藏资料"等栏目，追踪年度学术动态，记录珍贵学术历史。①

中国社会科学院古代史研究所研究员谢保成的论著《郭沫若学术述论》主要详析了郭沫若的学术体系、学术思想、学术成就、学术交往（与史语所、陈垣、陈寅恪、容庚、田中庆太郎、胡适等），以及对某些偏颇或诬蔑传言的纠谬辨诬，其附编为作者研究郭沫若的经历。该著作反映了作者"从郭沫若所研究的学术内容入手"分析20世纪学术演进之路的研究特色，以郭沫若为"联络站"、从学人交往考察20世纪学术的研究思路，以陈寅恪"与立说之古人，处于同一境界"的"真了解法"。②

中国社会科学院郭沫若纪念馆研究员李斌主持的"郭沫若文学著作版本收集整理与汇校"获批国家社会科学基金一般项目。该项目将在全面收集整理郭沫若文学著作的手稿、初刊本、初版本、再版本及其后各个版本的基础上，系统汇校郭沫若修改过的诗歌、戏剧、小说散文、自传等49部文学著作，以注释的形式标出异文，直观反映郭沫若通过修改作品表现出的思想及文学观念的变迁。此外，四川郭沫若研究中心广泛征集、批准了多个课题立项，支持中国社会科学院、中国科学技术大学、北京邮电大学、东南大学、陕西师范大学、四川师范大学、重庆师范大学、乐山师范学院等多所科研机构和高校的学者展开有关郭沫若的文学成就、史料编纂、考古文物、抗战活动、史剧创作、诗歌译介、书法流变等多方面的研究。

三 在郭沫若130周年诞辰纪念的推动下，郭沫若研究在众多领域取得丰硕成果

1. 学界在郭沫若的新诗、戏剧、散文研究上取得了一系列新突破。

笔者在CNKI、万方、维普等进行数据检索，发现2022年关于郭沫若研究的论文延续了往年的传统，继续以文学研究为主。众多学者对郭沫若在文学创作中所涉及的文学形象、文艺理论、文学表达、时代场域、价值意蕴等方面都进行了深入研究。

郭沫若的诗集《女神》是新诗革命纪念碑式的作品，也是多位学者一致关注的研究对象。有学者从诗歌结构等多方面对其进行解构、分析。③也有学者将郭沫若诗歌创作置于城市文化的语境中，动态地呈现了中国新诗与"现代"接触后的嬗变过程。④还有学者探讨郭

---

① 刘曦光主编：《郭沫若研究年鉴2020》，中国社会科学出版社2022年版。
② 谢保成：《郭沫若学术述论》，社会科学文献出版社2022年版。
③ 关于《女神》诗集研究的新进展，参见朱寿桐《〈女神〉诗人的诗性本格与郭沫若的位格意识》，《文艺争鸣》2022年第5期；蔡震《说不尽的〈女神〉》，《文艺争鸣》2022年第5期；刘奎《〈女神〉的召唤结构》，《文艺争鸣》2022年第5期。
④ 吴辰：《诞生于都市中的诗人：论1920年代郭沫若诗歌里的城市书写》，《中国社会科学院大学学报》2022年第11期。

沫若通过《女神》对当时国际上的反帝反殖民斗争的关注。①景立鹏、傅修海则着重强调郭沫若诗歌在新诗文体上的贡献，"既表现出强烈的破体冲动，又包含着自觉的创体意识"，在二者的互动中实践着"五四"时期对新诗形式的探索。②

学界在郭沫若戏剧创作和文艺理论的研究方面也取得了一些突破性成果。李斌认为，郭沫若在不同的时代主题下解读屈原的精神，从个性解放到爱国诗人，再到突出"人民性"话语，呈现出复杂的内在张力。③唐文娟指出，郭沫若抗战时期创作的四部"战国剧"，因演出的艺术性、剧情的"当代性"与时代精神的共通性，获得了观众的普遍关注与认可。郭沫若的战国叙事的核心价值在于，站在被压迫奴隶的立场，洞见战国历史进程的悲剧性，发扬其中蕴含的人民解放精神，由此在唯物史观所揭示的历史必然律之外，打开了文学/历史的诗性正义空间。④孟文博考察了不同时期郭沫若文艺观的历史流变，认为郭沫若前期文艺观折射出他在不同历史境遇中"诗人"与"政治家"身份的"变奏"。⑤

在郭沫若作品的语言特征的研究方面，吴彦与咸立强从语法角度出发，分析了郭沫若作品中的"是"字句带有肯定与强调性质，特别适合用来表达现代主体的觉醒、自我价值的肯定。他们还认为，"我是"句型是"《女神》时期"最能体现郭沫若语言特色的表达形式；《鲁拜集》则是郭沫若文学翻译中最早最典型地运用"我是"句型的译诗集；郭沫若的这种语言偏好来自文学创作与文学翻译的交互影响，呈现了郭沫若在语言现代性方面进行的探索，为人们考察现代译语及现代性主体的生成提供了典型案例。⑥

在郭沫若散文的研究方面，四川大学李怡教授指出，郭沫若的散文创作展示的是自己丰富复杂的人生阅历、生活体验，这种从内容到体式上的丰富才是大文学格局下的现代散文的本来形态，郭沫若散文创作中规模最大也最独特的部分是他的自传性文学，在这一类作品中他所展示的思想、情感及个性具有长久的历史价值。李怡还重新检视和总结郭沫若之于中国现代文学史的历史价值，"不仅是中国新诗的名副其实的开拓者，也是中国现代文学一系列文体的勇猛的尝试者和建设者，成为现代中国文学迈进新中国大门的思想旗帜，具有无可替代的引领作用"。⑦

2. 学界高度肯定郭沫若在马克思主义与中国文化相结合及对中国马克思主义史学的建立与发展方面所作出的卓越贡献。

中国共产党的百年奋斗史有力地证明了只有马克思主义才能救中国、发展中国。多位学

---

① 李斌：《郭沫若五四时期诗歌中的反殖民斗争与民族自决》，《文艺争鸣》2022年第5期。
② 景立鹏、傅修海：《破体与变体：郭沫若新诗文体观探赜》，《中国社会科学院大学学报》2022年第11期。
③ 李斌：《郭沫若屈原言说的时代性及内在张力》，《中国社会科学院大学学报》2022年第11期。
④ 唐文娟：《"把人当成人"：郭沫若"战国剧"的历史想象及其根源》，《现代中文学刊》2022年第6期。
⑤ 孟文博：《郭沫若前期文艺观历史流变考论》，《山东师范大学学报（社会科学版）》2022年第2期。
⑥ 吴彦、咸立强：《郭沫若译〈鲁拜集〉的"是"字句综论》，《现代中文学刊》2022年第6期。
⑦ 李怡：《"借文学来鸣我的存在"——郭沫若散文的历史价值》，《中国现代文学研究丛刊》2022年第6期；李怡：《郭沫若与中国现代文学史》，《中国史研究》2022年第3期。

者刊文论述郭沫若的政治信仰和学术精神、史学研究的特质，及其对中国马克思主义历史学的贡献。蔡震指出，在郭沫若的人生行旅中，无论是作为诗人、历史学家、翻译家，还是作为革命家、社会活动家，都与"马克思主义"密切相关。冯时指出，与中华优秀传统文化相结合一直是马克思主义中国化的具体表现，而郭沫若的史学研究正是将两者有机结合的成功实践。卜宪群指出，新中国成立后，马克思主义史学体系在中国史学界占据了主导地位，中国史学体系发生了千古以来根本性的变化。郭沫若既是这两个转化的亲历者，又是实践者。作为中国马克思主义史学的开拓者和奠基人，郭沫若为中国马克思主义史学体系建设做出过重大贡献，也为今天中国特色历史学"三大体系"构建留下了丰厚遗产。程鹏宇论述了"后社会史论战时期"史学界以陶希圣、郭沫若和侯外庐为代表的三种相对于社会史论战的学术转向。与陶希圣的实验主义路径不同，郭沫若在马克思主义的指导下转向史料的整理与考证；侯外庐则潜心于马克思主义政治经济学理论的研究与运用。郭沫若和侯外庐从史料和理论两个方面推动了经典意义的中国马克思主义史学的最终形成，他们的学术风格也成为中国马克思主义史学的两大优良传统，对当代中国史学的发展仍然具有路径式的典范意义。王璞从郭沫若抗战时期的四大战国历史剧出发，提出马克思主义的历史剧难题，展开贯通文学史和批评理论的漫谈，试图容纳理论论争和文本实践的多种线索，不仅追踪郭沫若历史剧的起源构型，而且回溯马克思主义历史观和文学观的最初交点之一：马克思、恩格斯对历史剧《济金根》的批评。郭平英则通过探究郭沫若对马克思主义著作的翻译活动，肯定了郭沫若等前辈学者为马克思主义理论在中国的翻译传播所做出的不懈努力。[①]

部分学者关注到郭沫若作为革命的政治家和社会活动家的身份。有学者指出，1927年9月郭沫若因担任中国共产党历史上第一个红色政权——汕头市革命委员会的外交官而彪炳于史册。[②]何刚认为，郭沫若主编的《中原》杂志是抗战时期重庆左翼文化学术场域的重要营构者，也是当时思想文化战线上激烈斗争的一个缩影，在郭沫若和《中原》的组织引领下，抗战时期重庆左翼文化学术阵营取得了很大成就，鲜明体现了其学术生产过程的复杂性和丰富性。邹佳良则认为，郭沫若在广州是从文学家转变为"革命名流"的完成阶段，郭沫若在广州因时应势发起的"择师运动"叠加了多重政治光谱，因此，"广州郭沫若"既是理解郭沫若与政党政治及中国革命关系的重要视点，又反映出知识分子与革命的复杂纠葛。[③]

[①] 蔡震：《郭沫若怎样成为马克思主义者》，《中国史研究》2022年第3期；《郭沫若与马克思主义》，《中国现代文学研究丛刊》2022年第11期；冯时：《唯物史观与格物致知——郭沫若马克思主义与中国文化相结合的史学贡献》，《中国史研究》2022年第3期；卜宪群：《郭沫若与中国马克思主义史学体系构建》，《中国史研究》2022年第3期；程鹏宇：《后社会史论战时期的学术转向与中国马克思主义史学的形成——以陶希圣、郭沫若、侯外庐为例》，《近代史研究》2022年第3期；王璞：《漫谈马克思主义的历史剧难题（上）——从郭沫若历史剧说起》，《现代中文学刊》2022年第6期；郭平英：《郭沫若研读翻译马克思主义理论著作若干史料的重温》，《中国现代文学研究丛刊》2022年第11期。

[②] 陈汉初：《中国红色外交的先驱者郭沫若》，《党史博采（上）》2022年第11期。

[③] 何刚：《"左派文人的大本营"：抗战时期郭沫若与〈中原〉杂志述论》，《现代中文学刊》2022年第6期；邹佳良：《"广州郭沫若"：从文学家到"革命名流"》，《现代中文学刊》2022年第6期。

3. 学界从全球视野重新审视郭沫若的文化品质和精神特质，并探讨其与世界文化的关系。

王璞在《从歌德遗产到"时代精神"——文化政治中的郭沫若、冯至和卢卡奇》一文中指出，在20世纪30年代至40年代的歌德阐释问题上，郭沫若和卢卡奇、冯至都以歌德遗产来回应现实，都隐藏着"时代精神"的"蜕变艰难"的话语痕迹；郭沫若的歌德论具有更明确的介入性，他的歌德"人民意识"论和"中国浮士德"论成为五四新文化和人民解放战争之间的想象性中介；《宇宙写真——从〈女神〉中的歌德神话到郭沫若早期作品的镜像构造》一文在从歌德到郭沫若、从诗歌到翻译、从主体到世界的一系列镜像构造中，一个泛神的"大宇宙"得以绘制，完成着对想象性集体及其时代的召唤。在另一篇文章中，王璞则聚焦"时代精神"这一郭沫若作品中反复出现而郭沫若研究也不可回避的关键话语，重思郭沫若和"时代"的关系。他指出，郭沫若研究的自我批判意味着深入郭沫若和整个中国"革命世纪"的互嵌动态机制之中，然后从这种互嵌结构中发展出对郭沫若以及我们自己的概念、框架、话语和方法的内在批判，形成重新阐释的视野。①

李斌在研究郭沫若如何接受鲁迅遗产时指出，应本着辩证思维和历史唯物主义的方法全面分析鲁迅遗产，将鲁迅遗产放在历史发展过程中去理解，努力研究、阐释和宣传鲁迅遗产中的主要方面和积极因素，维护这位民族文化巨人的光辉形象。②冯庆探讨了郭沫若与廖平在古今诗学思想上的差异，认为二人虽代表着不同的政治方向，但都旨在为现代中国树立一种文明立法的传统典范，也体现了古今诗学包蕴的哲学与政治智慧得以"隔代遗传"。③

此外，部分学者通过研究郭沫若译著的版本与流传，探讨郭沫若推介的众多世界先进理论学说及其对中国近现代文化的影响。李斌认为，通过郭沫若的翻译，《少年维特之烦恼》在现代中国的影响得以扩大。陈析西以新中国成立后郭沫若仅有的一本译作《英诗译稿》为研究对象，在认知架构理论背景下分析其隐喻表达及主题，并总结郭沫若的翻译技巧与策略。④

4. 学界在解读郭沫若的档案史料、佚作勾稽等方面有所进展。

商金林通过追踪《蒋委员长会见记》版本的由来及用途，探讨了像《蒋委员长会见记》这样曾经引起过不同评价的文本或事件应该怎样去解读和评说。⑤更多的学者通过深度挖掘

---

① 王璞：《从歌德遗产到"时代精神"——文化政治中的郭沫若、冯至和卢卡奇》，《中国现代文学研究丛刊》2022年第6期；《宇宙写真——从〈女神〉中的歌德神话到郭沫若早期作品的镜像构造》，《文艺争鸣》2022年第5期；《郭沫若研究的"自我批判"》，《中国现代文学研究丛刊》2022年第11期。

② 李斌：《论郭沫若对鲁迅遗产的理解与接受》，《中国现代文学研究丛刊》2022年第6期。

③ 冯庆：《郭沫若、廖平与古今诗学问题——从神游经验到文明立法》，《中国现代文学研究丛刊》2022年第11期。

④ 李斌：《郭沫若译〈少年维特之烦恼〉版本考》，《新文学史料》2022年第3期；陈析西：《郭沫若〈英诗译稿〉中刻意隐喻的认知解读及翻译策略研究》，《郭沫若学刊》2022年第3期。

⑤ 商金林：《郭沫若〈蒋委员长会见记〉版本的由来及用途》，《中国现代文学研究丛刊》2022年第11期。

民国报纸、档案和其他资料寻找沉寂在故纸堆中的郭沫若痕迹，对散佚的郭沫若的文章、书信等材料进行勾稽解读，取得了重要突破，这些成果有利于我们全面认识郭沫若以及了解郭沫若的"朋友圈"；[①]特别是对他任公职期间的电报电文的发掘，丰富、完善了郭沫若研究的史料，有利于进一步理解郭沫若对中国共产党领导的文化抗战所作出的重要贡献。[②]这些史料承载了郭沫若学术交往、文学创作、革命活动的丰富信息，反映出他在左翼文化界的领导地位及其和进步人士的广泛联系与密切合作，体现了他坚持真理、追求正义、高举爱国主义旗帜的一贯姿态。

5. 学界在有关郭沫若的跨学科研究上取得新进展。

郭沫若在抗战时期以及新中国成立初期指导了考古工作，部分学者结合郭沫若的考古学研究和文学创作展开跨学科研究。张千可认为郭沫若的考古学研究开拓了某种考古学式的认识路径，因而考古学突破了认识的领域而被赋予了政治实践的性质，最终呈现为一种能够表达与结构历史经验的生动形式。张勇从铜奔马的命名探讨了郭沫若以文入史的研究策略。孙泽仙、江翠华从"实践与成就""思想与方法""地位及影响"着手，认为郭沫若的"甲骨文字考释影响深远，甲骨文研究的百年间取得的成就多与郭沫若的探索不可分割"。[③]

在郭沫若130周年诞辰纪念活动的激励和推动下，郭沫若研究取得了丰硕的成果，但毋庸讳言的是，郭沫若研究还有相当大的发展空间。首先，应有更多的学者从古典学、考古学等薄弱环节着力推动郭沫若研究更加深入。其次，目前的研究角度多集中在郭沫若个人以及其与他人交往或其文学、史学地位等方面，还缺乏更高层面的理论提炼。相信在国内外学者的共同努力下，郭沫若研究会走得更远，研究更深入，并产生更大的影响。

（原载《郭沫若研究》2023年第18辑）

---

① 关于这一方面的成果，可参见梁仪《从郭沫若佚诗〈隔海送时珍赴德行〉谈起》，《新文学史料》2022年第2期；蔡震《郭沫若诗话三则》，《新文学史料》2022年第3期；郭平英、陈俐《郭沫若与原配夫人张琼华关系始末》，《新文学史料》2022年第3期；邱田《夏氏兄弟书信中的郭沫若》，《新文学史料》2022年第3期；廖久明《论郭沫若与宗白华讨论墨子的通信》，《现代中文学刊》2022年第6期；武继平《有关郭沫若留学九州帝国大学的几个细节问题》，《郭沫若学刊》2022年第3期；冯锡刚《"诗以序之"——郭沫若为四本印谱作序》，《郭沫若学刊》2022年第2期。

② 沈卫威：《新发现抗战期间郭沫若未刊电文稿本91件释读》，《文艺争鸣》2022年第5期；金传胜、钱程：《新发现的郭沫若函电、佚文与演讲》，《郭沫若学刊》2022年第2期；沈卫威：《郭沫若1938年签呈稿本辑录、释读——抗战文艺宣传的行政权力运作》，《郭沫若学刊》2022年第3期。

③ 张千可：《文学考古学：试论郭沫若的考古研究与抗战历史剧之联系》，《现代中文学刊》2022年第6期；张勇：《郭沫若与铜奔马新论》，《海南师范大学学报（社会科学版）》2022年第5期；孙泽仙、江翠华：《郭沫若甲骨文字考释述要》，《赤峰学院学报（汉文哲学社会科学版）》2022年第2期。

郭沫若与马克思主义

郭沫若与中国马克思主义史学体系构建

卜宪群

史学体系是史学学科体系、学术体系、话语体系的综合体现，也是社会需要在史学教育、研究与人才培养上的客观反映。古往今来，由于社会性质不同、社会发展阶段不同、社会需要不同，史学体系经历了不同的历史时期，内涵也各不相同。20世纪初，风雨如晦，鸡鸣不已，中国史学体系经历了从传统史学体系向近代史学体系的转化；与此同时，马克思主义传入中国，其学说同正在发生深刻变化的中国实际相结合、同中华优秀传统文化相结合，催生了中国马克思主义史学的诞生，推动了近代史学体系向马克思主义史学体系的转化。新中国成立后，马克思主义史学体系在这个古老的史学大国的史坛上占据了主导地位，中国史学体系发生了千古以来根本性的变化。郭沫若既是这两个转化的亲历者，又是其实践者。作为中国马克思主义史学的开拓者和奠基人，郭沫若为中国马克思主义史学体系建设做出过重大贡献，也为今天中国特色历史学"三大体系"构建留下了丰厚遗产。

一 关于史学的性质、任务与指导思想

在长期的史学研究实践中，郭沫若对史学性质、任务与史学指导思想、史学学科规划发展均有系统思考。

第一，关于历史学的性质。史学的性质是史学体系的核心问题之一，对这个问题的不同认识，是区分不同史学体系的关键。20世纪初，梁启超倡导"新史学"，将史学视为一门独立的学科体系并试图用进化论的观点解释历史发展过程，得出了不同于传统史学体系对史学性质的全新认识，具有重大进步意义。但梁启超在历史观上最终还是陷入了主观唯心主义，并未能给中国近代史学体系奠定科学的理论。近代中国对史学性质的理解，是以胡适、王国维、陈寅恪、顾颉刚、傅斯年等为代表的实证派占据主导，而真正开始构建科学的史学体系的是李大钊。李大钊在《史学要论》一书中，以马克思主义唯物史观为指导，对史学的学科性质、架构、作用，以及史学与社会、史学与其他学科的关系等做了系统分析，构建了马克思主义史学体系的基本框架。由于李大钊为革命牺牲较早，他的很多思考未能继续下去，郭沫若继承了他的遗志，承担起这项事业并为之奋斗终身。郭沫若对历史学的性质有着唯物史观的科学认识，并随着时代的发展而不断前进。1929年9月，他在为《中国古代社会研究》一书所写的"自序"中说"认清楚过往的来程也正好决定我们未来的去向"，又说："我们的要求就是要用人的观点来观察中国的社会。"[①] 1950年，他在《中国奴隶社会》一文中指出："旧的历史家对于历史的看法，认为历史是过去的，固定的，死的东西，或者把过去看成比现在还好。他们不知道历史是向前发展的，用新的历史观来看，'历史'就等于'发

---

① 郭沫若：《郭沫若全集·历史编》第1卷，人民出版社1982年版，第6页。

展'。"①历史学的性质是以人为主体研究对象的学科，历史是不断向前发展着的，历史学应当面向未来，这些都十分准确地概括出马克思主义史学不同于其他学派的本质特点。

第二，关于历史学的任务。为人民研究历史、研究人民的历史、站在人民的立场研究历史，始终被郭沫若视为历史学研究的重要任务，也是他史学思想的鲜明特点。他强调他是在"人民本位的标准下边从事研究"②，他认为学术研究总的方向"应该是为人民服务，为社会主义服务。史学研究的任务自然也不能例外"③。比如在历史人物的评价上，他认为"特别是要看他对于当时的人民有无贡献"④。他写曹操、写王安石，写李自成、写李岩，观点未必都十分完美，但都是出于"人民本位"这一思想。特别是他的《甲申三百年祭》一文，不仅运用唯物史观探讨了明朝灭亡与李自成起义失败的教训，也被当时的中国共产党人作为避免骄傲自满的生动教材，要求全党学习，充分发挥了史学的经世致用功能。

第三，关于历史学的指导思想。学科理论是学科体系的基石，只有科学的理论指导才能保证学科体系方向的正确。郭沫若是一位坚定的马克思主义史学家，他确立的史学体系指导思想就是马克思主义唯物史观。郭沫若真诚信仰唯物史观，早在20世纪20年代，他就翻译、研读过马恩的《政治经济学批判》《家庭、私有制和国家的起源》《德意志意识形态》《资本论》等重要著作，并将日本著名学者河上肇阐释唯物史观的著作《社会组织与社会革命》翻译成中文，从而奠定了他坚实的马克思主义理论基础。社会形态理论是唯物史观的核心，郭沫若始终将社会形态研究作为观察分析中国古代社会的一把钥匙。他在《中国古代社会研究》的导论《中国社会之历史的发展阶段》中指出："人类社会的发展是以经济基础的发展为前提，这已经是成了众所周知的事实了。"⑤ "经济基础"一词正是社会形态理论的核心观念。此外，他还在《奴隶制时代》一书的开篇中说："中国历代的生产方式，经过了原始公社制、奴隶制、封建制等，一直发展到现阶段，在今天是无可争辩的事实了。"⑥这样的叙述贯穿在他很多论著中。

第四，关于历史学的学科规划。1949年前由于政治原因，马克思主义史学不可能登上讲坛，学科规划更无从谈起。1949年后不久的1954年，郭沫若不仅提出要加强研究汉民族史、少数民族史、亚洲各民族史和世界史，还提出要研究通史和专门史。他说："我们在目前还得不到一部完整的通史或其他各文化部门比较精密的专史。"⑦1959年，他在《关于目前历史研究中的几个问题》一文中，又对通史、断代史、专业史、专题史以及历史研究所的研究方向提出了更加具体的意见。关于通史，他指出："一部中国通史，是中国整个社会的全面发展史。以马克思列宁主义的观点，编写出一部完整的中国通史，这是大家所一致期待的。"

---

① 郭沫若：《郭沫若全集·历史编》第3卷，人民出版社1984年版，第422页。
② 郭沫若：《郭沫若全集·历史编》第4卷，人民出版社1982年版，第3页。
③ 郭沫若：《郭沫若全集·历史编》第3卷，人民出版社1984年版，第477页。
④ 郭沫若：《郭沫若全集·历史编》第3卷，人民出版社1984年版，第470页。
⑤ 郭沫若：《郭沫若全集·历史编》第1卷，人民出版社1982年版，第13页。
⑥ 郭沫若：《郭沫若全集·历史编》第3卷，人民出版社1984年版，第14页。
⑦ 郭沫若：《郭沫若全集·历史编》第3卷，人民出版社1984年版，第442页。

通史要搞，断代史也要搞，断代史研究的根本不是看以不以朝代为段落，"重要的是看站在什么立场、用什么观点方法去研究"。旧的方法是以朝代为段落，而新的方法"是根据社会发展的五个时期来划分段落"，也就是把断代史放在五种社会形态演变中来研究。郭沫若的这个看法既保留了断代史的传统方法，又赋予了断代史研究新的内涵，十分有新意。文章中他特别提到要重视思想史、经济史、文化史、文学史、戏剧史、诗歌史、小说史、工艺史等专门史的研究，对"最近出现的崭新的事物"如工矿史、公社史研究也要重视，"并且尽可能把它们写好，这是很有价值的"。但他又指出，撰写这些工矿史、公社史的目的是"提供材料"，不能代替通史、专业史的研究，更不能与通史、专业史对立起来。这是十分有见地的看法。关于历史研究所的工作，他认为应当扩大业务范围，应该"从文献中研究以前的历史"转而"侧重到修史方面来"。在研究的组织形式上，他"欢迎个人撰述"，但他更主张"以任务带动科学研究"，"如果脱离任务，孤立地进行研究，是不容易搞出成绩来的"。[1]实际上，在郭沫若的领导下，历史研究所自20世纪五六十年代启动了一批集体性质的大课题，其成果如《中国史稿》《甲骨文合集》等不仅奠定了历史研究所近70年来在国内外学术界的地位，更培养了一大批人才，这是任何不带有偏见者都应该承认的事实。尤其是郭沫若对历史研究所工作性质与方向的界定，今天仍有深刻借鉴价值。

二　关于史学研究的理论与方法

史学体系建设除了科学的理论指导外，还需要有自身的研究方法，有明确的研究方向，郭沫若在理论与实践上都做过许多探讨。他强调史学研究必须实事求是，必须重视史料。众所周知，在撰写《中国古代社会研究》之前，他不仅广泛涉猎传世文献资料，也阅读了大量新发现整理的甲骨金石文献。在该书"自序"中，他说："大抵在目前欲论中国的故学，欲清算中国的古代社会，我们是不能不以罗、王二家之业绩为其出发点了。"[2]所谓"罗、王二家之业绩"指的就是罗振玉、王国维在史料学上的贡献。该书1954年的新版引言中，他把这个思想表达得更加充分："研究历史，和研究任何学问一样，是不允许轻率从事的。掌握正确的科学的历史观点非常必要，这是先决问题。但有了正确的历史观点，假使没有丰富的正确的材料，材料的时代性不明确，那也得不出正确的结论。"他还特别强调："地下发掘出的材料每每是决定问题的关键。"[3]1959年，他在答《新建设》编辑部问而作的《关于目前历史研究中的几个问题》一文中，专门列有"史料、考据和历史学的关系问题"，更加完整系统地表达了自己的看法。他指出历史研究应当分为三个步骤：第一步是"尽可能地占有大量资料"，并对资料进行辨别，去其糟粕，取其精华。但他同时强调"没有史料固然不能研究历史，专搞史料也绝不能代替历史学"，那种"整理史料即历史学"的观点"显然是错误的"。第二步是整理史料。整理史料时要分清主次，"要引导大家从大处着眼，把精力集中在大的事业上"。他特别强调"对民族的发展、经济的发展、文化的发展等有关的史料是头等

---

[1] 郭沫若：《郭沫若全集·历史编》第3卷，人民出版社1984年版，第477—480页。
[2] 郭沫若：《郭沫若全集·历史编》第1卷，人民出版社1982年版，第8页。
[3] 郭沫若：《郭沫若全集·历史编》第1卷，人民出版社1982年版，第4页。

重要的，应该尽量搜集，优先整理"。不仅要重视文字资料，物质资料也要重视，"劳动人民直接创造的东西，比文字记载还可靠"。第三步是运用史料。他认为如何运用史料"这是历史研究中更重要的问题"。"有了史料，如果没有根据辩证唯物主义和历史唯物主义的方法加以处理研究，好像炊事员手中有了鱼、肉、青菜、豆腐而没有烹调出来一样。"但是他绝不主张以论带史，他指出："固然，史料不能替代历史学，但在历史研究中，只有历史唯物主义的一般原理而没有史料，那是空洞无物的。"[①]我们很少在郭沫若的论著中看到单纯抽象地谈理论，正是他践行这一原则的反映。郭沫若是最早科学阐释理论与史料关系的马克思主义史学家。在郭沫若的史学论著中，"二重证据法"以及跨学科的研究方法随处可见，因为新史料的发现，郭沫若多次修改自己的看法也是大家知道的事实。有人说郭沫若是"史观派"，其实这个看法未必完全符合他的本意，也未必符合他的研究事实。史料是史学的基础，但历史学的方向并不只是追求史料，不能只是"知其然"，而且要"知其所以然"，探寻历史发展的规律才是历史学的真正目标。郭沫若在《中国古代社会研究》中引用了马克思《政治经济学批判·序言》中的那段话："亚细亚的、古典的、封建的和近代资产阶级的生产方法，大体上可以作为经济的社会形成之发展的阶段。"进而指出："这样的进化的阶段在中国的历史上也是很正确的存在着。"[②]新中国成立后，他又明确指出："研究历史的目的，是要用大量的史料来具体阐明社会发展的规律。"[③]既反对以"国情的不同"拒绝承认中国历史与唯物史观所发现的人类历史普遍规律相吻合的错误观点，又从中国历史实际出发，积极探讨符合中国实际的历史发展规律，是郭沫若一生在历史学上的追求。正是秉持这种观点，郭沫若在中国历史研究上做了许多开创性的研究，林甘泉、黄烈主编的《郭沫若与中国史学》[④]，谢保成撰写的《郭沫若学术思想评传》[⑤]等论著对此做了很好的总结，这里不再一一叙述。

郭沫若在中国马克思主义史学体系构建上的贡献当然远远不止以上内容。譬如说，他将马克思主义唯物史观基本原理结合中国具体实际，考证史料中记载的殷周直接生产者的社会身份，首次提出了中国存在奴隶制社会形态说。他从物质生产条件的变化考察社会制度的变迁，提出了划分中国奴隶制社会向封建制社会转化的具体时间，即所谓古史分期说。他把马克思关于亚细亚生产方式的论述断定为原始社会，并强调中国也经历了这一阶段，肯定了中国历史上社会形态演变的完整性。他科学阐释了三代的"封建"与秦汉以后封建社会的联系与区别，用马克思主义唯物史观辨析清楚了"封建"的名与实问题。他既运用唯物史观歌颂劳动人民的活动，又认为不能盲目否定王朝体系，不能不写历史上统治阶级的活动，坚持了历史研究实事求是的态度。他既汲取中国传统史学考据学的精华，又重视批判借鉴西方学者的有益成果，开辟了中国马克思主义史学的新境界。郭沫若这些史学思想都极大地丰富了中国马克思主义史学体系内涵。如果没有郭沫若以及以他为代表的一大批马克思主义史学工作

---

① 以上引文见郭沫若《郭沫若全集·历史编》第3卷，人民出版社1984年版，第483—486页。
② 郭沫若:《郭沫若全集·历史编》第1卷，人民出版社1982年版，第154页。
③ 郭沫若:《郭沫若全集·历史编》第3卷，人民出版社1984年版，第485页。
④ 林甘泉、黄烈主编:《郭沫若与中国史学》，中国社会科学出版社1992年版。
⑤ 谢保成:《郭沫若学术思想评传》，北京图书馆出版社1999年版。

者的不懈努力，我们对中国历史的认识不可能有今天这样深入，中国历史学也不可能在世界历史学界拥有今天的地位。

最后，我谈一点郭沫若在中国马克思主义史学体系构建上的杰出贡献及其与新时代中国特色历史学学科体系、学术体系、话语体系建设的关系。其实，如同历史上一切优秀的史学家一样，其史学精神总是会随着时代变化而不断散发出新的魅力，郭沫若也是一样。习近平总书记在《致中国社会科学院中国历史研究院成立的贺信》中对新时代中国历史学提出要求，这就是要加快构建中国特色历史学学科体系、学术体系、话语体系，坚持历史唯物主义立场、观点、方法，立足中国、放眼世界，立时代之潮头，通古今之变化，发思想之先声，推出一批有思想穿透力的精品力作，培养一批学贯中西的历史学家，充分发挥知古鉴今、资政育人作用。郭沫若就是一位坚持唯物史观立场、观点、方法，立足中国、放眼世界，立时代潮头，通古今变化，发思想先声，学贯中西，知古鉴今，资政育人，推出有思想穿透力的精品力作的马克思主义史学家。他为构建中国马克思主义史学体系所作出的杰出贡献，与新时代习近平总书记所要求构建的中国特色历史学学科体系、学术体系、话语体系在精神实质、内涵要求上是完全一致的，我们今天仍然要认真学习，继承弘扬郭沫若留给我们的这份珍贵遗产。

（原载《中国史研究》2022年第3期）

郭沫若研读翻译马克思主义理论著作若干史料的重温

郭平英

郭沫若留学期间，通过日本这个文化的跳板，接触到西方世界各种不同的文学流派和哲学思潮。

当谈及自己初涉文学所受到的外来影响时，郭沫若表示他喜欢德国的歌德、海涅，英国的雪莱、柯勒律治，爱尔兰的叶芝，美国的惠特曼，印度的迦梨陀娑、卡比尔、泰戈尔，法国的魏伦、波德莱尔，并且特别提到尼采，承认自己的诗"多半是种反性格的诗，同德国的尼采 Niessche 相似"①。1923 年 6 月，郭沫若着手翻译尼采的哲学散文《查拉图斯屈拉》，在《创造周报》上连载。同时在写给宗白华的《论中德文化书》中评价尼采说，"我于老子与尼采的思想之中，并发见不出有甚么根本的差别"，认为他们"同是反抗藩篱个性的既成道德，同是以个人为本位而力求积极的发展"。②《创造周报》上还刊登了郁达夫介绍另一位德国哲学家、"尼采的超人主义的师父"施蒂纳的文章，指出对于施蒂纳而言，"民主政体是虚伪的自由，唯我主义才是真正的自由"。③为方便读者比较直接地了解施蒂纳的思想，郭沫若特地将施蒂纳《唯一者及其所有物》一书的序言译出，附在郁达夫的文章之后，题为"我的分内事不放在甚么上面"。④这些对尼采、施蒂纳的评介与翻译，正是郭沫若在纷繁庞杂的西方哲学思想中进行比较鉴别、寻找探索一条救国之路的例证，是郭沫若 1924 年走出纯文学象牙塔的前奏。

一

1924 年 4 月，由于需要维持一家人的生活，郭沫若不得不放下《创造周刊》的编务，再次东渡日本。在离开上海之前，他对尼采的关注发生了很大变化，认为尼采的玄想和措辞十分巧妙，但他的超人哲学终归是夸大了的个人主义。因而《查拉图斯屈拉》只译了不及全书的三分之一便戛然而止了。郭沫若在参与孤军社有关经济问题研讨的过程中，产生了要对马

---

① 《郭沫若致陈建雷（1920 年 7 月 26 日）》，载林甘泉、蔡震主编《郭沫若年谱长编（1892—1978 年）》第 1 卷，中国社会科学出版社 2017 年版，第 146 页。
② 郭沫若：《论中德文化书》，《创造周报》1923 年 6 月 10 日第 5 期。
③ 郁达夫：《MaxStirner 的生涯及其哲学》，《创造周报》1923 年 6 月 17 日第 6 期。
④ 施蒂纳的《唯一者及其所有物》，郭沫若译为斯迭讷的《唯一人者与其所有》。1931 年郭沫若追记，郁达夫"那篇文章后面有斯迭讷之主著《唯一人者与其所有》序文之翻译，那本是我的手笔"。郭沫若：《德意志意识形态·译者弁言》，上海群益出版社 1947 年版，第 6 页。

克思主义经济学作深入了解的愿望，决定把研读日本初期马克思经济学说的高峰——河上肇的《社会组织与社会革命》作为下一步的计划。他把书带到福冈，边读边译，用50天时间译完了这部20多万字的著作。

1924年7月22日，郭沫若在校对完《社会组织与社会革命》全书的译稿后，致信上海商务印书馆编译所的何公敢——京都大学经济学系毕业的河上肇的学生，写道："弟于社会经济诸科素来本无深到之研究，惟对于马克斯（思）主义有一种信心，近译《社会组织与社会革命》一书完后，此信心益见坚固了。弟深信社会生活之向共产制度之进行，如百川之朝宗于海，这是必然的径路。""我们现在是在社会革命的宣传期中，如何团集势力以攫取政权，也正是这个时期应有的事。中国的智识阶级应该早早觉醒起来和体力劳动者们握手，不应该久陷在朦胧的春睡里！"①《社会组织与社会革命》使郭沫若认识了资本主义的内在矛盾及其必然的历史嬗变，也为先知和后继者们所具有的惊人的渊博学识所感动，从此他选择并且终生实践了努力学习研究马克思主义理论的志向。

他同时认为，这本书也存在不小的缺陷，河上肇强调了社会变革在经济方面的物质条件，而忽略了政治方面的问题，社会进展如果加以人为的促进，的确存在有飞跃的可能。郭沫若的译文于1924年部分地在上海学艺社的《学艺》杂志上发表过，又通过何公敢，由商务印书馆于1925年5月出版。发行不久，商务印书馆也自行停止了销售。1932年5月，这本书被"嘉陵书店"印行了"第五版"。迄今尚不清楚"嘉陵书店"是一家怎样的出版机构，所谓"第五版"可能也是虚拟数字。但它却表明一个事实，河上肇的这部著作同他的《资本论入门》一样，在中国读者，特别是研究经济的学者中间受到欢迎。当1950年10月商务印书馆重新出版《社会组织与社会革命》时，郭沫若深怀敬意地在"序"中写道，河上肇"由人道主义的经济学者进而为社会主义者，后来更进而为日本共产党党员。入狱五年，始终不曾变节"，"他在日本文化界的地位，有点像鲁迅在我们中国文化界的地位"。

二

1924年深秋，郭沫若从福冈回到上海，何公敢支持郭沫若立即转入《资本论》的翻译，还从东方图书馆借来《资本论》的英译本，以便参考。郭沫若满心向往地拟定了一个大约5年时间译出约400万字中译本的计划。他知道日本的高畠素之是费了10年工夫才把《资本论》译成日文的，也因此过劳成疾。他感慨说，即便自己会为翻译《资本论》而死，也是一种光荣的死。可是这个计划在商务印书馆的编审会上没有获得通过，回复是，翻译其他任何名作都可以，翻译《资本论》却有不便。

1927年3月31日，郭沫若的《请看今日之蒋介石》使他成为以蒋介石为首的国民党右翼势力的"眼中钉、肉中刺"，他的名字随之被南京国民党中央执委会、监委会联席会议列入通缉名单。8月1日，南昌起义的枪声响起，郭沫若被推举为中国国民党革命委员会主席团成员，宣传委员会主席、总政治部主任。这些任命刊登在南昌发行的《南昌民国日报》《江西工商报》上。8月4日，郭沫若追赶上起义部队，在长途跋涉抵达潮汕地区之前，又被任

---

① 郭沫若：《社会革命的时机》，上海《洪水》半月刊1926年第1卷第10期、第11期。

命为潮海关关长兼汕头交涉员,负责与操控着海关经济命脉的英、美等国的代表打交道。南昌起义部队在潮汕地区建立起红色政权的消息震惊全国,"郭沫若"这三个字同周恩来、贺龙、叶挺、杨石魂等起义领导者一起频频出现在上海、天津的各大报纸上,甚至温哥华、新加坡等地的侨报对郭沫若的任职、行踪也有报道。①起义失败后,这些报道皆成为危险信号。

1927年秋冬,郭沫若取道香港秘密返回上海。在白色恐怖的严峻形势下,他阅读了大量马列主义的理论书籍,包括马克思的《哲学的贫困》、列宁的《论工人政党对宗教的态度》、斯大林的《中国革命的现阶段》、德哈林的《康德的辩证法》、瞿秋白所译哥列夫《无产阶级之哲学》中的一章《艺术与唯物史观》,等等。值得一提的是对《资本论》的研读,他在从上海内山书店买来高畠素之的日译本第一卷的一条注脚里读到这样一句话,大意为:其余的世界都好像静止着的时候,China 和桌子们开始跳舞起来——想去鼓舞别人。"China"这个词,高畠素之和河上肇译作"陶器",福田德三译作"支那"。郭沫若同具有语言天赋的成仿吾一起推敲,两人都认同福田德三的译法,因为德语本身没有以"China"为词冠的单词。因而郭沫若引申开去,写就《桌子的跳舞》这篇为中国无产阶级文艺提振士气、坚定信念的文章。请看文中的一小段:

> 最勇猛的斗士大概是最健全的。
> 文艺是阶级的勇猛斗士之一员,而且是先锋。
> 它只有愤怒,没有感伤。
> 它只有叫喊,没有呻吟。
> 它只有冲锋前进,没有低徊。
> 它只有镰刀斧头,没有绣花针。
> 它只有流血,没有流泪。②

由于《资本论》的翻译无法被提上日程,郭沫若决定先从马克思的《政治经济学批判》入手。若干年后,他曾追忆翻译这部书的动因,写道:"关于商品分析和货币理论,多涉于抽象的思维,这对于初学者和我这样不十分内行的人,的确是一个难关。但这些也正是马克

---

① 《重要电报·汕头乱事》:"有一著名共产党已被委为外交委员。纷扰之最初先由共产党宣传文件,遍贴各处,鼓动人心。"见温哥华《大汉公报》1927年9月28日。《共产党乱汕七日记》:"中央革命委员会委出政治部主任郭沫若兼海关监督兼交涉员,徐光英为汕头公安局局长。郭往拜会各国领事,力辩非行共产主义,乃贯彻三民主义中民生主义的土地革命。"又报道汕头革命委员会主办《革命日报》主要内容包括:"(一)该报启事将《岭东民国日报》改为《革命日报》;(二)革命委员会宣传委员在该楼办公;(三)郭沫若启事,请原有交涉署职员照常到署办公;(四)市政府招承各税捐,署名者为委员长赖先声;(五)中国国民党中央革命委员布告,署名者郭沫若、邓演达、宋庆龄、谭平山、贺龙、恽代英。""篇首发刊词为恽代英撰,祝词为贺龙作,短评《三位一体》,《一举三得》为高语罕撰,《革命委员会的使命》为郭沫若撰,文字尚佳。"见新加坡《叻报》1927年10月22日、24日。

② 郭沫若:《桌子的跳舞》,载《郭沫若全集·文学编》第16卷,人民文学出版社1989年版,第62页。

思经济学里面极重要的部分。不仅是经济学，连马克思主义的精髓，辩证唯物论和历史唯物论，差不多都被包含在这部书里面了。"①

1930年3月，上海乐群书店先期出版过马克思《政治经济学批判》的另一个中文译本，由刘曼根据英译本和日译本译出，书名译为《经济学批判》。郭沫若的译本则是国内第一部从德文原文译出的中译本，从原著版本的选择到译者对于中文、德文的驾驭能力，都使这个译本更具有权威性。不意这部译稿在神州国光社出版时，译者序言被遗失了，书上看不到译者对译作完成时间的交代。郭沫若在《五十年简谱》中说，1930年译《政治经济学批判》，那么实际情况是怎样的呢？综合相关资料，应该说这部书自1928年初开始翻译到最终完稿，跨越了大约三年的时间。

1928年2月下旬，郭沫若在中共地下党安排下化名旅居日本。行前，他在上海已动手翻译了原著的"序言"。这年11月，他在《诗书时代的社会变革与其思想上之反映》一文里，在论述奴隶制向封建制的推移，论述宗教思想、社会关系的动摇时，引用了刚刚翻译的马克思《政治经济学批判·序言》中关于社会形成之发展阶段的论述。1930年5月5日是马克思诞辰纪念日，在这个值得纪念的日子里，郭沫若完成了书的最后一章"政治经济学批判导论"的翻译。这一章译出后，很快就收入社会科学讲座社6月编辑的《社会科学讲座》第1卷，同时另加了一个标题："经济学方法论"，副标题为"马克思：政治经济学批判导论"。多年后，郭沫若强调说："本书的原序和《导论》在马克思主义的文献里面是很重要的材料。所谓'唯物史观的公式'是包含在原序里面的。《导言（论）》虽然不是全文，却异常地赖（耐）人寻味。这应该和《德意志意识形态》一书一并精读。"②原著的"第一章　商品""第二章　货币或单纯流通"于1930年秋着手翻译，不清楚完稿日期。

1931年郭沫若在东京与王礼锡有过晤谈。此时王礼锡正积极编辑《读书杂志》，推动中国社会史的讨论，他十分赞赏郭沫若不为各种质疑、否定《中国古代社会研究》一书的声音所动摇的态度。③王礼锡主持的神州国光社便于这年12月出版了郭沫若翻译的《政治经济学批判》，采用了横排本的形式。④

《政治经济学批判》面世不久就成为禁书。1933年，陈铭枢、王礼锡因为福建事变受挫，先后流亡海外，神州国光社也只剩下上海租界里的一家本店，各地分店被全面查封。因而此前此后，市面上流传出另一种横排本，内文、页码和神州国光社初版本一模一样，唯有封面、版权页不同，书名改为《经济学批判》，译者变成"李季"，初版时间标注为"一九三一年六月二日"（比神州国光社初版的时间还早了半年），发行处为"政治经济研究会"。前三

---

① 郭沫若：《译者序言》，1947年2月20日作，仅收入《政治经济学批判》，上海群益出版社1947年版，第3页。
② 郭沫若：《政治经济学批判·译者序言》，上海群益出版社1947年版，第4页。
③ 1932年9月有读者提问，《中国古代社会研究》出版三年来郭氏观点有无改变，王礼锡回答："郭沫若先生见解今年不知有无变动，据我们去年在日本晤见时，则对于其往日见解，持之甚强。"据此得知，郭沫若、王礼锡曾在1931年晤谈。见《通讯·关于中国社会史论战的意见》，《读书杂志》1932年第2卷第9期"九一八周年号"。
④ 《〈政治经济学批判〉郭沫若译本考》将神州国光社初版本记为"竖排平装本"，有误。见孙建茵《〈政治经济学批判〉郭沫若译本考》，辽宁人民出版社2019年版，第36页。

项信息明显是虚拟,最后一项发行处"政治经济研究会",还会是真实的吗?自然是障眼法。这种翻版书其实也再次从旁证实,野火是烧不尽的,马克思主义理论著作在当年的中国拥有着实实在在的读者群。

神州国光社遭到封杀后,它的出版业务逐渐由另行组建的上海言行出版社承接。全面抗战爆发后的1939年4月,言行出版社重排了《政治经济学批判》,内文由横排改为竖排,恢复了郭沫若的署名。但是囿于战事阻隔,郭沫若在重庆没能见到这个版本,直到抗战胜利回到上海,才与神州国光社和言行社的负责人接上头。神州国光社把这部书的纸型送还给译者,作为版税的抵偿。于是,上海群益出版社将《政治经济学批判》作为"沫若译文集之四",自1947年3月至1951年4月,再版六次。对群益出版社的几个版次加以跳览比对,可以看出群益出版社使用的纸型均源自言行社那套直排版的纸型,仅有1947年3月初版本的卷首部分有变动,这一版在开头部分增加了郭沫若写于1947年2月20日的"译者序言",目录也随之有一点调整。这篇序的标题有必要稍加注意。在卷首,文章正文标题为"序";在目录页上,标题则为"译者序言"。本文依照目录页,称之为"译者序言",这样更便于读者一目了然地把它和原著者的"序言"区分开来。

至于这篇"译者序言",群益出版社其余五次再版都没有收录的原因尚且不明,总觉得是件憾事。

三

继《政治经济学批判》之后,郭沫若翻译了另一部马克思和恩格斯的经典著作《德意志意识形态》。马克思和恩格斯在这部书里批判了以费尔巴哈、鲍威尔、施蒂纳为代表的青年黑格尔派的哲学,对唯心主义、教条主义和空想社会主义进行了扬弃,完整阐述了历史唯物主义的基本观点。郭沫若在译作收官时的《译者弁言》里,交代了这部译作所依据的是苏俄莫斯科马克思恩格斯研究所所长李亚山诺夫(梁赞诺夫)编纂的《马克思恩格斯文库》第一册的德文版,发表于1926年。郭沫若着手翻译时,原著全书尚未出齐。他在经济状况并不宽裕的状况下,仍密切关注着马恩著作的出版动态,在卢沟桥事变快要爆发的时候,他在日本买到1932年问世的德文版全书,然而这时他已经没有时间继续翻译了。"又当投笔请缨时",为投身抗战洪流,郭沫若只身一人离开日本,秘密回国。

在这篇《译者弁言》里,郭沫若还提到黑格尔青年派的代表人物费尔巴哈、鲍威尔的作品在中国尚无译本,只有斯迭讷[施蒂纳(Stirner)]曾在《创造周报》上有过介绍,读者可以参考一下。郭沫若接着写道,通过他当年所翻译的斯迭讷《唯一人者与其所有》的序文,"那种唯心的个人主义,与马克思主义是形成怎样的对立,大约可以更容易明了。中国的代表资产阶级的学究们(Ideologen)实在太无能力了,他们连把他们所当奉行的各种典籍,始终都没有介绍出来"。对比1923年6月《创造周报》介绍斯迭讷的文字,很明显地感觉到,此时的郭沫若已经站在了和过去截然不同的高度上。

Ideologie这个词在原著中频繁出现,日译本以往均采用片假名,音译为イデオロギー。郭沫若早期也用过这种音译的方法来直译外文,由于难以传达出外语词汇的含义,不易于中国读者接受,渐渐不再使用了。这本书中的Ideologie,郭沫若先是译作"观念体系",最后在书的封面上将其译为"意识形态"。今天,"意识形态"已成为一个经典表述。

关于翻译这部书的时间,郭沫若有过几种表述:(一)1933年7月24日他分别致信赵南公、胡秋原。在致赵南公信中,郭沫若称此乃"三年前旧译",即1930年;在致胡秋原信中,则称此乃"四年前旧译稿",即1929年。[①](二)1941年郭沫若作《五十年简谱》,记1931年译《德意志观念形态》。(三)1947年2月18日,郭沫若在《德意志意识形态·序》中说这是"二十年前的旧译"[②],即1927年前后。鉴于后面两种回忆距离译作脱稿时间较远,本文采用郭沫若1933年7月24日两封信的说法,推定这本书是1929年至1930年的译作。

《德意志意识形态》的出版过程甚为坎坷,郭沫若1947年2月18日在群益版的"序"里只笼统说"因时局关系历久未能出版"。本文试图对这个笼统说法稍作一点展开。

综合有关史料,可以理出这样的轮廓:译稿大约于1931年夏交给王礼锡,是否由神州国光社运作出版,未能确定,一年多以后,郭沫若与王礼锡的联系中断。据孔另境编《现代作家书简》,1933年3月2日,郭沫若曾有一封写给王礼锡的信,托叶灵凤设法转交。4月3日,郭沫若闻讯王礼锡夫妇已经出国,请叶灵凤转交信函的事因而作罢。又据郭沫若纪念馆馆藏资料,1933年7月24日,郭沫若就《德意志意识形态》出版事分别致信赵南公、胡秋原,告知此书译稿是托梅电龙交给王礼锡先生的,曾收到王礼锡转来100日元,记入《政治经济学批判》的稿费,双方未就《德意志意识形态》的出版成约。可是,《读书杂志》三卷六号"新书预告"突然广而告之《德意志意识形态》即将出版,郭沫若在信中流露出对神州国光社做法的不理解,要求停止出版。[③]信里提到的梅电龙,即梅龚彬,字电龙,1927年8月3日与郭沫若同路从庐山赶往南昌,加入八一起义的行列。[④]郭沫若没有详细说明把《德意志意识形态》书稿托付梅龚彬的时间,推测是在1931年6月,梅龚彬在日本被关押一年有余,恢复自由可以返回上海之际。一段时间以后,王礼锡因为大量出版马恩著作,参加抗日反蒋活动,屡遭国民党当局威胁,于1933年3月被迫割舍了他全身心投入的《读书杂志》和神州国光社,交给胡秋原接手,与夫人陆晶清一起远赴欧洲。郭沫若身处日本,对这些情况未见得能了解得及时而详细。推想胡秋原接到郭信后,一定会有回信,期待有新的史料对此予以补正。1933年底闽变失败,神州国光社受到国民党政府更加无情的打压,《德意志意识形态》的出版继续搁浅。庆幸书稿没有发生意外,1938年11月神州国光社换牌组建的上海言行出版社始将此书付梓。此时,郭沫若已带领国民政府军事委员会政治部第三厅撤往内地,由于音讯不通,仍以为书稿"被神州国光社索去,迄未出版"[⑤]。1947年3月,上海群

---

① 林甘泉、蔡震主编:《郭沫若年谱长编(1892—1978年)》第2卷,中国社会科学出版社2017年版,第517页。

② 《德意志意识形态》,上海群益出版社1947年版,第1页。

③ 林甘泉、蔡震主编:《郭沫若年谱长编(1892—1978年)》第2卷,中国社会科学出版社2017年版,第517页。

④ 梅龚彬时任国民革命军第四军第十二师政治部主任,他是1925年加入中共的老党员,南昌起义失败后,成为隐蔽战线中的一员,直至1975年去世,始终保持民主人士身份。

⑤ 郭沫若:《五十年简谱》,载《郭沫若全集·文学编》第14卷,人民文学出版社1992年版,第548页。

益出版社使用神州国光社作为版税交给郭沫若的纸版,将《德意志意识形态》列为"沫若译文集之五",重新出版。郭沫若对于此书出版过程的简而言之,浓缩了马克思主义理论著作在中国翻译出版的曲折艰辛。

1939年1月,王礼锡、陆晶清夫妇长途跋涉回到祖国。归国仅仅八个月,王礼锡竟不幸在慰问前线部队时染病,长眠于中原大地。郭沫若为纪念这位故友,写下讴歌赤诚、激人奋进的题词:

以血和生命写,把自己写成了杰作。

杀敌致果,文人并不输于武人,笔杆亦不让于枪杆。礼锡先生的死便是无言的雄辩。①

四

1935年5月,左联东京分盟的机关刊物《杂文》被日本当局查禁。编辑部的骨干经常和郭沫若交换意见,同意按郭沫若建议改名为《质文》,继续出版;还拟定了由10部作品组成的"文艺理论丛书",由左联成员分别承担翻译工作,在提高左联成员马克思主义文艺理论水平的同时,推动中国新文化运动深入发展。"丛书"第一种,即郭沫若对马克思、恩格斯合著的《神圣家族》第五部分的翻译,题为《艺术作品之真实性》(后改译为《艺术的真实》)。起初,左联东京分盟的年轻人建议使用日译本《艺术论体系》为底本,郭沫若经过比较,没有采纳,认为直接依照德文本进行翻译更妥当。

《艺术作品之真实性》是马克思对青年黑格尔派代表人物所推崇的长篇小说《巴黎之秘密》的分析批判,节选自《神圣家族》第五章、第八章,由马克思独立撰写,分为《文学中的典型及社会关系之实例》《布尔乔亚浪漫主义文学之肯定的典型之暴露》等八节。

小说《巴黎之秘密》是法国作家欧仁·苏(悠然徐)的代表作。郭沫若在翻译过程中,更正了日译本的误译,又借鉴日译本的做法,在书后加了附注,帮助读者了解小说中的人物关系。②他在第一条附注里介绍了《巴黎之秘密》的梗概:"小说的主人公格洛尔德胥坦公国的世子鲁多尔夫,青年时沉溺于女色,因女人之故曾欲谋杀其父,由忠臣之谏遂翻然改心。尔来为补偿自己的罪恶起见,便于各地而尤其以巴黎为舞台,自行变服微行于各种社会阶级中,以'赏善惩恶,救助苦恼者,济渡堕落中之精神'为职志而大事活动。这便是那小说的梗概,原书实在是无聊的下乘的作品。"③既是附注,亦是酷译。

译文的发表和出版很快捷,1936年2月15日郭沫若在"前言"里交代了版本和翻译上

---

① 题词为纪念蒲风、王礼锡而作,手稿存四川乐山文物管理委员会。"笔杆亦不让于枪杆"句中"枪"字有笔误,已据上下文校改。

② 日译本刊登于日本ナウカ社《理论》季刊第一辑(1934年)。因未能查阅到该杂志,无法比较日译本与郭沫若所加附注的异同,期待能够查阅到日译本的朋友予以补正。

③ 郭沫若译:《艺术作品之真实性》,质文社1936年版,第57页。

的技术问题，5月25日即由东京质文社出版，并在《质文》月刊第5—6号合刊上，以"黑格尔式的思辨之秘密"为篇名发表了译文的第一节。[①]质文社继续受到日本警方限制，终于在第7号被迫停刊。1947年3月，上海群益出版社把这部译作列为"沫若译文集之六"重新出版时，书名更改为《艺术的真实》，版权页上原著作者的署名也由"德国·卡尔"改为马克思。

五

1936年间，由郭沫若来翻译《资本论》的话题再次被提起。鉴于郭沫若翻译的《政治经济学批判》获得了不小的社会影响，这年年初，任白戈和陈乃昌、林林、魏猛克等人提出，郭沫若一定能够胜任翻译《资本论》的工作，郭沫若当然心向往之。可是《资本论》的翻译工程浩大，因为筹措不到必需的费用来维持郭沫若全家的生活，国内又没有书店敢冒这个风险，翻译《资本论》的夙愿还是没能变成现实，尽管如此，《资本论》仍然是郭沫若经常研读的经典著作。

1936年10月、1937年5月，他先后完成《〈资本论〉中的王茂荫》和《再谈官票宝钞》两篇文章，纠正了河上肇、高畠素之、陈启修三位知名学者对《资本论》注释中提到的"Wan-mao-in"这个中国人姓名的误译，澄清了《资本论》中所说的"官票"和"宝钞"是怎么回事。他在文中配了咸丰时代官票和宝钞的图片，让读者对它们有比较直观的了解。照片是请东京文求堂书店的专业人员拍摄的，费用从他古文字著述的版税中扣除。这两篇文章的发表为中国近代经济史研究提出新的课题，迅速得到国内学者的响应。经过几位学者的考察调研，马克思关注并肯定过的王茂荫这位历史人物的史料愈见丰满。这条注释的破解使郭沫若对《资本论》的翻译有了更深的感触，这样伟大的著作，连半截注脚都须费一番考证的工夫，何况全书，"翻译真不是一件容易的事情！"

除马克思主义理论著作外，郭沫若的翻译作品还有歌德的《浮士德》，U.辛克莱揭露底层社会黑暗的三部长篇小说《石炭王》《屠场》《煤油》，以及席勒、托尔斯泰、屠格涅夫、芥川龙之介等人的文学作品，还有A.米海里司的《美术考古一世纪》、H.G.威尔斯的巨作《生命之科学》，等等。正如周恩来对郭沫若海外十年的评价，他的"译著之富，人所难及"。在异常艰苦的条件下，郭沫若以极大的热情和不懈努力完成的马克思主义经典著作的译介，对当时马克思主义在中国的传播起到了重要作用，也使他成为运用马克思主义的观点方法研究中国古代社会的第一人。

（原载《中国现代文学研究丛刊》2022年第11期）

[①] 第一节原题"抽象与具体性"，在《质文》上发表时，其第一自然段被略去。

郭沫若怎样成为马克思主义者

蔡 震

一

1924年8月，郭沫若在一封给朋友的信中斩钉截铁地宣称："我现在成了个彻底的马克思主义的信徒了！""我把我从前深带个人主义色彩的想念全盘改变了。""或许我的诗是从此死了，但这是没有法子的，我希望它早些死灭吧。"[1]刚刚还在新文坛以浪漫派诗人的激情高歌"毁坏"与"创造"的郭沫若，突然之间宣布了《女神》式诗人使命的终结，宣称来到人生旅程一个新的起点，这将是奉马克思主义为圭臬的新的人生行旅。何以至此呢？

还是在留学时期的1918年前后，郭沫若就接触到马克思主义。他从阅读日本学者福井准造的《近世社会主义》一书，[2]开始知道马克思主义，知道社会主义革命，虽然《近世社会主义》还并不是真正的马克思主义著作，而是一本关于社会主义运动和思潮史的著作。当然，这应该是郭沫若在广泛涉猎西方思想文化时的一种阅读和了解的过程。马克思主义、社会主义只是作为近代以来西方各种思想派别中的一种为他所认知。按郭沫若所说，也只是停留在他"意识的边沿"。他那时所倾心的是泛神论思想、生命哲学，所渴望的是一种纯文艺的写作，想用诗歌"以鸣我的存在"。

新诗创作让郭沫若在五四文坛声名大噪，他聚合了一群作家组织创造社，把新文学活动搞得风生水起。但很快，郭沫若便发现他倾注了满腔热情的文学活动并没有取得预期的效果。他与创造社作家的热情呼唤"应者寥寥，还听着许多冷落的嘲笑"，他们创办的几个刊物难以为继，创造社内部人员也出现了分歧和矛盾。这让郭沫若感觉着进退维谷的苦闷。他意识道："社会的要求不再容许我们笼在假充象牙的宫殿里面谈纯文艺了。我自己也感觉着有这种必要，但没有转换的能力。"凭着一股热情在文章中吼过一些激越的腔调，说要"到民间去"，"到兵间去"，"到工厂间去"，"然而吼了一阵还是在民厚南里的楼上。吼了出来，做不出去，这在自己的良心上感受着无限的苛责。从前的一些泛神论的思想，所谓个性的发展，所谓自由，所谓表现，无形无影之间已经遭了清算。从前在意识边沿上的马克思、列宁不知道几时把斯宾诺莎、歌德挤掉了，占据了意识的中心"。[3]

反思几年来自己的亲身经历以及伴随而来的精神困惑，郭沫若发现在思想上面临新的选

---

[1] 郭沫若：《孤鸿——给芳坞的一封信》，《创造月刊》1926年第1卷第2期。
[2] ［日］向坂逸郎：《郭沫若与福井准造的〈近世社会主义〉》，田家农译，原载日本岩波书店《图书》1957年3月号，转引自《郭沫若研究》第7辑，文化艺术出版社1989年版。《近世社会主义》出版于1899年，中文译本1903年由上海广智书局出版，译者赵必振。
[3] 郭沫若：《创造十年》，载《郭沫若全集·文学编》第12卷，人民文学出版社1992年版，第182、184页。

择，必须有新的动力来突破意识上已有的藩篱。因此，需要深入全面地去认识、学习马克思主义，以便掌握、运用马克思主义理论来认识现实的中国社会，解决中国革命的实际问题，也借此走出自我的精神困顿。在这样的情势下，他认真阅读了日本马克思主义经济学家河上肇的《社会组织与社会革命》一书，并且翻译了该书。他在对该书的研读中，获得了关于马克思主义经济学说比较"系统的本质的认识"，获得了关于资本主义内在矛盾及其必然会有的历史"蝉变"的认识。他对朋友说道："这本书的译出在我一生中形成了一个转换期。把我从半眠状态里唤醒了的是它，把我从歧路的彷徨里引出了的是它，把我从死的暗影里救出了的是它。"①研究者大多即以此为郭沫若完成了思想转换的一个历史节点。

然而，郭沫若以读到河上肇的《社会组织与社会革命》为自己思想的转换划出一个界限，其实只是标明了一个新的起点，从接触马克思主义到确认马克思主义作为自己人生的思想指南应该有一个不断学习、认知、积累的过程。

与阅读并翻译河上肇的经济学著作相关的一个思想文化背景是，随着社会主义思潮在日本的兴起，马克思主义在日本有了更深入的研究、介绍、传播。郭沫若密切关注日本社会的这一思想文化动向，关注日本马克思主义理论研究、实践，尤其是无产阶级文艺运动的动态，借此汲取自己需要的思想动力，继续深入学习马克思主义理论。从郭沫若的文学活动和文学写作中，我们可以看到日本马克思主义对于郭沫若所产生的影响。

在深入学习马克思主义理论的同时，郭沫若对于此前自己的文学活动采取了"清算"的态度。他把几篇小说和戏剧作品辑录为《塔》，作为"青春时期的残骸"，收束在那个"小小的'塔'里"②，寓意过往的终结。他把曾经撰写的文艺论著编成集子，在序言中称："这部小小的论文集，严格地说时，可以说是我的坟墓吧。"③

而在《我们的文学新运动》一文中，郭沫若针对新文学的文学主张首次提出了"无产阶级"的概念。他声称："我们现在对于任何方面都要激起一种新的运动，我们于文学事业中也正是不能满足于现状，要打破从来因袭的样式而求新的生命之新的表现。""我们的运动要在文学之中爆发出无产阶级的精神，精赤裸裸的人性。"④

二

走进马克思主义，应该说是郭沫若在医学专业的学习之外，以及毕业后的又一次留学，是另一种思想文化课业的学习。这个学习过程开始是伴随着他所热心的文学活动，后来则"从文艺运动的阵营里转进到革命运动的战线里来了"⑤。

1924年回国以后，郭沫若先想到要翻译《资本论》，这时他已经阅读过《资本论》，但因商务印书馆不欲出版而作罢。他开始关心政治问题，关注社会改革问题，以及经济、政治体

---

① 郭沫若：《孤鸿——给芳坞的一封信》，《创造月刊》1926年第1卷第2期。
② 郭沫若：《〈塔〉前言》，载《塔》，上海商务印书馆1926年版，第1页。
③ 郭沫若：《文艺论集·序》，载《文艺论集》，上海光华书局1925年版，第1页。
④ 郭沫若：《我们的文学新运动》，载《郭沫若全集·文学编》第16卷，人民文学出版社1989年版，第4、5页。
⑤ 郭沫若：《〈社会组织与社会革命〉序》，载《社会组织与社会革命》，商务印书馆1951年版，第1页。

制等问题，并且作出了自己的思考。郭沫若认为，"中国的现状无论如何非打破不可，要打破现状就要采取积极的流血手段"。"非如俄罗斯无产专政一样，／把一切的陈根旧蒂和盘推翻，／另外在人类史上吐放一片新光。"①

郭沫若此时意识到需要一个剖析社会人生的思想指南，需要科学的认识论、方法论："唯物史观的见解，我相信是解决世局的唯一的道路。世界不到经济制度改革之后，一切什么梵的现实，我的尊严，爱的福音，只可以作为有产有闲阶级的吗啡、椰子酒；无产阶级的人是只好永流一生的血汗。"②孤军社在1924年组织过一次撰文讨论中国经济路线问题的活动，郭沫若明确主张实行社会主义。

尽管如此，郭沫若对于无产阶级、资产阶级、唯物史观、社会主义等概念，只能说是有了初步了解，他对于这个理论体系的认识还是零散的，还处在似懂非懂之间。步入社会革命实践，是他学习、认知马克思主义过程中更为重要的一步。

1926年初，郭沫若应聘赴广东大学任教。广州此时是以国共合作为政治背景的国民革命的策源地，广东大学聘请郭沫若，是看到了郭沫若与创造社作家在文学活动中所展现的革命性、思想性与行动力；是希望像郭沫若这样的"革命的中坚分子和有思想的学者们全集中到这边来，做革命青年的领导"③。

担任文科学长的郭沫若，在广东大学施行了一些革新教育的措施，同时参与了许多社会活动：到农民运动讲习所作报告，参与筹备组建中山大学，在黄埔军校讲课，担任第六届广州全国农民运动讲习所教员，等等。在广州期间，郭沫若结识了毛泽东、周恩来以及恽代英、林伯渠等一批共产党人，并提出了加入中国共产党的申请。他进而投笔从戎，参加国民革命军北伐。

北伐的经历让郭沫若在战火硝烟的磨炼中对于中国社会的阶级状况、中国革命的政治态势等有了更加清晰的认识。他在蒋介石发动反革命政变之际，撰写了那篇《请看今日之蒋介石》的讨蒋檄文，揭露了蒋介石代表大地主、大资产阶级利益，背叛国民革命的真实面目。

紧接着，郭沫若投身中国共产党独立领导的武装革命——南昌起义。在起义部队南下广东的征途上，郭沫若由周恩来、李民治介绍，加入中国共产党。在革命陷入低潮时加入中国共产党是郭沫若一生中最重要的一个政治选择。

参加国民革命军北伐的革命实践活动，使得郭沫若无产阶级的阶级意识和政治意识有了极大提高。所以在南昌起义失败后，他回到上海继续从事文学活动时，旗帜鲜明地倡导无产阶级革命文学。

郭沫若撰写了《英雄树》《桌子的跳舞》《留声机器的回音》等一系列文章，阐释文学的阶级属性，无产阶级文学是无产阶级革命必然的发展，无产阶级革命文学的工农兵方向，辩证唯物主义的创作方法，作家的无产阶级世界观等问题。郭沫若提出的这些问题及其所作的

---

① 郭沫若：《黄河与扬子江对话》，《孤军》1923年第1卷第4—5期。
② 郭沫若：《太戈尔来华之我见》，载《文艺论集》，上海光华书局1925年版，第237页。
③ 郭沫若：《陈公博函催郭沫若等南归》，《广州民国日报》1926年2月18日。

阐释，当然并不成熟，但它们都是无产阶级革命文学在实践中需要思考并不断解决的问题。

从文学革命运动到无产阶级革命文学运动，五四新文学的发展，进入了一个新的历史阶段。郭沫若与创造社、太阳社作家倡导和实践的无产阶级文学运动，不免有它的偏激之处，但它实际上开启了20世纪30年代的左翼文艺运动，同时表明了中国共产党对于文艺运动领导权的重视。

回国三年的生活经历，是郭沫若在实践意义上对马克思主义的一个学习、认知的过程。正如他自己后来总结的：在此期间，"中止了前期创造社的纯文艺活动，开始转入了对于辩证唯物论的深入的认识"①。

三

由于遭到国民党当局通缉，郭沫若被迫流亡日本，不得不中断了在无产阶级革命文学运动中的社会实践和文学创作活动。面对这样的现实，他选择进入历史学、古文字学领域做学术研究工作。这给了他能在理性的沉静中进一步深入思考马克思主义理论问题的时间和空间。

在从事学术研究之初，郭沫若即怀有一个明确的认知：运用唯物主义、辩证法研究中国古代社会，同时"来考验辩证唯物论的适应度"②。他认识到，要使辩证唯物论"这种新思想真正地得到广泛的接受，必须熟练地善于使用这种方法，而使它中国化"③。郭沫若据此着手撰写关于中国古代社会的系列研究论文。

郭沫若认为，世界文化史关于中国的记载还是一片白纸，恩格斯的《家庭、私有制和国家的起源》也没有写到中国的历史。因此，"中国人是应该自己起来写满这半部世界文化史上的白页"。他将自己的研究定性为"恩格斯《家庭、私有制和国家的起源》的续篇"，"研究的方法便是以他为向导"。④郭沫若广泛阅读、查考了各种古代典籍、甲骨文、金文文献资料，并且密切关注安阳殷墟当时正在进行的考古发掘，援用出土的甲骨卜辞。在充分阅读、掌握各种文献史料的基础上，他陆续撰写了《周易的时代背境与精神生产》《卜辞中之古代社会》等一组论文及"导论"《中国社会之历史的发展阶段》。

郭沫若从甲骨卜辞分析出殷商已经发展到农业时期的生产力状况，研究了殷商的社会组织以及阶级制度的产生。从古代典籍研究了周代的生产力水平、生产方式、社会组织结构、精神生产、上层建筑，以及由原始公社制向奴隶制，再到封建制的社会变革。亦从金文研究阐释了周代的社会史观。在"导论"中他根据马克思主义理论，概括了中国社会所经历过的四种社会形态。

郭沫若的研究不是仅仅阅读历史，止步于旧史学整理国故的"知其然"，而是要在此基

---

① 郭沫若：《盲肠炎·题记》，载《郭沫若全集·文学编》第18卷，人民文学出版社1992年版，第5页。
② 郭沫若：《跨着东海》，载《郭沫若全集·文学编》第13卷，人民文学出版社1992年版，第331页。
③ 郭沫若：《跨着东海》，载《郭沫若全集·文学编》第13卷，人民文学出版社1992年版，第330页。
④ 郭沫若：《中国古代社会研究·自序》，载《中国古代社会研究》，上海联合书店1930年版，第6页。

础上批判地"知其所以然"。"把中国实际的社会清算出来,把中国的文化,中国的思想,加以严密的批判,让你们看看中国的国情,中国的传统,究竟是否两样。""对于未来社会的待望逼迫着我们不能不生出清算过往社会的要求。"①他的研究有着鲜明的现实用意。

1929年11月,郭沫若完成了《中国古代社会研究》的书稿。在篇末他记下"11月7日夜"这个日子,并写下一句话:"一个人坐在斗室之中,心里纪念着一件事情。"②其寓意十分清楚,所以他在"自序"中说:"目前虽然是'风雨如晦'之时,然而也正是我们'鸡鸣不已'的时候。"郭沫若的这部学术著作甫一出版,即在当时国内正在进行的中国社会史大论战中激起巨大反响。《中国古代社会研究》成为中国马克思主义史学的开山之作。

在这之后,郭沫若于学术研究的同时,还陆续翻译了几种马克思主义的经典著作:马克思的《政治经济学批判》、马克思的《艺术作品之真实性》、马克思与恩格斯的《德意志意识形态》。正是在《德意志意识形态》中,马克思分析论述了人类历史上随着生产力的发展和社会分工的差异而出现五种社会所有制形式。

如果说参加北伐的革命实践,是郭沫若参与了一次对旧的社会秩序、社会结构进行的武器的批判,那么,他用辩证唯物论来研究古代中国的思想、社会、历史的发展,则是在关于历史、现实与未来关系的思考中进行的一次思想的批判。这一番学术研究活动对于郭沫若更重要的意义在于,他由此运用和真正掌握了马克思主义这一思想批判的武器。他已经不是被动地、教条式地搬用马克思主义理论,而是通过科学严谨的学术研究,在"考验辩证唯物论的适应度"的过程中确认了马克思主义的真理性品格。这是郭沫若思想发展路程上一个真正的飞跃。他后来回忆、总结自己这一段人生经历时写道:"尤其辩证唯物论给了我精神上的启蒙,我从学习着使用这个钥匙,才认真把人生和学问上的无门关参破了。"③

经过这样一番历练,郭沫若真正成为一个马克思主义者。

郭沫若通过运用唯物辩证法研究中国古代社会的学术实践,掌握了马克思主义的唯物主义史观和唯物辩证法的方法论。在接受马克思主义,并成为马克思主义者的过程中,他有着比同时代许多知识分子都更为丰富的理论活动和实践经历,而且走过了一条独特的路径。这应该也能带给我们有益的现代启示。

（原载《中国史研究》2022年第3期）

---

① 郭沫若:《中国古代社会研究·自序》,载《中国古代社会研究》,上海联合书店1930年版,第6页。
② 在《中国古代社会研究》初版本中,这个日期署为:"11月10日夜",后于人民出版社1954年9月版中改作"11月7日夜",并特别为"心里纪念着一件事情"作注:是指11月7日苏联"十月革命"纪念日。因当时亡命日本,文成后拟在国内发表,不便明言,"故作此隐语"。
③ 郭沫若:《十批判书·后记》,载《郭沫若全集·历史编》第2卷,人民出版社1982年版,第465页。

唯物史观与格物致知

——郭沫若马克思主义与中国文化相结合的史学贡献

冯 时

2022年11月16日是我国马克思主义史学家郭沫若130周年诞辰。郭沫若作为继鲁迅之后中国文化战线的旗帜，不仅开创了中国马克思主义新史学，而且于传统学术和文化的诸多领域作出了卓越贡献。马克思主义传入中国并不意味着其必然取代数千年积淀的中华文明，事实上，马克思主义基本原理与中华优秀传统文化相结合一直是马克思主义中国化的具体表现，而郭沫若的史学研究正可以被视为将两者有机结合的成功实践。唯物史观的核心即在于唯物，其与唯心史观相对，本质上体现着人们认识客观世界的两种不同方法。然而唯物史观何以能在中国植根并得到发展，这一事实绝不是偶然的，原因就在于其与中国文化的传统认识论相契合。中国传统的认识论，一言以蔽之就是格物致知，这是中国文化的优秀内涵。格者至也，物则指己身以外的物质存在，所以格物致知的意思就是人们通过对自然万物的观察分析而获取知识，这意味着先贤所积累的知识并非来自他们头脑中的空造悬想，而皆源于对自然世界的客观认识。这种唯物主义认识论决定了中华文明是一种追求真理的文明，其与古希腊的唯心主义认识论存在鲜明的区别，从而形成马克思主义得以在中国扎根的天然土壤。郭沫若于1924年开始系统接受马克思主义唯物史观，与此同时，他就已经在思考马克思主义与中国传统文化的异同问题。一年之后，郭沫若撰写了《马克斯进文庙》一文，[①]以诙谐的文笔设想并描述了马克思与孔子的对谈，回答了人们有关能否接受马克思主义的疑问。结论是，马克思主义没有在中国水土不服，其与儒家的思想是一致的。

格物与唯物，两者的内涵完全相同，都重在对客观世界的考察。这意味着史学研究无论是以唯物史观还是格物致知的认识论为指导，首先面临的就是史料问题。郭沫若认为："研究历史，和研究任何学问一样，是不允许轻率从事的。掌握正确的科学的历史观点非常必要，这是先决问题。但有了正确的历史观点，假使没有丰富的正确的材料，材料的时代性不明确，那也得不出正确的结论。"[②]我们是否有能力与古人对话，是否有能力了解古代社会真相，还是只能凭借历代史家的经注甚至曲解古代，实际已成为衡量治史考史客观与否的准绳。孔子曾欲作夏史商史，即因文献不足而作罢，其所说的文献实为直出夏商先民之手的史料，足见传统史学对直接史料的重视。而甲骨文、金文正属于这种真实的材料，其价值是基本史料和辅助史料所无法替代的，因而理所当然地成为正确认识商周社会的理想史料，这使研究商周先民留弃的甲骨文、金文材料成为重建上古社会必须从事的工作。所以郭沫若在

[①] 郭沫若：《马克斯进文庙》，《洪水》1925年第1卷第7期。
[②] 郭沫若：《中国古代社会研究·一九五四年新版引言》，人民出版社1977年版，第Ⅴ—Ⅵ页。

确立了其唯物史观的立场之后，即将几乎全部精力投入对商周古文字的研究，取得了辉煌成就。

郭沫若利用新史料的史学研究与埋头于故纸堆的整理国故根本不同，这一工作既是对传统学术的继承，更是向所谓"整理国故"的挑战。郭沫若曾回忆说："从前搞旧学问的旧人，自视甚高，他们以为自己所搞的一套是'国粹'，年青一代的人不肯搞了，因而以裂冠毁裳、道丧文敝为慨叹。因此，我想搞一点成绩出来给他们看看。结果证明：所谓'国粹'先生们其实大多是假古董。虽然道貌岸然，而对于古代文物大多全在门外。"① 很明显，郭沫若古文字研究的意义远不止于学术，因甲骨金文是较佶屈聱牙的周诰殷盘更为艰深的古学，素为国故先生们所仰羡，而郭沫若正是要通过其对这类真国故研究的凿空之功，使人重新认识他所开创的唯物史观新史学。这就是郭沫若所说的拿他们所崇拜的"东西"来"打"那些自称"有东西"的人。②

郭沫若以唯物史观探讨中国古代社会，传统的经学史料已无法满足他的需要，故于第一手资料奋力搜集。甲骨文出土自殷墟，于 1928 年已经开始了科学发掘，作为史料可以放心使用。而青铜器铭文虽自北宋以降代有整理，但体系尚未完善，需要分代分域加以清理，这是郭沫若在古史研究的起步阶段就必须解决的问题。其创立"标准器断代法"，于青铜器断代研究取得划时代的成绩，奠定了重建古史的基础。

古代文字的正读是解决古史问题的关键。郭沫若在 1929 年 8 月 1 日所作的《甲骨文字研究序》中对其学术目的有着明确的表述："余之研究卜辞，志在探讨中国社会之起源，本非拘拘于文字史地之学。然识字乃一切探讨之第一步，故于此亦不能不有所注意。且文字乃社会文化之一要征，于社会之生产状况与组织关系略有所得，欲进而追求其文化之大凡，尤舍此而莫由。"③ 文字作为中国文化的载体，不仅是传统思想之渊薮，更是社会文化之渊薮，因此，文字"于研究一切精神生产之起源上，适为最良之资料，犹研究生物学者之必由显微镜解剖学以入手，卜辞及其文字则一切后代文化之原始细胞也。触目及此，云翳具除。如宗教之起源于生殖崇拜，刑政之滥觞于奴隶使用，艺术之本质在服务于社会，星历之现象，最亲暱于先民，胥若明如观火矣"④。这些发前人所未发的见识，非直究直接史料是不可能取得的。

在夏代史料缺乏的条件下，甲骨文作为重建殷商历史的直接史料当然是郭沫若研究中国古代社会可利用的最重要的材料。其实，郭沫若的甲骨文研究既出于罗王之传统学术，又别于其固有的学术目的，这当然取决于唯物史观的指导。郭沫若在《卜辞中的古代社会》序中指出：

> 中国学者，特别是研究古文字一流的人物，素少科学的教养，所以对此绝好的史料，只是零碎地发挥出好事家的趣味，而不能有系统的科学的把握。罗、王二氏其杰出

---

① 郭沫若：《金文丛考·重印弁言》，人民出版社 1954 年版，第 4 页。
② 郭沫若：《金文丛考·重印弁言》，人民出版社 1954 年版，第 4 页。
③ 郭沫若：《甲骨文字研究·序》，上海大东书局 1931 年版，第 1 页。
④ 郭沫若：《甲骨文字研究·序》，上海大东书局 1931 年版，第 2 页。

者，然如"山川效灵"、"天启其衷"的神话时不免流露于其笔端。在这种封建观念之下所整理出来的成品，自然是很难使我们满足的。

我们现在也一样地来研究甲骨，一样地来研究卜辞，但我们的目标却稍稍有点区别。我们是要从古物中去观察古代的真实的情形，以破除后人的虚伪的粉饰——阶级的粉饰。本篇之述作，其主意即在于此。得见甲骨文字以后，古代社会之真情实况灿然如在目前。得见甲骨文字以后，《诗》、《书》、《易》中的各种社会机构和意识才得到了它们的泉源，其为后人所粉饰或伪托者，都如拨云雾而见青天。我认定古物学的研究在我们也是必要的一种课程，所以我现在即就诸家所已拓印之卜辞，以新兴科学的观点来研究中国社会的古代。①

郭沫若接受唯物史观，这使他的甲骨文研究有着不同于以往的社会视野。1929年，郭沫若在完成《卜辞中的古代社会》的当夜，就写就了《中国古代社会研究·自序》，文中的豪迈之情尽显其以甲骨文重建殷商社会真实历史的成就感与使命感。他指出："本书的性质可以说就是恩格斯的《家庭、私有制和国家的起源》的续篇……于他所知道了的美洲的印第安人、欧洲的古代希腊、罗马之外，提供出来了他未曾提及一字的中国的古代。"②这一工作不仅使传承数千年的中华文明彰明昭著，极大地提升了己身文明作为人类文明不可分割重要部分的历史地位，而且通过对人类历史发展普遍规律的研究证明了马克思主义的真理性。

郭沫若对于中国古代社会的研究并非只是据西方理论的生搬硬套，以圆凿而纳方枘，而是基于己身文明的直接史料和概念体系所做的探索。然而，古物是有麻醉性的，愈深入便愈易沉沦。所以郭沫若时常提醒自己，始终不失以唯物史观探求历史发展规律的宏旨。他在1952年撰写的《金文丛考·重印弁言》中即回顾了这种自我斗争的经历。

史料问题解决之后，研究什么问题就成为关键。历史唯物主义的研究着眼于人类历史发展的一般规律，这意味着历史研究不能陷入孤立的枝节，而应从具体研究中提炼规律性的认识，这当然是郭沫若重建上古社会必须思考的问题。所以他的古史重建工作从对作为社会基础的物质生产力的探索开始，对卜辞中所反映的商代渔猎、牧畜、农业、工艺、贸易等问题进行了深入分析，进而探讨生产关系和社会结构。这种治史思路既是唯物史观的体现，当然也是格物的体现。

中华文明的核心内涵为道德体系、知识体系与礼仪制度③，而礼有三本，所谓天地为生之本、先祖为类之本、君师为治之本，④因此重建上古社会的制度必以重建此三本为务。《易·系辞上》以"天地之大德曰生"，因此天地之生、道德之生以及先祖之生具有相同的意义。人类历史实际也就是以人为核心的家庭、宗族和社会的历史，这当然是唯物史观所要探索的

---

① 郭沫若：《中国古代社会研究》，人民出版社1977年版，第172页。
② 郭沫若：《中国古代社会研究·自序》，人民出版社1977年版，第X页。
③ 冯时：《中华文明的理论探索》，《郑州大学学报（哲学社会科学版）》2021年第6期。
④ 参见《荀子·礼论》，(清)王先谦：《荀子集解》，中华书局1988年版，第349页；《大戴礼记·礼三本》，(清)王聘珍：《大戴礼记解诂》，中华书局1983年版，第17页。

问题。男女有别而后夫妇有义，夫妇有义而后父子有亲，父子有亲而后君臣有正，这意味着祖先观念的起源实为社会史研究的首要问题。郭老在最早完成的古文字学著作《甲骨文字研究》中，开篇即作《释祖妣》，以明生之原，又作《释臣宰》，以明治之原，继之以《殷周青铜器铭文研究》揭示所谓图形文字即古代国族之名号，体现了其将唯物史观与传统文化结合研究的独到见识。

社会的组成在于人各有分，这是荀子对于社会组织的精辟概括。君卿臣仆，士农工商，明分才能使群。《左传》昭公七年以人分十等，仆台最下，这与甲骨文、金文所见商周社会的真实情况十分吻合。郭沫若据甲骨文"僕"字之形构，分析其作人头上有鼜、臀下有尾、手中所奉者为粪除之物，论其即古人所用以司箕帚之贱役。[①]其据文字的分析遍察社会之分，所说卓尔不群。

人类知识体系的形成是从先民对空间和时间有意识地规划开始的，这使时空问题成为中国文化的根本问题。中国传统的时空记录形式为干支体系，探求其源至关重要。郭沫若作《释支干》《释岁》，以究其实。传统知识体系又以天数不分，农业的发明必须建立在观象授时的基础之上，而天文学的发展则必须引入数学计算，所以传统计数体系的发展实际与天文学具有同等重要的意义。郭沫若又作《释五十》，发明商代计数体系。他如《释封》以明政治，《释耤》《释勿》以明农作，《释朋》以明货币，皆关乎商代社会史的重建。

郭沫若志在以古文字研究阐述商周社会的生产方式、生产关系和意识形态，[②]因此与社会史相关的思想史问题同样需要依靠直接史料加以重建。郭沫若曾据金文史料作《周彝中之传统思想考》，开创性地研究两周时代的宗教思想、政治思想和道德思想，并建立其与儒家思想的联系。这种由社会生产力而意识形态的广泛探索，完整地构建了商周社会的基本面貌。

探索人类社会发展的一般规律必须建立在真实可靠的信史之上，而真实的历史只能由真实的史料建构，这使考辨史料成为史学研究的固有传统。甲骨文、金文、古器物及考古材料已足以证明商代历史的真实性，郭沫若先后完成《甲骨文字研究》《殷周青铜器铭文研究》《卜辞通纂》《殷契粹编》一系列著作及相关论述，不仅廓清了殷商文明，而且为对夏史的追溯奠定了基础。郭沫若曾作《夏禹的问题》，正确识出春秋叔夷钟镈铭文的"夏"字，从而使有关"虩虩成唐，有严在帝所，敷受天命，翦伐夏司，败厥灵师，伊小臣唯辅，咸有九州，处禹之堵"的铭文得以通读，直接证明了有夏存在的事实。同时他还将春秋秦公簋铭文有关"䰙宅禹迹""虩事蛮夏"的内容与文献对观，证明至少在春秋时代，人们仍坚信在殷商之前尚有一个夏朝，且禹为夏祖。[③]至于三皇五帝的传说，郭沫若则有《金文所无考》，以周文绝无其痕迹，证明此实出晚世史观，诚为不刊之论。这些真知灼见都充分体现了郭沫若的格物认知。

[①] 郭沫若：《中国古代社会研究》，人民出版社1977年版，第213—214页。
[②] 郭沫若：《甲骨文字研究·重印弁言》，载《郭沫若全集·考古编》第1卷，科学出版社1982年版，第7页。
[③] 郭沫若：《中国古代社会研究》，人民出版社1977年版，第275—276页。

考古学作为近世引入的新学科，不仅提供了古史研究的真实史料，而且其方法论也足资借鉴。郭沫若的格物精神决定了其对考古学的重视，他认为对于古代社会的研究而言，"地下发掘出的材料每每是决定问题的关键"①。郭沫若曾通过翻译《美术考古一世纪》学习了考古学方法，这对其科学整理甲骨文和金文史料发挥了重要作用。不仅如此，郭沫若对殷墟是否已有铁器以及商代卜法等古史问题的研析，也都自觉地采用考古学方法加以论证。

古之治学，以道为度，故毋意毋必。然而史料的局限势必造成认识的局限，这是史学研究无法回避的问题，所以唯物论者需要不断以新史料修正自己。郭沫若的格物认知不仅表现在其对直接史料的严谨甄别和广泛利用，而且体现在学术的自我完善。其于《十批判书》收有《古代研究的自我批判》，又作《奴隶制时代》，后出转精。至于新中国成立后其对旧作的系统修订以及所作之新篇，更臻于善。这种治史作为充分体现了郭沫若以唯物精神追求真理的实践。

综上所述，郭沫若的史学研究是将马克思主义唯物史观与中国优秀传统文化成功结合的典范，其对唯物史观的发扬并非仅停留在纯理论的表达，而是通过对具体问题坚实且富有生命力的研究而实现。其运用中国传统文化的概念体系与话语体系探讨中国古代社会，建构己身文明的学术体系，于理论与实践都具有重要的意义。

（原载《中国史研究》2022年第3期）

---

① 郭沫若：《中国古代社会研究·一九五四年新版引言》，人民出版社1977年版，第Ⅵ页。

郭沫若与中国现代文学史

李 怡

中国文化素有"盖棺论定"的传统。1936年10月19日，鲁迅逝世，一年后毛泽东在陕北公学纪念鲁迅逝世一周年大会上作《论鲁迅》演讲："鲁迅在中国的价值，据我看要算是中国的第一等圣人。孔夫子是封建社会的圣人，鲁迅则是现代中国的圣人。"①鲁迅由此获得了现代文坛的最为崇高的评价。1978年6月12日，郭沫若逝世，邓小平代表中共中央致悼词："他是继鲁迅之后，在中国共产党领导下，在毛泽东思想指引下，我国文化战线上又一面光辉的旗帜。"②虽然此前包括周恩来等革命领袖也都曾发出很高的赞誉，但是作为一种至高的历史定位，还是以这份悼词为标志。中国现代文学学科奠基于新中国成立之初，成熟于新时期的建设与推进，郭沫若以仅次于鲁迅的历史地位，成为百年中国文学的重要标志、引领中国现代文学发生与发展的一面旗帜。当然，随着现代文学历史进程的持续推进，各种新的艺术动向纷至沓来，令人眼花缭乱，当下的思潮挑战着"经典"的稳定性，而发掘出土的历史文献也层出不穷，不断刷新我们的认知，改变着我们的文学史景观，在这个时候，重新检视和总结郭沫若之于中国现代文学史的历史价值，也就显得必不可少了。

郭沫若在中国现代新诗史上的地位最为显赫，作为"诗人"也具有某种"形象总括"的意义。那么，我们今天究竟可以如何来判断他的诗歌史价值呢？因为新文学与新诗发生期代表人物胡适的政治倾向问题曾经困扰着文学史的叙述，1979年唐弢主编《中国现代文学史》，既往历史观的印迹依然隐现："郭沫若实在是中国的第一个新诗人，《女神》实在是中国的第一部新诗集。"③这里的判断并不仅是对郭沫若诗歌成就的认定，更是对胡适开创之功的排除。相对而言，王瑶的《中国新文学史稿》成形于新中国初年，承袭了早年清华的朱自清的质朴学风，对作为史实的胡适白话诗创作秉笔直录："胡适的《尝试集》出版在1920年，是中国的第一部新诗集。"④新时期以后特别是20世纪90年代以来，文学研究的"学术性"诉求持续攀升，爬梳历史细节的要求日益增加，不仅胡适的尝试大白于天下，其他各路先驱的种种探索也陆续曝光，在《尝试集》出版的1920年3月这一"时间坐标"之外，同年5月叶伯和《诗歌集》作为"个人新诗集第二"也得以确认，更不用说1920年1月作为54人集体合集第一部的《新诗集》，也不用说1918年1月15日《新青年》第4卷第1号出现的9首新诗，包括胡适的《一念》《鸽子》等4首诗、沈尹默的《月夜》等3首诗、刘半农的《相隔一层纸》等2首诗，属于白话新诗在媒体的第一次公开亮相。郭沫若在《时事新报·学灯》

---

① 毛泽东：《论鲁迅》，载《毛泽东文集》第2卷，人民出版社1993年版，第43页。
② 《在郭沫若同志追悼会上邓小平副主席致悼词》，《人民日报》1978年6月19日第1版。
③ 唐弢主编：《中国现代文学史（一）》，人民文学出版社1979年版，第144页。
④ 王瑶：《中国新文学史稿》，上海文艺出版社1982年版，第67页。

上发表新诗是在1919年9月，此前康白情已经在"学灯"副刊上发表了新诗，该诗让郭沫若深受触动："我看了也委实吃了一惊。那样就是白话诗吗？"①《女神》的结集出版则是在1921年8月。那么，郭沫若还是不是中国新诗的"第一"人呢？

在我看来，郭沫若之于中国新诗的创立之功毫无疑问。问题仅仅在于，这个"第一"根本无须在时间上锱铢必较，我们也完全不必以抹除他人的痕迹来显示郭沫若的意义，恰恰相反，郭沫若新诗创作的巨大价值是在文学史的纵横比较中真正确立起来的。今天，文学史研究的大量史实已经证明，中国新诗的尝试曾经是多位晚清民初的诗人在不同的地域以各自不同的心态和追求各自展开的，走出古代诗歌的创作路径，开辟新的文学表达方式本身就是历史的"共情"，这个事实十分平常，根本无须大惊小怪，未来的考证也还可能继续为我们提供探求摸索的其他例证。但是，无论历史的细节还可能被怎样深耕，中国诗歌艺术在近现代历史转换中的道路却已然十分清晰了：所有这些初期白话新诗的探索，最终都仅仅是在某一局部——主题、题材、意象或者语言——体现出了变更、创新，中国的初期白话诗人大都未摆脱古典诗词的束缚，②一部《尝试集》，其中的大多数篇什都还是旧体诗作，完全的白话新诗仅仅占少数，作为新诗尝试第一人的胡适的确未能向读者展示令人信服的诗歌才华，不仅黄侃这样熟读诗书的知识分子发出了轻蔑之语，稍晚的新诗作者有更多不满，甚至直呼"中国的新诗的运动，我以为胡适是最大的罪人"③。作为精神的高级的艺术，诗歌体式的创立和展开当然绝不是一个简单的时间占位问题，而是《浴海》中对人生世界的新鲜感受，《天狗》般不可思议的内在情绪，《凤凰涅槃》那样的想象的自由与奔腾。作为现代诗人，闻一多率先真正读懂了郭沫若诗歌的价值："若讲新诗，郭沫若君底诗才配称新呢，不独艺术上他的作品与旧诗词相去最远，最要紧的是他的精神完全是时代的精神——20世纪底时代的精神。"④作为新诗历史的精神演进，郭沫若诗歌的出现才真正翻开了独创性的一页，具有当之无愧的"第一"之谓。在这里，"第一"就是"首创"，既是精神世界的独立开拓，又是语言形态的全新建构。后来有人以"诗贵含蓄""音韵节奏"之类的标准来批评《女神》，其实问题倒不在什么"酷评"和"苛责"，而是这样的批评与艺术作为精神探险的本质在根本上就是十分隔膜的，当我们用后来的种种艺术趣味来匡正这位"五四"的"异端"，能够证明的恰恰不是郭沫若的简陋而是我们自身艺术勇气的严重失落。

郭沫若不仅是中国新诗的名副其实的开拓者，也是中国现代文学一系列文体的勇猛的尝试者和建设者。这里的"勇猛"指的是在新文学诸种文体的创立过程中，都活跃着郭沫若的身影，他的开创往往打破成规、不拘一格，极大地推动了中国文学的现代革命。除了新诗，郭沫若还是最著名的现代戏剧大家，早年的诗剧、抗战时期和新中国时期的历史剧，都熔现

---

① 郭沫若：《我的作诗的经过》，载《郭沫若全集·文学编》第16卷，人民文学出版社1989年版，第214页。
② 对此，胡适专辑也曾经断言："我所知道的'新诗人'，除了会稽周氏弟兄之外，大都是从旧式诗，词，曲里脱胎出来的。"（胡适：《谈新诗》，载《中国新文学大系·建设理论集》，上海良友图书公司1935年版，第300页。）
③ 穆木天：《谭诗——寄沫若的一封信》，《创造月刊》1926年第1卷第1期。
④ 闻一多：《〈女神〉之时代精神》，《创造周报》1923年6月3日第4号。

实的讽喻与浪漫的想象于一炉,"史学家是发掘历史的精神,史剧家是发展历史的精神"①,郭沫若所表达的文史对话的思想极具当代意识,也开启了现代历史剧创作的崭新思路,这就是"失事求似",以现代人的价值观重识历史史实,构织意味深长的历史叙述的伦理,探索出一条历史与现实对话的艺术新路,《棠棣之花》《屈原》《高渐离》《孔雀胆》等都堪称现代戏剧的典范,至今一直是学界研讨的重要对象。作为诗人,郭沫若融诗入剧。作为小说家,他也寓当代的史识于历史的故事之中,为我们带来了富有冲击性的思想启示,同时又将叙事与抒情相互结合,和郁达夫等创造社同人一起致力于现代自叙传小说的创作,这都是对传统文体边界的一种挑战。作为散文家的郭沫若有时很容易被人忽略,其实郭沫若的散文创作几乎与新诗同步,而且伴随了他的一生。从留日时期、"五四"与大革命时期、流亡时期、抗战时期、新中国成立至新时期到来,涉及回忆录、小品文、日记、通讯、通信、杂文、文学批评、散文诗等各种体式,包括1978年那一篇久久传颂的《科学的春天》。郭沫若的散文也是感情激荡,思想飞扬,在部分现代散文家接受西方纯文学意识,走向个人趣味的"艺术小品"之时,郭沫若却另辟蹊径,将个人的独特思想与传统散文的"大"与"杂"结合起来,创作出了独特的现代书信与自传文学。在《三叶集》中,留学日本的郭沫若与田汉、宗白华就人生和文学率性而谈,创造了前所未有的书信体述志文学。自传则是郭沫若散文中规模最大,影响也最深远的部分,从《我的童年》《少年时代》《学生时代》《反正前后》《黑猫》《初出夔门》,到《革命春秋》《洪波曲》《北伐途次》《水平线下》《苏联纪行》等,总字数达100多万。郭沫若的自传既是近现代中国史的记录,也达成了个人体验与时代洪流的深度结合,作为文学艺术,这些作品"纯然是一种自叙传的性质,没有一事一语是加了一点意想化的"②。儿童的幻想,青春的叛逆、求索与迷茫,冲动与挫折,个人隐私,人际龃龉,都一一道来,毫不掩饰,这种对个人深层心理过程的真诚展示在中国现代散文史上并不多见。从现代思想史的角度观察,这个时代的主潮就是五四新文化运动的领袖陈独秀所称作的"最后之觉悟"③,即思想伦理全新塑造,其中所体现的就是"五四"一代人所主张的伦理重建的真诚。郭沫若的散文完成了中国文学所欠缺的个人精神史的书写,值得中国现代文学史深入挖掘。对此,中外文学史家早已经发现。王哲甫在1933年就指出:"那样坦白的详细的写个人的幼年时代,在中国还算是特创,即比之俄国高尔基的《我的儿童时代》等作亦无逊色。"④日本著名学者丸山升也曾经指出,"自传和历史剧"就是郭沫若作品里"两根最重要的支柱"⑤。

总之,郭沫若几乎踏足了中国现代文学的每一个领域,所到之处,皆有创意,或突围于传统,或傲视于时代,独树一帜,别出心裁,引领潮流,开疆拓土,在历史的进程中留下自己重重的笔锋。由此,他也成为中国现代作家中并不多见的同时兼具多重身份的写作人、创

---

① 郭沫若:《历史·史剧·现实》,载《郭沫若全集·文学编》第19卷,人民文学出版社1992年版,第296页。
② 郭沫若:《我的童年·后话》,载《郭沫若全集·文学编》第11卷,人民文学出版社1992年版,第159页。
③ 陈独秀:《吾人最后之觉悟》,《新青年》1916年第1卷第6号。
④ 王哲甫:《中国新文学运动史》,杰成印书局1933年版,第153页。
⑤ 参见吕元明《战后日本开展郭沫若研究概况》,《郭沫若研究》1985年第1辑。

作者、翻译者、评论者、学者，展示了他所想往的"球形天才"的形象，也被史家描述为"百科全书式"的文学巨匠。

行走在中国现代文学历史进程中的郭沫若，不仅直接投身文学创造过程，而且以更为广阔的社会历史视野介入文学的思想运动之中，推动了中国现代文学一系列至关重要的历史转折，从而产生了更大范围的社会影响，发挥了一般专业作家难以替代的历史作用。

"五四"新文化运动推动中国文学完成了现代意义的历史转折，郭沫若虽然不是这一运动最初的倡导者，却以狂飙突进的姿态异军突起，率创造社同人努力开创"文学革命第二期"，推动五四文学从"重在向旧文学的进攻"迈向"重在向新文学的建设"[①]。的确，就是在郭沫若等创造社同人出现在文坛的1921年下半年以后，中国新文学才逐渐实绩彰显，这固然不是郭沫若等人独有的成就，但郭沫若和创造社作家的积极参与却无疑是其中最靓丽的风景。中国现代文学发展史上第一次历史性的思想转折发生在20世纪20年代中后期，是所谓从"五四"的文学革命到革命文学的转折。虽然"革命文学"和马克思主义的理论在20世纪20年代的中国已经如星星之火一般点燃，但郭沫若及创造社的倡导却真正地掀起了巨大的波澜。郭沫若于1926年5月发表的名文《革命与文学》正式宣告了对"浪漫主义的文艺"的"彻底反抗"，提出"我们所要求的文学是表同情于无产阶级的社会主义的写实主义的文学"[②]。一个月之后，成仿吾发表《革命文学与他的永远性》，表明了赞同"革命文学"的主张。这是创造社转向，继而中国现代文学"左转"的重要标志。从20世纪20年代后期到20世纪30年代，左翼文学成为搅动文坛的最重要的存在，"左右"博弈、阶级革命成为中国新文学第二个十年最重要的主题。1937年全面抗战爆发，7月27日郭沫若从日本归来，投入抗日民族统一战线，成为中国新文学从阶级对抗走向全民族抗敌建国、再塑民族国家认同的重要象征。当然，作为左翼知识分子，在当时的抗日民族统一战线中，郭沫若并没有停止思考，从抗战后期历史剧创作到抗战胜利以后大量文论，对于国家、民族与人民关系的再思考成为郭沫若文学思想的新动向，反抗专制，为人民呐喊，倡导"人民至上主义的文艺"："人民是社会的主人，是文化生活的创造者。本质的文艺本来就是人民文艺，这在任何民族都是文艺的本流，而且站着极高的地位。脱离了人民本位的文艺虽然借政治的力量可以博得一时性的月桂冠，但其实那是堕落。"[③]这是郭沫若走出旧中国、迎接新时代的强劲的呼声，他再一次成为现代中国文学迈进新中国大门的思想旗帜，具有无可替代的引领作用。

（原载《中国史研究》2022年第3期）

---

① 郭沫若：《文学革命之回顾》，载《郭沫若全集·文学编》第16卷，人民文学出版社1989年版，第98页。
② 郭沫若：《革命与文学》，《创造月刊》1926年第1卷第3期。
③ 郭沫若：《人民至上主义的文艺》，上海《文汇报》1947年3月3日。

纪念郭沫若诞辰130周年

郭沫若：潜心积累　绽放风华

廖久明

追光文学巨匠·纪念郭沫若诞辰130周年

2022年11月16日是郭沫若先生诞辰130周年纪念日。回望他的学术生涯，郭沫若留下了大量成果：38卷《郭沫若全集》包括文学编20卷、史学编8卷、考古编10卷。1926年3月南下广州后，郭沫若的兴趣不再是文学创作，但为何仍然留下了大量文学作品？考察一下他的经历与文学创作之间的关系可以看出，其中主要原因是他善于积累情感、生活和知识。

深切地表达对国家和人民的挚爱

郭沫若出生于一个中等地主兼商人家庭，祖先却是因为赤贫而从福建汀州移居到四川的。父亲做生意时，"奔走于铜、雅、府三河之间……恒以褡裢负金于左肩，日辄行百数十里，虽风雨寒暑无间"。母亲是一个"零落了的官家的女儿"，刚嫁到郭家时，所过的生活基本和女工一样，洗衣、浆裳、扫地、煮饭全由姐娌三人轮流担任。正因为如此，郭沫若从小就对劳动人民怀有好感："农夫耕耘时常唱秧歌，我觉得好听。撑船的人和拉纤的人发出欸乃的声音，我佩服他们有力气，冬天不怕冷。牧牛童子横骑在水牛背上吹芦笛，我觉得他们好玩而水牛可怕。"

郭沫若作品中，很自然地出现了歌颂、同情劳动人民的内容。《香午》描写了"一架粪车儿，松树林中过。女在后面送，爷在前面拖"的情景，郭沫若在诗中甚至将"粪香""汗血香""老者脚上金泥香""女郎面上玫瑰香"相提并论。在《金钱的魔力》中，郭沫若诅咒了"金钱的魔力"对一个母亲的折磨："她从前是极肥壮的一个身体，到现在只弄得个皮骨相连。"郭沫若1944年5月1日在《序·不朽的人民》中正式提出"人民本位"的文学观，先后写作了十多篇文章呼吁为人民创作。

郭沫若具有强烈的爱国情怀，在成都读中学时便参与了保路运动。留学日本第二年，日本政府提出灭亡中国的"二十一条"，在发出最后通牒的5月7日那天，郭沫若和几位同学回到上海参加抗议活动，并写下"男儿投笔寻常事，归做沙场一片泥"的诗句。在郭沫若心目中，"五四"以后的中国"就象一位很葱俊的有进取气象的姑娘，她简直就和我的爱人一样"，《女神》中收录的几篇重要作品便是他这种情绪的表达："我的那篇《凤凰涅槃》便是象征着中国的再生。'眷念祖国的情绪'的《炉中煤》便是我对于她的恋歌。"在郭沫若其他体裁形式的作品中，同样融入了他的爱国感情。

热切地感受生活、拥抱生活

《郭沫若全集·文学编》第11卷至第14卷收录郭沫若的自传，占整个文学编的五分之一，共计 110 余万字。可以说郭沫若是中国现代作家中自传写得最多的作家。这些自传包括郭沫若童年到 1946 年在南京的情况，内容非常丰富，是我们了解郭沫若及那个时代的重要史料。郭沫若在写作自己的第一部自传时就在"前言"中写道："我写的只是这样的社会生出了这样的一个人，或者也可以说有过这样的人生在这样的时代。"因此，尽管写的是自传，却具有时代意义。对此，毛泽东 1944 年 11 月 21 日在致郭沫若信中有这样的评价："最近看了《反正前后》，和我那时在湖南经历的，几乎一模一样……"

郭沫若 1919 年至 1926 年间创作了近 30 篇中短篇小说。郑伯奇在《〈中国新文学大系·小说三集〉导言》中把这些小说分为两类："一类是寄托古人或异域的事情来发抒自己的情感的，可称寄托小说；一类是自己身边的随笔式的小说，就是身边小说。"在这两类小说中，以身边小说居多。郭沫若说，他在写作《漂流三部曲》时"尽性地把以往披在身上的矜持的甲胄通统剥脱了"。

《女神》是郭沫若最重要的文学作品，其中收录的诗歌有将近一半是他生活的记录，包括《笔立山头展望》《立在地球边上放号》《死的诱惑》等诗歌。《诗刊》1958 年 6 月号发表了郭沫若的《遍地皆诗写不赢》，内收 35 首诗，是郭沫若 1958 年 5 月 24 日至 6 月 7 日访问张家口期间所作。新中国成立后，郭沫若的不少诗作记录的是他到全国各地巡游、出国访问的经历和感受。

看看《郭沫若全集·文学编》第 6 卷至第 8 卷收录的"戏剧"可以知道，不少剧本后面有附录，其中一些文章介绍了写作《棠棣之花》《屈原》《虎符》《高渐离》《武则天》等剧本的情况，它们实际上也是郭沫若生活的记录，如果没有创作这些剧本，郭沫若便写不出这样的文章。通常被当作文艺理论文章的《我的作诗的经过》《序我的诗》《凫进文艺的新潮》《我怎样开始了文艺生活》等同样是郭沫若创作生活的记录。

就是在强调"创造"的"五四"时期，郭沫若也并不否认"感官的材料"的重要性："我对于艺术上的见解，终觉不当是反射的（Reflective），应当是创造的（Creative）。前者是纯由感官的接受，经脑神经的作用，反射地直接表现出来，就譬如照相的一样。后者是由无数的感官的材料，储积在脑中，更经过一道滤过作用，酝酿作用，综合地表现出来。就譬如蜜蜂采取无数的花汁酿成蜂蜜的一样。我以为真正的艺术，应得是属于后的一种。"1924 年春夏在日本翻译完成河上肇的《社会组织与社会革命》而"形成了一个转换时期"后，他在给成仿吾的信中写道："今日的文艺，是我们现在走在革命途上的文艺，是我们被压迫者的呼号，是生命穷促的喊叫，是斗士的咒文，是革命预期的欢喜。"由此可见郭沫若的文学创作与生活之间的密切关系。

恳切地汲取广博的知识

郭沫若的童年生活是幸运的，不但衣食无忧，并且父母、兄长都很重视教育。在郭沫若发蒙前，母亲便教过他不少唐宋人的绝句。重视教育的父亲在家里办了一个家塾，请了很有名望的先生，郭沫若跟着学习古文。郭沫若大哥郭开文在成都东文学堂读书时，将《启蒙画报》《经国美谈》《新小说》《浙江潮》等书报"源源不绝地寄来，这是我们课外的书籍。……除开这些书报之外，还有各种上海出版的蒙学教科书……差不多现在中学堂所有的科目都有。我们家塾里便用这些来做课本"。很明显,扎实而丰富的童年教育让郭沫若终身受益无穷。

郭沫若曾将自己"五四"前后创作的诗歌分为泰戈尔式、惠特曼式、歌德式三个阶段,这清楚地告诉我们他当时的诗歌创作主要受这三位诗人的影响,这种影响很明显是学习的结果。郭沫若对这些诗人作品的学习不只是阅读,而且亲自翻译了《泰戈尔诗选》即《海涅诗选》《浮士德》(前两部诗选因找不到出版社而未出版,最终没有保存下来)。即将出版的《郭沫若全集补编·翻译编》多达17卷,其中不少就是文学译著,郭沫若的文学创作曾受到这些译著的影响,这是毋庸置疑的。

在日本留学期间,郭沫若需要面对枯燥的医学知识和术语,这样的学习仍然对郭沫若的文学创作产生了正面影响。郭沫若作品中出现的大量医学术语便是最为直接的证明。郭沫若作品有一个特点,即喜欢运用自己的医学知识对某种现象进行分析。如:"他(王独清)喝了酒还有一种脾气,便是喝到将醉时要伤心地哭。……那是因为脑里的制止中枢先受了麻醉,那些感情的冲动失掉统摄,于是便胡闹起来了。"假设郭沫若没有学医,不太可能进行这样的分析。

后来,郭沫若打算转学主攻文科,遭到了成仿吾的反对:"仿吾认为,研究文学没有进文科的必要,我们也在谈文学,但我们和别人不同的地方是在有科学上的基础知识。他这些话把我想转学的心事克服了。"应该说,成仿吾的看法有道理。

学界普遍认为,就对郭沫若的研究而言,由多到少的顺序为文学、史学、考古,就其本身成就而言,由大到小的顺序却为考古、史学、文学,由此可知郭沫若学术成就之大。考察一下郭沫若的文学创作与学术研究之间的关系可以看出,他的学术研究对文学创作的影响仍然是正面的,这典型地体现在郭沫若的历史题材小说《豕蹄》和历史剧的创作上。可以说,如果没有对相关历史问题的研究,郭沫若不太可能写出这些作品。郭沫若写道:"创作之前必须有研究,史剧家对于所处理的题材范围内,必须是研究的权威。关于人物的性格、心理、习惯、时代的风俗、制度、精神,总要尽可能地收集材料,务求其无瑕可击。"郭沫若是这样说的,也是这样做的:《屈原》尽管只写了10天,却在1920年创作了《湘累》,1935年出版了学术著作《屈原》;《孔雀胆》甚至只写了五六天,写作前却进行了大量调查,写满了一个抄本,超过《孔雀胆》本身字数的5倍。

1948年8月5日,郭沫若在《我怎样开始了文艺生活》中写道:"本来我的生活相当复杂,我有时是干文艺,有时是搞研究,有时也在过问政治。有些生活好像是分裂的,但也有它们的关联,它们事实上是一个有机体的各种官能。"这实际上较好地总结了他的创作与生活、研究之间的密切关系。

复杂的生活、深入的研究,为郭沫若的文学创作提供了丰富的素材,打下了扎实的基础,一旦进入创作就常常文思泉涌。有如他参加北伐战争和南昌起义后创作诗集《恢复》一样:"诗的感兴,倒连续地涌出了。不,不是涌出,而象从外边侵袭来的那样。"有如他在抗战时期创作历史剧《屈原》一样:"数日来头脑特别清明,亦无别种意外之障碍。提笔写去,即不觉妙思泉涌,奔赴笔下。"郭沫若曾用"诗 =(直觉+情调+想象)+(适当的文字)"来定义诗,认为真诗、好诗的标准是"命泉中流出来的 Strain,心琴上弹出来的 Melody,生底颤动,灵底喊叫",所以他的诗歌常常是在感情充沛时创作的,有如他创作《凤凰涅槃》《地球,我的母亲》一样。

郭沫若的创作经历告诉我们,与其闭门造车,不如多培养自己的感情、丰富自己的生活、充实自己的知识。一般而言,文学作品的价值主要取决于其宽度和厚度:宽度主要涉及内容的丰富程度,厚度主要指艺术水准的高低和思想水准的深浅。一部具有宽度、没有厚度的作品至少还有史料价值、知识价值等,而一部既没有宽度也没有厚度的作品则一无是处。

(原载《光明日报》2022年11月16日第14版)

纪念郭沫若诞辰130周年暨"新文科"视野下的郭沫若研究国际学术研讨会

2022年11月16日是郭沫若130周年诞辰纪念日。11月12—13日,纪念郭沫若诞辰130周年暨"新文科"视野下的郭沫若研究国际学术研讨会在四川乐山师范学院召开。会议由中国社会科学院古代史研究所、乐山师范学院、绍兴文理学院主办,中共乐山市沙湾区委、沙湾区人民政府、中国郭沫若研究会、四川省郭沫若研究会协办,郭沫若纪念馆(北京)、乐山师范学院文学与新闻学院、绍兴文理学院鲁迅研究院、四川郭沫若研究中心承办。来自日本、美国、韩国、约旦以及中国社会科学院、北京师范大学、澳门大学、南开大学、中山大学、厦门大学、四川大学、四川省社会科学院等科研机构和高等院校的百余位专家学者通过线上线下相结合的方式参加研讨。

乐山师范学院校长刘进,中国社会科学院古代史研究所所长卜宪群,绍兴文理学院副校长寿永明,乐山市委常委、统战部部长郭婕(线上)出席了开幕式并致辞。中国鲁迅研究会常务副会长黄乔生宣读了中国鲁迅研究会贺信,四川郭沫若研究中心副主任何刚宣读了祁和辉、谭继和先生的贺信。开幕式由乐山师范学院副校长江滔主持。

开幕式后,四川郭沫若研究中心主任廖久明主持了第一场大会发言,中国社会科学院郭沫若纪念馆研究员蔡震,日本九州大学名誉教授、日本郭沫若研究会会长岩佐昌暲,乐山师范学院原党委书记、教授杨胜宽,日本国士馆大学教授、国际郭沫若研究会会长藤田梨那,四川大学文新学院教授李怡,韩国外国语大学教授朴宰雨,山东师范大学文学院教授魏建,澳门大学中文系教授朱寿桐,北京师范大学历史学院教授张越,美国布兰代斯大学德语、俄语和亚洲语言文学系副教授王璞,中国社会科学院郭沫若纪念馆研究员李斌进行了大会发言及开放讨论。

12日下午,大会分为四个分会场,近80位学者进行发言及讨论。围绕郭沫若书法、郭沫若诗歌、郭沫若翻译、郭沫若史学立场和史学方法、郭沫若生平文献史料、郭沫若文旅IP开发、郭沫若历史剧等多个方面进行精彩发言和热烈讨论;采用跨学科研究方法全方位、多层次地发掘郭沫若文化遗产的当代价值,提炼郭沫若文化的精神标识和精髓,以激发新时代郭沫若研究新的生命力和创造力,从而以高度的文化自信增强实现中华民族伟大复兴的精神力量。

13日上午,《郭沫若学刊》编辑部主任付金艳教授主持了第二场大会发言,吉林大学考古学院古籍研究所教授崎川隆,日本仙台鲁迅研究会最高顾问渡边襄,仙台鲁迅研究会理事长车田敦,四川郭沫若研究中心主任、教授廖久明,中国社会科学院郭沫若纪念馆研究员张勇等十余位学者进行了发言和讨论。闭幕式由四川郭沫若研究中心主任廖久明教授主持。

(原载中国社会科学院古代史研究所微信公众号2022年11月16日)

研究郭沫若"人民本位"的学术路径

曾 江　朱 娜

2022年是郭沫若诞辰130周年。为纪念这位知行合一的文化巨匠，学者们在郭沫若的故乡四川乐山举行纪念会议，追述他以"人民本位"做学问的价值取向。与会学者表示，我们要研究郭沫若、学习郭沫若，坚持为人民做学问，坚持走具有中国特色的马克思主义学术道路，为中华民族伟大复兴作出当代学人的贡献。

坚持走马克思主义史学道路

郭沫若开了运用马克思主义立场观点方法研究中国历史的先河，为我国人文社会科学研究树立了典范。11月13日，中国社会科学院古代史研究所、乐山师范学院、绍兴文理学院主办的纪念郭沫若诞辰130周年暨"新文科"视野下的郭沫若研究国际学术研讨会在四川乐山召开。中国社会科学院古代史研究所所长卜宪群饱含深情地说到，郭沫若是著名的史学大师，更是践行马克思主义中国化时代化的先驱。郭沫若的治学道路，就是马克思主义中国化时代化的学术道路，他对马克思主义科学理论的坚定自信，为我国科学与文艺工作者树立了光辉的学习榜样。他将马克思主义与中国历史实际相结合的方法，为我们后辈学人指明了研究方向。中国郭沫若研究会会长、中国社会科学院郭沫若纪念馆研究员蔡震回顾了郭沫若接触并掌握马克思主义这一思想批判武器的过程。他表示，郭沫若在留学日本之初便接触到马克思主义。日本马克思主义理论的介绍、传播、研究，对郭沫若产生很大影响。郭沫若回到国内，随即带领创造社迅速转换了文学活动的方向，倡导无产阶级革命文学。紧接着，他投身北伐，亲历了血与火的战场磨砺，南昌起义后加入了中国共产党。这段经历是他在革命实践意义上学习马克思主义的过程，进而他"开始转入了对于辩证唯物论的深入的认识"。流亡日本期间，郭沫若运用辩证唯物论研究中国古代社会，通过科学严谨的学术研究，在"考验辩证唯物论的适应度"和使之"中国化"的过程中，确认了马克思主义的真理性品格。他也由此真正掌握了马克思主义这一思想批判的武器，"认真把人生和学问上的无门关参破了"。郭沫若的《中国古代社会研究》是中国马克思主义史学的开创之作。北京师范大学历史学院教授张越通过梳理研究认为，郭沫若撰写《中国古代社会研究》的起因，更主要的是来自他对马克思主义的信仰，以及正确运用唯物史观阐释中国历史的责任感。

吉林大学古籍研究所教授崎川隆在会议上分享介绍了一批此前未曾著录的郭沫若旧藏殷墟甲骨文，引起与会学者浓厚兴趣。他介绍说，日本东京三鹰市亚非图书馆"沫若文库"收藏约80片刻字殷墟甲骨，这批甲骨文原为郭沫若所藏，1937年郭沫若回国后，经由他的家人捐赠给该机构。通过初步整理工作了解到，这批甲骨文皆为从未著录、公布过的新见材料，其中含有一些内容罕见的珍贵材料，可为现今的甲骨文研究提供重要参考。

多角度研究郭沫若文学创作

此前对郭沫若散文的研究相对较少，近年日益受到学界重视。中国现代文学研究会副会长、四川大学文学与新闻学院院长李怡提倡"大文学观"。他认为，郭沫若的散文创作展示的是其丰富复杂的人生阅历、生活体验，这种从内容到体式上的丰富才是大文学格局下现代散文的本来形态，"散文气质"是郭沫若全部写作的主要特征；"热烈奔放的心"则让郭沫若20世纪三四十年代的艺术散文创作显示了现代小品文的另外一种可能；郭沫若散文创作中规模最大也最独特的部分是他的自传性文学，在这一类作品中，他所展示的思想、情感及个性具有长久的历史价值。

乐山师范学院四川郭沫若研究中心主任廖久明以郭沫若《答费正清博士》为例，具体呈现了运用大文学观研究郭沫若作品的方法。在他看来，不管是实践层面还是理论层面，"大文学观"的研究方法对我们而言都不陌生。在进行人文社会科学研究时，常常采用文史哲相结合的研究方法，该方法被用于文学研究领域便是"大文学观"的研究方法。

日本郭沫若研究会会长、日本九州大学名誉教授岩佐昌暲表示，郭沫若的诗歌创作存在不同阶段。他探讨了郭沫若的诗歌风格为何从第一阶段泰戈尔式转向第二阶段惠特曼式。他认为，作为白话诗新诗人的郭沫若，一开始就被泰戈尔的诗歌所吸引。泰戈尔式诗歌的特点在于明朗、清新、淡白和简洁，但缺失直视政治和对社会矛盾的关怀。其后，要书写反映社会矛盾的意愿逐渐在郭沫若心里油然而生。可是他以所熟悉的泰戈尔式诗法，很难实现他创作上的这种欲求。他在摸索新的诗法过程中，邂逅了惠特曼《草叶集》。惠特曼式的诗法把郭沫若观察事物的目光转向了社会问题。郭沫若的诗歌风格从泰戈尔式转向惠特曼式后，孕生出了一大批好诗。谈到郭沫若的诗学观，中国郭沫若研究会秘书长、中国社会科学院郭沫若纪念馆研究员李斌表示，1920年1月18日，郭沫若在致《时事新报·学灯》编辑宗白华的信中说："诗不是'做'出来的，只是'写'出来的。"这是郭沫若诗学观的核心。这一观念曾受到众多批评家的质疑，但郭沫若不为所动，多次重申这一观点。这值得我们进一步去分析讨论。

卜宪群表示，在学术立场上，郭沫若坚持"以人民为本位"，认为"今天衡定任何事物的是非善恶的标准，便是人民立场——要立在人民的地位上衡量一切"，"合乎人民本位的应该阐扬，反乎人民本位的便要扫荡"。以"人民本位"为标准，郭沫若对先秦诸子思想、多位历史人物进行研究与评判，体现了要为人民做学问的价值取向。

（原载《中国社会科学报》2022年11月21日第2版）

纪念郭沫若诞辰 130 周年系列展览

梁雪松　张　宇

典籍的经历——郭沫若纪念馆馆藏古籍展

图 1　典籍的经历——郭沫若纪念馆馆藏古籍展

主办单位：郭沫若纪念馆　北京财贸职业学院
展览时间：2022 年 4 月 12 日至 6 月 12 日
展览地点：郭沫若纪念馆西院展厅

2022 年 4 月 12 日，纪念郭沫若诞辰 130 周年系列首场特展"典籍的经历——郭沫若纪念馆馆藏古籍展"开幕，展览由郭沫若纪念馆与北京财贸职业学院共同举办。

中华文明绵延数千年，留下了浩如烟海的文化遗产。典籍图书作为记录传承中华优秀传统文化、绵延民族精神的文化载体，数千年中经历甲骨、金石、竹木、缣帛到纸张印刷的发展演变，成为中华文明不可或缺的部分。百科全书式的文化巨匠郭沫若，对我国历史与传统文化始终抱有热情，除了进行中国古代社会的学术研究，他还对中华典籍的整理和译释工作作出了贡献。

此次展出的古籍图书为郭沫若生前所藏，是郭沫若纪念馆馆藏的重要部分。作为文化大家，郭沫若并非藏书家，但他的藏书与他的文学创作、历史研究息息相关，从展品中可见一斑。

1953 年至 1955 年，郭沫若在许维遹、闻一多的《管子校释》基础上，参考了所有可及的《管子》版本，耗费两年时间完成《管子集校》，凡130万字，是当时最为完善的《管子》汇校本。郭沫若纪念馆藏有郭老使用过的多种版本的《管子》，此次展出了2种明代善本，分别是明万历十年赵用贤刻本《管子》和明万历十五年累仁堂刻本《管子》。

我们的祖先最早使用甲骨文、青铜器铭文、石刻文字记录活动和思想，它们可以被视为一种"初期典籍"。郭沫若是古文字学大家，他对这几种古文字都进行了深入的研究。展览展示了他的《甲骨文字研究》《臣辰盉铭考释》等成果，此外还有2片刻有文字的骨片复制品，1959年郭沫若将原件捐赠给中国科学院历史研究所。特别值得一提的是，郭沫若纪念馆的镇馆之宝——"沧海遗粟"木匣，时隔十余年再次与观众见面。1928年，因被国民党当局通缉，郭沫若被迫流亡日本。他开始潜心研究中国古代社会与甲骨金文，取得了丰硕的成果。1937年7月，郭沫若秘密回国参加抗战，装有他的9部甲骨金文研究手稿的木匣被留在日本，直到1957年才被朋友带回祖国。感慨万千的郭沫若在这只失而复得的木匣上题写了"沧海遗粟"四个大字，它是郭沫若在日隐居近十年学术生活的见证，也是郭沫若爱国主义情怀的展现。

从春秋战国时期开始，正式的书籍产生了。典籍经历了从简册、帛书到纸写本，再到刻本的演变，隋代开始确立的"经史子集"的"四部分类法"是典籍图书的传统分类法，今天也可以从现代分类的角度去阅读不同的典籍图书。此次展览从哲学、文学、历史几个方面选取了若干古籍，例如明万历刻本《中都四子集》、明刻本《西厢记》、清乾隆刻本《李太白文集》等，希望观众可以从中领略到中华文化的博大精深。

百花齐放——纪念郭沫若诞辰130周年艺术展

图2 百花齐放——纪念郭沫若诞辰130周年艺术展

主办单位：郭沫若纪念馆　北京语言大学国别和区域研究院
展览时间：2022年8月23日至9月17日
展览地点：郭沫若纪念馆西院展厅

《百花齐放》写了一零一首。

普通说"百花"是包含一切的花。只选出一百种花来写,那就只有一百种花,而不包含其他的花。这样,"百花"的含义就变了。因此,我就格外写了一首《其他一切花》,作为第一零一首。我倒有点喜欢一零一这个数字,因为它似乎象征着一元复始,万象更新。这里有"既济、未济"的味道,完了又没有完。

——郭沫若《百花齐放》后记

《百花齐放》是郭沫若于1956年至1958年间以花为主题创作的组诗。他通过这101首诗赞扬了百花的精神,热情地讴歌了社会主义建设事业。在郭沫若诞辰130周年之际,郭沫若纪念馆再次以"百花齐放"为主题,将多位艺术家创作的以"花"为主题的艺术作品呈现给观众,以寄托对这位为社会主义文化事业作出杰出贡献的文化大家的崇敬和缅怀之情。

"你,这一支笔"——郭沫若纪念馆馆藏文物特展

图3 "你,这一支笔"——郭沫若纪念馆馆藏文物特展

主办单位:郭沫若纪念馆
展览时间:2022年10月1—16日
展览地点:郭沫若纪念馆西院展厅

1941年11月16日,战火纷飞中的重庆,社会各界人士2000余人齐聚一堂为一人祝寿,这场由中共中央南方局组织的"纪念郭沫若创作生活25周年及50寿辰活动"揭开序幕,延安、成都、桂林、昆明、香港乃至新加坡等地文化界人士集会庆祝予以响应。在国共合作出现裂隙、抗战事业面临危机之时,这次旨在重振抗日民族统一战线的尝试取得空前成功:周恩来为重庆《新华日报》活动纪念特刊题写刊头并撰写纪念文章;冯玉祥、陈布雷参加纪念宴会并签名"纪念缘起";日本反战革命同盟和文化工作委员会的友人自制巨笔赠送;国共

两党、民主人士、国际友人的贺词贺信纷至沓来。"皖南事变"以来阴云笼罩的国统区空气为之一新，爱国民主人士经由这一盛会又重新团结一致。

在郭沫若诞辰130周年之际，郭沫若纪念馆精选"纪念郭沫若创作生活25周年及50寿辰活动"相关文物推出"'你，这一支笔'——郭沫若纪念馆馆藏文物特展"，再现郭沫若在民族解放战争中创造的不朽功绩。这些文物不仅是各界人士与郭沫若的友情见证，更承载着在民族危亡之际全体中华儿女的文化抉择。以史为鉴，察往知来，在中华民族最危险的时刻，郭沫若与各界仁人志士奔走呐喊，上下求索，在抗战最低沉的时刻，发出了文化救国的最强音！它的回响延续至今！

论文选编

新发现抗战期间郭沫若未刊电文稿本 91 件释读

沈卫威

一

国民政府军事委员会政治部第三厅、文化工作委员会的档案，在没有整理、公开之前，据我所知，郭沫若研究专家、与林甘泉合作主编五卷本《郭沫若年谱长编》（林甘泉、蔡震主编《郭沫若年谱长编》，中国社会科学出版社 2017 年版）的蔡震，来南京中国第二历史档案馆查阅过部分，并在《新文学史料》2012 年第 3 期刊发有《从文献史料看郭沫若主政三厅始末》一文，利用了部分档案。2018 年 9 月，我与蔡震在西安见面，了解其所看情况。2019 年 3 月 20 日，再次与蔡震在北京见面，他还对我讲了《郭沫若全集》不全的具体说明和研究引用文献时的注意事项。由于当时国民政府军事委员会政治部的这些档案没有全部整理出来，他说只能看到很少一部分。所以，经我查证后确认，《郭沫若年谱长编》所收录、记录的不及百分之一。近两年，南京大学多位在读博士生查看相关的档案，并结合学位论文写作，零星披露了部分档案文稿。

抗战之初，国民政府军事委员会内部改组，下设军令、军政、军训、政治四部。政治部下属总务厅、第一厅（管辖第一处、第二处）、第二厅（管辖第三处、第四处）、第三厅（管辖第五处、第六处、第七处）、设计委员会、技术委员会以及国际问题研究所（所长王芃生，这一专门情报工作机构，相对独立）。

第三厅下属三处：第五处负责言论宣传；第六处负责艺术宣传；第七处负责对敌宣传。另有国际问题研究委员会（主任冯乃超）。

郭沫若出任军事委员会政治部第三厅厅长正好两年半（30 个月，但前后交接另外各有一个月），随后辞职，改任政治部文化工作委员会主任。

而此时国民党中央宣传部下属有文化运动委员会，张道藩为主任，下设文学组（组长舒舍予、副组长谢冰心，郭沫若为组员）、新闻组（组长萧同兹、副组长彭革陈）、出版组（组长许孝炎、副组长蒋复璁）、音乐组（组长郑颖孙、副组长郑志声）、美术组（组长汪日章、副组长常书鸿）、戏剧组（组长赵太侔、副组长熊佛西）、电影组（组长罗学濂、副组长郑用之）、自然科学组（组长胡焕庸、副组长陈可忠）、社会科学组（组长何浩若、副组长林栋）、哲学组（组长宗白华、副组长胡一贯）、宗教组（组长刘百闵、副组长张廷休）、国际文化工作组（组长张道藩、副组长曾虚白）。[中国第二历史档案馆七一八（4）—14]

在郭沫若任中将厅长期间，政治部部长为陈诚，继任者为张治中。上下级工作配合顺畅，1940 年 8 月底第三厅工作人员集体辞职的主要原因（下面有辞职电报），是 1940 年下半年国共两党政治分裂，随之，是 1941 年 1 月初爆发"皖南事变"。

当时郭沫若手下有一批著名的文人，且多是知日人士。

副厅长范扬，少将军衔。

副厅长兼第七处处长范寿康，留学日本，少将军衔。

胡愈之，留学法国，第五处处长，少将军衔。

田汉，留学日本，第六处处长，少将军衔。

厅长秘书阳翰笙，上校军衔。

科长冯乃超、杜国庠、洪深，均为上校军衔。

另有何公敢、傅抱石、董每戡、郑伯奇、徐寿轩等均留学日本。这支队伍还有一个内在的关联，即多数是郭沫若"创作社""太阳社"时期的文友，或"左联"阵营作家，具有明显的政治倾向性。

更为具体的宣传工作是领导以下宣传、演剧队。

五处：

  四支抗敌宣传队

六处：

  十支抗敌演剧队，一支预备队

  第一队队长　吴荻舟 1938

      魏曼青

  第二队队长　吕　复 1939—1940

      何　懼 1941.5

      王负图 1941.6

  第三队队长　徐世津

  第四队队长　侯　枫 1940.5

      翁　村

      魏曼青 1941.5

  第五队队长　王梦生

  第六队队长　陆万美

  第七队队长　冼　群

  第八队队长　刘斐章

  第九队队长　徐桑楚

  第十队队长　姚肇平

  教导剧团团长　洪　深

  （有的队长，有任职时间显示，有的无）

六处：

  电影放映总队（兼总队长郭沫若、兼副总队长郑峻生）

  十个电影放映队

抗敌歌咏团（团长胡然）

漫画宣传队（队长叶浅予）

两个孩子剧团（团长李清灿、林犁田，一队队长许立明）

新安旅行团
多个战地文化服务处等

同时，郭沫若、阳翰笙还加入1940年7月24日成立的"文艺奖助金管理委员会"，帮助文艺界人士申请奖助，该委员会第一届成员如下。

  谷正纲、郭斌佳、陈礼江、洪深、何浩若、黄伯度、张道藩、郭沫若、舒舍予、程沧波、王芸生、林风眠、王平陵、姚蓬子、华林、胡风、李抱忱、阳翰笙、徐悲鸿、孙瑜、卢冀野
  常务委员：谷正纲、张道藩、舒舍予
  经费委员：黄伯度、华 林、何浩若
  常务委员之下分设：文艺组、戏剧组、音乐组、电影组、美术组
  秘书为中央社会部派科长吴雪峰兼任

[中国第二历史档案馆七一一（4）—359《中央文艺奖助金管理委员会工作概况报告》，第4—7页。]

随后，该管理委员会委员调整为：

  张道藩、洪兰友、阳翰笙、林风眠、汪日章、宦乡、孙伏园、姚蓬子、王昉、华林、李抱忱、陈天鸥、郑彦棻、王平陵、卢冀野、舒舍予、孙瑜、郭沫若、王芸生、刘季洪

[中国第二历史档案馆七一一（4）—361《中央文艺奖助金管理委员会发出奖助金数目及各省请补助经费的有关文书》，第93页。]

二

1937—1948年，郭沫若在国民政府军事委员会、教育部、外交部及国民党中央宣传部的各类档案中留下数以百计的各类文稿。我将其分为十一类：

  一、信函
  二、电文
  三、通知
  四、批示
  五、指令
  六、训令
  七、报告

八、签呈

九、评审

十、文稿

十一、签字（手迹或钤印）

郭沫若1938年4月至1940年9月出任国民政府军事委员会政治部第三厅中将厅长，之后改任政治部文化工作委员会主任。这批电报文稿全是他在军事委员会政治部第三厅中将厅长任上发出的。我先将电报整理出来，其他文稿整理工作正在进行中。

我本着先易后难的工作原则，因为档案中保留的电报文字最为简洁、清晰，有时出于保密缘故，有意省略或密示，多有电报密码可以补正，如郭沫若电报行文密电码为6753郭3106沫5387若，当原稿出现（他任职期间）厅长○○○、郭○○，郭或（），在译电员翻译过的文稿显示为675331065387时，即可判定为郭沫若的。

战时交通、邮政十分艰难，中将厅长郭沫若发出的电报，多是军令或必需的军中通联。他在第三厅所领导的抗日文艺宣传队伍相当庞大，需要相应的组织管理、生活保障和安全保护，因此，以下电报多是这些文艺宣传队伍最有力、最可靠的上线及核心保障。

凡第三厅其他副厅长或秘书代郭沫若草拟或代签发，均标识出"代"，钤郭沫若印。有的则经郭沫若签发，或郭沫若签"行"。

与大量电报并存的还有对方的来电、来函，或接收到电报后的回复，即往来文稿。这里将对方的从略，但在研究中却是最重要的互证参考。

这批电报涉及军事委员会政治部第三厅工作的方方面面，研究郭沫若及抗战文艺工作是一方面，原件整理是另一工作。整理与研究同步进行。

以郭沫若署名，将电报发出去，电报底稿留下来了。整理原则为简注，即明确时间、地点、电报接收者。相关回复往来电报、信函、报告、呈文或批示，略。我只将事件前后郭沫若的电报摘录出来，汇集并简注。

三

电文
1938年

8月（电总1）

休宁

第三战区司令长官司令部政治部谷主任正纲兄

叠接来电均悉。关于形行战地月报事，正由本部通盘筹划，订立具体办法，一俟办法订定，即为电告。

弟郭○○感治三汉印

【郭沫若印】

此为电报底稿，存第三厅。中国第二历史档案馆藏。

收电人：谷正纲（1902—1993，字叔常），留学德国、苏联，此时为第三战区政治部主任。

发电时间：1938年8月27日。
"治三汉"为电报密语，即"政治部第三厅武汉"。
电报多用密码，治为政治部简称。
保密等级分为：集极、极密
　　　　　　　　毅密、一密
　　　　　　　　逐密
　　　　　　　　思密、私密
　　　　　　　　密
　　　　　　　　政密
　　　　　　　　文秘

9月（电总2）
第三战区政治部谷主任正纲兄
　　2082密。未电悉。贺秘书长批示，已电衡山本部，从宽核发经临各费。原案亦已由本厅移请后方本部迅办。请迳电接洽。

　　　　　　　　　　　　　　　　　　　　弟郭沫若支治三汉印

　　行【郭沫若印】九、三

　　此为电报底稿，存第三厅。中国第二历史档案馆藏。
　　收电人：谷正纲，此时为第三战区政治部主任。
　　发电时间：1938年9月3日。

本件拟寄衡山杜科长嘱便向部进言，并发李煦寰如后：

10月（电总3）
第四战区政治部李主任煦寰兄勋鉴
　　逐密。感电悉。兄部发动综合艺术宣传组织，弟极赞同，惟案在衡山本部审核，经将尊意电达本厅后，乃嘱就近向部代为陈明必要。特复。

　　　　　　　　　　　　　　　　　　　　弟郭沫若治三汉口印
　　　　　　　　　　　　　　　　　　　　　　　十、六
　　　　　　　　　　　　　　　　　　　　　　　十一、

　　行
　　郭沫若十、七

原电发出，此为抄件，存第三厅。中国第二历史档案馆藏。

时间：1938年10月6日。

"行郭沫若十、七"为郭沫若手迹。

收电人：李煦寰（1896—1989，字彦和），留学法国。抗战时先后出任第四战区、第七战区政治部主任。

附李煦寰来电：

军委会政治部第三厅郭厅长勋鉴

逐密。本部为适应目前环境需要运输起见，仿照钧部直属剧团办法设立流动艺术宣传团。此项艺术人才由本部就近物色，内容包括音乐戏剧美术并配合文字与口头宣传，经常分赴各地流动工作，预算开办费国币五八五元每月经常费一〇一四元。除另列概算书表呈部外，请俯察。当前需要迫切鼎力协助，转恳部长迅赐核准，俾得早日实现为祷。

第四战区政治部主任李煦寰叩致秘感

十月四日到

此为抄件，存第三厅。中国第二历史档案馆藏。

12月（电总4）

樊城

第五战区司令长官部李司令长官勋鉴

兹由桂邮局分别电汇一千八百三十元，敬乞收转本部抗敌宣传队第三队队长郑含华为感。

郭沫若叩。

行【郭沫若印】

此为电报底稿，存第三厅。中国第二历史档案馆藏。

收电人：李宗仁（1891—1969，字德邻），此时为第五战区司令。

发电时间：1938年12月17日。

12月（电总5）

西安

洒金桥战地文化服务处转徐步、卢明德两同志

删电悉。十一、十二两月四队经费，1530元，前未及旅费150元、徐薪93元另七分、李薪29元一角四分，共十二月1802.21，日由桂中央行电汇战文处转，希往领取。棉衣费未核定。新年宣传毕可赴甘工作，至时向八战区政治部报到，恪遵指挥，本部特约新安旅行团□将来甘，可与联络，本厅派赴西北工作人员未决定，以后行动须随时托各政部发电告知，报告仰按期寄呈，本厅不日迁渝。

郭〇〇印

行

  此为电报底稿,存第三厅。中国第二历史档案馆藏。
  收电人:战地文化服务处转徐步、卢明德。
  发电时间:1938年12月18日。

12月(电总6)
贵溪
县党部烦探转军委会政治部抗敌宣传第二队队长何惧
  贵溪电词意不明,再电详告。其他函电未收到,以后可在浙皖各地工作,并即电询第三战区政治部报到,恪遵该部指挥,移动亦随时向该队报告。十一、二月经费增加250元业与一月经费765元,并由中国农民银行汇金华新知书店骆耕漠转,仰即往领。以后行动,可托各级政治部代发电报告。本厅不日迁渝。

郭○○印

  行【郭沫若印】

  此为密码电报底稿,存第三厅。中国第二历史档案馆藏。
  收电人:军事委员会政治部第三厅抗敌宣传第二队队长何惧。
  电报行文密电码为6753郭3106沫5387若。
  发电时间:1938年12月20日。
  有手抄、密码两份,手抄件有【郭沫若印】。

12月(电总7)
樊城曾家庄
第五战区文化工作委员会转军委会政治部抗敌宣传队第三队郑含华同志
  函电均悉,十一、二月经费1530元、补助费300元,共1830元,已先后邮汇五战区司令长官李收转,仰前往领取。队员生活费一律月发25元,补助费人各15元,以后行动,随时电报工作,应恪遵五战区政治部指挥。本厅不日迁渝。

郭沫若印

  行【郭沫若印】

  此为密码电报底稿,存第三厅。中国第二历史档案馆藏。
  收电人:政治部抗敌宣传队第三队郑含华。
  电报行文密电码为6753郭3106沫5387若。
  发电时间:1938年12月20日。
  有手抄、密码两份,手抄件有【郭沫若印】。

12月（电总8）

樊城

第五战区司令长官部司令长官李勋鉴

兹由桂邮局分别汇上国币800元、800元、230元，敬乞收转本部抗敌宣传队第三队队长郑含华为感。

郭沫若叩

此为密码电报底稿，存第三厅。中国第二历史档案馆藏。
收电人：李宗仁转军事委员会政治部第三厅抗敌宣传队第三队队长郑含华。
电报行文密电码为6753 郭 3106 沫 5387 若。
发电时间：1938年12月20日。

1939年

1月（电总9）

休宁

第三战区政治部谷主任正纲兄勋鉴

（集密。）兹派漫画宣传队队员张乐平、盛特伟、叶纶纲、麦非四员，前来三战区工作，期限三月。希予以指导为荷。

郭□□

照发 郭沫若一、廿

此为电报底稿，存第三厅。中国第二历史档案馆藏。
收电人：谷正纲，此时为第三战区政治部主任。
发电时间：1939年1月20日。

2月（电总10）

上饶邮局第二号信箱抗敌演剧第七队冼队长群

毅密。敬电悉。查该队到达上饶，本厅尚未得到报告，本厅文件向寄屯溪十二、一、二等三个月经费，亦已汇至屯溪谷主任转交。望速往兑取。

郭沫若汇

照发 郭沫若二、三

此为密码电报底稿，存第三厅。中国第二历史档案馆藏。
收电人：冼群（1915—1955），军事委员会政治部第三厅抗敌演剧第七队队长。
发电时间：1939年2月3日。

2月（电总11）
广东
曲江连县
探交第四战区张代司令长官向华兄
　　集密。前汇曲江抗敌演剧第一队经费，兹被退回。该队现驻何处？应如何汇款？乞查覆为荷。

弟郭沫若叩鱼

　　可改由一司令长官部转发，免费周转
　　郭沫若二、六

　　此为密码电报底稿，存第三厅。中国第二历史档案馆藏。
　　收电人：张发奎（1896—1980，字向华），此时为第四战区代司令。
　　电报行文密电码为6753郭3106沫5387若。
　　发电时间：1939年2月6日。

2月（电总12）
曲江
第四战区政治部李主任煦寰兄
　　思密。看电悉艺术宣传团组织案，查于去年十月下旬，曾由衡山本部发出指令。查本部经费困难，所请增设流动艺术宣传团一节，应暂从缓议，各种宣传事宜，仍由政治大队分别担任，不力之处，当希鉴宥为荷。

沫若齐印

　　二、八上午十二时译发

　　此为密码电报底稿，存第三厅。中国第二历史档案馆藏。
　　收电人：李煦寰（1896—1989，字彦和），留学法国。抗战时先后出任第四、第七战区政治部主任。
　　电报行文密电码为6753郭3106沫5387若。
　　发电时间：1939年2月8日12时。

2月（电总13）
曲江连县
探交第四战区张代司令长官向华兄
　　思密。曲江、连县均不通汇，演剧第一队经费无法付邮，请暂垫措。并应如何汇款，乞电复为荷。

弟郭沫若叩佳

此为密码电报底稿，存第三厅。中国第二历史档案馆藏。

收电人：张发奎。

电报行文密电码为 6753 郭 3106 沫 5387 若。

发电时间：1939 年 2 月 9 日 11 时。

2 月（电总 14）

桂林

行营政治部第三组转抗敌宣传第一队

　　密。顷准桂林行营政治部代电，请迅发该队二月份经费查该款，业于二月二日由中央银行电汇桂林张组长志让收转，仰即查明，并将领据航寄来厅，以凭汇办为要。

印郭○○治三渝

　　行　范寿康代二、一四

此为电报底稿，存第三厅。中国第二历史档案馆藏。

收电人：军事委员会政治部第三厅抗敌宣传第一队。

发电时间：1939 年 2 月 15 日。

"治三渝"为电报密语，即"政治部第三厅重庆"。

2 月（电总 15）

衡阳

政治部抗敌演剧队第八队

桂林政治部第三组转抗敌演剧队第九队

　　密。顷准桂林行营政治部代电，请迅发该队二月份经费。查该款，业于二月二日由中央银行电汇桂林张组长志让收转，仰即查明，并收领据航寄来厅。

治三渝印。

　　至向行营政治部所借二百元，应迅即拨还为要。

郭○○治三渝

　　行　范寿康代二、一四

此为电报底稿，存第三厅。中国第二历史档案馆藏。

收电人：军事委员会政治部第三厅抗敌演剧第八队，军事委员会政治部第三厅抗敌演剧第九队。

发电时间：1939 年 2 月 15 日。

2 月（电总 16）

桂林

青年会十二号冯乃超兄

　　毅密。接树培电告，来渝药车装载过重，拟以留桂车装运桂影机及本祁人员等情。查真电已将桂车分配法详告，须俟本祈人员暨眷属运完，方可运影机至柳州候车接运，原调同登该栈人员，可调来柳州负运输工作，并通知战□林其英，酌将原派南宁人员移宾阳负责。至救乞报需纸，照本所自用纸每令二十元，依部例，应先付款，领取拨单，希告夏衍兄，如何电处。再桂行营存暴行录各件，除精装本应运渝外，即酌发曲江、长沙、贵溪、金华各地应用，可交过桂药车带往，并请转告志让兄，随时将须发情形见告为荷。

　　　　　　　　　　　　　　　　　　　　　　　　　　　沫若□印

行【阳翰笙印】代二、廿一

　　此为电报底稿，存第三厅。中国第二历史档案馆藏。
　　收电人：冯乃超（1901—1983，笔名冯子韬），旅日华侨，此时为军事委员会政治部第三厅科长、孩子剧团负责人。
　　发电时间：1939年2月21日。
　　"暴行录"即《日寇暴行实录》。

2月（电总17）

襄阳
第五战区长官部转政治部抗敌演剧第六队王泽久

　　寒电悉，所称总拨下两月经费一语，是否即本厅二月四日所汇一、二两月经费，或另由他处所拨，电文不明，仰再电详。

　　　　　　　　　　　　　　　　　　　　　　　　　　　郭○○渝养印

行

　　此为电报底稿，存第三厅。中国第二历史档案馆藏。
　　收电人：军事委员会政治部第三厅抗敌演剧第六队王泽久。
　　发电时间：1939年2月23日。
　　郭沫若在厅长名下签"行"。

2月（电总18）

桂林
西南行营政治部张组长志让

　　毅密。第八队如已出发汨罗、平江，请电令在该两处劳军，完毕后速回南岳游击训练班工作。

　　　　　　　　　　　　　　　　　　　　　　　　　　　郭□□敬印

行　翰代二、廿四

此为密码电报底稿，存第三厅。中国第二历史档案馆藏。

收电人：张志让。

发电时间：1939年2月24日17时。

电报行文密电码为6753郭3106沫5387若。

翰，即郭沫若秘书阳翰笙。

2月（电总19）

江西上饶

第三战区政治部谷主任正纲兄

　　集密。查抗敌演剧第七队已有队员五人离队，该队长冼群迄未呈报到厅，请转饬该队，速将报告航邮寄渝。又抗敌演剧第五队三月份经费即行汇上，祈转发该队长王梦生。

郭沫若感印

　　照发　范寿康代二、二七

此为密码电报底稿，存第三厅。中国第二历史档案馆藏。

收电人：谷正纲，此时为第三战区政治部主任。

电报行文密电码为6753郭3106沫5387若。

发电时间：1939年2月27日18时。

2月（电总20）

桂林

行营政治部张组长志让

　　号代电悉，查演剧第六队经费已汇发至二月份，所有该队前向第廿一集团军借垫之款，应迅予归还，以维信誉，至三月份经费，日内即可汇出，合行电复，并仰转饬知照为要。附电一件□。

郭○○渝治三宥印

　　行　范寿康代二、廿七

此为电报底稿，存第三厅。中国第二历史档案馆藏。

收电人：张志让。

发电时间：1939年2月27日。

3月（电总21）

桂林

五美路五十二号林主任其英

　　毅密。真篠各电均悉，兹汇国币千元，请查收按押车员阶级及司机薪额代发给。

沫若治慰渝巧印

行 范寿康代三、二一

此为电报底稿，存第三厅。中国第二历史档案馆藏。
收电人：林其英。
发电时间：1939年3月21日12时。

3月（电总22）
立煌
安徽省政府廖主席烦转抗敌演剧第六队队长陆万美
　　毅密。佳电悉。三月份经费已照廖主席电嘱拨交五路军驻渝办事处杨主任。

渝郭○○敬印

行

此为电报底稿，存第三厅。中国第二历史档案馆藏。
收电人：军事委员会政治部第三厅抗敌演剧第六队队长陆万美（1910—1983）。
发电时间：1939年3月25日12时。
郭沫若在厅长名下签"行"。
廖主席即廖磊（1890—1939），安徽省主席，第二十一集团军司令。

4月（电总23）
曲江
第四战区司令长官部办事处张代司令长官向华兄勋鉴
　　密。①救亡日报函赐鼎惠，谢甚。②部派本厅中校服务员李仲生前，请何至贵处？该员曾在麾下服务，长于英文，倘贵处需要此种人材，请即电示，以便代为呈部请调，而免该员往返周折。

弟郭○○叩渝（　）印

照发 范寿康代四、三

此为电报底稿，存第三厅。中国第二历史档案馆藏。
收电人：张发奎。
发电时间：1939年4月4日18时。

4月（电总24）
香港
挂号1564
　　叶浅予、程步高
　　毅密。部派设委成舍我另驻港专员，仰常与成专员联系为要。

郭○○渝（微）印

　　照发　范寿康代四、五

　　此为密码电报底稿，存第三厅。中国第二历史档案馆藏。
　　收电人：叶浅予、程步高。
　　电报行文密电码为 6753 郭 3106 沫 5387 若。
　　发电时间：1939 年 4 月 5 日 16 时。

4月（电总 25）

长沙
第九战区政治部胡主任勋鉴

　　思密。东电敬悉。承嘱电告在贵战区工作各队番号、地点，查编并之队，以本部直属者为限。如抗敌宣传第二队前在南昌，抗敌演剧第二队前在南昌。至如湘剧、平剧等队，应迳向贵部呈请备案，由贵部管理。相应电覆，希即查照为荷。

弟郭沫若印佳真

　　照发　范寿康代四、九

　　此为密码电报底稿，存第三厅。中国第二历史档案馆藏。
　　收电人：胡越，此时为第九战区政治部主任。
　　电报行文密电码为 6753 郭 3106 沫 5387 若。
　　发电时间：1939 年 4 月 9 日。

4月（电总 26）

桂林
至急。桂林李子园青年会宿舍十二号冯科长乃超兄

　　毅密。日语短训班讲义，顷奉批下，兹已航寄行营三组转交，收到望即照批，斟酌改正，在桂付印，原稿批件并请委托三组同志妥存，存印后寄渝，以便领款，新工作进度表已奉批准，三科工作颇多，望速偕朱洁夫同志来渝工作为盼。

郭○○范○○渝（戈）印

　　先发【】四、十一

　　此为密码电报底稿，存第三厅。中国第二历史档案馆藏。
　　收电人：冯乃超。
　　电报行文密电码为 6753 郭 3106 沫 5387 若。
　　发电时间：1939 年 4 月 11 日。

4月（电总 27）

桂林

至急。桂林行营政治部梁主任寒操鲁副主任宗敬勋鉴

  政秘。元电奉悉。毅密。冯乃超、朱喆同志系奉部令调回本厅对敌宣传科，人少事繁，近又奉委座交办工作颇多，实碍难遵命，至歉。请即另选继人，并代转知该员等迅即返厅为感。特复。

弟郭○○治宣寒印

  先发【】四、十二

  此为密码电报底稿，存第三厅。中国第二历史档案馆藏。
  收电人：梁寒操、鲁宗敬。
  电报行文密电码为6753郭3106沫5387若。
  发电时间：1939年4月13日。

4月（电总28）

桂林

行营政治部第三组张组长志让兄

  毅密。艳文悉，兹分条答复如次：一，抗宣一队、抗剧九队经费，即可照汇。二，宣传团队并□旅费预算，可由贵部专案呈部请口前借用；汽机油系慰劳会购进，应即归还现油，不能折价转账。至纸张问题，此间纸价飞涨需用至亟，行营用纸，请设法另筹。已借用者，务请按照每令廿元并早日汇付。除另电林其英同志外，特复。

沫若渝治慰印

  行 范寿康代四、十五

  此为电报底稿，存第三厅。中国第二历史档案馆藏。
  收电人：张志让。
  发电时间：1939年4月17日。

4月（电总29）

桂林

西南行营政治部张组长志让转抗敌演剧第九队队长徐桑楚

  毅密。四月份经费965元，又棉衣费200元，扣汇费，已于卯巧电汇交张组长转发，收到否盼覆。

郭沫若治艺卯寝印

  照发 范寿康代四、二五

  此为密码电报底稿，存第三厅。中国第二历史档案馆藏。
  收电人：徐桑楚（1916—2011，徐诚炜），军事委员会政治部第三厅抗敌演剧第九

队队长。

  电报行文密电码为 6753 郭 3106 沫 5387 若。

  发电时间：1939 年 4 月 26 日 16 时。

4 月（电总 30）

洛阳

幸福西街二号抗敌演剧第十队队长姚肇平

  四月份经费 840 元，又棉衣费 250 元，扣汇费，已于卯巧电汇第一战区司令长官部政治部转发。收到盼覆。

郭沫若治艺卯寝印

  照发 范寿康代四、二五

  此为密码电报底稿，存第三厅。中国第二历史档案馆藏。
  收电人：军事委员会政治部第三厅抗敌演剧第十队队长姚肇平。
  电报行文密电码为 6753 郭 3106 沫 5387 若。
  发电时间：1939 年 4 月 26 日 19 时。

4 月（电总 31）

衡阳

成章中学内抗敌演剧第八队队长刘斐章

  四月份经费本应发 965 元，扣去空额队员生活费 105 元，又补发棉衣费 300 元，扣汇费，已于卯巧电汇桂林西南行营政治部张组长转发。收到盼覆。

郭沫若治艺卯寝印

  照发 范寿康代四、二五

  此为密码电报底稿，存第三厅。中国第二历史档案馆藏。
  收电人：军事委员会政治部第三厅抗敌演剧第八队队长刘斐章。
  电报行文密电码为 6753 郭 3106 沫 5387 若。
  发电时间：1939 年 4 月 26 日 19 时。

4 月（电总 32）

江西吉安

抗敌演剧第二队队长吕复

  密。四月份经费 940 元，又棉衣费 280 元，扣汇费，已于卯巧电汇长沙第九战区司令长官部政治部胡主任转罗总司令转发。收到盼覆。

郭沫若治艺卯寝印

  照发 范寿康代四、二五

此为密码电报底稿，存第三厅。中国第二历史档案馆藏。
收电人：军事委员会政治部第三厅抗敌演剧第二队队长吕复。
电报行文密电码为 6753 郭 3106 沫 5387 若。
发电时间：1939 年 4 月 26 日 19 时。

4 月（电总 33）
曲江
河西大中工厅抗敌演剧第一队队长徐韬

　　皓电悉四月份经费 965 元，又棉衣费 300 元，已于卯皓交第四战区办事处叶主任转发。收到盼覆。

郭沫若治艺卯寝印

　　照发　范寿康代四、二五

　　此为密码电报底稿，存第三厅。中国第二历史档案馆藏。
　　收电人：军事委员会政治部第三厅抗敌演剧第一队队长徐韬。
　　电报行文密电码为 6753 郭 3106 沫 5387 若。
　　发电时间：1939 年 4 月 26 日 19 时。

4 月（电总 34）
上饶
抗敌演剧第五队队长王梦生

　　四月份经费 915 元，又棉衣费 280 元，扣汇费，已于卯铣邮汇第三战区司令长官部政治部谷主任转发。收到盼复。

郭沫若治艺卯寝印

　　照发　范寿康代四、二五

　　此为密码电报底稿，存第三厅。中国第二历史档案馆藏。
　　收电人：军事委员会政治部第三厅抗敌演剧第五队队长王梦生。
　　电报行文密电码为 6753 郭 3106 沫 5387 若。
　　发电时间：1939 年 4 月 26 日 19 时。

4 月（电总 35）
上饶
邮局第二号信箱抗敌演剧第七队代队长王澧泉

　　密。四月份经费本应发 753 元，扣去所存队员生活费 625 元，又补发二三两月，少汇三元二角六分及棉衣费 200 元，扣汇费。已于卯巧邮汇第三战区司令长官部政治部谷主任转发。

收到盼覆。

郭沫若卯寝

照发 范寿康代四、二五

此为密码电报底稿，存第三厅。中国第二历史档案馆藏。
收电人：军事委员会政治部第三厅抗敌演剧第七队代队长王澧泉。
谷主任，即谷正纲，此时为第三战区政治部主任。
电报行文密电码为 6753 郭 3106 沫 5387 若。
发电时间：1939 年 4 月 26 日 19 时。

4月（电总36）
肤施
县政府转抗敌演剧第三队队长徐世津

　　密。佳电悉，四月份经费915元，又棉衣费280元，已于卯巧皓邮汇榆林第二战区司令长官部政治部转发。又五月份经费养邮汇500元，余数梗邮汇均扣汇费，由肤施县政府转交。收到后盼覆。

郭沫若治艺卯寝印

照发 范寿康代四、二五

此为密码电报底稿，存第三厅。中国第二历史档案馆藏。
收电人：军事委员会政治部第三厅抗敌演剧第三队队长徐世津。
电报行文密电码为 6753 郭 3106 沫 5387 若。
发电时间：1939 年 4 月 26 日 19 时。
肤施县及延安。

4月（电总37）
樊城
抗敌演剧第四队代队长翁村

　　密。四月份经费890元，又棉衣费270元及补发二月份少汇六元六角七分，已于卯皓交第五战区司令长官部驻渝办事处转发。收到否？盼覆。

郭沫若治艺卯梗印

照发 范寿康代四、二五

此为密码电报底稿，存第三厅。中国第二历史档案馆藏。
收电人：军事委员会政治部第三厅抗敌演剧第四队代队长翁村。
电报行文密电码为 6753 郭 3106 沫 5387 若。
发电时间：1939 年 4 月 26 日 19 时。

4月（电总38）

立煌

抗敌演剧第六队队长陆万美

　　密。四月份经费715元，又棉衣费200元，已于卯皓交五战区司令长官部驻渝办事处杨忆祖处长转发，收到否，盼覆。

郭沫若治艺卯寝印

　　照发　范寿康代四、二五

　　此为密码电报底稿，存第三厅。中国第二历史档案馆藏。
　　收电人：军事委员会政治部第三厅抗敌演剧第六队队长陆万美。
　　电报行文密电码为6753 郭 3106 沫 5387 若
　　发电时间：1939年4月26日19时。
　　立煌，安徽立煌县，即今金寨县所在。

4月（电总39）

桂林

行营政治部第三组张组长志让兄

　　毅密。马签呈悉。（一）本所留桂报纸，已奉命□数运渝济用，所请□难照准。（二）本所存桂公物，非经核准，不能任意取用，已取用之件务须交还林其英运渝。已消费者应即折价照还。（三）放映二队款已向中行交涉更正。（四）本厅预算内并无旅费一项，抗宣队长途旅费，应在各该队经费内撙节开支。（五）各团队五月份经费即照汇，六月份须俟预算确定后再发。春季制服费业已汇清。（六）石印机需要孔急，务必带渝。

郭沫若渝治慰印

　　此为密码电报底稿，存第三厅。中国第二历史档案馆藏。
　　收电人：张志让。
　　发电时间：1939年4月28日19时。

4月（电总40）

立煌

安徽省政府廖主席勋鉴

　　本部抗敌演剧第六队顷刻奉令调派，随五一军政治部赴鲁工作，亟待前往。请转令该队尅日启行。无任感祷。

弟郭○○治艺渝卯印印

　　发　郭沫若四、廿八

此为密码电报底稿，存第三厅。中国第二历史档案馆藏。

收电人：安徽省主席，第二十一集团军司令廖磊。

发电时间：1939年4月28日。

郭沫若签"发"。

电报行文密电码为6753 郭 3106 沫 5387 若。

立煌，即立煌县，当时省政府所在地。

4月（电总41）

宜昌

中山路古佛寺宜昌宣传站刘明凡

　　特急。一密。厅内工作繁重，急需人员，希即日来渝，勿再延迟。宜昌移交事，可托员代办。

郭○○治书巴印

行　范寿康代四、廿九

此为电报底稿，存第三厅。中国第二历史档案馆藏。

收电人：宜昌站刘明凡。

发电时间：1939年4月29日18时。

5月（电总42）

曲江

第四战区司令长官部张司令长向华兄

　　巧密。刚电奉悉。李仲生前由贵部政治部丘主任鉴电部，请调该部服务，并已奉准特复。

弟郭○○渝治宣辰（ ）印

发　郭沫若　五、九

此为电报底稿，存第三厅。中国第二历史档案馆藏。

收电人：张发奎。

发电时间：1939年5月9日。

5月（电总43）

南宁

民团指挥部政治部转抗敌宣传队第一队吴队长

　　毅密。16电悉。五月份经费已汇西南行营政治部转发，六月份以后经费候另定办法，再行电知，交通津贴费可详呈桂林行营政治部核办，宣传负伤照发，仰希随时将工作情形填报。

郭○○（文）治书巴印

【郭沫若印】五、十

　　此为电报底稿，存第三厅。中国第二历史档案馆藏。
　　收电人：军事委员会政治部第三厅抗敌宣传第一队吴队长。
　　发电时间：1939年5月12日8时。

5月（电总44）
桂林
五美路五十二号林其英同志
　　（一密。）冬电悉。"三""七"两号车，可派姚潜修同志押赴筑，请留桂之朱喆、覃必陶、唐锡光诸同志搭乘到筑，候车来渝。两车以运纸为主，公物可分别轻重运来。据报桂林中学内有一小屋，尚存本所公物，应即饬王启祥同志检查，并妥为保管。两车到筑后，一运油，一运宣传品返桂。五月份经费已汇发。

郭沫若渝治慰辰元印

【郭沫若印】

　　此为电报底稿，存第三厅。中国第二历史档案馆藏。
　　收电人：林其英。
　　发电时间：1939年5月13日16时。
　　筑为贵阳简称。
　　在厅长栏目有郭沫若印章。

5月（电总45）
　　据报告，另制团印并附呈新安旅行团四五月份领据，由五月四日报告悉。仰将新刻印模，即日呈送三份来厅备查。附缴四五两月份领据存。经费已饬即汇。

郭○○治书巴辰印

【郭沫若印】五、十六

　　此为电报底稿，存第三厅。中国第二历史档案馆藏。
　　收电人：桂林新安旅行团。
　　发电时间：1939年5月16日。

5月（电总46）
宁夏金积县董府
军委会政治部电影放映第三队队长彭介人
　　文电悉。树密。扩大器喇叭即可由制片厂航寄宁夏，惟邮费须在该队工作费项下扣还。

渝郭○○治艺辰皓印
廿八年五月十八日

此为密码电报底稿，存第三厅。中国第二历史档案馆藏。

收电人：彭介人。

电报行文密电码为 6753 郭 3106 沫 5387 若。

发电时间：1939 年 5 月 19 日 17 时。

5月（电总47）

洛阳

第一战区司令长官部政治部转军委会政治部抗敌演剧第六队队长陆万美

江灰电悉。（1）三、四两月经费各 715 元及棉衣费 200 元，已于寅回及卯哿送请第五战区驻渝办事处转汇，兹已函请转拨归垫。五月份经费 715 元即汇去。（2）据□□令真电开，该队借支三月份经费 865 元，与本部规定预算不符，仰即查明，迅报为要。

渝郭○○治艺辰哿印

发　郭沫若五、廿

此为密码电报底稿，存第三厅。中国第二历史档案馆藏。

收电人：军事委员会政治部第三厅抗敌演剧第六队队长陆万美。

电报行文密电码为 6753 郭 3106 沫 5387 若。

发电时间：1939 年 5 月 20 日 18 时。

5月（电总48）

立煌

廿一集团军廖总司令

真电奉悉（　）。密。抗演六队，蒙代垫经费，至感。（1）查该队三四两月份经费各 715 元及棉衣费 200 元，业于寅回及卯哿送请第五战区驻渝办事处转汇该队，兹已派员，请该办事处查明，并请改拨贵部。（2）五月份 715 元即日邮汇贵部或仍交驻渝办事处。（3）尊电开，该队借支三月份经费 865 元与该队经费预算不符，是否为电文错误，请一并示电复为祷。

渝弟郭○○治艺辰马印

发　郭沫若五、廿

此为电报底稿，存第三厅。中国第二历史档案馆藏。

收电人：廖磊。

发电时间：1939 年 5 月 21 日。

5月（电总49）

桂林
行营政治部第三组张组长志让转龚啸岚田洪

  毅密。此间工作甚忙，希速返渝。

沫若梗印

  发 范寿康代五、廿三

  此为密码电报底稿，存第三厅。中国第二历史档案馆藏。
  收电人：龚啸岚、田洪。
  发电时间：1939年5月23日18时。

5月（电总50）
吉安
第十九集团军总部转抗敌演剧第二队队长吕复

  电悉。毅密。前奉部长卯养代电节开，演剧第二队与第八队拨归第九战区政治部接收管理，嗣后所有各该队经费，应即汇由各该接管政治部转发等因。此为部长最近指示，自应遵办。其他并无具体规定。

郭○○渝治艺辰敬印

  发 范寿康代五、廿三

  此为密码电报底稿，存第三厅。中国第二历史档案馆藏。
  收电人：军事委员会政治部第三厅抗敌演剧第二队队长吕复。
  电报行文密电码为6753郭3106沫5387若。
  发电时间：1939年5月24日10时。

5月（电总51）

  呈悉。服装费三百元，据驻渝办事处朱成章，副主任函发，已于卯养与四月份经费交交通银行汇请桂林办事处转汇，并经该处电发收转。兹并电请桂林查询等由，仰即知照。

巴郭○○治艺辰俭印

  行 范寿康代五、廿九

  此为电报底稿，存第三厅。中国第二历史档案馆藏。
  收电人：军事委员会政治部第三厅抗敌演剧队第一队魏曼青。
  发电时间：1939年5月29日18时。

5月（电总52）
上饶
第三战区政治部转军委会政治部发行站贵溪总站黄德明

一密。9906电悉。四月份经费已于四月五日由中央银行汇交吉安分站吴仁达转。

郭○○

　　行　范寿康代五、廿九

　　此为电报底稿，存第三厅。中国第二历史档案馆藏。
　　收电人：黄德明。
　　发电时间：1939年5月30日16时。

5月（电总53）
上饶
三战区司令长官部政治部谷主任烦转抗敌演剧第七队冼群
　　密。（一）三月份经费于寅巧汇出，四月份经费于卯皓汇出。均□谷主任转发。（二）寅俭令将张扬、周达入队志愿书具报，速即遵办，五月份经费即汇。

治艺巴印郭○○辰（　）

　　行【郭沫若印】五、廿七

　　此为电报底稿，存第三厅。中国第二历史档案馆藏。
　　收电人：军事委员政治部第三厅抗敌演剧第七队队长冼群。
　　发电时间：1939年5月30日17时。

6月（电总54）
襄阳
抗敌演剧第四队全体队员
　　啸齐谏三电均悉，洪密。
　　〈1〉账目俟寄到后，再与侯枫所呈报者核对。
　　〈2〉关于编并事，部座卯养电节开，抗演四队拨归第五战区政治部接收管理，所有该队经费应即汇由该接管政治部转发等。因此，为部座最近指示，应即遵办。
　　〈3〉委派队长事，可迳向第五战区政治部请示。
　　〈4〉四月份经费及制服费，于卯皓交五战区驻渝办事处转汇。五月份即交上列办事处转。

郭沫若洪深治艺渝己冬印
廿八年六月二日

　　发
　　【郭沫若印】
　　【洪深印】

　　此为密码电报底稿，存第三厅。中国第二历史档案馆藏。

收电人：抗敌演剧第四队全体队员。
电报行文密电码为 6753 郭 3106 沫 5387 若，3163 洪 3234 深。
发电时间：1939 年 6 月 2 日 9 时 50 分。

6月（电总55）
金华
新知书店转抗敌宣传第二队何队长

惧篠电悉。三月份多寄之二百元，系部开寒衣津贴费，每名十元，仰补具证明册呈厅，以清手续。四、五月份经费，因当时金华中交中农分行迁移，无法函汇急不得已，改用邮汇，汇价每元约需一角五分，与上饶不同，嗣后拟由银行汇至兰溪或邮汇至上饶，以何地为转便，仰就近查明，电复为要。

郭□□渝治巳仁印

行【郭沫若印】六、二

此为电报底稿，存第三厅。中国第二历史档案馆藏。
收电人：军事委员会政治部第三厅抗敌宣传第二队队长何惧。
发电时间：1939 年 6 月 3 日 9 时。

6月（电总56）
立煌
二十一集团军廖总司令

（ ）密。东电敬悉。（1）案准。第五战区驻渝办事处函开抗演六队三四两月经费及棉衣津贴费，经将该款计 1630 元如数拨交 21AG 驻渝办事处收转。（2）五月经费已电汇洛阳抗演六队。（3）三月经费多领 150 元，一并饬该队奉还渝。

弟郭○○治艺巴（ ）印

此为电报底稿，存第三厅。中国第二历史档案馆藏。
收电人：廖磊。
发电时间：1939 年 6 月 5 日。

6月（电总57）
洛阳
第一战区政治部转军委会政治部抗演六队队长陆万美

（ ）密。（1）三四两月经费及棉衣津贴费，经第五战区驻渝办事处拨交 21AG 驻渝办事处汇还该总司令部。（2）五月份经费 715 元本部已汇洛阳第一战区政治部转交抗演六队。又三月份多领 150 元，应一并迅予汇还该总司令部，以清手续。仰即呈复。

渝郭○○治艺巳（ ）印

此为电报底稿，存第三厅。中国第二历史档案馆藏。

收电人：军事委员会政治部第三厅抗敌演出第六队队长陆万美。

发电时间：1939年6月5日。

6月（电总58）

桂林

行营政治部张组长志让兄

（毅）密。微电奉悉，覃必陶在桂待命，由行营政治部直接向本部请调，可也。

郭○○治宣渝巳虞印

发【郭沫若印】六、六

此为密码电报底稿，存第三厅。中国第二历史档案馆藏。

收电人：张志让。

电报行文密电码为 6753 郭 3106 沫 5387 若。

发电时间：1939年6月7日9时。

6月（电总59）

二十八年六月桂林行营政治部

政三巳电悉。（ ）密。（一）查本部各队经费，自六月份起，由本部按月汇交各该管辖政治部分别发放，以免用折。抗宣一队及抗演九队七八两月经费，请直接核发，以后按月扣还归垫。（二）抗演九队请求供给药品，碍难照准。

渝郭○○治艺巳（文）印

行【郭沫若印】六、九

此为电报底稿，存第三厅。中国第二历史档案馆藏。

收电人：第二战区司令长官部政治部。

发电时间：1939年6月12日。

6月（电总60）

桂林

行营政治部梁主任勋鉴

虞电奉悉，抗宣一队出发，南宁工作所乘卡车用油费290.7元，应请由贵部拨发，或迳呈部方拨发。

郭○○治宣印

行【郭沫若印】六、十三

此为电报底稿，存第三厅。中国第二历史档案馆藏。
收电人：桂林行营政治部主任梁寒操。
发电时间：1939年6月13日7时。

6月（电总61）
政治部部长陈钧鉴

治人巴第27957号代电奉悉。查二十七年服务考核成绩、最优成绩、庸劣人员密报表及一般考核表二种，本厅业已遵办，曾于二月二十八日汇送总务厅转报矣。谨此电复。

职郭○○叩已寒治宣渝印

【郭沫若印】六、十四

此为电报底稿，存第三厅。中国第二历史档案馆藏。
收电人：陈诚。
发电时间：1939年6月14日。

6月（电总62）
洛阳
第一战区政治部转军委员会政治部抗敌演剧第六队队长陆万美

（1）三四两月份经费及棉衣津贴费，经第五战区驻渝办事处拨交21AG驻渝办事处汇还该总司令部。（2）廖总司令来电代垫五月份经费715元及该队三月份多领150元，请拨还该部驻渝办事处，业已如数送往归垫。（3）该队五月份经费，已汇一战区政治部收转，可作六月份借支，三月份多领之款在七月份经费内扣除。

郭○○治艺渝巳印

发【郭沫若印】六、十三

此为密码电报底稿，存第三厅。中国第二历史档案馆藏。
收电人：军事委员会政治部第三厅抗敌演剧第六队队长陆万美。
电报行文密电码为6753 郭 3106 沫 5387 若。
发电时间：1939年6月15日11时。

6月（电总63）
立煌
二十一集团军廖总司令

密东电敬悉，（1）案准第五战区驻渝办事处函开，抗演六队三四两月经费及棉衣津贴费共1630元，已将该款如数拨交21AG驻渝办事处收转。（2）该队五月份经费715元及三月份多领之150元一并备函，送交尊电内开地址杨处长查收。

渝弟郭沫若治艺巳篠印

95

发【郭沫若印】六、十二

此为电报底稿，存第三厅。中国第二历史档案馆藏。
收电人：廖磊。
发电时间：1939年6月17日9时30分。

6月（电总64）
榆林
第二战区司令长官部政治部
　　（　）密。本部抗敌演剧第三队经费，计二十七年十一月、十二月，二十八年二月、四月、五月份，各915元及四月份附棉衣津贴280元，又该队指导员张文光二十七年十月、十一月、十二月，二十八年一月份薪俸共330元，均经中央银行电汇及邮局汇，请贵部收转该队。在案。兹据该队报告，上开各款迄今均未收到，希烦贵部迅予查明，电复为荷。

渝郭○○治艺巳梗印

发【郭沫若印】六、廿

此为电报底稿，存第三厅。中国第二历史档案馆藏。
收电人：第二战区司令长官部政治部。
发电时间：1939年6月23日。

6月（电总65）
西安
一内军委会政治部抗敌宣传第四队
　　毅密。四月份经费已由银行退回，当改汇至十战区政治部收转。希查领。

郭○○巳（俭）治书渝印

行【郭沫若印】六、廿六

此为电报底稿，存第三厅。中国第二历史档案馆藏。
收电人：军事委员会政治部第三厅抗敌宣传第四队。
发电时间：1939年6月28日18时。

7月（电总66）
　　删电悉。（一）该队四月份经费及棉衣费共1220元，业于卯巧电汇长沙九战区政治部转罗总司令收交该队。在案。仰迳查询。（二）该队嗣后应受九战区政治部直接管理，惟关于人事任免，本部作最后决定。该队呈请本部事宜及工作报告等，应呈九战区政治部转呈，不得越级行文。仰即遵照办理。

渝郭○○治艺巳（　）印

【郭沫若印】六、廿七

此为电报底稿，存第三厅。中国第二历史档案馆藏。
收电人：军事委员会政治部第三厅抗敌演剧第二队队长吕复。
发电时间：1939年7月2日。

7月（电总67）
军委会政治部第三厅译呈
部长陈钧鉴

（毅密）。沫若无状痛遭大故，荷蒙委座及钧座唁电频颁，各赐赙千元，并派罗任一同志亲临致祭，隆以委座及钧鉴祭嶂，全里惊荣，阖家感泣。惟先严茔圹尚待修治，葬期恐在秋后。罗同志前日莅此（电码不明），今晨离去，三牲祭品，金五匣○。（电码不明），固辞不获○○○领。又闻钧座曾命总三厅各派一员襄理葬祭，万不敢当。

敬谨
叩谢。

职制郭沫若叩马印

【杜国庠印】代
呈
阅
阅

此为电报底稿，存第三厅。中国第二历史档案馆藏。
收电人：陈诚。
时间：1939年7月。

7月（电总68）
邓县
第八十四军政治部全主任无若勋鉴

准贵部廿九年六月廿一日电略开，敝部现随军进驻前方，文化食粮异常缺乏，祈赠报十四份如何？希电复等。由查本厅前为供给全国各部队文化食粮起见，对各军师单位，均已按日分赠《扫荡报》二份。兹准前由相应电复。查照。并希时以部队移动情形见告。以资联系为荷。

政治部第三厅厅长郭沫若治化渝午（）印

行【郭沫若印】七、十一

此为电报底稿，存第三厅。中国第二历史档案馆藏。
收电人：全无若（生卒不详），第八十四军政治部主任，少将军衔。

发电时间：1940年7月11日9时。

8月（电总69）
○○政治部主任
　　查自战地文化服务处改组为文化发行站交由贵部管辖后，人员驻地不无变动。本厅为宣传□发行便利起见，亟应与各总分站取得密切联系，爰制就调查表一种，请即依照表列各栏查填，迳寄重庆邮箱一三一号本厅为荷。

厅长郭○○未治慰巳印

　　附调查表乙纸。

【杜国庠印】代八、廿五

此为电报底稿，存第三厅。中国第二历史档案馆藏。
收电人：各行营战区政治部。
发电时间：1939年8月26日。

9月（电总70）
曲江
第四战区政治部
　　案准。本部总务厅移来贵部午涤治经代电，请汇还垫发抗敌演剧第一队本年五六两月经费，共一千九百三十元等由。查该队五六两月经费，业于六月二日及六月廿六日交由四战区驻渝办事处收转，经函请该处查明，据复，该款早经先后电请桂林本处转汇。在案。兹准前由除电请桂处查明汇交何人收受见复外，相应先行函复等由，除俟该处查明转汇何人收受再行奉复外，特电查照。

巴郭○○未治艺印

【杜国庠印】代八、廿八

此为电报底稿，存第三厅。中国第二历史档案馆藏。
收电人：第四战区政治部。
发电时间：1939年9月4日。

8月（电总71）
曲江
第四战区政治部
　　前准本部总务厅移来贵部午涤治经代电，请汇还垫发抗敌演剧第一队本年五六两月经费共一千九百三十元等由，经于本年九月四日以治艺巴字第八三七号代电先行复请查照，在案。兹复准四战区驻渝办事处本年九月五日渝字第七五五号函开："迳启者，查前准贵厅治艺巴字第650号函，询托汇四战区政治部演剧队经费1930元一案，业于八月二十一日，以本处渝字第690号函复查照，并电桂处查询，各在案，兹奉桂处叶主任艳会代电复，以四战区抗演队五六月份经费1930元，已于六七月份转账，在卷。嘱转知。迳向张长官部具领等因相应函请查照，即便转知，迳向四战区长官部具领为荷"等由。准此。查该款□经该处转账，特再请查照办理为荷。

巴郭○○申治艺印

【杜国庠印】代九、八

　　此为电报底稿，存第三厅。中国第二历史档案馆藏。
　　收电人：第四战区政治部。
　　发电时间：1939年9月9日。

9月（电总72）
抗宣三队队长演剧四队代队长翁村
　　鉴案。据本厅第一科科员潘念之自老河口电称，该队七八两月份经费未到。查该队经费自本年七月份起拨，归总务厅发给。兹经函询，据复，已汇五战区政治部转发。仰即知照。

厅长郭○○申治宣巴印

【杜国庠印】代九、十四

　　此为电报底稿，存第三厅。中国第二历史档案馆藏。
　　收电人：军事委员会政治部第三厅抗敌宣传第三队队长。军事委员会政治部第三厅抗敌演剧第四队代队长翁村。
　　发电时间：1939年9月16日。

9月（电总73）
鲁苏战区政治部转抗敌演剧第六队队长陆万美
　　未微电悉。密。（一）查五月份经费1715元，经于辰有汇洛阳一战政部转发。（二）据21AG总司令部巳东电称，曾垫发该队五月份经费及三月份，透支150元当并六月份经费汇还该部归垫。（三）七八两日份已由本部总务厅汇往一战政部，顷据来电，已函请电洛并五月份经费转汇鲁苏战政部转发矣。（四）透支150元于十月份内扣除。

巴郭○○申治艺印

　　此为电报底稿，存第三厅。中国第二历史档案馆藏。
　　收电人：军事委员会政治部第三厅抗敌演剧第六队代队长陆万美。
　　发电时间：1939年9月18日。

9月（电总 74）

成都

市立第一小学教导剧团洪科长深

　　密。本厅前派赴陕车已回渝，剧团可沿水路回。

厅长郭○○治艺后申陷印

　　发　寿康代　九、卅

　　此为密码电报底稿，存第三厅。中国第二历史档案馆藏。

　　收电人：洪深。

　　电报行文密电码为 6753 郭 3106 沫 5387 若。

　　发电时间：1939 年 9 月 30 日 18 时。

10月（电总 75）

○○集团军总司令部政治部○主任

　　查本厅为使前方将士经常有阅读新闻纸机会起见，自五月份起，将重庆报纸按期寄发贵部，转行配发。

　　此案。兹为期甚久，为数颇巨，请将配发情形详细见告为荷。

郭○○申支治慰巴印

　　【杜国庠印】代　九、廿九

　　此为电报底稿，存第三厅。中国第二历史档案馆藏。

　　收电人：各集团军总司令部政治部主任。

　　发电时间：1939 年 10 月 4 日。

10月（电总 76）

成都

四川国民军训处骆处长

　　奉交下蓉属代电敬悉。贵处热心抗战宣传，至为赞佩，嗣后本部各种宣传品，自当按期检发也。

郭○○酉治慰巴印

　　【杜国庠印】代十、三

　　此为电报底稿，存第三厅。中国第二历史档案馆藏。

　　收电人：国民军训处骆处长。

　　发电时间：1939 年 10 月 4 日。

10月（电总 77）

○○发行站○主任

　　查本厅为使前方将士经常有阅读新闻纸机会起见，业自五月份起，将重庆报纸按期寄发该站，配发前方各部队。在案，兹为期甚久，数量颇巨，配发情形如何，仰即详细具报备查为要。

厅长郭○○申支治慰巴印

【杜国庠印】代十、三

　　此为电报底稿，存第三厅。中国第二历史档案馆藏。
　　收电人：政治部文化发行站各站主任。
　　发电时间：1939年10月4日。

10月（电总78）
长沙
第九战区司令长官部转
陈辞修部长
薛代司令长伯陵
各一通

　　（一）湘北大捷空前，举国腾欢，民心振奋，敬申贺意。（二）本日发对敌宣传品十四万，专车运长，交胡副主任。（三）制片厂摄影师已飞桂转湘，另派放映队一队赶赴前线工作。（四）行都祝捷，其形热烈，本部于一日间制就大布画十五幅，装备卡车二辆，沿街游行，编炮声震动全市，并决定双十节日举行祝捷，提灯大会在积极筹备中。（五）寒衣会慰劳会共献款二万元，犒劳前敌将士，已汇出。

郭沫若（　）叩

　　发
　　请送电报室
　　即张维藩即刻译发。如能由城电务室译发尤佳，请即面商张代秘书长为覆。
　　【郭沫若印】十、九
　　已由电报室译发【张维藩】

　　此为密码电报底稿，存第三厅。中国第二历史档案馆藏。
　　秘书代拟代文，"郭沫若"为手迹。
　　收电人：辞修即陈诚（1898—1965，字辞修），浙江青田人，此时为军事委员会政治部部长。上将军衔。
　　伯陵即薛岳（1896—1998，字伯陵），此时为湖南省主席兼第一兵团司令，指挥长沙会战。
　　发电时间：1939年10月9日。
　　后批件上有【郭沫若印】章

有【张维藩】签章

10月（电总79）
陈部长钧
薛代司令长官伯陵兄勋鉴

（一）湘北大捷空前，举国腾欢，民心振奋，敬申贺意。（二）本日丛对敌宣传品十四万，专车运长，交胡副主任。（三）制片厂摄影师已飞桂湘，另派放映队一队赶赴前线工作。（四）行都祝捷，其形热烈。本部于一日间制就大布画十五幅，装备卡车二辆，沿街游行，编炮声震动全市。并决定双十节日举行祝捷，提灯大会在积极筹备中。（五）寒衣会慰劳会共献款二万元，犒劳前敌将士，已汇出。

职弟郭〇〇叩治宣渝酉（佳）印

发【郭沫若印】

内容同上。
此为电报底稿，存第三厅。中国第二历史档案馆藏。
秘书代拟代文，有【郭沫若印】章。
发电时间：1939年10月9日15时。
通常信函、电文的底稿署名年月日。而电报的时间准确到时。

10月（电总80）
桂林
第二十六集团军总司令部黄总司令琪翔兄

密。鱼桂训办秘电奉悉。吾兄勤劳前方，可胜□庆，承嘱，准朱杰夫同志辞去本厅职务正印，自当同意，敬此电达，祗候麾绥。

弟郭沫若真渝印

【杜国庠印】代十、十一

此为电报底稿，存第三厅。中国第二历史档案馆藏。
收电人：黄琪翔。
发电时间：1939年10月14日。

10月（电总81）
屯溪
第三战区政治部谷主任正纲兄

思密。电悉，兹先电汇第五剧队十月份经费，请查照扣垫，代为转发。至第七队经费，请转饬，将应备手续递呈长沙水风井一师附小内本厅后，即续交汇。特复。

弟郭沫若篠汉

此为密码电报底稿，存第三厅。中国第二历史档案馆藏。

收电人：谷正纲，此时为第三战区政治部主任。
电报行文密电码为 6753 郭 3106 沫 5387 若。
发电时间：1939 年 10 月 17 日 19 时。

10 月（电总 82）
桂林
行营政治部转新安旅行团
　　电悉。查该团八、九、十三个月补助费，一共三千一百三十五元整，于十一月四号由渝中央银行电汇桂林行营收转，希即具条发行领取。

　　　　　　　　　　　　　　　　　　　　　　郭○○治书巴戌（ ）印

　　【杜国庠印】代十、廿八

　　此为电报底稿，存第三厅。中国第二历史档案馆藏。
　　收电人：新安旅行团。
　　发电时间：1939 年 10 月 28 日。

10 月（电总 83）
桂林
军训部转二十六集团军黄总司令琪翔兄
　　梗电奉悉。膺密。朱洁夫同志辞职已准，鱼电报，部无法请调，请另行委派。谨复。

　　　　　　　　　　　　　　　　　　　　　　弟郭○○西艳印

　　送请秘书处批发后译发【杜国庠印】代十、廿八

　　此为电报底稿，存第三厅。中国第二历史档案馆藏。
　　收电人：黄琪翔。
　　发电时间：1939 年 10 月 29 日。

10 月（电总 84）
　　函电均悉。八、九、十各月经费合计洋三千一百三十五元，决已于江日由中央行汇出，希查收。该团补助费，前于七月份调整本厅事业时，部令未曾列入，经签请，已准补助至十月底止，此后如何，正在请求中。

　　　　　　　　　　　　　　　　　　　　　　郭○○西（ ）治书巴印

　　【杜国庠印】代十、廿八

103

此为电报底稿，存第三厅。中国第二历史档案馆藏。
收电人：新安旅行团。
发电时间：1939年10月30日。

11月（电总85）
国民政府军事委员会政治部第三厅代电
老河口
第五战区长官部政治部韦主任、张副主任勋鉴

（密）。本部抗演第四队代表鲁阳等二员来渝，请准予在渝招补队员十人。除已借支旅费百元外，欲再借四百元，作新招队员旅费。未审该队队长是否知悉？贵部是否同意？应请查照，电复为荷。

弟郭沫若戌虞治艺巴印
中华民国廿八年十一月七日

此为电报底稿，存第三厅。中国第二历史档案馆藏。
收电人：湖北老河口第五战区长官部政治部主任韦永成（白崇禧的外甥）、副主任张。
发电时间：1939年11月7日。

12月（电总86）
奉交下江代电悉。查前宣传站金华总站、屯溪分站，五月份经费已将六月份经费移用，发交前该分站主任刘社醒领讫，刘主任系于六月二十日交卸，在其任期内前仍应由刘主任负责，该黄主任应领之款，须俟留存第三战区政治部五月份经费退回后，即可一并核发。希即知照。

郭〇〇亥鱼治慰巴印

【杜国庠印】代十二、五

此为电报底稿，存第三厅。中国第二历史档案馆藏。
收电人：屯溪分站黄主任。
发电时间：1939年12月6日。

1940年

2月（电总87）
西安
军事委员会政治部文化发行站主任唐学俊

冬已代电悉，所有交由该站转发宣传品，准予凭据注销，至误送来之西昌行辕政治部宣

传品，亦准留站酌为散发。

厅长郭沫若治化丑印

行【郭沫若印】

此为电报底稿，存第三厅。中国第二历史档案馆藏。
收电人：唐学俊。
发电时间：1940年2月21日16时。

2月（电总88）
桂林
西南行营政治部第三组张组长志让

篠代电悉，新安旅行团经费，已由本厅发至一月份，所称垫发二百元系指几月份经费，如系二月份经费，当即拨款归垫如何□□。

第三厅厅长郭○○梗印

行 范寿康代二、二三

此为电报底稿，存第三厅。中国第二历史档案馆藏。
收电人：张志让。
发电时间：1940年2月23日。

3月（电总89）
鲁苏战区总部政治部周主任

（ ）密。据本部抗敌演剧第六队队长陆万美微电称，该队去年经费仅领至五月，并请召开抗演队长联席会议等情，查该队六月份经费，前据廿一集团军驻京办事处称，该队曾向该总部借有八六五元，本厅已于去年六月十九日如数拨交该办事处杨赞谟同志核收，六月份以后经费，准即拨交贵部驻渝人员具领转发，至请召开会议一节，因交通困难，工作紧张，不便召集，应勿庸议，希饬知照。

弟郭○○寅感治导印卯江重庆

【郭沫若印】三、廿二

此为电报底稿，存第三厅。中国第二历史档案馆藏。
收电人：鲁苏战区总部政治部主任周复。
发电时间：1940年3月27日。

4月（电总90）
第一战区司令长官部政治部袁主任

密。卯文秘。因本部无侗密本，请改用佶密本重发。

弟郭○○卯号治智印

本电拟送请

文书组转交本部电务室，译发改用密本，名称亦请电务室查明，与一战区政治部通用本代填。

【郭沫若印】四、十七

此为电报底稿，存第三厅。中国第二历史档案馆藏。
收电人：第一战区司令长官部政治部主任袁守谦。
发电时间：1940年4月20日。

8月（电总91）

陈部长辞公钧鉴

○密。未感治智电，谅蒙阅悉。

职厅上校秘书简泰梁、上尉书记陆坚毅；

第一科上校主任科员潘念之、陈乃昌、上校科员徐步、少校科员钱远锋；

第二科上校主任科员何成湘、蔡家桂、叶籁士、廖体仁、中校科员万迪鹤、尚钺、季信、李广才、少校科员程泽民、石啸冲、乐嘉煊、郭劳为、霍应人、上尉科员先锡嘉、少校技术员卢鸿基、上尉技术员丁正献；

第三科上校主任科员张肩重、罗髻渔、中校主任科员王本烾；

国际研究会上校研究员孙师毅、蔡仪中校、研究员于瑞焘；

艺术研究会上校研究员程步高、石凌鹤

等三十员亦均呈请辞职，拟请照准查。各该员服务以来，工作亦尚努力，可否亦援例，各发恩饷三月之处。乞核。

职郭沫若未治智印

郭沫若【郭沫若印】

八、卅

此为密码电报底稿，存第三厅。中国第二历史档案馆藏。
收电人：陈诚。
厅长栏目有郭沫若签名、签章、时间
发电时间：1940年8月31日。
此为郭沫若辞去第三厅厅长时，下属三十多人同时辞职的急电。

（原载《文艺争鸣》2022年第5期）

夏氏兄弟书信中的郭沫若

邱　田

1961年夏志清的英文专著《中国现代小说史》(以下简称《小说史》)问世,自此,中国现代文学研究正式进入西方学院的研究视野,并逐渐成为一门显学。作为综论类的文学史论,这部小说史既是学科开山之作,亦是影响深远之作,既广受赞誉,亦备受争议。出版伊始,夏志清便与捷克著名汉学家普实克在《通报》(*T'oung Pao*)展开辩论,1961—1963年的这场学术论争成为海外汉学界的标志性事件,为现代中国文学研究的发展起到了客观推动作用。1979年《小说史》中文繁体版出版,旋即引发学界热议,甚至对20世纪80年代"重写文学史"思潮产生影响。《中国现代小说史》独具慧眼地"打捞"了张爱玲、钱钟书等优秀小说家,又离经叛道地贬低鲁迅的文学价值和地位,这一"热"一"冷"成为《小说史》最受人关注的焦点。其实如果将视线稍稍移开,会发现夏志清对创造社诸位作家的评价同样值得注意。按照普实克的观点,张爱玲等作家因为作品与夏志清"志趣相投"而受到宽容优待,鲁迅等左翼作家则因其政治立场而被怀有敌意地冷嘲热讽,创造社则处于某种意义上的中间地带。[①]重审《小说史》对创造社作家郭沫若、郁达夫等人的评价,或许可以更为清晰地甄别其偏见与洞见,探究早期有影响力的海外汉学论著中意识形态、审美趣味、文学标准和学术视野的复杂关系。2017—2021年简体五卷本《夏志清夏济安书信集》的出版为研究者提供了珍贵的一手文献。

夏志清和兄长夏济安18年间鱼雁不绝,从1947年夏志清留美,至1965年夏济安离世,总计612封通信中"说家常、谈感情、论文学、品电影、议时政,推心置腹,无话不谈"。[②]正因家信百无禁忌,兄弟间的纸上对话才能还原历史情境下的政治立场与文学观念。将书信与《小说史》对读,可以看到文学评论背后的种种私语,也能借此了解夏氏兄弟的文学史观。

一

《中国现代小说史》第四章为创造社专章,主要涉及三位作家,郭沫若、郁达夫和张资平。第一节借郭沫若讲述创造社的来龙去脉,第二节专门评述郁达夫的创作。夏志清对郭沫若评价不高,认为"民国以来,所有公认为头号作家之间,郭沫若作品传世的希望最微",即便是创造社最好的郁达夫也和其他人一样,"感伤气味太浓。文章写的马虎,结果每篇小说都有缺陷,也很可惜"。[③]《小说史》对创造社的整体评价是"喜欢卖弄学问,态度独断,

---

[①] [捷克]普实克:《中国现代文学史的根本问题——评夏志清的〈中国现代小说史〉》,载李欧梵编《抒情与史诗:现代中国文学论集》,郭建玲译,上海三联书店2010年版,第194—196页。
[②] 季进:《编注说明》,载王洞、季进编注《夏志清夏济安书信集》卷一,浙江人民出版社2017年版,第11页。
[③] 夏志清:《创造社》,载《中国现代小说史》,香港中文大学出版社2015年版,第83、93页。

喜欢笔伐","假浪漫主义为名,一味狂放,浮而不实,作品没有丝毫规矩绳墨,言过其实"。①这种带有感情色彩的表达或许印证了普实克的批评,即"更使我们惊讶的是夏志清的评论在语气上的悬殊。谈到左翼作家时,他是嘲讽的,至少是有保留的",他还指责夏志清"缺乏对材料的科学和系统的研究",采用的是"极为主观的批评方法",甚至有一些是"顺嘴的评论"。②那么实际情况如何呢?

早在1952年1月29日的通信中,夏志清已经提到他"想花两年功夫写本中国近代文学史",正与洛克菲勒基金会接洽,初步面试;3月30日,他向兄长报告已向基金会提交申请书,"成功希望极大";5月24日,洛克菲勒基金会通过了夏志清的研究计划,研究经费为两年8000美金,彼时北美做现代中国文学研究的最大困难是资料的匮乏,夏志清一开始便顾虑到这种状况,除了依靠耶鲁图书馆的馆藏,他还计划去哥伦比亚大学和哈佛大学的图书馆检索文献,甚至想为此搬去纽约。③大约由此时起,夏志清进入了广泛阅读、恶补中国现代文学作品及文献的状态,他不时在信中汇报研究进展,"晚上看些中国旧小说",或者"看完了五四时文学论争的文章",11月时研究进度明显加快,"研究中国近代文学,差不多一天看一本书"。④

创造社作家是最早出现在夏志清阅读清单上的,书信中对这些作家的阅读和探讨贯穿了《小说史》的整个写作过程,甚至在专著出版后仍在继续。1951年郭沫若的名字已经出现在兄弟二人的通信中⑤,随后是郁达夫和张资平,其余的创造社成员则被认为没有太多讨论价值,直到1964年,即夏济安去世前一年,这三位创造社作家的名字仍不断出现在关于文学的讨论中,书信中对几位作家的持续关注与《小说史》中有限的篇幅相映成趣。在《小说史》中郁达夫是获得评价最高的创造社作家,享有单独成篇的优待,但在书信里郭沫若才是夏氏兄弟最为在意的。初步统计,五卷书信中出现郭沫若47次,郁达夫10次(张资平最少,只有4次),通信人对他们的关注明显不在一个层级,信中谈论的内容也有深浅之分。

《小说史》中列举的郭沫若作品十分有限,除了《女神》《三个叛逆的女性》外并未提及其他篇目,多半是宏观论述。而根据书信集,夏志清通读了郭沫若的全部文集,动笔前做了充分的研究准备。1953年初,夏志清已经通读了耶鲁图书馆的相关藏书,包括鲁迅、郭沫若等作家的专集及其他作家的一些选集,圣诞节期间他又专门去哥伦比亚图书馆查阅了大量文学期刊,在和夏济安的通信中他盛赞沈从文而贬抑郭沫若,大发议论说"郭沫若每样作品都写过些,可是没有一方面是成功的,可算是中国最不 deserve(值得——中文注释为笔者所

---

① 夏志清:《创造社》,载《中国现代小说史》,香港中文大学出版社2015年版,第81、82页。
② [捷克]普实克:《中国现代文学史的根本问题——评夏志清的〈中国现代小说史〉》,载李欧梵编《抒情与史诗:现代中国文学论集》,郭建玲译,上海三联书店2010年版,第201页。
③ 王洞、季进编注:《夏志清夏济安书信集》卷二,浙江人民出版社2017年版,1952年1月29日致夏济安,1952年3月30日致夏济安,1952年5月24日致夏济安。
④ 王洞、季进编注:《夏志清夏济安书信集》卷二,浙江人民出版社2017年版,1952年7月12日致夏济安,1952年10月6日致夏济安,1952年11月20日致夏济安。
⑤ 王洞、季进编注:《夏志清夏济安书信集》卷二,浙江人民出版社2017年版,1951年2月2日致夏济安。

加，下同）享盛名的作家"①。这种论调和小说史几乎完全一致，只是语气更加直白。小说史中修正了过于生硬的语气，还肯定了"他的自传，是中国知识分子史的重要文件"。②这个评语与夏志清对郭沫若的深度阅读是密不可分的。

虽然在阅读初体验后夏志清很快得出郭沫若作品文学价值不高的结论，但他的阅读功课从未停止。从1952年进行研究开始，除了"补课"，他还不忘追踪最新出版的资料。1960年小说史出版前夕他还请长兄帮忙查找郭沫若的文集一共出了几册，是否已经出全，"如能查到答案，请即作覆"③。兄弟二人为《沫若文集》（1957—1961年人民文学出版社出版）的出版状况，特别是第七卷自传的查找写了不下四五封信。经夏济安查找，UC（加利福尼亚大学）图书馆和UW（华盛顿大学）图书馆都恰巧缺失第7卷，这引起了两人对书名和内容的猜测，在《少年时代》《革命春秋》之间的这部自传夏志清猜为《亡命十年》，夏济安猜为《创造十年》，最后证实为《学生时代》；这几部自传为夏志清理解以郭沫若为代表的知识分子的思想转向提供了重要支撑。④截至1960年，夏志清追踪阅读到《沫若文集》第十卷（1959年出版），因为不断有新文献，《创造社》一章或许一直修订到付梓前，比如关于郭沫若自传的评语极有可能是后加入的。

早在1953年夏志清已完成了关于郁达夫的专论，之后他也仍在不断补充阅读，核对文献信息。⑤1959年底夏志清请长兄帮忙查询《她是一个弱女子》《苔痕处处》的出版信息，1960年二人还谈到新发现的专著《郁达夫的流亡与失踪》，以及在香港《文艺生活》杂志刊发的汪金丁关于郁达夫之死的文章。⑥而对于张资平的阅读则马虎得多，这位在小说史中一笔带过的作家显然被认定为不具备太多评论价值的次要人物，夏志清在1961年的信中坦陈没有读过他的长篇小说。⑦

二

夏志清最不能忍受的是被指责为"主观批评家，并且是有严重政治偏见的主观批评

---

① 王洞、季进编注：《夏志清夏济安书信集》卷二，浙江人民出版社2017年版，1953年1月19日致夏济安。
② 夏志清：《创造社》，载《中国现代小说史》，香港中文大学出版社2015年版，第87页。
③ 王洞、季进编注：《夏志清夏济安书信集》卷四，台湾联经出版事业股份有限公司2019年版，1961年2月15日致夏济安。
④ 王洞、季进编注：《夏志清夏济安书信集》卷四，台湾联经出版事业股份有限公司2019年版，1960年2月19日致夏志清，1960年7月3日致夏志清，1960年3月23日致夏济安，1960年3月31日致夏志清。
⑤ 王洞、季进编注：《夏志清夏济安书信集》卷二，浙江人民出版社2017年版，1953年8月9日致夏济安。
⑥ 王洞、季进编注：《夏志清夏济安书信集》卷四，台湾联经出版事业股份有限公司2019年版，1959年10月12日致夏济安，1960年1月19日致夏志清，1960年7月3日致夏志清。
⑦ 王洞、季进编注：《夏志清夏济安书信集》卷四，台湾联经出版事业股份有限公司2019年版，1961年5月15日致夏济安。

家"。①小说史中意识形态与文学审美的辩证关系一直为研究者所关注,这也是海外中国文学研究中不可回避的议题。究竟是政治立场不同导致的偏见,还是审美意趣不同带来的差异?所幸,我们可以从夏氏兄弟的书信对谈中略窥一斑。

1951年夏志清信中第一次提到郭沫若,他谈道:"中国从五四运动到今日的情形,确需要有一个严正立场的批判:鲁迅、郭沫若之类,都可以写几篇文章评判一下,指出他们共产(主义)的倾向。"②此时的夏志清还未介入中国文学研究,甚至没怎么读过郭沫若的作品,这样"严正"的批判立场,自然是夹杂了些许意识形态的对立姿态,又将郭沫若列在鲁迅之后,有一点将其视为假想敌的味道。1959年夏志清请长兄帮忙查找闻一多指正郭沫若译诗错误的文章,夏济安在答复中提到郭沫若就此事给闻一多的回信,感慨"想不到郭的态度很平和"。③这句话颇耐人寻味。平和出人意料么?夏济安想象中郭沫若该持何种态度?疑问或可从1962年夏济安对郭沫若的称呼中得到解答。在9月27日致夏志清谈论国学研究的信中,夏济安屡次将郭沫若称为"郭匪",认为"郭匪还是靠他的学者头衔来欺世盗名的"。一个"匪"字道出了政治立场的截然对立,欺世盗名亦是严重的指责,虽然这是兄弟间略带情绪的随意表达,但意识形态的泾渭分明怎能不带来一些先入为主的偏见?

但如果就此认定夏志清对郭沫若乃至创造社作家的评判是意识形态的产物,那就过于武断了。夏志清在1951年那封"严正立场"的信中谈到了不喜欢鲁、郭的原因,"被主义或社会思想所支配的文学都是sentimental(感伤)的文学,真正地把人生严明观察的文学,是'古典'文学";在上一封信里,夏济安表明自己"想创导一种反五四运动,提倡古典主义,反抗五四以来的浪漫主义",夏志清的观点正是对兄长的赞同和回应。④浪漫主义文学对服膺"新批评"、传承"大传统"的夏志清与醉心于西方19世纪散文的夏济安来说无疑是"不合脾胃"的,而创造社则恰好是中国现代文学中浪漫主义的代表。1960年的通信中夏氏兄弟谈到了傅东华的《十年来的中国文学》,赞许他"对于创造社和左联,评得公正严厉","他说标榜主义的人,不如埋头创作的人,前者往往叫嚣一阵,而没有作品产生的",而"民族主义亦是和创造社一样的热情浪漫叫嚣派"。⑤《小说史》中引用的郭沫若的观点"现在是宣传的时期,文艺是宣传的利器"恰好与傅东华的看法相呼应,再加上显著的浪漫主义文学的特征,使得夏志清对郭沫若的文学评价不高,他们的审美取向完全不同。⑥

---

① 夏志清:《论对中国现代文学的"科学"研究——答普实克教授》,载李欧梵编《抒情与史诗:现代中国文学论集》,郭建玲译,上海三联书店2010年版,第230页。

② 王洞、季进编注:《夏志清夏济安书信集》卷二,浙江人民出版社2017年版,1951年2月2日致夏济安。

③ 王洞、季进编注:《夏志清夏济安书信集》卷四,台湾联经出版事业股份有限公司2019年版,1959年8月1日致夏志清。

④ 王洞、季进编注:《夏志清夏济安书信集》卷二,浙江人民出版社2017年版,1951年1月18日致夏志清、1951年2月2日致夏济安。

⑤ 王洞、季进编注:《夏志清夏济安书信集》卷四,台湾联经出版事业股份有限公司2019年版,1960年7月3日致夏志清。

⑥ 夏志清:《创造社》,载《中国现代小说史》,香港中文大学出版社2015年版,第86页。

与郭沫若、张资平崇尚主观的浪漫主义有所不同，郁达夫"独独把个人的心灵用来表达文学的道德主题"。①这一点正契合了夏氏兄弟的文学品位。夏济安1953年的信中谈到京派海派的缺陷时曾敏锐地指出，这两派文学都缺乏严肃性，是"洋场才子"和"学究"，他们文学的个人性只表现在审美方面而非道德方面，政治色彩浓厚的左派正是因为具有关心民间疾苦的道德意涵而获得了更广泛的支持。②郁达夫的作品自叙传色彩浓厚，与郭沫若的作品相比少了"主义"、多了"个人"，再加上类似《春风沉醉的晚上》中所表现的道德主题，自然更符合夏氏兄弟的审美标准。夏志清1963年的信中对普实克关于主观主义和个人主义的观点颇为认同，其代表作家正是丁玲和郁达夫。③而普实克在与夏志清的论争中评论："郁达夫无疑是一位至少能在部分作品中将个人经验加以重塑并提升到普遍性层面的作家，他也是创造社大量同仁中唯一得到夏志清肯定的一位。"④这真是与夏济安不谋而合，他的文学观念正是"Individual（个人）为中心当然仍旧可以 impersonal（客观）"。⑤

不过郁达夫笔调中浓重的感伤色彩使他没能获得更高评价。夏志清曾在答普实克的文章中指出，郁达夫的作品"切实动人，通畅流利"，可惜的是"往往失之于感伤过头和写作上的漫不经心"，他那种"草率的修辞过头的笔调，唯独那些爱好过分渲染感情的创造社成员才是如此"，同时期的鲁迅就从不如此。⑥作为优秀批评家，夏志清具有敏锐的判断力。他在阅读1956年出版的《文学杂志》第一期时一眼看出台湾作家彭歌的小说《短篱外》的故事和 mood（情绪）"仍不脱早年郁达夫自怨自叹的风格"，可见他对创造社笔调的熟悉，以及对这种文风的厌弃。⑦夏济安也曾说："彭歌是这里的第一流小说作家，他和很多流行作家都是在肉麻地歌颂爱情。"⑧可见"肉麻"是夏氏兄弟忍受不了的风格。多年后夏志清曾为彭歌撰写评论，在评述彭歌的早期创作时他列举了《落月》等四五篇小说，那篇创造社式感伤笔调的《短篱外》显然不入他的法眼。⑨

---

① 夏志清：《创造社》，载《中国现代小说史》，香港中文大学出版社2015年版，第87页。
② 王洞、季进编注：《夏志清夏济安书信集》卷二，浙江人民出版社2017年版，1953年1月18日致夏志清。
③ 王洞、季进编注：《夏志清夏济安书信集》卷五，台湾联经出版事业股份有限公司2019年版，1963年4月13日致夏济安。
④ 普实克：《中国现代文学史的根本问题——评夏志清的〈中国现代小说史〉》，载李欧梵编《抒情与史诗：现代中国文学论集》，郭建玲译，上海三联书店2010年版，第224页。
⑤ 王洞、季进编注：《夏志清夏济安书信集》卷二，浙江人民出版社2017年版，1953年1月18日致夏志清。
⑥ 夏志清：《论对中国现代文学的"科学"研究——答普实克教授》，载李欧梵编《抒情与史诗：现代中国文学论集》，郭建玲译，上海三联书店2010年版，第268页。
⑦ 王洞、季进编注：《夏志清夏济安书信集》卷三，台湾联经出版事业股份有限公司2018年版，1956年11月5日致夏济安。
⑧ 王洞、季进编注：《夏志清夏济安书信集》卷三，台湾联经出版事业股份有限公司2018年版，1958年4月11日致夏志清。
⑨ 参见 C.T.Hsia, "Black Tears: An Introduction to Peng Ko's Stories", in *C.T.Hsia on Chinese Literature,* New York: Columbia University Press, 2004。

此外，郁达夫放浪形骸醇酒美人的才子生活也与夏氏兄弟的生活信条相距甚远。夏志清坦言自己"即使在 Riviera（里维埃拉海岸地区）过着被美姬包围，Aly Kahn（阿里·汗王子）式的生活，也不会感到太自在"。①夏济安聊起友人程靖宇在香港的生活，直言他"一部分是郁达夫式的才子"，"我亦不懂他怎么能 seriously（认真地）来谈'民主'"，显然对这种浪荡生活持贬义；对于程靖宇推崇的张资平，夏则借用鲁迅的话将他的长篇小说概括为"三角恋爱"，长处不多。②个人生活态度的差异虽不至于导致偏见，但创造社作家的"浪漫"生活作风显然让夏氏兄弟觉得他们并非同道中人。

对古典主义和道德主题的偏爱是夏氏兄弟共有的重要的文学观念。夏志清博士学位论文研究的冷僻诗人乔治·克拉克便是属于古典主义的，他的诗歌中有不少都内蕴道德意涵。③符合此类文学观念的作家如张爱玲、钱钟书之流无疑会获得更高评价，可知郭沫若的文学价值如被低估也并非完全源于政治偏见。夏济安将郭沫若作品中的力量定义为"浮力"，他认为白话文中真正有力量的还是鲁迅，胡适也不能比，"如无鲁迅，只剩胡适的假逻辑与郭沫若的感情用事去驰骋文坛，中国白话文学的成就，当无今日之局面"。④夏济安对鲁迅这样的高度评价与充分肯定，可见人归人，文归文，个人好恶并不一定会影响优秀批评家和文学史家的判断。"浮力""感情用事"表明夏济安看到了郭沫若的生机与蓬勃，同时也意识到这力量的不足与缺陷，在此意义上他或许会肯定这种勤力，却并不一定认可其文学价值。

"'文学批评'是审美教育的一种制度体系，它把文学作品当作手段，借以直观地培养新的感受力、新的主体性和新的体验能力，从而实现丰富文化的教育宗旨。"⑤夏志清将小说史最主要的任务定义为"辨别与评价"，要将伟大作家、优秀作家从平庸之辈中辨别出来。⑥他信奉的除了"新批评"理论，或许还有利维斯在《大众文明与少数人的文化》中所提到的，"在任何时代，具有洞察力的艺术欣赏和文学欣赏都依赖于极少数人：只有很少的人能够不经提示地作出第一手判断。"⑦恃才傲物的夏氏兄弟无疑认为自己就是这样的极少数人，所以他们应当致力于优美作品的发现，表现他们的"文学批评之敏锐"，以及"文学史研究之功力"。⑧

---

① 王洞、季进编注：《夏志清夏济安书信集》卷二，浙江人民出版社 2017 年版，1953 年 5 月 18 日致夏济安。

② 王洞、季进编注：《夏志清夏济安书信集》卷四，台湾联经出版事业股份有限公司 2019 年版，1960 年 10 月 5 日致夏志清，1961 年 5 月 20 日致夏志清。

③ 季进：《审美的普适标准与文学的大同世界——关于夏志清的博士论文及其他》，《南方文坛》2020 年第 3 期。

④ 王洞、季进编注：《夏志清夏济安书信集》卷四、卷五，台湾联经出版事业股份有限公司 2019 年版，1959 年 12 月 4 日致夏志清，1962 年 10 月 3 日致夏志清。

⑤ [美] 约瑟夫·诺思：《文学批评：一部简明政治史》，张德旭译，南京大学出版社 2021 年版，第 9 页。

⑥ 夏志清：《论对中国现代文学的"科学"研究——答普实克教授》，载李欧梵编《抒情与史诗：现代中国文学论集》，郭建玲译，上海三联书店 2010 年版，第 231 页。

⑦ 参见 F.R.Leavis, *Mass Civilisation and Minority Culture,* Cambridge: Minority Press, 1930, pp.3-4。

⑧ 王洞、季进编注：《夏志清夏济安书信集》卷五，台湾联经出版事业股份有限公司 2019 年版，1963 年 5 月 5 日致夏志清。

三

如果将夏氏兄弟的书信视为一场漫长的对话，那么我们可以看到长河般岁月中夏志清、夏济安在接触、研究中国现代文学过程中所承受的"反作用力"。他们不单是评判者，也是接收者，研究别人，亦被研究对象所影响。这一点在郭沫若的研究中体现得格外明显。郁达夫、张资平与意识形态牵连较少，文学创作之外的人生也不那么复杂，书信中他们的脉络较为简单；郭沫若的人生则多姿多彩，线索纷杂，书信中对他的讨论早已溢出了文学的边界，与中国社会变革、文化研究甚至大时代中的个人际遇紧密联系在一起。虽然秉持极高审美标准的夏氏兄弟对郭沫若的文学创作评价不高，但郭作为时代风云人物和中国知识分子的鲜活个体对夏氏兄弟产生了一定影响，特别是他在学术研究方面的成就触动甚至刺激着夏氏兄弟。

关于中国现代文学夏济安与夏志清有一个共识，以为中国近代缺少一种"不以society（社会）为中心，而以individual（个人）为中心的morally serious（道德严肃）的文学"。[1]这种文学判断一方面受到"新批评"理论影响，显示出极高的审美标准；另一方面也显示出自我限定的局限性。当然，在"唯西方'现代'精神马首是瞻的年代，非西方的学者难免要以西方文学现代性的特质作为放诸四海而皆准的目标"[2]。

从西方文学领域转入现代中国文学研究的夏氏兄弟难免感觉有些不适应。在小说史写作的初始阶段，夏志清对于新课题抱有一种轻视又稍带抵触的情绪，他几次抱怨中国新文学的水平太低，作为纯文学无可取，这种阅读对自己没有益处，等等。[3]因为感觉中国现代文学的文学价值有限，夏志清不想将研究限定为文学评论或者文学史，他更愿意借此研究近代思潮，写一本中国近代思潮史。[4]虽然小说史的写作未能按照思潮史进行，但在对郭沫若研究中《沫若自传》让夏氏兄弟看到了知识分子记录时代的实践。当他们发现史剑的《郭沫若批判》[5]毫无学术价值，几乎全抄郭沫若自传，简直感到不能忍受，中国现代文学需要有水平的研究力量，夏济安计划写一部"五四"以来的社会文化文学史，因为"这个时代亦算是我们的时代，如不把它记下来，有许多事实真相，亦许就此要湮灭了"[6]。

---

[1] 王洞、季进编注：《夏志清夏济安书信集》卷二，浙江人民出版社2017年版，1953年1月18日致夏志清，1953年1月19日致夏济安。

[2] 王德威：《〈中国现代小说史〉的意义》，载《悬崖边的树》，译林出版社2019年版，第68、69页。

[3] 王洞、季进编注：《夏志清夏济安书信集》卷二，浙江人民出版社2017年版，1952年5月24日致夏济安，1952年11月20日致夏济安。

[4] 王洞、季进编注：《夏志清夏济安书信集》卷二，浙江人民出版社2017年版，1952年5月24日致夏济安，1952年11月20日致夏济安。

[5] 本名马彬，笔名史彬或史剑，《郭沫若批判》1954年出版时署名史剑，曾任《和平日报》主编。夏氏兄弟认为他的研究缺乏扎实的学术基础，充斥着政治立场和学术偏见。

[6] 王洞、季进编注：《夏志清夏济安书信集》卷四，台湾联经出版事业股份有限公司2019年版，1960年7月3日致夏志清。

1961年，夏志清在读了夏济安的《瞿秋白》（后收入《黑暗的闸门》）一文后建议他再写几篇人物论以合成专著出版。夏志清特别建议选择一些"现存材料较多而为人本身很有兴趣的人物"，并专门列举了周作人和郭沫若。①周作人固然一直是夏志清推崇的作家，但郭沫若能入夏志清的法眼则是几年前不可想象的。虽然谈不上推崇，但夏志清早期通信中提及郭沫若时那种鄙夷戏谑的调子少了很多，如今他已将郭沫若视为一个deserve的研究对象了。1964年，夏济安在伯克利大学开设了一门新课，名为"The Western Literary Cross-Currents in 20th Century China"（20世纪中国的西方文学交叉潮流），半年时间内他讲了林纾、胡适、鲁迅、郭沫若、茅盾五位作家，建构了一个浪漫主义与现实主义兼顾的课程体系。②选择郭沫若作为讲授对象也从侧面说明，无论是褒或贬，郭沫若的重要性都是得到认可的，夏济安虽然有鲜明的政治立场和个人的文学趣味，但他仍能持论公允，展现具有包容力的一面。此外，夏济安信中好几回提到要写20年代鲁迅与创造社的笔墨官司，又欲研究左联从成立到解散的历史，对中国近代史表现出极大兴趣，如果不是遽然离世，想来会有更多关于郭沫若和创造社的研究问世。③

　　夏氏兄弟对郭沫若态度的细微变化固然不是文学观念的颠覆，甚至不是私人情感的转变，但是见微知著，这一点点的同情之理解亦是从西洋文学研究者向中国文学研究者的心理距离的变化。

　　随着夏氏兄弟介入中国研究的程度愈深，他们愈关注郭沫若学术研究方面的成就。夏济安鼓励弟弟自学古文，打通古今，他以郭沫若做例子，认为"郭沫若闭门造车地研究甲骨金文等，总算给他弄些成绩出来。我们的智力，总不比郭沫若差的"。④这自然是极为自负又充满稚气的表达，让听者不禁莞尔一笑，但同时也显示出郭沫若作为研究先行者的榜样力量。在另一封谈论如何治学的信中，夏济安详细论述了郭沫若国学研究的贡献、影响和方法。其中他特别谈到郭沫若的"双重叛道"，即同时反叛垄断的学阀系统和传统的哲学体系，认为郭的重要贡献是首次将"马列思想引入国学范围"。信中夏济安一面不无妒意地表示郭沫若的研究并无多么了不得，说他不过是"大胆的假设，小心的求证"，一面又老老实实地肯定《中国古代社会研究》为best seller（畅销书），"是中国近代思想史上一件大事"，其影响力甚至超过胡适、傅斯年和顾颉刚。⑤

---

① 王洞、季进编注：《夏志清夏济安书信集》卷四，台湾联经出版事业股份有限公司2019年版，1961年2月1日致夏济安。

② 王洞、季进编注：《夏志清夏济安书信集》卷五，台湾联经出版事业股份有限公司2019年版，1964年2月10日致夏志清，1964年6月3日致夏志清。

③ 王洞、季进编注：《夏志清夏济安书信集》卷四、卷五，台湾联经出版事业股份有限公司2019年版，1959年12月22日致夏济安，1959年12月28日致夏志清，1964年7月18日致夏志清。

④ 王洞、季进编注：《夏志清夏济安书信集》卷四，台湾联经出版事业股份有限公司2019年版，1961年5月20日致夏志清。

⑤ 王洞、季进编注：《夏志清夏济安书信集》卷五，台湾联经出版事业股份有限公司2019年版，1962年9月27日致夏志清。

从英美文学研究转向中国文学研究，夏志清和夏济安也在不知不觉中完成了职业与志业的转向。1956年，夏济安还有着移居美国"用我的英文来 contribute to（贡献于）世界文坛"的野心，但他又觉得赴美之前应该"做些对国家、对后代中国人有益的工作，因此我就傻里傻气的做起文学杂志的编辑来了"，他还嘱咐夏志清"希望利用你对西洋文学精深的认识，替你所知道的中国文坛的病症，'痛下药石'"。[1]这样的国家情怀，虽然夏济安自陈是儒家思想作祟，但又岂不是与夏志清所批评的"感时忧国"如出一脉？当夏氏兄弟转向中国文学文化研究之后，他们逐渐从求职生存的现实考量，变为自觉承担的责任担当。

对汉学研究介入越深，夏氏兄弟越能发觉北美汉学研究的特色与短板，也越发感到自身能力欠缺。夏济安恐北美汉学研究终将沦为"Knowledge about Sinology"（关于汉学研究的知识），意指洋人汉学家不熟悉作为研究对象的中国古籍文本，只熟悉学界其他洋人的各家学说。[2]他一针见血地指出，"美国人治学，尤其是在中国学问方面，大多忽略根基，只求 productive（生产），所以他们的中文一辈子学不好"，简言之洋人在中国学问方面可能无 Culture（文化）；但是这并不意味中国人就得天独厚，可以轻轻松松击败洋人，其实国人治学更难，因为需同时兼顾博与精。[3]这种精辟的论点对今天的海外中国文学研究是否仍然具有启示？

郭沫若作为多面手式的作家、学者，既是一个丰富的研究对象，又是可供后之学者参考的样板。夏氏兄弟对文学价值的判断标准未变，对文学文本的审美眼光未变，但在治学方法上却不自觉地借鉴起郭沫若这样处于传统与现代之间，勇于开拓的叛道者。借用李欧梵之语，夏氏兄弟的治学兼具理性与感性，所谓理性"是一种根深蒂固忠于生活的信念，以及对所有文类一视同仁的立场"；所谓感性，是一种在博览群书中产生的充满洞见也不乏偏见的评论，这些评论虽然未见得处处正确，却从不"随波逐流，锦上添花"。[4]

"在历史本身的形式中，我们逐渐学会发现灵活的、也总是临时的我们需要的范畴。一点一点地，我们知道了不同作品在其自己时代意味着什么，从三千年我们所能了解的文学活动的角度看意味着什么。最终，我们学会了，又对我们自身意味着什么。"[5]

（原载《新文学史料》2022年第3期）

---

[1] 王洞、季进编注：《夏志清夏济安书信集》卷三，台湾联经出版事业股份有限公司2018年版，1956年10月3日致夏志清。

[2] 王洞、季进编注：《夏志清夏济安书信集》卷五，台湾联经出版事业股份有限公司2019年版，1962年9月27日致夏志清。

[3] 王洞、季进编注：《夏志清夏济安书信集》卷四，台湾联经出版事业股份有限公司2019年版，1961年5月20日致夏志清。

[4] 李欧梵：《光明与黑暗的闸门——我对夏氏兄弟的敬意和感激》，载《中国现代小说的史与学：向夏志清先生致敬》，台湾联经出版事业股份有限公司2010年版，第30页。

[5] Erich Auerbach, "Introduction: Purpose and Method", in *Literary Language and Its Publicin Late Latin Antiquity and in the Middle Ages,* trans. Ralph Manheim, Princeton: Princeton University Press, 1965, p.13.

郭沫若《蒋委员长会见记》版本的由来及用途

商金林

一 郭沫若——从日本回到上海就恢复了党籍

1927年蒋介石背叛革命，郭沫若写了《请看今日之蒋介石》，痛斥蒋介石"是流氓地痞、土豪劣绅、贪官污吏，卖国军阀所有一切反动派、反革命势力的中心力量了"，号召革命人民"打倒背叛革命、屠杀民众的蒋介石！"国民党南京政府当即"通电严缉归案惩办"，称郭沫若"实属罪大恶极，无可宽假"。反动派在上海的刽子手陈群、杨虎千方百计地要置郭沫若于死地，迫使他流亡日本，这一走就是十年。

1937年7月7日，日本侵略者在卢沟桥附近突然向中国驻军进攻，进而发动了全面侵华战争。7月8日，中共中央发出《为日军进攻卢沟桥通电》，号召全中国同胞、政府与军队，团结起来，筑成民族统一战线的坚固长城，抵抗日寇的侵略，呼吁国共两党亲密合作抵抗日寇的进攻。迫于我党及全民族抗日救亡的呼声，蒋介石于7月17日在庐山发表谈话，宣布对日抗战。

流亡在日本的郭沫若对日本帝国主义的野心看得很透，深知他们的"侵略是永无止境的"，于是决定回国，在中国共产党的领导下投身抗日洪流，"以铁血来对付"日本帝国主义的"进蚀"。7月27日，郭沫若回到上海之后，就与夏衍、阿英等人创办上海文化界救亡协会机关报《救亡日报》，并担任社长，同时为地下党宣传抗日的《早报》主编副刊。"八·一三"战役发生后，郭沫若在周恩来的直接领导下，负责上海文化界抗日救亡工作，担任上海各界组织的战时设计委员会副主任（主任委员为沈钧儒），在《救亡日报》上发表了《中国文化界告国际友人书》[①]，揭露日本侵略者的阴险和狂暴。《中国文化界告国际友人书》中写道：

> 日本军部侵略我们中国有句口头禅，说是要"防止共产党"，他们屡次逼迫我们中国当局和他缔结"防共协定"。其实这是最可笑的连小儿也骗不了的幌子。共产党在苏联单一地担当着政治的处理，在英法等国也公开地参加着国家的政权，其本身并不是日本人所忌视的那种怪物。这些都暂且不论。先说到我们中国的国内吧。我们中国共产党老早就停止了她的对内斗争的策略，竭诚地提倡联合战线，以巩固国防，共赴国难。……更何劳日本军部来代替我们"防止"？倒是以"防共"为幌子的日本军部，既夺取了我们的满洲、热河、冀东、华北，而在这些地域又任意没收人民的土地财产。这

---

① 本篇最初发表于1937年8月24日、25日上海《救亡日报》，编入《郭沫若全集·文学编》第18卷时改题名为《告国际友人书》，文字上有很多改动。

不正是在实行共产么?去年日本的"二二六"之变,一般的少壮军人所标榜的"没收资本家的全部财产","一切财产收归国有",这不正是在主张军事共产么?日本军部倒正可以说是最猛恶的一群强盗。这正是我们所应当防止的东西。同时也正是全世界关心人类文化的朋友,所应当协同防止的。

　　日本军部侵略我们中国还有第二句口头禅,便是说"要保持东亚的和平",而自诩为"安定势力",……

揭露日本侵略者把"防止共产党"和"缔结'防共协定'"作为侵华的"第一句口头禅",这既能从一个侧面说明我党抗日立场的坚定,让日本侵略者恨之入骨,同时也表明了郭沫若的思想敏锐以及"敢作万夫雄"的抗日斗志。吴奚如在《郭沫若同志和党的关系》一文中说:"郭老是在1927年南昌八一起义后,在行军作战中经周恩来同志和李一氓同志介绍加入中国共产党的。"1937年7月,"郭老一从日本平安回到上海,他的党籍就恢复了,叫做特别党员,以无党派人士的面目,展开了公开的抗日民主的革命活动,去带动当时广大的民主人士向中共靠拢,起了比一个党员更大的作用。他当时是特别党员,受党中央长江局周恩来同志等少数负责人直接领导,不过党的小组生活,不和任何地方党委发生关系。他在被周恩来同志决定出任国民党军委政治部第三厅中将厅长时……秘密出席党中央长江局有关第三厅工作的重大会议"。①这份《告国际友人书》也能印证吴奚如的评介,作为中国共产党的"特别党员",郭沫若对日本侵略者的"防共"阴谋特别警惕,在国共合作方面表现得十分清醒,而他的公开身份则是"无党派人士"。

二　担心"火车司机"不称职或"喝醉了酒"

不过,郭沫若决定回国也是有过一番犹豫的。他对来访的朋友说:"国内虽有国共合作的呼声,然而真相如何,一时还不得而知。中央政府既无国共合作的明令,我的通缉也没有取消,一旦归去,日本或许要藉此向国际宣传,诬中国赤化,那么当局或竟以为我是自投罗网,乘机来消灭我,去解释国际间的注视呵。"②南京政府得知郭沫若想回国抗日,也陷入了左右为难的境地。被通缉十年的"赤化分子"回来了,政府"无声无息"显然不合适。强邻压迫不已,国命危在旦夕,大团结以御外患,当系今日之天经地义,郭沫若回国与四万万同胞浴血抗战,没有不欢迎的道理,于是就来了个"犹抱琵琶半遮面"。1937年7月30日,当局取消了对郭沫若的通缉令,并在上海安排了欢迎会。会上有位大官在讲话中说"目前的中国,就像一列火车,国民党就是这列火车的火车头,蒋委员长就是火车司机"。名义上是欢迎郭沫若,实际上是在美化委员长。郭沫若心知肚明,于是在致答词时说:"问题在于司机

---

① 吴奚如:《郭沫若同志和党的关系》,《新文学史料》1980年第2期。
② 殷尘(金祖同):《郭沫若归国秘记》,言行出版社1945年版,第53页。

称不称职，或者他喝醉了酒，或者他开的方向不对，那么，全列车就跟着遭殃了。"[1]对蒋介石宣称的"对日抗战"，郭沫若一直是有怀疑的。

1937年9月22日，国民党中央通讯社正式公布《中共中央为公布国共合作宣言》。第二天，蒋介石发表谈话，宣称团结御侮很有必要，承认中国共产党的合法地位。中国共产党从反蒋抗日、逼蒋抗日到联蒋抗日，经过了半年多艰难曲折的谈判。以《中共中央为公布国共合作宣言》和蒋介石被迫发表承认中国共产党合法地位的谈话为标志，国共两党第二次合作正式形成，时为1937年9月23日。这才有了9月24日蒋介石与郭沫若的会见，用来表明他作为"最高领袖"的大度和"国共合作"的真诚。

十年前是不共戴天的仇敌，必欲除之而后快，而今握手言欢，相逢一笑泯恩仇。只不过这"恩仇"并不仅仅是个人间的恩恩怨怨，而且是两党之间的抗争和较量，事关国家民族的兴衰存亡。只不过是否真的能在"共驱日寇"的旗帜下将过去的"恩仇"全部抛诸脑后，还得由岁月来检验。

夏衍在悼念文章《知公此去无遗恨》中援引郭沫若的话说："和蒋介石、陈诚这些人见面，在我感情上是很别扭的，可是和他们谈话之后，我才理会到恩来同志指示的正确。……恩来同志一切以大局为重，这样，谈话时我很主动，特别是蒋介石见了我，登了报，我看，潘公展之流就不敢在上海和我公开捣乱了，这是一个胜利。"[2]夏衍的这番回忆，透露出了两个很重要的信息。一是郭沫若当时并不想"和蒋介石、陈诚这些人见面"，因为在"感情上是很别扭的"。二是他见陈诚和蒋介石都是周恩来的安排，是在执行党的指示，是我党"拥蒋抗日"的一个策略。

众所周知，周恩来与蒋介石的关系比较特殊，曾共事于黄埔军校，是老熟人；"西安事变"的化解得益于周恩来的斡旋，从某种意义上说周恩来对蒋介石有"恩"，由他出面促成蒋介石和郭沫若的"会见"，既能表明我党与国民党团结抗战的诚意，也有利于化解蒋介石与郭沫若彼此之间的恩怨。而蒋介石为了表明他一心抗日，会见曾经对他恨得咬牙切齿、而今"别妇抛雏断藕丝""欣将残骨埋诸夏"的郭沫若也是最好的选择。周恩来与陈诚的往来也较多，在国共第二次合作的抗日统一战线中，陈诚兼任武汉中央政府革命军事委员会政治部部长，周恩来为副部长，陈诚又是蒋介石的亲信，周恩来安排郭沫若先与陈诚会晤，再由陈诚与蒋介石交接，真是再周到、再合适不过的了。

郭沫若对蒋介石在感情上很"别扭"，蒋介石对郭沫若岂能没有戒心？这从这次"会见"的精心安排上就看得出来，先由陈诚出面蹚路。9月7日，陈诚从昆山来信，邀请郭沫若到昆山"商量点子事情"。陈诚在1937年春担任军政部政务次长，兼武汉行营副主任。日本侵略军进犯上海，陈诚被任命为第三战区前敌总指挥，兼第十五集团军司令，死守昆山一线，多次组织指挥大会战。他所说的那"点子事情"，名义上是征询"怎样才能够抗战到底"，请

---

[1] 方殷：《记一次难忘的亲切会见——忆郭老》，载新华月报资料室编《悼念郭老》，生活·读书·新知三联书店1979年版，第223页。

[2] 夏衍：《知公此去无遗恨》，载新华月报资料室编《悼念郭老》，生活·读书·新知三联书店1979年版，第18—19页。

郭沫若发表"见解",[①]其实是要趁机摸清郭沫若的底细,看他对蒋介石的态度是否有所转变、与"南京"是否真能同心协力,好让蒋介石心中有数。因为有周恩来的指示在先,再加上郭沫若与陈诚早在大革命时期就已经相识了,应对起来也就比较从容。陈诚主动邀请,郭沫若也"很愿意去和他见一见"。尽管郭沫若对日宣战的"见解"让陈诚感到"为难",但他对郭沫若的招待很周到,郭沫若给他的印象也还好,这才有了后来的南京之行。

三 《在轰炸中来去》"初刊"与"初版"的差异

从昆山回到上海之后的第十二天,即1937年9月19日,郭沫若接到陈诚转来的蒋介石的电报,要他到南京有话谈。20日傍晚,郭沫若离开上海赶到昆山,当夜与陈诚同宿。21日傍晚抵达苏州,次日拜访"在抗战坚决上,值得称为'天下之大老'"的李根源和张一麐。23日晨抵达南京,住在南京方面事前安排好的首都饭店,稍事休息后访问周至柔、钱大钧、叶剑英、邵力子、李任公、陈铭枢等人。24日,上午访问同乡陈铭德、邓季惺夫妇,并被邀住进他们的公馆。下午访张群。傍晚被蒋介石叫去"谈话"。25日,访问汪精卫、孙科、陈公博等人。26日,离开南京回上海,路经昆山时向陈诚报告了去南京的情况。9月下旬作《在轰炸中来去》,记叙这次应召赴南京的经过。10月10日《在轰炸中来去》开始在《申报》连载,10月24日刊出《在轰炸中来去》第十四节,末尾除标有"(完)",还注有"(本文未得作者同意,不得转载)"。

11月1日,《在轰炸中来去》由上海文艺研究社出版,卷首的《引言》中说:

> 本书系郭沫若先生在淞沪战事爆发前夜返国,于上月十九日应蒋委员长电召往京,在敌机轰炸中,往来京沪途中的纪行作,抗战期间的京市,首都军政的当局,淞沪的前线,苏州及其张(一麐)李(根源)二老,皆以极酣畅生动之笔,一一加以描写,我国抗战胜利的前途,从所叙述的各方面,亦可获得充分的保证,并于本篇后附载其最近所写《由日本回来了》《前线归来》杰作两篇,各均万言,凡关心抗战及爱好郭先生作品者,希尽力购读与推荐是幸。编者二六、一一、一

取了个《在轰炸中来去》作书名,显然是在淡化"蒋委员长电召"这条主线,彰显抗日形势之严峻以及全民抗战的激情和抗战的业绩。《在轰炸中来去》版权页署:著作人 郭沫若 // 出版者 上海文艺研究社 // 民国二十六年十一月一日付印。

《在轰炸中来去》在《申报》连载时分为十四节(每天刊登一节),而初版本中并不分节。《申报》出自连载的考虑确有分节的必要。分"节",既要考虑到篇幅的适中,又得顾及内容的相对独立和完整,这就使得《申报》必须好好规划,如何分节至少要得到郭沫若的认可,或者经由郭沫若亲自划定。大概是文艺研究社发排在前,《申报》决定连载在后,出书要有一定的周期,而《申报》是"日报",一旦拍板,隔天便可见报,也就顺理成章地来了个后来居上,抢得先机了。

[①] 详见郭沫若《前线归来》,载《郭沫若全集·文学篇》第13卷,人民文学出版社1992年版,第440—449页。

之所以要把《在轰炸中来去》分"节"的事特地提出来，是因为这个"分节"涉及后来的再版和转载。得益于《申报》的连载，初版本《在轰炸中来去》面世后很快就销售一空，仅仅隔了一个月就再版。再版本沿用了《申报》的做法，也分为十四节，版权页署：著作者 郭沫若∥编辑者 阿英∥出版者 抗战出版部∥经售者 各省各大书局∥民国廿七年一月再版。再版本删去了初版本中卷首的"引言"，以及《由日本回来了》和《前线归来》两篇"杰作"，增加了一篇附录：《中国文化界告国际友人书》（一九三七年八月二十一日郭沫若起草）。《由日本回来了》以日记体的形式记叙郭沫若的归国过程，《前线归来》记到昆山访陈诚的经过，删去这两篇，而将《中国文化界告国际友人书》作为"附录"，其用意是极其明显的，就是再次呼吁有识之士不要忘记"日本军部侵略我们中国"的"口头禅"，认清侵略者"防止共产党"的险恶用心，促成国共两党的精诚团结，共赴国难。

四 将《谒见蒋委员长记》改为《蒋委员长会见记》

通览《在轰炸中来去》，会发现三个很有趣的话题：一是郭沫若将蒋介石"电召往京"称作"蒋先生叫我去谈话"，至于"谈话"的过程也只是写了一些细节，如蒋介石"满脸的笑容""格外和蔼"；蒋介石神采奕奕，"眼神充分地表明着钢铁样的抗战决心"；蒋介石为郭沫若指定"今后工作的途径"："一切会议你都不必出席，你只消一面做文章，一面研究你的学问好了"；蒋介石问到郭沫若的"家眷"和十年前"为什么到了日本"，表现得很客气，谈的也都是些家常话。

曾经有研究者对郭沫若说握手时蒋介石的手"是分外的暖和"，颇有微词，说郭沫若献媚，这样的理解太浅显了。如果把《蒋委员长会见记》和《请看今日之蒋介石》对照着看，就有了一个全新的视角。独夫民贼有时也会"满脸的笑容""格外和蔼"；蒋介石"眼神充分地表明着钢铁样的抗战决心"，如此高抬就与"攘外必先安内"的不抵抗政策形成强烈的反差。"欲抑故扬"，也不失为"拥蒋抗日"的一个策略。至于蒋介石给郭沫若指示的"工作的途径"——"只消一面做文章，一面研究你的学问好了"，这种关心与郭沫若"投笔请缨"、与四万万人"同心同德一戎衣"的志向相左；至于问到郭沫若"为什么到了日本"，这种揣着明白装糊涂的套路显然是在掩饰十年前的"追杀令"。出自应有的礼貌和"联合抗日"的大局，郭沫若在"谈话"时也必须表现得"很主动"，尽量营造与"蒋委员长"相互信任和友好的气氛，这不仅仅有益于国共两党的合作，也能让国民党文人如"潘公展之流就不敢在上海"和以郭沫若为代表的左翼作家"公开捣乱"，难怪夏衍会说到南京会见"这是一个胜利"了。

不难看出，就这次"会见"而言，郭沫若在写什么和怎么写这两方面都是很有讲究的。他在《〈羽书集〉改编小引》中说过："在抗日战争期间，在国民党统治下参加了政治部的工作，所写的东西，有好些是'言不由衷'的。为了敷衍反动派，不愿意说的话有时说了，愿意说的话多没有说，或者说得非常隐晦。因此，有好些文章是很难令人满意的。"[①]这番话同

---

① 郭沫若：《〈羽书集〉改编小引》，载《郭沫若全集·文学编》第18卷，人民文学出版社1992年版，第123页。

样可以看作写作《在轰炸中来去》时的心情。

二是郭沫若在南京期间刻意躲避记者，不愿意登报宣传，免得深陷舆论的旋涡，被别有用心者所利用。《在轰炸中来去》第五节写他很想去看田汉但又很踌躇，原因就是怕见报，文中这样写道：

> 想去访问多年不见的田汉。但我不知道他住的地方。我知道只要打电话到新民报馆去探问便可以问明，但那报馆里面我有很多的熟人，假如他们一知道我到了南京，立刻便会在报上登出来，这是使我有点惶惑的。自己的名字在报上看见时，不知怎的，连自己都觉得有几分憎恨。这怕是在日本过了十年的退婴生活所养出的情绪吧。日本的新闻记者，他们实在是做到了"无冕王"的地位，他们的一枝笔充分地可以生杀人。连日本人也都害怕他们，觉得他们比"刑士"（包探）还要可怕。①

三是与蒋介石"谈话"的时间很短，郭沫若除了礼貌地回答之外，无太多的话可说，蒋介石当然也看得出来，就用"我们改天再来详细的谈"来敷衍，很快就结束了这场酝酿已久的会见，而郭沫若仅仅隔了一天就回上海了，非但没有再"详细的谈"，就连招呼都没顾得上打。《在轰炸中来去》第十一节是这样叙述的：

> 于是我们（与赵处长）便约定明天下午三四时左右离开南京，假如一切的情形是许可的时候。
> 既决定要赶回上海，有先行报告蒋先生的必要。从××的公馆退出之后，我便再去访问张岳军，托他为我转达。同时也把蒋先生和我谈话的情形对他说了，重申了我自己的不敢接受名义的私意。张岳军都回答了，要一一为我转达。②

张岳军向蒋介石"一一转达"了，蒋介石并没有挽留。一个是风风火火地赶到南京，匆匆忙忙地返回上海；一个是说好"我们改天再来详细的谈"的，却没了下文。双方都是欲言又止、见好就收，但处在国共第二次合作最敏感、最关键的时刻，"最高领袖"和"文坛宗匠"的"会见"仍不失为国共合作一道鲜艳的虹霓。只不过让郭沫若最担心的事还是发生了。

1937年10月29日出版的南京《战斗周报》第4期，刊登了一篇《谒见蒋委员长记》。此文与1937年10月19日《申报》上发表的《在轰炸中来去》第十节的段落、文字、标点大体一致，仅有少量文字和标点上的差别。文字差别如《申报》"有好些人立在他的面前不知不觉地手足便要战栗"——此文少一"便"字。《申报》"但他对我照例是格外的和蔼"——此文多一"总"字。《申报》"例如孙总理三大政策所暗示"——此文少一"所"字。标点差

---

① 编入《郭沫若全集·文学编》第13卷时文字上作了修改，详见第469页。
② 编入《郭沫若全集·文学编》第13卷时文字上作了修改，详见第482页。

别如《申报》"汽车夫是用不着关照的"——此文标句号。《申报》"'目系而道存',储蓄在脑子里所想说的话"——此文"存"后面无逗号。类似的改动都无关大局,关键是标题太显眼了,"谒见"两字能让读者对郭沫若的南京之行产生更多的猜想。

《战斗周报》留存下来的资料不多,虽说也在宣传抗战,但其立场大概是倾心于"南京政府"的。转载是否征得郭沫若的同意不得而知。不过,这"谒见"两字是有违郭沫若的原意的。理由有两点,一是"南京之行"郭沫若只说是"谈话";二是郭沫若在南京时生怕记者充当"刑士",所以不愿意见报。《战斗周报》这么做,郭沫若不能不有所表示,于是就将《在轰炸中来去》第十节拟题名为"蒋委员长会见记",编入《抗战将领访问记》,作为对《战斗周报》的回应和矫正。

《抗战将领访问记》为"战时小丛书之十",由战时出版社出版。"谒见"通常指的是进见、拜谒、觐见、晋谒、拜见、晋见、朝拜地位或辈分高的人;而"会见"是指与他人相见。郭沫若的"南京之行"源自蒋介石的"电召",并非他个人的主动求见,再加上对蒋介石的"精诚团结"心存疑虑,因而很忌讳用"谒见"这个词。

五 让《蒋委员长会见记》派上大用场

"战时出版社"是两个共产党人——向愚、刘雯夫妇创建的出版社,1937年夏,诞生于古城西安的北大街,出版过《抗战文选》《毛泽东最近的抗战主张》《战时小丛书》《现代名人抗战言论集》《战时名人访问记》《晋北游击战争纪实》《战场血战纪实》等许多书籍,影响力遍及西北和华北。战时出版社出版的这些书刊,各地的"抗日救国社"纷纷翻印。《抗战将领访问记》封面署郭沫若等著。[①]湖南抗日救国社翻印时将书名改为《前线抗战将领访问记》,封面署郭沫若等著;版权页署:著作者　郭沫若等 // 出版者　抗日救国社 // 发行者　马焕记书庄　地址长沙万寿街第九号 // 经售处　各埠大书局 // 民国二十七年四月初版。《抗战将领访问记》和《前线抗战将领访问记》目次相同,依次为:

蒋委员长会见记	郭沫若
青年中将孙元良横颜	张若谷
忆王敬久师长	陆皞民
忆王敬久师长	徐继尧
冯圣法师长素描	曹聚仁
张发奎将军	郭沫若
张发奎将军会见记	夏　衍
记张发奎将军	朱　朴
铁军及其领导者张奎发将军	范　文
陈诚将军访问记	佚　名

[①] 笔者收藏的《抗战将领访问记》缺了版权页,但肯定是在1938年4月之前出版的。

罗将军会见记	王达夫
访罗将军	高　公
杨森将军访问记	胡兰畦
夏斗枢将军访问记	胡兰畦
宋希濂将军访问记	田　汉
记宋希濂将军	何戍君
翁照垣将军访问记	宁　夫
陈铭枢将军谈战局	碧　泉
抗战中的冯玉祥	蓝天照
朱德彭德怀访问记	王少桐
朱德彭德怀两司令访问记	坚　君
叶挺将军访问记	佚　名
汤恩伯军长与王仲廉师长	小　方
刘桂堂将军及其母亲	絮　贼
方振武将军会见记	沙介宁
刘峙将军	章雅声

郭沫若的《蒋委员长会见记》文后注有"（申报）"，与《申报》上《在轰炸中来去》第十节对照，文字上有少许改动，如《申报》"这使我感觉着慰适"，改为"这使我特别感觉着慰适"；《申报》"自己的议论也就无从接洽"，改为"自己的议论也就无从接搭"等，基本上还是"原貌"。《张发奎将军》文后注有"（早报）"。《早报》是1937年8月中共地下党创办的旨在宣传抗日的小报。①《张发奎将军》编入《抗战将领访问记》，说明郭沫若与向愚、刘雯夫妇是有联系的，否则他们很难看到《早报》。1937年8月24日，郭沫若到浦东访问张发奎，回来后写了散文《到浦东去来》②，记叙往访张发奎的经过，文章分为四个部分，刊登在8月26日和27日的上海《救亡日报》上。后来，郭沫若又以《到浦东去来》第二、第三两个部分为底本，作了更精练的描写，取题名为《张发奎将军》，刊登在他主编的《早报》上。得益于郭沫若的支持，《抗战将领访问记》的封面和版权页郑重其事地署上"郭沫若等著"的字样，广为宣传。

《抗战将领访问记》，汇集了蒋介石、张发奎、陈诚、杨森、宋希濂、冯玉祥、汤恩伯、朱德、彭德怀、叶挺等十多位"抗战将领"的二十七篇"访问记"，全书共86页，平均每篇"访问记"只有3页，大都是比较简短的"印象"。而朱德、彭德怀、叶挺三位"将领"的"访问记"占了20页，这三篇"访问记"内容都很丰富，尤其是写朱德和彭德怀的两篇，

---

① 详见唐瑜《忆郭老二三事》，载新华月报资料室编《悼念郭老》，生活·读书·新知三联书店1979年版，第228页。
② 收入《沫若文集》第8卷和《郭沫若全集·文学编》第13卷。

亲切生动、格外感人。1937年9月25日，八路军在平型关取得抗战以来第一次胜利。而此时的郭沫若正在南京，对平型关大捷极为关注，仅在《在轰炸中来去》第十一节就有如下描写：

> 岳军当时便去打电话给汪先生，约定了明天上午九点钟在某处会面。同时他还把我向他告诉了的平型关胜利的消息询问了一个仔细。①
>
> 平型关的胜利也由××口中报告了出来。这消息在中午时早就听见人说，但大家都还在半信半疑，这次是证实了。但作战的情形和参加作战的部队，还没有得到明确的报告。②
>
> 胜利的确是大规模的毙敌三千，俘虏二千，虏获敌人军实辎重无算。参加的部队是第八路军。作战的情形是先以一营人扰敌后方，诱至有埋伏的山谷一举而歼灭之。③

王少桐、坚君等一批记者到山西五台县八路军总司令部拜访朱德总司令和彭德怀副总司令，对平型关大捷和我党我军的抗战思想和战术作深入的报道，这也正是郭沫若的心愿和企盼。

王少桐的《朱德彭德怀访问记》分五个部分：（一）"今日的朱德彭德怀"，（二）"朱德与彭德怀印象"，（三）"谈到平型关之战"，（四）"抗战的前途"，（五）"八路军实际考察"，全文约4200字。坚君的《朱德彭德怀两司令访问记》更长些，大约有4800字。这两篇访问记重点介绍了我党抗日救国的具体主张、抗日必胜的坚定信念、我军灵活多样的游击战和运动战的战略战术、建立敌后根据地、加强军队思想政治工作、严明军纪、官兵平等，以及组织群众、训练群众等一系列思想论述和实例。《朱德彭德怀访问记》第五节"八路军实际考察"中写道：

> 记者于访问朱彭两氏之余，同时对八路军的实质，曾大概的考察一下，谁都知道，八路军就是以前的中国"红军"，他们在过去十年中，是经过了五次大围剿，遭了无穷的困难，而他们都将各种困难，一一克服。他们的部队，今天依然存在着，我想这不该是偶然的事罢。当记者向八路军部考察之前，多少也像一般人那样，对他们是含有神秘奥妙的心理，就是他们所以能生存的原因在那里。经过这次考察，觉得他们存在的原因很平常，很简单，很必然，正像一幕戏而被拆穿后的一样，不足希奇。可是问题，就在要戏法者的一点妙诀，这个妙诀，可以分精神与物质两方面，他们除训练外，对政治问

---

① 《郭沫若全集·文学编》第13卷，第482页为"张便去打电话给汪，约定了明天上午九点钟在某处会面。我把平型关胜利的消息告诉了他，他还向有关方面把情形问清楚了"。"汪"是汪精卫。

② 《郭沫若全集·文学编》第13卷中全删。"××"是周至柔。

③ 《郭沫若全集·文学编》第13卷，第482页为"胜利的确是大规模的，毙敌三千，俘虏二千，虏获敌人军实辎重无算。敌方是精锐部队板垣师团，我方部队是八路军。作战的情形是先以一营人扰敌后方，诱至有埋伏的山谷一举而歼灭之"。

题，社会现状和群众心理，每天都有一小时的讲话。使每一个份子，对每一个问题，至少都有一个浅近了解，因为心理上的了解，可产生意志相同的结果，意志相同，精神就会团结，步调就能一致，力量也就能产生。这差不多可说是一种定律了。譬如说他们的部队，此次参加抗日，他们每一个士兵，平时早已都明了日本帝国主义的罪恶，和侵略中国的野心，他们每一个兵士的脑中，早已存对日本非打倒不可的观念，无疑的他们在抗日战线上，步调一定一致，精神一定团结，而且一定能产生伟大的力量。记者在八路军部时，随便问到他们一个十四五岁的勤务兵，他能告诉你，为什么要打倒日本，和他们这次来前线的任务，这实是值得惊佩而注意的。其次他们是不分阶级，总司令也罢，除了职务的区别外，平时是在一块娱乐，一块谈天，一个士兵去见总司令，是很平常，没有看见太拘束的窘状，也没有看见长官无谓的威武。一个士兵作错了事，没有以打骂来责罚，只以和善的指示，纠正他们的错误。你想这样一个集团，精神没有拘束，只有融洽和愉快，如何不产生伟大的力量，如何会轻易的被摧毁，他们每天只是在那里生长啊。再说到物质方面，完全是平等待遇，总司令今天吃肉，士兵一定也吃肉，士兵今天吃青菜，总司令一定也吃青菜，总司令服装和士兵没有分别，简直没有例外。这虽然是些小事，实际上物质享受的平等，正有转移精神莫大的作用，因为物质待遇的平等，可以使每个士兵精神上得到安慰，这个安慰，却产生没怨艾没不平的结果，再有一点，就是八路军的干部，他们都能了解群众，他们无论何时何地，总是以群众摆在前面，他们把大部分的工作，是做在群众身上。所以他们所到处，都能得到群众的同情和赞助。记者此次经八路军的附近村庄，无论问到那个居民，对八路军都是有特别的好感，都给了许多好的批评。我想每个居民，不见得都说谎罢。这些虽都是八路军的特点，实际说来，都是很平常的事，算不了什么妙诀，我想那一个带队的官长，都能明了，而还是在能否切实做到。八路军能做到，所以给人们一个特殊印象。记者在前线的时间太短，所见到八路军的情形，是这样一个肤浅的概念，深信说的不能十分透澈和详尽，这仅可说是尽了记者忠实报道的一点责任而已。[1]

1937年10月10日，记者坚君到山西五台县八路军总司令部访问，因朱德、彭德怀军务过忙，改由唐副官长接见。第二天一大早，朱德就去前线视察了，记者只见到彭德怀副司令和参谋长左权。他在《朱德彭德怀两司令访问记》中写道：

> 11日上午十时许，记者随唐副官长赴总司令部晤朱德彭德怀诸军事领袖，朱已于清晨赴前方视察阵地，由×（彭）氏接见。记者到时，×氏正与参谋长左权，展阅地图，研究战略，草拟军令，忙得要命。记者候×氏公毕，始由唐氏一一介绍。×氏着灰色军衣，戴着有青白徽章的军帽，与兵士的服色一样，若无人介绍，绝难分辨这一位就是副司令。×氏所住的屋子十分简陋，除了几件桌凳与军用地图笔墨纸张而外，别无长物，

---

[1] 郭沫若等：《抗战将领访问记》，无版权页，第64—66页。

也无卫士保护,官与兵,随便在一起谈谈笑笑,毫无拘束。×氏一面吃饭,一面与记者谈话。因为时间短促,尚有军务待理,未能久谈。×氏取出他刚才脱稿的一本小册子的底稿(《争取持久抗战的先决问题》),交给记者阅看,并请提出批评,相约于午后继续谈话,记者乃告别。①

下午,彭德怀与记者们谈国际环境及华北抗战的经验,着重谈了在政治上和军事上必须"改善"的五个方面:第一,就政治上言,必须改善人民生活。第二,要组织民众,展开全面抗战的局面,使民众都直接或间接地参加抗战,发动游击战争。第三,要改善军队的政治教育,淘汰腐败的成分,改善其素质,整顿军纪,则战斗力可以增强。第四,要统一指挥,军事上的步骤必须严整齐一。第五,要改变战略和战术。我们在战略上是防御的,在战术上必须是积极防御的,即以攻为守,亦即攻势防御。攻势防御的要诀,在于乘敌在运动中或敌立足未稳时,集中优势兵力,以坚决勇猛迅速的手段,歼灭敌人,减少敌空军炮兵及其他机械化学兵配合的效能。只有在运动中解决敌人、打击敌人,才是达到防御目之最好手段,防御也是为着节约兵力,用在运动战中消灭敌人的手段,同时运动战也可以分散敌人,封锁敌人消息。……今后应多采取袭击的战术技术,弱于敌人的军队,奇袭、伏击、夜袭,胜过正规对战;包围迂回,胜过中央突击;在敌后方侧翼积极活动,胜过正面抵抗。②

至于总司令朱德,坚君在《朱德彭德怀两司令访问记》中是这样描写的:"下午五时许,记者拟赴五台候车回太原,乃又赴总司令部访问朱德",接着写道:

到时朱德已由前方回来,但未经介绍,记者认为系一年老的勤务兵,未打招呼。左权在旁见记者对朱氏不发言,乃起而介绍说:"这是总司令。"记者几乎失笑。乃与朱氏握手坐谈。朱氏之为文是机敏,活跃,而朱氏之为人,则是质朴、诚恳、沉着、和蔼,令人可敬。与我们平时想象中的朱德,完全不同。

朱氏对政治和军事方面的谈话,虽然简单,但大体与彭氏所谈者相同,不过朱氏重事实而少理论。他对晋北抗战前途的观察,说了下面一段话:"只要守的肯努力守,攻的肯努力攻,晋北战事,没有不可以挽回的。我们是最平凡的,并没有三头六臂,也没有特别过人之处,我们的本领,就是人人能够做到的坚决、勇猛、秘密、迅速,敢深入敌之后方,以少胜多。假使大家都能够做到这样的平凡事情,日本并不足畏。日本兵一样怕死,我们拿住机会,一样能打死他们几百几千。不过我们不要常常希望一下子把敌人打光,每次能歼灭敌人一兵一卒,打坏敌一车一马,都是好的。我们大家天天这样干,在持久的抗战中,日本那一点兵力,是不够这样消耗的。"接着他又举出三个问题,希望各方注意,他说,第一,要改善军队的政治教育,充实他们的民族观念。第二,要组织民众,参加抗战。第三,要改变战术,当采取运动战的战术,勿使成千成万的正规

---

① 郭沫若等:《抗战将领访问记》,无版权页,第68—69页。
② 郭沫若等:《抗战将领访问记》,无版权页,第69—72页。

军，老在正面牺牲于敌人炮火之下。①

最后写到晚上与朱德、彭德怀、左权及总政治部主任一起用餐。写到八路军"上至总司令，下至马伕，都无军饷，至多每月每人发给一点零用费，大概最多的是一元左右"。

《朱德彭德怀访问记》《朱德彭德怀两司令访问记》可说是坚定地站在我们党的立场上，宣传我们党的全面抗战的思想，讴歌八路军抗日的丰功伟绩，同时也夹杂着对国民党政府消极抗战以及对国民党军队扰民的批判（彭德怀所抨击的"军队"中的"腐败的成份"指的就是国民党军队），如果单独出书，也许会遭到国民党当局的查禁，而与为国民党将领唱赞歌的文字混编在一起，并以郭沫若的《蒋委员长会见记》打头，就有了一定的遮蔽和迷惑性。《抗战将领访问记》让"蒋委员长"坐了头把交椅，而细读全书，便能看出著者和编者真正要宣传的是朱德、彭德怀和叶挺，是中国共产党的"抗日将领"和抗日主张，而"蒋委员长"只是作了"引子"或"铺垫"。

还需要说明的是，朱德、彭德怀和叶挺的这些"抗日主张"，郭沫若在他的文章和演讲中也都反反复复地阐释过。郭沫若早在1937年9月中旬写的《前线归来》中就向陈诚提出了"我们的后方工作应该化整为零，应该多设医药站、伙食站等。并随时移动，以免敌人轰炸"，"军中的政治工作应该赶快恢复起来，民众运动应该从速开放而加以组织，如此才可以巩固我们的后方，铲除汉奸的根蒂"等五点"见解"；在《持久抗战的必要条件》②《武装民众之必要》③中提出了"武装民众"以及要执行"游击战"等许多重要的思想，坚信日本侵略者"跑脱不了最终覆灭的命运"，"最后的胜利必属于我"。④作为文化战线上的光辉旗帜，郭沫若真正做到了"下笔云烟起，临危斗志高"。1939年7月，郭沫若的父亲郭朝沛先生病逝，毛泽东和秦邦宪、吴玉章、董必武、叶剑英联名送了挽联。联语意蕴丰厚，上联悼念去世的父亲，下联称赞儿子、宣传抗日，激励人心。联云：

先生为有道后身，衡门潜隐，/ 克享遐龄，明达通玄超往古；
哲嗣乃文坛宗匠，戎幕奋飞，/ 共驱日寇，丰功勒石励来兹。

毛泽东和中共好几位领导人盛赞郭沫若"戎幕奋飞""丰功勒石"，可见郭沫若在抗战期间是有特殊贡献的。像郭沫若这样集多重身份于一体的"坚贞不渝的革命家和卓越的无产阶级文化战士"⑤，灵活的思想、丰富的学识、高超的智慧，以及他特有的使命感，使得他

---

① 郭沫若等：《抗战将领访问记》，无版权页，第72—73页。
② 郭沫若：《持久抗战的必要条件》，上海《救亡日报》1937年10月30日。
③ 郭沫若：《武装民众之必要》（1937年12月20日在广州文化界救亡协会召开的群众大会上的演说词），《郭沫若先生最近言论集》，广州离骚出版社1938年版。
④ 郭沫若：《抗战与文化》，汉口《自由中国》月刊1938年6月第1卷第3期。
⑤ 邓小平：《在郭沫若同志追悼会上的悼词》，载新华月报资料室编《悼念郭老》，生活·读书·新知三联书店1979年版，第1页。

的著作（文章）博大精深，其写作动机以及他所要面向的读者群体所表述的思想往往带有他独有的"私密性"，如果不进行深入的梳理和严肃的考辨就会失之浮浅。而要真的能有所"见"，就必须像鉴赏家鉴赏文物那样精心揣摩。没有丰富的学识和精准的判断鉴赏不了文物，对郭沫若这样的"文坛宗匠"的著作（文章）的相关背景及这些著作（文章）在当时产生的影响知之甚少，也就谈不上阅读和研究。这篇《蒋委员长会见记》就是一个例证，不仅为我们认识郭沫若提供了很多启示，也为我们治学指点了门径：就"材料"而言，要新旧并重，竭泽而渔；就"议题"而言，要小心求证、深耕细作，对于时代和作家的解读和研究必须严谨周密、循序渐进，不能简单粗放、浅尝辄止。

（原载《中国现代文学研究丛刊》2022年第11期）

郭沫若为古籍诠译馆筹备事致尹达信写于哪一年

廖久明

1992年版《郭沫若书信集》下册所收"1955年3月18日"致尹达信认定的写作年份有误——2017年出版的《郭沫若年谱长编》（5卷本）认可该写作年份[1]，本文拟对此进行考证并对古籍诠译馆的筹备情况略加梳理。

该信全文如下：

尹达同志：

何北衡同志来，交来周孝怀老先生关于古籍铨〔诠〕译的意见和方案（原件请打出后交还孝老），现由北衡兄当面交您，请仔细商讨。我有几点意思写在下边。

①铨〔诠〕译馆的经费，望催办公厅，及早核定，可以略照原拟数目增加一些。图书购买费应予以考虑。

②馆长仍请周孝老担任，但需一助手帮忙，北衡兄愿任此事，似可由北衡兄任副职，或其他名义。

③上海房屋，北衡兄言他有办法，他不久将往上海一行。望备一信由北衡兄持交上海办事处，以便取得联系。

④其他应办事件，由北衡兄面谈，请商酌决定。

郭沫若三、十八[2]

信中所写诠译馆事，顾颉刚1954年日记有如下记载：3月4日，"尹石公来，为古籍诠译馆事长谈"；3月10日，"到武定路周孝怀先生家，开古籍诠译馆储备会，自四时至五时半"；3月14日，"到苏渊雷处，晤瞿兑之、尹石公、程演生，五人同商古籍诠译馆工作计画〔划〕及筹备要点，自九时至十二时"；4月4日，"到周孝怀先生处，听何北衡报告，并讨论古籍诠译馆事。五时出，与苏渊雷、瞿兑之到静安寺近点，再商，由渊雷草计划"，"孝怀先生去年入京，访张表方、郭沫若二公，谈翻译古籍事，因有古籍诠译之设。郭派何北衡来沪觅屋，并与诸人谈。现馆址已觅定中国科学社余屋，惟孝老体衰，而上海真能作诠译工作者实不多，我又将离去，觉此事前途颇黯淡也"。[3]

---

[1] 林甘泉、蔡震主编：《郭沫若年谱长编（1892—1978年）》第4卷，中国社会科学出版社2017年版，第1523页。

[2]《致尹达（1955年3月18日）》，载黄淳浩编《郭沫若书信集》（下），中国社会科学出版社1992年版，第181页。

[3]《顾颉刚全集·顾颉刚日记》第7卷，中华书局2011年版，第513—526页。

据以上引文可知，郭沫若 3 月 18 日致尹达谈古籍诠译馆事的信应写于 1954 年，判断的另一依据为郭沫若 1953 年 12 月 15 日致刘大年信：

> 昨天，何北衡来访。谈及周孝怀老先生有信给他，提到两件事。一件是译经工作，马一浮（陈毅同志曾到杭州去访问他，并邀他去沪游览）到上海，周与马谈及，马也赞成。就是把《十三经》译成白话文，我看这工作是可以做的。周意每月需几百万元开支，这数目也不大。我请他拟一个详细计划来。譬如成立一译经组，摆在上海，让周主持。他可以推荐些人来，怎样进行分工，房屋是否需要等等。何北衡答应把这意见转达。我意，在上古史所中附设一"译古组"，恐有必要。老先生们搞的，或许不一定合用，只要他们肯搞，也好。让他们搞出后，再看。《十三经》等是不失为研究古代的资料的。
>
> 第二件是关于搜集近代文献的工作。这事，我叫何北衡当面和您谈，他会来访您。关于搜集近代文献，的确是值得做的。问题是要拟出一套办法出来。近代史所恐也须准备这一笔预算。由近代史所主持，通过各级文教机关，就地进行搜集或采访。
>
> 郭沫若
>
> 十五日①

这两信具有非常明显的先后关系：先是何北衡向郭沫若提及周孝怀对译经工作的建议，而后再由何将周关于古籍诠译的意见和方案交给郭沫若。如果此信的写作时间确为 1953 年 12 月 15 日，那么给尹达信的写作时间便应该是 1954 年 3 月 18 日。

尽管 15 日给刘大年信未署年、月，但该信是接着 12 月 14 日信写的。判断郭沫若 12 月 14 日信写作年份为 1953 年有一条很好的线索："汪篯同志的报告看了。"②关于此事，陆键东的《陈寅恪的最后 20 年》（生活·读书·新知三联书店 2013 年版）、谢保成的《"龙虎斗"与"马牛风"——记郭沫若与陈寅恪的交往兼驳余英时》（《郭沫若学刊》1999 年第 4 期）、王子舟的《陈寅恪》（湖北人民出版社 2002 年版）等都有详细叙述。大致经过为："（1953 年）11 月下旬曾经是陈寅恪助教、时为北京大学历史系副教授的汪篯，带着中国科学院院长郭沫若、副院长李四光写给陈寅恪的两封信到中山大学，正式传达请陈寅恪担任历史研究二所所长的意见。12 月 1 日，陈寅恪口述、汪篯笔录，形成一份《对科学院的答复》"，"汪篯带着陈寅恪《对科学院的答复》和陈寅恪的两篇新作、四首诗回到北京，向科学院作了汇报。12 月 10 日，时为科学院党组成员、学术秘书的刘大年向郭沫若谈了汪篯南行的情况，并转达了汪篯的书面报告"。③由此

---

① 《郭沫若来函（一九五三年十二月十四日、十五日）》，载王玉璞、朱薇编《刘大年来往书信选》（上），中央文献出版社 2006 年版，第 67—68 页。

② 《郭沫若来函（一九五三年十二月十四日、十五日）》，载王玉璞、朱薇编《刘大年来往书信选》（上），中央文献出版社 2006 年版，第 67—68 页。

③ 谢保成：《"龙虎斗"与"马牛风"——记郭沫若与陈寅恪的交往兼驳余英时》，载廖久明主编《郭沫若研究文献汇要·交往卷》，上海书店出版社 2012 年版，第 337—339 页。

可知，郭沫若看汪镌报告的时间是 1953 年 12 月 10 日。关于此事，郭沫若纪念馆馆藏资料亦有记载。

顾颉刚在 1954 年 4 月 4 日日记中写道："孝怀先生去年入京，访张表方、郭沫若二公，谈翻译古籍事，因有古籍诠译之设。"周孝怀曾有相关回忆：

> 1953 年 10 月我到北京去，张表方（澜）先生对我说："闹了四十六年的修成渝铁路问题，四川人白白牺牲了二千几百万两银子，辛亥年还流了一场血，到头来没有修成一里路；人民政府却在短短的两年中不声不响的修好通车了。怎能不令人感慨万分！
>
> 辛亥年为争这条铁路，我两人几乎性命不保。同时参予其事的朋友，今天全不在世了。而推翻清廷是由此发端的，革命也由此发展；我两人要是不把这件重大的事实记载出来，以后编辛亥四川争路史就会没有确实的资料。你亲历其事，知道的比我确实，年纪也比我小四岁，精力要强些，你该负责来起草，我再把我所知道你所不知道的事补充进去，完成一份辛亥四川争路的史料，以尽我两人参加当时争路的责任。"①

查看郭沫若写在孙中山致周孝怀信上的跋语可知，周孝怀拜访郭沫若的时间是 1953 年 10 月 26 日：

> 旧民主主义革命，在中国无成功之可能。近代资本主义列强，业已进入帝国主义阶段，不能允许有高度殖民价值之中国，由中国民权资产阶级完成资本主义革命而臻至富强。盖民权资产阶级本身即受客观条件束缚，而无法发展。中山先生"为共和二字积极负责"者四十年，而不能获得成功者，即坐此故。革命固须有英明领袖，而尤须有群众基础。国民党之主要成分为地主与资产阶级，在此基础上，无法与封建主义及帝国主义作斗争，其结果自必归于妥协。蒋介石即为此历史必然性之产物。蒋之祸国殃民，固罪大恶极，然即使邓仲元不死，廖仲恺不死，中山先生百年长寿，势亦无法转变此历史发展之必然性。孝怀先生以畀蒋以祸国机会归罪于己，似未免责己过严矣。
>
> 一九五三年十月廿六日
郭沫若②

该跋语未收入《郭沫若全集》，《郭沫若佚文集》《郭沫若著译系年》《郭沫若年谱》《郭沫若年谱长编》等也未见记载，当属佚文。

上引两段文字都没有写周孝怀希望成立古籍诠译馆的事情，但据他的经历却可以知道，

---

① 周善培：《自序》，载《辛亥四川争路亲历记》，重庆人民出版社 1957 年版，第 1 页。
② 《孙中山致周善培书（附周善培、李济深、郭沫若跋文）》，载中国人民政治协商会议广东省广州市委员会文史资料研究委员会编《纪念辛亥革命七十周年史料专辑》（下），广东人民出版社 1981 年版，第 54 页。收入该书时，该信的写作时间被认定为 1920 年 4 月 15 日，《孙中山全集》1985 年版、2006 年版、2011 年版均认为该信的写作年份是 1921 年。

这是他晚年更为感兴趣的事情："老先生已七四高龄。民国肇兴，即息影政坛。三十八年来，袁世凯、冯国璋、段祺瑞、刘湘、溥仪、日本鬼、乃至蒋介石手下的张群之流，都曾经或软或硬地邀请他'出山'，但一概遭到谢绝；可是这一次他却不辞以衰老之身，甘冒旅途劳顿，兴奋地成行了。一则是新中国的远景已经在他眼前显露，解放区的新气象与他多年的理想相契合，不容他表面再守缄默；再则，他酷嗜读书，从古老的易经周礼到最新的辩证法唯物论都有相当研究，他能以极通俗的道理向青年朋友讲解艰深难懂的易经，他极钦佩学问贯通、气魄宏伟的毛主席。这一次，一半也就是抱着向毛主席虚心讨教的心愿，他才北上的。"①由此可知，在与张澜谈保路运动、请郭沫若在孙中山信上写跋语的同时，周孝怀一定如顾颉刚日记所记载那样，谈到了筹备古籍诠译馆一事。

关于译经工作，郭沫若1953年12月15日在给刘大年信中有："马一浮（陈毅同志曾到杭州去访问他，并邀他去沪游览）到上海，周与马谈及，马也赞成。就是把《十三经》译成白话文，我看这工作是可以做的。"关于此事，《马一浮评传》有如此叙述："为酬答陈毅元帅的来访，于11月14日起，由省交际处派员及学生吴敬生陪同，专程去上海回访陈毅元帅。此行，前后凡十三天，陈毅元帅在百忙中于虹桥宾馆盛宴款待，招待并畅谈二次。期间，先生还访晤了上海故旧周孝怀、沈尹默、程演生、陈诒先、丰子恺。"②

关于古籍诠译馆的筹备情况，综上可得出以下结论：1953年10月，"酷嗜读书"的周孝怀在北京期间，与张澜、郭沫若等谈到了古籍诠译之事；11月14—27日，时任浙江省文史馆馆长的马一浮访晤了回到上海的周孝怀，周谈及"把《十三经》译成白话文"，"马也赞成"，于是周给在北京的何北衡写信；12月14日，何北衡访郭沫若，谈及周孝怀老先生有信给他，提到"译经工作"，郭认为"这工作是可以做的"，于是致信刘大年发表自己的意见；1954年3月14日，顾颉刚等人"同商古籍诠译馆工作计画〔划〕及筹备要点"；3月18日，兼任上古史所所长的郭沫若看了何北衡交来的"周孝怀老先生关于古籍铨〔诠〕译的意见和方案"后致信副所长尹达，请尹与何"仔细商讨"；4月4日，"（顾颉刚）到周孝怀先生处，听何北衡报告，并讨论古籍诠译馆事"。遗憾的是，由于"孝老体衰"，顾颉刚又离开复旦大学到中国科学院上古史所工作，这件得到时任中华人民共和国中央人民政府副主席张澜、政务院副总理郭沫若、"一代儒宗"马一浮等人大力支持的好事不了了之。最终，周孝怀只得于1956年将"用篆、隶、楷各体手写《十三经》赠与成都四川省图书馆"③。由此可知，最终未能成立古籍诠译馆的以下猜测不符合事实："很可能是因为有种种不便，或是有人反对。"④

根据以上梳理可知，郭沫若对古籍诠译馆筹备事非常重视。究其原因，应该与他长期古

---

① 罗阳：《记七四高龄的周孝怀老先生》，载新华时事丛刊社编辑《中国人民政治协商会议第一届全体会议代表访问记》，新华书店1950年版，第145页。
② 马镜录、赵士华：《马一浮评传》，百花洲文艺出版社2015年版，第144页。
③ 张海山：《周善培与晚清警察之补述》，《文史杂志》2009年第4期。
④ 林甘泉：《从"私淑弟子"到得力助手——论郭沫若与尹达》，《郭沫若学刊》2000年第1期。

诗今译并深谙其重要性有关："从 1923 年到 1953 年，他的两次今译结集恰好对接了中国抒情传统的两大起源《诗经》和《楚辞》。然而这还远非郭沫若今译实践的全部。他的古诗白话译还大量弥漫在他的历史著作之中。在他的马克思主义史学著述中，从 20 世纪 20 年代末的《〈诗〉〈书〉时代的社会变革与其思想上之反映》（1928）到 40 年代的《从周代农事诗论到周代社会》（1944），对《诗经》中农事诗的诠译，成为了'西周奴隶社会'论的关键展开方式。"[1]

（原载《新文学史料》2022 年第 1 期）

---

[1] 王璞：《郭沫若与古诗今译的革命系谱》，《文学评论》2016 年第 3 期。

郭沫若译《少年维特之烦恼》版本考

李 斌

歌德的《少年维特之烦恼》1774年出版，是当时德国"狂飙突进"运动的代表性成果。出版后影响很大，"《维特》一问世，当即风靡了德国和整个西欧，广大青年不仅读它，而且纷纷模仿主人公的穿戴打扮、风度举止。"①《少年维特之烦恼》在现代中国的影响，主要是通过郭沫若的翻译。

郭沫若很早就读到了歌德名著《少年维特之烦恼》，并致力于翻译出版。张资平回忆说，1919年前后，他去日本九州博多湾拜访郭沫若，"他告诉我，《少年维特的烦恼》是哥德的杰作，他打算翻译这部小说。他当时还没有谈及《浮士德》。原来他在第六高等学校是采用《少年维特的烦恼》做德文教本"。张资平对这本书不感兴趣，郭沫若却要张资平坐在他的旁边，"一同念那本德文原本的《少年维特之烦恼》"②。1921年下半年，郭沫若在疾病和繁重的学业之下，依据"Gressner und Schramm, Leipzig 的《歌德全集》"③，断断续续完成了《少年维特之烦恼》的翻译。1922年1月，郭沫若在《〈少年维特之烦恼〉序引》中说："这部《少年维特之烦恼》，我存心移译已经四五年了。去年七月寄寓上海时，更经友人劝嘱，始决计移译。起初原拟在暑假期中三阅月内译成，后以避暑惠山，大遭蚊厄而成疟疾，高热相继，时返时复，金鸡蜡霜倒服用了多少瓶，而译事终不能前进。九月中旬，折返日本，昼为校课所迫，仅以夜间偷暇赶译。"④1926年6月，郭沫若再次在该书"后序"中回忆："前半部是暑期假中冒着炎热在上海译成的，后半部是在日本医科大学时期，晚上偷着课余的时间译出的。""自己的心血费来译出了一部世界的名著，实是愉快的事体，所以在我把全书译完了，尤其是把旧序做完了的时候，我当时实在愉快得至少有三天是不知肉味的。"⑤对翻译愉悦体验的回味，体现的是郭沫若对该书翻译的满意和重视。

郭沫若译《少年维特之烦恼》是该书在中国的第一个全译本。出版后影响巨大、十分畅销。冰心回忆说，"五四"时期，"有一次在我们的英文班里，每人要写一篇书评，我选定了《少年维特之烦恼》。我参看了郭先生的汉译，又参看了一本英译——译者名字忘记了——我觉得郭先生的译笔实在比那位英国译者，高出万倍。"⑥楼适夷曾说："紧接着一九二一年的

---

① 杨武能：《译后记》，载［德］歌德《少年维特的烦恼》，杨武能译，四川文艺出版社2017年版，第180页。
② 张资平：《胎动期的创造社》，《大众夜报》1948年6月10日、6月11日。
③ 郭沫若：《通讯·郭沫若与梁俊青》，《文学》1924年6月9日第125期。
④ 郭沫若：《序》，《少年维特之烦恼》，泰东图书局1922年版，第2页。
⑤ 郭沫若：《后序》，《少年维特之烦恼》，创造社出版部1926年版，第1页。
⑥ 冰心：《寿郭沫若先生》，《新蜀报·蜀道》1941年11月16日。

《女神》出现之后，我们读到了《少年维特之烦恼》的郭译本。正如歌德的这部作品曾经风靡了西方各国一样，在中国，也正如《女神》的出现一样，这个译本曾经震动了当时的一代青年。"①著名德语文学翻译家杨武能评价说："可以断言，郭沫若的所有译著，以《少年维特之烦恼》这部'小书'传播最广，名声最大，不，岂只是他个人的译著，就在建国前译成的中文的德国文学乃至所有的外国文学作品里，郭译《维特》的影响也无与伦比。"②

作品的影响是从它的出版开始的，郭沫若译《少年维特之烦恼》这部影响巨大的翻译作品，究竟曾在哪些出版社出版、版次如何、印量多大呢？这是一个迄今没有完全解决的问题。著名出版人张静庐曾说："在各译本书中，这本书可算是畅销顶多的，大概总在卅万部以上吧？"③有学者观察到："整个民国时期，参与出版郭译本的有上海创造社出版部、联合书店、现代书局、复兴书局、大中书局、群益出版社、天下书店、激流书店、重庆东南出版社等，据不完全统计，至少印过不下于50版。""捷克斯洛伐克的汉学家马立安·高利克在《初步研究指南：德国对现代中国知识分子历史的影响》一书中认为，此书是中国20—30年代最为畅销的外国作品。这一结论，恐怕与事实不会有太大的出入。"④杨武能和莫光华的观察与此相似，在民国时期众多《少年维特之烦恼》的中文译本中，"仍以郭译流布最广，最受欢迎。据不完全统计，在1922年至1932年的十年间，郭译《维特》已由不同书店重印五十次以上。以一部外国文学作品在我国流传之广、影响之大和重印重译次数之多论，《维特》可以说是无与伦比的。"⑤萧斌如、邵华编《郭沫若著译书目（增订本）》（上海文艺出版社，1989年第2版）列出了《少年维特之烦恼》的7家出版社34个版次的正版书、1家出版社1个版次的翻版书，这为我们接下来的讨论提供了线索。但囿于体例，《郭沫若著译书目（增订本）》只提供了出版社、时间、版次等简单信息，没有指出各版本之间的联系和变化，且遗漏了不少版次。我根据调查所得，拟对《少年维特之烦恼》的版本情况进行更详尽的考察。所见有限，期待知情者提供更多线索，以便日后修改完善。

《少年维特之烦恼》自1922年由泰东图书局第一次出版后，至郭沫若逝世，共出版过四个系列，即泰东图书局系列，创造社出版部—联合书店—现代书局系列，群益出版社—新文艺出版社系列和人民文学出版社系列，各个系列都多次印刷。兹分述如下。

一 泰东图书局系列

1922年4月10日，《少年维特之烦恼》在泰东图书局出版，这是该书的初版本。该书为"世界名家小说"第二种，署名栏为：编辑者，创造社；译述者，郭沫若；发行者，赵南公；

---

① 楼适夷：《漫谈郭沫若同志与外国文学》，载新华月报资料室编《悼念郭老》，生活·读书·新知三联书店1979年版，第241页。
② 杨武能：《筚路蓝缕 功不可没——郭沫若与德国文学在中国的译介和接受》，《郭沫若学刊》2000年第1期。
③ 张静庐：《郭沫若屈骂赵南公：文坛旧话之一》，《立报》1935年10月7日。
④《20世纪中国实录》编委会：《20世纪中国实录》第1卷，光明日报出版社1997年版，第1062页。
⑤ 杨武能、莫光华：《歌德与中国》，四川人民出版社2017年版，第167—168页。

印刷者,泰东图书局。我所见的初版本定价为"实售大洋四角,外埠寄费四分"。内页竖排,依次由三部分组成:"序"14页(实际13页,最后一页为白页),注释22页,正文156页,各部分页码各为起讫。封面非常素雅,白底。上半页横排三排文字:中间一排为标题名,黑色楷体,字体略大;上排红色楷体"世界名家小说";下排红色楷体"原著者Goethe"。译者名字没有上封面,版权页上无印数。

"世界名家小说"是创造社编辑、泰东图书局出版的一套丛书,在1922年前后出版三种,第一种为郭沫若、钱君胥合译的《茵梦湖》,第二种即为本书,第三种为郑伯奇译的《卢森堡之一夜》。此版《少年维特之烦恼》正文收录的"序",即后来收入《文艺论集》的《〈少年维特之烦恼〉序引》,为郭沫若1922年1月下旬在日本福冈写就。除人民文学出版社系列版本和部分盗版本外,所有郭译《少年维特之烦恼》版本均收录了这篇"序"。这篇序言被称为"创造社和中国浪漫主义文学运动的纲领"[1],也为郭沫若本人所珍爱,1925年抽出收入《文艺论集》中。

《郭沫若著译书目(增订本)》收录了《少年维特之烦恼》泰东图书局第4版,即"1923年8月10日第4版",第2、3、5、6、7版均未收录,可能当时就难以寻找了。咸立强曾说:"泰东图书局的《少年维特之烦恼》用了两种装帧:甲种实价六角,乙种实价四角。在泰东图书局出版的郭沫若著作里,这也是唯一拥有两种装帧的作品。赵南公为了更好地迎合市场需要,着实花费了不少心思。一年之内,郭译《少年维特之烦恼》连出4版。《少年维特之烦恼》(甲种)1924年8月出了第8版;《少年维特之烦恼》(乙种)1926年1月15日出了第8版。"[2]这可以作为参考。遗憾的是,泰东图书局的《少年维特之烦恼》第2版至第7版我都没有找到。咸立强提到的乙种第8版我见过,封面、正文与初版本相同,版权页上无印数。从郭沫若1926年6月"后序"中的"四年间购读《维特》的一万以上的读者哟"[3]来看,《少年维特之烦恼》在泰东图书局的前8版的总印数在1万册以上。也有学者认为这个数据有些保守。由于版权页没有印数,且已经找不到泰东图书局的档案,所以现在已经不能得到精确印数了。

1927年11月,《少年维特之烦恼》在泰东图书局出版第9版,这一版开始印上印数,本版印数为1—2000册。这是《少年维特之烦恼》"重排订正"后的首次出版。这次"重排订正",当来自创造社出版部新版《少年维特之烦恼》和郭沫若1926年6月"后序"的压力。和初版本相比,这一版变化较大。封面正中间有了图案,是五边形构图,正中间是白色的十字架,十字架两侧是蓝色的树林,外围是红色的火焰,这图案像是墓地。图案上方从右至左横书"少年维特之烦恼",图案下方从右至左依次为"歌德原著郭沫若译"。内页由"序引"15页,正文加注释212页构成。初版本《序》的落款是"一九二二年一月二十二——三日脱稿",重排订正本《序引》的落款变为"一九二二年一月二十二日脱稿"。初版本接着

---

[1] 姜铮:《论〈少年维特之烦恼·序引〉》,《郭沫若研究》第11辑,文化艺术出版社1996年版,第35页。
[2] 咸立强:《〈少年维特之烦恼〉的"双包案"——"百年回望创造社"之一》,《博览群书》2021年第4期。
[3] 郭沫若:《后序》,《少年维特之烦恼》,创造社出版部1926年版,第3页。

"序"的是"注释",重排订正本接着"序"的是正文,"注释"排最后。这更符合读者的阅读顺序。泰东图书局此后的《少年维特之烦恼》的版本都是"重排订正本",封面设计、内页排版和第9版相同。

重排订正本改正了以前版本中的一些误排和错别字,比如初版第88页"我我在这儿的最趁心的事",重排订正本改为"我在这儿所做的最趁心的事"。初版第115页"而这行为底主人翁又是迴异寻常的人",重排订正本将"迴"字改为"迥"字。初版第144页"女仆走来,想准备夜餐的掉面了",重排订正本将"掉"字改为"桌"字。这些改动和下文要提到的创造社出版部的版本是一致的。

1928年3月25日,《少年维特之烦恼》泰东图书局第10版出版。版权页印:"中华民国十六年十一月九版重排订正;中华民国十七年三月二十五日十版","改版印数3000—8000",如果和第9版相衔接,印数应该为"2001—8000",有可能版权页将"2001"印成了"3000",也有可能第9版的版权页"1—2000"有误,应为"1—3000"。1928年9月25日,第11版出版,版权页标明印数"8001—12000"。1929年4月10日,第12版出版,版权页上标明印数为"一二〇〇—七〇〇〇"。1930年4月,第14版出版,版权页标明印数"九〇〇一—一二〇〇〇"。

《郭沫若著译书目(增订本)》收录两种第15版:"1930年8月15版","1932年10月15版"[①]。前一种15版我没有见过。我找到了后一种第15版,版权页上标明:"中华民国廿一年十月十五版",定价为"全书一册实价大洋四角五分外埠邮费加一",且标明为"创造社丛书第十种",版权页没有写印数。两种第15版,这种不常见的现象有两种可能。第一种可能是版权页有误。因为如果真是第15版,出版时间应该在第14版和第16版的出版时间之间,即1930年4月至1930年9月,而不可能是本书所印的1932年10月。如果出版时间无误,那么这就不应该是第15版,而是1931年11月的第18版之后的版次。在我看来,既然1930年8月的第15版时间刚好在第14版和第16版之间,应该是真正的第15版,第二种第15版应该是版次印错了,当为第18版之后的版次,可能是第19版。第二种可能如咸立强对第8版的描述,存在甲种本和乙种本两种本子。有可能1930年的为甲种本,1932年的为乙种本。但1932年的第15版并没有标明"乙种本"字样,具体情况如何,有待更多材料出现后考证。

1930年9月,《少年维特之烦恼》泰东图书局第16版出版,版权页标明印数"二四〇〇一—二五〇〇〇"。第17版我没有找到。1931年11月,第18版出版,版权页标明印数"二七〇〇一—二八〇〇〇",定价变为:"甲种道林纸实价大洋六角,乙种白报纸实价大洋四角五分。"如果第18版是泰东图书局《少年维特之烦恼》的倒数第二个版本,郭沫若所估计的第1—8版印数为1万册以上为正确的话,泰东图书局《少年维特之烦恼》的总印数当在40000册左右。

[①]《郭沫若著译书目(增订本)》收录泰东图书局版《少年维特之烦恼》的版本为第1、4、8、9、10、11、12版及两个第15版,我没有找到该书提到的第4版以及第一个第15版,但找到了该书没有提到的第14、16、18版。

郭沫若译《少年维特之烦恼》有不少盗版本。所谓盗版本，指没有经过作者授权，出版社私自印制的版本。我发现有三种盗版本用了泰东图书局重排订正的纸型。（一）1948年6月天下书店出版、激流书店发行。（二）1949年4月激流书店出版发行。（三）天下书店出版，无版权页。

咸立强认为："大新书局购买了泰东图书局的纸型，所以在版权页上既有泰东图书局也有大新书局，而版次则是重新计算。"① 我没有找到大新书局的版本，具体情况待考。

二 创造社出版部—联合书店—现代书局系列

郭沫若对泰东图书局的《少年维特之烦恼》在编辑印制上是不满意的。早在1924年，郭沫若就曾在回应文字中说："《少年维特之烦恼》一书，出版时我在日本，并未经我校对。全书的错误，如把标点的错误一并加上时，恐怕有五百处。我做勘误表都做过两次，两次都被书局替我遗失了。在书局方面是因为错误太多了，名誉不好听，所以总不肯把我的勘误表印出。几次推说要改版，我把书本改正后给了他们，他们也替我遗失了。弄到现在书已经出到六版，消（按：应为销）售到一万册以上了，仍还是初版的原样。这真是对不住读者的地方，但是在现代资本制度之下要叫我如何，我也无可如何呢。"② 成仿吾也解释说："《少年维特之烦恼》译本排错的地方颇多，沫若曾改过一次，不幸遗失了。去年重改一次，又不幸没有改完就因别事中止了，今年有暇，我当代他取原本校读一次。"③ 成仿吾后来可能没有时间帮助校读。两年后，郭沫若再次说道："不过自己的心血译出了一部名著出来，却供了无赖的书贾抽大烟，养小老婆的资助，这却是件最痛心的事体。""还有使人痛心的是一部名著，印刷错得一塌糊涂，装潢格式等等均俗得不堪忍耐。我初译的误植已经定正过两回，无如专以营利为目的无赖的书贾却两次都不履行，竟两次都把我的定正本遗失了。"④

在经过一段时间的酝酿后，周全平等创造社"小伙计"决定以郭沫若对泰东图书局《少年维特之烦恼》的不满为由，乘机另起炉灶，创办创造社出版部。对此，周全平说得很清楚："这次《少年维特》的改排，对于我们的出版部实在有一个很重要的意义；说得明白一些时，出版部成立的动机便根于《少年维特》的改排。"⑤

《少年维特之烦恼》也确实是创造社出版部成立之初推出的重点图书。1926年3月16日出版的《洪水》第2卷第13期上有"创造社出版新书"的广告三种，第三种即为《少年维特之烦恼》。广告称："本书曾经泰东书局出版，现经译者重行校阅，改正不少处所，由出版部精校重印，较原译本更见精彩矣。（四月上旬可出）。"所谓"译者重行校阅"，得到郭沫若不久后写作的《后序》的印证："在二三月间我来广东之前，费了一两礼拜的功夫，我又把

---

① 咸立强：《郭沫若翻译文学研究》，台湾花木兰文化事业有限公司2021年版，第215页。
② 《通讯·郭沫若与梁俊青》，《文学》1924年6月9日第125期。
③ 《通讯·成仿吾与郑振铎》，《文学》1924年6月9日第125期。
④ 郭沫若：《后序》，《少年维特之烦恼》，创造社出版部1926年版，第2页。
⑤ 全平：《〈少年维特之烦恼增订本后序〉附记》，《洪水》1926年7月1日第2卷第20期。

旧译来重新校正了一遍。校正了的地方实在不少，不消说我自己也不敢就认为完全无缺的译品。"①郭沫若特别感谢创造社这些"小伙计"，"加以全平替我细心校对，灵凤替我刻意装帧，我想从前的丑态，一定可以从此一扫了"②。这篇文章在《洪水》第 2 卷第 20 期发表，文后是编者周全平写于 6 月 19 日的"附记"："改装的《维特》第一应感谢的是译者自己和出版部的股东们。其次，便应该轮到我们的画家，我的同伴——多么荣幸的我啊！——灵凤了。要没有灵凤，我真不敢在此夸口说：维特的装束是仅见的装束。请看我们《落叶》和《飞絮》，便可想见《维特》的丰姿了。其次还要谢谢樱岛女士。译者在序上虽曾提到我的校对，然而大半的工作是细心的樱岛女士做的。"③《洪水》第 2 卷第 20 期再次为《少年维特之烦恼》做了出版广告："本书的价值，用不着此地再来多说，译者郭沫若在增订本的后序中欢呼说：'死了四年的维特于今又复活了起来，我们从书贾的手里把他救活了，我们从庸俗的丑态里把他救活了！'这几句便可见增订本的价值。全书二百五十页新增铜版图二幅，七月上旬出版。"算是对郭沫若"后序"的呼应。

　　创造社出版部《少年维特之烦恼》第 1 版的版权页标明："1922，5，第一版初版；1926，5，增订本付印；1926，6，10，出版。"刊有上述广告的《洪水》于 1926 年 7 月 1 日第 2 卷第 20 期出版，出版时预告《少年维特之烦恼》"七月上旬出版"，可见该书的实际出版时间应该在 7 月上旬以后。这版没有写明印数。内页横排，依次由四部分组成："序引" 15 页，正文 190 页，"后序" 4 页，"注释" 19 页。"序引"写于 1922 年，"后序"写于 1926 年 6 月 4 日。"后序"只在创造社出版部—联合书店—现代书局系列的版本中才有，此前的泰东图书局版本和此后群益出版社—新文艺出版社系列、人民文学出版社系列版本中都没有，《郭沫若全集》未收。

　　此版封面米黄色底，长方形粗花纹框，正中有倒三角图案，三角形中有一黄色菱形，其余涂青，图案印在太阳形状上。图案上方横排三行文字，依次为标题、作者名、译者名，图案下方横排三行文字依次为"创造社丛书""世界名作选第一种""1926"，标题和"世界名作选第一种"均为蓝色字体，标题字体最大，其余为黄色字体。上引周全平文章说过提及装帧和封面设计出自叶灵凤之手，叶灵凤后来也曾回忆说："创造社的《少年维特之烦恼》，是由我重行改排装帧的。当时对于这部小说的排印工作，曾花费了不少时间和心血，从内容的格式，以至纸张和封面，还有插图，我都精心去选择，刻意要发挥这部小说的特色。封面的墨色特地选用青黄二色，并且画了一幅小小的饰画，象征维特的青衣黄裤。"④从上引文字来看，郭沫若对这一版的装帧是满意的

　　上文讨论到泰东图书局 1927 年重排增订本时，曾举例说明重排订正本对于以前版本错讹的修正，创造社出版部的版本是一致的。也就是说，郭沫若在"后序"中对泰东图书局的抱怨以及《少年维特之烦恼》在创造社出版部的出版给泰东图书局以震动，泰东图书局很快

---

① 郭沫若：《后序》，《少年维特之烦恼》，创造社出版部 1926 年版，第 3 页。
② 郭沫若：《后序》，《少年维特之烦恼》，创造社出版部 1926 年版，第 2、3 页。
③ 全平：《〈少年维特之烦恼增订本后序〉附记》，《洪水》1926 年 7 月 1 日第 2 卷第 20 期。
④ 叶灵凤：《歌德和〈少年维特之烦恼〉》，《读书随笔》(二集)，生活·读书·新知三联书店 1988 年版，第 423 页。

也对错讹进行了和创造社出版部版本一致的订正。只是在排版方式上，创造社出版部版采用横排，泰东版则坚持竖排。在接下来几年里，《少年维特之烦恼》在泰东图书局和创造社出版部同时出版，被时人称为"双包案"①。关于创造社出版部的修订版，咸立强论述说："对照创造社出版部修订版和泰东版，修订程度并没有像郭沫若所说的那般夸张"，且创造社出版部版"虽然在装帧质量等各方面都优于泰东版"，但由于标价比泰东版高等因素，"在图书销售市场上却并不能对泰东图书局版形成压倒性优势"②，可备一说。

据《创造月刊》第1卷第3期扉页上的广告："《少年维特之烦恼》，郭沫若译。定价：瑞典纸四角，道林纸六角。本书曾经泰东图书局出版，现经译者重行校阅，改正不少处所，由出版部用瑞典纸及毛道林纸精校精印，道林纸本并加入原著作及书内女主人公夏绿蒂姑娘等写真铜图三幅，较原译本更见精彩矣。"也就是说，创造社出版部的《少年维特之烦恼》初版本有瑞典纸和道林纸两种装帧。

1926年10月20日，《少年维特之烦恼》在创造社出版部再版，版权页标明："1926，5，增订本付印；1926，10，20，再版；一册定价大洋六角"，没有写明印数。封面设计、内页与创造社出版部第一版完全相同。

我见到的初版本虽然定价六角，但没有插图。上段提到的再版本则如《创造月刊》广告所说，有三幅插图。第一幅为环衬页的歌德头像。第二幅为第56页后的《夏绿蒂姑娘》。第三幅为正文第120页之后的《绿蒂姑娘分面包给她的小弟妹》。关于这几幅插图，叶灵凤回忆说："书里面所用的几幅插图，还是特地向当时上海的一家德国书店去借来的。这家书店，开设在苏州河畔的四川路桥附近，主人是一位德国老太太，鲁迅所得的那些德国木刻，就是向她店中买来的。"他对《绿蒂姑娘分面包给她的小弟妹》那幅插图印象尤其深刻：有一种附有插图的德文版《少年维特之烦恼》，"其中最有名的一幅插图，是维特第一次与绿蒂相见的情形。他来到绿蒂家中，邀请她一起去参加一个舞会，却发现绿蒂正在家中，分面包和乳酪给弟妹们吃。这景象更使维特一见钟情，曾在信上详细告诉他的那位好友"。"在创造版的《少年维特之烦恼》里，曾附有这一幅插图，很足以为译文生色。"③创造社出版部的第3、4、5版我没有找到，《郭沫若著译书目（增订本）》所录信息如下："1927年5月20日3版（精装），32开本，序引15页，后序4页，正文190页，注释19页。""1927年10月15日4版"，"1928年3月15日5版"。也就说是，到了第3版时，内页顺序由"序引"、正文、"后序"、"注释"变为"序引"、"后序"、正文、"注释"。其他具体信息有待继续查证。

1928年5月20日，《少年维特之烦恼》在创造社出版部出版第6版，印数为"7001—9000册"，定价分两种，"精装每册实价大洋六角，布装每册实价大洋一元"。这一版的封面图案有变化。封面浅黄色底，长方形细笔黑框，正中有倒三角图案，关于这幅图，咸立强描述为："画的中间是两位青年男女亲吻的图像，应该就是夏绿蒂和阿尔伯特，在倒立三角形

---

① 史蟫：《记创造社》，载饶鸿兢等《创造社资料》，福建人民出版社1985年版，第995页。
② 咸立强：《郭沫若翻译文学研究》，台湾花木兰文化事业有限公司2021年版，第212页。
③ 叶灵凤：《歌德和〈少年维特之烦恼〉》，《读书随笔》（二集），生活·读书·新知三联书店1988年版，第423、425页。

的下面的角的地方，是一个受到挤压的脸部图像，愁眉苦脸，带有泪痕，这个图像画的应该是少年维特。"①图案上方三行横排作者名、标题、译者名，图案下方三行分别为"上海""创造社出版部""1928"。环衬页有歌德的头像。内有插图。创造社出版部1929年2月被封，第6版是《少年维特之烦恼》在创造社出版部的最后一个版本。

郭沫若在1947年所写的《跨着东海》中说："我当时曾经把《少年维特之烦恼》一书捐献给联盟，把那书的版税作为联盟的基金。凡是参加那初期活动的朋友们对于这个小小的往事，应该还有人能够记忆吧。"②有学者推测，郭沫若捐献的是该书在泰东图书局第14版的版税。我最近发现上海《娱乐》周报上有关《少年维特之烦恼》的一则消息却另有所指：

> 郭沫若在创造社初成立的时候，曾翻译过《少年维特之烦恼》一书。这本书因为原著是歌德，而且内容写失恋的少年心理是多么地动人，因此在国内很为畅销。后来创造社被封，这本书的纸版，便流落在神州国光社。但该社并没有将它再版。
>
> 后来上海的作家，恰巧有左翼联盟的组织，分头向各作家捐收募金，致信郭沫若。这时郭沫若在日本千叶，生活很拮据，无钱可捐，于是就拿那部《少年维特之烦恼》，所应得税的版税长期捐赠，主其事者是画室，将这部书交联合书社出版而抽了第一版的版税，后来联合书店收歇，这部书就落在现代书局，几年以来，从没有一个人去算过版税，这为什么，因为郭沫若以为既然把这部捐赠给左翼联盟，当然不能再收版税。而在左翼联盟这方面呢，以为郭只捐赠一版，而且也没人敢作代表，公然收取，这样这部书就成为没有版税的了。至于主其事的画室已不知道生死存亡了。③

这则消息来自小报，且没有署名，准确性待考。但有一些值得注意的方面。第一，郭沫若在《跨着东海》中说："我当时曾经把《少年维特之烦恼》一书捐献给联盟，把那书的版税作为联盟的基金。"即在郭沫若看来，他捐赠的是这本书的版税，而不是这本书某一版的版税，这和《娱乐》周报记者的理解是一致的。第二，《娱乐》周报认为联系这件事的是画室，画室即冯雪峰，他在左联成立过程中发挥了关键作用，他作为联系人是合适的。但是，联合书店是张静庐独立经营的，他和郭沫若早就认识了。他创办联合书店，来自郭沫若的直接支持。他写信托李一氓转给郭沫若，问郭沫若"有没有社会科学的译稿"，郭沫若告诉他，自己即将完成的《中国古代社会研究》可以交给他出版，"并且声明，这是他比较满意的一部著作"。正因为有了郭沫若这部著作的支持，"专门社会科学书店的上海联合书店就在四马路中西药房隔壁大厦上竖起了招牌"④。也就是说，《少年维特之烦恼》在联合书店出版，张

---

① 咸立强：《郭沫若翻译文学研究》，台湾花木兰文化事业有限公司2021年版，第212页。不过，这是第6版封面，和初版本再版本封面有别，咸立强没有注意到这一区别。

② 郭沫若：《跨着东海》，《海涛》，新文艺出版社1951年版，第89页。

③《一部销路很好的书〈少年维特的烦恼〉无版税大家不去领便宜了书业商人》，上海《娱乐》1936年第2卷第9期。

④ 张静庐：《在出版界二十年》，江苏教育出版社2005年版，第94页。

静庐完全可以和郭沫若直接联系，而不必以冯雪峰为中间人。第三，对于本文最为关键的是，《娱乐》周报这则消息勾勒了《少年维特之烦恼》的版本谱系，即创造社出版部、联合书店、现代书局三家书店出版的《少年维特之烦恼》其实都属于同一版本谱系。这一说法是否经得起检验呢？联合书店存世不到两年，就因为它出版的图书大部分被禁而倒闭。联合书店的纸版归入张静庐作为主事者之一的现代书局。李赞华（后来曾任现代书局总编辑）编辑的现代书局1931年出版的《现代文学评论》报道："联合书店营业尚佳，近因该店总经理张静庐氏，任武汉《中山日报》总编辑诸职，店务颇难兼顾，故张氏近由汉来沪，将该店全部版权及存书盘与现代书局云。"[1]也就是说，《少年维特之烦恼》从联合书店到现代书局是一个版本系列，那么从创造社出版部到联合书店是否也是一个版本系列呢？这要证诸实物。

上海联合书店的《少年维特之烦恼》，目前我只找到一个版次，即1930年5月1日出版的第7版。版权页印着："1926,7,1增订初版；1930,5,1 七版"印数是9001—11000，定价六角。"七版"当是衔接创造社出版部的第六版而来。封面构图为竖排。最左边是类似柱子的深色长方体，上方倚靠着的像是一位伸臂屈腿舞蹈着的孕妇。柱子往右用美术字竖排书写了书名，再往右两行楷体竖排，分别为"德国·歌德著"，"郭沫若译"。其余留白。版权页后两页插图，一页是歌德像，一页是"夏绿蒂姑娘"画像。内页由"引序"15页、"后序"4页、正文190页、注释19页组成。内页的页码和排序与创造社出版部的版本完全一致。因此，创造社出版部和联合书店的《少年维特之烦恼》属于同一系列。

现代书局继联合书店出版《少年维特之烦恼》。现代书局印有两种《少年维特之烦恼》第9版，价格都是六角。第一种第9版版权页为"1926,7,1，增订初版；1931,10,1，九版"，印数是13001—14500。第二种第9版版权页写明"1926,7,1，增订初版；1932,4,10，九版"，印数是14501—16500。我目前没有找到第8版，我起初单从时间上判断第一种第9版版权页处的"九版"应为"八版"之误。如果《少年维特之烦恼》在1931年10月1日于现代书局出版第8版，刚好衔接联合书店的第7版，1932年4月10日在现代书局出版第9版。但后来发现现代书局第8版在印数上并不能和联合书店第7版衔接起来。出现这种情况，应该是现代书局在排第二种第9版时忘记了已经印过第9版了，所以出了两种第9版。

11001—13000这一印数的版本应该存在，出版时间应在1930年5月1日和1931年10月1日之间，那才是真正的第8版。但第8版究竟是联合书店出版的，还是现代书局出版的，现在说不准，等待有人去发现。

两种第9版的内页相同，有歌德头像的环衬页底色稍微不同，1931年第9版底色为红色，1932年第9版的底色为绿色。我没有看到1932年版的封面，1931年版的封面黑框，底色为米色，中间是长方形的类似邮票的蓝色画幅，画着一半裸成年男性，左手枕头，右手前伸。画幅上面的红色字体横排，第一行从左至右写"歌德原著、郭沫若译"，第二行为书名。画幅下方三行德文横排，为书名和作者名。这个封面也是叶灵凤设计的。"这一个新版本的封面，我采用了德国出版物的风格，在封面上印上了作者和书名的德文原文，并且采用了德文惯用的花体字母，以期产生装饰效果，墨色是红蓝两色，封面纸是米色的。因此若是拿开

---

[1] 彬：《联合书店盘顶与现代》，《现代文学评论》1931年第2卷第1、2期合刊。

那两行中文，简直就象是一本德国书。"叶灵凤自我评价道："也许是我自己的年岁大了一点，'维特热'的热度已经略见减低，我自己觉得这一版的封面设计，远不及创造版。"①现代书局的第 9 版和联合书店的第 7 版在内页上基本一致，只是顺序由"引序"、"后序"、正文、注释变为"引序"、正文、注释、"后序"。

1932 年 10 月 1 日，《少年维特之烦恼》在现代书局出版第 10 版，印数为 16501—18000 册。第 9 版除环衬页有歌德头像外，没有插图，但第 10 版有三幅插图。第一幅为扉页之后的"歌德遗像"。第二幅为"序引"第 12 页之后的"绿蒂的真面目——斯坦恩夫人夏洛蒂画像"，因为郭沫若在"序引"第 12—13 页交代，歌德曾经爱上威刺勒帝国判官亨利布胡的女儿夏绿蒂，并和夏绿蒂的未婚夫克司妥纳"交谊甚笃"，这位斯坦恩夫人夏洛蒂，就是小说中的夏绿蒂的原型。第三幅为正文第 24 页之后的《绿蒂分面包给她的弟妹》。第二、三幅插图名字和创造社出版部再版本的第二、三幅插图名字相似，但画的完全不同，应该有另外的来源。

《郭沫若著译书目（增订本）》对两个第 9 版均失收，但收录了第 11 版，"1934 年 4 月 20 日第 11 版"，这一版我没有见到，留待以后查找。1935 年顷，现代书局因资不抵债，被迫停业。②第 11 版应该是《少年维特之烦恼》在现代书局的最后一版。如此算来，创造社出版部—联合书店—现代书局系列的《少年维特之烦恼》总共出版 12 次，印行 20000 册左右。

郭沫若译《少年维特之烦恼》的盗版本中，有些盗用了现代书局的纸型。比如复兴书局的版本，复兴书局《少年维特之烦恼》初版本我没有找到，再版本于 1936 年 6 月出版，印数 1000 册，内页和现代书局的版本相同。

三 群益出版社—新文艺出版社系列

到 20 世纪 30 年代中期，出版《少年维特之烦恼》的泰东图书局和现代书局都已不复存在。抗战进入相持阶段后，郭沫若的亲友们在重庆创办群益出版社，主要印行郭沫若等人的作品。《少年维特之烦恼》于 1942 年 11 月在群益出版社出版。

这版《少年维特之烦恼》内页竖排，由"重印感言"、正文、注释和 1922 年的"序引"四部分组成，页码连排，共 195 页。封面构图由从右上角到左下角的斜线（未画出）分成两部分，左边是和斜线平行的从上往下书写的大字红色标题，再左是与标题平行的三条黑色斜线，再左是作者、译者名。中斜线右下部是俯瞰而得的穿着蓝色裙子的人像。

"重印感言"写于 1942 年 7 月 13 日，《郭沫若全集》未收，全文如下：

> 好快！
> 这部书的译出也就二十年了。
> 二十年后的今天我又重读了一遍，依然感觉着它的新鲜。
> 一本有价值的书，看来总是永远年青的。

---

① 叶灵凤：《歌德和〈少年维特之烦恼〉》，《读书随笔》（二集），生活·读书·新知三联书店 1988 年版，第 424 页。
② 《不堪不景气之打击，现代书局被封闭之经过》，上海《娱乐》1935 年 12 月 14 日第 1 卷第 24 期。

读了这样的书，似乎也能够使人

永远地年青。

人世间，比青春再可宝贵的东西实在没有，然而青春也最容易消逝。

谁能够保持得永远的青春的，便是伟大的人。

歌德，我依然感觉着他的伟大。

为使人们大家更年青些，我决心重印这部青春颂。

有意思的是，郭沫若授权东南出版社 1944 年 3 月出版的《少年维特之烦恼》与群益出版社初版本的内页、封面设计完全一样，[1]可以归入群益出版社系列。

重庆群益出版社《少年维特之烦恼》第 2 版我没有找到。1944 年，群益出版社出版渝 3 版，内页和初版本一样。版权页也没有写明印数。和初版本相比，封面变了。封面白底，构图为上下结构，上下边框为蓝色粗纹，中间从右到左横排四行文字，最上方是在花纹框里的红色大字标题，接着两行分别为作者、译者名，最下一行为出版社名。

1947 年 3 月，已经搬迁到上海的群益出版社将《少年维特之烦恼》作为"沫若译文集之二"出版，版权页标明沪（1—2000），这应该是印数。封面为上下构图，白底蓝字，中间是一幅剪纸样的图案，为一女人牵一女孩儿，两人相向而立。标题《少年维特之烦恼》为郭沫若手书。内页除多了 1 页目录页外，其余和初版本相同。郭沫若译《少年维特之烦恼》有目录页，从这一版开始。

《郭沫若著译书目（增订本）》在 1947 年 3 月版之后，录有"1948 年 4 月上海群益出版社第 1 版"，这一版我没有见到，有待调查。

1949 年 4 月，群益出版社再次出版《少年维特之烦恼》。版权页标明："有版权 2（1001—3000）"，我理解为这是第 2 版，印数为 1001—3000 册。据此推测 1948 年 4 月的第 1 版，印数可能是 1—1000 册。相比于 1947 年的群益出版社版本，这一版变化较大。封面构图为左右结构，左边竖着书写标题名，右边为柱形花纹，柱子上半部为歌德头像。柱子左侧竖写作者名、译者名。扉页之后有插图，是法复尔斯基木刻《少年歌德》，内页由目录页、"重印感言"、"序引"、"作者寄语"、正文、附录组成。"重印感言""序引""作者寄语"页码各为起讫。正文和附录页码相连，共 150 页。和 1947 年的版本相比，这一版的变化有二：一是文末注释改为页下注；二是将注释中"六月十六日"下的克罗普徐妥克的《春祭颂歌》从注释中分离出来，单列一部分作为附录附于正文之后。

20 世纪 50 年代初，群益出版社、海燕书店、大孚图书公司合并组成新文艺出版社，群益出版社的纸型版权移交到新文艺出版社。1951 年 10 月，《少年维特之烦恼》在新文艺出版社出版新 1 版。版权页标明："1948 年 4 月群益第一版上海印 0001—1000 册；1949 年 4 月

---

[1] 李振林在《关于东南出版社》一文中记述："据东南出版社重庆分社负责人林一青同志回忆说：'当我把几本《少年维特之烦恼》及《浮士德》，特别是绸面烫金的《浮士德》送给郭沫若同志时，他非常高兴，将书把玩，爱不释手，一再说："印得很好，很好！校对、装帧都好。"'"（邱文生主编《永安抗战进步文化活动》，海峡文艺出版社 1994 年版，第 424 页。）

群益第二版香港印1001—3000册；1951年10月新一版上海印3001—4500册。"也就是说，上文推测的1948年群益第一版的印数是正确的。定价为8700元。内页纸型和1949年版完全一样，仅多出附录标题和1页空白页，因此正文有152页。封面设计也完全一样，只是将白底红字改为绿底白字。

1952年2月，新文艺出版社出版新2版，版权页在新1版的基础上增加了一行："1952年2月新二版上海印4501—6000册"，定价不变，内页不变，封面绿底白字变成白底黑字。新文艺出版社的新3版未见。新4版版权页在新1版的基础上增加了一行："1953年5月新四版上海印11001—16000册"，封面、内页均与新1版相同，定价为6700元。

1954年4月，新文艺出版社重印1版。版权页上标出："一九五四年四月上海第一次重印"，"本次印数9000册""累计印数25000册"，这说明这一版和新4版是衔接的。本版封面设计、内页、定价均与新4版同。

1954年12月，新文艺出版社新1版第8次印刷。版权页标明："1948年4月上海第1版—第1次印刷"，"1954年12月上海新1版—第8次印刷25001—30020册"，从印数来看，这一版和1954年4月的重印1版是衔接的。定价、内页、封面均与重印1版相同。1955年5月，新文艺出版社新1版第9次印刷，版权页上有："1955年5月上海新1版—第9次印刷30021—36040册"，封面、内页与第8次印刷同，定价改为六角七分。

新文艺出版社在新1版第9次印刷后，应该就不再印刷了。因为在1955年胡风事件后，新文艺出版社受到牵连，停止出版工作一年，1958年8月，新文艺出版社与上海文化出版社、上海音乐出版社合并为上海文艺出版社，从此不再以新文艺出版社名义出书。从1942年重庆群益出版社第1版开始，至1955年新文艺出版社上海新1版第9次印刷，群益出版社—新文艺出版社系列的《少年维特之烦恼》共出版14次，印行4万余册。

伪满洲国康德九年（1942年），同化印书馆出版了郭沫若译《少年维特之烦恼》，这本书没有经过郭沫若授权，是盗版本。书末有署名同化印书馆出版部代表者滕光天的《刊行本书之目的》："本馆为向国内读书界介绍优良图书起见，倾心精选世界名著，大量刊行，藉期完成为文化服务之使命。"

四 人民文学出版社系列

1955年10月，《少年维特之烦恼》在人民文学出版社出版第1版，这和新文艺出版社第1版第9次印刷在时间上仅仅相隔5个月，可以看成相互衔接的。

《少年维特之烦恼》人民文学出版社第1版的封面底色为淡黄色，上下构图。上半部是歌德头像。下半部是横排三行文字：标题、作者名、出版社名。标题字号较大。头像和文字都为褐色。译者郭沫若的名字不出现在封面，出现在扉页。这种装帧设计是当时人民文学出版社所出世界名著的统一样式。版权页标明印数：00001—12000，定价为0.51元。内页由目次、小引、正文、附录、注释组成，页码连排，共137页。跟群益出版社—新文艺出版社系列相比：内页文字从竖排改为横排；在第20页后插入多纳特作《维特和绿蒂与她的弟妹们》；注释从随页注释改为文尾注；删去了"重印感言"和1922年的"序引"；增加了写于1955年5月9日的"小引"。

1922年"序引"分两部分。前半部分讨论歌德作为"伟大的主观诗人"的四个特点,其中第二点关于泛神论的论述历来作为讨论郭沫若"五四"时期泛神论思想的基础文本,无论是泛神论,还是浪漫主义,在1955年都显得不合时宜了,所以不宜再出现在序言中。后半部分讨论《少年维特之烦恼》的情节和歌德自身经历的关系,1955年5月9日的"小引"是这部分的改写,但增加了如下一些关键句子:"这毫无疑问是一部现实主义的小说,而内容是反对封建制度的。青年歌德所处的时代正是德意志从中世纪封建制度行将蜕变到资本主义制度的时代。那时的青年人一般反对旧制度与旧道德,和我们'五四'时代相仿佛,在德国历史上是称为'狂飙时代'(Sturm und Drang)。歌德让维特采取了以鲁塞冷的自杀的结束,这在当时是具有反对旧道德的意义的。基督教认自杀为罪恶,采取自杀的结束不用说是具有反对基督教的意义。""自杀不用说并不是唯一的对旧道德的抗议方式。采取这一种方式,作为小说或许容易掀动人,但在事实上倒是懦弱者的行径。歌德本人就是没有采取这种行径的。有为的男子为什么一定要成为恋爱的俘虏呢?"[①]将《少年维特之烦恼》的主题解读为"反封建",并对自杀行为采取辩证分析,这是在社会主义时代对《少年维特之烦恼》的批判性解读,为《少年维特之烦恼》赋予重新出版的价值和意义。

1956年5月,人民文学出版社《少年维特之烦恼》第1版第2次印刷,定价为0.48元,印数为12001—24000册,和1版1印相比,装帧设计不变。1957年第3次印刷,封面图案构型不变,底色由淡黄色变为蓝色,定价为0.48元,印数为24001—47500册。

1959年9月,人民文学出版社《少年维特之烦恼》又出了一次第1版第1次印刷,和1957年的1版3印相比,封面图案换了歌德头像,以前的头像面孔朝右,这张头像面孔朝左,定价变为0.81元,其余没有变化。这次印刷没有写明印数,但因为第4次印刷本没有找到,也不见著录,我怀疑这就是第4次印刷本。1962年7月,第1版第5印出版,印数为52501—57500册。这次印刷和1959年9月的版本基本没有区别,这一印有两种封面,一种和1959年的相同,另一种底色变为绿色。这应该是郭译《少年维特之烦恼》在郭沫若生前于中国大陆的最后一次出版。因为在当时,"对于歌德这位外国古典作家的认识,也存在某些脱离实际的'左'的倾向。具体地讲,歌德不仅受到他的'反动家庭出身'和'政治历史问题'之累,而且在一次次批判资产阶级思想的运动中,他的《维特》也被贴上'宣扬恋爱至上的腐朽人生观',被打入了冷宫。"[②]所以1962年版应该是郭沫若生前郭译《少年维特之烦恼》的最后一次出版了。

综上所述,作为20世纪中国最有影响的外国文学译本之一,郭沫若译《少年维特之烦恼》在郭沫若生前,即1922—1962年的四十年间,先后经过泰东图书局系列、创造社出版部—联合书店—现代书局系列、群益出版社—新文艺出版社系列、人民文学出版社系列等四个系列的出版,正版总印次约50次,总印数约16万册,这在当年的外国文学中译本中算是相当大的印量了。

(原载《新文学史料》2022年第3期)

[①] 郭沫若:《小引》,《少年维特之烦恼》,人民文学出版社1955年版,第2、3页。
[②] 杨武能、莫光华:《歌德与中国》,四川人民出版社2017年版,第199页。

从歌德遗产到"时代精神"[①]

——文化政治中的郭沫若、冯至和卢卡奇

王 璞

一 歌德遗产之为问题：从译者流亡到世界反法西斯运动

1928年2月24日，郭沫若使用化名，在上海汇山码头登上"卢山丸"，出发赴神户，由此开启了他的日本流亡时期。"离沪之前"，就在2月1日，他所译歌德《浮士德》第一部由创造社出版部印行。根据郭沫若日记体自传作品《离沪之前》，当天，"安娜为祝《浮士德》出版，特购'寿司'……一大盘"，而2月3日，内山完造先生又"送来葡萄酒两瓶，祝《浮士德》之出版"[②]。拙文《从"奥伏赫变"到"莱茵的葡萄"——"顿挫"中的革命与修辞》（2012）曾聚焦这一"大革命"失败、"革命文学论争"加剧和"德意志悲剧"（《浮士德》的副标题）中译的瞬间。译者郭沫若得赠的葡萄酒当然不是出产于"莱茵"；他在那时那地所品味着的醇美和苦涩，不仅来自革命顿挫的创伤经历，而且包含着身心的"恢复"、经验的"含蕴"和诗的跨语际实现，更夹杂着"风雨如晦"的未来的不确定感[③]。这无疑是郭沫若个人发展史（《离沪之前》收录有"拟作《我的著作生活的回顾》"的提纲）、中国新文学史和中国左翼文化史上的一个意味深长的顿点，寓"回顾"和"蜕变"[④]于顿挫之中。由此，拙文曾提出，这位革命文学家回到老歌德怀抱的"机缘"和藏身国际租界完成《浮士德》第一部中译的"心境"，构成了中国革命的一个"辩证意象"[⑤]。

[①] 作者按：本文和拙著 The Translatability of Revolution: Guo Moruo and Twentieth-Century Chinese Culture（哈佛大学亚洲中心出版部2018年版）中相关章节有所重合。

[②] 郭沫若：《离沪之前》，《郭沫若全集·文学编》第13卷，人民文学出版社1992年版，第288、290页。亦参见林甘泉、蔡震主编《郭沫若年谱长编（1892—1978年）》第1卷，中国社会科学出版社2017年版，第409—424页。

[③] "恢复"成为郭沫若当时诗集的名称，见《离沪之前》；关于《浮士德》翻译是个人经验"含蕴"的说法，见《跨着东海》，《郭沫若全集·文学编》第13卷，人民文学出版社1992年版，第306页；郭沫若在选择流亡路线、思考革命前途时的焦虑、烦恼和苦闷，被记述于《离沪之前》和《跨着东海》，而"风雨如晦"的形容出现在了他赴日后的《中国古代社会研究·自序》，见《郭沫若全集·历史编》第1卷，人民出版社1982年版，第10页。相关讨论见拙文《从"奥伏赫变"到"莱茵的葡萄"——"顿挫"中的革命与修辞》，《现代中文学刊》2012年第5期。

[④] 关于"蜕变"和"奥伏赫变"的关系，见王璞《从"奥伏赫变"到"莱茵的葡萄"——"顿挫"中的革命与修辞》，《现代中文学刊》2012年第5期。

[⑤] 见王璞《从"奥伏赫变"到"莱茵的葡萄"——"顿挫"中的革命与修辞》，《现代中文学刊》2012年第5期。亦参见 The Translatability of Revolution: Guo Moruo and Twentieth-Century Chinese Culture，第二章。

流亡日本的近十年中，郭沫若转向马克思主义史学、中国古代社会研究和甲骨文金文释读，最终更成为后人所称道的"鼎堂"。作为翻译家，他的工作也在继续，完成了马克思、恩格斯的《德意志意识形态》《政治经济学批判》和《艺术作品之真实性》一系列重要文献的中译。但是，郭沫若并没有继续他的《浮士德》翻译。相反，他一度疏远歌德的文学世界。后来虽译有歌德叙事诗《赫曼与窦绿苔》（发表于1937年），但在回国抗战的岁月里，他也未能再拾起《浮士德》。直到1947年，郭译《浮士德》第二部才终于完成并发表，那时国共内战已经全面展开，"天地玄黄"间，中国命运即将迎来决定性时刻[①]。后人经常将中国革命的文化巨人郭沫若和歌德相比拟[②]，那么，我们如何理解郭沫若翻译《浮士德》第一部和第二部之间二十年的时间差？更确切地说，如何在革命世纪及其精神运动之中理解郭沫若对歌德态度的这又一重反复（或曰"奥伏赫变"）？如何理解郭沫若最终用"时代精神"的概念，将歌德的文化遗产（来自"漫长的十九世纪"）变为他自己的"时代"（新民主主义革命和"短20世纪"）的寓意构造？[③]

为此，本文试图将郭沫若1930年代和1940年代的歌德观还原到反法西斯运动、人民民主斗争的文化政治之中，而在反法西斯的和平、民主、进步这样一系列当时最为重要也最具"悲剧性"的"时代主题"之下[④]，我们更可以将郭沫若和其他重要的歌德阐释者相比较。在中国新文化之中，一个重要的参照是冯至（1905—1993）及其1940年代的歌德论文。而在国际上，我们需要转向20世纪最重要的马克思主义批评家之一捷尔吉·卢卡奇（György Lukács，1885—1971），他1930年代后期和1940年代初在苏联写成的一系列德语论文结集为《歌德及其时代》（*Goethe und seine Zeit*）。卢卡奇的歌德论，昭示了国际左翼文化对歌德遗产的再解读。

尽管卢卡奇在中国的影响可以上溯到革命文学论争时期，尽管郭沫若和冯至都精通德文，但我没有找到任何证据表明他们在1940年代曾接触过卢卡奇的歌德论文，而《歌德及其时代》成书已晚至1947年。冯至《论歌德》上卷中的文章则大体完成于第二次世界大战从最艰难时刻一点点走向反法西斯胜利之际，最晚一篇也恰好是1947年作。可以说，这本论集包含着一位中国非党派新文化知识分子的精神探索和历史反思。当他在西南联大任教期间进行歌德研读时，郭沫若则是陪都重庆文化政治中的左翼"旗手"。而两人的《浮士德》阐释中并没有直接的相互征引，换言之，郭沫若、冯至、卢卡奇之间只具有潜在的对话关系。但他们都内在于反法西斯斗争的历史境遇，都在这一境遇中以歌德问题为契机，都以歌德遗产来回应现实，都力图从歌德作品中发展出捍卫人的价值、追求人民民主乃至创造"新人"的主题，不论是其中解读思路的相通之处，还是立场观点上的歧途异路，都隐藏着"时

---

① 众所周知，郭沫若的《天地玄黄》发表于1945年，形容抗战后中国情势，见《郭沫若全集·文学编》第20卷，人民文学出版社1992年版，第5页。

② 关于郭沫若受歌德影响的一般情况，详见姜铮《人的解放和艺术的解放——郭沫若与歌德》，时代文艺出版社1991年版。

③ "时代精神"出自《"浮士德"简论》。

④ 关于"悲剧时代"的表述，见于郭沫若的《南京印象》等文本中。

代精神"的"蜕变艰难"的话语痕迹[①]。

"五四"新文化潮起之时,郭沫若、宗白华、田汉在《三叶集》中憧憬过"歌德研究会",郭沫若将歌德和孔子并置,称为"人中之至人"(Menschlichste aller Menschen)[②]。这里的"至人"显然代表了新文化中个人的全面发展的理想,而不论是《少年维特之烦恼》中的"维特式人格"[③]还是《浮士德》第一部中的"甘泪卿悲剧",又都和个性解放的命题相联系,可以说,这构成了1920年代郭沫若译介歌德乃至中国接受歌德影响的主基调。等到郭沫若流亡日本,全面转向马克思主义,这样的人格发展、"由内而外"的精神模式显然对他已经无法继续成立;但当时中国新文学中人(尤其是其中的"浪漫一代")对老歌德在《浮士德》第二部中所展现的"大世界"、"全人类的戏剧"和"人类意识的历史进程"[④]仍难免是陌生的。杨武能的研究指出,新文化带来了中国歌德研究的"热烈兴旺的新阶段","到一九三二年歌德逝世百周年纪念时,更形成空前的高潮"[⑤]。1932年,有宗白华的歌德整体论,深具"生命哲学"特征,仍在新文化既定思路的延长线上;也有胡秋原对马克思主义的歌德阐释的试探,只停留于苏联评论的编译[⑥]。但《浮士德》第一部的中译者没有专论文章可以贡献,相反,郭沫若在同一年发表的《创造十年》中不乏对歌德的贬抑之词:

> 歌德可以令人佩服的地方,是在他的努力,但他的成绩也实在有限。他和他同国而稍稍后出的马克思比较起来是怎么样?那简直可以说是太阳光中的一个萤火虫!他在德国是由封建社会转变到资产社会的那个阶段中的诗人,他在初期是吹奏着资产阶级革命的一个号手,但从他做了隈马公国的宰相以后,他老实退回到封建阵营里去了,他那贵族趣味和帝王思想实在有点熏鼻。诗人海涅骂过他,说他只晓得和女人亲吻。……他老先生的确是可以称为德意志的贾宝玉。[⑦]

显然,郭沫若流亡时期的"德意志的贾宝玉"批判,回响着恩格斯关于黑格尔和歌德的著名论断:"黑格尔象歌德一样,在自己的领域里是真正的奥林帕斯山上的宙斯,然而他们两人都没有能够完全摆脱德国市侩的习气。"[⑧]于是乎,郭沫若并未用功于《浮士德》的完整

---

① 尤其值得注意的是,"蜕变"一词为郭沫若和冯至所共用。讨论详后。
② 郭沫若、宗白华、田汉:《三叶集》,上海亚东图书馆1920年版,第75、15—16页。
③ 参见李欧梵《中国现代作家的浪漫一代》,王宏志等译,新星出版社2005年版。
④ Lukács, *Goethe and his Age,* trans. Robert Anchor, London: Merlin, 1968, pp.175-176.
⑤ 杨武能:《歌德与中国》,生活·读书·新知三联书店1991年版,第110页。
⑥ 宗白华:《歌德之人生启示》,载宗白华《艺境》,北京大学出版社1987年版,第36页;胡秋原:《马克斯主义所见的歌德》,《读书杂志》1932年第2卷第4期。
⑦ 郭沫若:《创造十年》,载《郭沫若全集·文学编》第12卷,人民文学出版社1992年版,第78—79页。
⑧ 《马克思恩格斯论艺术》第二卷,人民文学出版社1963年版,第348页。

汉译，也就不意外了①。

但与此同时，随着欧罗巴笼罩在法西斯主义阴霾之下，德国完全落入纳粹党的魔咒掌控，新的世界大战策源地形成，国际左翼文化也势必发生深刻调整。1935年，国际作家保卫文化大会在巴黎举行。该大会由莫斯科的第三国际倡导召开，希望在法西斯主义威胁之下保存进步文化，体现出明显的"统一战线"意图。大会的邀请信提出作家作为"人类文化遗产的保护者"的任务，而淡化了政党和阶级属性。在反法西斯的共同立场之下，"文化遗产"成为最重要的议程。如何捍卫"文化遗产"？如何界定"文化遗产"的进步性？如何通过进步的文化遗产来"反对资本主义的退化和法西斯主义的野蛮"②？

当时侨居苏联的卢卡奇，正是在"文化遗产"这一新课题中，极大地推进了马克思主义的哲学史和文学史阐释。反法西斯斗争的岁月里，这位用德语工作的匈牙利思想家把研究对准了德意志现代性。一方面，他后来发表的著作《理性的毁灭》，可谓一大总结，捍卫欧罗巴理性主义文化传统，揭示出非理性精神在德国的土壤和在帝国主义时期的恶果。正如他的杰出学生阿格尼斯·海勒（Agnes Heller，1929—2019）后来总结的，这部著作和《启蒙的辩证法》（阿多诺和霍克海默）与《开放社会及其敌人》（波普尔）一道，共同代表了欧洲黑暗时刻的"魔鬼辨认之学"③，以各自不同的论旨来挖掘纳粹主义的思想根源。另一方面，卢卡奇也深深关注着并力图挽救德意志民族本有的进步文化传统，那就是从歌德到黑格尔的伟大现代精神。他的巨作《青年黑格尔》（1938年完成）"既是青年黑格尔的思想传记，又是自传，因为卢卡奇从自己思想的视角来阐释黑格尔"④，正和《理性的毁灭》互相补充。尤其重要的是，通过对黑格尔早期著作《精神现象学》的研究，卢卡奇强调了黑格尔在思想史上的革命性地位，更加紧密地把马克思主义哲学和欧洲进步文化遗产联系起来。

但人们往往遗漏了卢卡奇另一部重释德意志文化遗产的著作，即《歌德及其时代》。该论文集和《青年黑格尔》《理性的毁灭》一道，都是于反法西斯斗争之中写作，而二战后才陆续成书。卢卡奇在1947年的"前言"中说，《歌德及其时代》中的论文大多写于1930年代，只有《浮士德》研究"部分是1940年完成⑤。在这些论文中，他反对"抽象地"提出"德意志文化"这一问题，并把歌德研究从新康德主义和生命哲学中解放了出来⑥。卢卡奇恢复了歌德和历史（"时代"）的有机联系，虽然他也重复着恩格斯关于黑格尔和歌德的市侩作风

---

① 1930年代的《浮士德》中文全译出于周学普之手，见［德］歌德《浮士德》，周学普译，上海商务印书馆1936年版。另据杨武能《歌德与中国》，1920年代就有莫甦的全译本，可惜我还没有查阅到。

② 关于这次会议的情况，参见 Howard Eiland and Michael W. Jennings, *Walter Benjamin: A Critical Life,* Cambridge, MA.: The Belknap Press of the Harvard University Press, 2014, p.503。

③ Agnes Heller, "Lukács' Late Phiosophy" in Agnes Heller ed., *Lukács Reappraised,* New York: Columbia University Press, p.179.

④ Agnes Heller, "Lukács' Late Phiosophy" in Agnes Heller ed., *Lukács Reappraised,* New York: Columbia University Press, p.178.

⑤ Lukács, *Goethe and his Age,* trans. Robert Anchor, London: Merlin, p.7 及其后。

⑥ Lukács, *Goethe and his Age, trans.* Robert Anchor, London: Merlin, p.7 及其后。

的观点，但他反而强调：歌德不仅参与了德意志启蒙运动并从而成为法国大革命的思想准备的一部分，而且他和黑格尔一样，"深知法国大革命的爆发和胜利意味着整个世界文化的崭新时代"[1]。在卢卡奇的论述中，《浮士德》和《精神现象学》双峰并立，同为人类文化发展的丰碑。

也就是在国际作家保卫文化大会召开的 1935 年，中国左翼文学界围绕着"国防文学"和统一战线展开了论争。中国的文化形势是和世界反法西斯运动深刻联动的，而对于中国革命来说，反法西斯的斗争也必然包括民族解放和民主革命的艰巨使命。在这样的语境转变之下，郭沫若也从激进的阶级论调整为人民阵线的立场，而在对席勒史剧《华伦斯坦》的翻译中已提出"对时代的教训"等议题[2]。到 1937 年全面抗战爆发，郭沫若把世界形势形容为"理性与兽性"之战，并宣告："保卫文化的责任现在是落在我们中国人，尤其是中国文化人的肩头了。"[3] 如果说卢卡奇的歌德论必须回答"魏玛文化"（指歌德和席勒所代表的德意志现代文化高峰）对重建德国的"指导意义"这一问题[4]，那么，在 1940 年代，歌德遗产对中国的方向又有何"教训"呢？做出回应的，还有非党派的诗人和学者冯至。

二　冯至的"蜕变"论和郭沫若的招魂

杨武能在《歌德与中国》中提到，在中国现代诗人中，"除了郭沫若之外，恐怕就要数冯至与歌德的关系最久远，涉及的方面更多、更广了"[5]。冯至和郭沫若的确是中国译介、研究德国文学的两位高峰人物，而他们各自的发展历程正可谓"殊途"多于"同归"。郭沫若年长冯至十二岁。郭以浪漫主义诗作闻名，而冯则在中文中创制了里尔克式的现代主义十四行。郭译有歌德的《少年维特之烦恼》和席勒的《华伦斯坦》，而冯译有歌德的《威廉·麦斯特的学习时代》和席勒的《审美书简》。郭是革命活动家，他引介、讨论德国文化，在中西文化间大放异彩，却并非学术"科班"出身；而冯则不在政治运动中心，他留学海德堡大学，博士学位论文题目是"诺瓦利斯和自然哲学"。至于社会主义时期，在本国文学遗产的问题上，郭给人以"扬李抑杜"的印象，而冯则尊崇杜甫为"人民诗人"，那是后话了[6]。

1935 年，冯至获博士学位并回国。青年冯至原本更心仪于德国浪漫主义和象征派，他"与歌德的接近""缓慢而艰难"[7]。随着全面抗战爆发，冯至流徙至云南，从 1939 年起任教于西南联大。他后来回忆说，往来于学校和城外，他背包中总有歌德作品[8]。正是在抗战和

---

[1] Lukács, *Goethe and his Age,* trans. Robert Anchor, London: Merlin, p.16.
[2] 郭沫若：《译完了〈华伦斯坦〉之后》，载［德］席勒《华伦斯坦》，郭沫若译，人民文学出版社 1955 年版，第 474 页。
[3] 郭沫若：《理性与兽性之战》，《郭沫若全集·文学编》第 18 卷，人民文学出版社 1992 年版，第 155 页。
[4] Lukács, *Goethe and his Age,* trans. Robert Anchor, London: Merlin, p.11.
[5] 杨武能：《歌德与中国》，生活·读书·新知三联书店 1991 年版，第 196 页。
[6] 参见王璞《郭沫若与古诗今译的革命谱系》，《文学评论》2016 年第 3 期。
[7] 杨武能：《歌德与中国》，生活·读书·新知三联书店 1991 年版，第 197 页。
[8] 冯至：《〈论歌德〉的回顾、说明与补充》，载《冯至全集》第 8 卷，河北教育出版社 1999 年版，第 3 页。

第二次世界大战的情境中,冯至对歌德"从冷淡转为亲切",意识到歌德"更为博大"[①]。而如果说郭沫若所在的陪都重庆是国统区"民主运动"的中心之一,那么西南联大则是战时中国独立知识分子的一个聚集地,无党派的师生们同样也强烈关注着"中国向何处去"的问题,并且思考着现代文化再造和精神重生的前景。从 1941 年至 1944 年,西南联大教授冯至形成了一系列歌德讨论,其解读的中心点正是人的"教育"(Bildung)、发展、努力和"蜕变"。

《〈浮士德〉里的魔》(以 1943 年的一次讲演为基础)后来排在《歌德论》上卷的首篇,该文一上来就强调《浮士德》第一部和第二部的"一致的精神""全部的结构",而批评欧洲人对第二部的"忽视"[②]。这也和郭沫若在 1930 年代对第二部的"厌恶[③]形成了对照,而呼应着卢卡奇在同一时期的《浮士德》研究。冯至把歌德的诗剧概括为一系列悲剧的嵌合:"学者的悲剧"、"爱的悲剧"(和甘泪卿)、"美的悲剧"(和海伦)和"事业的悲剧"("征服自然"及其迷途)。他用"自强不息"来概括整个作品的"一贯精神"[④]。在这一点上,冯至接近卢卡奇关于人通过自我创造而进步的主题学解读。在浮士德和梅菲斯特(魔鬼)关系的看法上,二人的基本判断也大同小异,都认为这背后的主题是"善与恶的斗争产生出发展的前进方向"[⑤]。两人视角的相近之处或许也说明了一种共通的反法西斯的思想政治态势。

不过,当卢卡奇辨认出魔鬼梅菲斯特身上的"部分的资本主义特征"时[⑥],冯至在同一问题上却没有任何唯物史观的痕迹,而只看到一种个体发展(也即 Bildung)的积极—消极的辩证法。他的解读将梅菲斯特形容为启蒙理性片面畸形发展的化身:

> 这种否定的性格根源于片面的理智。欧洲 18 世纪中叶,是一个崇尚理智的时代,理智当时在积极方面把人类从种种阻碍进步的错误观念里解放出来,建设健全的、朴质的人生。另一方面,他却微微给人的活动划了一个范围,把热情与理解都摒除在这个范围以外。[⑦]

从对梅菲斯特的思想史定性中,我们是否可以品读出一种中国新文化、中国启蒙知识分子的自我反思呢?在 1940 年代的战争状态下,在国共两党的政治斗争中,新文化的既定活动"范围"不断缩小并丧失相关性,亟待转型和突破,需要和时代相应的"热情与理解"。

更具征候性的则是冯至对歌德笔下"人造人"的特别关注。"人造人"即《浮士德》第二部第二幕中的 Homunculus 小人,他是浮士德学生瓦格纳的实验作品,只存活于瓶中,醒

[①] 杨武能:《歌德与中国》,生活·读书·新知三联书店 1991 年版,第 197 页。
[②] 冯至:《〈浮士德〉里的魔》,载《冯至全集》第 8 卷,河北教育出版社 1999 年版,第 25、26 页。
[③] 郭沫若:《第二部译后记》,载[德]歌德《浮士德》,郭沫若译,人民文学出版社 1978 年版,第 384 页。
[④] 冯至:《〈浮士德〉里的魔》,载《冯至全集》第 8 卷,河北教育出版社 1999 年版,第 28 页。
[⑤] Lukács, *Goethe and his Age*, trans. Robert Anchor, London: Merlin, p.197.
[⑥] Lukács, *Goethe and his Age*, trans. Robert Anchor, London: Merlin, p.200.
[⑦] 冯至:《〈浮士德〉里的魔》,载《冯至全集》第 8 卷,河北教育出版社 1999 年版,第 35 页。

来后去寻求"实体",来到希腊古典世界,终归于大海,和世界本原——水——相结合[1]。虽然《从〈浮士德〉中的"人造人"略论歌德的自然哲学》(以 1944 年的一次讲演为基础;以下简称《人造人》)的落脚点是在自然哲学,承接于冯至博士学位论文的题目,但文中关于水作为世界构成元素的讨论,实际上是对一个更广阔的、超于自然哲学的"蜕变"理论的准备。正如王晓珏在她的冯至研究中所指出的,对冯至而言,"'变'的原则不仅适用于植物、昆虫,也适用于人类和社会"[2]。在《人造人》一文中,冯至把浮士德的弟子瓦格纳看作启蒙理性的代表,而人造人,作为瓦格纳的科学知识的成果,也即科学理性的"产儿",也正因如此,他是没有身体和"实体"的。他寻找真正的生命形态的古典之旅(古希腊哲人泰勒斯为其引导),冯至以为需要在歌德的"Metamorphosenlehre"理论中得到理解。Metamorphosenlehre 即歌德在自然科学研究中提出的"变形学说",而这里冯至把它译为"蜕变论"。值得联想的是,当年郭沫若曾提出用"蜕变"来对译德语哲学概念 Aufheben(扬弃)[3]。冯至所依据的,则是《浮士德》第二部第二幕中泰勒斯对人造人所唱出的诗句:

> 经过一千的再有一千的形成,
> 到了成人你还有时间。[4]

冯至说这便是"歌德的卓见",这便是"蜕变论"。生命的成立必须是"有机的演变",而不能只是科技的"制作"[5]。显然,这也是人性"成长"(Bildung)的寓意所在。瓶子撞碎,人造人被撒入大海,这死亡是走向"更高的生命的过程"[6]。人造人和水的结合,便是"理想和真实的结合"[7],是纯粹的启蒙理性精神在现实生命中的自我克服。因此,"蜕变论"不仅是有机自然的"植物"和"动物"过程,也是"人的蜕变论",是"死与变"的人生历程,"离开了自然的范围"[8]。

---

[1] 冯至:《从〈浮士德〉中的"人造人"略论歌德的自然哲学》,载《冯至全集》第 8 卷,河北教育出版社 1999 年版,第 46—48 页。

[2] 王晓珏,*Modernity with a Cold War Face: Reimagining the Nation in Chinese Literature across the 1949 Divide*, Cambridge, MA: Harvard University Asia Center, 2013, p.235。

[3] 参见王璞《从"奥伏赫变"到"莱茵的葡萄"——"顿挫"中的革命与修辞》,《现代中文学刊》2012 年第 5 期。

[4] 冯至:《从〈浮士德〉中的"人造人"略论歌德的自然哲学》,载《冯至全集》第 8 卷,河北教育出版社 1999 年版,第 54—55 页。

[5] 冯至:《从〈浮士德〉中的"人造人"略论歌德的自然哲学》,载《冯至全集》第 8 卷,河北教育出版社 1999 年版,第 55 页。

[6] 冯至:《从〈浮士德〉中的"人造人"略论歌德的自然哲学》,载《冯至全集》第 8 卷,河北教育出版社 1999 年版,第 55 页。

[7] Brown, *Goethe's Faust: The German Tragedy,* Ithaca, NY: Cornell University Press, 1986, p.175.

[8] 冯至:《从〈浮士德〉中的"人造人"略论歌德的自然哲学》,载《冯至全集》第 8 卷,河北教育出版社 1999 年版,第 59 页。

冯至对人造人和"人的蜕变"的特别兴趣，指向了一种深层次的精神乃至政治渴望。当时中国的独立知识分子们，也可从人造人的形象中认出自己，他们是"五四"启蒙精神的产儿，却又被困在这一理性的"瓶"中。在战时，在反法西斯的文化政治现实斗争中，作为一个社会群体，他们迫切渴望获得自身的"实体"，实现自我克服和超越，实现"死和变"。正如王德威在他的抒情主义论述中所提及的，"冯至是在暗示，生活在狭小世界的中国知识分子应该投身于'生命的海洋'"[1]。

因此，冯至赞美人造人从精神性到身体性的蜕变，也映射出"新人"教育观及其政治内涵。在《歌德与人的教育》（1945年发表）中，冯至把《浮士德》和《维廉·麦斯特的漫游时代》结合起来，而批评以《少年维特之烦恼》或《浮士德》第一部论歌德，由此强调"整个的"而非"部分的"歌德[2]。显然，这一纠偏所针对的，是因郭译而起的"维特热"及随后的歌德接受。在冯至看来，"由内而外"的歌德精神最终指向"为人类工作"，只要这样不断努力，魔鬼就无法施展人性"否定"的伎俩[3]。在历史变动中，歌德"更深一层认识到集体的力量"[4]。"怎样教育人？"冯至从歌德的"将来的理想"中提出"新人的典范"："歌德在这里要求一种适宜于集体生活的、新人的典范：人们精确地认识自己的事务而处处为全人类着想。"[5]冯至的"新人"，通过"自强不息"、自我成长、人的教育和"一技之长"来完成集体的全人类的工作，不同于共产主义革命中所提出的"新人"理想。但显然，当冯至提出百年前的歌德理想正是"我们现在所要求的"，他就和卢卡奇一样，坚持歌德遗产的进步性和人道主义精神，而且介入文化政治的构想和实践之中。《歌德与人的教育》发表于纳粹德国已经"溃败"而日本即将投降之际，文中也专门回顾"歌德疏远"现象，提到"德国民族走上错而又错的道路"[6]。冯至所面对的那个"现在"，是反法西斯斗争取得基本胜利而"和平民主"仍悬而未决的时刻。不同的政治力量都在提出战后"新中国"的规划，冯至的"蜕变论"包含着一个通过"人的教育"重建中国的社会民主理想。

如果说这一立场和卢卡奇的"进步民主主义"文化政治观不无相通之处，那么，冯至全然回避了《浮士德》第二部结尾浮士德社会工业改造这一决定性情节，却又不足为奇。毕竟，冯至把"自我实现"和"人类事业"的关系理想化了，而马克思主义批评却必须面对浮士德"镇压起义""维护皇帝""填海造田""征服自然""强拆民宅"的社会政治悲剧性后果。同样不意外的是，冯至批判纳粹德国，但又把歌德的德国理想化了，没有提及歌德时代德国的社会畸形发展和资本主义革命的延迟，而这正是卢卡奇最关键的论题。

在战时中国，和冯至形成对照的正是左翼文化人郭沫若对歌德的重新发现。如果说，用冯

---

[1] 王德威，*The Lyrical in Epic Time: Modern Chinese Intelectuals and Artists through the 1949 Crisis*, New York: Columbia University Press, 2015, p.144.

[2] 冯至：《歌德与人的教育》，载《冯至全集》第8卷，河北教育出版社1999年版，第82页。

[3] 冯至：《歌德与人的教育》，载《冯至全集》第8卷，河北教育出版社1999年版，第85页。

[4] 冯至：《歌德与人的教育》，载《冯至全集》第8卷，河北教育出版社1999年版，第86页。

[5] 冯至：《歌德与人的教育》，载《冯至全集》第8卷，河北教育出版社1999年版，第86页。

[6] 冯至：《歌德与人的教育》，载《冯至全集》第8卷，河北教育出版社1999年版，第81—82页。

至的观点来批评郭沫若1920年代和1930年代的歌德论述，还算是有的放矢，那么，我们也必须注意到，在反法西斯斗争和抗战时期，郭沫若其实形成了歌德的再认识，使之成为德意志问题乃至整个现代性问题的一个象征。郭的视角必须放在国际左翼对法西斯主义的批判反思的大语境之中。像许多"左"倾的批评家一样，郭也提出，封建残余是法西斯主义的土壤："日、德、意都是封建势力未能扬弃而骤然近代化了的国家，其所以流而为法西斯集团，实有其历史的必然性。而我们的反帝、反封建的文艺思潮之所以能顺畅地转化成为抗日＝反法西斯的斗争，也正是历史的必然性所致。"①在1944年《浮士德》第一部译本重刊之际，郭沫若作《人乎，人乎，魂兮归来！——新版〈浮士德〉题辞》，为歌德"招魂"。该文既和冯至的"蜕变论""教育论"形成一层隐含对话，又呼应着卢卡奇关于歌德倾向在德国失落的历史悲剧感：

  个性不能消泯，亦不能偏废，但须立一标的，以定其趋向。为最大多人谋最大幸福，话虽说旧，理却近真。
  歌德有自知之明，知有相反的二种精神，斗争于其心中，而力求其调剂，宏己以救人。虽未脱尽中世纪的袈裟，但縻其毕生的经历所求得者，乃此理念之体现。体现于之文，体现于之人，进而求其综合统一。
  日耳曼民族未听此苦劳人的教训，误为狂兽所率领而化为虎狼，毒性所播，并使它族亦多效尤而虎狼化。人类在如海如洋的血泊中受难，因而于苦劳人的体念倍感深切。——人乎，人乎，魂兮归来！②

  虽然共享着人道主义的理念，但郭沫若的历史意识和马克思主义史观都决定了他和冯至角度的差别。通过对德国现代化进程的批判，郭沫若在人的理想之外，打开了历史主义的替代性视野，并由此找到了他自己进入《浮士德》第二部主题世界的道路。在"招魂"之后，郭沫若表示了他翻译《浮士德》第二部的愿望："去岁曾动念欲续译其第二部，但未果。"他这样来解释自己的拖延："余亦一苦劳人，体现之业虽尚未足，而所当为者似亦已超越于此。"③是什么"所当为者"超越了精神的"体现之业"呢？郭沫若的"苦劳"中或许正有冯至所缺少的"实体"。当时，郭沫若正如第二部中的浮士德，"苦劳"于政治的"大世界"，投身大后方的民主运动，反对国内的国民党专制和"法西斯蒂"倾向（而这正是国外法西斯的"效尤"），为中共所提出的"新民主主义"、和平民主建国、联合政府而奋斗。而正是战后和谈及民主运动的失败，才给了他"'余暇'来偿还我的债务"④，译成了《浮士德》第二部。

---

① 郭沫若：《新文艺的使命》，载《郭沫若全集·文学编》第19卷，人民文学出版社1992年版，第379—380页。
② 郭沫若：《人乎，人乎，魂兮归来！——新版〈浮士德〉题辞》，载《郭沫若全集·文学编》第19卷，人民文学出版社1992年版，第411—412页。
③ 郭沫若：《人乎，人乎，魂兮归来！——新版〈浮士德〉题辞》，载《郭沫若全集·文学编》第19卷，人民文学出版社1992年版，第412页。
④ 郭沫若：《第二部译后记》，载［德］歌德《浮士德》，郭沫若译，人民文学出版社1978年版，第385页。

三 卢卡奇的《浮士德》研究和郭沫若的《"浮士德"简论》

郭沫若将早年对《浮士德》第二部的"厌恶"归咎于自己和老年歌德的精神世界的距离感[1]。"隔了二十年后",他终于在1947年译成了第二部,时间点尤其耐人寻味。战后和平民主运动受挫,郭沫若在中共的安排下转至香港,他又一次从政治参与暂时退回到翻译工作,而更重要的是:"我的年龄和阅历和歌德写作这第二部时(一七九七——一八三二)已经接近,而作品中所讽刺的德国当时的现实,以及虽以巨人式的努力从事反封建,而在强大的封建残余的重压之下,仍不能拨云雾见青天的那种悲剧情绪,实实在在和我们今天的中国人的情绪很相仿佛。"[2]所以,郭沫若原本对第二部的"不了解"被"德国当时的现实"和"今天的中国"之间的相似所取代了。第二部的"云雾"不再是老歌德的繁杂的诗歌形式和技巧[3],而成为占据着1940年代中国心智的实实在在的历史内容。如果说冯至对《浮士德》第二部的看法围绕着人的"成长"和"蜕变",那么,郭沫若则打开了历史的视野,视歌德的巨作不仅为"灵魂的发展史",而且是"时代精神的发展史"[4]。在这一点上,他的译解正可和卢卡奇的《〈浮士德〉研究》对读。

卢卡奇的《〈浮士德〉研究》(1940)是《歌德及其时代》中最长、最重要的一部分,是由五篇文章所组成的较为系统的讨论。在解释《浮士德》作为"人的命运之诗"和"人类戏剧"时,卢卡奇当然要先处理"个人"和"全人类"、个体和历史的关系问题。在此,卢卡奇还是以黑格尔的《精神现象学》来比拟《浮士德》。用恩格斯的话来讲,在《精神现象学》中,"个人意识在不同阶段的演进"形成了"人类意识在历史进程中穿越的各个阶段"的一种简略复现[5]。于是,卢卡奇指出《精神现象学》的三重历史观:其一,个人从"简单感知"到"哲学认识"的历史进步;其二,人类从原始到现代的进步;其三,整个历史发展体现在人的工作之中。因此,"个人意识是人类进化的浓缩表现"[6]。歌德对《浮士德》的构思也是如此,人类历史的工作由个体的功业来表现。也正如《精神现象学》,这样一种个体—人类的辩证关系势必要求打乱历史"进化阶段"的一般顺序,而形成了一种"幻象式—非连贯"的时间[7],而这在《浮士德》第二部中尤其明显。卢卡奇特别提到,在歌德晚年才完成的第二部中,"历史观念和历史视角完全改变了",因为老歌德终于完整地看到了封建主义的衰败,才终于理解造成这种衰败的正是"生产力在资本主义下的大发展"[8]。因此,突进"大世界"

---

[1] 郭沫若:《第二部译后记》,载[德]歌德《浮士德》,郭沫若译,人民文学出版社1978年版,第384页。

[2] 郭沫若:《第二部译后记》,载[德]歌德《浮士德》,郭沫若译,人民文学出版社1978年版,第385页。

[3] 本文不涉及郭沫若具体的翻译实践和《浮士德》译本中的诗歌语言,相关问题的讨论见拙著 *The Translatability of Revolution* 第一章至第三章。

[4] 郭沫若:《"浮士德"简论》,载[德]歌德《浮士德》,郭沫若译,人民文学出版社1978年版,第3页。

[5] Lukács, *Goethe and his Age,* trans. Robert Anchor, London: Merlin, p.176.

[6] Lukács, *Goethe and his Age,* trans. Robert Anchor, London: Merlin, p.177.

[7] Lukács, *Goethe and his Age,* trans. Robert Anchor, London: Merlin, p.179.

[8] Lukács, *Goethe and his Age,* trans. Robert Anchor, London: Merlin, pp.174-175.

的第二部在形式和内容上都是庞杂矛盾的。卢卡奇还提到第二部在诗歌中的"杂音",它们标志着一个古典诗意—诗艺的"伟大时期"的结束,这个结束不是关于个人的或形式的"艺术时期",而指向"旧世界"的消亡和新的历史发展。在新的历史条件下,个人的诗歌完美不再可能,《浮士德》第二部也必然是"不可通约"的杂合体①。因此,卢卡奇认为,在《第二部》诗剧看似随意的时空跳跃中,恰恰有"深层的社会的、政治的,从而也是人性的必然性"②,在"幻象历史主义"中,恰恰有歌德的现实主义和他的时代的"客观性"③。卢卡奇引用了老歌德的话:"第二部中几乎没有任何主观的东西,只有更高、更大、更明亮、更杂乱的世界。"④

的确,第二部是杂乱的,是各种历史时空的错乱杂糅:从封建宫廷到古希腊世界,从文艺复兴到农民战争,从中世纪到拜伦式浪漫主义,从纸币金融危机到科学实验室,从填海造田的"征服自然"到甘泪卿拯救浮士德的天主教大结局……这样一个"时代错误"的情节线让人想到卢卡奇的友人恩斯特·布洛赫关于现代德国的著名论断:德国是"非同时代性的经典国度,也就是说,旧有的经济存在和意识未被克服"⑤。弗兰科·莫莱蒂因此把《浮士德》第二部总结为"非同时代的同时代性"的一个"修辞格"⑥。

1947年,郭沫若也痛切地感受着非同时代性的修辞。在《"浮士德"简论》这一重要文章的开头,他就指出"第二部差不多是把一切故事的条贯性都抽调了,难解得更是惊人"⑦。和1940年的卢卡奇一样,郭沫若最终看重的还是这一杂乱破碎之中的"整体"和"一贯脉络":"它仍然是有一贯的脉络存在的。它是……一部时代精神的发展史。是怎样的时代在作着怎样的发展或怎样地在发展呢?整个的'浮士德'这一万六千行的诗句,都在报告着这一事实。"⑧

"时代精神"虽然是现代进步史观的阶段论、目的论的典型概念,但在这里比喻未完成的现代化、迟到的革命乃至时代的错置。关注德国的封建残余,郭沫若的解读建构出一种"辩证"关系:一面是多重时间的"乌烟瘴气""异想天开"的混乱并置,另一面是"时代精神"的统一性。他如此整理《浮士德》的"庞杂性",将其呈现为"时代精神"的悲剧展开:

> 它披着一件中世纪的袈裟,而包裹着一团又是火一样的不知满足的近代人的强烈的

---

① Lukács, *Goethe and his Age,* trans. Robert Anchor, London: Merlin, p.253.

② Lukács, *Goethe and his Age,* trans. Robert Anchor, London: Merlin, p.179.

③ Lukács, *Goethe and his Age,* trans. Robert Anchor, London: Merlin, pp.182-183.

④ Lukács, *Goethe and his Age,* trans. Robert Anchor, London: Merlin, p.183.

⑤ Ernst Bloch, *Heritage of Our Times, translated by Neville Plaice and Stephen Plaice,* Berkeley: University of California Press, 1990, p.106.

⑥ 详见 Franco Moretti, *Modern Epic: The World-System from Goethe to García Márquez,* trans.Quintin Hoare, London: Verso, 1996, pp.52-91。

⑦ 郭沫若:《"浮士德"简论》,载[德]歌德《浮士德》,郭沫若译,人民文学出版社1978年版,第3页。

⑧ 郭沫若:《"浮士德"简论》,载[德]歌德《浮士德》,郭沫若译,人民文学出版社1978年版,第3页。

冲动。那看来分明就是矛盾,而这矛盾的外表也就形成了"浮士德"的庞杂性。不过我们不要为这庞杂的外表所震惊,尽管诗人在发挥着他的最高级的才华,又是异想天开地闹得一个神奔鬼突,甚至乌烟瘴气,但你不要以为那全部都是幻想,那全部都是主观的产物,都是所谓"由内而外"。它实在是一个灵魂的忠实的记录,一部时代发展的忠实反映。因而我也敢于冒险地说,这是一部极其充实的现实的作品……一个现实的大魂(时代精神)包括各种各样的现实的小魂(个性),诗人的确是紧紧地把它们抓住了……他是把辩证法的精神把握住了。①

对德国"非同时代性"的批判性理解,在马克思主义中几乎形成了一个传统。卢卡奇把"资本主义的迟缓发展"和"布尔乔亚—民主主义革命"的延迟看作现代德国史的"基本特征"②。1947年的郭沫若应该没有读过卢卡奇的德国思想史批判,而在《〈浮士德〉简论》中的论述却和卢卡奇相当接近,并同样提到:"歌德正生在这样的一个变革的时期。在这时英国已经收到不流血革命的成功,法国则正在大流血的当中以企求革命的完成。德国比起英法来是落后了的。"③这是"乌烟瘴气"的"庞杂性"和现实的"时代精神"之间的辩证法的社会政治前提。对德国"后发特征"的批判在反法西斯斗争的时代尤其紧要,而"后发现代性"的问题也一直沉重地压在中国左翼知识人的头脑上④。郭沫若恳求中国读者在这一历史亲近关系中阅读歌德:"德国由封建社会蜕变为资本主义社会在欧洲是比较落了后的国家,她的封建残余不容易扬弃,一直进展到近年的纳粹思想而遭到毁灭。请在这个社会发展的历史背景上读这第二部的'浮士德'吧,你可以在这仿佛混沌的郁积中清清楚楚地感觉着骨肉般的亲谊。"⑤也就是说,1940年代的中国感同于这"混沌""郁积",更体验着"蜕变"和"扬弃"的困难。郭沫若的歌德译解因此具有一种历史主题的"共鸣":"就好像在第一部中我对于当时德国的'狂飙突进运动'得到共鸣的一样,我在第二部中又在这蜕变艰难上得到了共感了。"⑥值得注意的是,"蜕变"一词也见于冯至对歌德变形学说的理解,又曾是郭沫若在1920年代末为"扬弃"概念提出的中译方案。可以说,在"蜕变艰难"上,冯至和郭沫若共通于时代的感受,只不过,冯至所期待的蜕变,首先要通过个体的教育和成长,而郭沫若所着眼的,则是一个社会历史现代化的革命过程。

显然,郭沫若的译解是深深嵌入1940年代的文化政治之中,歌德遗产成为中国革命的

---

① 郭沫若:《〈浮士德〉简论》,载[德]歌德《浮士德》,郭沫若译,人民文学出版社1978年版,第9—10页。
② [匈]卢卡奇:《理性的毁灭》,王玖兴等译,山东人民出版社1997年版,第一章。
③ 郭沫若:《〈浮士德〉简论》,载[德]歌德《浮士德》,郭沫若译,人民文学出版社1978年版,第8页。
④ 参见 Harry Harootunian, *Marx After Marx: History and Time in the Expansion of Capitalism,* New York: Columbia University Press, 2015, chapter 4。
⑤ 郭沫若:《第二部译后记》,载[德]歌德《浮士德》,郭沫若译,人民文学出版社1978年版,第386页。
⑥ 郭沫若:《第二部译后记》,载[德]歌德《浮士德》,郭沫若译,人民文学出版社1978年版,第385—386页。

"时代精神"的艰难显影。如果说《浮士德》第二部是"例外状态之诗"①，那么郭沫若的中国，在和平已经无望、人民民主尚未胜出的情势下，正代表了一种"悲剧时代"的紧急状态、危机状态，旧的未死，新的未生②。郭沫若用"时代精神"来理解歌德，也正是紧急状态下自我断代的一种冲动，把"非同时代性"的混杂历史体验"翻译"成正在进展中的中国革命的一个寓象。这样的翻译显然是阐释性的，它的主题性和历史感以"时代精神"的可翻译性为文化政治基础。

四 何谓"时代精神"：人民民主的寓意构造

但在这文化政治的可译性中，我们自然会想到，《浮士德》第二部原著里，浮士德是选择站在了皇帝一边，协助镇压农民起义，以换取一块封土进行改造自然的事业。这和中国新民主主义的革命"时代精神"看起来极不相协。郭沫若早已在1932年提到过第二部的保皇和反革命倾向③。但在1947年，歌德的局限性却没有限制，反而加强了郭沫若对"这整个故事进展的寓意"的新民主主义阐发。浮士德的全部努力，"从个人的解放而到乌托邦式的填海——使多数人共同得到解放，而结果仍为封建残余的势力所吹盲而倒地而升天。这倒的的确确是悲剧"④。但郭沫若又进一步把这一悲剧"同时代化"，使之成为中国革命的寓意：

> 这种的自我中心主义正是资本主义的核心。由封建社会到资本制度的一种进步，由奴性的皈依到自我中心主义不用说也是一种进步。但"浮士德"的中心思想并没有停留在这一阶段，而是比这更前进了。虽然是出于幻想，但浮士德却满意于"为几百万人开拓出疆土"，"愿意看见这样熙熙攘攘的人群，在自由的土地上住着自由的国民"。这是由自我中心主义发展而为人民本位主义，这一发展是一个超时代的飞跃，浮士德——歌德虽然并没有完成，但他是心向往之的。……因此，整部"浮士德"的悲剧的发展，我们可以说，也就是向着人民意识觉醒的一个自然发展。⑤

在这一阐释之下，整部《浮士德》成了从五四新文化运动到人民解放战争的"新民主主义革命"历史进程的对应物。其中，浮士德代表进步的资产阶级个人和"五四"式的个性解放，而梅菲斯特则是自我中心主义的消极力量的化身。最重要的当然是这里的"人民"概念和"人民本位主义"。浮士德最后的功业不再是资本主义式的改造自然，而是"人民"的事业。郭沫若所谓的《浮士德》中"时代精神"的"寓意"最终指向的是"人民民主"："在

---

① Moretti, *Modern Epic: The World-System from Goethe to García Márquez*, trans.Quintin Hoare, London: Verso, 1996, p.43.
② 郭沫若：《南京印象》，载《郭沫若全集·文学编》第14卷，人民文学出版社1992年版，第533页。
③ 郭沫若：《创造十年》，载《郭沫若全集·文学编》第12卷，人民文学出版社1992年版，第75页。
④ 郭沫若：《第二部译后记》，载［德］歌德《浮士德》，郭沫若译，人民文学出版社1978年版，第386页。
⑤ 郭沫若：《"浮士德"简论》，载［德］歌德《浮士德》，郭沫若译，人民文学出版社1978年版，第12页。

中国的浮士德，他是永远不会再老，不会盲目，不会死的。他无疑不会满足于填平海边的浅滩，封建诸侯式地去施予民主，而是要全中国成为民主的海洋，真正地由人民来做主。"①所以，最后甘泪卿作为救赎天使的出场，也就代表了尚未实现但正在觉醒的"人民意识"："人民就是新时代的'上帝'。要尊重人民必须忘却自我，这便流而为宽恕，流而为慈爱，流而为清明的自我牺牲。……是不是天界也起了一次不流血的革命呢？由男神中心的宇宙变而为女神中心的宇宙……女性的象征是慈爱宽恕，其极致是民主和平。"在卢卡奇看来，永恒之女性象征了歌德关于"人类不断进步"和"完整的人的和谐发展"②的理想；而对于郭沫若来说，"永恒之女性"以"人民民主"的主题回到了更完成了他早年《女神之再生》的歌德题词。而从《女神》到歌德《浮士德》第二部的翻译，正好大体对应了中国新民主主义革命的三十年进程。《浮士德》译解也是"浮士德式"的译解，发展为一次人民民主的政治理想表征，"时代精神"的寓意由此构造而成。

需要注意到的是，在国际共产主义运动中，卢卡奇一直是人民民主纲领的倡导者③，而追求人民民主正和反对法西斯主义一体两面，是进步文化的统一战线的政治方向。与此相关联，中国共产党在中国革命的实践中产生了"新民主主义"的路线，回答了"中国向何处去"之问。郭沫若的"人民本位主义"或"人民意识"形成于重庆时期，显然也是这一谱系中的重要思想文化果实④。在第二次世界大战后，人民民主成为中国和全世界左翼进步人士的基本旗帜。不过，以往关于郭沫若的"人民本位主义"的讨论中，似乎还不大涉及他的《"浮士德"简论》等歌德译解文字。从歌德中读出从"个人"到"人民"的"飞跃"，这和卢卡奇关于《浮士德》中"个人与人类"辩证法相类似，甚至也足以让人想到冯至关于"个人努力"、"全人类的工作"和"新人典范"的论述。可以说，我们找到了三位阐释者在文化政治上的终极交汇点。但显然，郭沫若的歌德论在其中具有更明确的介入性。

卢卡奇的《歌德及其时代》成书于1947年。而同一年，郭沫若译成《浮士德》第二部并撰写论文。也是在同一年，冯至完成了将收入《歌德论述》（也即后来的《歌德论》上卷）的最后一篇文章。时间在艰难地前进着。卢卡奇已经回到了祖国匈牙利，东欧的人民民主道路正在激烈争辩之中。而中国大地上的解放战争还未到达最后的决战，郭沫若说这是"悲剧

---

① 郭沫若：《第二部译后记》，载［德］歌德《浮士德》，郭沫若译，人民文学出版社1978年版，第386页。
② Lukács, *Goethe and his Age*, trans. Robert Anchor, London: Merlin, p.230.
③ 见杜章智等编译《卢卡奇自传》，社会科学文献出版社1986年版。参见拙著 *The Translatability of Revolution* 第五章。
④ 见毛泽东《新民主主义论》，收入《毛泽东选集》第2卷；郭沫若《民主运动中的二三事》，载《郭沫若全集·文学编》第20卷，人民文学出版社1992年版，第182—193页。关于人民本位思想的讨论，见方诗铭、刘修明《民主运动与人民本位思想》；载杨胜宽、蔡震主编《郭沫若研究文献汇要》第9卷，上海书店出版社2012年版，第230—259页。关于郭沫若的"人民"概念和古代史、古代思想的关系，见拙著 *The Translatability of Revolution* 第五章，以及《孔夫子与"人民"：郭沫若与革命儒家的浮沉》（澎湃网·上海书评，2018）。

的时代，然而也正是群神再生的时代：四处都弥漫着飞扬跋扈的旧时代的阴魂，然而四处都闪耀着圣洁五四的新时代的晨星"①。从"女神之再生"到"群神再生"，这"新时代的晨星"和"民主和平"的"永恒之女性"，已近乎一种新民主主义的"精神现象学"（乃至政治神学）。如前述，郭沫若不大可能接触过卢卡奇的歌德论文，而他的歌德"人民意识"论和"中国浮士德"论成为"五四"新文化和人民解放战争之间的象征性中介。其中既包含了对冯至的社会民主式的歌德"新人"观的左翼回应，更是对整个新民主主义革命历程的一次创造性的、乌托邦式的"时代精神"转码。而在人民解放战争胜利之后，冯至也从歌德走向杜甫，在《杜甫传》中以"人民"话语为文化政治指归②。

  从封建到个人主义，从反法西斯斗争到人民民主，郭沫若的翻译阐释使得德意志悲剧的"庞杂性"成为中国革命的"时代精神的发展史"，而所谓的"时代精神"，表征为一个辩证的、悲剧性的交织点，既蕴含着"蜕变艰难"，又投射出历史"晨星"的方位。当歌德成为需要争辩的文化遗产，翻译和阐释是一种"浮士德式"的工作，也是断代、召唤和自我理解，进步的文化政治从中辨认出自身的精神主题。

（原载《中国现代文学研究丛刊》2022年第6期）

---

① 郭沫若：《南京印象》，《郭沫若全集·文学编》第14卷，人民文学出版社1992年版，第533页。
② 冯至：《杜甫传》，人民文学出版社1980年版，第7页。

郭沫若、廖平与古今诗学问题

——从神游经验到文明立法

冯 庆

一 郭沫若是廖平的"再传弟子"吗?

时至今日,探讨现代文学家对古典传统的自觉继承,目的已经不在于丰富文学史的层次与内容,而在于让"文学"的历史功能获得更为宽阔的解释视野。毕竟,没有人会忽视许多现代文学经典名家有着中国传统学问研究者的身份,他们不光是"今"的创作者,也是"古"的重释者。基于古今学术思想变迁的脉络,理解一位大文学家如何把现代审美观念和传统文明意识有机勾连起来,也就成为一项具有挑战性的工作。

有一种观点认为,作为中国白话新诗的奠基人和马克思主义史学的先驱者,郭沫若对中国古代学问的研究,源于探究"另一条"不同于国民党的革命路线的动机,其目的是"揭示出古史编纂学中封建意识的欺骗性",把中国古史纳入世界史范围中。[1]譬如,他于《十批判书》中对儒家的阐释,就吸收了廖平、蒙文通关于"革命儒家"的理念,体现出郭沫若建立与世界文化高度齐平、以人民为本位的新中国文化的心志。

说蒙文通的古学研究具有革命立场,没有什么问题。[2]但通常的学术史中,廖平往往呈现出保守主义者的面目。冯友兰《中国哲学史》的结尾就目之为"经学最后之壁垒"[3]。如果说郭沫若受到廖平影响,那也就意味着,廖平思想并没有人们看上去那么保守。的确,郭沫若的同乡、近代"蜀学"核心人物廖平曾积极参与"保路运动",具有非凡的世界历史意识,曾在《地球新义》中表达过"从儒学的义理出发思考全球政治秩序"的宏伟心志。[4]有人会认为,郭沫若正是从廖平这里获得了"学术承传",不光"一生都异乎寻常地尊孔",还体现出"托古改制""好翻成案""为学多变"的治学风格。[5]

除却其他学术思想上的相似之处,值得文学研究者特别留意的一点是,进入1920年代,在文艺青年郭沫若热情地构建沟通宇宙与个人的泛神论诗学时,身处四川的老经师廖平,则进入其经学思想的"第五变",以《孔经哲学发微》为纲目,区分"人学"和"天学",把

---

[1] 参见梁展《古史与革命——论郭沫若在1927年的"方向转换"》,《山东社会科学》2019年第11期。
[2] 傅正:《古今之变:蜀学今文学与近代革命》,华东师范大学出版社2018年版,第260—264页。
[3] 冯友兰:《中国哲学史》(下),中华书局2014年版,第890页。
[4] 王锐:《"全球大一统之制":〈地球新义〉与廖平的中外形势论》,《浙江学刊》2019年第3期。
[5] 税海模:《郭沫若与中国传统文化》,四川大学出版社1992年版,第163—177页。

《诗经》视为"天学三经"之一，认为其中表达了"知生""知死""知天"的哲学奥义，是"专言梦境"的"神游学"。①用后世学人的话说，廖平此举的目标，是在中国遭遇现代之大变局时，借助《诗经》的文学特质，启发有识之士注意古人透露"性与天道"之微言的诗学或者说性情之学，从而加强对传统天人关系和历史之自然秩序根基的信任。②借此，代表中华文明根脉的经学，在廖平这里并非"终结"，而是再度获得了浓厚的时代意义。③尽管后人会认为，廖平这种"天学"的建构荒诞不经，但如果我们把这种"神游学"理解为一种形而上的哲学体系建构，理解为一种对宇宙人生之整全体验的总结，④那么，也就不难有如下联想：郭沫若在《女神》《星空》等作品中表现出的宇宙论想象和主体热情，会不会正是吸收廖平"神游学"之后转译出来的浪漫化投影？郭沫若会不会正是受到廖平所代表的某种中国传统的直接或潜在的影响，才奠定了现代白话诗的浪漫主义基调？郭沫若是不是廖平引而不发的再传弟子呢？如果是这样，那中国白话新诗的思想意义，可能就应当被放置于更为别样的古今观念脉络中进行重估了。

上述问题的提出，并非出于单纯好奇的心态，而是试图从"古今通变"的角度，深入理解现代中国文学精神的缘起与流变。本文将围绕郭沫若和廖平关于"诗"的理解，逐步探究二者可能的思想亲缘和观念异同。这一系列追问并非出于对两位重要思想家之实在关联的考据式兴趣，而是出于对郭沫若所开启的现代诗学传统之思想史位置的真诚追问。据说，唯有从"传统文化文人的某种心理"出发，方能进一步体味出郭沫若在传统和现代之间暧昧不明的"反常"思维所映射的时代危机。⑤那么，这种"心理"究竟有哪些具体内涵？我们应当依据何种价值观评价这些内涵？这种心理最终应当为时代的危机负责吗？这些问题依然有待审慎回答。

就目前的研究情况来看，认为郭沫若受到廖平直接影响的研究者，会提出以下几方面的依据：

（一）郭、廖为四川乐山同乡，均曾受晚清蜀学风气影响，重视传统经史之学；
（二）廖平和郭沫若的学风相近，都具有标新立异的"革命性"，均崇尚"变"和"通"；
（三）郭早年曾受业于廖平直系门人黄镕（经华）和帅镇（平均）；
（四）郭与廖一样，"至始至终"尊崇孔子；
（五）廖、郭均有浓厚的"才情"（想象力）。⑥

---

① 廖平、黄镕等：《经学六变记》，载舒大刚、杨世文主编《廖平全集》（巴蜀全书版）第2卷，上海古籍出版社2015年版，第573—591页。
② 刘小枫：《共和与经纶》（增订本），华夏出版社2021年版，第272—288页。
③ 冯庆：《廖平的诗经天学与古今文质之辨》，《国际比较文学（中英文）》2019年第3期。
④ 刘小枫：《共和与经纶》（增订本），华夏出版社2021年版，第268—271页。
⑤ 程光炜：《文化的转轨——"鲁郭茅巴老曹"在中国（1949—1981年）》，北京大学出版社2015年版，第151—154、166—170页。
⑥ 曾加荣、黄进：《"时风"与"士风"影响下的廖平与郭沫若》，《郭沫若学刊》2009年第4期。

第一条依据显然过于宽泛，晚清蜀学的地域性影响虽不及江浙和湖湘学术，但有其规模和流变，进而也有着思想派系和"路线"之别，尤其是廖平的学说，实则和蜀地其他学说呈分庭抗礼之势；①说郭、廖均从属于一个大而无当的"蜀学"谱系，等于什么都没说。

第二条依据有一定道理，也会让人认为郭沫若喜欢大做翻案文章，"跟廖平弟子传授的今文经学有很大关系"，②郭沫若"对于传世文献大胆质疑，是"受廖平弟子的启发"；③然而，自乾嘉年间以来，无论古文经学还是今文经学，喜欢"翻案文章"的不在少数，现代西方学术传入后，梁启超、王国维、章太炎、刘师培、鲁迅、陈寅恪……这些成一家之言的学术大师，无一不具有"革命性"，无一不曾对传世文献"大胆质疑"，难道他们都是受廖平及其弟子启发？只能说，近现代学术本身就把"翻案""质疑"视为基本目标，郭沫若的批判性古典研究，也是这一时势大潮中的一朵精彩的浪花。

第三条依据相对更加有说服力。廖平传人帅平均对《王制》和《今文尚书》的教授，曾让小学堂时期的郭沫若"甚感兴趣"，并认为"很艰涩的经学"也因为"微言大义"的视角而显得"有趣"起来，甚至还题诗称颂今文经学：

经传分明杂注疏，外王内圣赖谁传。
微言已绝无踪影，大义犹存在简篇。
不为骊珠混鱼目，何教桀犬吠尧天。
而今云翳驱除尽，皓日当空四璨然。④

入中学后，廖平门人黄经华的《春秋》学，也对郭沫若产生较大影响。郭沫若借此体会到了廖平这一时段的经学思想，并将此概括为"把孔子宗教化的倾向"的"很新鲜的"学说。⑤

这样一来，我们也能理解第四条依据了，晚清语境之下，廖平及其门人对孔子的推崇，不光曾经对康有为的维新变法观和孔教论产生过深远影响，还对好奇趋新的少年郭沫若产生过思想启迪。当然，关于"外王内圣"的传统儒家心性论，并不见得只能在廖平式的今文经学当中见到，而毋宁说代表着中国自古以来围绕"孔子"这一神圣形象而生发的诸多政治哲学努力。问题在于，郭沫若和廖平的孔子观是大致相同，还是大相径庭。

毋庸置疑，郭沫若和廖平都对孔子具有浓烈的感情。廖平在清末撰写过《知圣篇》（1888年），发皇素王孔子著六经立万世法之义；还在民国时期撰写过《孔经哲学发微》（1913年），

---

① 刘复生、徐亮工、王东杰等：《近代蜀学的兴起与演变》，四川大学出版社2017年版，第41—48页。
② 李斌：《女神之光：郭沫若传》，作家出版社2018年版，第16页。
③ 李斌：《流言与真相：革命视野中的郭沫若》，社会科学文献出版社2021年版，第237页。
④ 林甘泉、蔡震主编：《郭沫若年谱长编（1892—1978年）》第1卷，中国社会科学出版社2017年版，第19—20页。
⑤ 林甘泉、蔡震主编：《郭沫若年谱长编（1892—1978年）》第1卷，中国社会科学出版社2017年版，第26页。

把六经之学区分为"人学"(事实之学)和"天学"(思想之学),并认为《诗经》作为"天学",正是孔子"空言垂教"的"哲理"所在。①可见,相比康有为对孔子的宗教领袖化,廖平更为强调孔子作为"内圣外王"思想奠基者的政治哲人一面。

在写于晚年的《十批判书》里,郭沫若则体现出对孔子的"圣化"历史的清醒认识。他虽然赞同廖平、康有为,认为孔子的确"托古改制",以"仁"为本,树立了圣人的理想人格,并配合以六经的教学,建构出一整套"吹进了一番新的精神"的礼法;但也认为孔子不是神秘的教主,而是最早的"人文主义"奠基者,不仅把"天"自然化,还强调人能够"宰制新命"的主观能动性。②这个问题上,廖平的结论与郭沫若貌合神离。在廖平眼中,尽管孔子是"素王",削减"古圣神怪之事",让"天人之交"得以隔绝,但其目的则在于让万民"奉法守文,无俟神奇也"。③换句话说,孔子并不是否认"天"的维度的神圣性,而是认为这种神圣性"不足以与外人道"。

可见,郭沫若和廖平对孔子的态度虽然都表现为"尊崇",但有着动机和理由上的差异。廖平坚持经学的立场,进而坚持对"内圣外王"经验的神圣化理解;郭沫若则把"内圣外王"处理为"人文主义",亦即人之为人的感性和理性潜能。廖平旨在探究"孔经哲学",认为中华文教全系于以孔子为代表的"圣王";郭沫若则要把孔子还原为一个具有七情六欲,同时懂得变通的"人",他的功劳在于通过文化上的实践重构儒学、挽救时弊。④廖平对孔子的兴趣是"上行"的,通向哲学与神学;郭沫若对孔子的兴趣是"下行"的,通向文艺与革命。

这种巨大的古今差异,实则与廖平和郭沫若的个性有关。廖平虽通《诗经》,亦常读古诗文,但"素不为诗",自称"久厌李杜"。⑤相比吟诗作赋,廖平更热衷于经学义理的考据和发明。郭沫若则是天生的诗人与革命者,所以,即便接触过廖平的经学,但在少年时期,除了翻阅过《皇清经解》《史记》外,郭沫若并未对经学的系统研究投入过多努力。

虽然如此,如果我们相信第五条依据,认为郭、廖二人皆具有某种"才情",那么,这种"才情"显然也就只能体现在他们对既有学术传统进行创造性阐释的方面。换句话说,不可以用学术史一般常识的"尺度"或"坐标",来衡量他们之于古今中西思想矩阵的真实位置。廖平的经学未尝不是一种现代性观念的激进表达;带着革命激情的诗性"人文主义",在郭沫若这里,未尝不能具备黏合经典、铸造新传统的功能。因此,若要更为明确地捕捉到郭沫若和廖平之间可能的思想亲缘性,则必须围绕他们关于《诗经》、诗人和诗性体验的学说,进一步体会他们富有创造性的"才情"。

---

① 廖平:《孔经哲学发微》,载舒大刚、杨世文主编《廖平全集》(巴蜀全书版)第2卷,上海古籍出版社2015年版,第660页。

② 郭沫若:《十批判书》,载《郭沫若全集·历史编》第2卷,人民出版社1982年版,第74、87—97、103—107页。

③ 廖平:《知圣篇》,华夏出版社2021年版,第37页。

④ 刘平中:《辨古识今:郭沫若对廖平经学思想的改造与发挥》,《江西社会科学》2019年第12期。

⑤ 见王承军《廖季平先生年谱长编》,中华书局2019年版,第336页。

二 "抒情"与"天学":《诗经》的现代潜能

传统的《诗经》之学,无论其属于哪家哪派,从精神内核来说,显然都以政教伦常为基调,与现代白话新诗的审美主义基调风马牛不相及。但若稍微了解郭沫若的新诗实践之路,便会发现《诗经》对他的重要性。1920年代,郭沫若就在《卷耳集》(1922年)里用白话翻译了四十首《诗经》作品。王璞认为,这体现出了郭沫若让古诗"新化 Modernise"的强烈志趣和古为今用的"抒情史观",同时也能"建立阐释者和古典原著的直接关联",其原因在于"审美或抒情的'直接性'本身就蕴含一种激进的历史想象机能",亦即构想"古今亲和力"的主体体验。①

如果是这样,郭沫若纵然"激进"或"革命",却并未否弃一切传统基因。毋宁说,他对《诗经》的白话重译和研究,与欧洲的文艺复兴或"狂飙突进"一样,带有承古开新、借古维新的动机。这其实也是康有为、廖平一代人重释孔子和六经形象的动机。就此而言,郭沫若的《诗经》翻译学及其在白话新诗创作方面的美学态度,和廖平的《诗经》"天学",在如何重释中国古典文明经验的基本态度上,具备奇妙的一致性。

当然,这种一致性需要在时代背景的映照下,才会凸显出来。在《卷耳集》作为文学创作现象而登场的时代,"整理国故"的疑古史学是中国学术的主要思潮。古史辨派有时会将自身的疑古立场上溯到晚清今文经学,尤其是廖平和康有为。1920年前后,顾颉刚曾多次点读廖平的《知圣篇》;作为廖平门生,吴虞也曾大力推动北京学界对廖平的阅读。②可见,晚清今文经学中的疑古作风,的确足以构成新派学术革新的理论武器之一。然而,这种武器的挪用是选择性的。廖平不光"疑古",还"信古",他对孔子圣人形象的确认,在"打孔家店"的时代,注定遭到嗤笑。因此,也就不难理解钱玄同会提出"超今文"的口号,否认今文经学作为学术的资格③——随着疑古论和"科学方法"的合流,经学本身的神圣意味褪色,其内容则注定"史学化"。在对待《周官》这类书时,古史辨派不光通过视其为"伪书"而否定其经典价值,甚至还否定其史料价值;相较之下,在廖平为捍卫六经整全意义而发明新说的经学立场和古史辨派拆解经典的史学立场之间,郭沫若、钱穆等对传统存有一定敬意的学人,则会持守一种中道的"实事求是"立场。④

郭沫若对今文经学,尤其是今文《诗经》学有一定的熟悉度。譬如,郭沫若曾沿着太史公(一般被理解为今文家)的记述,用今文三家诗中的鲁诗之说,认定《商颂》为宋襄公时期大夫正考父所作,又以《后汉书》所引的今文三家诗中的韩诗之说为据,指出正考父乃"孔子之先",应当作为"一位有名的诗人而叙述"。⑤这一考据的理路,充分展示出他对今文诗经学传

---

① 王璞:《郭沫若与古诗今译的革命系谱》,《文学评论》2016年第3期。
② 张凯:《经今古文之争与近代学术嬗变》,四川人民出版社2020年版,第266页。
③ 张凯:《经今古文之争与近代学术嬗变》,四川人民出版社2020年版,第286—287页。
④ 傅正:《古今之变:蜀学今文学与近代革命》,华东师范大学出版社2018年版,第211—213页。
⑤ 郭沫若:《青铜时代》,载《郭沫若全集·历史编》第1卷,人民出版社1982年版,第446—447页。又参见郭沫若《读随园诗话札记》,载《郭沫若全集·文学编》第16卷,人民文学出版社1989年版,第330—332页。

统的接受，但更体现出他对"诗"之为"诗"的精神旨趣的重视。可以说，郭沫若借助今文经学来做的事情，并非解构性的"疑古"考据，而是确保传统不断成为新颖学术创见的源头活水。

在"六经皆史"的观念影响下，文学研究会的成员把经典文本《诗经》《楚辞》都视为史料进行考订。而作为文学研究会的论争对手，创造社的奠基人郭沫若曾在《卷耳集》的开端处放言，就是孔子再生，也要说"启予者沫若也"——对他来说，沉浸于"旧纸堆"的古文今译，旨在凸显自己对"诗海"的"直观"，以求让生命得以"充实"，从而让"自由"且"优美"的民族重返新生。①正如吴寒所说，郭沫若引用的是《论语》中孔子"启予者商也，始可与言诗已矣"的典故，借此，郭沫若旨在"彰显自己对诗义的巧妙发明"，以求和文学研究会"破旧立新"思维下的"整理国故"道路划清界限，通过追求"醇"和"真"的审美体验，以古代经典的"青春化和原始化"，来重启"超时空的人类共通感"。②

人们会说，这是郭沫若"纯文学"审美立场的集中表达。但从另一个角度看，我们也可以认为，《诗经》在作为审美体验而获得全新合法性之后，其在政治生活方面的思想启迪意义，也随之得到了保留。在这个层面，郭沫若对《诗经》的美学解读，和廖平对《诗经》的创造性经学解读，其实有相似的问题意识，那就是让古代的某些重要的思维方式得以在风雨飘摇的现代中国延续下去，发挥其本应发挥的作用。他们都和极端疑古论保持距离，认为古典之"经"不是纯然的事实性素材，还应该提供关于人世生活的价值层面的深刻启发。要获得这种深刻启发，需要深入经典文本，进行富有活力的阅读、阐释和教学。

进而，郭沫若和廖平又有了一个新的共同点，即强调"思"之于"史"的更高的地位。换句话说，他们都和古希腊哲人亚里士多德心照冥合，认为"诗人之功不在于讲述已然发生者，而在于讲述可能会发生者……诗比之史述更具哲学性、更高尚，因为诗更多讲述普遍之事，而史述更多讲述个别之事"③。如果说郭沫若算得上廖平的再传弟子，那么其依据除了对孔子的崇尚之外，也体现在二人共同相信诗性之思对政治生活的指导和启发意义的层面。

和郭沫若的态度类似，廖平也不愿意看到《诗经》在"史学化"热潮的灼烧中化为支离破碎的意义残骸，进而多次表达了对"过度考据"的担忧。譬如，他曾以汉人的诗序之学为例指出，若是对《诗经》文本进行过度的"本事考"，借助其他文献中的历史素材来考据、落实《诗经》中每首作品的作者、故事和美刺深意，其实会让经典文本失去思想的活力：

> 言《诗》者皆以《序》蔽《诗》，不求其端，不循其末……孔子所传，子夏所授，先师所习，皆在义例而不在时事。末流弟子，因属空文，难于征实，兴会所至，偶以事实托之，各随所见，故彼此不同……复《诗》为大经，孔子立教，于此经尤详……考以事说《诗》，为末流之晚说，古法实不如此。④

---

① 郭沫若：《卷耳集·序》，载《郭沫若全集·文学编》第5卷，人民文学出版社1984年版，第157—158页。
② 吴寒：《〈卷耳集〉之争与古代文学研究机制的生成》，《文学理论与批评》2022年第2期。
③ [古希腊]亚里士多德：《诗术》，载陈明珠《〈诗术〉译笺与通绎》，华夏出版社2020年版，第80页。
④ 廖平：《论〈诗序〉》，载《四益馆杂著》，华东师范大学出版社2020年版，第65—67页。

廖平的逻辑是，唯有明确《诗经》作为孔子所立的教化之法的地位，明确其文本间共同体现的圣人著述的"义例"[①]，我们才能认为其中有着需要后世之人不断学习、借鉴的重要经验，进而信服其可以在"百世之下，时会一至"的未来某刻[②]，带来稳定的人间教化秩序。正是在作为圣人未来立教心法的"天学"层面，廖平相信，《诗经》的思想价值完全不亚于西方现代的哲学精神，这是因为,《诗经》的本质在于"言为诗，诗为志，'志'字经文或作'思'，所谓'思无邪'、'无思不服'也……大抵西人所谓哲学思想家，其本源即为天学之《诗》教"[③]。廖平的《诗经》"天学"，就是跟随孔子的诗学编纂"义例"，把握其运思，从而提升经典解读者之思考境界，此之谓"内圣"；同时，经历了这番对"神游"的思维训练，读书人将逐渐懂得如何"推明世界进退大例"[④]，寻找大同良方，此之谓"外王"。在危机四伏的清末民初，廖平相信这种"天学"的构建，能让有志之士本乎自身文明的思想储备，树立从容走向世界的政治自信。[⑤]

在其生命的后半段，彻底接受马克思主义立场的郭沫若应该不会相信，凭靠这种"天学"中预设的传统圣人智慧和宇宙秩序，就可以为人间秩序的确立指明方向。但他相信，作为文学文本而体现出"超时空的人类共通感"的《诗经》，的确具有一种服务于人间秩序营造的政治潜能。这种潜能体现在人和人彼此的情感共鸣当中。对郭沫若来说，诗歌创作意味着对自然之整全真理的不断探索，同时也是表现自我的抒情——唯有"体相一如"的情绪的自然流露，才是"真诗好诗"。[⑥]在对古典文本的阅读中提升对"真"的审美体悟，同样也能启发众人去展开全新的探究和思考，这就是《女神》序诗所表达的那种审美启蒙的诗性力量："你去，去寻那与我的振动数相同的人；你去，去寻那与我的燃烧点相等的人……把他们的心弦拨动，把他们的智光点燃吧！"[⑦]

这样看，我们关于郭沫若和廖平之间是否具有思想传承性的追问，似乎可以打住。郭沫若算不上廖平在经学上的直系传人，但他们同作为朝向整全真理进行诗性探索的"思"者，

[①] 即孔子创作、编撰《诗经》时谋篇布局的基本规律。"义例"之说源自《春秋》学，廖平将其挪用于对《诗经》的解释，让孔子对"六合以内"（中国）的立法推广为"六合以外"（全球）的立法，"使人了解孔学并未逊色于西学，而且还有更殊胜于西方者"。魏莹：《经典秩序的重构：廖平的世界观与经学之路》，台北联经出版公司2018年版，第314—316页。

[②] 廖平：《续论〈诗序〉》，载《四益馆杂著》，华东师范大学出版社2020年版，第73页。

[③] 廖平：《天人论》，载《四益馆杂著》，华东师范大学出版社2020年版，第144页。

[④] 廖平：《四益诗说》，载《诗说》，华东师范大学出版社2017年版，第4页。

[⑤] 当然，廖平对西方现代形而上学及其历史哲学伴生品的了解有其时代局限性，这也使他对"圣人之思"的开掘显得说服力不够，无法对抗来自西方现代精神的责难。这也意味着，后世学人即便秉持廖平的立场，试图捍卫中国文明的卓越性，也需要再进一步加深对西方现代思想的全面理解。见刘小枫《海德格尔与中国》，华东师范大学出版社2017年版，第99—107页。

[⑥] 郭沫若、田汉、宗白华：《三叶集》，载《郭沫若全集·文学编》第15卷，人民文学出版社1990年版，第46—48页。

[⑦] 郭沫若：《女神·序诗》，载《郭沫若全集·文学编》第1卷，人民文学出版社1982年版，第3页。

自然都会赞成《诗纬》中的古老定义：

> 诗者，天文之精，星辰之度，人心之操也。在事为诗，未发为谋。恬淡为心，思虑为志，故诗之为言志也。①

然而，另一个问题必然会随之涌现：如果认为郭沫若和廖平二人可以在"诗—思"的层面达成内在性情的冥合，那么，又该如何理解郭沫若所开启的现代审美—革命论，和廖平所缔造的"孔经哲学"在内核和风格上的大相径庭？是什么样的思想和时势差异，使得郭沫若必然不会选择廖平的道路？要回答这些问题，我们必须从诗性的沉思维度，转向二人关于现实政治生活的思考。

三 泛神论经验与"天才孔子"

在廖平那里，"神游学"实则对应着与老庄、宋学非常类似的"内学"，即圣人的格物致知之学；相比起宋明理学，"神游学"虽然也重视思辨玄理，但有着"实行"的基础："盖圣学由人而天，必先行而后知也。"——没有"人学"作为根底，"天学"无从展开。②"人学"即以《春秋》《尚书》《仪礼》为代表的政治制度与历史之学，在其中，人性的高低善恶随着圣人的微言大义对不同的人表征出不同的教育意义。对这些政治生活现象的沉思和创造性分析，就是"天学"亦即"神游学"的开端。所谓"天学"，并不是神秘的"内学"，而是对人间乃至宇宙自然万物之情性本质的一种观察和反思之学。

那郭沫若会对"思"和"行"持类似的看法吗？至少，他的确认为，孔子的个性是"凡事想脚踏实地去做"，通过祖述尧舜来确立政治理想，以"否认地上的王权"，这就是孔子所顺应的革命的必然性。③此外，他也强调，孔子从老子那里学到，应当让神秘的宗教之"天"化为本体论的"天道"，所谓的"天"就是"自然"，"命"就是必然性，因此，孔子和老子都可以说是某种"泛神论"（Pantheism），也可以说是"无神论"。④看来，在郭沫若这里，和传统宇宙论紧密绑定的"天学"或许没什么魅力——廖平的学说依然在神秘的宗教之"天"和敞明的自然之"天"间暧昧不明。郭沫若本人持守的处理自然之"思"（观察和求知）与人文之"诗"（创作和实践）的心法，则是十分明确的"泛神论"或者说"无神论"。

在《我的作诗的经过》中，郭沫若坦言，《庄子》、阳明学、泰戈尔、海涅、斯宾诺莎、歌德、惠特曼、瓦格纳……都曾经刺激过他的诗人之心。⑤看起来，他的泛神论经验既和中

---

① 廖平：《〈诗纬〉搜遗》，载《诗说》，华东师范大学出版社2017年版，第32—33页。
② 廖平：《经学六变记》，载舒大刚、杨世文主编：《廖平全集》（巴蜀全书版）第2卷，上海古籍出版社2015年版，第577页。
③ 郭沫若：《十批判书》，载《郭沫若全集·历史编》第2卷，人民出版社1982年版，第100—107页。
④ 郭沫若：《青铜时代》，载《郭沫若全集·历史编》第1卷，人民出版社1982年版，第356—359页。
⑤ 郭沫若：《集外》，载《郭沫若全集·文学编》第16卷，人民文学出版社1989年版，第212—216页。

国的圣人体道立法经验有关，也和西方浪漫精神有关。长期以来对国运和个人婚姻、前途的忧患意识，使在日本留学的郭沫若一度得了神经衰弱症，悲观厌世，因而诉诸阳明学的静坐法，借此"彻悟了一个奇异的世界"，感觉自己进入了"道""化"当中，进入了老庄哲学、孔门哲学、印度哲学乃至欧洲唯心论与斯宾诺莎的形而上学的境界，他将此称为"内圣外王一体，上天下地同流"①。这就是郭沫若的"泛神论经验"。

在《三叶集》中，宗白华盛赞郭沫若"有 Lyrical 的天才"，若能"多与自然和哲理接近"，不断研究"古昔天才诗中的自然音节，自然形式"，就能养成完满高尚的"诗人人格"，完满"诗的构造"，成为中国新文化的"真诗人"。②新文学史会告诉我们，在"诗的构造"方面，郭沫若成就斐然，配得上"开一代诗风"③的历史评价。那么，这是否因为青年诗人郭沫若听从了宗白华的建议，并在"古昔天才"那里获得了诗学的启迪呢？

在给宗白华的回信中，郭沫若承认，自己渴望朝着"诗人人格"努力，但途径更应该是探究天才之诗的内在本质，亦即"心中"的"纯真"：

> 我想我们的诗只要是我们心中的诗意诗境底纯真的表现，命泉中流出来的 Strain，心琴上弹出来的 Melody，生底颤动，灵底喊叫；那便是真诗，好诗……我每逢着这样的诗，无论是新体的或旧体的，今人的或古人的，我国的或外国的，我总恨不得连书带纸地把他吞了下去，我总恨不得连筋带骨地把他融了下去。④

不难看出，比起敬奉一切"古昔天才"为典范，郭沫若更愿意相信，天才之诗的本质，在于其超越时空的内在层面的普遍性：一个内在的、纯真的"我"，能够消化一切无分古今中西的诗学资源，从中获得创作灵感。在郭沫若看来，这种天才的典范，与其说是"直线形"发展的专业艺术家和哲学家，毋宁说是"球形"发展的全能人物，其代表当属孔子和歌德。孔子通过对《诗》《书》《春秋》的删削，确立了中国文明的"系统的存在"，体现出"绝伦的精力，审美的情操，艺术批评底妙腕"；歌德则"博学而无所成名"，是德国文化的"大支柱"和"近代文艺的先河"。⑤

郭沫若将两位天才视为终生崇敬的偶像，认为"他们的灵肉两方都发展到了完满的地位"，是诗人与哲学家相结合的"至人"，"以宇宙全体为对象，以透视万事万物底核心为天

---

① 林甘泉、蔡震主编：《郭沫若年谱长编（1892—1978年）》第1卷，中国社会科学出版社2017年版，第80页。
② 郭沫若、田汉、宗白华：《三叶集》，载《郭沫若全集·文学编》第15卷，人民文学出版社1990年版，第10页。
③ 邓小平：《在郭沫若同志追悼会上的悼词》，《人民日报》1978年6月19日。
④ 郭沫若、田汉、宗白华：《三叶集》，载《郭沫若全集·文学编》第15卷，人民文学出版社1990年版，第13—14页。
⑤ 郭沫若、田汉、宗白华：《三叶集》，载《郭沫若全集·文学编》第15卷，人民文学出版社1990年版，第19—21页。

职",把泛神论发挥到极致,把宇宙视为有生命的有机体,让自身的人生观与宇宙观合而为一。[①]明眼人会马上辨认出,这种泛神论的天才论,源于近代欧洲的"浪漫精神"。[②]在赫尔德和歌德等人的影响下,浪漫主义者"将宇宙解释为不断生成涌现的力量浪潮,将人视为对这种浪潮中蕴藏的种种信息的感性接受者和翻译者。人认识自然的过程也就是认识自己、重新创造自己的过程"[③]。经由歌德的启发,郭沫若接受了现代自然科学所缔造的流动不居的有机宇宙论,还全面接受了浪漫主义的内在抒情主体性。通过衔接二者,一种揭示自然与自我之和合感应的泛神论天才观随即构成其诗学思想的基本调性。超凡脱俗的诗人天才通过面向自然的知识学习和无限感受,获得内在的审美经验,拓展自我的心灵广度和深度,并抒发为崇高优美的艺术作品。根据这一标准,郭沫若会认为李白也是一位"泛神论"的诗人:

> 你看他这诗颇含些科学的精神:他虽不知地球绕日,他却想象到地是圆的;他不相信神话传说,他只皈依自然。我尤爱他最后一句,你看是不是"我与天地并生,与万物为一"、"Substantia Sive deus sive natura"呢(本体即神,神即万汇)?[④]

当然,指认郭沫若是西方泛神论审美体验的中国代言人,这是老生常谈,没有什么新意。朱自清在《中国新文学大系·诗集》的"导言"里就已经说过,郭沫若的"泛神论"所代表的"20世纪的动的和反抗的精神"是中国传统里没有的,这是因为中国人"不懂得理会"自然,也不摸索"人生根本问题"。[⑤]问题在于,一般人不免会问:难道在所谓"自然"和"自我"之间建立关系的"泛神论",不就是中国传统中广泛存在的以"天人合一"为名的那种审美经验吗?中国人何尝不理会自然,又何尝不思考人生根本问题?为何要等到西方"浪漫精神"传入,我们才觉得这类精神得到全面的揭示?

其实,朱自清想说的是,唯有"泛神论"能够在审美的名义下,启发出一种观察并改造客观自然界的现代科学精神。在晚清以前,中国没有现代科学精神,自然没有泛神论及其相伴的"动"和"反抗"。当然,郭沫若本人,包括启发他的宗白华和他们共同的灵感来源王国维,都不会同意朱自清的判断。早在晚清时期,王国维就认为,作为美育家的孔子,正是一位与德意志浪漫精神冥冥相契的"泛神论者":

[①] 郭沫若、田汉、宗白华:《三叶集》,载《郭沫若全集·文学编》第15卷,人民文学出版社1990年版,第22—23页。

[②] 对西方浪漫主义美学"泛神论"特质的系统分析,参见[美]弗雷德里克·拜泽尔《浪漫的律令——早期德国浪漫主义观念》,黄江译,华夏出版社2019年版,第92—97页;对这种泛神论在郭沫若审美思想中的作用的分析,参见税海模《郭沫若泛神论本质上是美学》,《贵州社会科学》2002年第1期。

[③] 冯庆:《抒情植物学:从卢梭、歌德到浪漫主义》,《读书》2018年第9期。

[④] 郭沫若、田汉、宗白华:《三叶集》,载《郭沫若全集·文学编》第15卷,人民文学出版社1990年版,第26页。

[⑤] 朱自清:《〈诗集〉导言》,载刘运峰编《中国新文学大系导言集》,天津人民出版社2009年版,第149页。

且孔子之教人，于《诗》、乐外，尤使人玩天然之美。故习礼于树下，言志于农山，游于舞雩，叹于川上，使门弟子言志，独与曾点……之人也，之境也，固将磅礴万物以为一，我即宇宙，宇宙即我也。光风霁月不足以喻其明，泰山华岳不足以语其高，南溟渤澥不足以比其大。邵子所谓"反观"者非欤？叔本华所谓"无欲之我"、希尔列尔所谓"美丽之心"者非欤？[1]

这里的"希尔列尔"即德意志美育精神的集大成者席勒。王国维把孔子的审美境界等同于席勒的"美丽之心"，实则是想论证：（一）"自我"与"自然"同而合一的泛神论体验，就是中国传统审美体验的实质；（二）在这种体验当中，有着"反观"的哲学趣味，进而也就有着格物致知的潜能，能让人客观认识世界，借此从容化解内心和外物之间的张力。

进而，作为审美经验的泛神论体验，实则旨在刻意勾连审美和科学认识，让二者在类比的意义上彼此生发。在《人间词话》里，王国维曾以辛弃疾为例，指出"豪杰之士"（诗词天才）在创作时会表现出类似"科学"的思维潜能："词人想象，直悟月轮绕地之理，与科学家密合，可谓神悟。"[2]这岂不与郭沫若对李白的评价一模一样？作为郭沫若的思想启发者，宗白华也曾进行过这类比附。譬如，他曾将古人郭熙关于山水画的"三远"理论称作"趋向着音乐境界，渗透了时间节奏"的"动力学"艺术空间。[3]我们不禁会想：这看上去像是用西方现代科学在阐释传统文艺经验，但也可以被理解为一种顺势而为的话语实践，其目标是让传统中那些引而不发的"格物致知"经验获得现代中国人的重视——尽管它们在现代科学认识论面前，只能降格为审美论。

无论如何，以王国维、宗白华为代表的中国现代美学，并不会把中国传统理解为彻底的"静"的文明，而是更愿意把传统的天人关系阐释为泛神论的审美经验，以此证明中国人面对宇宙自然时可以做到"气韵生动"。如果中国的文艺经验含蓄地表达着"理解自然"和"提升自我"两种精神现象的交汇上升，那么"科学"也就本存在于中国的艺术文化传统之中，中华文明与现代性之间，也就不至于因为对"理"的理解不同而势如冰炭。[4]

所以，也不难理解郭沫若的《女神》里何以充满了大量现代科学术语[5]，也不难理解他何以要把孔子这样的文明奠基者解释为泛神论者。在晚年，郭沫若曾凭借雄蜂并不采蜜的生物学常识，批评古人朱文虎诗句"雌蝶雄蜂次第来"是"闹笑话"，并以孔子的"不知为不

---

[1] 王国维：《孔子之美育主义》，载谢维扬、房鑫亮主编《王国维全集》第14卷，浙江教育出版社、广东教育出版社2009年版，第17—18页。

[2] 邓菀莛撰述、施议对审订：《百家点评人间词话》，上海古籍出版社2017年版，第181页。

[3] 宗白华：《美学散步》，上海人民出版社2020年版，第109页。

[4] 参见汪晖《现代中国思想的兴起》上卷第一部"理与物"，生活·读书·新知三联书店2015年版，第47—70页。

[5] 参见文贵良《新名词、科学思维与白话新诗——以〈天狗〉为中心论郭沫若的白话诗学》，《南方文坛》2019年第3期。

知"和《诗经》的"谁知乌之雌雄"等句为正面楷模,认为"以前的读书人尊孔、尊经,可惜就没有学到这些老老实实的地方"。①这么看来,作为"天才诗人",孔子的实事求是精神和现代科学精神可谓冥冥相合。

事实上,这种对历史传统尤其是文艺传统的创造性解释,本就是欧洲自身在现代性变革中涌现的重要策略。浪漫主义美学对近代宇宙认识论特别是斯宾诺莎主义的态度,就是让科学认识论披上文艺的外衣,以求获得更加广泛的普及。浪漫的斯宾诺莎主义者们的"泛神论",实则是现代科学启蒙精神披上文艺和信仰外衣以求嵌入民众社会的一种奇特的思想现象②:"神"变成了自然实体的全体性质,对作为"一"的"神"的理性认识,等同于对作为"多"的万物的感性认识。对这种"一即万物"(hen kai pan)的认识经验的诗化表达,意味着对"神"的充分领受,进而让诗人主体成为世界的中心。③可以说,在德意志浪漫精神的视域里,"科学"和"艺术"是同一个认识活动的不同方面。谢林曾指出,艺术让"主观东西重新走向客观东西",而哲学则意味着"客观东西不断被纳入主观东西之内";而一种"绝对的艺术观"在对待艺术形式之时,同样也"以科学的方式",从"最基本的原理出发",认识实在世界;艺术的哲学进而意味着让"和自然界一样在自身之内达到完满的世界建构起来",并"以一种形象生动的方式亲自显现出来"。④施勒格尔也认为:"……哲学之路只有经过艺术才能达到科学,反过来,就像诗人只有穿过科学才成为艺术家。"⑤这里的"科学",就是天才凭借自身的爱欲和感性的升华,以把握万物之整全性真理的认识过程。⑥和谢林、施勒格尔同时代的康德、席勒、黑格尔们,也或多或少表达过类似的观点。通过化用这些"浪漫精神",王国维、宗白华和郭沫若试图证明中国文艺传统中包孕着诗与科学交织共生的潜能。中国传统诗学也能顺理成章地获得进入"现代"以培育未来公民的美育资格。

四 从泛神论经验到文明立法

当然,即便的确受到德意志浪漫精神的启发,郭沫若关于诗人天才总括"自然"与"自我"的思想,却不仅仅是西方学说的单向度移植,而毋宁说更有可能源自我们已经讨论过的传统经学和文学中的"天人学"。⑦乍看之下,廖平式的"神游学"和郭沫若式的"泛神论"

---

① 郭沫若:《读随园诗话札记》,载《郭沫若全集·文学编》第16卷,人民文学出版社1989年版,第390页。
② 比如,创作过《泛神论要义》的启蒙知识人托兰德深受斯宾诺莎的影响,试图把启蒙的科学精神贯彻到对神学经典的颠覆性解读当中。参见刘小枫编《托兰德与激进启蒙》,冯庆等译,华夏出版社2015年版,第205—212页。又参见刘小枫《双重写作与启蒙——施特劳斯与托兰德问题》,载《施特劳斯的路标》,华夏出版社2020年版,第293—310页。
③ 冯庆:《赫尔德感性学的启蒙哲学—神学起源》,《文学研究》2018年第2期。
④ [德]谢林:《艺术哲学》,先刚译,北京大学出版社2021年版,第11—15页。
⑤ [德]施勒格尔:《断片集》,载刘小枫编《浪漫派风格——施勒格尔批评文集》,李伯杰译,华夏出版社2005年版,第88页。
⑥ 参见刘小枫《诗化哲学》,华东师范大学出版社2011年版,第75—84页。
⑦ 参见陈俐《天人学与泛神诗学:地域传承中的生态文化观》,《郭沫若学刊》2013年第3期。

具有显著的相似性。但正如我们已经分析过的,"神游学"指向的作为神圣立法者的孔子,和"泛神论"所指向的作为人文主义者的孔子,显然不是一回事。早在晚清,就有人因为把孔子视为天道与人事之神秘中介者,而被王国维指责为"大有泛神论之臭味",是一种开历史"倒车"的"迷信",这个人就是康有为。①康氏自身具有相当程度的沟通"天"(自然)、"人"(政治)的灵修体验,"在德行工夫上追随宋明儒而在义理解释上又认同汉儒",打造出以超越心性映照政治秩序的"性灵儒学"。②这种学说在义理上显然禁不起近代西方批判哲学的检讨,也因此会受到深受康德式批判精神影响的王国维的怀疑。

但正如我们已经看到的,王国维并未彻底抛弃"孔子"这一重要的人格符号。在《孔子之美育主义》中,通过剥离康有为附着在孔子身上的宗教及政治的"臭味",王国维让沟通天人的神圣教主蜕变成了通过审美感性激发自由思想的人文教育家。③尽管同样让孔子呈现出"泛神论"的面貌,王国维强调的并非"孔教"的政治性可能,而是一种非政治的、纯然心性论层面的审美文化修养。比起康有为式的政治泛神论,这种审美的泛神论只有"内圣",而无"外王"。或许,这是因为王国维已经认识到,在启蒙精神伴随着西方现代科学认识论普及全球的时代,即便一颗伟大心灵经历过神圣的天人交感体验,也不足以让他充分见识到在现实世界中重建政治秩序。进而,兼顾儒道的"内圣外王"境界,不可能再是国民教育乃至人类教育的最高理想;教育,尤其是美育,应该更为重视全体人民的心灵安定。区分"圣人"和常人,这无法做到,也没有任何现实政治意义;④相应地,古典的诗教与文章,也就应当随之变革为作为"游戏的事业"的文学,成为常人生活偶然的"发泄"或者说"解脱"途径。⑤"以美育代宗教"的理念在此已经初露端倪。

比起无法舍弃"圣王"理想的廖平,郭沫若显然更多延续了王国维的这一路线。他关于"天才孔子"的观念,可以说呈现为两个传统的自然延伸:一是西方浪漫主义的传统;二是从王国维到宗白华的化用西方美学阐释中国传统文艺精神的中国现代美学传统。但不同于王国维的地方在于,相比起纯然审美的"游戏"或"解脱"功能,郭沫若尤其强调"天才"积极实践、改造世界的特质。对他来说,泛神论的引入,能够带来"自我的扩张与主体一往无前的意志,奋进的意志导向行动主义的人生哲学",进而,"浪漫主义的意志被收束在事功或经世致用的政治目标之下"。⑥这是因为,王国维的观念来源是作为纯然哲人的叔本华和康

---

① 王国维:《论近年之学术界》,载谢维扬、房鑫亮主编《王国维全集》第1卷,浙江教育出版社、广东教育出版社2009年版,第122页。
② 唐文明:《敷教在宽:康有为孔教思想申论》,中国人民大学出版社2012年版,第36—53页。
③ 参见冯庆《从"古雅"到"美丽之心"——王国维学术转向的审美启蒙旨趣》,《文艺研究》2021年第1期。
④ 王国维:《论性》,载谢维扬、房鑫亮主编《王国维全集》第1卷,浙江教育出版社、广东教育出版社2009年版,第8页。
⑤ 王国维:《文学小言》,载谢维扬、房鑫亮主编《王国维全集》第14卷,浙江教育出版社、广东教育出版社2009年版,第92页。
⑥ 尚晓岚:《从宇宙更新到政治革命:郭沫若基于泛神论的思想转向——一种思想史的考察》,《中国现代文学研究丛刊》2021年第6期。

德。而郭沫若则更多受益于歌德"人生艺术化"的理念："对于歌德来说，艺术和人生，审美的世界与实际的生活是无法剥离的……浮士德精神就是这样的将艺术的人生与人生的艺术有机地结合了起来……"①

这样看来，被郭沫若奉为楷模的歌德这类"球形"天才，正是舍勒曾经归纳过的那类伟大艺术家：人们能够从其作品中"瞥见一个'世界'之整体"，亦即"更高的目的"；这种艺术家的创作经验具有普世的"经典性"，这种经典性"独立于其形体的、社会的和历史的环境"；天才的根本特质，在于"对世界的精神之爱的积极行为"，通过这种欢乐的态度，他能够创建新的价值，让生存局限性所带来的恐惧感获得解脱——这就是"文明精神"的起源。②诗性自由创造的"制作"义，和基于自然生活处境而树立民族文化风尚之"立法"义，正是在歌德这样的天才那里实现了统一。这种泛神论的诗歌天才，实际上就是现代民族国家公民意识的审美启蒙者，同时也是为世界文明史提供丰沛精神滋养的伟大立法者。他们的生活实践，就是文明法度的来源。

明确了郭沫若的天才观后，我们不免会推测，既然歌德作为"球形"天才，能够用艺术为人生立法，那么郭沫若也会把孔子这类"球形"的圣人，和后世的伟大中国诗人们，都视为用艺术创建人生价值尺度的文明立法者。这种天才是人类文明史的中流砥柱，自然也代表着中国的文明史高度，及其融入现代秩序的可能性。和廖平设想的"圣人"相同的地方在于，"球形"天才具有显著的智识与文化高度；但不同于廖平对"天学"中包含的传统宇宙论的哲学重释，郭沫若让"天才"的主要特质体现为诗性的创造力和想象力，换句话说，相比对传统秩序的继承和维持，对当下秩序的不断演进中的"创造"，才是"天才"进行文明立法的核心工作。

在《中华文化之传统精神》里，郭沫若在把孔子视为"泛神论者"的同时，又说他和斯宾诺莎的泛神论"异趣"，原因在于孔子基于《易》的原理，主张"本体含有一切，在不断地进化着"，这种"很美的"思想让孔子自身的体魄与精神得以圆满，并"高唱精神之独立自主与人格之自律"，在"仁者不忧"的意义上，"凝视着永恒的真理之光，精进不断"，不光净化、充实、表现自身，还能够作为当代人的示范，提供"努力四海同胞与世界国家之实现的我们这种二而一的中国固有的传统精神"。③孔子在郭沫若的笔下，从发明神圣经典秩序的"教主"，转变为观察、探究、顺应世界历史规律的智者，进而成为创作新秩序的"诗人"。尽管同样是自然与人事二维的贯通者，孔子所立的文明法度，不再是三纲五常的儒家政治伦理，而是变易、进化、革命的实践原则。

在《论中德文化书——致宗白华兄》中，郭沫若将上述观点推而广之，认为上古圣王伏羲观物取象的立法行为可以和希腊自然哲学的文明史意义相媲美；借助圣王经验紧密勾连自

---

① 张辉：《审美现代性批判》，北京大学出版社1999年版，第122—123页。
② 舍勒：《楷模与领袖》，载刘小枫编《世界观与政治领袖》，曹卫东等译，北京师范大学出版社2014年版，第118—122、143—144页。
③ 郭沫若：《中华文化之传统精神》，载《郭沫若全集·历史编》第3卷，人民出版社1984年版，第258—262页。

然和人事的中国文明特质，不是纯然的"死静"，而是与现代精神相亲和的"活静"；他还特地强调，作为上古人民观察自然的经验再现，《诗经》中包含着极其丰富的关于鸟兽草木和星座天象的"智识"；孔子的教诲不是德国人肤浅所言的"以家庭为本位"，而是"以个人为本位"，以求让人人成为"俯仰无愧的圣贤"，即"博施于民而能济众"。①

显然，和廖平强调《诗经》作为"思"的开启法门类似，郭沫若认为孔子诗学中"多识于鸟兽草木之名"的"智识"教育即"思"的开端。但不同于廖平将"思"视为未来之学的态度，郭沫若更愿意强调，《诗经》亟待获得现代白话的转译，使得其中的智识经验转化为现代人民教育的辅助工具。也就是说，古典经学中值得被现代中国吸收借鉴的教育内容，也应由传统政教伦理转向直面万物的自然知识教育和随之而来的审美心性修养。由于审美经验普遍存在于每个人的生活当中，那么，孔子"个人本位"的自然观物视角和与之相伴的审美心胸，何尝不能普及开来，以求尽快实现"人皆尧舜"？

郭沫若的审美启蒙观本质上面向全体民众："我们的目的是想使艺术感染民众的生息。我们的目的是想把民众提高到艺术的水平。"②在这个意义上，和王国维一样，郭沫若的"孔子天才论"，事实上对传统儒家至圣先师的经典形象进行了审美化的切割，使之配合于"人生艺术化"的现代启蒙构想，融入"世界国家"的文明史洪流当中。与此相伴，依附于"圣人"这一核心的儒家政教纲常，则被"美学"或者纯文学的剃刀裁去。

在《文学的本质》中，郭沫若曾借用"化学"中提纯、净化的隐喻，来解释"文学的本质"，这种"做减法"式的现代定义法使得他抛开一切政治与道德的教义，发现"文学的原始细胞"——具有节奏的纯粹的情绪。在他看来，一切艺术形式，要么如同音乐、诗歌、舞蹈等，是情绪的直接"翻译"，要么如同小说和戏剧等，是对"构成情绪的素材的再现"③。直接面向自然的生活带来了普遍性的审美经验，也会带来普遍性的情绪节奏。全体人类感性情绪的综合，构成了一切政治生活尺度的经验前提。在《论节奏》里，他进一步说明了"节奏"是一种宇宙事物的自身属性，艺术家则要对宇宙的节奏进行观察和表现，从表面上"死的东西"看出生命来，进而，艺术天才必须"有根器"，以便"在无声之中听出声来，无形之中看出形来"。④作为人类文明史立法者的诗人天才，事实上就是人世间一切感性生活的观察者、总结者和抒发者。人类文明史正是以诗人的泛神论情感积淀为开端：

> 原始时代的诗人——我故意用"诗人"这一个辞——在一切自然现象之前，感受着多种多样的情绪，而把这些情绪各各具象化，人格化，遂使无生命的自然都成有生命的存在……诗人是在自然的镜中投射出自体的精神活动。所以一切神话世界中的诸神是从

---

① 郭沫若：《文艺论集》，载《郭沫若全集·文学编》第15卷，人民文学出版社1990年版，第151—156页。
② 郭沫若：《文艺论集》，载《郭沫若全集·文学编》第15卷，人民文学出版社1990年版，第222—223页。
③ 郭沫若：《文艺论集》，载《郭沫若全集·文学编》第15卷，人民文学出版社1990年版，第342—352页。
④ 郭沫若：《文艺论集》，载《郭沫若全集·文学编》第15卷，人民文学出版社1990年版，第352—354页。

诗人产生，便是宗教家所信仰的至上神"上帝"，归根也只是诗人的儿子。①

这种观点的字里行间无疑流淌着德意志浪漫主义的血液。我们可以通过对比歌德的老师赫尔德的如下表述，来明确这种血缘谱系：

> 诗，它是感官上的最富有表现力的语言，它是充满热情的并且是能唤起这种热情的一切东西的语言，是人们经历过、观察过、享受过、创造过、得到过的想象、行动、欢乐或痛苦的语言……诗人一向是人民的创造者，他们为人民创造喜悦、教育、工作、宗教、语言。真正的诗人就是人世间的神，双手像捧着水一样捧着人民的心，按照自己的意愿把它引导到一定的方向……②

和赫尔德一样，郭沫若把诗人天才视为人类体验、改造自然时产生的情绪的集中表达者，进而，天才的精神活动也就等同于巨大实体世界之"必然性"的一种投影。进一步说，这种巨大的实在必然性一旦被理解为人类文明进化的普遍历史，那么，诗人的情感体验和随之而来的对当下社会的创作或立法，也就成了一种必然的历史规律。这正是他从歌德、赫尔德及其哲学先驱斯宾诺莎那里发现泛神论并运用于诗学的真实意图："让自然做我们的先生吧！""更让历史做我们的先生吧！""凤凰要再生，要先把尸骸火葬。我们的事业，在目下浑沌之中，要先从破坏做起。"③这种让诗人天才置身历史当中、不断创造新鲜秩序的立场，一旦获得马克思主义的启发，必然会转化为一种文艺方面的历史唯物主义。这也可以解释郭沫若此后思想的转变。在《孤鸿——给芳坞的一封信》（1926年）中，他转向马克思主义，喊出"物质是精神之母"④。在《文艺家的觉悟》（1926年）里，他坚信文艺和时代环境密不可分，越具有文艺的敏感性，就越应当预先感受到阶级斗争的必然性，把"民众的痛苦""革命的必要"都"叫喊了出来"；文艺家若是保持中立，不进不退，意味着他是"无生命的无感觉的石头"⑤。在《关于文艺的不朽性》（1930年）里，他认为，文艺的"不朽性"体现在自由生活的社会关系之中，要创建新的不朽性，就要创建无产阶级的自由社会。⑥对他来说，审美经验的自由，恰恰等同于政治生活的自由——二者都源于人类认识自然、改造自然的自由秉性。

要确保文艺的审美自律，首先必须在唯物论的社会生产层面，实现艺术创造者的阶级自

---

① 郭沫若：《文艺论集》，载《郭沫若全集·文学编》第15卷，人民文学出版社1990年版，第284页。
② [德] 赫尔德：《论诗的艺术在古代和现代对民族道德的作用》，载《欧美古典作家论现实主义和浪漫主义》（二），中国社会科学出版社1981年版，第272—278页。
③ 郭沫若：《文艺论集续集》，载《郭沫若全集·文学编》第16卷，人民文学出版社1989年版，第3、5页。
④ 郭沫若：《文艺论集续集》，载《郭沫若全集·文学编》第16卷，人民文学出版社1989年版，第8、19页。
⑤ 郭沫若：《文艺论集续集》，载《郭沫若全集·文学编》第16卷，人民文学出版社1989年版，第25—31页。
⑥ 郭沫若：《文艺论集续集》，载《郭沫若全集·文学编》第16卷，人民文学出版社1989年版，第109—112页。

律亦即政治自律——唯有马克思主义清醒地指明了这一现实性。这种"自律"的实质内涵，不仅指的是抒情者实现自我价值的主体自律①，还具有让自然、客观的"真理"如实呈现的意味。"自然"的客观真理进入内心时会促发美感，进而在抒情个人那里获得语词的表象。不同于人为雕琢出来的对"人生"的机械刻画，让灵魂与自然的客观真理直接打交道并对之进行"剪裁""综合"的"艺术"，②具有本体论上的更高地位，其表象对于现实社会来说，也更有真实感。进而，在这种文艺中会孕育出更加具有普遍性的使命和目标。在马克思主义的指导下，这种更高的真实性为历史唯物主义所进一步启示，进而顺理成章为文艺创造所要呈现的第一性的"自然"填补了内容，日常生活也由此将在历史唯物主义的"创造"当中，获得更高维度的艺术特质。③进而，不难理解，唯美主义的"天才"，首先必须"无我"④，但同时又要求他们"集合起来""众志成城"，在对大众的情动呼召中，形塑出全新的社会共同体⑤：

在泛神论视域中，情感并不起源于原子式的个人内部，而是源于人与世界的接触，情感主体生成于个体对人与世界关系的想象及其后的情感实践过程之中，因而，情感主体本身便内含着个体对历史精神的把握……在郭沫若这里艺术的形式与社会的形式同构，分享着同样的历史精神和革命潜能。⑥

所以，郭沫若的泛神论经验所要奠基的，不仅是文明史开端的立法状态，还包括文明史彻底变革时刻的另立新法状态，亦即新的社会形式从众人之世界想象中不断涌现的状态。相比起节制情感的传统儒家诗教，相比起廖平以"人学"为本的"天学"之思，既然以启蒙的泛神论为基础，郭沫若的诗学必然会不断衍变为彻底民主的、革命的抒情政治学。⑦

余论

通过分析廖平和郭沫若可能存在的思想关联，我们以关于《诗经》的态度为案例，考察了他们在"诗"之为"思"的层面所能实现的最大交集。廖平的"天学"构想，由于携带着对传统气运宇宙论的继承，显得像是"唯物主义"⑧；廖平在圣人孔子那里领会到的"哲学"，

---

① 李怡：《东游的摩罗：日本体验与中国现代文学的发生》，江苏文艺出版社2018年版，第234—235页。
② 详见郭沫若《自然与艺术——对于表现派的共感》和《文艺的生产过程》，载《郭沫若全集·文学编》第15卷，人民文学出版社1990年版，第213、217页。
③ 详见郭沫若《文艺是社会的使命》中看似含混的推论，载《郭沫若全集·文学编》第15卷，人民文学出版社1990年版，第199—205页。
④ 郭沫若：《生活的艺术化》，载《郭沫若全集·文学编》第15卷，人民文学出版社1990年版，第211页。
⑤ 郭沫若：《文艺的生产过程》，载《郭沫若全集·文学编》第15卷，人民文学出版社1990年版，第220页。
⑥ 刘奎：《泛神论、主情主义与"五四"时期郭沫若的情感总体观》，《中国现代文学研究丛刊》2021年第4期。
⑦ 刘奎：《诗人革命家：抗战时期的郭沫若》，北京大学出版社2019年版，第25—26页。
⑧ 李耀仙：《廖平与近代经学》，四川人民出版社1987年版，第93页。

也不仅是"空言",还包括了对万事万物之本质规律和历史发展方向的准确推测。这种推测不见得非得有实证知识作为依据不可,因为圣人具备某种顺应时势的"天才":

>……天纵之圣,不学而知,不学而能,至诚前知,先天不违……所谓因时立制,数千年以前,因心作则,以定鸿模。天地、鬼神、名物、象数,必曲折不违,密合无间……①

圣人的立法知识的来源,除了经验世界,还有先验的理念世界。但郭沫若所勾勒的泛神论"天才"则单纯以感性触受和历史经验为基底。这是郭沫若抒情诗学的现代特色,也是他和同乡"天才"廖平最终分道扬镳的根本原因。但他们的"才情"毕竟相似,问题意识也几乎一致:在世界历史猛烈嵌入中国的时刻,该如何让传统文明中的宝贵智慧不至于失去魅力,而是转化为现代政治生活的源头活水。

在廖平的"孔经哲学"里,西方现代观念和中国的"格物致知""内圣外王"并非不可以协调。通过创造性阐释,文明进化的观念被纳入六经法理当中;②但无论如何,传统的"礼"作为重要的秩序符号,依然是这种世界历史观念的重要外衣。③即便在廖平思想的"第五变"阶段,"天学"作为"理想之学"出场,但"人学"亦即儒家的传统制度礼法之学,依然能够在"平分天人"的视野中成为开眼看世界的基本前提:"天学即所以助人事,使上天下地,可以扞格而可致太平。圣人亦必远鬼神,而专务民义,此天人合一之说也。"④

郭沫若的诗学和革命观,并未保守廖平心心念念的"人学"的教义内容,而是"狂飙突进",走向彻底服务于革命、战争和民众动员的抒情政治学。⑤尽管实证性的现代唯物论公理和观念性的传统天理之间的客观张力,提醒着我们,他和廖平的本质差异,但在其精神基础亦即泛神论的唯物论审美经验背后,也可以说贯彻着中国传统士人"贯穿宇宙论、形而上学和心性论"的实践精神。⑥即便在郭沫若这里,孔子从"圣人"转型为"天才",但他作为文明史之秩序立法者的基本身位并未改变,其"格物致知"的精神也得以延续。郭沫若的泛神论经验及其所奠基的白话新诗学,在内容和主旨上,并非传统经学的延续,而是现代科学认识论和审美启蒙观的子嗣;只不过,作为有才情并尊重传统和"天才"的中国人,他这种现代启蒙观念中,依然有着古典智慧的"隔代遗传"。

(原载《中国现代文学研究丛刊》2022年第11期)

---

① 廖平:《知圣篇》,华夏出版社2021年版,第152页。
② 魏彩莹:《经典秩序的重构:廖平的世界观与经学之路》,台北联经出版公司2018年版,第484—495页。
③ 参见郜喆《"进化之理,文明之要,以礼为本"——廖平的"礼三本"文明进化论兼及对康有为"人为天生"说的商榷》,《孔子研究》2021年第4期。
④ 廖平:《天人论》,载《四益馆杂著》,华东师范大学出版社2010年版,第152页。
⑤ 刘奎:《诗人革命家:抗战时期的郭沫若》,北京大学出版社2019年版,第54—74页。
⑥ 汪晖:《现代中国思想的兴起》上卷第一部"理与物",生活·读书·新知三联书店2015年版,第67页。

郭沫若的南下与新国家想象

邹佳良　张武军

引言

南下广州是郭沫若从"文士"到"革命者"的转捩点。长期以来，研究界根据郭沫若的回忆只对此进行粗略勾勒，而且多采信郭沫若后来的自我言说，即南下是源于瞿秋白的推荐。近些年，学界对这一命题开始有新的思考，蔡震将此放置进"国共两党关系"的视野中进行释读，丰富了我们对郭沫若南下广州复杂性的认识；[①]周文进一步根据"文学和革命是完全一致"[②]的观念，细致阐发了陈公博邀请郭沫若南下的动机以及郭沫若的回应。[③]"文学"确实在郭沫若南下广州中起了重要的中介作用，但郭沫若宣称文学与革命是一致的观念和他的言行却有抵牾，以致陈公博虽以"文学和革命"进行招揽，却没能与郭沫若实现深层互动。因而，在南下广州前，郭沫若究竟如何认知"文学"？如何认知"革命"？他所言说的"革命"究竟是什么样的革命？南下前后，他如何处理"文学"和"革命"的关系？又是如何看待自己的文学家身份和革命家身份？这些命题不仅事关对郭沫若文学和人生的重新理解，而且关乎对中国革命文学和现代文学发展路径的重新思考。因此，与其预设郭沫若的革命文学观，不如重点思考广州对郭沫若的吸引力究竟何在。而历来备受关注的说辞，如瞿秋白的推荐、因应陈公博之邀等，也都有重新探讨的必要，因为这是考察郭沫若南下逻辑的前提和基础。

一　瞿秋白、陈公博的推荐与郭沫若的革命诉求

对于郭沫若南下广州，学界向来根据郭沫若的回忆强调瞿秋白的推荐之功，而未注意到郭沫若叙述时犹疑不确但又更信其有的复杂态度。郭沫若对此犹疑的原因在于"秋白自己却不曾对我说过"[④]，但他又试图从时间逻辑上为瞿秋白的推荐作出合理的解释。不过，这样的努力却因与瞿秋白此段时间的行踪相违而失效。据查，自1925年年底至1926年1月，瞿秋白一直在上海；1926年1月1—20日国民党在广州召开第二次代表大会，瞿秋白作为国民党第一届候补中央执行委员，理应参会，但不知为何并未赴粤参会，2月中旬到北京参加

[①] 蔡震：《在与国共两党的关系中看郭沫若的1926—1927——兼论与此相关的史料之解读及补充》，《郭沫若学刊》2007年第1期。

[②] 郭沫若：《革命与文学》，《创造月刊》1926年第1卷第3期。

[③] 周文：《文艺转向与"革命文学"生成——郭沫若赴广东大学考》，《四川大学学报（哲学社会科学版）》2016年第4期。

[④] 郭沫若：《创造十年续编》，北新书局1946年版，第165页。

中共中央特别会议后返沪,直到1926年8月18日才到广州。①可见,郭沫若回忆中先有瞿秋白到广州再有他在1926年2月得到广东大学(以下简称"广大")聘书的叙述,并不可靠。问题在于,郭沫若为何要把并不太确切的猜想写得言之凿凿,原因还得从瞿秋白拜访郭沫若的"历史现场"去找寻。

瞿秋白拜访郭沫若是在1926年初,此时郭沫若正和旧友林灵光及郭心崧论战。瞿秋白刚到寓所,郭沫若就向他发了一通中国不能学习日本进行改革的议论:"日本的明治维新之所以得到成功",得益于欧美有中国"这个太牢在手",满不在乎日本"人满为患的几个岛子",使日本"治人治法之两得其宜,此明治维新之所以成为'近代的奇绩'",但中国受帝国主义的干扰过多,若学日本在治人治法上兜圈子,"等于痴人说梦"。②郭沫若反驳的是林灵光认为中国可通过日本和土耳其道路走向独立与富强的观点。③在此前,郭沫若主要驳斥了林灵光"'时机未熟的社会革命'是有'危险'"的观点,但未回应中国为何不能走日本和土耳其道路。④在郭沫若的叙述中,瞿秋白很重视他的见解:"秋白是很寡默的,他只说我的意见是正确的,可以趁早把它写出来。"当郭沫若向瞿秋白索求土耳其方面的材料时,"他答应了,并说随后检出,由光慈交来"。⑤研究者多将此略显冗长的议论与写瞿秋白推荐的文字分开,并将后者作为信史征引,而未注意到郭沫若写此长篇议论的目的是暗示他与瞿秋白政治见解的投合,进而对瞿秋白的来访、推荐和自己南下广州作出合理化的叙述。郭沫若对自己的观点与论证都颇为自信,在《克拉凡左的骑士》和《北伐途次》中,都会不失时机地表达中国为何不能走日本和土耳其道路的看法。《克拉凡左的骑士》中以郭沫若为原型的马杰民谈完土耳其问题后,以瞿秋白为原型的白秋烈不无遗憾地说:"那次我不是劝你就把你的意见写出来吗?可是你似乎一直没有写出。"⑥

不过,瞿秋白拜访郭沫若的本意并不是要和郭沫若讨论政治问题,而是以《新青年》主编的身份向其约稿。《新青年》此时虽是共产党的机关刊物,瞿秋白却想使刊物多一些文化批评的气息。因此,听完郭沫若的长篇议论后,瞿秋白转而与他谈了俄国文学,并希望他能够翻译《战争与和平》。郭沫若对这种错位也有所认识:"秋白那时是把《新青年》杂志恢复着的,注重在文化一方面的问题","他希望我们也做些文章去"。⑦《克拉凡左的骑士》中的白秋烈也说:"我那天到你家里,本是想谈些文学上的话的。你却问我了谈一些关于土耳基

---

① 参见刘小中、丁言模编著《瞿秋白年谱详编》,中央文献出版社2008年版,第196—214页;姚守中等编著《瞿秋白年谱长编》,江苏人民出版社1993年版,第175—190页。
② 郭沫若:《创造十年续编》,北新书局1946年版,第161—163页。
③ 灵光:《读了〈穷汉的穷谈〉并〈共产与共管〉以后质沫若先生并质共产党人》,《独立青年》1926年1月第1卷第1期。
④ 沫若:《社会革命的时机》,《洪水》1926年第1卷第10、11期合刊。"社会革命"原刊"会社革命"。
⑤ 郭沫若:《创造十年续编》,北新书局1946年版,第163—164页。
⑥ 郭沫若:《克拉凡左的骑士》,《质文》1936年第2卷第2期。
⑦ 郭沫若:《创造十年续编》,北新书局1946年版,第164页。

（土耳其）的政治问题。"①当然，瞿秋白也是从中国现实政治的角度谈文学，看重的是文学蕴含的政治性，动员郭沫若翻译《战争与和平》的原因是"那部小说的反波拿伯主义，在我们中国有绝对的必要"②。但瞿秋白称赞郭沫若的政治见解，并让他趁早写出，这给将主要精力倾注于政治问题的郭沫若莫大的鼓励。因此，郭沫若虽意识到大谈政治问题有违瞿秋白来访的本意，但并未妨碍他在回忆中将叙述重点落在两者的政治互动与认同上。而就郭沫若当时的思想状况而言，瞿秋白之于郭沫若的意义，与其说是文学牵引，毋宁说是政治实践上的认同。

相对于带有叙事构造成分的"瞿秋白的推荐"，陈公博的邀请则有据可查，对郭沫若南下广州的作用也更加直接。邹鲁的广大校长之职被撤后，广大陷入罢教罢课风潮。在汪精卫劝诱下，陈公博临危受命，1925年12月4日开始代理广大校长。③但多日后，广大"除教授辞职离校实际上不能上课外，讲师亦不见其来校授课"④。1926年，《独立青年》上的一则通信如此描述广大状况："自教授总辞职后，陈公博虽极力拉拢，而返校者尚属寥寥"⑤，文科更因"缺乏教授暂行停课"⑥。在此情形下，《广州民国日报》出现延聘郭沫若的消息。1926年2月18日，《广州民国日报》又登载了陈公博催促郭沫若南下的信。信的开头，陈公博简要追溯了自己接触郭沫若作品的历史，说忙于公务之余还"早夜百忙之中找出一点时间来读先生们的著述"。在这些客套话之后，陈公博批驳了当时"革命"与"哲学"无关的言论，认为"拿与人生无关系的思想来研究"于革命无益，然后将此思路延伸到文学领域以反驳当时"文学与革命不大连贯"的观点。⑦陈公博谈哲学与革命的关系，是为重点论述文学与革命的一致性作铺垫，因而整封信几乎都围绕"革命"与"文学"相一致做文章。陈公博如此大费周章，是想借此体现与郭沫若的精神契合。

陈公博的观点确实与郭沫若此时对文学与革命关系的看法有所契合。郭沫若称倡导"文学与革命的一体"，是受吴稚晖宣扬"文学与革命不能两立"的"反面的暗示"。⑧1923年，郭沫若就在《艺术家与革命家》中将言与行进行巧妙的转换处理，从而将艺术家的言说行为提升到与革命实践同等重要的地位。⑨1926年，郭沫若着重阐述了文艺与时代的关系，并概括出简要的公式"革命文学=F（时代精神）"，更简单地表示，便是："文学=F（革命）"。⑩郭沫若试图以此解决文艺、文艺家为什么能够呼应时代与走向革命的问题。陈公博信中所写

---

① 郭沫若：《克拉凡左的骑士》。原刊有错讹，已据《郭沫若全集》修改。
② 郭沫若：《创造十年续编》，北新书局1946年版，第164页。
③《陈公博定期接广大代校长职》，《广州民国日报》1925年12月4日。
④《广大最近之状况》，《广州民国日报》1925年12月8日。
⑤ HK：《关于广东大学及广州情形的一封信》，《独立青年》1926年3月第1卷第3期。
⑥ 毅：《广东大学教职员复职后之现状》，《申报》1926年1月22日。
⑦《陈公博函催郭沫若等南归》，《广州民国日报》1926年2月18日。
⑧ 郭沫若：《创造十年续编》，北新书局1946年版，第168页。
⑨ 郭沫若：《艺术家与革命家》，《创造周报》1923年9月9日第18号。
⑩ 郭沫若：《革命与文学》，《创造月刊》1926年第1卷第3期。

与郭沫若所持的文学观相符，或许真是细读郭沫若言论后量身定制的招揽方式。郭沫若后来在《创造十年续编》中，也确实暗示过"革命与文学"与其南下的内在关联。①不过，一方面这是郭沫若成功转型为"革命文学家"后的追认，虽值得重视，但追认本身所形成的过滤机制，也无意间过滤掉其思想的矛盾与复杂；另一方面，"概念变化与现实变化的速度不一"②，这在郭沫若身上表现得尤为明显。

郭沫若对文学与革命进行一体化的处理，固然是为了回应"文学与革命不能两立"的论调，但更为重要的是解决自身思想深处文学与革命不相容的矛盾。郭沫若回顾其南下前的思想状况"一方面是想证明文艺的实利性，另一方面又舍不得艺术家的自我表现"；"一方面仍旧继续着自己的文艺生活，而在另一方面从事于实际的活动"。③文学的实利性与自我表现性、文艺生活与实际活动的冲突与抵牾，深植于此时郭沫若的思想之中。当矛盾不能得到有效解决时，郭沫若选择弃文艺生活而从事实践活动。因而，一个十分吊诡的现象是，郭沫若在提倡文学呼应社会现实的同时，对文学和文学家身份也产生了"甚么叫艺术，甚么叫文学"的质疑，并声称"这些镀金的套狗圈，我是甚么都不要了"。④五卅之后，这进一步表现为郭沫若的社会思想论述增多，文艺作品渐少。到广州后，他更是与"创造社几乎是绝了缘"⑤。1928年，内山完造对替郭沫若买《资本论》的安娜说："很难懂，文学家何必搞这个。"对此，郭沫若在日记中写道："我仍然是被人认为文学家的。"⑥可见，郭沫若虽试图在革命时代为作家和文学找寻恰当的位置，他却与文学、文学家相行渐远。论者过去多在郭沫若文学家身份与"文学和革命是完全一致"的观念下讨论其思想状况，无意间忽略这些能体现他矛盾与复杂心态的"文本"碎片，而未觉察到郭沫若其实是选择了革命对文学的短暂"抛弃"，才走向了做"实际活动"的革命。因而，陈公博在"革命"与"文学"的一致性上大做文章，借以与郭沫若实现深层次的精神共鸣，虽已确实显示其难得的见识，却未能捕捉到郭沫若内心的隐微心绪。

虽然郭沫若是凭借文学与文学家身份获得瞿秋白、陈公博甚至南方革命阵营的认可，但从他在此前后的选择来看，他却更倾心于具实践性的"革命"而非"文学"。不过，郭沫若的"革命"具体指向并不清晰明确，需要我们进一步讨论。

二 新国家的想象与革命的皈依

瞿秋白的来访和陈公博的邀请，与郭沫若和孤军社的论战引起各方注意有关。这场论战对郭沫若思想转变的重要性，学界已有不少关注。不过，研究者很少从中发掘郭沫若与广

---

① 参见周文《文艺转向与"革命文学"生成——郭沫若赴广东大学考》，《四川大学学报（哲学社会科学版）》2016年第4期。

② 方维规：《什么是概念史》，生活·读书·新知三联书店2020年版，第156页。

③ 郭沫若：《创造十年续编》，北新书局1946年版，第19、32—33页。

④ 郭沫若：《十字架》，《创造周报》1924年4月5日第47号。

⑤ 郭沫若：《创造十年续编》，北新书局1946年版，第204页。

⑥ 郭沫若：《离沪之前》，《现代》1933年第4卷第1期。"搞"原作"搅"。

东革命策源地的精神关联,并由此探讨和理解郭沫若的革命指向。这场论战发生在"救国二字,尽人皆道"的氛围中,知识分子多是从国家整体层面思考"谁能救中国,如何救中国"[①]的问题。他们所持的政治立场与解决路径,决定了各自对中国社会性质的判断。论争中,郭沫若的逻辑起点是中国在世界资本主义市场中的"殖民地和次殖民地的地位"[②]与性质。"次殖民地"是孙中山为说明中国的国际地位比殖民地还低而生造的概念。[③]这规定了郭沫若这样的知识分子思考中国问题与从事革命实践的起点。对于中国的处境与应采取的经济政策,郭沫若说国际资本家"把我们中国已经作为了万国的商场,彼此在这儿互相争逐"。物质后进的中国要抵制国际资本家,当"及早举行'社会主义的政治革命',以施行国家资本主义!"[④]与郭沫若不同,孤军社信奉河上肇"时机尚早之社会革命足招生产力之减退"[⑤]的主张,认为应先"给他一个秩序,其余一切问题暂时都可不管,俟秩序大定对于产业再进一步设法使其发达"[⑥]。郭沫若认为这"不外是个人资本主义的奖励与保护"[⑦]。在理想的国际环境下,郭沫若并不否认中国经由个人资本主义的缓慢发展可实现独立富强,但在"中国是全世界资本国的唯一的商场"条件下,"没有望它发达的希望",[⑧]因而"所当讨论或者实行的便是如何造成一种势力以推倒政府,如何推倒政府以攫取政权"[⑨]。不过,对于"攫取政权"后的政府与被推倒的政府间区别何在,郭沫若此时还没太注意。共产党人的提醒使他将无产阶级纳入讨论,为与孤军社的主张相区别,他将自己的主张命名为"新国家主义":"我们真真是想救我们中国,救我们中国的国民的,我们是只有采取新国家主义的一条路,就是实行无产阶级的革命以励行国家资本主义!"[⑩]

  仔细阅读双方言论,会发现如何有效地改变中国现状、缔造新国家才是他们关心的首要问题,这或许比后来者所重视的党派观念与政治立场更为重要。换言之,双方分歧的焦点不在于要不要对现有的旧中国加以改造,而在于以什么样的方式能够迅速有效地改造中国。在郭沫若看来,孤军社不改变现有政治体制的改革方案本质上仍是旧的,在半殖民地的中国根本行不通。郭沫若与孤军社的根本区别是"想用国家的权力来推行一切的基本产业,而这国家是要从新创造的"[⑪]。"国家是要从新创造的"虽是事后追忆,但确实是郭沫若彼时思想的

---

① 倬章:《谁能救中国,如何救中国?》,《孤军》1923年第1卷第12期。
② 郭沫若:《五卅的反响》,载《盲肠炎》,群益出版社1947年版,第15页。
③ 孙中山:《三民主义》,载《孙中山全集》第9卷,中华书局1986年版,第202页。
④ 沫若:《到宜兴去》,《孤军》1925年第3卷第3期。
⑤ [日]河上肇:《时机尚早之社会革命计划》,赵修鼎译,《孤军》1924年第2卷第4期。
⑥ 灵光:《评共产主义者的误谬并论中国的经济政策》,《孤军》1925年第2卷第12期。
⑦ 郭沫若:《创造十年续编》,北新书局1946年版,第158页。
⑧ 郭沫若:《一个伟大的教训》,载《盲肠炎》,群益出版社1947年版,第11—12页。
⑨ 沫若:《社会革命的时机》,《洪水》1926年第1卷第10、11期合刊。
⑩ 沫若:《新国家的创造》,《洪水》1926年第1卷第8期。
⑪ 郭沫若:《创造十年续编》,北新书局1946年版,第157页。

准确概括，也和国民党一大后尘嚣直上的"国家再造"相呼应。孙中山在国民党一大的《开会词》中说要集中解决两个问题："第一件是改组国民党的问题，第二件是改造国家的问题"，又说"我们必要另做一番工夫，把国家再造一次"。[1]后来我们都将关注点聚焦于改组国民党，而忽略对当时知识分子更具感召力的"国家再造"。新民国的感召与"对旧民国的革命"，使郭沫若这样的知识分子"用'脚'和'笔'在两个民国间进行选择，投身于建造新民国的革命实践和文学书写"[2]。其实，郭沫若在五四时期的不少诗作就表达了打破旧社会与再造新国家的思想，是他与"国家再造"产生精神关联的渊源。《凤凰涅槃》"是象征着中国的再生"；《女神之再生》是想建设一个"美的中国"；[3]《浴海》的波涛激荡出"新中华底改造"[4]豪情。长久以来，我们相对偏隘地理解郭沫若《女神》时期作品中的个人主义精神与浪漫主义品质，视其为革命时代的障碍物，但郭沫若的"个人抒情往往不是立足于个人遭遇的改善而是对整体的生存境遇的关怀"[5]。这种"大我"的主体正是沟通浪漫精神与革命精神的中介。伊藤虎丸出于整体性观察的需要，借用日本大正时期的"文学青年"来指称五四时期郭沫若、郁达夫等创造社青年，与鲁迅为代表的"政治青年"相区别，这有一定道理。不过，郭沫若在"政治世界之外发现了'自我'"，却不"意味着放弃了政治志向"。[6]后者对新国家的期盼姿态，影响到郭沫若的新旧国家书写与思想行动。

郭沫若对"国家"的思考与书写，既指向"过去""现在"的"旧国家"，也指向"未来"的"新国家"。郭沫若对旧国家的认识与定位，激发他对新国家的强烈期盼与想象，而未来想象又成为"规划'现在'并研究'过去'"[7]的基础。对郭沫若来说，新国家想象并非毫无依凭的乌托邦，而是以苏俄为师法对象的政治表达。而郭沫若对苏俄及其革命的认识不仅形塑了他对中国现实与革命的认知，还影响到其革命实践活动。

三 苏俄镜像与"社会革命的时机"

郭沫若对苏俄革命的认识有一个过程，起初只将之当作可资利用的文学表现内容，而非指引中国革命的灯塔。《匪徒颂》中，他将罗素、高尔顿和列宁并举为"社会革命的匪徒"加以赞美，说明他对社会革命与列宁意义的认识并不准确。诗歌中各式各样的"革命"并非政治性的革命话语，而是郭沫若以联想与想象的方式进行有目的组合后的情感表达。《巨炮

---

[1] 孙中山：《开会词》，载荣孟源主编，孙彩霞编《中国国民党历次代表大会及中央全会资料》（上），光明日报出版社1985年版，第4—5页。

[2] 张武军：《作家南下与国家革命》，《文学评论》2019年第4期。

[3] 郭沫若：《创造十年》，现代书局1932年版，第88、98页。

[4] 郭沫若：《浴海》，载桑逢康校《〈女神〉汇校本》，湖南人民出版社1983年版，第70页。

[5] 李怡：《国家与革命——大文学视野下的郭沫若思想转变》，《学术月刊》2015年第2期。

[6] ［日］伊藤虎丸：《鲁迅、创造社与日本文学：中日近代比较文学初探》，孙猛等译，北京大学出版社1995年版，第203页。

[7] 王汎森：《思想是生活的一种方式：中国近代思想史的再思考》，北京大学出版社2018年版，第261页。

之教训》中的列宁酣叫"为自由而战哟！为人道而战哟！为正义而战哟！"①自由、人道和正义只是空泛的概念，似乎能够笼括列宁的意义，但实际上并未把握列宁领导的革命的要义。不过，诗歌中列宁将"我"从托尔斯泰的说教中唤醒，暗示作者已在托尔斯泰和列宁的两条道路中做出了抉择。应该说，郭沫若在《女神》时期的诗歌中，虽对列宁及其领导的十月革命表达了敬仰与赞誉，但认识是十分不清晰的。随着马列主义在中国进一步传播、苏俄革命在知识界的形象日渐清晰并转向积极，《前茅》时期的郭沫若对列宁的理解也更为准确，在一定程度上还将列宁视为自己行动的领路人。《太阳没了》中，郭沫若将列宁视为盗火的普罗米修斯，认为其领导的革命具有给人类带来光明的意义，并以太阳沉没万象消沉的景象表达对列宁逝世的巨大悲恸。诗歌结尾写道："你我都是逐暗净魔的太阳，各柄着赤诚的炬火，前走！前走！"②流露出诗人有继承列宁革命遗志的心迹。相较此前，郭沫若对列宁的理解虽有不少进步，但正如他所言："……马克思列宁主义我是并没有明确的认识的，想要检讨那种思想的内容是我当时所感受着的一种憧憬。"③

移译河上肇的《社会组织与社会革命》后，郭沫若"感受着的一种憧憬""得着理性的背光，而不是一味的情感作用"。他兴奋地对成仿吾说："科学的社会主义所告诉我们的'各尽所能各取所需'的时代，我相信是终久能够到来"，这并非"一个梦想者的乌托邦"，而是能通过"努力促进它的实现"。④不过，任何希望与出路都带有空想性质，郭沫若从苏俄的历史镜像中找到现实中国通达未来的道路："农奴解放后的七十年代的俄罗斯不正像满清推倒后的二十年代的我们中国吗？我们都是趋向着社会革命在进行，这是共同的色彩，而这书所叙的官僚生活""不正是我们中国新旧官僚的摄影吗？"⑤将俄罗斯的历史与中国的现实进行互观后，郭沫若看到的是彼时中国的"文化、社会、意识形态空间"。俄罗斯这一"异国形象能够将一些未曾得到清楚定义并且属于人们称之为'意识形态'范畴的民族现实移植到一个隐喻的层面上来"。⑥因而，郭沫若言说俄罗斯其实是想为中国找寻一条政治出路："我们所当仿效的是屠格涅甫所不曾知道的'匿名的俄罗斯'，是我们现在已经明瞭了的'列宁的俄罗斯'。"⑦从"列宁的俄罗斯"回望"匿名的俄罗斯"，郭沫若看到的是政治革命派的成功之路。苏俄与苏俄道路对郭沫若这样的左翼知识分子的吸引力就在于此："中国人只剩着有一条路好走——便是采取国家资本主义的政策以期社会主义之实现，劳农俄国便是走的这一条路"⑧。可见，科学社会主义让郭沫若憧憬的理想社会有了理论根基，而苏俄革命则让

---

① 郭沫若：《巨炮之教训》，载桑逢康校《〈女神〉汇校本》，湖南人民出版社1983年版，第114页。
② 郭沫若：《太阳没了——闻列宁死耗作此》，《创造周报》1924年1月13日第38号。
③ 郭沫若：《创造十年》，现代书局1932年版，第267页。
④ 郭沫若：《孤鸿》，《创造月刊》1926年第1卷第2期。
⑤ 郭沫若：《孤鸿》，《创造月刊》1926年第1卷第2期。
⑥ ［法］达尼埃尔-亨利·巴柔：《形象学研究：从文学史到诗学》，蒯轶萍译，载孟华主编《比较文学形象学》，北京大学出版社2001年版，第202—203页。
⑦ 郭沫若：《孤鸿》，《创造月刊》1926年第1卷第2期。
⑧ 郭沫若：《一个伟大的教训》，载《盲肠炎》，群益出版社1947年版，第12页。

"自身中变得自由的理论精神"成为改造中国现实的"实践力量"。①

不过，也有人对郭沫若所向往的苏俄与苏俄革命心怀质疑甚至否定，认为苏俄尚不具备以政治革命方式实现社会革命的条件。孙中山就认为苏俄的"实业和经济还没有大发达，实在够不上实行马克思主义"，并认为"在中国实业尚未发达的时候""师马克思之意则可，用马克思之法则不可"。②河上肇说得更为直白："时机尚早的社会革命终归于失败。"③他们抓住《共产党宣言》与《〈政治经济学批判〉序言》间的理论裂隙，认为前者倡导的共产革命有悖于后者的唯物史观。针对河上肇的观点，郭沫若提出了相反的看法，并在施陶丁格尔处找到了"共产革命的哲理的依据"。施陶丁格尔认为"我们随智识之进步得以发见此因果律而生出自觉，最后是更得以支配而利用之的。有意识地有目的地使'必然'的事物转化为'当然'"。郭沫若据此认为唯物史观是"必然"的客观规律，共产革命是"当然"的主观能动性，需要用"当然"的社会革命来"'缩短而且缓和'新社会的'产生的痛苦'"，推动历史进程的发展。因而，郭沫若对"新世界之诞生所伴随的流血之努力"的社会革命心生向往，也把这篇肯定"当然"的社会革命的文章题为《社会革命的时机》。④

诗歌《黄河与扬子江的对话》赞扬与呼唤将造就新世界的中俄社会革命。"黄河"与"扬子江"既喻指中国南北地理空间，又兼具中国苦难现状的见证者与革命的启蒙者的双重角色。诗歌前半部分以黄河与扬子江指代"中华大陆"，它们所经之处皆是疮痍，暗示军阀混战给中国带来的戕害。为改变现状，它们化作"蒸汽"唤醒沉睡的人们起来革命。唤醒方式从"提醒"到"唤醒"，再到"飞打"，表明情势之急迫。诗歌后半部分写道："你们非如北美独立战争一样，自行独立，拒税抗粮；你们非如法兰西大革命一样，男女老幼各取直接行动……"这表明中国革命与美法俄革命间有延续性。但中俄革命与美法革命又有不同："已往的美与法——是十八世纪的两大革命，新兴的俄与中——是二十世纪的两大革命。二十世纪的中华人权大革命哟！……快在这二十世纪的世界舞台上别演一场新剧！""要望你们二十世纪的两个新星双肩并举！"⑤郭沫若显然意识到两种革命处于不同的历史阶段，有着不同的形态。艾森斯塔德就认为，中俄两国的文明框架和历史环境，及由此产生的革命趋势、动力和结果都有相似性，确与欧美革命存在差异。⑥但在郭沫若的表述中，苏俄扮演着双重角色：既是中国革命应通达的新国家蓝本，又为中国革命提供了可资借镜的革命道路。⑦

---

① 中共中央马克思恩格斯列宁斯大林著作编译局编译：《马克思恩格斯全集》第1卷，人民出版社1995年版，第75页。
② 孙中山：《三民主义》，载《孙中山全集》第9卷，中华书局1986年版，第364、392页。
③ [日]河上肇：《社会组织与社会革命》，郭沫若译，商务印书馆1951年版，第226页。
④ 沫若：《社会革命的时机》，《洪水》1926年第1卷第10、11期合刊。
⑤ 沫若：《黄河与扬子江的对话》，《孤军》1923年第1卷第4、5期合刊。
⑥ [以] S.N.艾森斯塔德：《大革命与现代文明》，刘圣中译，上海人民出版社2012年版，第3、113页。
⑦ 李斌：《河上肇早期学说、苏俄道路与郭沫若的思想转变》，《文学评论》2017年第6期。

四 "把广州当成了莫斯科"

不同于对列宁与苏俄的认识经历了从文学表达到政治认同的历程，郭沫若对孙中山及国民党的认识一开始就以政治为起点。但即便是革命领袖孙中山，起初给郭沫若的印象也不佳。他在《孤军》杂志发表的《哀时古调九首》其六就写道："孙悟空，齐天圣。十万八千里，只消一翻身。才闻专使拜曹公，已见三桂揖清庭。洪范，五行，相克还相生。"①《创造十年》中，郭沫若如此解释此调："这位'齐天大圣'是谁？想来用不着我来下注脚了。当时的国民党派了两位专使，一位姓张的去联络曹锟，一位姓汪的去联络满州的张作霖"；"三正""五行""在我们中国是极陈腐"的观念。②这意指"辛亥革命当时的志士"给时人留下"掌握了武力后，变做军阀的比比皆是"的印象。③陈独秀也说"广东以外之各省人民视"国民党为"一争权夺利之政党"。④郭沫若说此时的孙中山及其领导的国民党与军阀曹锟、张作霖相克相生实非虚言。这样的印象在国民党一大后有所改观。1924 年 8 月 9 日，郭沫若在给成仿吾的信中说："我们相会的地点不知道是在上海，不知道是在岭南"⑤。"岭南"既是地理空间上的实指，更是作为国民革命策源地的政治空间隐喻，暗示郭沫若对广州的认同。但这种认同还没有强烈到足以支撑郭沫若由日本直接奔赴广州的程度。郭沫若在《哀感》中对孙中山却作出很高的评价："他的功绩不消说是用不着我来表扬"，"在我的心目中，像孙中山先生这样的人始终是一个值得尊敬的人格"。⑥

1925 年的五卅惨案为郭沫若与广州国民政府提供了深层互动的契机。国民党对五卅运动起了推波助澜的作用，运动发生后又迅速跟进，表明对五卅事件的态度和立场。国民党一大后，国民党将取消不平等条约作为重要宣传内容，自 1924 年 5 月中旬起将此作为"国民党政纲对外政策第一项"在上海《民国日报》逐日宣传；五卅前夕，又作为"国民党对外政策第一条"在《广州民国日报》逐日宣传。五卅事件后，国民党更在不平等条约上大做文章。6 月 7 日，段祺瑞政府的特派员到达上海，企图调解事件，上海《民国日报》从 6 月 8 日起连续发文揭露段政府屈服于帝国主义；梁启超和丁文江在北京发文反对三罢斗争、收回租界和取消不平等条约的要求，⑦杨杏佛对二人进行批判，宣称"不平等条约是我们民族独立的障碍"⑧；胡汉民则一方面批评段政府"不惜以尊重不平等条约，为交换条件"，另一方面则

---

① 沫若：《哀时古调九首》，《孤军》1922 年第 1 卷第 3 期。在《创造十年》中，"洪范"改为"三正"。
② 郭沫若：《创造十年》，现代书局 1932 年版，第 217 页。
③ 何公敢：《忆〈孤军〉》，载中国人民政治协商会议福建省委员会文史资料研究委员会《福建文史资料》第 13 辑，福建人民出版社 1986 年版，第 139 页。
④ 陈独秀：《陈独秀致吴廷康的信——反对共产党及青年团加入国民党》，载中央档案馆编《中共中央文件选集（1921—1925）》第 1 册，中共中央党校出版社 1989 年版，第 31 页。
⑤ 郭沫若：《孤鸿》，《创造月刊》1926 年第 1 卷第 2 期。
⑥ 郭沫若：《哀感》，《现代评论》1925 年第 1 卷第 16 期。
⑦ 曹力铁：《国民党在五卅运动中的作用》，《近代史研究》1989 年第 3 期。
⑧ 杨铨（杨杏佛）：《驳梁任公先生应付上海惨杀案态度》，上海《民国日报》1925 年 6 月 14 日。

提出应"迅速宣布取消不平等条约"。[1]国民党在五卅惨案前后与段政府频繁较量的同时,也紧锣密鼓地将大元帅府改组为国民政府,宣布与段政府脱离关系。可以说,国民党是有意图有策略地与段政府进行有意味的"对话",从而确立自身的合道性。国民党强调"废除不平等条约""致中国于独立、平等、自由"[2]的目的,符合大众与知识分子的国家期待。相对段政府的模棱两可、妥协退让,国民党在五卅运动中采取的强硬态度与行动,使得大批知识分子将其引为"新国家"希望之所在。

五卅当天,郭沫若被困于上海南京路先施公司大楼,目睹外国巡捕对国人的种种暴行。郭沫若为此不仅创作了历史剧《聂嫈》,还受"全国人心愤激,不得不群起谋补救抵抗"[3]氛围的影响,参加了四川旅沪学界同乡会,先后被推选为同乡会筹备员和委员,负责起草宣言。郭沫若对宣言颇为得意:"那篇文章我自己很是得意。虽然总不免是所谓'洋八股'的那一套,但就仅那一套在当时并没有好几个人能做",但曾琦却认为"有几处'帝国主义'的字眼,那是太露骨的,宣言应该慎重地修改"。[4]郭沫若对此一直耿耿于怀。这意味着宣言虽是代表同乡会起草,但其中不乏郭沫若个人的态度与立场。他在宣言中批评北京临时政府"荏苒因循也曾向外人方面提出了极糊涂的十三个条件了;那十三个条件,我们本大大的不满意"。在宣言结尾,他提出了"监督外交""废除一切不平等条约""实行对英日经济绝交的持久战"和"大团集"四条意见。[5]若稍加比照,会发现这些意见与国民党对五卅惨案的立场、态度十分相似。这并不是说郭沫若等提出的意见是国民党主张的翻版,而是说明在五卅的氛围中,双方共享着相似的思想与话语资源。

五卅惨案后,外媒更宣称"五卅'事件',是由于中国人的赤化"[6]。"赤化"本是欧美资本主义国家针对苏俄十月革命而提出的极具意识形态色彩的词。"为镇压和消弭震惊世界的五卅运动",欧美列强"别有用心指五卅运动为赤化运动,以造成国内反共产派与共产派之分裂与互斗"。[7]即使是极力主张分共的西山会议派也注意到赤化与共产间的差异,认为赤化"是帝国主义者发明的武器","只要你做一些爱国运动,唤一声打倒帝国主义,你便是赤化"。[8]广州的国民党左派意识到"帝国主义者强加赤化之用意"是"藉以联合一切帝国主义者"和"离间我国智识薄弱者,使我国内分裂"。[9]可见,不论是右派还是左派,都意识到

---

[1] 中国劳工运动史编纂委员会:《中国劳工运动史》,中国劳工福利出版社1966年版,第405页。
[2]《中华民国国民政府宣言稿》,载中国第二历史档案馆编《中华民国史档案资料汇编》第4辑,江苏古籍出版社1986年版,第37页。
[3]《四川旅沪学界同志会成立大会纪事》,《长虹月刊》1925年9月创刊号。
[4] 郭沫若:《创造十年续编》,北新书局1946年版,第104—105页。
[5] 郭沫若:《四川旅沪学界同志会五卅案宣言》,《晨报副刊》1925年7月13日第1224号。
[6] 湘:《这也赤化了吗》,上海《民国日报》1925年6月5日。
[7] 敖光旭:《国家主义与"联俄与仇俄"之争——五卅运动中北方知识界对俄态度之解析(上)》,《社会科学研究》2007年第6期。
[8] 真:《赤化和反革命》,《革命导报》1925年12月26日第1期。
[9] 曾绳点:《"赤化"谈(二)》,《广州民国日报》1925年9月3日。

"赤化"是帝国主义者的发明，并将这种"赤化"理解为中国的反帝爱国意识和行为。不过，"赤化"也给国民党带来了不少困扰，"香港报纸称，国民党已赤化"，使得国民党中央宣传部不得不发文辟谣。①因此，国民党调用赤化本身所含的反帝意识的同时，也试图将国民党与共产党、三民主义与共产主义区分开来。②

对于国民党人着力区分的"三民主义与共产主义"，郭沫若南下广州前在上海交通大学作过《三民主义与共产主义》的讲演，后经整理发表于《南洋周刊》，是郭沫若唯一一篇直接讨论该话题的文献，值得特别关注。郭沫若此讲演应是想弥合西山会议导致的国民党组织分裂。该讲演在具体的处理方式上有两个明显的特点：一是将民族革命话语置换为阶级革命话语，"民族解放运动，也就是对外的国际的阶级斗争"，因为"中国的资本家和外国的比起来，只算是无产阶级"。二是将共产革命的三个时期与三民主义进行对接："共产主义第一期是阶级斗争，相当于民族主义，第二期是半共产时期，相当于民权主义"，"三民主义与共产主义，是的确没有互相冲突的地方"。③从讲演的材料征引、处理方式及所欲达到的目的看，郭沫若对孙中山的三民主义思想是熟悉并部分认同的。郭沫若将国内各阶级转换为无产阶级，是想强调团结"各被压迫阶级反对国际的资产阶级的斗争"④的民族革命。因而，郭沫若此时主要是站在整体的国家立场对三民主义与共产主义进行调和，以实现国民革命。但即使是承认三民主义与共产主义有共通之处的国民党左派，也在微妙地辨析着两种主义之间的区别。这是国民革命后邓演达虽主张反蒋抗日，却不与中共合作另立第三党的缘由。郭沫若日后也更强调两种主义的区别，流亡日本后甚至多次拒绝邓演达向他伸出的橄榄枝。就"三民主义与共产主义"这一具体议题而言，郭沫若此时给出的是一条与国民党左右派理论家大相径庭的思路，凸显的是两者的相容相通性，至于差别并未多言。这种将两种主义进行调和的处理思路，使得郭沫若不仅不会畏避披着"赤化"外衣的广东国民政府，反会增强广东与"莫斯科"的精神关联，视之为归宿。回忆蒋光慈将蒋介石和汪精卫比作"中国的列宁和托洛次基"时，郭沫若仍不无深情地说："真的，在那时，无论是赞成或反对，谁不是把广州当成了莫斯科的呢？"⑤

结语

郭沫若给滕固的信中说："当教授虽不是我愿意的事情，但是能跳到中国的中央。"⑥但长期以来，郭沫若"跳到中国的中央"广州的动因只被放置进"瞿秋白的推荐"或"陈公

---

① 王奇生：《党员、党权与党争：1924—1949年中国国民党的组织形态》，上海书店出版社2003年版，第12页。
② 罗敦伟：《异哉所谓"国民党的赤化"！》，《政治周报》1924年4月18日第6号。
③ 郭沫若讲、秋霞笔记：《三民主义与共产主义》，《南洋周刊》1926年第8卷第3号。
④ 瞿秋白：《中国国民革命与戴季陶主义》，载《瞿秋白文集：政治理论编》第3卷，人民出版社2013年版，第329页。
⑤ 郭沫若：《创造十年续编》，北新书局1946年版，第142页。
⑥ 沫若：《再上一次十字架》，《狮吼》1924年第3期。

博的邀请"的逻辑链中考察，并将前者视作重要"事件"进行解读与改写。而由此返回两个"文本"及其历史周边，我们将发现郭沫若对文学与革命的复杂微妙态度及对革命的热情。因而，郭沫若虽强调文学与革命的一致性，但从相关文本碎片及其实际行动看，并不是革命与文学由对立转向融合，而是革命对文学的"抛弃"，将"文学与革命"问题短暂悬置，才使郭沫若走向了"实际活动"之路；当大革命落潮，无从事革命活动之路可走时，郭沫若又主张从革命回到文学继续未竟的革命事业，文学与革命此时才由对立转向融合。不过，郭沫若因革命经验所形成的革命文学观却被后期创造社成员的革命文学理论盛焰遮掩。郭沫若在国民革命时期对"文学与革命"关系的看法、处理方式及后续，虽对理解郭沫若及中国革命文学与现代文学的发展路径极为重要，却又未得到充分重视与展开。更重要的是，后来愈发趋于"理论"建构的革命文学观，逐渐改写了郭沫若当初"革命"的具体指向，即基于新国家想象的革命。同样，郭沫若南下广州也不只是接受"推荐"与"邀请"就做出的轻松选择，而是文学与革命相互角力，苏俄想象与新旧国家的择选与认同的合力所致。他将呈现出较为明显的"莫斯科"精神特征的广州视作"希望所寄系着的唯一的地方"①也是情理之中的事情。这也就不难理解他积极前往广州、投身北伐的决定，以及北伐中的一系列选择的初衷。不过，由于历史之页翻得过快及国民革命长期被视作教训而非经验，像郭沫若这样的知识分子参与国民革命的革命经验也被我们长期遗弃在历史的褶皱中。②但他并未忘却这段历史，国民革命的历史关联与经验在抗日战争中被再次激活。抗战全面爆发后，自嘲"十年退伍一残兵"③的郭沫若"又将投笔请缨"④到抗战救国的洪流。两次"投笔请缨"，"国家"都是郭沫若作出抉择的重要动力。不仅如此，对旧国家进行批判与革命，热情拥抱理想中的新国家并为之实干，也成为左右与理解郭沫若一生思想和行动的关键因素。

（原载《文艺理论与批评》2022年第5期）

---

① 郭沫若：《创造十年续编》，北新书局1946年版，第193页。
② 邱焕星近些年对鲁迅和国民革命的关系有系统性的思考，可参见邱焕星《"党同伐异"：厦门鲁迅与国民革命》，《文艺研究》2020年第1期。
③ 郭沫若：《有感》，《救亡日报》1937年8月25日。
④ 罗伦：《郭沫若先生的〈归国志感〉》，《立报》1937年8月3日。

新诗"情绪节奏"的内涵、机制与实践

王雪松

"情绪节奏"是新诗发展史上的一个重要命题,曾引起不少诗人和学者关注。郭沫若和戴望舒都极力倡导情绪节奏学说,闻一多、朱光潜等人对于"情绪"和"节奏"之间的关联也多有阐发。作为一种节奏学说,"情绪节奏"丰富了诗歌节奏理论;作为一种节奏现象,"情绪"和"节奏"之间的互动和转换机制值得深究。我们可以从"情绪节奏"的理论内涵、"情绪"与"节奏"的互动机制、"情绪节奏"的创作实践这三方面来考察新诗"情绪"与"节奏"间的复杂关系。

一 郭沫若的情绪节奏观:诗是对情绪自然消涨的直写

郭沫若是新诗"情绪节奏"命题的较早提出者,该命题源于其自身的创作体会,同时也得益于其与宗白华等人的通信交流。郭沫若不断从文学、物理学、生物学、心理学的角度阐发对情绪节奏的看法。在郭沫若看来,"诗=(直觉+情调+想象)+(适当的文字)"[1],直觉、情调、想象构成了诗歌的内容本体,他以海波来比拟:"诗不是'做'出来的,只是'写'出来的。我想诗人底心境譬如一湾清澄的海水,没有风的时候,便静止着如象一张明镜,宇宙万汇底印象都涵映着在里面;一有风的时候,便要翻波涌浪起来,宇宙万汇底印象都活动着在里面。这风便是所谓直觉,灵感(Inspiration),这起了的波浪便是高涨着的情调。这活动着的印象便是徂徕着的想象。这些东西,我想来便是诗底本体,只要把他写了出来的时候,他就体相兼备。"[2]郭沫若认为,"大波大浪的洪涛便成为'雄浑'的诗","小波小浪的涟漪便成为'冲淡'的诗",而"这种诗底波澜,有他自然的周期,振幅(Rhythm)"[3]。在这里,郭沫若首次提出"情调节奏"命题,"Rhythm"被其译为物理学上的术语"振幅",在上述比拟中,"情调"在诗歌本体中占据主体地位,该"情调"意旨等同于"情绪"(从其后的通信中可以看出)。郭沫若认为宗白华所说的诗歌定义过于"宽泛",他明确提出诗的本职专在抒情,"因为情绪自身本是具有音乐与绘画之二作用故。情绪的律吕,情绪的色彩便是诗。诗的文字便是情绪自身的表现"[4]。这里,郭沫若用"情绪"替换了先前使用的"情调"术语,又用生物学知识对诗歌的内容和形式做了比拟:"直觉是诗细胞的Kern,情绪是Protoplasma,想象是Centrosoma,至于诗的形式只是Zellenmembran,这是从细胞质中分泌

---

[1] 郭沫若:《郭沫若致宗白华》,载《郭沫若全集·文学编》第15卷,人民文学出版社1990年版,第16页。
[2] 郭沫若:《郭沫若致宗白华》,载《郭沫若全集·文学编》第15卷,人民文学出版社1990年版,第14页。
[3] 郭沫若:《郭沫若致宗白华》,载《郭沫若全集·文学编》第15卷,人民文学出版社1990年版,第14—15页。
[4] 郭沫若:《郭沫若致宗白华》,载《郭沫若全集·文学编》第15卷,人民文学出版社1990年版,第47—48页。

出来的东西。"①郭沫若把情绪比作细胞中的原生质（在《沫若文集》中，作者将上述单词分别自译为诗细胞的"核""原形质""染色体""细胞膜"），再一次强调情绪在诗中的地位。郭沫若在写给李石岑的信中，又从心理学角度对情绪节奏进行阐释，"诗之精神在其内在的韵律（Intrinsic Rhythm），内在的韵律（或曰无形律）并不是甚么平上去入，高下抑扬，强弱长短，宫商徵羽；也并不是甚么双声叠韵，甚么押在句中的韵文！这些都是外在的韵律或有形律（Extraneous Rhythm）。内在的韵律便是'情绪的自然消涨'。这是我自己在心理学上求得的一种解释"②。至此，郭沫若已经将"情绪的自然消涨"等同于内在或无形的节奏，视作诗之精神。"情绪"的地位也随之上升，从诗歌的重要本体构成上升为诗的精神，统摄诗歌。

在稍早写就的《文学的本质》中，郭沫若的基本结论是，（1）诗是文学的本质，小说和戏剧是诗的分化；（2）文学的本质是有节奏的情绪的世界；（3）诗是情绪的直写，小说和戏剧是构成情绪的素材的再现。他对于情绪节奏的描述如下。

> 节奏之于诗是与生俱来的，是先天的，决不是第二次的、使情绪如何可以美化的工具。情绪在我们的心的现象里是加了时间的成分的感情的延长，它本身具有一种节奏。我们由内在的或者外界的一种或多种的刺激，同时在我们的心境上反应出单纯的或者复杂的感情来。这单纯的或者复杂的感情如不加以时序的延长，那是不能发生出诗的表现的。简单的一句感情话绝不能成为诗，感情到顶强烈的时候我们的观念的进行反而有停止的时候。我们假如过于快活，或者过于不快活，我们每每呆室着说不出话来，便是这观念停顿的表现。所以纯粹的感情是不能成为诗的。感情加了时序的延长便成为情绪，情绪的世界便是一个波动的世界、节奏的世界；我们的心境呈现情绪的状态的时候，我们的心趣的进行，根据温德（Wundt）的分类可得到七种的波状线。③

郭沫若认为节奏是情绪的自带属性，节奏具有周期性的特征也就意味着情绪必须在时间中展开和波动，是一个动态过程，这样就跟一般静态稳定的"感情"区别开来。在《论节奏》一文中，郭沫若指出："抒情诗是情绪的直写。情绪的进行自有它的一种波状的形式，或者先抑而后扬，或者先扬而后抑，或者抑扬相间，这发现出来便成了诗的节奏。所以节奏之于诗是它的外形，也是它的生命。"④郭氏认为节奏的构成依赖时间的关系和力的关系，在一定时间范围内，注意力有松弛紧张之分，故而客观上"时"的节奏，在主观上则表现为"力"的节奏。对于节奏的效果，郭氏认为先扬后抑的节奏起沉静效果，先抑后扬的节奏起鼓舞效果。以上是关于情绪节奏的性质和效果的说明，需要进一步追溯的是情绪节奏的触发

---

① 郭沫若：《郭沫若致宗白华》，载《郭沫若全集·文学编》第15卷，人民文学出版社1990年版，第49页。
② 郭沫若：《论诗三札》，载《郭沫若全集·文学编》第15卷，人民文学出版社1990年版，第337页。
③ 郭沫若：《文学的本质》，载《郭沫若全集·文学编》第15卷，人民文学出版社1990年版，第348页。
④ 郭沫若：《论节奏》，载《郭沫若全集·文学编》第15卷，人民文学出版社1990年版，第353页。

和生成机制，郭沫若介绍了四种节奏起源假说，分别是宇宙论的假说、僧侣的假说、生理学的假说、心理学的假说，郭沫若的观点采取了第一、第三、第四种假说的综合。

宇宙论的假说认为宇宙自体是节奏的表现。郭沫若认为此说把节奏解释成客观现象，跟节奏的主观感知之间还缺乏学理疏通，显得过于粗疏。生理学的假说把心脏的鼓动和肺脏的呼吸视作节奏之起源。郭沫若学习过医学，虽认为此说鞭辟入里，但困惑于这种无意识的节奏跟有意识的节奏之间的关系。对心理学的假说，郭沫若的综合认可度比较高。他指出：

> 这种假说，便是温德（Wundt）派的主张。这是把节奏的起源移植到我们的感情上来，便是由我们的感情之紧张与弛缓交互融合处所生出的一种特殊的感觉。外界或者内界的刺激快要来了，我们豫期着它，便生出一种紧张，激刺一来了，我们因之生出一种弛缓，就这样一张一弛在我们的意识中便生出时间的观念来。假如刺激的到来是依着一定的时间，不怕就是同一的速度，同一的强度，我们在主观上，因为注意关系，便生出强弱之分，这便成了节奏。[①]

这种假说，有完整的过程描绘，基本上阐明了情绪节奏的触发、生成和输出机制，故而在郭沫若看来比较精密，没有什么蹈空的弊病。但郭沫若依然要强调情绪的时间要素："但我还要进一层，一切感情，加上时间的要素，便要成为情绪的。所以情绪自身，便成为节奏的表现。我们在情绪的氛氲中的时候，声音是要战栗的，身体是要摇动的，观念是要推移的。由声音的战颤，演化而为音乐。由身体的动摇，演化而为舞蹈。由观念的推移，表现而为诗歌。"[②]

在新诗草创期，虽然有不少人（如宗白华、康白情等）将"情绪"提升到诗歌内容本体构成的地位，但都没关注情绪自身的节奏，而且在大多数人的诗论中，情绪与情感、意境、思想之间的分界线并不明晰，而后者往往带有道德和理性色彩，故而在一定程度上弱化了情绪自身的节奏特质。郭沫若沿着抒情一路开拓，但明确以情绪节奏为主轴，将其上升到诗之精神层面，给予情绪节奏以主导地位，且对情绪节奏的特征、效果、生成过程做了进一步的学理阐释，有理论开创之功。

二 戴望舒的情绪节奏观：诗是对情绪抑扬顿挫的曲写

郭沫若的情绪节奏理论比较成体系，学理性也比较强，相比之下，戴望舒的诗论更像是一种创作宣言或诗话。郭沫若更重情绪节奏的触发机制，戴望舒更重情绪节奏的传达效果。戴望舒的诗论比较零散，《望舒诗论》于1932年发表在《现代》杂志第2卷第1期，系《现代》编者从戴望舒的随记手册中抄取的诗论断片，共计十七条。其中直接论及诗之情绪的有：

[①] 郭沫若：《论节奏》，载《郭沫若全集·文学编》第15卷，人民文学出版社1990年版，第359页。
[②] 郭沫若：《论节奏》，载《郭沫若全集·文学编》第15卷，人民文学出版社1990年版，第360页。

五、诗的韵律不在字的抑扬顿挫上,而在诗的情绪的抑扬顿挫上,即在诗情的程度上。

六、新诗最重要的是诗情上的 nuance 而不是字句上的 nuance。

七、韵和整齐的字句会妨碍诗情,或使诗情成为畸形的。倘把诗的情绪去适应呆滞的,表面的旧规律,就和把自己的足去穿别人的鞋子一样。愚劣的人们削足适履,比较聪明一点的人选择较合脚的鞋子,但是智者却为自己制最合自己的脚的鞋子。

九、新的诗应该有新的情绪和表现这情绪的形式。所谓形式,决非表面上的字的排列,也决非新的字眼的堆积。

十、不必一定拿新的事物来做题材(我不反对拿新的事物来做题材),旧的事物中也能找到新的诗情。

十一、旧的古典的应用是无可反对的,在它给予我们一个新情绪的时候。

十六、情绪不是用摄影机摄出来的,它应当用巧妙的笔触描出来。这种笔触又须是活的,千变万化的。[①]

十七条诗论中,有七条直接论及诗情(情绪),其余几条也都是围绕如何表达新情绪而从外围形式展开的,第五条直接把情绪与韵律(节奏)勾连了起来[②]。通篇来看,戴望舒是将诗歌情绪置于新诗首要地位,而且特别指明要表达新情绪,换言之,寻求的是现代情绪,这正呼应施蛰存在《又关于本刊中的诗》中所述:"《现代》中的诗是诗。而且是纯然的现代的诗。它们是现代人在现代生活中所感受的现代的情绪,用现代的词藻排列成的现代的诗形。"[③]戴望舒在表达情绪方式上反对摄录式的直写,这与现代派重视暗示性的审美追求相契合,戴望舒要求诗歌形式适合情绪表达,而非情绪受制于形式。通常认为戴望舒想迫切摆脱《雨巷》的音乐性之累,也不满情绪表达过于直白,转而走向了无韵自由体,但戴望舒其实不是简单地否定音韵,只不过是要求音韵与情绪协调。他在1944年所刊发的《诗论零札》中除了一如既往地强调情绪首要性外,还特别指出情绪与文字的和谐:

诗的韵律不应只有浮浅的存在,它不应存在于文字的音韵抑扬这表面,而应存在于诗情的抑扬顿挫这内里。

诗:以文字来表现的情绪的和谐。

把不是"诗"的成分从诗里放逐出去。所谓不是"诗"的成分,我的意思是说,在组织起来时对于诗并非必需的东西。例如通常认为美丽的词藻,铿锵的音韵等等。

[①] 戴望舒:《望舒诗论》,载王文彬、金石主编《戴望舒全集·散文卷》,中国青年出版社1999年版,第127—129页。

[②] 在现代诗人笔下,关于节奏的术语并不统一,此处"韵律"也可视作节奏现象之一种。具体参见王泽龙、王雪松《中国现代诗歌节奏内涵论析》,《文学评论》2011年第2期。

[③] 施蛰存:《又关于本刊中的诗》,《现代》1933年第4卷第1期。

并不是反对这些词藻、音韵本身。只当它们对于"诗"并非必需,或妨碍"诗"的时候,才应该驱除它们。①

戴望舒的诗论比较零散,代表其核心观点的重要表述有:"诗:以文字来表现的情绪的和谐","新的诗应该有新的情绪和表现这情绪的形式"。而"和谐"在这里有双重意义,一是"情绪"自身的和谐;二是"文字"和"情绪"之间的和谐。这种和谐的情绪节奏观,其实也体现出戴望舒对情绪的基本态度,虽讲究抑扬顿挫,但不偏执一端,自有一种从容和"古典"气息。正如杜衡在《望舒草序》中的感受:"他底诗,曾经有一位远在北京(现在当然该说是北平)的朋友说,是象征派的形式,古典派的内容。这样的说法固然容有太过,然而细阅望舒底作品,很少架空的感情,铺张而不虚伪,华美而有法度,倒的确走的诗歌底正路。"②戴望舒注重情绪的充实可感,唯有对细节和现实重视方可有此效,这就跟因循守旧式抒情、口号叫嚣式抒情拉开了距离,同时也是对早期象征派跳脱现实的晦涩之风的矫正。

戴望舒提出情绪节奏学说,一方面是对自己前期《雨巷》诗风的反思,他感受到外在音韵字句整齐对于情绪表达的束缚;另一方面也是对当时诗坛抒情直白叫嚣之风的反拨,从中也可看出戴望舒对郭沫若所引领的浪漫派之末流的批评。戴望舒的情绪节奏观正是对郭沫若"情绪直写论调"的直接反拨。

通观郭沫若与戴望舒的情绪节奏学说,从情绪节奏的性质和重要性上看,两人意见是统一的。只是在情绪节奏表现形式上,郭沫若推崇"直写",戴望舒青睐"曲写",二人在后期的诗论中,都表现出对外部音韵节奏的接受和容纳,将之归于辅助性地位。两人都以"情绪"为宗,而"情绪"是主观化和个人化的,因此他们都排斥诗形的普泛性和示范性,而寻求适合情绪的独特的诗形。戴望舒在《诗论零札》中说:"所谓'完整'并不应该就是'与其他相同'。每一首诗应该有它自己固有的'完整',即不能移植的它自己固有的形式,固有的韵律。"③郭沫若也有类似的看法,他在写给宗白华的信中说:"艺术训练的价值只可许在美化感情上成立,他人已成的形式是不可因袭的东西。他人已成的形式只是自己的监狱。形式方面我主张绝端的自由,绝端的自主。"④

对于郭沫若和戴望舒来说,尽管都推崇情绪节奏之说,但二人的诗歌风格差异较大,学界也常把两人归属不同诗派,这反倒说明情绪节奏学说并不构成诗派之间的理论壁垒。另外,郭沫若和戴望舒虽标举情绪,但并不排斥音韵等外在节奏,前提是音韵等有利于或不妨碍情绪表现,这说明情绪节奏学说也超越了自由体、格律体诗之间的藩篱。从这个意义上说,"情绪节奏"在诗学宣言背后,潜隐的是一种普遍存在的诗歌节奏规律,应从情绪的生

---

① 戴望舒:《诗论零札》,载王文彬、金石主编《戴望舒全集·散文卷》,中国青年出版社1999年版,第188—189页。
② 杜衡:《望舒草序》,《现代》1933年第3卷第4期。
③ 戴望舒:《诗论零札》,载王文彬、金石主编《戴望舒全集·散文卷》,中国青年出版社1999年版,第188页。
④ 郭沫若:《郭沫若致宗白华》,载《郭沫若全集·文学编》第15卷,人民文学出版社1990年版,第49页。

理基础和心理机制去探寻情绪节奏的奥秘。

三 情绪节奏的生理与心理机制

在郭氏和戴氏的诗论中,情调、情感、情绪等术语是混用的,Rhythm也有"节奏""韵律"等不同译法,我们认为用"情绪节奏"的名称比较科学。在心理学中,情绪主要指感情过程,即个体需要与情境相互作用的过程,也就是脑的神经机制活动的过程。情绪具有较大的情景性、激动性和暂时性,往往随着情景的改变和需要的满足而减弱或消失。而情感经常用来描述那些具有稳定的、深刻的社会意义的感情,作为一种体验和感受,情感具有较强的稳定性、深刻性和持久性[1]。换句话来说,"情感是对感情性过程的体验和感受,情绪是这一体验和感受状态的活动过程"[2]。节奏描述的正是一种运动过程,故而"情绪节奏"这一诗学术语有心理学依据。

情绪节奏的生成和展现建立在一定的生理基础上,最明显、最基础的生理反应是紧张或松弛,郭沫若的创作体会有一定代表性。郭沫若曾在《我的作诗的经过》中描述过创作《凤凰涅槃》时全身发寒发冷的情况,甚至牙关都在打冷战,这就是一种生理紧张状态。

不独是郭沫若,闻一多也指出过节奏和生理之间的关系。闻一多认为节奏的生理基础有脉搏跳动、紧张和松弛、声波和光波[3]。朱光潜也谈到自己的读书和写作体会:"我读音调铿锵、节奏流畅的文章,周身筋肉仿佛作同样有节奏的运动;紧张,或是舒缓,都产生出极愉快的感觉。如果音调节奏上有毛病,我的周身筋肉都感觉局促不安,好象听厨子刮锅烟似的。我自己在作文时,如果碰上兴会,筋肉方面也仿佛在奏乐,在跑马,在荡舟,想停也停不住。如果意兴不佳,思路枯涩,这种内在的筋肉节奏就不存在,尽管费力写,写出来的文章总是吱咯吱咯的,象没有调好的弦子。"[4]紧张或松弛(舒缓)是上述三人描述生理反应的关键词。

生理上的反应(紧张或松弛)怎么触发和传递呢?显然要经过心理这一层面。朱光潜专门谈过节奏和情绪的关系,他认为:"情绪发生时生理、心理全体机构都受感动,而且每种情绪都有准备发反应动作的倾向,例如恐惧时有准备逃避的倾向,愤怒时有准备攻击的倾向。生理方面(尤其是筋肉系统)的这种动作的准备与倾向在心理学上叫做'动作趋势'(motor sets),节奏引起情绪,通常先激动它的特殊的'动作趋势'。"[5]朱光潜把诗引起的生理变化分为三类:一是属于节奏(即他所说的筋肉应和音律而"打板"的行为),二是属于模仿运动,三是属于适应运动,后两者的区别在于,模仿运动是模仿诗歌中意象所表示的动

---

[1] 彭聃龄主编:《普通心理学》,北京师范大学出版社2004年版,第365页。
[2] 孟昭兰主编:《普通心理学》,北京大学出版社1994年版,第390页。
[3] 闻一多:《诗歌节奏的研究》,载孙党伯、袁謇正主编《闻一多全集》第2卷,湖北人民出版社1993年版,第54页。
[4] 朱光潜:《散文的声音节奏》,载《朱光潜全集》第4卷,安徽教育出版社1988年版,第221页。
[5] 朱光潜:《诗论》,载《朱光潜全集》第3卷,安徽教育出版社1987年版,第130页。

作,而"适应运动如仰视侧听之类,目的在以身体牵就所知觉物,使知觉愈加明瞭,不必与意象所表现的动作相同"。

朱光潜这里所说的动作趋势并不是实有动作,而是一种存在于心理和生理之间的动作趋势反应,解释了情绪和生理之间的互动机制。从创作角度看,诗人的情绪勃发到诗歌节奏表现是顺向过程;从接受角度来看,诗歌节奏表现到情绪感染是逆向过程。朱光潜引入"模型(pattern)""预期(expectation)"概念,解释了这种过程。他认为,人的生理、心理与诗歌节奏有一个共同项——"模型","诗与音乐的节奏常有一种'模型'(pattern),在变化中有整齐,流动生展却常回旋到出发点,所以我们说它有规律。这'模型'印到心里也就形成了一种心理的模型,我们不知不觉地准备着照这个模型去适应,去花费心力,去调节注意力的张弛与筋肉的伸缩。这种准备在心理学上的术语是'预期'(expectation)。有规律的节奏都必能在生理、心理中印为模型,都必能产生预期。预期的中不中就是节奏的快感与不快感的来源"①。也就是说,预期的满足与否,带来心理变化(满足则注意力放松,不满足则注意力紧张),继而带来相应的"动作趋势",从而联动了生理反应,反之亦然。具体到诗歌创作和接受过程,"大约情感有悲喜两极端,悲时生理变化倾向抑郁,喜时生理变化倾向发扬。这两极端之中纯杂深浅的程度自然有许多差别。诗人做诗时由情感而起生理变化;我们读诗时则由节奏音调所暗示的生理变化而受情感的浸润"②。

不少现代诗人都注意到节奏和情绪的身心关联,但"情绪节奏"作为一种节奏模式能否成立呢?情绪节奏作为"节奏"之一种,得符合节奏的一般规律。那么情绪节奏的波动性和周期性体现在哪里?其实就是"预期"的满足与否带来的"紧张/松弛"这种基本身心反应的交替。当然这种"紧张"和"松弛"是相对而言的,各自都有强弱之分,并不都表现为两极分化。

现代心理学注意到这一现象,"需要—预期"理论提供了情绪何以成为节奏的理据:

> 需要—预期假说认为,预期也是情绪发生的一个重要中介,当客体与需要关系不明时,只要超出一定的预期,也能产生情绪(不确定情绪)。而在人的实践活动中,主客观在认识上的矛盾是普遍存在的,客体超出预期的情况是不断发生的,因此产生的情绪也必定是连绵起伏的,只是程度不同,有时不为我们所体验到罢了。这在宏观上与"人在认识和改造世界活动中必然伴以情绪体验"的命题相一致;在微观上也与生理测定的事实相吻合:只有当人完全放松静息时,反映情绪活动的各项生理指标才是最低的,否则都将在此基准上起伏变化。因此,可以说,人在活动时,情绪的平静是相对的,而波动才是绝对的。情绪的本质就是一种波动。③

---

① 朱光潜:《诗论》,载《朱光潜全集》第3卷,安徽教育出版社1987年版,第125页。
② 朱光潜:《从生理学观点谈诗的"气势"与"神韵"》,载《朱光潜全集》第3卷,安徽教育出版社1987年版,第369页。
③ 卢家楣:《关于情绪发生心理机制的需要—预期假说》,《心理科学通讯》1988年第4期。

只有当情绪表现为一种波动时，才使情绪节奏成为可能，现代心理学研究表明，郭沫若、朱光潜等人提出的情绪节奏设想，不仅有创作上的感性体验可证，也有心理学上的实证[1]。一些常规的节奏会形成惯常的模式（模型），从而形成心理预期，实际阅读过程会验证这个"预期"的满足与否，带来注意力上的紧张或松弛，因"动作趋势"而传递生理反应，情绪节奏就是这种预期满足与否之效果的交替，生理上产生紧张、松弛的交替，紧张与松弛就是情绪节奏中的凸显性（或对立性）要素。

四 情绪节奏在新诗中的建构实践

情绪节奏的生理和心理机制明了之后，再回到上一个问题，郭沫若和戴望舒都推崇情绪节奏学说，为何二者的创作风格却大相径庭？情绪节奏的功能和效果如何在现代诗歌创作和传播中体现？在新诗创作实践中，情绪节奏的效果是多方面因素共同参与的结果。

当然，诗人自身的主观意愿因素会起一定的作用。郭沫若和戴望舒对情绪维度的偏好不同，导致了不同的情绪节奏风格追求。心理学理论认为："情绪的维度（dimension）是指情绪所固有的某些特征，主要指情绪的动力性、激动性、强度和紧张度等方面。这些特征的变化幅度又具有两极性（two polarity），每个特征都存在两种对立的状态。"[2]具体来说，情绪的动力性有增力和减力两极，激动性有激动与平静两极，强度有强、弱两极，紧张度有紧张和轻松两极。戴望舒天性敏感，反对赤裸裸呼号式的抒情，更倾向用"巧妙的笔触"达到"和谐"效果，在情绪维度中善取平衡；而郭沫若天性冲动，常趋于两极，试看郭氏对情绪节奏的描述，如"大波大浪的洪涛""小波小浪的涟漪""紧张与弛缓"等。郭氏认为先扬后抑的情绪节奏使人沉静，先抑后扬的情绪节奏使人鼓舞，"沉静"与"鼓舞"从节奏效果上看也是两极性的。

诗人主观意愿因素只是提供了情绪节奏生发的原始动力，这种情绪节奏还需借助文字、声音、体式等呈现出来，才具备传递的可能性，这也是情绪节奏作为内节奏能够被感知的重要途径。情绪节奏的发生与传递机制是一个复杂的过程，情绪维度的设置、情绪模型的建立、"动作趋势"的幅度、"预期"的满足与否等，这些要素在一起综合发挥作用。

节奏是某些凸显因素的周期性运动，一般来说，这种周期性运动会在生理和心理上留下模型，读者会预判下一个周期，形成心理预期，当下一个周期如期而至并且如己所料，预期得到满足，就会在注意力上放松，这种松弛会让情绪节奏相对平稳地波动，生理反应平缓；如果预期没有被满足，则注意力紧张，这种紧张会让情绪节奏相对剧烈地波动，生理反应显著。正如朱光潜所说："生理变化愈显著，愈多愈速，我们愈觉得紧张亢奋激昂；生理变化愈不显著，愈少愈缓，我们愈觉得松懈静穆闲适。前者易生'气势'感觉，后者易生'神韵'感觉。"[3]在新诗中，"押韵""反复""语调""词汇"等的综合使用，对情绪节奏的影响

---

[1] 实证实验可参见张奇勇、卢家楣等《情绪感染的发生机制》，《心理学报》2016年第11期。
[2] 彭聃龄主编：《普通心理学》，北京师范大学出版社2004年版，第366—367页。
[3] 朱光潜：《从生理学观点谈诗的"气势"与"神韵"》，载《朱光潜全集》第3卷，安徽教育出版社1987年版，第373页。

显著。

押韵作为一种明显的呼应模型,最能产生"预期"效应,从而转移人的注意,对情绪节奏产生重要影响,一定程度上能缓解生理的不快。闻一多认为:"盖热烈的情感底赤裸之表现,每引起丑感。莎士比亚之名剧中,每到悲惨至极处,便用韵语以杀之。"[①]"押韵"利用"预期"的满足来冲淡情绪上的紧张和生理上的过度刺激,还可让情绪在"引而不发"的反复中含蓄蕴藉,诗的情绪和诗的审美达到统一。在新诗具体实践中,韵式还和其他节奏要素配合,带来的情绪节奏效果也有差异。闻一多、高兰都写过痛悼爱女的诗篇,试比较:

也许你听这蚯蚓翻泥,/听这小草的根须吸水,/也许你听着这般音乐,/比那咒骂的人声更美;//那么你先把眼皮闭紧,/我就让你睡,我让你睡,/我把黄土轻轻盖着你,/我叫纸钱儿缓缓的飞。[②]

你哪里去了呢?我的苏菲!/去年今日/你还在台上唱"打走日本出口气"!/今年今日啊!/你的坟头已是绿草蔓迷!//孩子啊!你使我在贫穷的日子里,/快乐了七年,我感谢你。/但你给我的悲痛/是绵绵无绝期呀,/我又该向你说什么呢?[③]

这两首诗都是直抒胸臆,将亡女当作倾诉对象,从情绪烈度来说,《也许——葬歌》幽婉低回,略显阴柔,情绪低落,悲而不伤,情满而不溢,类似疼爱女儿的父亲唱的小夜曲或安魂曲。而《哭亡女苏菲》则显得悲痛欲绝,痛不可抑,很像是一位父亲在女儿坟前的招魂曲,一种招魂而魂不至的悲痛弥漫全诗。从读者接受角度来体会,《也许——葬歌》的情绪节奏比较平和,《哭亡女苏菲》的情绪节奏则要激越很多。

这两首诗在情绪节奏建构中有诸多要素参与。从叙事节奏上看,《也许——葬歌》时空比较单一,基本上是顺叙,叙事节奏平顺;而《哭亡女苏菲》则是时空大幅穿插,现实和回忆交错,顺叙和倒叙交织,叙事节奏波折。从情绪维度和"动作趋势"来看,《也许——葬歌》的动词有"听""闭""睡",这些动词有一定的关联性,基本都是五官动作,以情状为主,过渡平稳,动作幅度很小,而"盖""飞"这样幅度大的动作前又有"轻轻""缓缓"作为限定词,从而最大程度舒缓了动作,引起读者相应的"动作趋势"就比较轻缓;《哭亡女苏菲》里的动词不多,但诗人的情绪点两极分化,如"台上高唱/坟头绿草""快乐七年/悲痛无绝期",情绪在动与静、乐与痛、短暂与永远之间两极跨越,导致情绪的波动剧烈,落差较大,读者之"动作趋势"更为强烈。从音韵节奏和语调节奏来看,两首诗都有押韵现象,但效果差别很大。从音色上看,两首诗的韵都是以唇齿音、舌尖音为主,适宜低声徘徊和呢喃倾诉。但在韵的使用上两诗有别,《也许——葬歌》的押韵比较规则,隔行押韵且不换韵,强

---

① 闻一多:《律诗底研究》,载孙党伯、袁謇正主编《闻一多全集》第10卷,湖北人民出版社1993年版,第158页。

② 闻一多:《也许——葬歌》,载孙党伯、袁謇正主编《闻一多全集》第1卷,湖北人民出版社1993年版,第140—141页。

③ 高兰:《哭亡女苏菲》,载公木主编《新诗鉴赏辞典》,上海辞书出版社1991年版,第479—480页。

化了这种音色对全诗的贯串，同时行式规整，行尾标点以常见的逗号、句号为主，在语意顺承的同时，音韵语调也平缓有序，读者很容易建立节奏模型，从顺应到产生预期，再到印证预期，预期的满足节制了诗意本身指向的哀恸，颇有哀而不伤之美。而《哭亡女苏菲》的韵式不规则，句式不一，长短交错，意味呼吸节奏的不可预期，而且通过标点符号（问号、叹号）的密集设置进行语调调节，首节先抑后扬，次节先扬后抑，读者的预期每每落空，因此带来生理和心理上的双重紧张，这种身心不适也与父亲呼天抢地的悲恸与控诉合拍，达到情绪的共振。

郭沫若和戴望舒在情绪节奏风格上有明显差异。朱湘就用反问的语气评价："郭君的诗，我们看的时候，不是觉得很紧张的吗？"①戴望舒曾自评过自己与郭沫若的诗歌风格："如我的大部分的诗作，可以加之以'紧张惊警'这四个绝不相称的形容词吗？郭沫若、王独清的大部分的诗，甚至那些口号式的'革命诗'（这些都不是'四行诗'，然而都是音调铿锵的韵律诗），我们能说它们是'从容自然'的吗？"②"紧张惊警"与"从容自然"恰能反映郭氏与戴氏不同的情绪节奏风格。郭沫若的《天狗》利用高密度、高频率的单质反复，语词衔接异常紧密，语形上间不容发，语速上刻不容缓，语意上多采取递进方式，从而造成一种追击般的语势，以语词轰炸般的态势将情绪推向高潮。

> 我是一条天狗呀！／我把月来吞了，／我把日来吞了，／我把一切的星球来吞了，／我把全宇宙来吞了。／我便是我了！∥我是月底光，／我是日底光，／我是一切星球底光，／我是 X 光线底光，／我是全宇宙底 Energy 底总量！∥我飞奔，／我狂叫，／我燃烧。／我如烈火一样地燃烧！／我如大海一样地狂叫！／我如电气一样地飞跑！／我飞跑，／我飞跑，／我飞跑，我剥我的皮，／我食我的肉，／我吸我的血，／我啮我的心肝，／我在我神经上飞跑，／我在我脊髓上飞跑，／我在我脑筋上飞跑。∥我便是我呀！／我的我要爆了！③

《天狗》从阅读感受来说近乎"歇斯底里"。这首诗突出的特点是句式反复，全诗都是以"我"开头的主谓句式的反复，而每一节又有各自主导的重复模型，如第一节的"我把……"句式，第二节的"我是……底光"句式，第三节的"我如……一样地……"和"我在我……上飞跑"等，这些都是复合结构的异质反复，中间还穿插有"我飞跑"的同质反复，句中还有"我便是我""我的我"这样的句内反复，可以说本诗的反复频率达到了极限。一般来说，反复最容易建构模型，对于读者来说也容易满足预期，但反复频率过高，则可能对预期造成抑制的负面效果。因为相似的结构，会让发力的肌肉群高频率做同样动作，极易造成肌肉疲劳，反而不容易维持初始的力度，要想维持这种力度以使音色饱满，唯有加大呼吸量，不断

---

① 朱湘：《郭君沫若的诗》，载《中书集》，中国戏剧出版社2001年版，第155页。

② 戴望舒：《谈林庚的诗见和"四行诗"》，载王文彬、金石主编《戴望舒全集·散文卷》，中国青年出版社1999年版，第168页。

③ 郭沫若：《天狗》，载《郭沫若全集·文学编》第1卷，人民文学出版社1982年版，第54—55页。

进行呼吸重置，就改变了呼吸节奏，气息节奏打乱，自然要气喘吁吁。从音色上看，全诗中使用的爆发音特别多，如"把""奔""爆""狗""光""跑""吞""狂""等，几乎每行都有若干爆发音，句尾的几个"！"又对语调做了强化，故而对气息的要求比较高。于是在反复造成的速度上又叠加了力度要求，对于生理节奏来说是一种高强度的挑战，可以说，这种反复模型挤压了反应时间和空间，须始终保持心理紧张状态，最后在高强度、高密度的反复中，达到生理节奏的极限，便感到"我的我要爆了"的狂乱情绪。

从动作趋势来看，本诗的激烈动作非常多，如"吞""飞奔""燃烧""狂叫""飞跑""剥""食""吸""啮"等，无一不是狂暴之词，生理的呼应自然就强烈。从语词搭配来看，本诗有较多不可预期之处。如"吞"的对象自然联想是食物，在此却是日月星辰和浩瀚宇宙；"剥""食""吸""啮"本是敲骨吸髓般的残暴用语，自然联想是施加在仇敌身上，在此却是反噬主体自身；"我"本应飞跑在他处，在此却是在"我"的内部器官上飞跑，简直是狂不择言；而"我便是我了""我的我要爆了"这样的表述也并非生活用语，而是对日常语法的扭曲，这样的表意节奏让人难以预期，但又符合本诗神经质似的狂乱逻辑。诗人任由情绪的节奏驱动创作，而读者在阅读过程中，因"动作趋势"和语意不可预期，必须保持注意力，造成生理和心理的紧张，从而在情绪体验上跟诗人的情绪节奏合拍。

如果说郭沫若宣言式的《天狗》给人带来"紧张惊警"的情绪体验，那么戴望舒的《我的记忆》就从容自然多了，处处体现出对情绪的可期可控。

> 它生存在燃着的烟卷上，/它生存在绘着百合花的笔杆上，/它生存在破旧的粉盒上，/它生存在颓垣的木莓上，/它生存在喝了一半的酒瓶上，/在撕碎的往日的诗稿上，在压干的花片上，/在凄暗的灯上，在平静的水上，/在一切有灵魂没有灵魂的东西上，/它在到处生存着，像我在这世界一样。①

这首诗同样用了诸多反复，但跟《天狗》"动态"反复不同的是，《我的记忆》多是"静态"反复，变换的是物象，谓语动词"生存"反复很多，但它是一个"不及物"的动词，动作趋势无从模拟，而作为修饰语的"燃着的""绘着""撕碎的""压干的"，语法重点是表示结果或状态，而不是动作过程本身。这样，全诗的动作性降到最低，保持了平静的状态。变换的物象虽然飘忽不定，但亦有规律可循，视角由近及远，而且这种变换几乎没有动作驱动，恰符合"记忆"的散漫。从叙事节奏来看，这正是戴望舒曲写情绪的典范。他没有直抒胸臆，正常的抒情逻辑是由"烟卷""笔杆""木莓"等物象激起什么样的记忆，这些物象本是记忆的激发点，但戴望舒却用存现句的方式，将这些物象作为记忆的收束点，将记忆隐藏在这些物象之中，但诗人的记忆又从这些物象中若隐若现，在物象的转移中，隐藏对记忆的遐想，正是现代派所追求的"表现自己与隐藏自己之间"。如果说《天狗》需要读者追击式的动作模拟，不给人喘息的时间和空间；《我的记忆》则需要读者在场景物象变换中尽可能

---

① 戴望舒：《我的记忆》，载王文彬、金石主编《戴望舒全集·诗歌卷》，中国青年出版社1999年版，第49页。

发散式想象，疏离延展时间和空间。戴望舒利用静态反复的句式，佐以清晰的语流停延和先扬后抑的语调节奏，让情绪平缓静谧。

朱光潜曾提到理想的节奏类型："理想的节奏须能适合生理、心理的自然需要，这就是说，适合于筋肉张弛的限度，注意力松紧的起伏回环，以及预期所应有的满足与惊讶，所谓'谐'和'拗'的分别就是从这个条件起来的。"[①]戴望舒非常注意外节奏和内节奏的和谐，《我的记忆》于1929年1月首发于《未名》第2卷第1期，初版本中的"存在在"表述，在收入《望舒草》时改为"生存在"，从发音部位和肌肉动作来看前拗后谐，可见戴望舒对和谐情绪节奏的追求。而郭沫若早期诗作往往豪奇中带有粗鄙，正与其"拗"的情绪节奏建构相关，但这也正好复刻了郭沫若原生态的情绪状态。

在中国现代诗歌发展史上，郭沫若和戴望舒倡导以情绪节奏来建构诗体形式，丰富了现代诗歌节奏理论，朱光潜和闻一多等人也从理论和创作层面阐释了情绪节奏的原理机制，说明情绪本身具有节奏的属性，这得到了现代心理学的印证。情绪节奏学说的生发既源于这些诗人的创作和阅读感受，故而感性色彩较浓，也源于他们对西方诗学理论和科学理论的吸纳，因此也带有理论先行的弊病。在中国现代诗歌史上，情绪节奏学说的价值在于深化了作者和读者对于诗歌节奏的具身认知，即生理体验与心理状态之间有着强烈的联系，诗歌节奏的美学与人的生理心理反应密切相关。另外，情绪节奏学说作为一种交互性很强的理论，成为观照不同诗歌流派、诗歌文体的一面镜子。在创作实践上，随着语言物质基础的改变和传播媒介的变换，现代诗歌情绪节奏建构的方式愈发多样，当代诗歌更是大大拓展和刷新了新诗在节奏方面的追求。面对新诗的发展变化，我们需要在实践中进一步总结和完善情绪节奏的理论。

（原载《文学评论》2022年第3期）

---

① 朱光潜：《诗论》，载《朱光潜全集》第3卷，安徽教育出版社1987年版，第126页。

立足本土的"突变"：
郭沫若与20世纪20年代社会科学思潮

熊　权

20世纪20年代中期五四新文化运动趋于落潮，中国社会酝酿着"激变"。以1925年的"五卅"运动为标志，译介社会科学的书籍、文献明显繁荣起来，探讨社会学和社会问题的课程也开始进入大学甚至中学的课堂。[①]这次社会科学思潮以译介马克思辩证唯物论为主流，被称为中国自中日甲午战争以来思想发展的"第三阶段"[②]。针对20世纪20年代社会科学思潮的兴起，有的研究者从新文化的分化分析，认为是知识界走向"行动的时代"所寻求的方法论。[③]有的从青年群体的崛起着眼，认为是政党组织以思想为引导，作有意识的思想动员和争取。[④]无论从何种角度切入，都强调这是相对于五四时代的一次思想转折。新文化运动的知识分子出于下猛药的心理，要求彻底反传统。他们虽然有"全盘西化""不读中国书"等偏激之言，但未必不知道这是针对积习沉重的一种策略。随着五四新文化的分化与落潮，如何融会西学解决本土问题渐成时代趋向。20世纪20年代的社会科学思潮应运而兴，正体现了对前一时代的调整和反拨。

在20世纪20年代的社会科学思潮中，郭沫若把马克思唯物史论运用于生活实践和学术研究，堪称突出个案。其间他一改"为艺术而艺术"的浪漫诗学主张，转向鼓吹革命文学、投身国民革命运动，退出战场后又沉入书斋研究中国古代历史文化。从诗人到军人再到学者，郭沫若的变化种种出人意料。理解其"突变"逻辑，译介河上肇《社会组织与社会革命》是一个关键环节，学界对此已多有讨论。相对已有研究关注苏俄革命、河上肇等外来理论资源[⑤]，本文强调郭沫若针对现实语境、问题所展开的思考。郭沫若接受马克思主义伴随20世纪20年代社会思潮兴起与流行的历史过程，其意义不仅是扬弃"纯文学"、发生"社

[①] ［美］阿里夫·德里克：《革命与历史：中国马克思主义历史学的起源，1919—1937》，翁贺凯译，江苏人民出版社2005年版，第29页。

[②] 依据郭湛波的划分，第一阶段是中日甲午战争至中华民国之成立，主潮是复古尊孔；第二阶段为辛亥至北伐成功，主要是中西冲突之下的西化思潮；第三阶段是国民革命后马克思主义理论的兴起。参见郭湛波《近五十年中国思想史》，山东人民出版社1997年版，第149页。

[③] 罗志田：《对"问题与主义"之争的再认识》，载《激变时代的文化与政治——从新文化运动到北伐》，北京大学出版社2006年版。

[④] 姜涛：《第七章 革命动员中的文学、知识与青年——从1920年代〈中国青年〉对文学的"批判"谈起》，载《公寓里的塔：1920年代中国的文学与青年》，北京大学出版社2015年版。

[⑤] 如李斌《河上肇早期学说、苏俄道路与郭沫若的思想转变》（《文学评论》2017年第6期）、熊权《郭沫若对河上肇的接受与修改》（《中国现代文学研究丛刊》2017年第1期）等。

会转向"①，更重要的是直视中国罹患的具体症候、纠偏五四新文化运动以来的西化论。继续这种立足本土的方法，他研究中国古代社会、开辟了马克思主义史学的新空间。在本文看来，一直被反复探讨的郭沫若"突变"，体现了"左转"知识分子批判先发达资本主义、寻求中国自身道路的意识。

一　反思河上肇的"革命时机论"

　　1924年，郭沫若从友人那里借得河上肇的《社会组织与社会革命》，仅用50来天时间就译出全本，这次译介是他介绍并接受马克思主义的起点。河上肇著作给郭沫若提供了一个了解马克思学说的窗口，让他产生共鸣是肯定的；但更重要的是，郭沫若对书中所讲的"革命时机论"产生质疑，不仅激发他进一步阅读马列原典的想法，而且提出中国走苏俄道路的设想。在接受马克思主义的过程中充分考虑本人、本土的境遇及问题，是郭沫若思想转折的关键。

　　《社会组织与社会革命》是河上肇编纂自己研究马克思学说的论文而成，其中上篇、中篇阐释马克思主义理论，用以分析资本主义条件下的社会和个人，下篇主要剖析深受马克思主义影响的苏俄革命。郭沫若对该书共鸣、认同的是其上篇、中篇，与他译介时所面临的个人困境相关。1924年前后，郭沫若正陷入物质、精神的双重困境。他中断在日本的学业来上海从事文学创作、办刊物，但遭遇经济困窘，入不敷出。随着《创造季刊》《创造周报》等刊物停办，更是雪上加霜。在精神上，郭沫若当时也备受煎熬，眼看社团同人为谋生四散，文学梦想濒临绝境；而文学史上描述创造社几年间实现"异军突起"的光彩，在他看来其实也充满难堪。一边是他与成仿吾、郁达夫等其他创造社成员无休无眠地写稿翻译、编辑刊物，一边含羞忍耻向泰东图书局领薪。老板赵南公让郭沫若等点校古籍、翻译西方小说赢利，也相应地对他们办新文学刊物给予支持，又隔三差五给些零用钱，造成一种看似友情实为主奴的关系。郭沫若等从小受君子不言利的教育，实在熬不过了才去伸手要钱。事实上随着现代新书业、印刷传媒的勃兴，文学市场的劳资关系已经生成，依据生产劳动付酬理所应当。河上肇讲解的唯物论、资本主义内在矛盾等，赋予郭沫若崭新的眼光，让他认识到耻于向书局要钱、不忍另谋高就等，主要是思想上固守旧时代的"礼""义"道德："我们那时候还受着封建思想束缚的铁证，并不是泰东能够束缚我们，是我们被旧社会陶铸成了十足的奴性。"②对当时的郭沫若而言，马克思的经济学不仅仅是知识，更重要的是赋予他新的眼光和认知，从此一洗"乞食"的沉重心理负担。

　　郭沫若接受马克思主义经济论，从化解个人困境更推进到剖析国家、社会的现实问题。他译介河上肇的著作而产生质疑，主要是针对其著作的下篇，即评价苏俄革命的内容。河上肇作为京都帝国大学专研经济学的教授，是严格遵循物质基础决定论的学院派知识分子。在《社会组织与社会革命》下篇中，他从介绍马克思主义学说转向评析苏俄革命，认为这场革命虽以马克思主义为指导，但只是一场政治改革、一场实验。他对于苏俄革命及其未来不抱

---

① 刘奎：《20世纪20年代中期郭沫若的社会转向研究》，《文艺研究》2021年第12期。
② 郭沫若：《创造十年》，载《郭沫若全集·文学编》第12卷，人民文学出版社1992年版，第151页。

乐观态度：“一个社会组织，对于一切的生产力尚有余地足以供其尽量发展时，（社会组织）是决不颠覆的，并且新的更高级的生产关系，在他物质的存在条件未含孕于旧社会的母胎之前，亦决不会出现。”①他还提出警示：“时机尚早的革命招致生产力的减退”，"时机尚早的社会革命终归于失败"。郭沫若译书到末尾，却与河上肇观点迥异。尤其译完列宁《农业税的意义》的一些文字后，他感慨"译此文竟，倍感列宁之精明和博大，追悼之情又来摇震心旌，不禁泪之潸潸下也"。为了进一步了解苏俄的经济政策，郭沫若辗转寻找列宁原文，补译出被河上肇所删减的文字。②

郭沫若反思河上肇，是基于中国的现实境遇而生发的。如果说与创造社同人遭遇文学商业化，是他感受资本主义挤压的初步；而对江浙战祸作实地社会调查，则启发他思考后发达国家发展如何应对资本主义压迫的问题。1924年，江苏军阀齐燮元与浙江军阀卢永祥开战，江浙一带生灵涂炭、民生艰苦。郭沫若参加了由孤军社发起的战祸调查小组。其间，他途经太湖周边地区，目睹军阀混战，也对江南地区的经济情况有了更多了解：“那次调查使我于战祸之外却深深地认识了江南地方上的农村凋敝的情形和地主们对于农民榨取的苛烈。”③相对于一般调查者震惊于战争遗迹、民生艰难，郭沫若非常注意江南地区的经济及社会结构之变。他详细记录一个杨姓从业者关于纱厂经营的谈话：

> 自从欧战过后，外国纱陆续输入国内来，像日本资本家更在上海附近建设了几个大纱厂，中国的纱厂事业便受了莫大的打击。中国的纱厂，成本又少，办事人又不得法，怎么也不能和外国竞争。像最大的大中华纱厂，也已经闭了门好久了。④

从这些言辞，郭沫若惊喜地发现一个重要问题："这比甚么调查江浙战祸，比甚么收拾中国政局的善后事宜，还要紧到十二万分呢！"

这个所谓"最紧要"问题，实证河上肇所说的"革命时机"论并不适合中国。江南的纱厂工业为什么旋起旋灭？其命运离不开世界资本主义市场的控制。在欧战之中，帝国主义列强对中国市场无法顾及，所以国内棉纱纺织业趁着缝隙生长。等到战争结束，帝国主义整装重来，江南众多纱厂就不得不纷纷关门倒闭。无独有偶，茅盾《子夜》描写上海20世纪30年代本土工业的举步维艰，也从纺织业切入。在小说中，吴荪甫的裕华丝厂在国际市场上被日本人造丝逼得无路可走，是其商业王国崩塌的重要一环。事实证明，先发达国家拥有雄厚资本、形成产业垄断，中国作为落后者在他们的包围虎视下处境尴尬。中国既有军阀混战的

---

① [日]河上肇：《社会组织与社会革命·时机尚早的社会革命之计划》，郭沫若译，嘉陵书店1932年版。
② 《社会组织与社会革命》一书下篇第六章《政治革命后俄罗斯之经济的地位》非河上肇原创，而译自英文版列宁文章"The Significance of the Agricultural Tax"（《农业税的意义》）。颇有意味的是，此文最末一节"过渡到社会主义"，河上肇完全省略不译。
③ 郭沫若：《创造十年续编》，载《郭沫若全集·文学编》第12卷，人民文学出版社1992年版，第217页。
④ 郭沫若：《到宜兴去》，载《郭沫若全集·文学编》第12卷，人民文学出版社1992年版，第331页。

惨祸又不得不面对先发达资本主义的挤压掠夺，失去了从容发展自身工业的可能。郭沫若提醒"中国的现势不是两百年前的亚丹斯密时代的英国"[①]，他用"古木"与"嫩芽"的对比来说明中国处于世界格局的劣势："在几株参天的古木之下，有一株嫩芽从土里标出来，要和他们竞参天之势。"如果按照河上肇所说必须等到物质经济发展才实践马克思主义，那么中国永远不可能等来"时机"。

二　从思想分化到国民革命的立场

在译完《社会组织与社会革命》一年多之后，郭沫若赴广州参加国民革命。从"为艺术而艺术"的诗人转向为作政治宣传的军人，大力鼓吹革命文学，不能不令人惊诧。鲁迅就不满这种"突变"，嘲讽这不过是因创造社的"生意"受挫，想从北伐另寻出路。[②]但从译介河上肇的线索来看，郭沫若发生思想转折在先，然后引发人际交往变动、投身国民革命，最后才作出政党选择。返回历史，这是一个从思想到政治的过程。

郭沫若译介河上肇的著作，有赖于日本留学生李闪亭、林灵光、何公敢等促成；但又由于质疑河上肇，与他们产生分歧而疏远。李闪亭等主要学习经济、法政专业，结成孤军社。因为同学、同乡关系，郭沫若与孤军社一度交往密切。他积极参与社团活动，也为《孤军》杂志撰稿。《创造十年续编》介绍孤军同人道："他们大抵是从日本京都大学研究过经济学回来的人，其中还有好些是河上肇的弟子。他们对于河上肇的初年的学说是实地信奉着的。"[③]郭沫若最早从李闪亭处听闻河上肇其人其作，翻译所用的原本《社会组织与社会革命》由林灵光提供。在翻译过程中，何公敢则帮助他收集相关资料。

孤军社诸人在京都大学听河上肇的课，由于是经济学专业出身，他们分析现实社会相当重视客观的物质条件，而郭沫若体现了与学院派出身、恪守理论的诸人截然不同的思路。他发表《穷汉的穷谈》《共产与共管》《新国家的创造》《卖淫妇的饶舌》《社会革命的时机》等系列文章。一方面介绍以苏俄新经济政策为原型的"国家资本主义"，另一方面强调河上肇固守的马克思理论不适用于中国。"时机尚早的社会革命，只要企图得法，不见得便是定要失败的事情"，"只须采用社会主义的社会政策而不变更现经济制度，已可达到共产的目的，且可免除时机未熟之社会革命的危险"。[④]

孤军社不同意郭沫若批判河上肇，撰写了一系列的驳论文章，如林灵光的《评论社会主义的谬误并论中国经济政策》《独立党出现的要求》《读了〈穷汉的穷谈〉并〈共产与共管〉即〈双声达韵〉以后质沫若先生并质共产党人》、郭心崧的《马克思主义与国家：评郭沫若先生的〈新国家的创造〉》等，这些驳论文章基本上是引用河上肇的著作，并无多少原创性。

---

① 郭沫若：《到宜兴去》，载《郭沫若全集·文学编》第12卷，人民文学出版社1992年版，第332页。
② 鲁迅：《上海文艺之一瞥》，载《鲁迅全集》第4卷，人民文学出版社2005年版。
③ 郭沫若：《创造十年续编》，载《郭沫若全集·文学编》第12卷，人民文学出版社1992年版，第275页。
④ 郭沫若：《社会革命的时机》，《洪水》1926年第10、11期合刊。收入《郭沫若全集·文学编》第18卷，题目改为《向自由王国的飞跃》，人民文学出版社1992年版，第44页。

在行动上，孤军社也对郭沫若有意疏远，拒绝在自办的《孤军》上刊载郭的投稿，却与激烈反对苏俄革命的曾琦、李璜等国家主义者来往密切。郭沫若受到刺激，一气之下拖延写作，最终没有完成《到宜兴去》——这是原先答应交付的调查报告。在昔日的友人群中，郭沫若感到孤立和寂寞。然而人以群分，他与林灵光等的论争文字引起了国内共产主义者的关注。尤其《穷汉的穷谈》以被压迫阶级的"穷汉"自命，论述共产主义发展的"阶段论"，又从解说国家"集产"驳斥共产的谣言与恐慌，被共产主义青年团的机关刊物《中国青年》转载。蒋光慈、瞿秋白等共产党人开始注意到郭沫若，对之另眼相看。蒋光慈盛赞他为"中国唯一的诗人"，引以为同道。瞿秋白还与蒋光慈结伴登门拜访，鼓励他多写此类文字。

由于瞿秋白对郭沫若印象深刻，当"革命策源地"广州筹办大学之际，他向校方推荐郭担任文科主任。郭沫若通过河上肇了解苏俄革命在先，对以苏俄为蓝本的国民革命感到亲近，受邀赴任自在情理之中。随着北伐开启，郭沫若从广州大学转入军中从事政治宣传工作。在北伐推进中，国民党内部的左、右两派的分化日益明显，蒋介石与汪精卫的冲突也尖锐化。郭沫若因为担任政治部职务，与蒋介石多有接触和交往。在南昌召开的纪念孙中山逝世大会上，郭沫若曾充当"传话筒"，一字一句复述蒋介石的演讲词。蒋介石为拉拢郭沫若，则委任他做总司令行营政治部主任，明确要求他脱离武汉方面。但在郭沫若自己这里，却抱着拒蒋拥汪的态度。他虽与蒋共事同处，但时时以"监察者"自居，屡屡为自己的处境感到苦恼："一句话归总，就是无时无刻不是想跑的。"眼见蒋介石势力日长且不断压制工农运动，加之认定武汉政府必然与其决裂，郭沫若公开发表著名的《请看今日之蒋介石》一文，并先后游说李宗仁、朱培德反蒋。

在20世纪20年代的"多党竞革"局势中，"革命"概念尚不分明。以汪精卫为首的国民党左派号召坚持孙中山倡导的"联俄、联共、扶助农工"政策，属于当时国内主张马列一派。[①]郭沫若倾向汪精卫的武汉政府，在于他原本就认同苏俄革命。郭沫若20世纪50年代修改《请看今日之蒋介石》一文，也可作为佐证。从修改内容来看，他主要加工一些拥护武汉政府的具体措辞，把行文中的"党国"一一改为"革命""国家"[②]。他彼时以"恢复党权"为号召，拥护代表"党国"的武汉中央，反对以蒋介石为首的右派，尤其不满他通过镇压共产党和工农运动来助长权力。只是出乎他的意料，武汉政府在再三权衡之后，最后采取了联蒋、"分共"政策。抢先发声的郭沫若措手不及，沦入尴尬的"反革命"境地。此后，他随共产党军队前往江西发动武装暴动，途中正式加入中国共产党。[③]

武汉"分共"之后，国共联合彻底分裂。郭沫若也由于公开讨伐蒋介石遭到国民政府通

---

① 20世纪20年代，"革命"一词被国民党、共产党、青年党等多个政党同时征用，并不像后来新民主主义史学清晰落实为中共领导下的无产阶级革命。在国民革命的历史语境中，国民党左派坚持联俄、联共政策，与右派发生矛盾冲突，这种状况一直持续到武汉"分共"才告终。所以，以汪精卫为首的左派一度被誉为国内的"马列派"。参见王奇生《"革命"与"反革命"：一九二〇年代三大政党的党际互动》，《历史研究》2004年第5期。

② 韩诚、赵洁：《郭沫若与〈请看今日之蒋介石〉》，《中国现代文学研究丛刊》2018年第5期。

③ 卢正言：《有关郭沫若中国共产党党籍的几个问题》，《上海师范大学学报（哲学社会科学版）》1987年第4期。

缉，在共产党的连续暴动、起义陷入低潮之后，他带妻儿返回曾经留学、生活的日本以谋生计。流亡日本，郭沫若被彻底"抛"出了时代洪流，但国民革命造成的动荡不能轻易忘记，他内心盘旋着对于过往的幻灭、对于前路的追问：

> 一场大革命，不就好像放了一大串花炮，轰轰烈烈地过了一阵，只剩下满地残红，一片硝烟，散了，也就算了吗？……到底留下了些什么呢？毫无疑问地，是留下了一个无用长物的我！一粒鞭炮的残渣，被风卷到这海边上来了，空空洞洞地躺在这儿。我到底还可以做些什么呢？该怎么做？①

三 "古代中国"与现代革命的对话

在避居日本的客观条件下，郭沫若"可以做"的是退回书斋，专注研究中国古代历史文化。从军人转向学术，又是一次明显"突变"。郭沫若既回顾曾接受的马克思主义理论又融入自己亲历战场后的经验，很快撰写完《中国古代社会研究》一书。然而该书初版之时，相对译介河上肇的著作，语境发生了巨大变化。随着国民革命的发生发展，以马克思主义为主要内容的社会科学思潮在国内已经非常流行。郭沫若偏居一隅的言论能引发关注，很大程度上还得归因于他立足本土的方法。

国内 20 世纪二三十年代社会科学思潮的兴起、流行，后期创造社的成员发挥了重要作用。李初梨、冯乃超、彭康等青年一代回国后，把在日本接受的马克思主义理论运用于文坛，掀起"文化批判"之风，成为社会科学思潮中的弄潮儿。他们的一个突出特点就是热衷使用晦涩深奥的翻译词汇，如"普罗列塔利亚""奥伏赫变""意德沃罗基"等，一方面带来陌生化的震惊效果，另一方面也遭到故弄玄虚、不知所云的批评。郭沫若对这种"食洋不化"心有不满，所以抛开译介理论、热衷新名词的路子，针对中国古代的《周易》《诗经》、古文字等展开研究。这些流传久远的经书文字，即便一般民间百姓也耳熟而感亲切。在他看来，把现代唯物论与传统经典结合，能让国人接受这一外来事物变得相对容易："要使得一般的、尤其有成见的中国人，要感觉着这并不是外来的异物，而是泛应曲当的真理，在中国的传统思想中已经有着它的根蒂，中国历史的发展也正是循着那样的规律而来。"②

从内容上看，《中国古代社会研究》通过研究《周易》《诗》《书》、甲骨卜辞、青铜铭文等考察古代历史与文化。虽然作细致的说文解字、文物考古，但其"问题意识"指向"中国是什么性质的社会""中国革命往哪里去"等现实问题，具有强烈的借古喻今意识。在研读甲骨卜辞过程中，郭沫若打破神秘思维，还原文字反映的社会历史文化内容。他注意到一些具体的现象，卜辞多记载用"牲"就是典型一例。卜辞记录祭祀牺牲的品类非常丰富，出现了"马""牛""羊""鸡""犬""豕"六畜，有的一次用到三四百数；而且烹饪制作的花样繁多，包括"俎""卯""埋""沉"等。六畜字形不仅单独使用，往往还作为部件嵌入更复

---

① 郭沫若：《海涛集·神泉》，载《郭沫若全集·文学编》第13卷，人民文学出版社1992年版，第267—268页。
② 郭沫若：《海涛集·跨着东海》，载《郭沫若全集·文学编》第13卷，人民文学出版社1992年版，第331页。

杂的文字。如"狩""穽""网""羞""豚""彝""甗"等，都包含了六畜中的动物字形，甚至"象"也作为一个部件，嵌入"御""为"等字形。郭沫若由此判断，卜辞时代的畜牧业已经相当发达，人们捕捉、驯服动物成为一种日常生活，不但"六畜"齐备，而且还驯化了象作为"第七畜"。各种野生、家养动物在社会生活中无处不在、极大影响人们的日常，才得以见诸文字与典籍。

沿着相似的思路，郭沫若从周代青铜器文字中又发现了彼时盛行奴隶买卖的事实。青铜文字多有涉及"臣""仆""人民""庶人"的条目，综合相关文字记录，凡被指称者被用于赏赐、买卖、抵债等，与器物没有区别。这些人员主要来自俘虏，有专门的奴籍，往往以"家"计数。可见奴隶是当时一种主要的也是司空见惯的财产，而且身份是家传世袭的。就社会形态而言，畜牧业发达、底层人口被当作物品大规模赠与、买卖，是摩尔根、恩格斯已发现并论证的奴隶社会的特征。那么甲骨文、青铜文所记录的殷周文明已发展至奴隶社会形态。通过融会唯物史方法，郭沫若把"说文解字"的零碎考据提升为系统化的社会形态研究。

《中国古代社会研究》不仅从古文字、文物实证殷周之际的社会转型与变革，而且依据恩格斯阐发的社会发展规律，认为中国历史上也依次历经原始社会、奴隶社会、封建社会、资本主义社会四种社会形态。针对恩格斯的《家庭、私有制和国家的起源》一书忽略东方社会，郭沫若立足中国而发声："外国学者对于东方情形不甚明了，那是情理中事。中国鼓睛暴眼的文字实在是比穿山甲、比蝟毛还要难于接近的逆鳞。……在这时中国人是应该自己起来，写满这半部世界文化史上的白页。"①从该书导言来看，郭沫若相当重视正在发展中的"第五种"社会形态，即他自己身处的时代——"'由大总统而委员长'的革命"时代。在郭沫若看来，以辛亥革命为标志，中国发生了"大总统"取代皇帝的资产阶级革命，而"委员长"的革命指向"联俄、联共、扶助农工"宗旨之下的国民革命。按照郭沫若的思考，这场未竟的、以马列主义为指导的革命将继续进行。它以代表无产阶级利益的政党为领导，符合人类文明发展逻辑，属于革命的最高阶段。

《中国古代社会研究》出版前，陶希圣在《新生命》杂志上发表《中国社会到底是甚么社会》。随后《新思潮》《动力》等众多刊物围绕这一问题各抒己见，展开了一场中国社会性质的论战。郭沫若僻居日本，并未直接参与其中。《中国古代社会研究》受到论战方的关注，被后代视为这场论战中的代表作，很大程度上是"不期而遇"。值得重视的是，他与论战者之前对话的基础早已打下，因为都曾经历国民革命，又都热切追问此后的社会发展。在20世纪20年代末30年代初的语境中，郭沫若主张中国社会直接进行无产阶级革命是相当"激进"的观点。参与社会性质论战的众多讨论者还处在观望之中，对无产阶级革命有所保留。例如"新思潮"派认为中国革命肩负反帝反封建的任务，无产阶级革命则是尚未来临的高级阶段，而"新生命"派主张发动资产阶级政党的内部革命，无产阶级革命纵使象征着更为高级的革命阶段也只是一个乌托邦设定。郭沫若的"激进"之所以与众不同，因为其还是延续

---

① 郭沫若：《中国古代社会研究·自序》，载《郭沫若全集·历史编》第1卷，人民出版社1982年版，第9页。

译介河上肇时形成的观点，即中国直接走苏俄革命的道路，而且越迅速越好。

余论

郭沫若从译介河上肇著作到投入国民革命，再到运用唯物论来研究中国古代社会，贯穿着以外来思想理论解决本土问题的意识。他发生"突变"种种，正是社会科学思潮在中国初兴到流行的过程。而他在这一新兴潮流中崭露头角，立足本土的思考方法发挥了重要作用。

郭沫若接受马克思主义，毋庸讳言缺少经济学、社会学等专业知识支撑。他质疑河上肇的《社会组织与社会革命》，致使出身经济学、政治学专业的孤军社同人与之产生分歧，进而论战。《中国古代社会研究》初版时饱受批评，当下学界仍针对其中观点作继续商榷，如质疑中国古代社会变革点放在周代是否合理、秦统一之后中国是否可称为"封建社会"等，都可见其研究中存在短板和不足。然而，郭沫若接受马克思主义，呈现了一种敢于质疑、追求实效的精神。从译介共鸣到质疑反思，再到融入古代历史文化研究，绽放批判发达资本主义的锋芒，由此，郭沫若成为当时社会科学思潮的代表、国内研究马克思主义史学的先锋。从郭沫若这一个案也可以看到，相比五四新文化运动中曾流行的全盘西化潮流，20世纪20年代的社会科学思潮体现出鲜明的"化西"意识，焕发了新的启发性与可能性。

（原载《首都师范大学学报（社会科学版）》2022年第4期）

"左派文人的大本营"：
抗战时期郭沫若与《中原》杂志述论

何 刚

在抗战时期的重庆，一批左翼文化学者在周恩来和中共中央南方局的组织领导下，以郭沫若为主任委员的国民政府文化工作委员会为阵地，坚持学术研究，形成了"一支实力坚强的学术队伍"和"团结的、生动活泼的集体"。[①]他们推出了在现代学术史上具有里程碑意义的一系列研究成果。其中，郭沫若不仅重拾了之前有意压抑下去的学术兴趣，写成《青铜时代》《十批判书》《屈原研究》等著作，而且还和翦伯赞、杜国庠、吕振羽、侯外庐等学术名家一道相互鼓励、相互"刺激"，使抗战时期重庆左翼文化阵营的学术研究蔚成风气。在这一过程中，郭沫若主持的《中原》杂志是重要的枢纽和平台。他们在《中原》上发表的学术文章以及进行的学术讨论，在一定程度上体现出了抗战时期重庆左翼学术阵营的潮流气象，也从一个侧面反映了当时思想文化战线的激烈斗争和学术发展的艰难历程。

一 "冲破缺口"：《中原》的创办

《中原》是郭沫若一生中主编的唯一一本杂志，[②]由群益出版社发行。而群益出版社的成立是中共1941年组织"寿郭"活动，[③]确定郭沫若为"革命队伍中人""新文化运动的主将"之后的一项重要工作。出版社由阳翰笙、冯乃超等采取个人入股的方式筹建。郭沫若和夫人于立群率先集资，郭沫若侄子郭培谦等人后来相继担任出版社经理。群益出版社虽然带有一定的家族色彩，但它的成立和此后的出版活动始终得到南方局的领导和支持，并在抗战中后期和解放战争时期出版了不少进步书刊，在文化战线上发挥了重要作用。有关群益出版社的史实，阳翰笙等人进行过回忆，[④]吉少甫主编出版的《郭沫若与群益出版社》一书，[⑤]较为全面地反映了其发展情况。此外，郭平英、吉少甫对出版社的股份、股东问题进行了史料考

---

① 侯外庐：《韧的追求》，生活·读书·新知三联书店1985年版，第127页。
② 郭沫若曾说："我自己并没有主编过任何杂志，往年创造社虽然也出过一些刊物，但多半是成仿吾或郁达夫主编，有时是我和他们合编，我自己来主编杂志，这回要算是第一次。"参见郭沫若《编者的话》，《中原》1943年6月创刊号。
③ 段从学：《政党政治文化与中国现代文学——中共南方局的"寿郭"活动论析》，载郭沫若纪念馆等编《郭沫若与文化中国》，中国社会科学出版社2013年版，第241—257页。
④ 阳翰笙：《阳翰笙选集·第五卷：革命回忆录》，四川文艺出版社1989年版，第300—301页。
⑤ 吉少甫主编：《郭沫若与群益出版社》，上海百家出版社2005年版。

证。①在这些回述中,《中原》只是被概略性提及,②并没有得到全面深入研究。

《中原》的创刊计划大致与1942年8月群益出版社的成立同步,当时郭沫若已经在与人邀约稿件、讨论体例原则、刊物寄售等事项。③《中原》正式创刊于1943年6月,后至1945年10月终刊,刊期断断续续,经历了执照"调销"、送审、中途"奉命停刊"等难关。其艰辛的创刊及办刊过程,既与当时国民党政府实行严格的出版审查制度有关,也因群益出版社的自身困难所致。在如此艰苦的环境下,《中原》之所以能创刊并坚持下来,除了郭沫若及其出版社同人的努力外,还得力于南方局的组织领导,特别是新华日报社的直接支持。因为抗战进入相持阶段后,"1941年的整个大后方,几乎无刊物出版,无杂志阅读。这时,可能是在周恩来同志号召'冲开一个沉闷缺口'精神的鼓励下,郭老和留在重庆的一些著名作家,就倡议创办这么一个学术性很强的大型杂志《中原》来冲破缺口"。具体到纸张印刷方面,当事人后来回忆说:"《中原》从第一期起便由新华日报社印刷部排印","《中原》杂志的用纸都由报社垫支……我们和新华日报的一些同志,往来都是非常亲密的"。④

关于《中原》办刊特色和原则,郭沫若在创刊号"编者的话"中说:"园地是绝对公开,内容是兼收并蓄,只要是合乎以文艺为中心的范围,只要能认为对于读者多少有一些好处,我们都一律欢迎。因此创作也好,翻译也好,小说诗歌戏剧评论以及关于其他姊妹艺术部门的研究介绍,我们都一视同仁,毫无轩轾。自然,限制多少总是有的。譬如在思想上袒护法西斯主义的自不用说,即使稍微带些那样的气息,我们也只好敬谢不敏……又譬如接受遗产我们是强调的,但我们所企图接受的是精神,是要以科学的方法来抉别和阐发……我现在主编这个杂志,我也想极力减少个人中心的偏向,要使它成为真正的公有园地。"⑤可以看出,郭沫若确定了三个方面:一是内容的广泛性和开放性,将其定位为包括文艺创作、学术研究、翻译评论在内的综合性刊物;二是思想立场的鲜明性,明确反对法西斯主义、封建专制主义等反动思想,坚持发展进步思想文化;三是研究方法的科学性,强调"科学的方法",摒弃各种落后泥古的学问。而这"科学的方法"就是辩证唯物主义和历史唯物主义。

---

① 吉晓蓉、郭平英:《关于群益出版社的股份制——吉少甫答郭平英问》,《新文学史料》2009年第4期;郭平英:《群益出版社股份有限公司股东分析》,《郭沫若学刊》2009年第2期。

② 姜德明:《郭沫若编〈中原〉》,《编辑学刊》1988年第2期。

③ 1942年,郭沫若在致王冶秋的信中说:"……台先生,余所敬佩者,前在渝曾晤面,甚望其能惠稿。《中原》寄售事,当高诸'群益'也。"参见黄淳浩编《郭沫若书信集》(上),中国社会科学出版社1992年版,第474页。11月22日,阳翰笙在日记中记载:"《中原》月刊的登记已经内政部照准。这是一个值得兴奋的消息。午前在郭家商讨《中原》的编辑方针,决将此刊作为一偏重文艺的综合刊物,即在文艺之外,还须登载一般社会科学的译著。编委由郭、冯、杜、郑、夏、刘和我组成,由老夏实际负责。"参见阳翰笙《阳翰笙日记选》,四川文艺出版社1985年版,第95页。

④ 吉少甫主编:《郭沫若与群益出版社》,上海百家出版社2005年版,第86—87、43—44、13页。

⑤ 郭沫若:《编者的话》,《中原》1943年6月创刊号。

二 "形成了风气":《中原》与重庆左翼学术潮流

在郭沫若的主持下,《中原》团结了一批左翼文化学者,形成了一支志趣相投的作者队伍,为他们在严峻的国统区学术空间里开辟了一方珍贵园地。为了《中原》的编辑出版,郭沫若与作者多有书信往还。例如,著名学者翦伯赞在《中原》上发表了《清代宫廷戏剧考》《元曲新论》《杨家将故事与杨业父子》等多篇学术文章。在这个过程中,郭沫若去信一方面向其约稿,介绍稿件编辑情况:"《中原》四期急需稿,兄如有'元曲研究'之类的文字极表欢迎也(能于十日内投下最好)";"李先生文已拜读,当即送城编入五期。四期早已于五月初付印,大约不久可出";"稿将转城,因五号早编好并付排,恐将编入六号矣。"另一方面,郭沫若也在信中向翦伯赞、侯外庐等交流自己的学术进展:"最近草了一篇小文系《墨子的思想》的补充,兹特奉上,阅后请交外庐兄";"目前正草《古代研究之自我批判》";"拙作《自我批判》关于社会部分已付《群众》,将分三期刊出,届时可求教……关于意识形态之部,已成《论孔墨》(已交外庐)、《儒家八派之探检》、《稷下黄老学派之勃兴》、《庄周思想之渊源及其演变》(将编《中原》六期)。余则如《韩非子之批判》(《中原》五期)、《杂家之批判》(即《吕不韦与秦代政治》)已早就。尚余名家之批判在撰述中。"[①]另一位学术名家侯外庐在抗战时期的重庆转向思想史研究,也得到了郭沫若和《中原》的支持。他说,《中国近世思想学说史》的一些章节写成后,"都被郭沫若拿去,首先发表在他主编的刊物《中原》上"[②];另一部《中国古代思想史论》的写作同样"很感激同行友人公开或当面的批评,尤其郭沫若先生去年在苏联报告《中国战时历史研究》,过奖我在思想史研究上'能力很强,成就甚大……使我万分重视了学术友谊的交织'"[③]。可以看到,正是在《中原》的团结引领下,在郭沫若古史研究、先秦诸子研究的示例带动下,抗战时期重庆左翼学术阵营形成了自成一格的学术风气和潮流。

第一,重视思想史的研究。在重庆,以郭沫若、侯外庐等为代表的左翼文化学者在完成《中国古代社会研究》《中国古典社会史论》《中国史纲》等古代社会史著作的基础上,依循唯物史观,开始对中国思想文化进行系统"批判",形成了思想史研究的热潮。郭沫若当时说:"同处在一个环境里面,大概是不能不感受同一风气的影响。历史研究的兴趣,不仅在我一个人重新抬起了头来,同一倾向近年来显然地又形成了风气。以新史学的立场所写出的古代史或古代学说思想史之类,不断地有鸿篇巨制出现。"[④]其中,郭沫若的《先秦学说述林》《青铜时代》《十批判书》《屈原研究》等几部思想史著作的主体内容均写成于抗战时期。侯外庐也将学术兴趣集中于思想史研究,相继出版的《中国古代思想学说史》《中国近世思想学说史》等著作,确立了其在思想史研究领域的地位,为他后来主持编撰《中国思想通

---

① 《郭沫若同志给翦伯赞同志的信和诗》,《北京大学学报(哲学社会科学版)》1978年第3期。
② 侯外庐:《韧的追求》,生活·读书·新知三联书店1985年版,第119页。
③ 侯外庐:《中国古代思想学说史》,文风书局1946年版,"再版序言"第2页。
④ 郭沫若:《十批判书》,群益出版社1946年版,第410页。

史》，开创思想史研究的"侯外庐学派"奠定了基础。此外，杜国庠的《先秦诸子思想概要》《先秦诸子的若干研究》两部著作的主体内容、杨荣国的《孔墨的思想》等也均完成于抗战后期。

第二，体现了鲜明的现实批判性。随着抗战形势的发展，国民党政府在思想上以"四维""八德"观念儒化三民主义，推崇王阳明，大搞"复兴礼教"和"力行哲学"，目的"乃在堵塞马克思主义占领思想学术阵地的通道"。[1]因此，重庆左翼文化学者在思想文化战线面临着最直接、最尖锐的斗争，他们以学术研究为武器，清算各种唯心史观，反对专制统治和妥协投敌行径。

基于这样的现实斗争需要，他们选取了明清时期为思想史研究的重要时段，因为明清时期既有鼎革之际坚持反清抗争的民族气节，又出现了否认专制权威、倡导个人价值的市民意识，体现出强烈的现实批判性和思想启蒙性。《中原》上的多篇文章均以明清思想文化为主题。例如，郭沫若的《夏完淳之家庭师友及其殉国前后的状况》一文，以夏允彝、陈子龙等为代表，对明清之际江南士人的才情气概、思想品行进行了论述，认为夏完淳不仅文辞出众，而且行事壮烈惊人，在中国历史上实在是值得表彰的人物。郭沫若还对洪承畴等人的投敌行径进行了批判，并且认为当时的洪承畴"无殊于现今的汪精卫"，"这些情形，真是活鲜鲜地如同眼面前的事一样"，因而在酝酿《南冠草》剧本时就注意"用汉奸和烈士对照，用洪承畴和夏完淳对照"。[2]众所周知，明清思想的批判精神和启蒙意识在文学中有突出表现，明代中后期市民文学兴起是社会新现实的反映，李何林的《中西市民社会的文学共同点》一文，认为在新旧过渡时代，新兴市民阶级虽未创立自己的文学新形式，但已经开始利用旧形式向旧势力"进攻"，《水浒传》《金瓶梅》《儒林外史》等"显示了对旧社会势力代表者的不满"，明清白话小说表现出了"反封建的市民社会的新时代的稀薄色调"。[3]侯外庐的《第十七世纪中国的一个新世界观》一文，则对反对宋儒、提倡实学的清初思想家颜元评价甚高，认为颜元"是十七世纪中国思想史中底一枝异军"，他的知识论"导出一个属于科学知识的世界"，"导出新世界的反命题"。[4]侯外庐意在彰显颜元在中国思想史上的反叛性和"革命性"。此文也构成了侯外庐抗战时期撰写的上自明清之际王夫之、顾炎武，下至清末民初王国维的《中国近世思想学说史》第一编"十七世纪中国学术之新气象"的主体内容。

第三，重视诗文文献的史料价值，扩充了现代学术研究的史料范围，体现出注重文史互证、文史相融的学术志趣。这一时期郭沫若在古史研究和历史人物研究中注意对《诗经》、楚辞、诸子文集进行译释、引证。他在《中原》上发表的《夏完淳之家庭师友及其殉国前后的状况》《论曹植》《由周代农事诗论到周代社会》等文，或用《完淳集》《南冠草》和其他

---

[1] 侯外庐：《韧的追求》，生活·读书·新知三联书店1985年版，第266页。
[2] 郭沫若：《夏完淳之家庭师友及其殉国前后的状况》，《中原》1943年9月第1卷第2期。
[3] 李何林：《中西市民社会的文学共同点》，《中原》1945年3月第2卷第1期。
[4] 侯外庐：《第十七世纪中国的一个新世界观》，《中原》1945年3月第2卷第1期。

江南士人文集考证夏完淳的才情事迹，或分析臧否曹植、曹丕的文学造诣、性格特点和政治成败，或逐一"检点"周代农事诗，以论证古代社会性质。翦伯赞在《中原》上接连发表了有关清代宫廷戏剧、元曲等研究成果，此外还写成有《杜甫研究》《桃花扇底看南朝》《释儒林外史中提到的科举活动和官职名称》《论十八世纪上半期中国社会经济的性质——兼论〈红楼梦〉中所反映的社会经济情况》《〈琵琶记〉的历史背景》等文。这些均是他们注重文史互证、文史相融之作。

同时，他们对诗文史料价值进行精辟论述，丰富了中国现代史料学的理论认识。郭沫若在《古代研究的自我批判》中首先从文献、卜辞、殷周青铜铭文等方面"检讨"了史料处理问题，提出："无论作任何研究，材料的检讨是最必要的基础阶段。材料不够固然大成问题，而材料的真伪或时代性如未规定清楚，那比缺乏材料还要更加危险。"①郭沫若在研究先秦诸子思想时，尽力扩充史料范围，对各类史料进行搜罗整理。他总结说："秦汉以前的材料，差不多被我彻底剿翻了。考古学上的，文献学上的，文字学，音韵学，因明学，就我所能涉猎的范围内我都作了尽我可能的准备和耕耘。"②翦伯赞这一时期写出了《略论中国文献学上的史料》《史料的搜集与辨伪》《略论搜集史料的方法》等文，出版《史料与史学》一书。他提出"一切文字的记录"和考古资料皆为史料，并且认为正史不如其他诸史，史书不如其他群书，史部之外的经、子、集书的史料价值没有得到重视和使用。以杜甫诗歌为例，在翦伯赞看来，任何一首杜诗都是珍贵的历史材料，"杜甫的诗歌，简直就是天宝前后的一部历史"。③郭沫若、翦伯赞也承认传世文献、诗文小说等史料经过润色修改，具有主观意识。但是，在他们看来，主观意识本身就是客观现实的反映，这些润色修改会"染上删改人的时代色彩"，不但不会破坏史料的真实，反而可以从另一个侧面反映更为真实的史实。④

三 "左派文人的大本营"：《中原》的学术讨论与地域互动

抗战时期重庆左翼文化学者源于共同的研究动力和学术志趣，围绕许多学术议题进行了民主而热烈的学术讨论。例如，侯外庐、杜国庠、杨荣国等人在屈原研究、孔墨评价等问题上，均受到郭沫若的启发，不约而同地与其进行过学术论争。郭沫若在编辑过程中也不断向朋友们告知自己的先秦思想史研究进展情况。他们的讨论是当时左翼学术文化蓬勃发展的生动写照。其中，《中原》为他们的讨论发挥了重要的平台联络作用。

杜国庠与郭沫若在孔墨评价上有较大分歧，进行过热烈讨论。在其他诸子研究上，两人关系同样密切。在《论荀子〈成相篇〉——介绍二千余年前的一篇通俗文学》中，杜国庠指出，《成相篇》出自荀子手笔，是其政治思想体系的纲领。他还受郭沫若《屈原的艺术与思

---

① 郭沫若：《十批判书》，群益出版社1946年版，第2页。
② 郭沫若：《十批判书》，群益出版社1946年版，第410页。
③ 翦伯赞：《杜甫研究》，《群众》1944年11月第9卷第21期。
④ 郭沫若：《屈原研究》，群益出版社1946年版，第81页；翦伯赞：《中国史论集》第二辑，国际文化服务社1948年版，第4页。

想》提出的屈原"把民间文学扩大起来，成为与生活配合的新文学，以活生生的新文学来代替了古板的贵族文学"的论点的启发，进一步指出，《成相篇》是2100余年前留传下来的一篇模仿民间劳动歌而写成的作品，在文学上具有独创的风格。①在《荀子从宋尹黄老学派接受了什么影响》一文中，杜国庠开篇就指出："最近郭沫若先生'定性'地分析了《管子》中的《心术》《白心》《内业》等篇，证明它们是稷下黄老学派宋、尹的遗篇；并谓'孟荀虽然在反对宋子，但都受了他很深刻的影响'。这说使我们明白荀子批判道家各派，何以加于宋钘的非难独多的缘故。"②他撰写该文，就是要在郭沫若的基础上进一步研究荀子是怎样批判性地接受宋钘、尹文思想学说的。

陈贵兼的《老子其人与老子其书》，同样是坦诚学术讨论的结果。陈贵兼的主要观点包括：老子就是老聃，清人汪中《老子考异》根据《史记·老子韩非列传》将老聃确定为周太史儋是准确的；《老子》成书于《韩非子》之后、《淮南子》之前，约在秦汉之际；《韩非子》也并非全由韩非子自著，其中有法家后学的作品；赞同《解老》《喻老》是今本《老子》雏形的观点，认为这两篇为老聃后学搜集当时流行的老聃遗说加以注释而成，包含老聃学说的古义最多，是老聃学说的第一次整理。③《中原》刊发此文时，郭沫若在后面特意加了"编者后案"，提出了几点商榷观点，"献芹于陈君及对于老子问题深感兴趣的朋友"。④近代以来，学者们围绕《老子》作者及成书年代进行过热烈讨论，郭沫若的《先秦天道观之进展》《老聃·关尹·环渊》《稷下黄老学派的批判》等文也曾参与其中。尽管郭沫若对于陈贵兼的观点并不完全认同，但是在自己主编的刊物依然刊登此文，并提出商榷意见，体现了当时民主热烈的学术风气。

《中原》创办于重庆，但其影响并不仅限于重庆，而是波及整个抗战后方。例如，西迁乐山的武汉大学教授杨端六、袁昌英之女杨静远曾投稿《中原》，在日记中称"《中原》就是左派文人的大本营"。⑤在西安，有评论说："在这样一个时候，在文化运动的艰难里……能够读到这样的一本谨严、精齐、充实，有重量……的刊物，这是我们的幸福，也是我们的骄傲。"⑥而身处昆明的闻一多在《中原》上发表《屈原问题——敬质孙次舟先生》一文及其背后的历程，更直切地反映了《中原》在抗战后方的文化影响和互动。

1943年7月，重庆左翼文化阵营配合反对投降独裁、坚持抗战的救亡民主运动，批判

---

① 杜守素（杜国庠）:《论荀子〈成相篇〉——介绍二千余年前的一篇通俗文学》，《中原》1945年3月第2卷第1期。

② 杜守素（杜国庠）:《荀子从宋尹黄老学派接受了什么——一个批判地接受思想遗产的范例》，《中国建设》1947年6月第4卷第3期。

③ 陈贵兼：《老子其人与老子其书》，《中原》1944年3月第1卷第3期。

④ 沫若：《老子其人与老子其书·编者后案》，《中原》1944年3月第1卷第3期。

⑤ 杨静远：《让庐日记》，武汉大学出版社2003年版，第218页。

⑥ 丁子：《书报评介：〈中原〉（第三期）》，《西北文化日报》1944年6月20日。

"屈原否定论",组织开展了规模较大的屈原纪念活动。对此,一些人进行了攻击,说屈原"恃才扬己,诽谤当道,而终于独善其身,消极自杀,这样狂诞偏激的人,在我们目前的中国根本不需要"。[①]1944年成都文艺界抗敌协会举行的"诗人节"茶会上,学者孙次舟提出"文学弄臣"说,随后又发表《屈原是"文学弄臣"的发疑——兼答屈原崇拜者》一文,流露出对肯定歌颂屈原的郭沫若等人的不屑:"我并未故意'侮辱'有些'诗人'的偶像屈大夫!我并不惧怕真有渊博学识的'诗人'与我以'征伐'!我静待着一个根据于'科学方法'与'真实史料'的论战!然而我却不愿再听到像儿童的不良玩具被人打碎了时的怒然的叫骂与哭泣!"[②]

孙次舟此说涉及面广,学界"为之大哗"并向其"发动围攻"。当局为了给孙次舟壮声势,试图让一些文化名人出来,继续渲染"文学弄臣"说。他们找到了闻一多,结果被拒绝。[③]而孙次舟为了申辩自己的主张,回击学界"围攻",又写了第二篇文章——《屈原讨论的最后申辩》。在"附白"里,他转录了李长之与自己通信中的一句话:"昔闻一多先生亦有类似之说",又称:"闻一多先生大作如写成,定胜出拙文远甚。"这种硬要将别人拉下水、为己张目之举,显然为闻一多所不忍:"本来我看到孙先生第一篇文章时,并没有打算对这问题参加讨论",现在,"我的处境便更尴尬了,我当时想,如果再守口如瓶,岂不成了临阵脱逃吗?于是我便决定动笔了"。[④]

除了孙次舟的刺激,《中原》及郭沫若的邀约也是闻一多参与屈原讨论的重要原因。1944年上半年,辗转至昆明的张光年接到了冯乃超从重庆寄来的信。信中表达了冯乃超和郭沫若对闻一多昆明处境的关心,托请张光年向闻一多致意问好。张光年后来回忆此事时说:

> 信中还转达郭老让我向一多约稿的事,请他为《中原》(郭老主编的大型文艺刊物)写稿,嘱我一定要完成这个任务。我把乃超的信拿给一多先生看了,他笑着说:"这可得好好写。"不久,他就写出了富于创见的名篇《屈原问题》,这是他运用历史唯物主义观点,来探讨历史问题的一篇力作。[⑤]

1943年12月,闻一多写成《屈原问题》。郭沫若在1945年2月3日致吴晗的一封信中,除了介绍自己的先秦诸子研究、希望吴晗为《中原》赐稿外,专门提到闻一多此文:"前阅昆明来友言,一多先生有关于屈原论文将投寄,不知□否?如见面请代问一声。"2月13日,在给吴晗的又一封信中,郭沫若说:"闻先生文已由友人交来,并已拜读,觉甚新颖。"[⑥]10

---

① 郭沫若:《由诗人节说到屈原是否弄臣》,《新华日报》1946年6月7日。
② 孙次舟:《屈原是"文学弄臣"的发疑——兼答屈原崇拜者》,成都《中央日报》1944年9月6、7、8日。
③ 1944年暑假,"某官方出版机关"给闻一多写了一封信,约他"写一本屈原传一类的小书"。闻一多"婉词谢绝"。参见闻一多《屈原问题——敬质孙次舟先生》,《中原》1945年10月第2卷第2期。
④ 闻一多:《屈原问题——敬质孙次舟先生》,《中原》1945年10月第2卷第2期。
⑤ 张光年:《回忆乃超同志》,《百年潮》2002年第1期。
⑥ 闻黎明、侯菊坤:《抗战胜利前夕郭沫若与吴晗闻一多的往来》,《郭沫若学刊》1989年第1期。

月,《中原》第 2 卷第 2 期刊载了此文。

闻一多在文中提出：屈原虽然是文学弄臣，但这并不妨碍他是位政治家；屈原先是文学弄臣、文化奴隶，最后由"反抗的奴隶居然挣脱枷锁，变成了人"，成为政治家和文学艺术家；而孙次舟的错误就在于将这个顺序看反了，认为屈原是文人在前，弄臣在后。① 1945 年 6 月，闻一多再写有《人民的诗人——屈原》一文，虽然此时他依然认为屈原的前期身份是"宫廷弄臣的卑贱的伶官"，但称赞屈原为"人民的诗人"，是"中国历史上唯一有充分条件称为人民诗人的人"。《离骚》"用人民的形式，喊出了人民的愤怒"，唤醒了人民的反抗情绪，"屈原的死，更把那反抗情绪提高到爆炸的边沿"。可以看出，闻一多此语显然是借屈原研究对当时的黑暗时局作出的凛然批判。②

对屈原"文学弄臣"说，郭沫若是不同意的，③但是，《中原》依然很快刊载了闻一多的文章。这再一次证明了郭沫若在"编者的话"中所称的"极力减少个人中心的偏向，要使它成为真正的公有园地"，体现出了其学术胸襟。当时的编辑回忆说：当《屈原问题》一文投到《中原》时，大家看了其内容后，担心"这事肯定会让郭老为难。闻先生也是海内学术大家，他的'投稿'，《中原》发不发表？不发，是对闻先生不尊重；发了，郭老会怎么样……结果，出乎大家意料的是：郭老看过稿子后，立即拍板决定，此稿不但要发，而且要发在《中原》第二期的首篇，以示对不同意见的尊重。郭老的这种'学术民主精神'，令我们深为叹服，至今此事仍长留在我的记忆之中"。④

更为重要的是，尽管在"弄臣"这一具体观点上有分歧，但是二者的屈原研究路数和整体认识却是一致的。首先，同郭沫若一样，闻一多既将屈原思想同所处社会时代结合起来进行考察，体现出唯物史观的治学取向，又将学术研究与现实政治联系起来，蕴含着屈原研究的现实斗争性。正如朱自清评论道："他（闻一多）看屈原，也将他放在整个时代整个社会里看。他承认屈原是伟大的天才；但天才是活人，不是偶像，只有这么看，屈原的真面目也许才能再现在我们心中。"⑤《中原》"编者"在"校后记"中也说："本期闻一多先生的《屈原问题》，这是一篇非常值得重视的文字，不仅提出了一个文艺史上的问题，且关系着一个社会史上的问题。"⑥其次，在闻一多抗战时期的屈原论述中，屈原的"人"的形象十分突出。这个"人"既具有弄臣的身份，又有文学家的才智，还在政治活动中体现出强烈的反抗精神，以摆脱奴隶的身份，实现"人"的特质和尊严。在闻一多那里，"屈原即使是弄臣，是奴隶，他也是从这种身份中站起来的为人民求解放，也解放了自己"。⑦闻一多强调屈原

---

① 闻一多：《屈原问题——敬质孙次舟先生》，《中原》1945 年 10 月第 2 卷第 2 期。
② 闻一多：《人民的诗人——屈原》，《诗与散文》1945 年 6 月诗人节特刊。
③ 郭沫若：《屈原不会是弄臣》，《诗歌月刊》1946 年 6 月第 3、4 期合刊。
④ 吉少甫主编：《郭沫若与群益出版社》，上海百家出版社 2005 年版，第 89—91 页。
⑤ 朱自清：《中国学术界的大损失——悼闻一多先生》，载《标准与尺度》，文光书局 1948 年版，第 13 页。
⑥ 编者：《校后记》，《中原》1945 年 10 月第 2 卷第 2 期。
⑦ 慈：《评介〈今昔蒲剑〉》，《时与文》1947 年第 1 卷第 22 期。

"人"的价值和为"人民"的斗争精神,与郭沫若在历史人物研究时坚持的"人民本位论"不谋而合。或许正是因为如此,作为学者、民主战士的两人虽相隔千山万水,但通过屈原研究以及此前的《周易》《诗经》《庄子》《楚辞》等"文化遗产的整理工作",经由《中原》建立起了深厚情谊,信奉着共同的"人民意识"。[①]

在中国左翼文化学术发展历程中,抗战时期是十分重要的时段。在这一时期,左翼文化学术的理论建设、体系范式、研究实践均取得了显著进步,学术阵地和研究队伍日益巩固壮大,形成了延安、重庆、昆明、桂林等重要活动中心。在抗战救国的共同时代背景下,侧重于不同的文化宣传、思想斗争和政治理论建构任务,它们又呈现出不同的学术风格和特点。在重庆,郭沫若及其主编的《中原》杂志是左翼文化学术阵营形成的重要力量。《中原》杂志经历了艰辛的办刊历程,同时得到了中共中央南方局和新华日报社的有力支持,是当时激烈的思想文化斗争战线上的一个缩影。

(原载《现代中文学刊》2022年第6期)

---

① 郭沫若:《开明版〈闻一多全集〉序》,载《闻一多全集》第12卷,湖北人民出版社2004年版,第431—441页。

《女神》诗人的诗性本格与郭沫若的位格意识

朱寿桐

一百年前,诗集《女神》横空出世,以凤凰涅槃式的狂欢,女神再生式的传奇,天狗护月式的咆哮,地球怒号式的呼叫,同时也以新月般的清雅,海湾般的宁静,松原般的旷远,古圣般的高逸,将褪褓中的中国白话诗带入了充满诗性魅力的崭新天地。从此,白话新诗有了现代风采,有了诗性神采,有了发展的基础,有了远大的前程。但正如郭沫若所慨叹的那样:"自从《女神》以后,我已经不再是'诗人'了。"①的确,他此后的诗越来越缺少诗性的韵味,以至于成了人们嘲讽和指责的对象。中国现代诗歌史、文学史和文化史上的《女神》作者神话般跌落的现象,值得深入考察并进行理论阐析。

一 《女神》诗人的神话般跌落现象

《女神》并不是中国现代文学史上第一部新诗集,在它之前尚有胡适的《尝试集》。但《女神》又被称为开一代诗风的作品,是"时代精神"的体现。诗人闻一多这样评价《女神》作者郭沫若:"他的精神完全是时代的精神——二十世纪底时代的精神。"可惜后来者总是从五四时代的狂飙突进精神理解郭沫若与"时代精神"的关系,殊不知闻一多概括的"时代精神"更多地指向时代的诗性,包括特定时代的诗情和诗意。"在这里我们的诗人不独喊出了人人心中底热情来,而且喊出人人心中最神圣的一种热情呢!"②这样的热情就是诗性的本格。郭沫若以他的《女神》对新诗坛作出的最大贡献就是让新诗成为白话诗充满诗情诗意等诗性精神。

胡适勇敢地开创了白话写诗的传统,告诫人们"要须作诗如作文"③,而作文也就是"话怎么说就怎么写",完全没有考虑到诗性、诗意的表达,于是胡适的《尝试集》都是浅显乏味的白话写成的缺少诗意的"新诗",这样的传统得到了康白情等新诗创作者的继承,他们的创作为远处日本浑然不觉自己已经写成新诗的郭沫若所不屑,也为引郭沫若为同志的成仿吾所鄙夷:康白情那些没有诗情诗性的诗歌更像"是一篇演说词,康君把他分'成行了',便算是诗了!"而徐玉诺的有些没有诗意的诗,不仅文字像白话,而且"这样的文字在小说里面都要说是拙劣极了",居然直接写在了分行的诗中。④

---

① 郭沫若:《序我的诗》,载《郭沫若全集·文学编》第19卷,人民文学出版社1992年版。
② 闻一多:《〈女神〉之时代精神》,《创造周报》1923年第4号。
③ 胡适在1915年寄绮色佳诸友诗中吟道:"诗国革命何自始?要须作诗如作文。"[《逼上梁山》,载《中国新文学大系》(建设理论集),上海良友图书有限公司1935年版,第7页。]
④ 成仿吾:《诗之防御战》,《创造周报》1923年第1号。

郭沫若的《女神》是汉语新诗创作领域首先自觉地将中国传统诗学特别讲求的诗性带入白话诗创作中的作品，诗性成为诗人的本格素质，也是诗歌创作之所以区别于其他文体写作的本质特性。朱湘发现了郭沫若诗歌中的这种诗性本格，他在批评文章中将这种诗性本格概括为"诗"；他认为郭沫若的"诗"也就是诗性本格是独特的创造，其贡献"不仅限于新诗"，"就是旧诗与西诗里面也向来没有看见过这种东西的"。[1]宗白华初读郭沫若后来收集于《女神》中的诗作，便看到了其中深蕴着的"诗人人格"，也就是本文所提出的"诗性本格"，即朱湘所概述的被称为"诗"的东西。宗白华认为郭沫若的完满高尚的"诗人人格"就是要体现"思想意境及真实的情绪"，[2]其实就是诗情诗性。

在20世纪20年代初期，当大多数国人还都没有见过新诗，因而也不知道如何用白话表达诗情诗意的时候，《女神》的作者就已经写出了这样的哀歌：

> 九嶷山上的白云有聚有消
> 洞庭湖中的流水有汐有潮。
> 我们心中的愁云呀，啊！
> 我们眼中的泪涛呀，啊！
> 永远不能消！
> 永远只是潮！

这是《女神》中《湘累》篇里的一首歌，是诗剧中传说的娥皇、女英的歌，实际上是诗人天才的创作。这首诗充满着诗意，洋溢着诗性。以山上白云和湖中流水构成景致，而通过这种山水景致的"有聚有消""有汐有潮"的动态，寄托诗人的情感，使得所写的景都是情景，应了"一切景语皆情语"的古训。诗人点明这种情感是愁思，是哀伤，愁云惨雾，泪水波涛，明确了所写的情都是诗情，具有悲剧美和崇高美素质的诗性。诗歌以自然的两两对仗句法，以倒立阶梯状的节奏感，体现出和谐优美的音乐性以及现代新诗的韵律美，令人难以置信这是新诗草创时期的作品。

当新诗处在艰难"尝试"、蹒跚学步的时刻，郭沫若以非常娴熟、非常自然的语句和笔触，将云水中的诗情和山林中的诗意表达得淋漓酣畅而清雅优美。

即使要表现积极的情绪，表现乐观向上的精神，郭沫若在《女神》时期同样可以体现诗性本格。《女神之再生》中女神们这样宣示她们的创造："我为容受你们的新热、新光，我要去创造个新鲜的太阳！"非常豪迈、激昂而富有诗意。

总之，《女神》成就了伟大诗人郭沫若，而他的创作成就了汉语白话诗的诗性本格。诗性本格是郭沫若追求高尚的"诗人人格"的体现，是他《女神》时代新诗创作的特征和本

---

[1] 朱湘：《郭君沫若的诗》，载杨胜宽等主编《郭沫若研究文献汇要》第6卷，上海书店出版社2009年版，第3页。

[2] 宗白华：《宗白华致郭沫若信》，载杨胜宽等主编《郭沫若研究文献汇要》第6卷，上海书店出版社2009年版，第251页。

性体现，也是他对于中国新诗作出的永久难以磨灭的贡献。按照朱湘的见解，《星空》继承了《女神》的诗性本格传统，也就是"诗"的传统，但越到后来，郭沫若越来越远地离开了《女神》，离开了诗性，离开了一个诗人的诗性本格。

诗人奉献了许多诸如《百花齐放》等诗集中的诗，其特点是紧跟时代，服从领导意志，充满口语俗语，全无诗性意象，似民歌民谣，为的是能够传达时代的音响，并为广大人民群众所接受。这些作品的特色是消解了诗性，远离了诗人本来非常强烈的诗性本格的表现，写出的诗都被抽取了诗性。玉兰花本来可以寄托许多美好的诗情，表现春天芬芳的诗意，但这一切都为诗人所避离，他在《百花齐放》中这样写玉兰花：

花开后，花瓣可以拖面粉而油煎，
观赏植物与经济植物其美两全。
请用化学方法来分析或者提炼，
据说果实和芽还可以解热、发汗。

连当时的批评家都看不下去了，"没有艺术的形象，更没有可贵的深刻的思想和感情，"诗人如果要"把我们训练成一个医生或厨师"，那"我们去读那些医书和菜谱，岂不更有成效，又何必来读诗人们的诗呢？"[①]

要知道此时的郭沫若不再是像《女神》时代那样以诗性本格写诗，而是要以社会主义建设者、劳动者的位格意识写作，他写的"诗"当务之急是要有服务功能，要对社会起某种作用。这是位格意识的要求，诗性的本格必须牺牲，必须远离，于是，《女神》诗人奇迹般地跌落为没有诗情诗意表现欲望的笔力劳动者。

讲求诗性并开创了诗性本格传统的《女神》诗人到底能在社会的"位格"中跌落多深，坊间流传的郭沫若在特殊年代写的诗表明，这样的跌落是断崖式的。郭沫若有些诗不仅没有了诗性本格，而且逢迎溜须，腐俗熏人，特别是《献给在座的××同志》，"诗中"写着"亲爱的××同志，你是我们学习的好榜样／你善于活学活用战无不胜的毛泽东思想"，等等，明白如话，全无诗意，令人难以置信这是《女神》作者的手笔。

问题正在这里。当人们带着道德的傲慢和美学的常识指责郭沫若的时候，全然没有想过这样的问题：郭沫若难道不懂得什么是诗？郭沫若难道不知道什么是诗性、诗情和诗意？这是一个在指责他的大多数人的祖父都还不懂什么叫诗、什么是新诗的时候就已经写出了《女神》的新诗开拓者，而且是中国新诗史上第一个真正将诗情诗性带入白话诗写作的新诗传统的缔造者，他对于诗性的理解、领悟和创造性的运用，已积淀成他作为诗人和文学家的本格素质与品质。不过处在一定的环境中，他放弃了自己对于诗性的本格坚守，而将自己所处的政治地位、文化地位放在比较重要的考量之中，这就是位格意识的体现。于是，20世纪20

[①] 力扬：《评郭沫若的组诗〈百花齐放〉》，载杨胜宽等主编《郭沫若研究文献汇要》第6卷，上海书店出版社2009年版，第579—580页。

年代已经奇迹般地写出了《女神》的天狗狂吠式的诗人,则在半个世纪后写出了自己清楚地知道并不是诗,并不能叫作诗的诗,是一种远离他诗性本格而服从于他的位格意识的"写作"结果。包括当事人××同志在内的许多人都被郭沫若骗了。远离了他的诗性本格的诗本来就不是诗。

诗人感叹《女神》以后不再是"诗人",是一种对于神奇般跌落现象的自觉,是一种无奈的怅然。社会性的位格完全打垮了《女神》所具备的诗性本格,于是他不再表现《女神》式的诗情诗性,不再秉持《女神》式的诗性本格;位格让他成了一个劳动者、建设者,"社会"人,甚至政治人物,于是他只能以这样的位格写作。

二　本格意念与位格意识交叉纠结的郭沫若

单是《女神》就足以让郭沫若成为中国现当代文学与文化史上无法绕开的人物。虽然很少有人试图抹杀他巨大的文学贡献和文化贡献,但人们也更多地习惯于将他的历史贡献与他作为政治人物乃至公众人物的人格疵点混淆在一起,其结果往往是由他后来的某种人格疵点反求他辉煌一生的浓重荫翳。历史人物的评价固然不应一味地为贤者讳,但面对贤者的种种值得避讳的人格疵点,应该取用怎样的认知方式才可能既不夸张又中肯剀切,这是一个值得从方法论上加以深入探究的问题。

甚至于一些热爱郭沫若文学的学者也习惯于从人格学的角度分析郭沫若的后期的政治态度甚至文化态度,相信他作为公众人物其人格面临着越来越严重的分裂状态。这样的理解确实对历史人物奉献出了一种真诚的理解态度,但仍然失之于简单;而对于郭沫若这样影响远远超越于一个时代的人物而言,简单化地理解其结果常常过于严重。任何一个历史时期都是如此,历史人物往往比一般人享受更加光鲜的荣耀,同时也会比一般人承受更多更繁重的时代的罪愆。不正常的政治年景给历史人物叠加的时代罪愆更其深重,于是,类似于郭沫若这样的历史人物承受的批判、指责甚至误解也就会更加突出。而从学术的角度知人论世地评价这些历史伟人,就需要离开简单化,无论是简单化的吹嘘还是批判与责难。

避开简单化的历史人物认知和评价方法应有多种途径,从人格分裂的角度进行这样的评价应该属于最接近简单化的认知方法。病态心理学的原理其实早就揭示了,人格分裂属于基本的精神病态。当对历史人物的分析不得不用病态心理学甚至是变态心理学的原理进行操作的时候,无论是对历史人物自身还是对普通民众而言其公正性都会发生问题。人格心理学早就揭示了特别是伟大人物在人格构成中的位格意识问题。根据 E. J. Phares 的论述,社会阶层意识往往是影响人格的关键性因素:人的"社会声望(职业地位)、受教育程度、机会以及对自己生活的控制程度"常常是构成人格的决定性因素。研究表明,"在保守—激进这一人格维度上,不同的社会阶层有显著的差别";"低阶层的人难以延宕需求的满足,遇到挫折会立即做出反应;而高阶层的人则能延宕需求的满足,压抑自己的感受,把愤怒转向自己(自责)";"低阶层的人是'追随冲动的',高阶层的人则是'克制冲动的。'"[1]人格心理学

---

[1] 郭永玉:《人格心理学:人性及其差异的研究》,中国社会科学出版社2005年版,第178页。

家的这番观察显然极有道理，不过将人格完全归结为社会因素，甚至像 C. N. Cooley 那样认为"人格是社会的产物，只能通过社会互动产生"，①可能还是失之于片面。其实，上述所谓"高阶层的人"未必就一定具有"克制冲动"的天生素质，身居高位而"追随冲动"的人士无论是在历史上还是在现实生活中，无论是在中国还是在外国，都并不十分鲜见。事实往往是，当这些"高阶层的人"特别是历史人物不能"克制冲动"的时候，人们往往美誉其类似言语行为十分"性情"。这"性情"的评价揭示出这样的人格现象：这类人物在本该"克制冲动"的情形下却拒绝克制，而是像普通人或"低层次的人"那样"追随冲动"，完全本着自己的性情做事。这种人格现象实际上非常清晰地将"高阶层的人"的人格分成了与天性、气质、脾性和习惯相联系的本格，以及出于自处身份、角色、地位及其象征意义所显露出来的对于本格"冲动"进行克制的位格。人格学中的位格才是"社会的产物"，才"只能通过社会互动产生"，而本格则除了社会因素外，还与人的天性、气质、脾性和习惯联系在一起。越是"高阶层的人"，越需要区分出其人格中的本格与位格的区别，因为他们的位格意识往往比普通人更强，表现也更普遍，而这种位格意识常常与他们固有的本格特征构成相悖相克的关系。"低阶层的人"往往不会那么强烈而且普遍地调动起某种位格意识，他们在很多情形下只需要按照自己的本格倾向说话行事。

特别是对于历史人物而言，其人格中的本格与位格的相悖相克关系，与一般心理学的所谓人格分裂现象并不相同，即便是非常典型地表现出这种位格意识对本格意念的克服，这个人物的人格仍然是完整而统一的。这些人物的言行远远不止于浮现在历史和时代表层的部分，作为普通人，他们天然拥有自身的本体人格，亦即我们业已简称的本格，但与此同时，他还清楚地意识到，他处在一定的社会、政治、经济、文化乃至文学地位，这种突出的地位感往往会铸成约定俗成的位格意识，以要求他们的行事、言论乃至思维必须与之相适应。这种适应的结果即使会背离甚至违背了本体人格的固有特性，也仍然是他们的自我意识所自觉操控的结果，因而不是人格的分裂。越是本体人格特征相当明显和突出的历史人物，越会在实际的社会活动中屈从于或者让位于位格意识。这是"高阶层的人"人格构成中本格与位格现象的普遍性的显现。

郭沫若作为五四时代精神的表现者，作为以一集《女神》开风气之先的杰出诗人，其本格意念充满着反抗的激情和绰约的诗性，但随着社会、政治地位的不断上升，其本格意念逐渐屈从于甚至让位于位格意识，而作为政治人物乃至公众人物，其位格意识的要害乃是服从、听命以及消解百无一用的诗性。正是这样的位格意识使得郭沫若在相当长的历史时期一定意义上放弃了乃至丧失了本格意念，忘却了构成其本格意念的反抗意志和诗性情趣。但本格意念往往是一个伟大的文学家和政治家无法真正祛除的人格本然，即便是长期为位格意识所蒙昧了的郭沫若，一旦条件具备，仍然会摆脱像蛇一样缠绕着自己的位格意识，恢复本格意念的严正和凛然。这是郭沫若人生情境的一种描画，也是他人格构成的一种表述，还是他之所以成就"这一个"历史人物的意识辩证法的全面而深刻的价值展示。

---

① 郭永玉：《人格心理学：人性及其差异的研究》，中国社会科学出版社 2005 年版，第 174 页。

构成郭沫若人格中本格价值的是其极富主体性的意念理性，它既是诗人全部创造力和审美魅力赖以产生的价值系统，又是在现代文化史和文学史上显示其独特个性和风格的基本依据。特别是一位天才的文学家和诗人，其性情化的本格价值和他赖以形成影响与魅力的文学风格相统一几乎是一种必然。郭沫若作为诗人的本格意念全都与诗性和主观性相关，这是他都非常清楚地意识到的。

郭沫若天生是个诗人，他的人生意念和诗性意识天然地结合在一起，构成了他人格倾向中的本格价值。不难观察到的现实是，他的本格价值是那么情绪化、主观而充满诗意。他在《女神》时期的基本诗学观念表述的就是他的本格意念，那种诗就是直觉之类的议论，其实关乎于诗人的诗观和人生观。他鼓吹"诗不是'做'出来的，只是'写'出来的"，这是对一个诗人文学与人生关系同一性的一种表述。他认为，具有诗人素质的人其实所有的诗性与灵感都会自然产生："我想诗人底心境譬如一弯清澄的海水，没有风的时候，便静止着如像一张明镜，宇宙万汇底印象都涵映着在里面；一有风的时候，便要翻波涌浪起来，宇宙万汇底印象都活动着在里面。这风便是所谓直觉，灵感（Inspiration），这起了的波浪便是高涨着的情调。这活动着的印象便是徂徕着的想象。这些东西，我想来便是诗底本体，只要把它写了出来，它就体相兼备。"[①]这里表述的虽然是作诗的经过，却同样也是人之所以获得诗兴、诗感与诗美的过程性描述。他这样理解诗，这样理解诗性，这样理解诗人的构思过程与特征，其实也是理解了诗人获得诗性并写成诗的一种自然性原理，这样的自然性可以用来理解诗人的诗性本格。

诗性本格在《女神》作者的郭沫若那里意味着自然、情绪和直觉，拒绝了理性和克制。他反复强调"诗的原始细胞只是些简单的直觉，浑然的情绪"，[②]其实他所认知的诗人也应该如此，自己便是这样一个拒绝理性和克制的本格诗人。他这样表述自己的本格："我是一个偏于主观的人"，"我自己觉得我的想象力实在比我的观察力强"，"我又是一个冲动性的人，Impulsivist"，"所以我这种人意志是薄弱的，要叫我胜劳耐巨，做些伟大的事业出来，我没有那种野心，我也没有那种能力"[③]。这里说到了他本格意义上的天性与气质，这样的天性和气质难道与人格心理学者所断言的"社会的产物"完全吻合？难道这样的自然天成的性格不正是诗人人格的有机构成部分？

郭沫若本格意念中饱含着诗性，同时还充满着反抗的激情，这两方面相互印证，相互联系，甚至互为因果，构成了他本格价值的两个重要因素。他曾经是一个人文主义的反抗者，他崇尚古代的圣贤是因为他们富于反抗的激情。从五四时代非常可贵也相当冒险的人文主义价值理念出发，郭沫若充分尊崇老子、孔子和庄子，在《女神》的诗篇中将他们合并为"三个泛神论者"加以歌颂。其实他尊重他们的并不是真正的泛神论世界观，而是他们不按俗例、独立特行的反叛精神。他后来如此评价老子："我们在老子的时代发现中国思想史上的

[①] 郭沫若：《致宗白华》，《时事新报·学灯》1920年2月1日。

[②] 郭沫若：《致宗白华》，《时事新报·学灯》1920年2月24日。

[③] 郭沫若：《论国内的评坛及我对于创作上的态度》，《时事新报·学灯》1922年8月4日。

一个 Renaissance，一个反抗宗教的、迷信的、他律的三代思想，解放个性，唤醒沉潜着的民族精神而复归于三代以前的自由思想，更使发展起来的再生运动。"①他所赞赏的乃是老子对反抗精神的发掘与弘扬。同样，他赞赏孔子其实并不在于孔子的一系列"子曰"体的教导，而是在于他张扬个性的不朽素质和人格风范。他指出："我们所见的孔子，是兼有康德与歌德那样的伟大的天才，圆满的人格，永远有生命的巨人。他把自己的个性发展到了极度——在深度如在广度。他精通数学，富于博物的知识，游艺亦称多能。尤其他对于音乐的俊敏的感受性与理解力，绝不是冷如石头而顽固的道学先生所可想象得到。他闻音乐至于三月不知肉味的那种忘我 ecstasy 的状态；坐于杏林之中，使门人各自修业，他自己悠然鼓琴的那种宁静的美景；他自己的实际生活更是一篇优美的诗。"②这是一种风格学的赞赏，也是一种充满诗性和个性的人格学的褒奖，是一种反抗世俗、反抗乡愿、反抗平庸的人生态度的颂歌。这样的理念与郭沫若的本格倾向密切相关。

郭沫若在本格意义上是一个充满反抗激情甚至充满反抗幻想的诗人。他的《女神》中有关《匪徒颂》之类暴烈的反抗呼号往往最具亮色与活力，也最能引人注目。他的早期剧作《三个叛逆的女性》关注女性的人生，特别关注和赞赏的是她们叛逆的性格。在普遍叫喊着"打倒孔家店"的时代氛围之中，郭沫若公然表达对孔子的赞赏，以后甚至朗声声明"崇拜孔子"，甚至在毛泽东明确表达出对孔子的批判倾向之后，郭沫若也还不轻言放弃对孔子的留恋，这些都体现出一定的反抗品行。他的自传体作品如《漂流三部曲》中甚至都包含着人生反抗的向往和幻想。这表明反抗性已经深入他的天然气质和人格秉性之中，成了他的本格倾向和价值。

1941年，在纪念郭沫若50周年诞辰的活动上，中共领导人周恩来发表了将郭沫若与鲁迅并列的著名讲演，在这讲演中他还用"丰富的革命热情""深邃的研究精神""勇敢的战斗生活"概括这位主人公，③其实这里概括的就是郭沫若的本格风范，只是从革命家的立场，周恩来将激烈的强悍的诗情诗性往革命的和政治的热情上去粘连，将反抗的本性用政治性的话语表述为勇敢的战斗。这是一种合理的置换，也是对郭沫若本格意念的深刻理解和美誉化的把握。

差不多40年后，当郭沫若溘然离世的时候，中共中央对这位忠诚的共产主义战士，伟大的无产阶级革命家的评价自然大不一样。除了时代环境的变化而外，郭沫若本人本格倾向的衰退以及位格意识的强化乃至于实现了对后期人格的完全覆盖，应该是最现实的原因。对于郭沫若来说，作为党和国家的重要领导人，作为共产党领导文艺的杰出标志人物，他早已没有多少空间发扬自己的诗性和反抗性的本格价值，相反，他必须用对事业坚决拥护的理性精神克服自我的情绪。他的位格意识必然地导向对他本格意念的压抑、克制甚至否定。这是情势的要求，时代使然，也是他自觉意志的体现，是他人格选择的必然。

---

① 郭沫若:《中国文化之传统精神》，载《郭沫若研究资料》(上)，中国社会科学出版社1981年版，第175页。
② 郭沫若:《中国文化之传统精神》，载《郭沫若研究资料》(上)，中国社会科学出版社1981年版，第175页。
③ 周恩来:《我要说的话》，载《郭沫若研究资料》(上)，中国社会科学出版社1981年版，第447—448页。

不愿意理解的人们大可以指责诗人丧失了自己的本体人格，然而这是他的人格选择，而且是心甘情愿的选择，因为他的身心已经融入时代的风尚和环境的狂欢之中，他在这样的融入中感到了自己的解放与无比的欢欣。极愿意理解的人们大可以想象诗人的违心与痛苦，然而同样的道理，诗人是在用自己全部的人格热忱履行着这样的位格意识，他沉寂在其中，感受着一般人所难于体验甚至也难于理解的大欢悦。

三　郭沫若位格意识的运作与本格意识的绝响

郭沫若以及他那样的时代代言人，甚至许多辩证地研究这种人格之伟大与渺小的学者，都从没想到用位格意识与本格意念的关系解读上述人格特性。不过，敏感的当事人对这种隐藏的关系总有一种自觉。郭沫若早就意识到，在自己的人格构成中，既存在着与生俱来、无法逃避的本格价值，又需要按照社会规则吊证自己的本格倾向，使自己符合社会角色（位格）的要求。

《女神》出版之后的1922年，应该说是在他的本格倾向尚未完全成熟的状态下，他就有了这样的意识。"我既晓得我自己性格的偏颇，意志的薄弱，但是我也很想从事于纠正和锻炼……反乎性格去从事纠正与锻炼，也不能完全无补。我近来对于客观的世界也渐渐觉得能够保持静观的态度了。"[①]他意识到适应社会要求的位格倾向比发乎自己性情的本格倾向更有益于自己的发展，他还意识到自己人格中的本格倾向其实与社会要求的位格倾向处在相对的矛盾状态，要适应社会的位格要求，就需要"反乎性格去从事纠正与锻炼"。他表明了自己要克服自己的性格也即本格倾向的决心，而且，按照自己的说法，那个时候他已经实际开始了他的方向转换，他开始摒抑主观的性格"偏颇"往客观乃至"静观"的方面做努力，这实际上是他启动了自己的位格意识。

如果说周恩来用"丰富的革命热情""深邃的研究精神""勇敢的战斗生活"概括郭沫若的时候，他观察到的还基本上是郭沫若作为战斗诗人的本格方面，诗性和叛逆构成了他的基本人格，那么，在后来的人生岁月中，位格意识逐渐上升为郭沫若人格的主调，这样的位格意识往往通向对本格意念的克服，非诗性的运作常常冲淡甚至取代了诗性的内涵，尊崇守矩的顺从品行往往遗忘和覆盖了叛逆的品格。从这种位格意识对于本格意识的克服乃至取代的视角观察郭沫若后来的为文和为人，能够解释许多我们业已观察到的文学和人生现象。20世纪50年代以后的郭沫若诗歌创作，所走的路数基本上是用非诗性消解乃至取代诗性，用循规蹈矩的风格和做派消解乃至取代叛逆性。这实际上是作为国家机构重要领导人的郭沫若其位格意识逐渐消解和取代作为诗人的本格意念的人格学体现。

本格倾向上充满诗性乃至崇尚直觉诗性的郭沫若，进入20世纪50年代的新中国一度还在凭着诗性放声歌唱。最初的诗歌结集《新华颂》，带着进入新社会的诗人般的欣喜，其讴歌的声腔和姿态依然保持着诗人郭沫若的激情和诗性；稍后，《百花齐放》尽管带着强烈的政治背景（文化艺术领域"双百方针"的提出）及其所赋予的政治合法性，但从世俗人生的

---

① 郭沫若：《论国内的评坛及我对于创作上的态度》，《时事新报·学灯》1922年8月4日。

百花园中抽取出百种花朵进行耐心的歌吟，与其说符合特定的政治气候和政治话语，不如说更符合文人雅士传统的玩赏心态。虽然郭沫若不敢放肆地吟风弄月，借花惜月地抒写闲情逸致，但歌吟起千姿百态的鲜花，还是体现出诗人和文士的长袖善舞和得心应手。这101首确实显示着诗人的才情和性情。但到了《长春集》，我们的诗人似乎就有意弱化甚至克服诗性的表现，不惜用浅白得无法忍受的诗句表达类似于打油体式的意趣，而且甚至用类似于今天人们常常谈论的"后现代"式的笔法，将日常化和庸碌性当作诗的常态予以表现，从而顺利地达到了克服诗性、消除诗性进而颠覆诗性的新社会的位格意识。事实上，到了《长春集》及此后的诗作中，人们已经很难找到作为激情勃发的诗人的本格特性，而看到的是一位为了应时应景根据自己尴尬的职分在那里无病而呻的可怜的歌者，他的才情成为一种嘲弄，他的性情甚至远离了他的记忆。

这位鼓吹叛逆的诗人以一路并不透迤的路径走向了诗艺上的循规蹈矩，在其中他感受到的是艺术和政治、古典与现代意义上的多重安全。如果说新诗是一种诗性叛逆的结果，那么，这样的叛逆唤起的记忆常常给诗人一种不安全感。毛泽东虽然没有十分激烈地发表反对新诗的观点，但他作为诗人的所好显然在旧体诗词。郭沫若作为新中国虽从未冠名但却名副其实的桂冠诗人，虽然从本格倾向上认同并擅长于叛逆性强的自由奔放的新诗特别是它的自由体，但桂冠诗人的位格使他毫不犹豫地放下了诗艺叛逆者的身段，甚至试图让人们忘却这样的历史。他注意发挥他的另一种诗艺特长，非常迅速地远离了新诗和自由体，然后完全复归到非常适合于其位格意识的传统格律体诗词之中。《新华颂》22首诗歌，只有4首旧体诗，这样的比例还与现代新诗人郭沫若的写作习惯相吻合；可到了《长春集》，旧体诗词或改良旧体格律诗在数量上就已经占绝对优势。从目录上看，《长春集》分别由43首新诗与43首旧体诗构成，不过旧体诗往往是一目多录，如《游埃及杂吟》一目包含12首，《长春行》一目含9首，《歌颂中朝友谊》则48首录为一目，《英雄树下花争放》亦有9首之多，《齐鲁多文物》为6首，《国庆颂》一首达10页近200韵，参加文联参观团访问张家口吟诵的诗歌竟达35首，其中旧体诗25首，新体诗只有10首。这些旧体诗中还不包括《遍地皆诗写不赢》之类的歌谣体，其基本格局也是改良旧体诗。

其实，与郭沫若同辈的老一辈无产阶级革命家多习惯于旧体诗，一方面固然与他们的旧学修养有关，但更主要的还是与他们的位格意识相关联的循规蹈矩的诗思在起作用。郭沫若一直到写《水调歌头·粉碎四人帮》为止，他已经似乎只会也只习惯于写旧体诗。

当然，再深刻的压抑也不可能令人格主体忘却了本格意念。郭沫若即便是在毛泽东时代的写作中也常常会让自己的本格意念显山露水，然后让自己的位格意识对之采取种种严密的限制措施。人们一度热衷讨论的《李白与杜甫》一书，其实就体现出这种本格意念与位格意识较量的思维痕迹：作者在描写李白的诗性人生之时，更多地融进了自己作为诗人的本格意念，但写杜甫的时候，则完全恢复了位格意识。

有时候，当位格压抑的意识不怎么严酷和迫切的时候，诗人兼伟人的本格意念会顽强地呈现在世人面前。郭沫若在1978年春中国科学大会上的书面发言，显然恢复了部分属于诗人自己的本格意念，他一度忘却了作为中国科学院院长的位格，竟然号召科学家不要放弃幻想。这时候，他是一个诗人，他以诗人的本格在呐喊着生命的绝响。如果这是他的最后的公开的绝叫,也是他的幸运,因为他终于以本格意念的呈现完成了自己的人格,那是他的诗性本体的人格,那是他对60年前《女神》表现的诗性本格的一种完成。

从位格角度看,郭沫若的《科学的春天》是如何幼稚,甚至是如何粗粝,如何不够严谨:"科学也需要创造,需要幻想,有幻想才能打破传统的束缚,才能发展科学。科学工作者同志们,请你们不要把幻想让诗人独占了。嫦娥奔月,龙宫探宝,《封神演义》上的许多幻想,通过科学,今天大都变成了现实。"[①]但这正体现了郭沫若诗性本格。从诗性本格出发,挤逼、抵消社会位格的要求,此时身为中国科学院院长的郭沫若,又恢复了《女神》时代的诗性本格,恢复了《女神》式的浪漫与豪情。

应该珍视《科学的春天》所传达出来的,《女神》诗人以诗性本格抗议位格意识的强烈信息,就像应该珍视《女神》及其作者的诗性本格一样。

(原载《文艺争鸣》2022年第5期)

---

① 郭沫若:《科学的春天》,《人民日报》1978年4月1日。

郭沫若"人民本位"文艺观再认识

——以历史剧《南冠草》及相关文献资料为中心

宋 宁 魏 建

从1944年到1947年,郭沫若发表了《序〈不朽的人民〉》《谢陈代新》《答教育三问》《人民的文艺》《走向人民文艺》《人民至上的文艺》等十余篇文章,集中而系统地阐述和提倡"人民本位"文艺观。所谓"人民本位",就是"为最大多数谋最大得幸福。它的反面是一切变相的帝王本位,牺牲大多数人的幸福以谋少数人的安全。"[①]"也就是文艺创作的今天的原则。现时代的青年如有志于文艺,自然是应该写作这样以人民为本位的文艺。"[②]郭沫若以"人民本位"为标准,不仅评判中国文学的发展脉络和方向,而且扩展到史学、教育、政治等领域,形成了一种广义的文艺观。许多学者将"人民本位"视为郭沫若思想演进中的重要一环,并探讨其形成原因和历史作用。如秦川认为,郭沫若的"人民本位"观是受到毛泽东《在延安文艺座谈会上的讲话》(下文简称《讲话》)的直接影响而产生,是在国统区对于《讲话》的宣传与呼应,"实质上可理解为是在宣传《讲话》的内容,《讲话》的精神","勿庸举例,许多命题都来自《讲话》"。[③]宁腾飞认为:"'人民本位说'的中心依据是毛泽东的《讲话》。"[④]谷辅林认为,"人民本位"观是郭沫若在抗战后期、解放战争时期进行政治斗争和统战工作的言论武器,"从而开创了国统区文艺批评的新的水平和局面。"[⑤]中华人民共和国成立以后,郭沫若极少再提"人民本位"一词,一些学者据此认为"人民本位"观失去了存在价值,"过去的'以人民为本位'就变得不合时宜了"。[⑥]虽然张剑平认为郭沫若不可能放弃"人民本位"思想,但其理由却是"'人民本位'思想是马列主义和毛泽东思想的重要组成部分,新中国成立后,'为人民服务'成为党和政府各项工作的重要方向"。[⑦]因而,他其实也忽视了郭沫若"人民本位"文艺观本身存在的独特价值。此外,以往学者大多从郭沫若的政论类文章中解读"人民本位"文艺观的提出和消隐,忽略了这一思想与其历史剧创作之间的

[①] 郭沫若:《答教育三问》,《新华日报》1944年6月25日第4版。原文为《青年教育与思想问题特辑》一部分,题目为1947年收入《沸羹集》所加。
[②] 郭沫若:《走向人民文艺》,《新华日报》1946年6月24日第4版。
[③] 秦川:《论郭沫若的人民本位文艺观》,《郭沫若学刊》1994年第1期。
[④] 宁腾飞:《郭沫若"人民本位"说新探》,《郭沫若学刊》2017年第4期。
[⑤] 谷辅林:《论郭沫若的"人民本位"说》,载《郭沫若研究》(第五辑),文化艺术出版社1988年版,第186页。
[⑥] 叶桂生、谢保成:《郭沫若的史学生涯》,社会科学文献出版社1992年版,第156页。
[⑦] 张剑平:《论郭沫若的"人民本位"思想》,载郭沫若纪念馆等编《郭沫若与文化中国》,中国社会科学出版社2013年版,第170页。

关系。笔者在翻阅历史剧《南冠草》版本时发现，郭沫若在1943年创作和1948年、1956年两次修改《南冠草》，都与"人民本位"文艺观密切相关。为此，本文以《南冠草》及相关文献资料为基础，把郭沫若"人民本位"文艺观置于历史场域里，重新认识其复杂内涵和艺术价值。

一 从《南冠草》的创作到"人民本位"文艺观的提出

郭沫若于1943年3月15日至4月1日创作的历史剧剧本《南冠草》（1944年3月重庆群益出版社出版单行本，是为"初版本"），已经比较明显地呈现出"人民本位"的思想倾向，比1944年5月正式提出"人民本位"说要早将近一年的时间。可见，"人民本位"文艺观的提出有一个思想酝酿和话语建构的过程。

在创作《南冠草》时，郭沫若力图把夏完淳的形象从"民族英雄"补充为"人民英雄"，体现了"人民本位"思想。明末清初的天才诗人夏完淳，在抗战时期曾被作为"民族英雄"广泛宣传。比如，报刊文章有《少年民族英雄夏完淳》《三百年前一位青年抗战的民族文艺家：夏完淳》《青年民族英雄夏完淳》《江左少年夏完淳传》《忠烈史迹：少年民族英雄夏完淳》等；[①] 相关图书有《夏完淳》《民族英雄百人传》《明代模范学生夏完淳传记》等。[②] 这些文章和书籍都力图发掘夏完淳其人其事中所蕴含的民族情感并加以宣扬，其中，作为明史研究专家的柳亚子，他的文章对夏完淳的考证较为全面和客观。他仔细梳理"天才少年夏完淳"的说法，虽然认为"完淳的早慧，几乎有些是神话化的"，[③] 却也用"民族忠义"高度赞扬夏完淳。1938年，郭沫若在写作《少年殉国诗人夏完淳》时，同样认为夏完淳的事与诗都是民族精神的体现，建议人们应该"多读些古代爱国诗人的诗，……我看是不失为减少汉奸的一个良好的方法"。[④] 1942年，郭沫若在《由噶錄亚想到夏完淳》一文中评价夏完淳写的诗"是出于国破家亡、种族沦夷之痛"，并且"有这血淋淋的实践渗透着"。[⑤] 当1943年郭沫若创作历史剧《南冠草》时，依然重点表现夏完淳的民族气节和爱国精神。这部剧作取材于明末诗人夏完淳被捕前后直到牺牲的一段史实，《南冠草》是其就义前在狱中所创作诗歌的合集。郭沫若为避免与坊间《夏完淳》剧本同名，"便采用了《南冠草》这个名目"作为剧作名称[⑥]，并且在演出《南冠草》这个剧本时，郭沫若"同意了浅哉兄的意见"，将其"更名为《金风

---

① 李少陵：《少年民族英雄夏完淳》，《旁观》1933年第9期；汪辟疆：《三百年前一位青年抗战的民族文艺家：夏完淳》，《民族诗坛》1938年第1、2期；山蒂：《青年民族英雄夏完淳》，《血路》1939年第61期；柳亚子：《江左少年夏完淳传》，《宇宙风：乙刊》1941年第37、38、39期；莫绍文：《忠烈史迹：少年民族英雄夏完淳》，《正谊》1943年第6期。

② 韩棐、范作乘编：《中国民族英雄列传》，中华书局1936年版；张光中：《夏完淳》，青年出版社1941年版；梁乙真：《民族英雄百人传》，三友书店1942年版；闻亦博：《明代模范学生夏完淳传记》，独立出版社1943年版。

③ 柳亚子：《江左少年夏完淳传》，《当代文艺》1944年第1期。

④ 郭沫若：《少年殉国诗人夏完淳》，《征训半月刊》1938年第2期。

⑤ 郭沫若：《由噶錄亚想到夏完淳》，《新华日报》1942年5月5日第4版。

⑥ 郭沫若：《夏完淳之家庭师友及其殉国前后的状况》，《中原》1943年第1卷第2期。

剪玉衣》","这本是夏完淳临刑前的一首诗中的一句,很富有象征的意义"。①这样一来,完全符合传统的"诗言志"倾向,使得这部剧作在歌颂夏完淳抗击清军的英勇无畏和强烈的民族气节的同时,间接表达出对具有时代精神的抗战爱国主题的赞美。值得注意的是,郭沫若在剧作中还虚构了夏完淳突破了士大夫固有的狭隘观念,试图联络李自成、张献忠起义之情节。郭沫若这样写道:

> 杜九皋:怎么这样快呢?
> 夏完淳:我只跑到九江就转来了。
> 杜九皋:怎么的呢?
> 夏完淳:我跑到九江,听说李自成已经在九宫山被人暗杀了。
> 杜九皋:哦,什么人干的?
> 夏完淳:据说是老百姓,但据我看来一定是汉奸,本来也打算进四川去,但又听说张献忠在那儿依然在乱杀人。
> 杜九皋:这真应到你《大哀赋》里面的两句话啦。
> 夏完淳:唔?
> 杜九皋:"招魂而湘江有泪,从军而蜀国无弦"。②

郭沫若的依据只不过是夏完淳的《大哀赋》中的"招魂而湘江有泪,从军而蜀国无弦"这两句话。由于古代诗文常常用典,因此郭沫若将它视为"实事"进行诠释难免有曲解之嫌。然而这也说明,尽管在1943年3月创作《南冠草》时郭沫若尚未公开地阐述"人民本位"文艺观,但实际上他已经按照"人民本位"的标准塑造了夏完淳形象。夏完淳不仅"忠君爱国",极力挽救明王朝,而且为了抗击清军,可以放下士大夫身份去联合农民起义军。可惜,此时李自成已被"暗杀",而张献忠"依然在乱杀人",不可以倚重。

1943年,郭沫若创作的历史剧《南冠草》显露出来的思想动向,启发我们重新思考郭沫若对"人民本位"文艺观的提出过程和话语特征。

首先,郭沫若正式提出"人民本位"文艺观与《讲话》传入国统区相关,同时,也反映了长期以来毛泽东的"人民"话语对其产生的影响。毛泽东在1940年1月发表的《新民主主义的政治与新民主主义的文化》(同年2月20日,该文发表于《解放》第98、99期合刊,题目改为《新民主主义论》)对中国新文化的性质、方向作出论断:"新民主主义的文化,一句话,就是无产阶级领导的人民大众的反帝反封建的文化。"③《新民主主义论》很快传播到国统区,其中的人民话语显示了马克思主义中国化的成果,具有强大的思想力量。国民党审查机构甚至忌惮"人民"一词的运用,1943年1月,郭沫若历史剧《虎符》上演前送审时曾

---

① 郭沫若:《〈南冠草〉日记》,《新华日报》1943年11月15日。
② 郭沫若:《南冠草》,群益出版社1944年版,第34—35页。
③ 毛泽东:《新民主主义的政治与新民主主义的文化》,《中国文化》1940年创刊号。

被审查人员把所有的"人民"改成"国民"。如果说《新民主主义论》是对政治、经济、文化的全面论述，那么《讲话》更具体、深入地阐述了文化问题。1944年1月1日《新华日报》以《毛泽东同志对文艺问题的意见》为标题刊登了《讲话》的摘要。5月27日，从解放区来到国统区的刘白羽、何其芳在郭沫若寓所向进步文化人士详细传达了《讲话》内容和精神。郭沫若在国统区提出"人民本位"文艺观，是沿着"新民主主义"文化的逻辑展开的。他指出"一定的文化是一定社会的政治经济在观念形态上的反映"，进而提出建设为民主战争与民主政治服务的民主文化。他认为："政治上承认'人'的存在，尊重'人'的地位与意见，使大多数人在各方面获得自由平等的地位和自由发展的机会，使人尽其用和人尽其才"；"人民的文化""它的根基是深植在人民的日常生活活动中间，它从人民大众中'来'，同时又要回到人民大众中'去'"。[1]所以，郭沫若在国统区的思想发展以及正式提出"人民本位"文艺观，是受到了从《新民主主义论》到《讲话》的"人民"话语的持续影响。

其次，郭沫若提出"人民本位"文艺观与他的中国古代史研究相互促进。郭沫若是运用马克思主义研究中国古代史的开创者之一，他在1930年出版的《中国古代社会研究》中，论述中国古代社会从原始社会、奴隶制社会到封建社会的演变和分期问题。他查阅词源和西周文献后，发现"人民"本指被压迫的"奴隶"。在抗战后期，郭沫若继续研究古代史，出版了《十批判书》《青铜时代》等著作。郭沫若曾说："我就在这人民本位的标准下边从事研究，也从事创作。但在事实上有好些研究是作为创作的准备而出发的。"[2]由此可见，郭沫若的"人民本位"文艺观与古代史研究相互援引，相互验证。他秉承"人民"本指生产奴隶的理念，根据对奴隶解放的态度，即是否具有"人民本位"立场，评判儒家、法家、墨家的主要思想家，以及其他历史人物。郭沫若的史学论述有力地论证了"人民本位"观的历史进步性，引发了国统区的思想论争。比如《墨子的思想》《甲申三百年祭》等引发的争论，甚至从学术研究延伸到现实政治层面。1943年8月6日郭沫若写成《墨子的思想》，发表在《群众》周刊9月份第15期。之后，《群众》周刊发表了两篇反驳文章，分别是杨天锡的《〈墨子思想〉商兑》和筱芷的《关于墨子的思想的讨论——就正于郭沫若先生》。因为这次论争发生在进步阵营内部，没有展开，所以这是"一次夭折的批判"[3]。郭沫若虽然感到"不安"，但仍然坚持自己的立场。正如郭沫若所说："当我的《墨子的思想》一文发表后，差不多普遍地受着非难，颇类于我是犯了众怒"，"在同道的人中得不到谅解，甚至遭受敌视，那却是很令我不安"。[4]而《甲申三百年祭》则将郭沫若推向了国统区政治斗争的风口浪尖。《中央日报》的社论《纠正一种思想》以影响"抗战建国"的罪名对郭沫若进行批判，社论报道："我们中国五十年来，是在以革命来建国。我们中国七年来，更在以抗战求复兴。然而这一种思想

---

[1] 郭沫若：《民主战争与民主文化》，《时事新报》1944年1月1日。
[2] 郭沫若：《序》，载《历史人物》，海燕书店1947年版，第1页。
[3] 刘奎：《历史想象的分歧：郭沫若与墨学论争》，《郭沫若学刊》2016年第2期。
[4] 郭沫若：《我怎样写〈青铜时代〉和〈十批判书〉》，《民主与科学》1945年第1卷第5、6期。

却到处以亡国的历史，加以渲染。"①之后，随着社会形势的变化，《甲申三百年祭》在解放区的反响却截然不同，根据革命的需要毛泽东把它作为延安整风运动的学习文献。可以说，郭沫若的"人民本位"文艺观和史学研究都成为马克思主义中国化过程中理论建构的有机组成部分。

最后，郭沫若提出"人民本位"文艺观是基于国统区民主斗争的现实需要，也是来源于他在历史剧创作和历史研究中的切身感受。在国民党严苛审查制度之下，他的历史剧难过审查和上演关是必须面对的现实。《南冠草》创作完成后，郭沫若就不断被告知可能会有出版的困难。②郭沫若曾这样描述在这段时期的遭遇，"史剧没有写成功，想和古代研究告别也没有办到"，"不仅和古代研究告别没有成功，而研究的必要却更被促进了"。③郭沫若研究明朝末年的历史，本打算写有关李自成的剧本，在发表了《甲申三百年祭》而受《中央日报》批判后，郭沫若给费正清写信抱怨道："我们的官方最近答复贵国的舆论时，说我们中国最民主，言论比任何国家都还要自由，这是多么有趣的事呀。我所写的本是研究性质的史学上的文字，而且是经过检查通过了的，然而竟成了那么严重的问题。这样的言论自由真真是世界上所没有的啊。"④尽管在国统区困难重重，但郭沫若仍然坚持着历史剧创作和史学研究，因为在他心中始终认为："文艺活动和学术研究是自由思想的孪生子，人类文化的两翼"，"这两种活动都须要有民主精神才能发达，而两种活动本身事实上也就是民主精神，谁要摒弃文艺的，谁也就并不懂科学，并不理解政治。"⑤他提出的"人民本位"文艺观，实质上是从文化角度推动社会发展、反抗国民党的专制统治和意识形态。

因此，郭沫若"人民本位"文艺观的提出，并不只是受《讲话》的影响，而是在他进行中国古代史的研究和历史剧创作过程中萌发的思想。《讲话》传入国统区，正好契合郭沫若思想发展倾向，并促使他总结自身文化经验，进而提出和阐发了"人民本位"文艺观。不可否认，郭沫若以"人民本位"为标准写作一系列史学论文和文艺评论，是独特的马克思主义文化实践。其后，他对于"人民本位"文艺观的继续思考和坚守，在中华人民共和国成立前后依然有迹可循，尤其体现在《南冠草》的两次修改之中。

二 夏完淳形象的调整与"人民本位"文艺观的坚守

1948年4月，郭沫若在香港第一次修改《南冠草》，8月由上海群益出版社出版，是为"群益修改本"。1956年7月，郭沫若在北戴河再次修改《南冠草》，后被收入人民文学出版

---

① 《纠正一种思想》，《中央日报》1944年3月24日。
② 潘子农在《创造当年曾共社》（《群众丛刊》1981年第3期）一文中回忆了当时的情形，如按照审查要求剧本则被改得面目全非。《阳翰笙日记选》（四川文艺出版社1985年版，第149页）中记载阳翰笙对《南冠草》的看法，"历史剧正被人压抑的时候，能否通过，尚是问题也！"
③ 郭沫若：《我怎样写〈青铜时代〉和〈十批判书〉》，《民主与科学》1945年第5、6期。
④ 郭沫若：《答国际友人的一封信》，《新华日报》1944年7月5日第4版。
⑤ 郭沫若：《为革命的民权而呼吁》，载《沸羹集》，大孚出版社1947年版，第198页。

社 1957 年版《沫若文集》，是为"文集本"。从时间上看，两次修改横跨中华人民共和国成立。相比较而言，第一次修改较小，第二次修改较多。可以看出，郭沫若对于夏完淳的认识已趋于客观，他不再试图把夏完淳形象拔高为"人民英雄"，而是更加突出"民族英雄"的内涵。因此，郭沫若刻意降低了夏完淳精神的高度和感召力，并且整体性反思传统士大夫精神文化的价值，体现了他对于"人民本位"文艺观的深入思考。

首先，郭沫若从"人民本位"的立场出发，认识到传统士大夫阶层的思想局限性。1948 年 4 月，郭沫若在香港第一次修改《南冠草》后，同年 8 月 5 日写出《少年爱国诗人夏完淳》一文。郭沫若承认自己在创作剧作之初塑造夏完淳形象有偏差，他说："不错，他是忠君爱国的，他的民族意识很强。但他有民族意识而缺乏人民意识，他忠君而不计所忠者为何等的人君？他爱国而不问所爱者是否人民的祖国？他只是在忠与爱的观念中守死善道而已。故他对于满清固然反对，而对于李自成也不表同情。……这的确是夏完淳和他的一类型人所受着的思想上或阶级上的限制。夏完淳毕竟是封建社会士大夫阶层（实则地主阶级）的一个完好的代表而已。"[①]可以看出，随着自身"人民本位"思想的发展，郭沫若重新审视夏完淳这一形象时，发现夏完淳缺乏"人民意识"，难以达到"人民本位"的思想标准，于是他放弃了塑造其为"人民英雄"形象的意图。

从《南冠草》"初版本"到"群益修改本"，改动比较明显的地方主要有两处。第一处是在第三幕钱彦林劝说夏完淳的一段对话中：

钱彦林：那也有限得很，你一二个人不自私自利又怎么样独木难支大厦呀！近来也有些人觉得国内没有办法，便想学申包胥，如像朱舜水黄黎洲他们听说都跑到海外去求救兵去了。但那又何尝是办法呢？远水不及近火！

夏：这层意思我倒赞成，自己不努力，想靠别人来帮忙，是没有多大用处的。（初版本）[②]

夏完淳：这层意思我倒赞成，自己不努力，想靠别人来帮忙，那正是吴三桂的想法。（群益修改本）[③]

这处修改虽然只是在夏完淳口中点出"吴三桂"之名，但表现了他面对岳父钱彦林的动摇，表明了自己的态度，那就是绝不当"汉奸"，与"汉奸"势不两立。这个看似细微的改动，实际上突出了夏完淳反抗异族入侵的民族英雄所具有的刚正不阿的性格。

第二处改动是剧本的结尾。在"初版本"的尾声中，由爱慕夏完淳的盛蕴贞拿着夏完淳留下的诗集《南冠草》，所有人物喊口号结束：

杜九皋："很好，王差官，你这就是人的态度！端哥的精神感召着我们，端哥的精

[①] 郭沫若：《少年爱国诗人夏完淳》，《青年知识》1948 年第 37 期。
[②] 郭沫若：《南冠草》，重庆群益出版社 1944 年版，第 80—81 页。
[③] 郭沫若：《南冠草》，上海群益出版社 1948 年版，第 70 页。

神不灭，中国的锦绣山河是一定要光复的。"

余人：（同声）"中国是一定要光复的！"（初版本）①

而在"群益修改本"的尾声中，由夏完淳的朋友杜九皋将诗集《南冠草》转交给盛蕴贞：

杜九皋：很好，王差官，你这就是人的态度。哦，我想起来了！（从怀中搜出《南冠草》诗稿）这是端哥在狱中做的一部诗集《南冠草》，他刚才交给了我，要我交给你们。

夏淑吉：请你交给蕴贞吧。

盛蕴贞：（捧诗稿，呈感激之状）哦，《南冠草》！你是端哥的生命！端哥的生命是永垂不朽的。（群益修改本）②

此处修改，一方面因为抗战已经胜利，不需要在剧作结尾让所有角色面向观众，喊出具有抗战宣传意义的口号，所以删去"中国是一定要光复的"这样的语句；另一方面，在戏剧最后突出夏完淳的诗集《南冠草》，表现夏完淳的精神永存，点明戏剧题目，余韵悠长。而1949年的"群益修改本"的重印本又附"刊误表"，把最后一句话："你是端哥的生命！端哥的生命是永垂不朽的。"改为："我要把你保存到永远！永远！"剧中人物慷慨激昂的直抒胸臆变为深沉含蓄的抒情表达，可以看出郭沫若对于夏完淳的情感更加趋于冷静。

据郭沫若自己说，对于夏完淳形象的重新定性是与李岩对比的结果。郭沫若在《甲申三百年祭》中详细书写了河南杞县举人李岩参加李自成起义军的始末。郭沫若认为李岩的思想境界超越了顾炎武、王夫之等同时代的士大夫，当然也超越了稍晚的夏完淳。顾炎武、王夫之、夏完淳等人的思想具有"民族性"，而李岩却具有"人民思想"。郭沫若写道："可惜关于他的资料是毁灭了，我们可以坚决地相信，他一定是一位怀抱着人民思想的人，须知他是主张'均田'的。"③然而，在缺乏资料考证的情况下，认为李岩具有"人民思想"也许是郭沫若的推论。在郭沫若看来，李岩参加李自成的起义军，也许是为了改朝换代后成为王侯将相，只不过李自成起义军的失败和内讧造成了他被杀的悲剧。即使李岩具有"人民思想"，他也是传统士大夫阶层中的特例，而夏完淳才是士大夫的"一个完好的代表"。夏完淳"缺乏人民意识"代表了整个传统士大夫阶层的思想局限性。

其次，郭沫若以"人民本位"为标准，重新评价了传统士大夫精神在整个中国文化中的地位和价值。他不仅把夏完淳放在顾炎武、王夫之、李岩等明末清初的同时代士大夫阶层中，而且梳理了整个封建社会中士大夫阶层的精神谱系，进行整体性反思。

---

① 郭沫若：《南冠草》，重庆群益出版社1944年版，第148页。
② 郭沫若：《南冠草》，上海群益出版社1948年版，第127页。
③ 郭沫若：《序》，载《历史人物》，海燕书店1947年版，第4—5页。

从《南冠草》的"初版本"到"群益修改本"再到"文集本",改动最大的一处,便是第四幕中杜九皋劝说夏完淳借机逃走时的一大段对话:

> 杜九皋:你到南京是只有死路一条的啦!
> 夏完淳:我知道,正因为这样,所以我要慷慨赴义。
> 杜九皋:你现在还很年轻,假如你再多活些年辰,不知道要替中国写出多少惊天地泣鬼神的文章啦!
> 夏完淳:九皋兄,文章的生命全凭气节,这层你是知道的。惊天地泣鬼神的不是文章,而是做文章的人。譬如屈原先生他能够牺牲自己的朋友敷衍下去的话,他不见得会做得出离骚。就做出了也决不会百世。又如文天祥相国假如要隐忍苟活,他就不会有正气歌,有也就早被人丢进厕所里去了。
> 杜九皋:那吗,你是说我们走的这条路也不是路了?
> 夏完淳:不,我不是这样的意思,现在差不多就要全靠着你们来延引中国的命脉了。
> 杜九皋:那吗,你来同我们走在一道不正好?
> 夏完淳:办得到我自然也乐意,现在可惜已经办不到了。而且还要牺牲你们,还要影响到延引中国命脉的唯一的路,这在我是怎么也不肯做的。我现在也正是在为中国设想:我做公孙杵臼,你做程婴,我们一生一死为中国维系着这股正气吧。这正是中国的魂,中国的命!(群益修改本)[1]

这段对话在《南冠草》的"初版本"和"群益修改本"中存在,却在"文集本"中完全删去。当然,这可能出于戏剧舞台效果的考虑。因为在紧急的情况下,两人的对话,尤其是夏完淳的言语,显得过于抒情和烦琐。但更重要的是,郭沫若把夏完淳形象及其所代表的士大夫阶层的精神影响力作了"降调"处理。"初版本"和"群益修改本"中的这段对话,梳理了从屈原、文天祥到夏完淳的精神谱系,把中国传统士大夫的精神脉络称为"中国的魂,中国的命"。郭沫若在"文集本"中删去这一段对话,意味着从"人民本位"文艺观来看,郭沫若已觉察到夏完淳所代表的士大夫阶层的精神力量不可以如此高估和颂扬。

另外,从《南冠草》"群益修改本"到"文集本",郭沫若把戏剧的结尾又作了一次改动,最后改成夏完淳之妻钱秦篆从杜九皋手中接过诗集《南冠草》:

> 杜九皋:(向夏淑吉)哦,我想起来了!(从怀中搜出《南冠草》诗稿)这是端哥在狱中做的一部诗集,他刚才交给了我,要我交给你们。
> 钱秦篆:(接受诗稿,眼泪淋漓)哦,《南冠草》!……(文集本)[2]

---

[1] 郭沫若:《南冠草》,上海群益出版社1948年版,第98—99页。
[2] 郭沫若:《南冠草》,载《沫若文集》第4卷,人民文学出版社1957年版,第399页。

这个结尾相较于"群益修改本",戏剧人物由盛蕴贞改为钱秦篆。结尾人物中删去盛蕴贞,是郭沫若受到启发所为。柳亚子当年就不赞同郭沫若写盛蕴贞爱慕夏完淳之事,"鼎堂《南冠草》剧本,述存古与盛蕴贞本事,稍嫌附会"。①1953年改编的越剧《南冠草》结尾是"狱中夫妻永别",演出效果很好,"七八年来,成为剧团的保留剧目,在各地上演"②。1956年3月,郭沫若曾为越剧《南冠草》改编本题词,"青出于蓝而青于蓝。越剧《南冠草》改编得比我的原作更好"③。所以,在1956年7月,郭沫若第二次修改《南冠草》时,在尾声部分把盛蕴贞换成了钱秦篆。这样一来,钱秦篆的情感表达反而显得更加内敛,原先对夏完淳的赞颂语句直接改为省略号。这实际上进一步削弱了夏完淳形象的感召力,同时也是避免过度颂扬《南冠草》所象征的士大夫精神文化,与前面删去"中国的魂,中国的命"的对话有异曲同工之妙,更加显示了郭沫若"人民本位"的文艺观。

再次,郭沫若从"人民本位"出发,推动传统士大夫阶层向革命知识分子的转变。在修改历史剧《南冠草》的同时,郭沫若还把对传统士大夫阶层的反思转化为对现代知识阶层的期望。1947年郭沫若刚转移到香港不久,于11月30日参加了《华商报》组织的茶话会,在演说中指出中国士大夫阶层不肯做尾巴的问题,极力提倡"尾巴主义"。④1948年1月,他又在《关于"尾巴主义"答某先生》一文中,详细阐述了自己的主张:"我的主意是要智识分子或士大夫阶级做人民的尾巴,反过来也就是要人民做我们的头子了。我不是要叫'一般人'都做尾巴。智识阶级做惯了统治阶层的鸡口,总是不大高兴做人民的尾巴的,故尔在我认为在今天向士大夫提出尾巴主义,似乎倒正合宜。"⑤郭沫若的"尾巴主义"依然是"人民本位"文艺观的延续,要求"智识阶层"从"帝王本位"转向"人民本位",同时也显示了《讲话》中"人民"话语的进一步影响,他以"尾巴"与"头子"的比喻,传神地表达知识分子要为人民大众服务。《讲话》明确提出人民大众由工人、农民、兵士和城市小资产阶级构成,文艺要站在无产阶级的立场为人民服务,而不能站在小资产阶级的立场。"'人民'一定程度上包含了容纳小资产阶级的可能性,另一方面也在'人民'内部划分了主次。'工农兵'在当时和其后的革命文化实践中,都被当作'人民'的主体。"⑥然而,郭沫若文中的"智识分子或士大夫阶级""智识阶层""在今天向士大夫"等说法,显示出他把知识分子视作传统士大夫的延续。尽管郭沫若在《南冠草》的创作和修改过程中认识到士大夫阶层的思想具有局限性,但他认为从屈原、文天祥到夏完淳的传统士大夫精神是可以继承的,于是推动"今天"的士大夫阶层舍弃"帝王本位",确立"人民本位",转变

---

① 肖斌如、孙继林:《郭沫若与柳亚子交谊琐记》,载廖久明主编《郭沫若研究文献汇要》(卷3交往卷),上海书店出版社2012年版,第46页。

② 毕华琪:《从越剧〈南冠草〉的再修改谈历史题材的古为今用》,《江苏戏曲》1960年第6期。

③ 林甘泉、蔡震主编:《郭沫若年谱长编(1892—1978年)》(第四卷),中国社会科学出版社2017年版,第1577页。

④ 陈君葆:《陈君葆日记》(下),香港商务印书馆1999年版,第941页。

⑤ 郭沫若:《关于"尾巴主义"答某先生》,《自由丛刊》1948年第10期。

⑥ 卢燕娟:《〈在延安文艺座谈会上的讲话〉与人民文化权力的兴起》,《中国现代文学研究丛刊》2012年第6期。

为革命阵营中的知识分子。

因此,中华人民共和国成立前后郭沫若对于《南冠草》的两次修改,不仅清晰地呈现了夏完淳形象的较大调整,而且反映了郭沫若对于"人民本位"文艺观的不断思考和坚守,从而对传统文化进行整体性反思,对传统士大夫精神加以继承和创造性转化。

三 郭沫若"人民本位"文艺观的特质和价值

1944—1947年,郭沫若提出和提倡"人民本位"文艺观,既是现实政治斗争、文化话语权争夺的重要策略,更是受到了毛泽东的"人民"话语尤其是《讲话》精神的重大影响。他在长期的中国古代史学研究以及六部抗战历史剧的创作和修改过程中,形成了自己独特的思考和文化实践,因而,他的"人民本位"文艺观还具有不可忽视的思想特质和艺术价值。

其一,郭沫若的"人民本位"文艺观蕴含优秀传统文化精神。1921年郭沫若发表《我国思想史上之澎湃城》一文,首先运用"人民本位"一词。他用现代政治理念来解读中国远古社会文化,把原始共产主义到尧舜禹"禅让制"称为"民约建国论",而禹建立夏朝后出现"君权神授论"。"我们传统的政治思想,可知素以人民为本位,而以博爱博利为标准,有不待乎唐虞之禅让,已确乎其为一种民主主义 Democracy 矣。"[1]郭沫若倡导就像考古发掘意大利庞贝城一样,要挖掘中国古代优秀文化传统。尽管郭沫若此时对中国古代文化的阐述和命名还不够准确,他的马克思主义中国史学研究还没有真正开始,但他反对专制思想、认可"人民本位",却毋庸置疑。当然,有学者认为,郭沫若此时的"人民本位"主要"指三代以前'政长之出,完全出于民使'之'民约建国论'"。"这与他后来所说的'人民本位'虽有一脉相承的关系,但二者的历史内容并不一样。"[2]然而,郭沫若所引用的文献基本上是儒家经典,而儒家的"民本"思想产生于奴隶制崩溃过程中,来自原始共产主义的"天下为公""大同"社会的追慕和想象。正如秦川指出,"郭沫若的'人民本位'思想,最初是从中国传统文化的儒家思想中的'民本思想'挖掘出来的,并对之有继承和发展。"[3]可以说,郭沫若的"人民本位"思想源头是孔子为代表的原始儒家,而不是被异化了的后世儒家。之后郭沫若翻译日本左翼理论家河上肇的《社会组织与社会革命》,用马克思主义研究中国古代社会,还有在抗战期间所从事的文化活动,所有这些都进一步发展了他的"人民本位"思想。所以,郭沫若的"人民本位"文艺观始终带有中国优秀传统文化的基因。他对于原始儒家思想一直葆有敬意,持维护的态度。在《南冠草》的修改中,郭沫若虽然认识到夏完淳缺乏"人民意识",但又肯定了跟着李自成造反的李岩,甚至认为"而且有了他的参加,使李自成领导的农民革命,充分地带上了人民意识"。[4]郭沫若的依据是李岩主张过"均田",这显然符合"人民本位"文艺观的思想来源,更是原始儒家所代表的中国优秀的传统文化精神的体现。

---

[1] 郭沫若:《我国思想史上之澎湃城》,《学艺》1921年第3卷第1号。
[2] 林甘泉、黄烈主编:《郭沫若与中国史学》,中国社会科学出版社1992年版,第115页。
[3] 秦川:《论郭沫若的人民本位文艺观》,《郭沫若学刊》1994年第1期。
[4] 郭沫若:《少年爱国诗人夏完淳》,《青年知识》1948年第37期。

其二，郭沫若的"人民本位"文艺观对"人民"的阶级性作了开放性的理解。

郭沫若曾在《古代研究的自我批判》《孔墨底批判》《宋钘尹文遗著考》《稷下黄老学派的批判》《儒家八派的批判》等一系列研究文章中对"人民"进行考辨。郭沫若认为："人民本是生产奴隶，这是我在古代社会中所发现的一个重要的事项"，"还有值得我们注意的是在春秋年间有所谓'士'的一种阶层出现。人民分化成为四民，所谓士农工商，而士居在首位。"① 在他看来，"人民"是广泛的阶层，与"人民"相对的是"帝王"，而"士"在人民之中，"居在首位"。所以，郭沫若主要从中国古代史、传统思想文化的层面阐述和运用"人民"观念。而毛泽东的"人民"话语具有明确的阶级性，并根据不同阶段现实政治斗争的需要，调整"人民"所包含的阶层及其权力序列。在《新民主主义论》中，毛泽东分析了不同革命时期统一战线的阶级组成，明确提出了"全国百分之九十以上的人民"的说法。《讲话》进一步指出"人民"的主体是工农兵，而小资产阶级需要学习工农兵，文艺要为工农兵服务。随后，陕甘宁边区出现了知识分子"下乡"运动，知识分子"深入群众"，收集素材，借鉴民间形式进行创作。在此过程中，知识分子自身思想的改造也成为人民文艺实践的重要组成部分。然而，郭沫若对于知识分子改造的解决方式和路径设计，显得过于轻松和乐观。"民众是主人，自己也就是主人，自己倒应该努力，不要玷辱了主人的身份，不要玷辱了民众的名位。""深入农村，深入工场地带，努力接近人民大众，了解他们的生活、希望、言语、习惯，一切喜怒哀乐的内心和外形，用以改造自己的生活，使自己回复到人民的主位。"② 他甚至认为，"真理只有一个，只要是同站在人民的立场，任何不同的群与层都是可以泯灭的"。③ 郭沫若对于知识分子"回复到人民的主位"、"群与层都是可以泯灭"的愿景，带有"天下大同"的理想主义色彩。显然，他对于"人民"观念的理解来源于原始儒家思想。

其三，郭沫若的"人民本位"文艺观契合当代历史剧乃至所有古代历史题材文艺作品的创作实际。尽管中华人民共和国成立后，郭沫若极少使用带有个人思想印记的"人民本位"一词，而更多地使用文艺"为工农兵""为人民服务""人民性"等主流通用语，但他依然坚持其基本思想倾向，比如，他坚称"至于人民性问题，还是看宽一点好"，④ 他对于原始儒家一直持肯定态度，等等。这说明他内心并没有放弃"人民本位"的文艺观，而且认识到其独特的价值。毕竟，中国漫长的封建社会遗留了巨量的帝王将相的故事，如何重新评价和塑造古代人物也是当代重要的课题，而"人民本位"文艺观可以指导创作者正确坚持"人民本位"，而不是倒退到"帝王本位"。实际上，郭沫若在历史剧创作中依然坚守"人民本位"文艺观。正如李斌所说，郭沫若在1959年完成的历史剧《武则天》坚持了自己历史剧创作的原则和角度，"将《武则天》主题设置为歌颂'人民本位'的代表者武则天，将戏剧矛盾设定为武则天和破坏和平的'帝王本位'代表者裴炎之间的冲突。"⑤ 客观地说，在《蔡文姬》

---

① 郭沫若：《古代研究的自我批判》，《群众》1944年第9卷第20期。
② 郭沫若：《向人民大众学习》，《文哨》1945年第1卷第1期。
③ 郭沫若：《关于"尾巴主义"答某先生》，《自由丛刊》1948年第10期。
④ 郭沫若：《郭老谈诗》，《羊城晚报》1962年3月15日。
⑤ 李斌：《论郭沫若〈武则天〉中的"历史真实"》，《文学评论》2020年第6期。

《武则天》等剧作中,郭沫若用"人民本位"标准评判和塑造了所有人物,包括士大夫阶层和身为帝王的曹操、武则天。因而,在某种程度上,郭沫若的"人民本位"文艺观具有不可替代的文艺指导价值。

结语

郭沫若以马克思主义融合中国优秀传统文化资源而建构的"人民本位"文艺观,是在抗战期间和中华人民共和国成立前后进行现实政治斗争的言论武器,同时也是马克思主义中国化的另一种文化理论实践,与《讲话》精神完全一致。郭沫若在创作《南冠草》时曾美化夏完淳形象,而在两次修改过程中调整、完善了夏完淳形象,并且认识到传统士大夫阶层的思想缺陷。郭沫若反对的是封建社会士大夫阶层"忠君"的"帝王本位"思想,认同的是以孔子为代表的原始儒家的"人民本位"思想。他深化和坚持自己的"人民本位"文艺观,实际上是一种文化自信,这种文化自信促使他在中华人民共和国成立前后致力于民族文化的复兴事业。当然,这是一个文化系统工程,正如张勇所说:"郭沫若正是借助于译作再版的契机,在词语句式的表达上搭建起中国传统文化与世界文化对等互译的桥梁,以此来寻找民族文化复兴的正确途径。"[1]因此,从这个意义上讲,郭沫若的"人民本位"文艺观对于中华民族的文化复兴事业和当代文艺的健康发展具有重要的启示意义。

(原载《山东师范大学学报(社会科学版)》2022年第2期)

---

[1] 张勇:《新中国成立初期郭沫若译作再版梳考》,《山东师范大学学报(社会科学版)》2020年第6期。

论文选编

花木兰的姐姐们：抗战时期历史剧中的"在家女性"

罗雅琳

一 "阿姊"去了哪里？

花木兰家有几个孩子？这是一个问题。

《木兰诗》开头不久就交代了木兰从军的原因："阿爷无大儿，木兰无长兄。"在1998年上映的美国迪士尼电影《花木兰》中，花家只有木兰一个孩子。花木兰的故事在中国抗战时期的历史剧中是热门题材，其中，周贻白编剧的话剧《花木兰》（1941年上海首演）为木兰安排了一个弟弟；在赵清阁编剧的话剧《花木兰从军》（1943年重庆出版）中，木兰是独生女。但事实上，花家有三个孩子：阿姊、木兰、小弟。这一点见之于《木兰诗》的结尾："阿姊闻妹来，当户理红妆。小弟闻姊来，磨刀霍霍向猪羊。"这些改编作品删掉阿姊，大概是因为这个人物显得没什么必要：阿姊在故事的传奇性上不如英雄木兰，在传统观念中的家庭地位上不如男丁小弟。在明代徐渭的杂剧《雌木兰替父从军》中，花木兰的姐姐被改成了妹妹，这或许是为了避免观众的疑问：为什么是家里排行第二的木兰去从军？较之木兰，那个没去从军的姐姐是否显得太不积极、太无用处？

虽然周贻白、赵清阁和后来的迪士尼电影都忘记了阿姊，但还是有人记得。1939年，由欧阳予倩编剧、卜万苍导演的电影《木兰从军》在"孤岛"上海上映，其中出现了"木兰姊"一角。这个人物的镜头和台词极少，但有一处十分关键：当木兰得胜归来、拜过父母之后，紧接着便向姐姐施礼："这许多年辛苦姐姐了。"这是对于阿姊默默操持家务、承担家庭责任的肯定。而到了欧阳予倩1942年编导的桂剧《木兰从军》中，阿姊的形象变得更为立体和饱满。首先，在花木兰的父母和弟弟都没有名字的情况下，欧阳予倩为阿姊赋予了一个美好的名字——花玉兰。花玉兰是人物表中第二个被标注出来的人物，仅次于花木兰，处在"木兰父、木兰母、木兰弟"之前。这个人物表并非根据上场顺序进行编排，始于"花木兰"终于"众邻居"和"四龙套"，可见它是根据作者心中人物的重要性进行排列的。花玉兰在人物表中的靠前位置，先声夺人地展现出她在欧阳予倩心中的地位。

在桂剧《木兰从军》中，花玉兰一登场就唱道："父母力衰年纪迈，全靠儿女有安排。持家理务我担待，煮饭烧茶本应该。"[①]比起花木兰一登场就唱"谁说是女儿家出不得绣房"[②]，花玉兰的唱词显示出她对被视为传统女性责任的家务事的恪尽职守。在该剧第九场中，花木兰寄回家书，讲述自己因连打胜仗被封为都尉，木兰之父高兴不已，表示："这才是我的女儿，这才是我的好女儿啊！"这一段剧情到这里本可结束，欧阳予倩却添上了一段意味深长的插曲：

[①] 欧阳予倩：《木兰从军（桂剧）》，载《欧阳予倩全集》第3卷，上海文艺出版社2009年版，第327页。
[②] 欧阳予倩：《木兰从军（桂剧）》，载《欧阳予倩全集》第3卷，上海文艺出版社2009年版，第324页。

243

木兰母　你的女儿，难道就不是我的女儿？（一手抢过那封信，叫木兰弟）来来来，你来再念与我听，再没有比你爸爸讨厌的了。（拉木兰弟下）

［花玉兰有点难过的样子。］

木兰父　玉兰，今日多煮点饭，为父的今日高兴，要多吃一碗饭，还要多饮几杯酒。

花玉兰　爹爹，我是个无用的女儿，还是等妹妹回来服侍你老人家。

木兰父　好好好，你们各有所长。哈哈哈哈！（拉花玉兰下）[1]

这一段剧情不仅让木兰之母表示木兰也是自己的女儿，从而以父母并举的设置冲淡了以往木兰替父从军故事中那个过于大写的父亲，而且，由于木兰之父表示前线作战的花木兰与留守家中的花玉兰"各有所长"，这位在木兰从军故事中长期不可见的阿姊终于得以洗清"无用"之名，第一次展示出她的重要性所在。

20世纪50年代，由常香玉出演的豫剧《花木兰》风行一时，其中对于阿姊的安排也与欧阳予倩有呼应之处。剧中花木兰的姐姐名叫花木蕙，这也是一个正式的名字，而非木兰的衍生品。在送别木兰时，木蕙唱道："家中事都由你的姐姐担任，孝父母勤纺织我尽力尽心。"木兰也对姐姐表示："姐姐，此去从军，二老爹娘你要替我多多孝顺！"[2]显然，从军的木兰把家庭责任移交给了阿姊。豫剧《花木兰》中最著名的唱段是《刘大哥讲话理太偏》。面对刘忠表示天下苦事都由男子承担，而女子"成天在家清吃坐穿"，花木兰反驳："男子打仗到边关，女子纺织在家园；白天去种地，夜晚来纺棉；不分昼夜辛勤把活干，将士们才能有这吃和穿。你要不相信哪，请往这身上看：咱们的鞋和袜，还有衣和衫，千针万线可都是她们连哪！有许多女英雄也把功劳建，为国杀敌是代代出英贤。这女子们哪一点不如儿男？"[3]在这段意在证明女性贡献不亚于男性的唱词中，前面一大半说的却是女性在家中所从事的劳动，直到最后三句才写到"为国杀敌"的战场女英雄。也就是说，在常香玉所开列的女性功劳簿上，留守家中的阿姊甚至排在从军的花木兰之前。木兰故事的魅力之一在于化解了"忠孝难两全"的儒家伦理难题：从军是"忠"，替父是"孝"，对于国家的忠诚因此不必以放弃孝顺父母为代价。但从军后的木兰必然无法照顾家中父母，如果不是阿姊承担起木兰的家中职责，年迈的双亲和年幼的弟弟将无人照顾，木兰也就无法真正成全其"孝"。木兰的传奇故事中隐藏着家中阿姊的牺牲与承担，常香玉和欧阳予倩都看到了这一点。

花木兰构成了中国女性故事的一个原型，正如简·爱构成了西方女性故事的一个原型。经典女性主义著作《阁楼上的疯女人》中，罗彻斯特的牙买加妻子伯莎被视为简·爱的黑暗面，也即简·爱的心灵在通往自由的道路上所需要克服的东西。[4]后殖民主义理论家则认为

---

[1] 欧阳予倩：《木兰从军（桂剧）》，载《欧阳予倩全集》第3卷，上海文艺出版社2009年版，第372页。

[2]《花木兰（豫剧）常香玉演出本》，中国戏剧出版社1959年版，第16页。

[3]《花木兰（豫剧）常香玉演出本》，中国戏剧出版社1959年版，第22页。

[4][美]桑德拉·吉尔伯特、[美]苏珊·古芭：《阁楼上的疯女人：女性作家与19世纪文学想象》，杨莉馨译，上海人民出版社2015年版，第433—434页。

伯莎联系着罗彻斯特赖以发家致富的殖民地经济，代表着被任意剥夺权利的第三世界女性。[①]《简·爱》与《木兰诗》共享着一种对位结构：一个逃跑的女性成为英雄，一个留守的女性寂寂无名。这并非因为两部文学作品之间存在着什么影响关系，而是因为这两种女性在人类历史上普遍存在。正是这种对位结构引发了后续改编者的兴趣。1966年，简·里斯写作了以伯莎为主角的小说《藻海无边》，同样，欧阳予倩的电影、桂剧和豫剧《木兰从军》，也讲述了留在家中的阿姊所作出的贡献。不过，中西作者的改编方式存在很大差异。无论是《简·爱》还是《藻海无边》，简·爱与伯莎几乎无法和谐共存。在女性主义和后殖民主义理论家的阐释中，简·爱与伯莎永远呈现为一组截然相反的镜像。然而，在欧阳予倩和常香玉那里，木兰与阿姊的关系，不是简·爱与伯莎之间那种压抑者与被压抑者的关系，而是彼此补充、互为支撑的一对姐妹。因此，左翼文艺工作者对于花木兰故事的改编，传达出一种不同于西方女性主义和个人主义英雄观的特殊观念：成为英雄的道路不止一条，各个位置上的人物都可以以自己的方式获得德性的闪光——这是人人平等、革命工作不分高低贵贱的左翼观念的体现。

自五四时期开始，"娜拉"便成为中国现代文学作品中进步女性形象的典型。抗战时期的历史剧一定程度上延续了这一模式：郭沫若的《棠棣之花》中的春姑为追寻聂政而离开母亲，《虎符》中的如姬为了协助信陵君的事业而离开魏王，欧阳予倩的《桃花扇》中的李香君因不愿嫁给田仰而磕破额头……在这些著名的故事中，女性成为英雄的第一步便是解除各种形式的家庭枷锁。然而，这是否意味着那些留在家中的女性就必然是落后的？如果一位女性没有能力走出家庭，是否她就是自甘堕落？显然，当桂剧《木兰从军》中的父亲夸奖在家的花玉兰和出门的花木兰"各有所长"之时，一个重要的转变悄悄发生：现代作家们开始将目光从走出家门的女性移向那些留在家中的女性。

经由欧阳予倩的创造，木兰从军故事中的阿姊在抗战时期从"无名"转为"有名"。同样，抗战时期的其他一些左翼历史剧中也出现了对于"在家女性"的描写：从抗清前线"返家孝姑"的杨娥（阿英《杨娥传》）、委身敌人的"弱女子"连儿（阿英《杨娥传》）、反复强调妇道的魏太妃（郭沫若《虎符》）、迎合世俗风气的酒家母（郭沫若《棠棣之花》）到代替李香君嫁给田仰的李贞丽（欧阳予倩《桃花扇》）等。这些人物和木兰从军故事中的阿姊具有很多共同点：没有"打破家庭枷锁"，没有参与太多社会活动，故事不够惊天动地，政治觉悟不够高但能够分辨善恶，对于剧中的主要政治任务发挥着一定的协助作用……可以说，她们都是"花木兰的姐姐们"。她们没有走出家庭，因此不符合现代的娜拉式新女性想象；没有深入参与社会事务，因此也非"革命女性"。她们不那么新也不那么旧，不那么杰出也并不堕落，无法激起强烈的爱憎情感，因此常被排除在左翼文艺作品的焦点之外；但因其"毕竟是古代女性"，她们表现出来的诸种落后性又可以得到读者和观众的原谅，并引发对这种落后性的理性讨论。于是，在那些威武不屈、赴汤蹈火的"女英雄"之外，抗战时期历史剧中的"在家女性"／"花木兰的姐姐们"这一人物类型，便为左翼文艺作品提供了一

[①] 参见斯皮瓦克《三个女性文本和一种帝国主义批评》，裴亚莉译，马海良校，载罗钢、刘象愚主编《后殖民主义文化理论》，中国社会科学出版社1999年版，第158—179页。类似观点亦见于［美］萨义德《文化与帝国主义》中"叙述与社会空间"一节，李琨译，生活·读书·新知三联书店2003年版，第83—110页。

个探讨人性丰富层次的特殊空间。

抗战时期的左翼历史剧关注"在家女性"，与现实环境不无关系。此时历史剧的主要阵地是"孤岛"上海和大后方而非抗战前线，在这样的环境中，"在家女性"而非"花木兰"是主要观众。如何动员这些"在家女性"以各种灵活方式服务抗战，如何使她们不至于为了"小家"而牺牲"大家"，是此时的文艺作品格外重视的问题。不过，抗战时期的左翼历史剧肯定"在家女性"的贡献，不对她们做简单粗暴的负面评价，并非就与国民党方面此时大张旗鼓宣传的忠孝节义、"女性回家论"和"新贤妻良母主义"等言论画上了等号。二者的区别，体现为左翼历史剧会尝试继续追问：如何理解这类人物所身处的家庭结构与国家之间的关系？如何安排这类人物与真正彻底的革命者之间的关系？这类人物还可以做些什么？她们可以变得更加进步吗？由于凝结了对于以上问题的思考，"花木兰的姐姐们"这类人物形象得以既包含着、又超出了女性问题的论域，成为一个意蕴丰富的美学原型。接下来，本文将通过对于三位具有代表性的"花木兰的姐姐"的分析，尝试揭示这些左翼文艺作品中艺术性与政治性的巧妙结合。

二 杨娥："返家孝姑"的正当性

首先要讨论的，是抗战时期历史剧中的一位从战场返回家庭的女性——阿英所作历史剧《杨娥传》中的杨娥。这是"花木兰的姐姐们"中的第一类：有能力走出家庭，但为了照顾家庭又回到家中。杨娥不愿降清，设计刺杀吴三桂，是柳亚子曾作文歌颂并向阿英极力推荐的"女杰"。但值得玩味的是，阿英大费笔墨渲染的不是杨娥的英勇杀敌之姿，而是她在家庭中的故事。

柳亚子在晚清时期便注意到杨娥这一人物，曾在《女子世界》杂志发表的讨论明末抗清女杰的文章《女雄谈屑》中谈到杨娥，并全文引用清代刘均写作的杨娥传记。[1] 1939年11月，由阿英创作的南明题材历史剧《碧血花》在"孤岛"上海公演并引发热潮。柳亚子观剧后大受感动，多次致信阿英，建议他将同属南明时期的杨娥故事改编为历史剧，甚至提供了自己构拟的分幕剧本提纲。1940年5月，为了帮助阿英创作《杨娥传》剧本，柳亚子又完成了传记《杨娥传》[2]和《杨娥年表》[3]。根据阿英写于1941年的文章《关于〈杨娥传〉》[4]中的回忆，柳亚子最初拟定的故事梗概和分幕计划内容极其庞杂，其中不仅有杨娥，还详细地写到了陈圆圆、郭良璞、李成栋爱姬赵夫人等其他多位女性的故事。和柳亚子的计划相比，后来阿英写成并于1941年11月20日在"孤岛"上海首演的《杨娥传》删去了陈圆圆、郭良璞、赵夫人等角色，使故事紧密围绕着杨娥展开。

---

[1] 亚卢：《女雄谈屑（承前）》，《女子世界》1904年第10期。
[2] 南史：《杨娥传》，《中美周刊》1940年5月4日第1卷第32期。此篇《杨娥传》包含了刘均《江上草堂诗存》中的杨娥传记，另加王思训《当垆曲》全文、柳亚子重新写作的一段"南史氏曰"和七条较长的注释。
[3] 南史：《杨娥年表》《杨娥年表（续完）》，《中美周刊》1940年第1卷第34、35期。
[4] 魏如晦：《关于〈杨娥传〉》，《宇宙风（乙刊）》第46、47期，1941年6、7月。此文后以《〈杨娥传〉故事形成的经过》为名收于《杨娥传》各单行本和《阿英全集》中。

阿英《杨娥传》的主要故事是：杨娥曾与丈夫张小武一同护卫南明永历帝，在永历帝入缅甸之后，杨娥返回昆明侍奉张母，并在吴三桂军营附近经营酒肆，等待时机刺杀吴三桂而最终失败。柳亚子的最初计划中已基本包含这些故事，但值得注意的是，阿英在杨娥与其丈夫张小武的夫妻情感和家庭生活上花费了大量笔墨，这是与柳亚子截然不同的。尤其是张小武劝杨娥不要随同永历帝进入缅甸，而是让她返回故乡侍奉张母的情节，并没有出现在柳亚子整理的杨娥材料之中。在柳亚子整理的《杨娥年表》中，他猜测杨娥与丈夫张小将（即阿英《杨娥传》中的张小武）均未于永历十四年进入缅甸，而是"徘徊边界"①，到了永历十六年，张小将在听说永历帝遇害之后"悲愤成疾卒"，杨娥则跟着兄长杨鹅头回到昆明，"卖酒三桂伪平西王府西，欲以色艺炫三桂，因而刺杀之"②。因此，和柳亚子所整理和推断的历史材料相比，历史剧《杨娥传》中张小武独自陪永历帝进入缅甸、劝说杨娥归乡侍奉婆婆的情节完全出自阿英的虚构。《杨娥传》还以第一幕中的夫妻夜话和第二幕中杨娥在幻境里与去世的丈夫重逢忆旧等感人情节对二人的夫妻之情进行烘托。这更是柳亚子从未提及、阿英却十分用力的内容。

大部分抗战时期的历史剧讲的都是女性如何走出家庭、参加社会斗争的故事。然而，为何《杨娥传》看起来像一个让女性从前线回归家庭的例外？阿英为何要在已有史实之外虚构出主人公为了自己的小家庭（侍奉婆婆/母亲）而拒绝和永历帝继续逃亡的情节？没有跟随永历帝去缅甸的杨娥是否会被认为不够"忠君爱国"、放弃了对于国家和社会的责任？

这里首先关涉的是杨娥没有跟随永历帝逃亡缅甸这一行为的性质问题。《杨娥传》的第一幕便与此问题有关。杨娥的弟弟杨克忠表示，民兵弟兄们看不起永历帝。大学士文安之回应道：

> 那是民兵弟兄们的一时误会。民兵跟官兵同样是和吴三桂及鞑子兵作战，圣上是当今大明皇帝，怎么会看不起？③

杨娥之夫张小武则认为百姓们必然看不起这样的皇帝：

> 圣上把天下弄到这样，弄得老百姓们没有办法，只有自己起来打吴三桂，打鞑子兵，你叫他们对圣上怎么会看得起呢？而且圣上又只是替他姓朱的打算，不是真为老百姓着想，现在更是预备逃到缅甸——。④

他在后文更进一步表示：

---

① 柳亚子：《杨娥年表》，载阿英《杨娥传》，晨光出版公司1950年版，第195—196页。
② 柳亚子：《杨娥年表》，载阿英《杨娥传》，晨光出版公司1950年版，第197—198页。
③ 阿英：《杨娥传》，晨光出版公司1950年版，第36页。
④ 阿英：《杨娥传》，晨光出版公司1950年版，第40页。

他（永历帝）守不住江山，除掉逃命又有什么办法？他是不会替老百姓们遭受的苦难着想的。①

在大学士文安之看来，永历帝因其血统和地位自然成为明朝的象征。然而，张小武的台词则显示出对于"姓朱的"和"天下"的严格区分。在张小武看来，永历帝"守不住江山"、不为百姓着想，他关心的不是"天下"，只是"替他姓朱的打算"。

张小武区分了"天下"与"姓朱的"，这二者有什么区别？日本学者尾形勇提出，中国古代并不认为皇帝所属的家族便自然可以代表整个国家。他区分了两个"家"：第一个"家"是皇帝的"私家"，例如在汉朝便是刘姓之家；第二个"家"是"天下一家"，例如"汉朝"之"汉"便是为这个"天下一家"所拟制的共同之姓。在中国古代，儒家一直反对那种一族、一姓占有天下的观点。《礼记·礼运》中，"天下为公"的反面正是"天下为家"。因此，君主成为"天下一家"的"家主"的前提，在于废除自己的"私家"意识。②

要注意辨析的是，在《杨娥传》中，杨娥夫妇不是一开始便不愿追随永历帝逃亡，而是不愿跟着永历帝从中国境内逃到缅甸。由于张小武职务太多，无法脱身，二人才商量决定由杨娥返回昆明照顾婆婆。张小武还表示，一旦永历帝在缅甸住定，自己便要设法回来。剧中的大学士文安之也不赞同永历帝逃亡缅甸的做法。永历帝逃往缅甸的行为，便意味着放弃对于中国境内"天下百姓"的责任，而只考虑保住"姓朱的"一家的血脉延续。因此，借用尾形勇的话，永历帝重视的是自己的"私家"，而非将所有百姓包括在内的"天下一家"。《杨娥传》中的这一情节其实也是对于抗战现实和国民政府的影射。如果注意到《杨娥传》写作和演出于"孤岛"上海，那么，这一永历帝流亡缅甸的情节显然会让台下的观众联想到现实中国民政府的西迁。张小武批评永历帝不为百姓着想，并认为他"守不住江山"、只能"逃命"，这正是留在"孤岛"上海的人们对于迁往重庆的蒋介石和国民政府的批评。

正是在这样的背景下，杨娥不去缅甸、回到家中的行为，便具有了充分的合法性。《杨娥传》中杨娥夫妇对于如何在乱世回护小家庭周全的考虑，并非因个人之私而忘记国家之公的行为。一方面，这一行为是百姓们的自救，构成了对于君主因只顾"姓朱的"一家而不顾"天下百姓"的批判；另一方面，回到家中的杨娥依然在积极寻找刺杀吴三桂的机会，这是在统治者放弃政治责任之后民众的自发反抗与自救之举。

在《杨娥传》中，张小武自己陪同永历帝奔赴危险的缅甸，却让杨娥回到昆明。两相对比，杨娥似乎不如张小武那样具有牺牲精神。在柳亚子的《女雄谈屑》中，杨娥临终前面对其兄的哭泣表示"汝亦健儿，何作女子态耶"③，她比男性更显得果决坚毅。然而，在阿英的《杨娥传》中，杨娥对张小武充满了"留恋"与"哀乞"，不愿分别，反而需要张小武

---

① 阿英：《杨娥传》，晨光出版公司1950年版，第41页。
② 参见［日］尾形勇《中国古代的"家"与国家》第五章《国家秩序和家族制秩序》，张鹤泉译，中华书局2010年版，第178—204页。
③ 亚卢：《女雄谈屑（承前）》，《女子世界》1904年第10期。

鼓励她："你的好处就是有丈夫气，决定了做立刻就做，怎么这一回倒反悔起来。"①与张小武共处时的杨娥少了几分"丈夫气"，多了几分温情与贤惠。这一形象和柳亚子笔下的"女雄""奇女子"形象相比，显示出一种更为传统的"旧女性"气质。在《杨娥传》演出后的报刊评论中，便有人在夸奖之余直言，杨娥的"返家孝姑"行为"或多或少地存在着封建的成分"②。

然而，正是有了杨娥的"返家孝姑"，动荡大时代中的小家庭才有了生存空间。这一点清晰地体现在，当婆婆张母伤心于张小武为了国家不顾老母亲之时，杨娥表示，正是为了照顾母亲，张小武才让自己辞去军职回到昆明。因此，杨娥的"返家孝姑"看似是"封建的成分"，背后却隐藏着阿英对于战时平凡家庭的关怀。在对于国家和集体利益的捍卫之外仍容纳对于个体的关怀，这一直是自古以来"德政"的表现。郭沫若在《棠棣之花》中突出聂政为母亲服"三年之丧"之后再行刺杀、在《虎符》中突出信陵君精简部队（父子同在当兵，父亲回来；兄弟同在当兵，兄长回来；独子不必当兵）的政策，都在动员人们参与正义的政治行为的同时考虑到了小家庭的生活保障。当"战国策派"强调面对充满竞争的世界历史必须采取冷酷的强权逻辑之时，左翼历史剧在展开抗战动员时依然保持着对于作为基本价值的"仁爱"的追求，二者之间有着鲜明的区别。

不过，同样是强调小家庭的重要性，回家侍奉婆婆的杨娥并不同于《杨娥传》中单纯不想离家的大臣卢生贵：张小武让杨娥回到昆明，不只是为了照顾婆婆，而是依然可以为国家服务——"不如叫她回到昆明照顾老母，还可以就近帮文大学士一些忙"③。回到家中的杨娥不只料理家务，还要帮助文安之组织军队，更反复寻找刺杀吴三桂的机会。一方面，这体现出杨娥虽然回到家中，但并未就此降低政治觉悟；但另一方面，杨娥需要同时承担家内与家外的双重任务，这一点暴露出"在家女性"的沉重负担。晚清时期的柳亚子以"女雄"赞颂杨娥，作为女性的杨娥似乎只要意志坚定，具有传统观念中男性式的刚毅，就可以成为民族战士。她作为妻子和儿媳所难以回避的家庭责任，在柳亚子的笔下是找不到的。同样，在早期的左翼历史剧如1930年代中期夏衍创作的《自由魂》中，秋瑾也可以决绝地放弃家庭责任而完全投身于社会事业。然而，到了1930年代末1940年代初的《杨娥传》中，杨娥却需要一身而任二职：家中是贤惠的儿媳与主妇，家外是坚定的反清志士。《杨娥传》在强调国家利益的同时不忘关怀小家庭的生活，但这一点却是通过杨娥的牺牲来完成的。后来成为典型现象的当代女性之家内家外"双肩挑"，在杨娥这里已经显露苗头。

三 连儿："弱女子"与人性的最低限度

《杨娥传》中的杨娥拥有走出家庭的能力，只是因为君主无道、照顾婆婆、便于就近刺杀敌人等各种原因而返回家庭。但《杨娥传》中还写到了一位没有能力走出家庭的女性：杨娥曾经的闺中姐妹、后来成为吴三桂晚年爱姬的连儿。因为战争，连儿全家挨饿，父亲将其

---

① 阿英：《杨娥传》，晨光出版公司1950年版，第50页。
② 金恪：《〈杨娥传〉评》，《新闻报》1941年11月23日第12版。
③ 阿英：《杨娥传》，晨光出版公司1950年版，第42页。

献入平西王府为姬妾。进府后的连儿虽时常后悔，并不得不忍受吴三桂正妻"八面观音"的欺压，但一直没有勇气逃离平西王府。相比于会"击剑驰马"、曾经充当宫中女护卫的杨娥，连儿不懂武艺，遭受压迫却缺乏反抗能力，是一位典型的"弱女子"，却在《杨娥传》中占据着第二女主角的位置。阿英并未对连儿的委身事敌大加批判，反而对其怀有较多的同情心。不过，无论是柳亚子原定的写作计划、整理的《杨娥传》和《杨娥年表》，还是和阿英的往返书信，都未出现连儿其人。事实上，根据阿英的查考，《庭闻录》《滇事总录》《吴逆取亡录》等同治、光绪年间记录吴三桂故事的历史文献中都没有出现过连儿，他是在清末民初的《神州日报》和孙静庵《夕阳红泪录》中才发现了这一人物的故事。而且，即便是这两种文献中，对于连儿的描述也十分有限，只有"颇蒙宠爱""姿容秀丽""尤长诗词"等粗略的形容，以及对其《绝命词》中"君主不得见，妾命薄如烟"一句的记录。[1]为何这一人物突然出现在 1941 年 3 月阿英最终决定的《杨娥传》故事大纲中？[2]

可以推测，连儿的出现，与当时上海上演的另一部历史剧《陈圆圆》有关。1940 年，蒋旂的话剧《陈圆圆》由上海剧艺社演出。柳亚子因为不满于杨娥只是这个以陈圆圆为主角的剧本中的小配角，曾写信向阿英抱怨，并盼阿英的《杨娥传》早日完成。《陈圆圆》第五幕中有"莲儿"一角，是吴三桂的嫔妃之一，发表了一些批判吴三桂、认为吴三桂不过是将自己当成玩物的言论，但并无多少戏份，也与主干情节无太大关系，几乎可以删去。根据阿英的自述，《杨娥传》有着与蒋旂《陈圆圆》对话的因素[3]，那么，阿英笔下的"连儿"，也应当是对于蒋旂笔下的"莲儿"形象加以发展的结果。

偏爱"女杰"和"奇女子"的柳亚子没有提到连儿，蒋旂《陈圆圆》中的"莲儿"只是和瑶卿、素芳等吴三桂其他嫔妃一样可有可无的角色，应当说，这样的做法是遵循史实的。阿英也清楚地知道，连儿"其人在历史上无特殊重要性"[4]。那么，他为何要大费笔墨描写这样一个在历史上并不重要的人物？

作为《杨娥传》的配角，连儿原本是杨娥的邻居，二人有过深厚的姐妹之情。杨娥认为连儿不应投敌，对其加以斥责；被斥责的连儿仍向杨娥通风报信，使其得以逃脱吴三桂方面的抓捕。在剧本对连儿的描写中，"太弱"是一个反复出现的词汇，这也标识出连儿与杨娥的差异。当杨娥的弟弟杨克忠责怪连儿不该听从父亲的安排、不应留在平西王府时，连儿哀怜地表示"只有怪我太弱"。当杨娥感谢连儿的通风报信时，她表示希望连儿早日挣脱泥淖自救，"你的心是纯洁的，澄清得有如一泓池水，只是你的力量太弱，你要鼓起你的勇气——！""在大节大义的地方，你不能太软弱。"[5]在全剧最后，已离开平西王府并出家的连儿与病榻上的杨娥有一番对话，其中再次出现了对于"弱女子"身份的自陈，以及对于无力反抗现实的哀叹：

---

[1] 阿英：《关于"连儿"》，载《杨娥传》，晨光出版公司 1950 年版，第 24—25 页。
[2] 阿英：《杨娥传故事形成的经过》，载《杨娥传》，晨光出版公司 1950 年版，第 17—19 页。
[3] 阿英：《关于"连儿"》，载《杨娥传》，晨光出版公司 1950 年版，第 25 页。
[4] 阿英：《关于"连儿"》，载《杨娥传》，晨光出版公司 1950 年版，第 25 页。
[5] 阿英：《杨娥传》，晨光出版公司 1950 年版，第 89 页。

杨娥　你打算就这样下去吗？

　　连儿（悲凉地）我何尝愿意梵影清灯，这样的下去？不过，姐姐！我太弱了，我只是一个弱女子，心里虽然明白，知道应该怎样，但却没有敢作敢为的勇气——！

　　杨娥（叹息地）——唉！

　　连儿（继续着说）做一个勇士既然不足，要掉下泥污又非心之所甘。姐姐！像我这样的人，除掉跳出红尘，求个六根清净以外，能有什么办法来使自己心安呢！

　　杨娥（病语）我总以为，你这样下去，是太可惜了！你没有敢作敢为的勇气，可是，这样的逃出世外，也不是一个好的办法。你可以做一点事——！

　　连儿　做什么事呢？

　　杨娥（病语）做一点对大家有益的事，做一点帮助啼饥号寒，流离失所的穷人们的事。在国破家亡的时候，这样的人，实在是太多了。你关在庵里能有什么用呢？[①]

如果对照柳亚子的原计划，我们会发现阿英在这里做了两处关键性的改动。第一，在柳亚子1904年《女雄谈屑（承前）》中引用的刘均对于杨娥故事的记载中，杨娥临终前是与哥哥杨鹅头对话，劝其"汝亦健儿，何作女子态耶"[②]，而不是像阿英剧本中这样与"弱女子"连儿对话。刘均笔下的杨娥以女性之身反过来勉励男性，这是女性摆脱自身柔弱性、追求阳刚强健之气的极致展现。而在阿英笔下，杨娥却是对着一个比自己更弱、几乎没有成为勇士的可能性的女性说话。第二，在柳亚子最初的剧情设计中，他认为剧本应该展现杨娥与吴三桂搏斗的场面，如果杨娥像刘均原文中那样病死，将"不能激起高潮"[③]。相比之下，阿英让杨娥与吴三桂的搏斗呈现为杨娥病中的一场幻梦，同时告诉观众，现实中的杨娥还未进入平西王府便病死，错失刺杀机会。柳亚子的计划更富传奇性，展现出高昂的浪漫主义精神，阿英所呈现的则是残酷冰冷的现实——单靠一个略微学过一点武艺的女性来刺杀吴三桂乃至实现更为宏大的政治目标，这是几乎不可能完成的任务。

在这里，连儿的"弱"和杨娥刺杀行为的失败，成为对力量有限的普通人的一个寓言：保持了基本的良知，却无力反抗强权与大环境——如连儿所言，"做一个勇士既然不足，要掉下泥污又非心之所甘"。病榻上的杨娥同样成为类似的寓言：力量有限、赤手空拳的普通人要想挑战吴三桂这样位高权重之人，成功的可能性是极低的。杨娥在病榻上的柔弱之姿，和连儿一样体现出普通人能力的有限性。比起念念不忘将杨娥书写为"奇女子"的柳亚子[④]，阿英则让杨娥和连儿成为对于普通人之最高与最低限度的寓言：身怀武艺、有"丈夫气"的杨娥直接投身于杀敌大业，这是普通人可以做到的最高限度。而缺乏足够勇气、无法摆脱

[①] 阿英：《杨娥传》，晨光出版公司1950年版，第151—152页。

[②] 亚卢：《女雄谈屑（承前）》，《女子世界》1904年第10期。

[③] 阿英：《杨娥传故事形成的经过》，载《杨娥传》，晨光出版公司1950年版，第6页。

[④] 柳亚子对于杨娥形象塑造的传奇化倾向，参见耿传明、吕彦霖《"孤岛"烽火思南明——从柳亚子与阿英关于〈杨娥传〉的分歧看两代作家的文化心理差异》，《天津师范大学学报（社会科学版）》2017年第5期。

"弱女子"属性的连儿至少可以做到不和敌人同流合污，并被鼓励去帮助穷人、做"对大家有益的事"，这是对于普通人的最低要求。她们都是一度留在家中的"花木兰的姐姐们"：杨娥走出家庭，却又去而复返，在承担照顾家庭的责任的同时依然心怀天下，伺机而动；连儿能力有限，不得不留在平西王府，但依然良知不泯，帮助好人逃脱追捕。不过，作为左翼作家的阿英还是给连儿最终安排了一个"娜拉"式的出走结局，让她与吴三桂不辞而别，出家为尼并照顾杨娥。比起清末历史文献中那个在吴三桂事败之后为赵良栋部将所得、"未几即死"[①]的薄命红颜，阿英为这位缺乏能力的"弱女子"赋予了一定的政治能动性：既是参与政治的可能性，也是改变个人命运的可能性。

"女性"构成了关于"人性"的隐喻，"弱女子"连儿代表着"在家女性"中的第二种类型：能力有限的普通人。对于文学作品中的女性角色而言，她们的"弱"可以因性别而得到一定程度的理解，她们的"强"也会因性别而更加震撼人心。于是，在从"弱"到"强"的人性链条上，女性角色实际上具有比男性更为宽松的自由度。"弱女子"连儿绝非标准的英雄形象，却更贴近普通人的生活状态。杨娥虽有协助文安之组织队伍并谋划刺杀吴三桂的壮举，但她在政治事务之外对于个体家庭的照料，也是作者考虑到普通人接受习惯的结果。通过连儿和杨娥这两个女性形象，左翼剧人不是向所有人提出同样严苛的道德要求，而是顾及普通人的限度，提出了既符合政治道义、又较为缓和的多种选择。《杨娥传》演出于1941年11月底，离太平洋战争爆发后上海的彻底沦陷已非常之近，此时的"孤岛"上海处于风雨飘摇之际，人们必须面对是否离开上海的严肃问题。《杨娥传》的作者阿英本人，便是在1941年的冬天根据党组织的安排离开上海，前往苏北抗日根据地新四军军部的。[②]可以说，《杨娥传》正是在以杨娥和连儿的故事，隐秘地提示此时处于艰难抉择之中的上海观众：如果因为各种原因不得不留在上海，那么，或者可以像杨娥一样积极寻找反抗敌人的机会，或者至少要像连儿那样不与敌人同流合污、尽量做一点"对大家有益"和"帮助穷人"的事情，并最终还是要找机会离开。在这个意义上，《杨娥传》既是阿英在离开上海前留下的谆谆劝诫，又构成了抗战胜利后涌现的"留守夫人"故事的先声，可以与后来的著名电影《一江春水向东流》对观。

四 魏太妃："新人"走后怎样？

《杨娥传》中的杨娥虽然不得不返回家中，但阿英还是写出了她在操持家务的同时不忘政事；连儿能力较弱，一时无法逃出平西王府，虽然她在王府中能够起到通风报信的作用，但阿英最终还是让她离开王府，出家为尼。也就是说，在阿英看来，这两位"在家女性"的"在家"状态都是暂时的，"在家"确实会影响到她们对于政治的参与程度，她们的勇气与智慧都需要通过那些家庭之外的事务才能得到体现。然而，在郭沫若的历史剧名作《虎符》中，"在家女性"魏太妃的情况却有所不同：她一直"在家"，至死也没有走出家庭，但依然是剧中较为正面且作者渲染较多的形象。这是抗战时期历史剧中"在家女性"的第三个类型。

---

① 阿英：《关于"连儿"》，载《杨娥传》，晨光出版公司1950年版，第25页。
② 阿英：《陈毅同志与苏北的文化工作》，《人民文学》1978年第1期。

在《虎符》第一幕中，魏太妃和如姬出场后不久发生的对话标示出二人之间的差异。如姬不满于魏王只将自己当成玩物，甚至想要刺杀魏王。如姬对于魏王称自己"小宝贝"、"小马儿"、"心肝"和"骨髓"的做法感到十分厌烦，认为"他喜欢我不是把我当成一个人，而是把我当成一个物品"①，这几乎是《玩偶之家》中娜拉言论的翻版，剧中的如姬便是一位娜拉式的新女性。相比之下，魏太妃是一位典型的贤妻良母。她培养出了信陵君和平原君夫人这样的优秀儿女，被魏国人赞美为"要作母，当作信陵母；要娶妻，当娶平原妻；要得子，当得魏公子"②。此外，魏太妃还有着传统女性的谦虚忍让美德。当儿子信陵君的威望盖过兄长魏王之时，她不是以此为傲，反而在礼仪和举止上更加严格地约束自己。信陵君的才能遭到魏王嫉妒，魏太妃认为这是因为信陵君"没有十分尽到弟道"③；信陵君和平原君夫人离开魏国，魏太妃忍痛未加相送，是因为顾虑这样做会导致二人与魏王的裂痕加深；面对不满魏王的如姬，魏太妃劝导她："父母纵使是顽嚣，子道不可不讲；丈夫纵使是乖僻，妇道不可不守啦。"④魏太妃的所作所为，完全合乎传统道德对于女性的要求。她劝诫如姬"我们的天职是在生儿育女"⑤、"要有好的母亲，才有好的子女；要有好的子女，才有好的宗族，好的国家"⑥。问题在于，《虎符》中的魏太妃懂得何为正义，感谢如姬的窃符行为能够拯救天下人，代替如姬在魏王面前承担罪责并自刎而死，是一位正面人物，但深受五四反封建精神洗礼、曾写出《三个叛逆的女性》的郭沫若怎么会写出这么一位满脑子"妇道""弟道""子道"思想的正面人物？魏太妃的以上言论显然于史无征，更何况郭沫若的历史剧中虚构成分本来就不少，那么，他为什么不干脆把魏太妃写得更加进步一点——就像如姬一样进步？

　　《虎符》中有不少细节都在影射着抗战现实和国民党的政策。比如，《虎符》的开头，魏太妃和如姬聊天时提到两件事，一是"邯郸被围已经一年半有多了"，二是"四年前"的"长平一战"中秦国杀死几十万赵国人的惨状。⑦对此，台下的观众恐怕很容易联想到刚刚沦陷的上海和此前的南京大屠杀。长平之战（公元前260）发生于信陵君窃符救赵（公元前257）的四年前，南京大屠杀（1937年12月）也发生于郭沫若写作《虎符》（1942年2月）之前的四年零三个月，时间上有吻合之处。再比如，当平原君夫人等人女扮男装回国，魏王多次批评她和女兵的装束，称之为"亡国的现象"。这显然对应着国民政府"新生活运动"中查禁奇装异服的行为。同样，《虎符》中的"贤母"魏太妃也有着明确的影射对象——1940年代初重庆重新兴起的"新贤妻良母"讨论。⑧1930年代中期，国民政府便已开始提倡女性回到家庭，做"新贤妻良母"，当时上海和南京等地的左翼人士和进步妇女们纷纷表示

---

① 郭沫若：《虎符》，重庆群益出版社1946年版，第23页。
② 郭沫若：《虎符》，重庆群益出版社1946年版，第31页。
③ 郭沫若：《虎符》，重庆群益出版社1946年版，第32页。
④ 郭沫若：《虎符》，重庆群益出版社1946年版，第37页。
⑤ 郭沫若：《虎符》，重庆群益出版社1946年版，第34页。
⑥ 郭沫若：《虎符》，重庆群益出版社1946年版，第37页。
⑦ 郭沫若：《虎符》，重庆群益出版社1946年版，第28—29页。
⑧ 关于《虎符》与"贤妻良母"讨论的关系，最初受到厦门大学刘奎老师的点拨，在此敬致谢忱。

抗议,行动之一便是演出戏剧《娜拉》。到了1940年代初,重庆再次出现关于"新贤妻良母"的讨论,1940年重庆《大公报》刊出端木露西的《蔚蓝中一点黯澹》一文,作者为自己曾于1935年提倡的"新贤妻良母"加以辩护,提出"十分之九的妇女归根结底还是需要在家庭里做主妇,做母亲",女性应该"在小我的家庭中,安于治理一个家庭"。[①]周恩来和邓颖超等人反驳该文,但同时表示共产党方面也有"新贤妻良母"的说法,邓颖超表示,共产党提出的"'新的贤妻良母'及模范母亲,妻子,女儿的口号"是要求妇女"由小我的家庭走上大我的国家社会……做抗日的先锋模范——做国家的良母,民族的贤妻",而不是"一个'夫'与'子'的观点上的'新'的贤妻良母主义",共产党所提出的"新的贤妻良母"是"求得达到妇女解放基本利益的一个步骤"。[②]周恩来也表示,一方面要反对男权社会用来禁锢女性的旧"贤妻良母"观念;另一方面,也要通过提倡"母职"来推动中华民族的繁荣与强健。[③]也就是说,在1940年代,共产党方面不再像1930年代那样彻底否定"新贤妻良母",但并非认为妇女只能在小家庭中发挥作用,而是强调提高妇女政治意识的必要性,让妇女不仅要为丈夫和孩子、更要为国家和民族作出贡献。

周恩来的《论"贤妻良母"与母职》发表于1942年9月27日的《新华日报》,《虎符》1942年10月由重庆群益出版社出版,二者在时间上相距不远。郭沫若曾回忆,自己有意要把魏太妃写成"贤母",其动机有二:一是看了奥斯特洛夫斯基的《大雷雨》之后,认为剧中那种"横暴的母亲"不适合东方人的口味;二是与周恩来谈起此事,周恩来表示"我们东方人是赞美母亲的,何不从历史中选一位贤母来写成剧本?"受此鼓励,郭沫若便"无中生有地造出了"魏太妃的故事。[④]综上可见,魏太妃与1940年代重庆的"贤妻良母"讨论确实有着千丝万缕的联系。

当时有两篇关于《虎符》的评论文章都提到了魏太妃的"贤母"身份和"妇道"观点。柳涛在《〈虎符〉中的典型和主题》中指出,魏太妃虽然具有"妥协投降主义"、"女性的奴隶道德"和"无原则的仁慈与正大"等"愚暗偏颇的见解",但更重要的是她具有"二重性格":既温和谦让,又坚守原则——"这是一个最温和,有见识,而又坚定的老太太;也许是我们民族永生了的,最使人思念的好母亲,我们的好妈妈啊!"他更指出,魏太妃在剧情发展过程中起到了关键性的作用。要是没有魏太妃,如姬不会有机会与信陵君相识,更不会有窃符和后来的牺牲。[⑤]于菱洲的《〈虎符〉中贤母魏太妃》一文也指出,魏太妃"告诉我们古代的贤母做人难"。她周旋于儿子信陵君、魏王和如姬之间,遭遇传统的女性规范与国家生存和人类正义之间的冲撞,其境遇比孟母断机、岳母刺字、欧母画荻等都要复杂得多,而

---

① 顾秀莲主编:《20世纪中国妇女运动史》上卷,中国妇女出版社2008年版,第483—490页。

② 邓颖超:《关于〈蔚蓝中一点黯澹〉的批判》(1940年8月20日),载中国妇女管理干部学院编《中国妇女运动文献资料汇编》第1册,中国妇女出版社1987年版,第383页。

③ 周恩来:《论"贤妻良母"与母职》(1942年9月25日),载中华全国妇女联合会妇女运动历史研究室编《中国妇女运动历史资料(1937—1945)》,中国妇女出版社1991年版,第610页。

④ 郭沫若:《缘起》,载《虎符》,重庆群益出版社1946年版,第12—13页。

⑤ 柳涛:《〈虎符〉中的典型和主题》,《中原》1943年6月创刊号。

魏太妃的伟大壮烈，是由于她不只是"当孩子的好妈妈"，不只懂得"从夫从子""德容言工"，而是同时具有"慈爱的母性、正义的人性和战斗的政治性"。[1]柳涛和于菱洲的文章，都表明了《虎符》与劝女性"安于治理一个家庭"的"新贤妻良母主义"之间的差异和对话关系。于文指出过去的家庭伦理已经无法有效应对现代的复杂环境，新的"贤母"不能只懂得家内之事，其思想应该像魏太妃一样具有正义感和政治性。柳文未将魏太妃的政治觉悟过度拔高，承认魏太妃有不少思想缺陷，但同时依然有"温和、明达、勇敢坚定的优良品格"和"伟大的人权主义的美善理想"。柳涛尤其点出魏太妃所承担的重要任务："要是没有她老人家替如姬担负起窃符的责任，如姬怎么能走到父亲坟上去演出那最悲壮的悲剧呢？"

魏太妃便是"在家女性"中的第三种类型：因思想难以彻底转变、重视家庭合法性而留在家中的老年人。前两类"在家女性"的代表杨娥和连儿都较为年轻，而魏太妃年纪较长，思想中具有顽固的、无法骤然转变的封建落后性，无法像年轻人那样与旧势力彻底决裂。事实上，郭沫若在构思《虎符》之初，便注意到了年老的母亲与年轻的儿女之间存在思想差距的问题。他指出，母爱在儿女小时候容易表现，但儿女大了之后，"时代生出了悬隔，思想情绪都有了距离"，便难以写好，因此中国历史上很少有人表现贤母在儿女长大之后的嘉言懿行。[2]郭沫若道出了贤母故事中的一个悖论：成年儿女如果非常进步，那就必然比留在家中的母亲更有觉悟，不再需要母亲的鼓励；成年儿女如果还需要母亲鼓励，那必然意味着他们的觉悟不如母亲，也就意味着贤母的教导不那么成功。那么，在《虎符》这样一个以如姬和信陵君等具有进步思想的年轻人为中心的剧本中，如何安置"贤母"的位置？"贤母"除了鼓励孩子之外，是否还能起到其他的政治作用？

《虎符》给出的答案是：魏太妃式的爱与牺牲却成就了下一代"新人"的勇敢行动。"新人"毫不妥协地与一切旧因素彻底决裂，因而成为最具光彩的形象。但问题在于"新人"走后怎样？他们身后所遗留的、剪不断理还乱的各种实际问题则被遗留给这些沉默的"老人"来解决。在如姬窃符、信陵君和平原君夫人离开魏国之后，魏太妃留下来承担起所有责任，这便是她对于"新人"走后之事的默默承受。魏太妃是"新人"背后的无名者，也是"新人"之所以能成为"新人"的家中保障。在这个意义上，她正是另一位"花木兰的姐姐"。欧阳予倩创作的桂剧《木兰从军》中的花玉兰，也与魏太妃同属"在家女性"的第三种类型。

在郭沫若的《棠棣之花》中，酒家母也是一个魏太妃式的角色。春姑毅然离家，追随聂政与聂嫈。酒家母虽然万分不舍，但也痛苦地接受了春姑的出走并鼓励她成为新人。魏太妃和酒家母在剧中并未具有多少进步思想，但她们却为下一代新人的前进扫清了障碍。魏太妃和酒家母等女性是认命和墨守成规的，这是消极妥协和柳涛所谓的"奴隶道德"的一面，但她们却以自己的不自由换来了下一代的自由，这是对于历史发展的积极作用。魏太妃和酒家母，正是郭沫若理想中的新"贤母"：也许无法彻底转变自身思想，但出于母爱而鼓励下一代去做正确的事情，并在这一过程中自己也逐步提升觉悟，形成初步的政治意识。在这些故事里，没有五四式的"娜拉"故事中那个对新人进行管束和压制的威严父亲，只有出于无条

---

[1] 于菱洲：《〈虎符〉中贤母魏太妃》，《现代妇女》1943年5月第1卷第5期。
[2] 郭沫若：《缘起》，载《虎符》，重庆群益出版社1946年版，第13页。

件的爱而为下一代牺牲的母亲。这类人物，正是邓颖超在《关于〈蔚蓝中一点黯澹〉的批判》一文中写到的[①]、著名抗战歌曲《在太行山上》唱到的，以及抗战时期现实存在的"母亲叫儿打东洋，妻子送郎上战场"，也是一代新文学家们似乎普遍拥有的那个开明、坚忍、博爱的母亲形象的投影。

结语 在"奴隶道德"之外

"在家女性"的形象涌现于抗战时期左翼作家所创作的历史剧中，其中又可以分出三个类型：第一类人物有能力走出家庭，但为了照顾家庭又回到家中，以《杨娥传》中"返家孝姑"的杨娥为代表；第二类人物能力有限，一时无法走出家庭，以《杨娥传》中的"弱女子"连儿为代表；第三类人物是因思想难以彻底转变、重视家庭合法性而留在家中的老年人，以《虎符》中的魏太妃为代表。她们不是冲锋在前的"花木兰"，而是留守家中的"花木兰的姐姐们"；她们虽然没有如同其他历史剧中的"女英雄"们那样"打破封建枷锁"、为国家和民族做出惊天动地的业绩，却在家中发挥着不可忽视的重要作用。较之古代的历史本事和更为"现代"的"新女性"标准，左翼历史剧对这些人物的家中贡献加以程度不一的肯定，既是关怀古往今来的一切被压抑者的左翼立场的体现，也折射出抗战时期女性在生产、建设、生活中所承担的重要角色，更以之为隐喻，在为"孤岛"和大后方观众提供较为缓和的道德空间的同时，也为所需遵守的政治底线做出提醒。

但难以否定的是，这些人物的进步性都不那么彻底：花玉兰至少没有像花木兰一样冲锋陷阵，小家庭在杨娥那里的重要性未免太大，连儿只是出家为尼而没有实际的反抗行为，魏太妃那些"妇道"言论也显得过于保守……"花木兰的姐姐们"作出了不容忽视的贡献，但面对敌人与恶势力，她们更多的是默默忍受与承担，缺乏像花木兰和如姬那样彻底决裂与勇于斗争的面向。柳涛在对于《虎符》的评论中提到了魏太妃的"奴隶道德"，而事实上，无论是花玉兰、杨娥、连儿还是魏太妃，这些"花木兰的姐姐们"都或多或少地存在"奴隶道德"。学者张炼红在《历炼精魂——新中国戏曲改造考论》中，格外重视戏曲中那些含辛茹苦、忍辱负重、被压迫、被损害的妇女身上的"奴隶道德"的问题。她认为，那些一度被命名为"封建礼教"和"奴隶道德"而加以批判的安分克己、忠诚孝悌、温良恭俭让等特征中潜藏着民众的强大韧性——"既非抗争对决，也不顺势妥协，直到迎来真正具有革命性的历史时刻"[②]。《历炼精魂——新中国戏曲改造考论》的论述重点在于凸显"奴隶道德"中潜藏的强大生命力和革命可能性，但正如贺桂梅的评论，"奴隶不是必然的反抗者，只有反抗的奴隶、革命的奴隶，才可以承担全部的历史，将被压迫的痛苦经验转化成主体性内涵或斗争着的实践主体"[③]，底层民众有"奴隶道德"就够了吗，"奴隶道德"等不等于革命潜能，潜

[①] "很多的父母送儿打东洋，很多的妻子送郎上战场。"（邓颖超：《关于〈蔚蓝中一点黯澹〉的批判》，《新华日报》1940年8月12日第4版。）

[②] 张炼红：《历炼精魂——新中国戏曲改造考论》（增订本），上海书店出版社2019年版，第406页。

[③] 贺桂梅：《问题与思考》，载张炼红《历炼精魂——新中国戏曲改造考论》（增订本），上海书店出版社2019年版，第602—603页。

伏状态的"奴隶道德"究竟在何种契机下才能爆发为有形的革命力量？这一系列的问题，都是"奴隶道德"所必然遭遇的质疑。当然，也是抗战时期历史剧中这些"花木兰的姐姐们"的暧昧性所在。

　　对于"奴隶道德"的态度构成了左翼文艺实践与研究中的一个难点。无论是革命文学论争，还是关于"精神奴役创伤"的论辩，抑或是新中国成立后对于"鬼戏"的批判，乃至于近年来关于阿Q的"本能"能否转化为革命动力的讨论，其实都绕不开"奴隶道德"的问题。在这个意义上，抗战时期左翼历史剧中的"花木兰的姐姐们"恰好构成了观察左翼文艺实践中的"奴隶道德"问题的一个切入口。本文所讨论的案例可以分为两种情况：在阿英的《杨娥传》和郭沫若的《虎符》中，作者既肯定了"在家女性"们在操持家务、忍辱负重甚至暗中协助革命者等方面的价值，又依然暗示她们仍需要提高政治意识、更为直接地参与政治行动、尝试成为真正有能动性的政治主体——正如连儿必须离开吴三桂，正如魏太妃也未被写得过于完美。相比之下，在桂剧《木兰从军》中，欧阳予倩并未对在家操持家务的花玉兰提出更进一步的要求。两种情况的差异折射出对于"奴隶道德"的不同态度：后者直接"翻转出""奴隶道德"中的正面价值，前者则始终未放弃对于"奴隶道德"的批判，从而彰显出与国民政府提倡的忠孝节义、"女性回家论"和"新贤妻良母主义"之间的差别。《杨娥传》和《虎符》属于话剧，《木兰从军》属于（经过改造的）旧剧，两种戏剧形式的差异和观众的差异，恐怕构成了在"奴隶道德"问题上意见不一的重要原因。此外，如果注意到《杨娥传》的作者阿英便是曾在革命文学论争中写下名文《死去了的阿Q时代》的钱杏邨，而《虎符》的作者郭沫若也是革命文学论争的积极参与者，那么，他们在抗战时期历史剧中对于"花木兰的姐姐们"所展现出的复杂态度，既在对于革命性的追求上与20世纪20年代一脉相承，又正视了有许多普通民众尚未彻底觉醒的事实，在理解和包容他们的局限性的同时，给予温和却坚定的指引。在这个意义上，我们可以说，抗战时期的左翼历史剧其实并未对政治作机械图解，而是因对复杂人性的正视和细腻处理从而成为广受欢迎的名作。

（原载《中国现代文学研究丛刊》2022年第4期）

《鲁拜集》中国百年经典化研究

李宏顺

波斯奥马尔·海亚姆所著《鲁拜集》原本寂寂无名，经菲兹杰拉德创译之后，一跃而为英国文学经典，继而广泛传播到了世界其他国家，跻身世界文学经典之列。自从胡适1919在《新青年》发表译诗《希望》以来，《鲁拜集》在中国的译介和经典化走过了百余年的历史。百年间，几十位译者持续接力，各类翻译出版机构通力协作，数个经典译本交相辉映，使得波斯文化经由英国文化的介绍得以最终在中国大地生根开花，这一切主体、文本和文化因子共同完成了《鲁拜集》的中国经典化之旅。目前已有的研究或简单列举《鲁拜集》在中国的主要译本[1]，或对郭沫若、黄克孙、胡适等少量译本进行了个案研究[2]，或翻译策略比较研究[3]。但是鲜有学者从经典生成的角度探讨《鲁拜集》在中国的译介，也少有研究探讨其经典化中各种主体、文本和文化的复杂互动图景。本文以复合间性理论为基础，拟从主体间性、文本间性和文化间性三个纬度对《鲁拜集》中国百年经典化历程展开研究并回答如下问题：（1）《鲁拜集》百年译介与经典化可以划分为几个阶段，各有什么特点？翻译经典有哪些？（2）百年中哪些翻译主体为其中国经典化做出了贡献？主体间性关系如何呈现？（3）文本间性如何呈现？（4）波斯文化、英国文化和中国文化进行了怎样的间性互动？

一 《鲁拜集》中国译介的百年历程与翻译经典的判定

考察《鲁拜集》中国百年译介史，可将其大致划分为三个阶段，每阶段都呈现出不同的特点。第一阶段：1919—1949年，经典化初步形成期，众多学术和翻译名家积极参与翻译并初步完成《鲁拜集》经典化建构。《鲁拜集》首先由胡适引入中国，他在1919年的《新青年》第六卷发表译诗《希望》，1920年《尝试集》收入。随后郭沫若、闻一多、刘半农、吴宓、朱湘等众多知名学者加入翻译行列，尤其是郭沫若在《创造季刊》上推出了第一个全译本，影响尤为巨大。此后郭译再版至少11次。近百年后的今天郭译还有旺盛的生命力。众多知名学者如闻一多、刘半农、林语堂、吴宓和朱湘等虽然只是选译了部分诗作，但是他们的翻译也持续增加了《鲁拜集》在中国的知名度和声誉。第二阶段：1950—1979年，译介

---

[1] 吴笛：《海亚姆〈鲁拜集〉的生成与传播》，《外国文学研究》2016年第5期。

[2] 金春岚、黄芳：《郭沫若译〈鲁拜集〉的生态解读》，《西安外国语大学学报》2012年第3期；邵斌、缪佳：《互文性与诗歌衍译——以菲兹杰拉德和黄克孙翻译〈鲁拜集〉为例》，《外语教学理论与实践》2011年第4期。

[3] 咸立强、李岩：《胡适与郭沫若译诗比较研究——以〈鲁拜集〉中两首诗的汉译为例》，《北京联合大学学报（人文社会科学版）》2008年第3期；汪莹：《归化翻译与江西诗法——以〈鲁拜集〉的三个七言绝句译本为例》，《外语教学理论与实践》2016年第4期。

相对沉寂期。大陆多次再版了郭沫若译本，如人民文学出版社 1956、1958、1978 年版，但由于此时期翻译事业整体陷入低潮，《鲁拜集》译介活动陷入停滞。不过此时中国台湾地区推出了黄克孙、陈次云、孟祥森等译本，影响最大的是黄克孙 1956 年的格律译本，后在台湾地区多次再版和重印，但直到 20 世纪 80 年代才开始在大陆再版并获得极大的好评。第三阶段：1980—2019 年，百花齐放期。译本数量多，全译本多，而且开始出现从间接翻译到直接翻译的转变①。前两个阶段的所有译本都不是直接从波斯文翻译的，而是据菲兹杰拉德英译本的间接翻译。此阶段开始出现张晖、张鸿年、邢秉顺等的直接翻译。百年间主要译本的相关信息如表 1 所示。

表 1 百年间《鲁拜集》主要译本

出版时间	译者	出版社或期刊	选用诗体（自由或格律体）	是否间接翻译	是否全译	再版次数及情况
1919	胡适	《新青年》	自由	是	否	选译 1 首《希望》，收入 1920 年《尝试集》。
1922	郭沫若	《创造季刊》	自由	是	是	101 首。1924 年泰东图书局全译本，1936 年大光书局，1937 年上海建文书店，1956、1958、1978 年人民文学出版社，2003 年中国社会科学出版社，2000、2009 年吉林出版集团，2015 年海豚出版社，2019 年华文出版社。
1923	闻一多	《创造季刊》	自由	是	否	5 首。
1924	吴宓	商务印书馆	绝句	是	否	13 首收入《吴宓诗集》。
1926	林语堂	《语丝》第 66 期	自由	是	否	选译 5 首。
1926	刘半农	《语丝》第 76 期	自由	是	否	8 首，据法译本。
1934	吴剑岚	上海黎明书局	绝句	是	是	收 100 首，伍蠡甫序。
1941	孙毓棠	《西洋文学》第 7 期、第 8 期	自由	是	是	收入 1992 年台湾台北业强出版社、2013 年商务印书馆版《孙毓棠诗集》。
1947	朱湘	商务印书馆	自由	是	否	收 15 首。1986 年湖南人民出版社再版。
1956	黄克孙	台北启明书局	绝句	是	是	1987 年台北书林公司对照版，1989、2003、2010 年台北书林公司再版。1987 年上海译文出版社，2009、2020 年译林出版社，入选新课标读本。

---

① 间接翻译是对翻译的翻译，参见李宏顺的相关论述。（李宏顺：《复合间性视野下的间接翻译研究》，《外语教学与研究》2019 年第 1 期。）

续表

出版时间	译者	出版社或期刊	选用诗体（自由或格律体）	是否间接翻译	是否全译	再版次数及情况
1971	孟祥森	台湾晨钟出版社	自由	是	是	初版75首，1990年台湾台北远景出版事业公司版101首。
1971	陈次云	台湾晨钟出版社	自由	是	是	初版101首，2001年台北桂冠公司再版。孟祥森和陈次云的初版纳入同一书中。
1982	黄杲炘	上海译文出版社	自由	是	是	101首。1998年中国对外翻译出版公司，2007年湖北教育出版社，2017年陕西师范大学出版社。
1988	张晖	湖南人民出版社	自由	否	是	从波斯文直接译189首。
1989	飞白	漓江	自由	是	否	27首。收入《诗海：世界诗歌史纲》。
1990	柏丽	中国人民大学出版社	自由、绝句	是	是	绝句体、自由体合译本，101首，据菲译4版。
1991	张鸿年	北京文津出版社	自由	否	是	从波斯原文译出。收诗376首。2001年湖南文艺出版社、2017年四川人民出版社（554首）、2017年商务印书馆再版。
1998	邢秉顺	人民文学出版社	自由	否	是	从波斯文直接译154首。
2004	李霁野	天津百花文艺出版社	绝句	是	是	收入《李霁野文集》。
2007	屠岸	译林出版社	自由	是	否	18首，收入《英国历代诗歌选》。
2010	程侃声（鹤西）	世界图书出版公司	自由	是	是	据菲译31首，据Whinfield译44首，混合间接翻译而成。
2016	钟锦	中华书局	绝句	是	是	据菲译第4版。

《鲁拜集》是世界文学经典，其生成标志是在世界各语言中形成一批翻译文学经典。翻译经典的生成是历时和动态的，是历史与当下的结合。一方面经典译本必然是历史上久经考验的译本，另一方面经典译本必须继续被当下的读者阅读和研究，即经典译本的生命力在于其在当下产生的影响。经典译本并非必然只有一部，实际上，不同时代的译者对文学经典会有不同的新的阐释，因此常会诞生符合新时期读者审美趣味和需求的新译本，新译本一旦得到读者喜爱和批评家的好评，则也可能逐步形成新的经典。

判断译本是不是翻译经典主要看其能否经得起历史考验，是否在当下还有读者，是否得到读者和评论者的广泛好评。译本经典性可以从译本再版次数，近十年是否还有新版以及评论者和研究者的关注度等来综合考察。文学翻译再版次数越多，则历时累积的读者越多，与时代的结合就越紧密，社会影响就越大，经典性也就越强。另外译本成为研究对象的次数越多，其发表的期刊越权威，则其在学术界的影响力就越大，其经典性也就越强。考察《鲁拜集》的百年译介，从再版次数来看，郭沫若译本再版11次为最多，黄克孙译本也在中国台湾地区再版4次、中国大陆再版3次，张鸿年、黄杲炘译本再版3次，其余译本再版次数均在两次或以下。近十年是否有新版则意味着译本在当下是否还有生命力，可以发现郭沫若、张鸿年、黄克孙译本分别在2019年、2017年和2020年有新版。从当当网图书销量来看，黄克孙、张鸿年、鹤西、郭沫若位居前列①。从专业评论和研究的视角看，在CNKI以"鲁拜集"和"翻译"进行主题检索得到论文28篇，其中6篇论文标题中直接含有郭译，3篇含有黄克孙译，2篇含有胡适译②。综合来看，根据当前读者数量（体现为图书销量）、再版次数、评论家的好评以及相关研究的兴盛等维度可以判定《鲁拜集》中文翻译经典当属郭沫若译本、黄克孙译本、张鸿年译本。它们恰好分别先后归属于三个历史阶段。

二 复合间性视野下的《鲁拜集》在中国的经典化

复合间性是刘悦笛提出并应用于文学研究的理论，指涵盖并超逾了主体间性和文本间性之上的一种间性关系。③田传茂、程以芳将文化间性也纳入了复合间性的理论框架，指出复合间性涵盖了主体间性、文本间性和文化间性三个维度并将其初步应用到翻译研究中去。④李宏顺应用复合间性探讨了间接翻译中主体、文本和文化间的互动机制，指出复合间性"转向更为广阔的主体、文本和文化的世界以及三者之间相互作用机理，使得研究更能契合复杂的社会文化现象"⑤。迄今为止尚未有学者从复合间性视角来研究文学翻译经典生成。接下来本文将基于复合间性理论审视《鲁拜集》在中国的百年译介和经典化，探讨翻译和间接翻译在经典生成中的角色，尤其聚焦于历时和共时维度上主体、文本和文化间的互动机制对于翻译经典生成的重要作用。

（一）主体间性与《鲁拜集》的中国经典化

从主体间性视角来看，外国文学作品在中国的经典化离不开众多翻译相关主体在历时和

---

① 据当当网销量排名系统，销量前六分别为黄克孙译林出版社2020年版，张鸿年四川人民出版社2017年版、商务印书馆2017年版、鹤西北京联合版、郭沫若安徽人民出版社精装插画版和郭沫若吉林版。查询时间为2020年12月1日。
② 检索时间为2020年11月8日。
③ 刘悦笛：《在"文本间性"与"主体间性"之间——试论文学活动中的"复合间性"》，《文艺理论研究》2005年第4期。
④ 田传茂、程以芳：《试论文学翻译中的"复合间性"》，《外语教学》2005年第2期。
⑤ 李宏顺：《复合间性视野下的间接翻译研究》，《外语教学与研究》2019年第1期。

共时的维度上通力协作,这些主体主要有原作者、译者、评论者、出版商以及读者等。经典化是不断进行的过程,经典性的生成和维系必须有历时和共时的维度上众多主体的持续参与。

具体说来,作者海亚姆的创作是《鲁拜集》成为世界文学经典的起点,其独具才情的创作使得《鲁拜集》体现了思想性和艺术性的统一,具有经典性的内核[①]。译者菲兹杰拉德对《鲁拜集》经典性建构的历史贡献主要体现在两个方面:一是发现了《鲁拜集》的价值,首次向英语世界翻译和介绍这部作品;二是其创造性翻译在英语世界大获成功。菲译刚出版时读者寥寥,诗人兼评论家罗塞蒂的鼎力推荐使得广大读者产生了阅读兴趣,从而使得菲译备受追捧。因此罗塞蒂对于菲译经典化不可或缺。而又由于菲氏所在的19世纪英国是世界头号经济文化强国,英语文化对于其他语言文化的辐射能力是最强的。所以成为英语文学经典的《鲁拜集》必然引起世界其他国家民族文化的关注和翻译,这就为其世界化打下了最重要的基础。

《鲁拜集》在世界传播的过程中,通过菲氏英译进行的间接翻译占据了绝大多数。以中国为例,其在中国的传播和经典化离不开百年间20余位译者的主体性阐释,其中除了张晖、张鸿年、邢秉顺等人之外,其余都是根据菲氏英译而间接重译[②]。"重译不厌的一个原因,是由于那个用着方便且大名鼎鼎的菲茨杰拉德英译本。中国人的乐此不疲,也是因为欧洲人的奢爱无止"[③]。可以说以菲译为中介的间接翻译在《鲁拜集》的中国经典化中至关重要。

在中国经典化的第一阶段,众多著名学者和翻译家作为翻译主体给《鲁拜集》带来了巨大的关注度。首开翻译之先的是新文化运动旗手胡适,其对《希望》一诗的选译使国人初识海亚姆诗歌的魅力,同时也契合了胡适在新文化运动的大变革中对语言和社会进行改天换地的动机。作为著名学者及诗人的郭沫若的文化资本非常雄厚,其在《创造季刊》上发表的《波斯诗人莪默伽亚谟》一文含译诗101首,使得国人首次得以完整阅读和欣赏《鲁拜集》。而1924年上海泰东书局推出的郭沫若译本则是首个全译单行本。郭译一经问世,就得了读者的喜爱和评论者的好评。闻一多在《创造季刊》发表《莪默迦亚谟之绝句》一文,对郭译大加赞赏说:"译者把捉住了他的精神……而出之以醒豁的文字,铿锵的音乐,毫不费力地把本来最难译的一首诗译得最圆满……"[④]评论者的好评助推了郭译的声誉,同时闻一多对郭译的纠错也促使郭沫若对译本中的错漏进行了更正,这种翻译主体间性互动使得郭译提升了翻译质量,为郭译成为经典扫除了质量上的障碍。同年学者吴宓翻译了13首鲁拜诗,短短两年后作家林语堂、刘半农也加入了翻译队伍,虽然闻一多、吴宓、林语堂和刘半农都只是零星地重译了《鲁拜集》少量诗篇,但这四位都是民国时期知名的学者,他们的翻译维持

---

① 文学作品具有经典内核是指其在思想内容的深刻性、语言形式的美感性等方面出类拔萃,具有成为经典作品的核心要素,是具有"内容和主题的普适性、人文关怀的深刻性以及美学形式的创新性和可变性"(查明建:《论莎士比亚的经典性与世界性》,《外语教学与研究》2016年第6期)。

② 重译可以分为直接重译和间接重译。直接重译是发生在两种语言间的重译,而间接重译则是发生在三种语言间,是基于中介语文本而对原作进行的重译。

③ 张承志:《波斯的礼物》,《人民文学》1999年第10期。

④ 闻一多:《莪默迦亚谟之绝句》,《创造季刊》1924年第2卷第1期。

了《鲁拜集》在中国译介的热潮，进一步助推了其声誉。除了上述译者、读者和评论者之外，《创造季刊》《语丝》等期刊以及上海泰东书局、商务印书馆等出版机构也都作为翻译相关主体促进了《鲁拜集》的翻译和传播。显然，出版机构发起的重译越多，则《鲁拜集》累积的影响力就越大，其经典性也就越强。如果说重译数量的多寡与其经典性强弱正相关的话，那么出版社在历时维度上发起的译著再版行为则相当于为翻译质量背书，扩大其读者群体和文化资本，强化了翻译经典的地位并佐证其经受住了时间的检验。郭译本1949年前的再版包括创造社出版部、光华书店、大光书局、上海建文书店等版本，新中国成立后的再版包括人民文学出版社1956、1958、1978年版；中国社会科学出版社2003年版；吉林出版集团2000、2009年版；海豚出版社2015年版；华文出版社2019年版等。众多出版社对郭译百年间在不同历史时期的肯定正是重要的经典建构行为，它们共同确立并维系了郭译翻译经典的地位。

再看第二阶段黄克孙译本经典化中的主体间性互动。黄克孙出生在广西，10岁移居菲律宾，19岁入麻省理工学院并在获得博士学位后在美国大学讲授理论物理，虽然小学、中学阶段总共才上了五年学，但他通过熟读唐诗和四书五经打下了良好的国学功底。28岁那年，身在美国的他翻译的七言格律体《鲁拜集》在中国台湾由书林出版社出版。作为一名离散译者，黄克孙用传统中国文化中的格律来译《鲁拜集》，无疑在其译作中同时与原作者海亚姆和译者菲氏进行主体间对话，"波斯李白"的奔放的情感通过菲氏的创造性译介使得年轻的译者黄克孙着迷，其七言格律翻译体现了译者与传统的对话和主体性创造，展现了译者对中国传统文化的回归和致敬。1987年台湾书林出版社推出了中英对照版，出版人苏正隆大加赞赏："黄氏天才横溢，文采斐然！"上海译文出版社1987年从书林出版社引入版权并介绍给大陆读者，得到读者和评论者高度好评，钱锺书赞叹说"黄先生译诗比美Fitzgerald原译"[①]。2007年南京译林出版社的再版得以选入中学生推荐读本。译林出版社的权威地位和入选中学读本都加速了黄译的经典化。此外研究者邵斌在外语核心期刊发文高度肯定黄译的经典地位。台湾启明书局、书林出版社、上海译文出版社、译林出版社等出版商，苏正隆等出版人、钱锺书等评论者、邵斌等研究者的高度肯定和正面评价助推了黄译翻译经典的确立。

第三阶段又有10余名译者重译了《鲁拜集》，包括20世纪90年代著名诗歌翻译家屠岸和飞白推出的诗歌选译以及鹤西和钟锦等人的全译，尤其是1989年张晖首次、1991年张鸿年再次从波斯原文的译介，这标志着从间接翻译到直接与间接翻译并存的范式转变。以张鸿年译本的经典化为例，除了作者海亚姆、译者张鸿年，湖南文艺出版社、四川人民出版社、商务印书馆等之外，菲兹杰拉德和中介语主体仍在彰显着隐形的主体性，因为正是由于菲译的巨大影响力才使得张鸿年等三人致力于介绍原汁原味的鲁拜诗。另外，译者张鸿年不可避免地要与之前的直接译者张晖发生主体对话，结果是张鸿年选择了更权威的波斯原本，篇幅也从189首大幅增加到376首。与张晖相比，张鸿年是北大东语系知名教授，译者文化资本更为雄厚，译本选本更权威，译文更受读者喜爱，且译作曾于2003年获国家图书奖，因此在翻译经典的竞争中占得了先机。

[①] 黄克孙译：《鲁拜集》，台北书林出版公司1989年版，封底。

《鲁拜集》在中国的经典性生成是主体间性作用的产物，主体间性既体现为出版商和译者的共时互动，也呈现为译者间历时的互相影响，还体现在译者和读者以及评论者的共时互动中。以黄克孙译本的经典化为例，黄译是基于菲译的间接翻译，是原作者海亚姆、译者菲兹杰拉德和间接译者黄克孙主体间性互动的产物。这种互动是历时的间性互动，跨越时间长达 836 年[①]，菲氏创造性地融鲁拜体及波斯风情于维多利亚诗歌传统中，其译作打上了鲜明的菲氏烙印。黄克孙要与原作者海亚姆对话，试图再现其经典内核，但这种对话是通过菲氏的介绍而间接完成的，因此黄克孙的译本中必然同时刻写有海亚姆、菲氏和黄克孙本人的主体性对话的印痕。最后，读者间的主体间性互动也有助于经典性维系，如数字化媒体时代豆瓣读书上就有 241 名成员组成的《鲁拜集》读书小组[②]，该组成员 10 余年发表帖文 200 余篇，仅 2019 年就有主题帖 20 篇，并通过回帖与组内成员和广大读者交流，而这些专业读者和普通读者的互动也持续地扩大着《鲁拜集》作为经典的影响力。

（二）文本间性与《鲁拜集》的经典化

从文本间性来看，《鲁拜集》有着复杂的文本间性谱系，这些呈间性互动的多文本谱系助推了《鲁拜集》的经典化，同时也是其经典性的载体。西方世界的第一本译本是拉丁语译本，但是菲氏英译本才是其成为世界经典的关键。正是以菲译为原本的众多语种和文化中的海量间接翻译文本的出现才确立了《鲁拜集》作为世界经典的声誉。菲译之后的《鲁拜集》在世界的散播主要集中在 20 世纪。

譬如首个俄语全译本是 1914 年 Osip Rumer 据菲译的间接翻译。首个日文全译本同样是 1910 年从菲译间接翻译而来，直接翻译的日译本则要等到 1949 年。

在中国《鲁拜集》经典化过程中，文本间性发挥了关键作用，文本间性决定了《鲁拜集》译本的生成并呈现在每个翻译文本中。每个《鲁拜集》的译本都必然与原作形成文本间性关系。1919—1989 年《鲁拜集》译本都是借助菲译的间接翻译。包括胡适的译诗《希望》、郭沫若、黄克孙、黄杲炘等译本在内的全部间接翻译都与海亚姆原作、菲译之间存在着文本间性互动。这些间接翻译都以菲译为中介语文本，既继承了《鲁拜集》原作中洋溢着波斯风情的哲思与诗味，同时也继承了菲译的创造性改写，但由于译者所处时代不同，其社会接受语境中的意识形态和诗学观不同，其知识前结构不同，则译者最终的翻译必然呈现出一定的个性。例如在郭沫若和黄克孙译本经典化中，这两部翻译经典以不同的方式再现了"波斯李白"的飘逸以及菲译的神韵，但又分别契合了各自不同的时代和读者的需求。郭译所处的 1920 年代的中国正进行思想、文学和语言上的革命，白话文成为主流诗学，因此郭沫若运用白话文自由体进行翻译，吻合了当时的白话文运动趋势和新诗运动的潮流，得到众多批评者

---

① 海亚姆《鲁拜集》成书于 1120 年，菲氏英译 1876 年，黄译 1956 年，从《鲁拜集》诞生到黄译 836 年，迄今（2020 年）900 年。

② 该豆瓣小组网址如下 https://www.douban.com/group/rubaiyat/。

和读者的喜爱，从而引发了学术和社科名人的争相竞译。

（间接）翻译文本还必然要和中国语境中的各种前文本产生文本间性关系。譬如胡适译诗《希望》的文本间性互动如表 2 所示。

表 2　胡适译诗《希望》的文本间性互动

菲译	锁南枝	胡译
Ah, love, could thou and I with fate conspire, To grasp this sorry Scheme of Things entire, Would we not shatter it to bits — And then, Re-mould it nearer to the heart's desire.	傻俊角，我的哥，和块黄泥捏咱两个。捏一个儿你，捏一个儿我，捏得来床上同床歇卧，将泥人摔碎，着水儿重和过，再捏一个你，再捏一个我，哥哥身上有妹妹，妹妹身上有哥哥。	要是天公换了卿和我， 该把这糊涂世界都一齐打破。 要再磨再炼再调和， 好依着你我的安排，把世界重新造过。

胡适的翻译受到了前文本《锁南枝》（傻俊角）的直接影响，同时还直接与海亚姆的原诗和作为中介文本的菲译在信息和风格上紧密关联。菲译鲁拜诗的格局和气魄比卿卿我我的《锁南枝》要大得多，而胡译很好地再现了这种打碎旧世界塑造新世界的豪气。胡译使用了自由体，但是和菲译一样通过押韵使得诗歌具有铿锵的节奏美。胡适将 fate 译作"天公"以及用"卿"来译 thou 是受到中国传统文化诸多前文本的影响，其翻译打上了译者胡适鲜明的个人烙印。

副文本和翻译文本的文本间性互动对《鲁拜集》经典化意义重大，副文本主要有翻译的前言、后记、注解等文本内副文本，也有评论者的评论、报刊介绍或书讯、网络新媒体如博客或微信公众号中与该翻译相关的论述等文本外副文本。郭译副文本对于郭译成为翻译经典十分关键。郭译大量的副文本与翻译文本构成了文本间性。文本内副文本主要有郭译正文前长达 11 页的翻译前言，另外还有译诗中的大量注解。该前言不仅详细介绍了波斯诗人海亚姆的生平和创作背景，而且对其诗歌的艺术价值、世界观乃至鲁拜诗体和韵律等都结合中国古诗进行了比较并首次将海亚姆和李白相提并论[①]，具有鲜明的比较文学意识。这些详细的介绍无疑有助于学术界乃至普通读者对于《鲁拜集》经典地位的认可。另外，郭译大量翔实的注解对于中国读者理解其中所呈现的波斯诗歌大有裨益，扩大了理解并喜爱《鲁拜集》的读者群体。闻一多 1923 年在《创造季刊》上发表的《莪默迦亚谟之绝句》一文则属于文本外副文本，该文对郭译中的第 15、33、40、60、90、95、99、100 首提出了商榷，而郭沫若则回信道："我一面校对，一面对你的感念之情油然而生，你所指的错误，处处是我的弱

---

① 郭沫若：《波斯诗人莪默伽亚谟》，《创造季刊》1922 年第 1 卷第 3 期。
② 闻一多：《莪默迦亚谟之绝句》，《创造季刊》1924 年第 2 卷第 1 期，附郭沫若的回信。

点……我于改译的时候务要遵循你的意见加以更正。"②在随后的泰东书局以及解放后人民文学等单行译本中，郭沫若基本将闻一多的校正意见全盘接受。因此郭译是融合了闻一多的修改稿而定稿的，是郭沫若和闻一多主体间性互动下的翻译文本间性互动的产物。在郭译经典化的过程中，郭译的各种相关副文本都与郭译之间形成了文本间性互动，文本内副文本普及了有关海亚姆和"鲁拜体"的知识，促进了翻译文本的接受，而作为文本外副文本的闻一多译评则一方面促进了郭译的最终定型，另一方面也通过其对郭译的称许助推了其经典化的进程。此外，历时的语境下与郭译相关的文本外副文本数量极其庞大，新的数字化网络时代当当、亚马逊等购书网的读者书评以及豆瓣读书和新浪博客中呈现出数字化文本外副文本的新面貌，进一步巩固了郭译作为翻译经典的声誉。

在《鲁拜集》的中国经典化中，重译发挥了重要的经典建构作用。这些重译可以分为间接重译与直接重译。1919—1989年众多译本都属于间接重译，而1989年后张晖、张鸿年、邢秉顺等人的翻译则是直接重译。重译有助于建构外国文学作品在目的语文化中的经典性，这主要是因为外国文学作品的重译扩大了读者群，增加了原作在目的语中的知名度，使得更多的译者、出版社、评论者等主体参与翻译过程，制造更多的翻译文本和副文本，使得文学翻译具有时代性，满足读者新的审美期待和语言规范，使得在历时语境中多个翻译经典的产生成为可能。这些《鲁拜集》不同年代的重译彼此之间都构成了文本间性指涉网络。1922年郭沫若的间接翻译与原作、中介语菲译以及郭沫若译前读过的荒川茂日译本都存在文本间性①，郭译之后的众多全译本和节译本也都与原作、菲译和郭译产生文本间性对话。这些间接重译本都是对菲译和郭译的"重复和创新"②，重复的是菲译过滤后的诗歌内容和维多利亚诗风，而其译本各不相同的翻译风格则体现了译者主体性的不同呈现，是由译者个人学养和翻译观的不同所致。如白话文运动主将之一的郭沫若很自然地选用白话自由诗体来翻译，而饱受传统文化浸润的黄克孙则选择译成传统格律诗（见表3）。

表3 《鲁拜集》三种译本的比较

菲译	郭译	黄克孙译
wake! For the sun, who scattered into flight, The Stars before him from the Field of Night, Drives Night along with them from Heav'n, and strikes, The Sultan's Turret with a Shaft of Light.	醒啊，太阳驱散了群星， 暗夜从空中逃遁， 灿烂的金箭， 射中了苏丹的高瓴。	醒醒游仙梦里人， 残星几点已西沉， 羲和骏马鬃如火， 红到苏丹塔上云。

以表3中的郭、黄译诗为例，郭译整体异化和适度归化，发挥了白话文的优势，使得译

---

① 郭沫若译前曾读过荒川茂的日译。参见郭沫若《波斯诗人莪默伽亚谟》，《创造季刊》1922年第1卷第3期。
② 李宏顺：《复合间性视野下的间接翻译研究》，《外语教学与研究》2019年第1期。

诗文字简练且意象突出，继承了菲译的优点。黄译受制于格律，只能进行再造和补偿。"残星几点已西沉"属于中文中的陈词滥调，与原文中"驱散群星和黑夜"的意象相比欠缺力度和新意。但是后两行中黄克孙用"太阳女神羲和骑火红骏马"的中国文化意象给读者同样强烈的视觉冲击感，弥补了前两行诗意的损失。整体而言，作为格律诗，黄译别开生面，将中国文化诸多前文本与菲译相结合，得出了具有传统中国诗味的《鲁拜集》。

总之，后译对前译必然存在着某种程度的借鉴，后译本既能保留前译本的精华并对前译本进行勘误，又能形成符合时代需求且具有鲜明个人风格的译本，因此由于这种文本间性的互动，后译本有可能成为新一代翻译经典。正是有赖这些彼此构成文本间性谱系的间接和直接重译，《鲁拜集》的经典性得以生成并历久弥新。

（三）文化间性与《鲁拜集》的经典化

文化间性即"多元文化传统的交际性"[①]。文化间性是文化间的对话、交流和互动。翻译正是源语文化和译入语文化之间的文化间性互动。翻译的过程和产品中都充斥着文化间性。文学作品成为世界经典的过程离不开翻译和间接翻译，必然充斥着多语文化的间性互动。文化间性互动的结果是产生了翻译经典，而翻译经典在世界范围内的多语种文化中的确立则意味着世界文学经典的最终生成。作为世界文学经典的《鲁拜集》的经典化则是波斯文化、英国文化和世界其他国家语言文化的文化间性的产物。

从文化间性视角来看，《鲁拜集》在中国的经典化是波斯、英国和中国文化共同作用的结果，是波斯、英国和中国文化的文化间性的产物。《鲁拜集》在世界范围内的经典化大致可以分为英国经典化和世界经典化两个阶段。而中国经典化属于世界经典化的一部分。《鲁拜集》的英国经典化是波斯文化和英国文化在19世纪碰撞、交流和调适的结果，其标志性成果就是菲氏英译《鲁拜集》。菲氏英译既引入了富有神秘色彩的波斯文化，同时又对其大加增删和改造，融入了彼时流行的维多利亚英伦诗风，考虑了英国读者的文化接受能力和接受心理，从而使得菲译备受欢迎，成为英国文学经典。海亚姆和菲兹杰拉德的跨时空主体间性对话使得波斯文化产品在英国文化中得到新生并成为英国文学经典。

《鲁拜集》从英国经典化逐步扩展到世界经典化。世界范围内更多的民族语言文化参与了《鲁拜集》的经典性建构。中国经典化是其世界经典化的重要组成部分。菲译《鲁拜集》传承的仍是波斯文化，但由于其对原作进行了富有创造力的英伦化改写，因此必然同时也刻写着英国文化的印痕，是波斯文化和英国文化的文化间性的产物。《鲁拜集》在英国的经典化促使其影响力扩散到了中国文化等全球重要的语种和文化，完成了全球范围内经典化的进程。

《鲁拜集》在中国的经典化按照历史阶段呈现出两种不同的文化间性互动。在经典化初步形成和发展时期（1919—1989年），《鲁拜集》的译介都是依据菲译的间接翻译，"间接翻译促进了多语文化的交流和融合，是文化间性体现得最明显的场合"[②]。波斯文化经过英国

[①] 万俊人：《寻求普世伦理》，商务印书馆2001年版，第29—42页。
[②] 李宏顺：《复合间性视野下的间接翻译研究》，《外语教学与研究》2019年第1期。

文化过滤和改造之后对中国文化产生了巨大影响，波斯文化、英国文化和中国文化之间的文化间性互动促进了带有英国文化味道的波斯文化产品在中国文化中的接受和经典化。而1989—2019 年则见证了《鲁拜集》译介范式从间接翻译到直接与间接翻译并驾齐驱的转变。《鲁拜集》的直接翻译意味着波斯文化直接和中国文化进行了文化间性互动，互动的结果是部分中介语菲译本所遗留在中文译本中的英语文化印痕和影响被消除，如菲译本对原文诗歌的选译和压缩（将两首乃至多首诗译成一首，376 首被整合翻译为 101 首）等菲式文化痕迹和影响被完全根除，取而代之的是原汁原味的波斯风情。

文学世界经典化就是文学作品超越民族文学的疆域通过翻译和间接翻译而逐步获得世界性的过程。此过程必然充斥着源语和各译入语文化的间性互动。又由于文化间性涵盖了主体间性和文本间性，因此文学作品世界经典化可以视作翻译相关主体间性互动所产生的一系列构成文本间性指涉的译本在各语言文化中获得经典性的过程，而文化间性就同步呈现在这一过程和翻译产品中。《鲁拜集》的众多中文译本中都刻写着文化间性，翻译经典也不例外。郭沫若译本和黄克孙译本中同时既有波斯文化、英国文化的痕迹，也有中国文化的印痕。如黄译第 1 首"羲和骏马鬃如火，红到苏丹塔上云"句中既有中国诗歌的七言格律形式，还有中国文化中的羲和太阳女神传说，同时也有波斯文化中的苏丹形象。再以郭、黄译《鲁拜集》第 12 首为例（见表 4）。

表 4 《鲁拜集》第 12 首三种译本比较

菲译	郭译	黄译
A Book of Verse underneath the Bough, A Jug of Wine and a Loaf of Bread, - and Thou Beside me singing in the WildernessOh, Wilderness were Paradise now!	树荫下放着一卷诗章，一瓶葡萄酒，一点干粮，有你在这荒原中傍我欢歌，荒原啊，便是天堂。	一箪疏食一壶浆，一卷诗书树下凉，卿为阿侬歌瀚海，茫茫瀚海即天堂。

无论是郭译还是黄译，都和菲译构成文本间性指涉关系，都是对菲译的凸显了译者个性化主体性审美以及历史文化语境影响的间接翻译的产物。两译文都是维多利亚时期英国文化与波斯文化的文化间性互动的产品与中国文化互动的产物，是三种文化碰撞、交流和融合的结果。据钱钟书考证，该诗是菲兹杰拉德将两首鲁拜诗组合而成，菲氏"裁剪两章为一，乃胜原作"[①]的主体性印痕刻写在最终的郭译和黄译中，如诗书、葡萄酒、干粮和树荫等意象与美女相伴歌唱的情景都很好地得到了并置和再现，尤其是菲氏将基督教文化中"天堂"代替了波斯宗教概念，而郭、黄两译本均保留了基督教"天堂"的文化因子，都是英国文化印痕在中国文化中的呈现。不同之处则在于诗体的不同，前者运用的是自由体，体现的是中国近现代白话诗歌传统的影响，而黄译选择格律诗体则更多受中国古代诗歌传统的影响，不同

---

① 钱钟书：《槐聚诗存》，生活·读书·新知三联书店 2001 年版，第 17 页。

的诗体选择分别契合了不同历史语境并受到读者的喜爱而逐步经典化，前者迎合了1920年代中国新诗革命的潮流而受到学者和普通读者的追捧，而后者则暗合1950年代中国台湾读者对传统中国文化的认同和喜爱，这体现出不同时代的接受语与源语和中介语文化的文化间性互动催生了不同时代的翻译经典。

三　结语

《鲁拜集》的中国译介和经典化持续百年，其历程可以分为经典化初步形成期、相对沉寂期和百花齐放期，代表性经典译本主要有郭沫若、黄克孙与张鸿年译本。本文从复合间性理论视野出发，对《鲁拜集》中国百年经典化从主体间性、文本间性和文化间性三个维度加以考察，发现原作者、中介语译者菲兹杰拉德、评论者罗塞蒂，译入语译者郭沫若、胡适、黄克孙、黄杲炘、张鸿年等以及《创造季刊》《语丝》等期刊和泰东书局、译林等出版社都在其经典化中发挥着重要的作用。副文本和正文本之间的文本间性以及诸多重译间的文本间性在郭沫若、黄克孙和张鸿年的译本成为翻译经典的过程中至关重要，而源语波斯文化、中介语英国文化和目标语中国文化之间的文化间性互动决定了《鲁拜集》从1920—1989年这70年间的经典化的过程和产品，其中以郭沫若和黄克孙译本为代表的众多间接翻译及间接重译都是三种文化交融的产物。而1989—2019年间张晖、张鸿年和刑秉顺的三个直接译本则意味着波斯文化和中国文化的直接文化交流，此时英国文化的影响和痕迹从显性走向隐性。

（原载《中国翻译》2022年第2期）

文学考古学：试论郭沫若的考古研究与抗战历史剧之联系

张千可

一 文与物：发掘"澎湃城"

1928年八九月间，为了给自己的古代社会研究提供可靠的材料，郭沫若决定先把甲骨文读通。但大革命失败后，郭沫若被迫流亡日本，囊中羞涩，买不起罗振玉的《殷虚书契前编》，只能"四处告贷"。最后，书店老板给他指了条路——经过多方打点，郭沫若顺利进入东洋文库，把当时的甲骨学著作看了个够。据郭沫若后来的回忆，"在九、十两月，除掉礼拜而外，几乎天天都跑东京",[①]求知欲之旺盛自不待言。

郭沫若遭遇甲骨时的兴奋并不令人意外。实际上，在1921年的《我国思想史上之澎湃城》（以下简称《澎湃城》）中，郭沫若已经展露出对这类学问的兴趣。[②]在此文中，郭沫若把"中国古代自由思想"比作"澎湃城"（即庞贝城），进而展开了天马行空的类比："嬴秦焚书等于维苏勿喷火，汉以后君国专制，对于古代思想凡有不合于专制政体者，概加湮灭"，因此汉以后"学者之一切训诂伪托等于灰质熔岩"，古代思想的真相，恰如"澎湃城"一般深埋于火山灰之中。唯有"屏去一切因袭之见，以我自由之精神直接与古人相印证"，"本此精神，从事发掘"，方能使古代思想如同庞贝古城一般重见天日。[③]在这篇文章中郭沫若进行了他对中国历史进行分期的最早尝试，因为历史分期正是他的发掘计划所依据的"地层学"。[④]

由此可见，郭沫若《中国古代社会研究》的前半部分基本可以算作《澎湃城》计划的延续，即对经典的天才的新解，区别只在于他依据的最新理论资源——"唯物史观"。此时的郭沫若倾向于把《易经》《诗经》《尚书》当作人类学材料，经典文本被认为可靠地记录了古人的物质生活。因此，唯物史观无非就是通过寻找对生产资料与生活资料的再现，来确定

[①] 郭沫若：《我与考古学》，《生活学校》1937年5月25日第1卷第2期。上述事实亦可见郭沫若《我是中国人》，载《郭沫若全集·文学编》第13卷，人民文学出版社1992年版，第356—366页。

[②] 郭沫若接触到考古学应该更早：郭沫若说自己在1916年就已留意到罗王之学，而《澎湃城》一文也显示出郭沫若对此已有相当的知识积累。李斌在《女神之光：郭沫若传》中更指出，郭沫若在日本学医期间的两位老师——小野寺直助和中山平次郎都对考古学颇有涉猎。参见李斌《女神之光：郭沫若传》，作家出版社2018年版，第59—63、138页。

[③] 郭沫若：《我国思想史上之澎湃城》，《学艺》1921年5月第3卷第1号。

[④] 王璞的博士学位论文《时代精神的现象学：郭沫若与中国革命》曾对《澎湃城》一文进行分析，参见 Wang Pu, *The Phenomenology of "Zeitgeist": Guo Moruo and the Chinese Revolution*, New York University, 2012, pp. 241-244.

中国古代社会在普世历史轴线上的位置。①这只是期待视野的简单转换：摩尔根和恩格斯代替了旧儒的注疏成为解释的参照系，郭沫若实际上并未走出"文本"——准确地说，是一本"明治十四年辛巳新镌"②的白文版《易经》——之外。因此，考古学也就像"澎湃城"一样只是一种隐喻修辞，或者说，至多是展露了一种与过去决裂的姿态。

只有当郭沫若走进东洋文库释读甲骨之后，他的考古学工作才开始"言之有物"：在理论上，每一片甲骨的出土与流传皆可稽考，而龟甲与兽骨的物质存在更是赋予了那些古朴的刻痕以具体可感的实证性，用郭沫若的话来说，"确确实实足以代表古代"。③这给了郭沫若一种终于从传统中解放出来的感觉，因为他可以进一步摆脱汗牛充栋的传世文献这一因袭的重担。郭沫若对甲骨的态度可以与章太炎形成饶有意味的对应。章太炎治小学以《说文》为总龟，集乾嘉以来声韵训诂之大成；而郭沫若则时常不以"许书"为然，对他来说，文献的长久流传反而是对其可信度的损害。④倡言"正名"、对名实相符有着至深信念的章太炎坚持中国语文的连续性与不可分割的整体性，他因此难以接受殷墟卜辞潜在的断裂意味，而郭沫若恰恰打算把新的名实关系建筑在这个断层之上。

如果说郭沫若在甲骨卜辞里第一次找到了"澎湃城"的物质实现，那么对青铜器及其铭文的研究就是考古学的进一步展开。1929年初，郭沫若翻译了米海里司（Adolf Michaelis）的《美术考古学发现史》。⑤虽然"美术考古"之名暗示着温克尔曼传统下艺术史与考古学的亲缘性，但在郭沫若看来，原作者对19世纪科学考古学的方法论进展所作的简明扼要的介绍更有价值。米海里司指出，随着缺乏文献记载的物品的陆续出土，新的"样式分析"（Stilistische Analyse）取代了古文献学成为辨认与研究古物的主要依据："美术作品自己会说话，会使我们去了解它，把它有效地说明。又于以文字写出的传统（Tradition）之外，有以形象表示的传统，我们应该知道那是依据着它的特殊的法则的。"⑥但作者也承认，为了平衡单纯样式分析的主观性，文献的参照仍然有其必要。对郭沫若来说，这可谓是一种更加精细的"二重证据法"。郭沫若所谓"标准器断代法"，正是把米海里司的"样式分析"与周代青

---

① 郭沫若认为周易的记载"大抵是一些现实社会的生活，我们可以说这些生活一定是在当时现存着的"，进而把周易中出现的各种物事整理为渔猎、牧畜、商旅—交通、耕种和工艺—器用五个类别。参见郭沫若《中国古代社会研究》，上海联合书店1930年版，第39—46页。

② 郭沫若后来强调这部《易经》的出版信息，暗示着他意识到了其独特的物质存在的重要性：经传分列、缺乏注疏的出版形式为自己屏去一切因袭之见创造了便利。参见郭沫若《我与考古学》，《生活学校》1937年5月25日第1卷第2期。

③ 郭沫若：《我是中国人》，载《郭沫若全集·文学编》第13卷，人民文学出版社1992年版，第358页。

④ 郭沫若当然无法完全排除《说文》的影响，他对章太炎的文字学理论也多有镜鉴。在1936年为金祖同《甲骨文辨证》所作的序文中郭沫若高度评价了章太炎的学术贡献，并且希望太炎能够接受甲骨卜辞的真实性："再隔若干年，余深信'甲骨可信为古物者什有六七'之语必将出于章先生之笔下矣。"郭沫若：《序甲骨文辨证》，载《郭沫若全集·考古编》第10卷，科学出版社1992年版，第119—120页。

⑤ 关于这本书及其作者的详情，参见郑岩《论"美术考古学"一词的由来》，《美术研究》2010年第1期。

⑥ [德]米海里司：《美术考古学发现史》，郭沫若译，上海乐群书店1929年版，第461页。

铜器的特点相结合的产物。同时，米海里司对"锄头考古学"案例的介绍，也让郭沫若意识到田野工作的重要性；正是在译完这本书之后，郭沫若开始密切关注当时刚刚起步的殷墟发掘工作。

若论郭沫若综合运用科学考古学方法进行研究的案例，论文《毛公鼎之年代》可为代表。鉴于毛公鼎铭文的巨大规模，郭沫若宣称铭文的释读仍然是考证器物年代的主要线索："一时代之文必有一时代之背景。"但郭沫若随即补充说，"一时代之器物必有相同之花纹形式"。在这种并称中，文字或系于文字的文化的特权被褫夺了，文字的演化与器物的演变被置于平等的地位，而固有的小学、金石学与古董收藏等知识领域的层级差异，也被同一种形态学所通约。受惠于这种科学考古学的方法论，郭沫若展开了他对诸家陈说的反驳。郭沫若通过传统的文辞释读表明"文中辞令绝不类周初"，但他的细读并不限于"铭文所记之事是否合于史籍"的再现层面，而是延伸到文辞本身的形态规律，如分段叙述的习惯。这种规律性总是与文辞的承载者即器物之间的关联性相伴，郭沫若的印刷比喻则使其意蕴更为丰富："如出一印板"。器物年代的推定也同时基于文辞与纹饰的"样式分析"。郭沫若发现，毛公鼎的文辞格调与变雅相类，而铭文全体则与《文侯之命》相类；毛公鼎的器形"稍浅，口弛而复敛，脚低曲作势如马蹄状"，纹饰"多用简单之几何图案以为环带"，[①]符合西周晚期圆鼎的特征，与厉王、宣王时期的鬲攸从鼎非常相似。最终郭沫若将其年代定为宣王时期。

在此处复述郭沫若的论证过程是一项艰难的任务，因为他的行文充斥着文献、铭文、器形与名物之间的交叉互证，其博学实在令人惊叹。简单地说，郭沫若实际上把青铜器的铸造与流传还原为一种"文"与"物"的相互铭刻（inscription）。文辞不能脱离其承载媒介而被神秘化和特权化，借助文辞、纹缋等印迹，物品也总是被赋予了一种表意的潜力。更重要的是，这一相互铭刻的过程并不限于个别的器物，而是与其他的器物、进而与一个时代的物质生产与精神生产的整体相关。郭沫若对《两周金文辞大系》及其《图录》《考释》的编纂，正是这一思路的进一步贯彻。[②]作为对两周金文及其承载器物的分类编集，郭沫若对这套书的图片搜集的广度与印刷的质量颇为操心，显然是想扭转当时学界只重视文字释读的风气。

但最后，我们不能忘了此时郭沫若仍然是一位书斋考古学家——他虽然接受了科学考古学的理论，但以现代考古学的标准律之，郭沫若的许多研究只能算作"古器物学"，他并没有真的下过"田野"。[③]郭沫若对此也心知肚明。为此，他反复表达自己没有参与过发掘的遗憾，以及对未来的发掘工作可以补现有论述之不足的期望。对田野考古工作的信心，或者说对地下埋藏的丰富性的信念，成为这一时期郭沫若考古论述的隐含前提。

试举一例。在《石鼓文研究》中，郭沫若发现石鼓文的体例与诗经大小雅类似，因此推测诗经篇什"或亦有录自石刻者，其石盖尚埋藏于地底而未发现也……其零屑碎片余深信于

[①] 本段引文皆引自鼎堂《毛公鼎之年代》，《东方杂志》1931年7月第28卷第13号。

[②] 这时郭沫若还进行了对殷周青铜器艺术风格进行分期的最早尝试。其具体主张可参见郭沫若《彝器形象学试探》，载《郭沫若全集·考古编》第7卷，科学出版社2002年版，第63—76页。

[③] 因此本文对"考古学"一词的使用并非依据当代的学科划分，而是以郭沫若自己对这个词的使用方式为准。

凤翔附近必尚可获得。凡此均当待诸异日"①。一个有趣的逆转：历代的当权者都热衷于通过镌刻石经来使经典广被四表，而郭沫若却认为刻石要比经典更具原初性，是经典录自石刻。郭沫若实际上是预设了一个有待出土的世界，并将其视为一切经典的产生之处。因此，"澎湃城"也就从对古代中国"自由思想"的笼统指涉，落实为或已出土、或必将出土的"地下世界"。

不过，对地下世界的大胆预设同时也带来了危险的诱惑：这种假设的界限在哪里？如果任由这个地下世界不断膨胀，它就被泛化为普遍的认识论：一切现存事物都有一个深埋地下的起源，总是、并且仅仅有待考掘者天真、敏锐、不带任何成见的知觉的揭示。在这里，考古学溢出了一门经验科学的范围而重新成为隐喻。如果现代性总是意味着与传统的决裂，那么这种认识论化的考古学作为现代性时间意识的表达就必然不断重现。但在此处成问题的恰恰是考掘者自己的位置与根据。考古学家所声称的"准现象学"的态度，难免面临虚无主义之讥：

> 考古者必定身陷其所处的时代的日常实践之中，而他既在他的时代的严肃言说之内同时又在它之外，这样他便无法提出一种是非确实的理论。他也许实际上同别人一样享有隐含于日常实践中的、以及那些严肃科学家所具有的信念，但作为考古者，他已变成所有严肃言语行动超脱的旁观者。②

但在蛰居日本的郭沫若这里，考掘者与其对象的历史已有彼此交汇的趋势。在对甲骨学学术史的回顾、对收藏家和他的藏品的命运的叙述中，"甲骨出土时的中国"作为另一种"历史现场"显现。③甚至是郭沫若自己的自传书写，也与他笔下的古代社会形成了饶有意味的应和。④这里正有着从考古学重返文学的契机。

二 言与繇：重构浪漫诗学

追求科学性的考古学与郭沫若的浪漫诗人身份之间似乎颇有距离。但王璞早已指出，郭沫若的科学主义与浪漫主义本为一体两面：作为郭沫若古代社会研究之出发点的摩尔根—恩格斯学说，正是卢梭式浪漫主义的苗裔。摩尔根人类学的科学性，其实是建立在对逝去的黄金时代的怀旧及其在"野蛮人"身上的投射这一浪漫主义的激情之上的。⑤据此，郭沫若得

---

① 郭沫若：《石鼓文研究》，载《郭沫若全集·考古编》第9卷，科学出版社2002年版，第80页。
② [美] 德雷福斯、拉比诺：《傅柯：超越结构主义与诠释学》，钱俊译，桂冠图书有限公司2005年版，第123页。
③ 参见郭沫若《中国古代社会研究》，上海联合书店1930年版，第217—229页。
④ 这里根据王璞的相关论述。参见 Wang Pu, *The Phenomenology of "Zeitgeist": Guo Moruo and the Chinese Revolution,* New York University, 2012, pp. 263-271。
⑤ Wang Pu, *The Phenomenology of "Zeitgeist": Guo Moruo and the Chinese Revolution,* New York University, 2012, pp. 239-250.

以被纳入洛维（Michael Löwy）与塞耶（Robert Sayre）所谓"浪漫的反资本主义"[①]的谱系。

若参照米切尔（W.J.T.Mitchell）在《浪漫主义与物的生命》中的论述，郭沫若考古学研究的浪漫主义色彩可以更为鲜明。米切尔发现，在浪漫主义兴起的时代，图腾与化石获得了独特的认识论意义，正是围绕着它们，自然历史与人类历史分别得以重构：图腾暗示着人与自然和解的渴望，而化石则表达了现代性和革命带来的断裂。[②]但图腾与化石又时刻纠缠在一起：浪漫主义的历史意识一方面把"他者"的生活认作自身逝去历史的"活化石"，借以确认自身的位置；另一方面又竭力对地下的古物施展语言的巫术，试图重新挽回消逝的气息。米切尔认为，被浪漫主义者视为文学表达之源头与归宿的"形象"（image），正是图腾与化石的结合："这个形象并非语言接近自然物的欲望的表达，而是一个可见的、物质的实体，是一种以石头和肉体等事物为媒介的再现。"[③]简而言之，米切尔试图在浪漫主义研究中恢复诸如图腾与化石的"物象"的表意能力，同时把语言媒介自身的物质性纳入考量。诚如爱默生所言，"语言就是变成化石的诗歌"，而诗人之所以为诗人，只因他"更接近事物一步"而已。[④]

由此反观《澎湃城》一文，我们很容易在郭沫若的表述和米切尔对浪漫主义运动的阐发之间发现亲缘关系。郭沫若认为，秦汉以后思想为"实际"所束缚，是为"人类精神之化石时代"。而郭沫若的考掘计划，正是要借助幻想与科学，[⑤]为地层中曝露的遗迹（monuments）恢复生命：

> 古人已云亡，前波不可见，非借幻想之羽翼，决不能接触其精神之振动与之载沉载浮。一片兽骨之化石，一片古器之残存，在无幻想力者视之，亦不过一片兽骨之化石，一片古器之残存而已。殊不知其中正有座虚幻空灵的蜃气楼台存在！[⑥]

[①] "浪漫的反资本主义"本是卢卡奇晚年对《小说理论》的自我评价，洛维与塞耶将其拓展为社会主义思想中一个历史悠久的谱系。详参 Robert Sayre and Michael Löwy, "Figures of Romantic Anti-capitalism", *New German Critique,* No. 32, Spring-Summer 1984, pp. 42-92.

[②] 米切尔指出"化石"的认识论含义与法国大革命带来的断裂意识相关，化石"成为被法国大革命抛在脑后的人类遗产的隐喻"，"化石主义"（fossilism）也因此成为"革新自然史、自然化革命性的人类史"的方式。在这里我们可以找到五四时期郭沫若截断众流的气魄的前驱者。

[③] W. J. T. Mitchell, "Romanticism and the Life of Things: Fossils, Totems, and Images", *Critical Inquiry,* Vol. 28, No.1, Autumn 2001, pp.167-184. 中文版参见孟悦、罗钢主编《物质文化读本》，北京大学出版社2008年版，第530—546页。

[④] [美] 爱默生：《诗人》，载《爱默生随笔》，蒲隆译，上海译文出版社2010年版，第196页。

[⑤] 郭沫若在《澎湃城》中引用亥姆霍兹（Helmholtz）的经验之谈：自然科学家"于欲领会综合自然现象而得其要领时，亦须有几分艺术家的创造的幻想力之必要"。在这里，幻想与科学本为一体两面。参见郭沫若《我国思想史上之澎湃城》，《学艺》1921年5月第3卷第1号。

[⑥] 郭沫若：《我国思想史上之澎湃城》，《学艺》1921年5月第3卷第1号。

不过，欧洲浪漫主义者面对的自然与文化的对立，以及语音超轶于事物之上的特权地位（这两者正是米切尔在20世纪末试图加以克服的），对郭沫若并不那么成问题。在郭沫若的地层学中，"澎湃城"与"精神之化石"的比喻并行不悖，而《系辞》的文学发生论更可以让郭沫若在自然物与文字符号之间建立连续性。如前文所述，在对甲骨和青铜器展开了详尽的研究之后，文与物之间的彼此铭刻，更获得了经验上的明证。但是，在作为图腾与化石的"象形文字"[①]与现代文学的"文学形象"之间，在郭沫若考古学研究枯槁繁琐的形式与他后来生气蓬勃的历史剧展演之间，仍然需要某种中介过程。

《甲骨文字研究》中的"释和言"一篇或许能够提供线索。不同于《释祖妣》《释臣宰》关乎社会组织形态的复原，《释玟》《释朋》涉及劳动工具和流通手段的演化，《释岁》《释支干》考证纪时法这一攸关文献释读的事项，《释和言》的观点似乎并未成为《中国古代社会研究》一书的"材料"。如果说郭沫若的考古学工作主要是为以唯物史观研究中国古代社会作准备，那么《释和言》则开启了一条以文艺的方式介入的途径。

《说文》和、龢异字，释和为"相应也，从口禾声"，释龢为"调也，从龠禾声，读与和同"，可见许慎分别赋予两个字唱和、调和之意；对于"龠"，许慎则认为"从品龠，龠，理也"。郭沫若对这里的伦理暗示颇为不满。通过对甲骨文材料的研究，郭沫若提出和龢本为一字，均与"龠"（亦即后世所谓籥）这种乐器相关；而"龠"象编管之形，显然是一种多管乐器，可见汉儒对"龠"单管多孔、类似笛子的描述并不可信。综合《尔雅》《庄子》等传世文献，郭沫若认为笙、籁、籥实际上是同一类乐器；从《诗经·简兮》"左手执籥、右手秉翟"的描写来看，"籥"能够单手握持与演奏。郭沫若因此大胆推断，籥就是古代的"口琴"，而笙大概就是尺寸更大的籥。因此，"和/龢"所具有的调谐、相应之意，都是对"龠"作为乐器之本义的引申："引申之义行而本义转废，后人只知有音乐之乐合乐之乐，而不知有琴弦之象，亦仅知有调和应和之和而不知龢之为何物矣。"如果说和就是笙，那么根据郭沫若的说法，言就是箫。《尔雅》云"大箫谓之言"，郭沫若根据金文的字形，认为言、音本为一字，皆象吹奏箫管之形。他甚至认为，金文"言"字两边常有类似"八"的符号，指的就是"乐器之音波"，鼓声常写作"彭"，则是用点画来表示音符的跳动。因此，许慎"直言曰言，论难曰语"的解释在郭沫若看来也不够本源，"语言"之"言"，同样应该是一种引申的结果："原始人之音乐即原始人之言语，于远方传令每借乐器之音以臧事，故大箫之言亦可转为言语之言。"

说"语言就是变成化石的音乐"或许言过其实，但言语与乐音之间无疑存在着交相应和的可能。郭沫若试图在先民的物质生活中为后来的抽象概念各自找到原初的经验基础：喜源于鼓，乐源于琴，和源于笙，雅源于"雅"，声源于磬，音源于言（即箫）……"无形之字

[①] 可资补充的是，把金文中某些无从索解的图形文字释读为古代氏族的图腾，正是郭沫若的一大创见。参见郭沫若《殷彝中图形文字之一解》，载《郭沫若全集·考古编》第4卷，科学出版社2002年版，第1—10页。关于郭沫若族徽说的历史影响与争议，参见[美]杨晓能《另一种古史：青铜器纹饰、图形文字与图像铭文的解读》，唐际根、孙亚冰译，生活·读书·新知三联书店2017年版。

必借有形之器以会意"。①在郭沫若的考证中，离开了乐器的演奏与流传，便无从谈论文字的孳乳与引申，正如彝铭也只有在文字与器物的相互铭刻中才得以被破解。但与沉重而静默的彝器不同，音乐考古学所涉足的世界，是一个轻灵的、流动的、有声的世界。如果承认语音与乐音之间的联系，那么它也就涉及了现代意义上的文学艺术的形式与功能问题。②

郭沫若对音乐考古学产生兴趣，多少与日本学者林谦三（1899—1976）有关。1928年9月郭沫若前往东洋文库查阅甲骨文之初即结识林谦三，林氏以中文出版的《隋唐燕乐调研究》，正是郭沫若所译。通观氏著，其思路实与郭沫若的考古学颇有一致之处。林谦三倡言隋唐音乐的外来影响，力图证明唐代燕乐调来自龟兹调，而龟兹调又来源于印度，恰如郭沫若《释支干》论证十二地支来源于古巴比伦十二星座。他的考证最精彩之处，在于论证唐代胡琵琶四弦四柱的形制与燕乐调之形成的关系。林谦三认为，琵琶这一乐器及其演奏方式的跨国流传，足以横贯中国、波斯、印度等不同的音乐传统，对观念上难以化约的差异进行跨越："印度乐论，波斯亚剌伯乐论，中国乐论，三者的音制上本互有出入，但在琵琶弦上其差仅少，故龟兹琵琶之诸声以宫商呼之亦不生妨碍。"③林谦三把律学体系的建构系于具身（embodied）的乐器演奏，落实到乐师的手指在弦柱之间移动的过程上。④

需要补充的是，郭沫若对林谦三的翻译并非单纯的学理探讨，而是有着现实政治的"讽喻"意图；⑤郭沫若自己的历史书写更是增添了许多"自我暴露"的文学意味。正是文学叙述，把考古学的观点与考古学家的位置勾连起来。《隋代大音乐家万宝常》一文的内容对林谦三的研究屡有借鉴，但却把目光聚焦于乐工万宝常个人身上。郭沫若笔下的万宝常是一位"流亡者"，他生于江南却陷于北朝成为乐户，"失掉了故乡，失掉了故国，失掉了父母亲戚，孤单地在异邦中过送着奴隶的生涯"。为此，他只能以异邦的音乐为凭寄，成为琵琶演奏的大师。在完全掌握了胡乐精华的基础上，他倡导华乐与胡乐的"合成"，但在隋文帝时期的"开皇乐议"中得不到采用，只得郁郁而终。显然，我们可以把郭沫若笔下的万宝常与屈原纳入同一个人物谱系。或许是因为郭沫若后来所发明的屈原形象过于耀眼，我们忘记了郭沫若此时借助音乐考古而形成的另一个至关重要的自我化身。郭沫若显然让自己入戏颇深：

---

① 以上相关引文皆引自郭沫若《甲骨文字研究·释和言》，《中国古文字大系·甲骨文献集成》第8卷，四川大学出版社2001年版，第37—40页。

② 郭沫若文学与音乐的共通性的理解其来有自：在《文学的本质》（1925）中，郭沫若就曾根据冯特（Wundt）的生理心理学阐述过音乐、诗歌、舞蹈之间的同源性。但此时他把这种同源性奠基在冯特的"节奏学"之上，认为它们都是有节奏的情绪的"翻译"，而小说和戏剧则是诗歌的分化。参见郭沫若《文学的本质》，《学艺》1925年8月第7卷第1号。

③ [日]林谦三：《隋唐燕乐调研究》，郭沫若译，商务印书馆1936年版，第114页。

④ 近来有论者指出，林谦三的思路固然正确，但可能高估了琵琶在不同音律体系之间实现通约的能力。参见沈冬《东风不竞 乐调西来——试探林谦三〈隋唐燕乐调研究〉与"开皇乐议"》，《乐府学》2015年第2期。不过，对音乐考古学上的具体事实进行评论并非本文的任务。

⑤ 这里的讽喻显然是针对国民政府的"新生活运动"与"中国本位文化建设"体现出的文化保守主义倾向，当然也能被纳入1935年前后盛极一时的左翼世界主义的脉络。

我就给追随一位爱人的踪迹一样，凡是于他有关系的事项，以及和他有关系的人们王琳、祖珽、郑译等的事迹，就我所能接近的资料，大都检查了一遍。……他的线像逐渐在膨胀，就像把我的意识本身都要挤消了的光景。

使我认识了宝常，使我具着如狂的热情想来介绍他，让我们现代人给他以再认识，我是应该感谢编纂了《隋书》的唐初的那几位大家，便是魏征，令狐德棻，长孙无忌，颜师古，孔颖达，李淳风诸人。……特别是《万宝常传》，那是由同情所酝酿出来的文章。①

与《全集》版平淡的叙述相比，1935年的郭沫若丝毫不掩饰自己的强烈情感。在这里，"同情"乃是最为关键的叙述动力，以至于"求真"的要求都不得不退居其次。同时，郭沫若还感谢《隋书》的编纂者肯为一位乐工立传，为一位生不逢时的人物恢复名誉。换言之，郭沫若试图在万宝常、《隋书》的作者和自己之间建立个人的情感关联，进而书写一种由个体之间的同情之链缀起的浪漫化的历史。考掘者天真的观察与这种观察所唤起的情感体验正是一体两面，它们生发于个体的考掘实践之中，并且在一篇"人物论"中得到了连贯的表达。

通过《释和言》开启的一系列工作，郭沫若在自己文学家的身份与对"地下世界"的考掘之间建立了连续性。在1935年致陈子鹄的信中，郭沫若提出"诗是迫切的感情之录音……要像音乐给大众朗诵，不要像图画给几个人领赏"②。通过把华兹华斯的"自然流露"置换为"录音"（recoding）的机械发声过程，郭沫若基于自己的音乐考古重构了他早年服膺的浪漫主义诗学。"录音"意味着诗人的表达已然是第二性的，它是受到物质条件所限定的乐音，甚至是"留声机器"③的重复放音，而非自然发抒的语音；语音的自然化与特权化，恰恰是对文学表达之原初场景——左手执篇，右手秉翟——的遗忘。"音乐"优于"图画"的论断，也包含了对作为印刷文化的浪漫主义与现代文学的反思意识，并指明了创造新的文艺形式的方向。康凌的新著《有声的左翼》有助于我们进一步理解这种从语音到乐音的转换。康凌认

---

① 以上相关引文皆引自郭沫若《隋代大音乐家——万宝常》，《文学》1935年9月第5卷第3号。
② 郭沫若：《关于诗的问题》，《杂文》1935年9月20日第3号。
③ 郭沫若对华兹华斯的置换提供了重新理解"留声机器"论争的线索。郭沫若与李初梨的根本分歧在于是"接近"那种声音还是"发出"那种声音——这里涉及的正是录音与语音的区别。郭沫若与李初梨都肯定群众呼声（工农暴动的"雷鸣"）的价值，但郭沫若更关注其记录与传播的机制，而非其内容（"无产阶级阶级意识"）的纯洁性。在留声机器论中，郭沫若强调的是留声机器能够在"摄音"之后重新"发音"的特点，实际上把留声机器作为语音的"再生产"的物质载体；相反，李初梨的"不当留声机器"强调的却是语音的原始生产的"不需媒介"的本真性。关于"留声机器"论争，参见程凯《革命的张力："大革命"前后新文学知识分子的历史处境与思想探求（1924—1930）》，北京大学出版社2014年版，第224—267页；刘祎家《留声机器的"奥伏赫变"：再论郭沫若的"革命文学"论争话语（1926—1928）》，《中国现代文学研究丛刊》2020年第8期。关于郭沫若的"留声机器"问题，笔者将另文详论。

为,"在左翼诗朗诵中,音响节奏应被理解为革命文艺的一种身体技术。"[1]正如"考古学"一样,"身体技术"也并非一种隐喻:左翼诗歌的音响技艺内在于节奏与人声的技术化的谱系,在其中,词语不仅仅是表意符号,同样也是其声音的物质性的实现本身,是与身体经验紧密相连的"声音—形象",即"音象"。郭沫若对言、音同源的论述、对乐器及其发音机制的迷恋同样带有一种技术化的色彩,而朗诵诗作为"肉身与事物的遭遇"[2],亦可视为系于"音象"的"铭刻"实践。[3]左翼的文化政治正是通过这种声音的唤起与传播,直接对群众的情感与身体进行动员。"革命文艺的身体技术",正是音乐考古学中"胡琵琶"与"龟兹调"的当代传承。

三 失事与求似:虚构的考掘

经过上文对郭沫若考古学工作的回顾,我们便可在抗战历史剧中找到考古学的踪迹。最为显明的莫过于郭沫若的抗战历史剧大多"因物起兴":它们肇端于对具体古物的凭吊与追索,并且通过对器物形制的关注而得以敷衍铺陈。郭沫若之所以把信陵君窃符救赵的故事写成《虎符》,"事实上也是我书案上摆着的一个虎符,不声不响的在催促我","就是这个铜老虎事实上做了我这篇'虎符'的催生符。"[4]同时,如若没有对作为实物的虎符的考证,"窃符救赵"的详细经过也是很难被妥善地复现的。这在《筑》(即《高渐离》)一剧中体现得更为明显。《关于筑》一文叙述戏剧的写作经过:"六七年前还在日本的时候我就想把高渐离的故事写出来,但因为筑的形制无法考定,一直没有写出。"[5]郭沫若对"筑"形制的关注几乎到了偏执的地步:筑有多少根弦?尺寸多大?如何演奏?对郭沫若来说,"筑"这件古物对全剧具有根本意义,以至于不再现它的面貌,剧本就无法展开。于是郭沫若展开了他的考证:从高渐离身为"庸保"而能随身携带这一点,推断出筑的尺寸;从顺手与否,推断出最可信的演奏姿势;从声学原理上,推断出筑使用金属弦;再以日本流传下来的实物和武梁祠中的刻石作为参考。因此,《筑》一剧可谓是郭沫若1930年代对音乐考古的长期积累的产物。当然,考古学实践也并不总能敷衍出戏剧的展演。1942年7月,郭沫若曾前往合川寻访钓鱼城,在《钓鱼城访古》一文中,郭沫若明确地展示了古迹如何激发出历史剧的创作动力。[6]遗憾的是,这个计划中以宋末为背景的戏最终未能完成。

而最令时人震动、后人称道的《屈原》,则更多地与泛化了的考古学认识论相关。前文尚未论及历史剧《屈原》的前身——1935年出版的普及性研究著作《屈原》,但它与郭沫若

---

[1] 康凌:《有声的左翼:诗朗诵与革命文艺的身体技术》,上海文艺出版社2020年版,第27页。
[2] 康凌:《有声的左翼:诗朗诵与革命文艺的身体技术》,上海文艺出版社2020年版,第12—13页。
[3] 苏源熙(Haun Saussy)在《节奏的民族志》中论述了史诗等口述形式与各种书写形式在"铭刻"意义上的一致性。参见 Haun Saussy, *The Ethnography of Rhythm: Orality and Its Technologies,* Fordham University Press, 2016, pp.156-171。
[4] 郭沫若:《虎符》,群益出版社1947年版,第5—6页。
[5] 郭沫若:《筑》,群益出版社1949年版,第137—142页。
[6] 参见郭沫若《钓鱼城访古》,《今昔集》,东方书社1943年版,第124—155页。

对万宝常的叙述其实高度一致。通过截断解释的众流，把屈原还原为一位"有待出土"的人物，郭沫若以考掘者"不怀成见"的目光对屈原进行了重写。郭沫若致力于把屈原"作者化"：考证屈原的生卒年代、生平事迹，对屈原的作品进行文学史的系年与分期。郭沫若甚至能够断定《哀郢》《离骚》《惜往日》等都作于屈原"六十二岁的二、三、四、五的几个月之间，是诗人精神的最后一次的强烈的燃烧"。①这里的想象力早已超出文学史的范围，而历史剧《屈原》，正是在此结论的基础上进一步发挥想象的产物。在屈原、作为屈原代言者的郭沫若和读者／观众之间，个体之间的情感联系得以建立，而被物质化和技术化了的浪漫抒情，则在战时重庆的剧场与街道中交叉感染。②从屈原之"文"，到文学史，再到文学虚构和戏剧展演，作为化石的屈赋被一步一步恢复了生命。而正如刘奎所言，新的屈原形象的生成，也被深刻地铭刻在战时中国的政治与媒介情境之中。③

在屈原的例子里，考古学家与他的对象似乎合为一体。毕竟，"正因为有了郭沫若，才有了20世纪的屈原形象"，两者简直是一种"那喀索斯式的诗性镜像关系"。④在《雷电颂》中，以空前的强度展演着语言之述行力量的抒情主体，究竟是演员金山，是屈原，还是郭沫若？在时代错乱的情热之下，《屈原》也不可避免地被视为对国民政府的政治影射。上文虽然把郭沫若的考古学与文学主张同时奠基于一种对物的关注之上，但两者之间似乎仍然存在功能上的差别：学术的求真目的与戏剧的情感政治之间是否有所扞格？长期被忽视的《高渐离》一剧，可以被视为对这一质问的回答：如果说文学叙述在考古学中引入了考古学家的在场，那么被文学所扰乱的考古学也就不仅仅是一门科学或一种泛化的认识论，而显示出其戏剧或"表演"（performance）的本性。如果说郭沫若经由虎符、筑、钓鱼城等名物遗存走向考古学内容的戏剧化，《屈原》那样的创作方式体现了考古学方法的戏剧化，那么《高渐离》则开启了考古学这一认知实践本身的戏剧化。

简言之，《高渐离》可以被视为一部调查荆轲刺秦之真相的"悬疑剧"。对于荆轲刺秦的经过，剧中人各执一词。在由高渐离编曲、流行民间的《荆轲刺秦歌》中，秦王在危急时刻向荆轲求饶，"欲召姬人鼓琴弦，听琴而死死亦甘"，这才趁乱扯断衣袖，击杀了荆轲；荆轲则掷出匕首伤及秦王左耳。夏无且的证词却与之不同：秦始皇未曾使诈，荆轲也并未伤及秦王，而是自己"以药囊提荆轲"，救了秦王一命。剧中的夏无且忠实地复述了《史记》的记载，似乎具有某种"正史"的权威性。第三种叙事来自高渐离对夏无且的怀疑："他今天的

---

① 郭沫若：《屈原》，开明书店1935年版，第59页。
② 参见刘奎《诗人革命家——抗战时期的郭沫若》，北京大学出版社2019年版，第225—229页。
③ 参见刘奎《诗人革命家——抗战时期的郭沫若》，北京大学出版社2019年版，第184—205页。
④ 上面的论述其实与刘奎对郭沫若历史剧"剧可以兴"的特点的表述有相当的重合。在刘奎看来，虎符、筑、孔雀胆的例子体现出"话剧实承担着兴寄的功能"，而"从《屈原》来看，'兴'不仅是一种创作论，它也内化为作品的某种结构性特征"，"屈原的独白并非凭空产生，而是因物而起"。此外，"屈原作为一个诗人，他的创作方式也构成了《屈原》的自我隐喻。可见，'兴'作为创作方式，也必然渗透到作品的结构之中。"中国固有的兴寄诗学与外来"考古学"之间的关系值得注意，但并非本文所能阐明。参见刘奎《诗人革命家——抗战时期的郭沫若》，北京大学出版社2019年版，第184页。

话,似乎也有点近于自画自赞,好像杀了荆轲,救了秦始皇的,就只有他一个人的功劳","况且我听说秦始皇的左耳的确是缺了的。耳壳的血本来少,怕是毒没有窜到"。然而赵高又印证了夏无且的证词。最后,高渐离在刺秦之前,与秦始皇本人有过一番对质。秦始皇竟然完全肯定了《荆轲刺秦歌》的叙事,而对夏无且大加挞伐:"他那天何曾投过药囊?我记得他似乎根本就没有在殿上。"不过,如果我们认为第一当事人的说法就是真相,那么郭沫若又有意留下了几处破绽。第三幕秦始皇曾对夏无且说"我对你特别不同,因为你是救过我的性命的啦",相形之下,秦始皇否认夏无且的救主之功,更像是在维护自己的帝王脸面:"我是绝对不服输这一口气的……荆轲是英雄,我也是英雄。"

有趣的是,郭沫若还画下了一道闲笔,即"巴郡寡妇"怀清夫人被害一案。① 这段故事长期以来被视为与主题无关的败笔,但若参照郭沫若的考古学研究,这就更像是考古学家的自嘲。编剧郭沫若早已告诉观众,怀清之死的责任在秦始皇,剧中人却被蒙在鼓里。上卿蒙毅和廷尉李斯被指派调查此案。作为一位深谙"二重证据法"的大学者,李斯下令"一方面调齐人证来审讯,一方面要在这住宅里搜查,看有些什么可疑的形迹,这两步做到之后才好判决",② 严谨精神令人感佩。然而,李斯的努力恰恰暗示了证据科学之客观性的虚妄,暗示了任何探寻真相的方法最后都免不得受到外在力量的左右而无法真正地重构事实——犯罪者借其权势轻松地嫁祸给了高渐离,李斯的推论因此显得滑稽可笑。

一方面,我们可以把《高渐离》故事的展开视为对"地下世界"之预设的形象化的补充说明,或者说,是一份虚构出来的"发掘报告"。司马迁书写《史记》的前因后果已然难以稽考,但郭沫若对此并不满足。他仍然要通过历史剧的文学虚构,来将其还原到尚未出土、因而可以被考古学的目光所审视的状态,以至于还原文与物相互铭刻的动态生成。借此,读者/观众可以想象地重返历史记载被生产出来的条件。因此,"虚构的考掘",既是基于考掘进行虚构,也是以虚构上演考掘;同时更是以虚构支持既有的考掘,并开启新的考掘之可能。文学与考古彼此发明、互为补充。但另一方面,这种考掘似乎注定以失败告终。即使综合各方的证言,我们依然得不出关于荆轲刺秦的历史真相。考古学家发现,地下世界虽然必定存在,但他却总是寻觅不得;即使他找到了些许吉光片羽,并且借此重建所谓的历史现场,那也终究不是过去的实相。在历史的书写或铭刻中,始终有无法消除的歧异。

用郭沫若1942年的措辞来说,历史剧正是从"史学家搁笔的地方"开始。同时,它也从不装作自己是对"史实"的准确再现。③ 其实,历史剧正是考古学的根本界限与其逻辑的

---

① 早在《司马迁发愤》中,郭沫若就对《货殖列传》中关于巴寡妇清的记载颇多致意,这或许也构成了他插入这段故事的机缘。

② 以上相关引文皆引自郭沫若《高渐离》,《戏剧春秋》1942年10月30日第2卷第4期。本文对《高渐离》的分析也是基于这一初刊本。值得注意的是这一期实为"历史剧问题特辑",登载了抗战时期历史剧问题讨论的许多重要文本,《高渐离》也因此在一开始就被赋予了某种"问题性"。1949年后,对秦始皇的评价成为颇为敏感的话题,但郭沫若始终未曾对《高渐离》的剧情作出原则性的改动。关于《高渐离》的版本变迁,参见宋宁《郭沫若历史剧〈高渐离〉的版本与修改》,《现代中文学刊》2021年第6期。

③ 郭沫若:《历史·史剧·现实》,《戏剧月报》1943年4月第1卷第4期。

必然延伸。郭沫若声称，历史剧的创作是"失事求似"，而历史研究是"实事求是"。我们不应被两者形式上的对等所蒙蔽，①因为这里的表达其实来源于《中国古代社会研究》的序言。1929年的郭沫若认为，只有"整理国故"的学问才需要"实事求是"，而批判的态度则应该"在实事之中求其所以是"。②前者的欠缺就在于它忽视了"所以然"，即历史展开的具体过程及其动力。但在《高渐离》中，对"所以然"的考掘，遭遇的却是原初史实的彻底丧失。这一方面自然是指年代久远，层层转述，汗漫无稽，再现历史人物的所思所想成为不可能的任务；而另一方面，如果书写历史的权力掌握在秦始皇这类人手中，那么"史事"，从一开始就与"真理"无缘。后者正是"失事"的激进含义，是郭沫若对"历史真理"的政治批判。

无论对高渐离还是郭沫若来说，秦始皇都是历史书写的最大敌人。郭沫若重新与《澎湃城》中那个愤懑于"维苏勿喷火"的自己相遇，但与古人的自由心证已然无法承担起清扫"灰质熔岩"的任务。如今，在考古学家与暴君之间，发生的是对历史书写之权力的争夺。这就是为何真相的追寻最终会演变为一场惊心动魄的刺杀。如果"失事"是考古学的终点，是历史剧需要接受的前提，那么"求似"就是政治实践的起点，是历史剧的作为。高渐离对荆轲的追随，固然是一种持续的对真相的索求，但它却终结于更具实践意味的求似：他以刺秦表演了荆轲的角色。作者郭沫若不厌其烦地考证与重写高渐离与筑的故事，自然也有意借助戏剧完成一次"刺秦"。在全剧的最高潮，《荆轲刺秦歌》的合唱把秦王的宫殿变成了对戏剧舞台本身的模仿，于是求似的序列也就永远重复下去；它激荡着演员和观众的情感，催迫人们采取相似的英勇行动。用一种时代错乱的讽喻话语来讲，这个装置的作用在于施行情感动员、促成个体的革命化。《屈原》的例子显示的正是这一装置的典范运作。

但《高渐离》的价值更在于其自反性：对历史真实的追求遭遇的是无可索解的真实历史，而对政治认同的建构，则不可避免地被个体差异所扰动——这种差异正是戏剧的本性。因为，高渐离并不是荆轲。如果说郭沫若在荆轲身上投射了对受压迫者与理想革命者的想象，那么高渐离就差得远了，剧中秦始皇的评价恰如其分：

> 他的朋友死了，他的祖国亡了，不打算报仇，才隐姓埋名的去当一位女店主的酒保。这已经就是卑鄙。宋意能够逃跑，他却逃不动，这更证明他毫无出息，被人捉着也不晓得死，在这儿见到我的时候，也公然叩头伏地。③

这里颇有几分智识者自况的意味。在被执之时，高渐离精神萎靡，想要的仍然是"一只筑"："筑就是我的生命，我的一切，有了我的筑，我便什么都可以满足了。"当高渐离通过模仿荆轲的事迹而实现自我的革命化时，他仍然保持着一位乐工的本色。郭沫若自比高渐

---

① 我们也不能忽略当时的规范性文学理论对郭沫若的限制，因为《历史·史剧·现实》显然被置入历史剧问题讨论的脉络，而下文将会论及，在相关讨论中，"历史"与"真实"的关系始终是论争的中心。1942年的郭沫若不可能像早年那样否定"实事求是"的实证主义信念。

② 郭沫若：《中国古代社会研究》，上海联合书店1930年版，第3页。

③ 郭沫若：《高渐离》，《戏剧春秋》1942年10月30日第2卷第4期。

离,但显然他也不是高渐离。求似,固然是一种伦理的行动、政治的动员,它的目的是铸就强大的集体实践,但那种似而非是、似是而非的性质始终幽灵般地萦绕。毕竟,一件乐器终究无法弹奏出不属于它的音色。①

至此,郭沫若的考古学研究与他抗战时期的历史剧创作之间的关系已经比较显明。我们还是以郭沫若自己的表达来作结:

> 历史的研究是力求其真实而不伤乎零碎,愈零碎才愈逼近真实。史剧的创作是注重在构成而务求其完整,愈完整才愈算得是构成。②

从零碎的、个别的物出发,走向一种积极的构成(composition)——既是对过去时代之整体性的想象性恢复,同时也是对当下集体性实践的技术化组织。但在最后,我们仍然需要让郭沫若的演奏回归他自己时代的声音景观。

四 余论:革命与历史

在"抗战建国"的"第十新凤仪"(symphony)③中,郭沫若的击筑而歌很难说完全合律。这里仍然有一些似是而非的东西。王璞指出,在郭沫若历史剧与历史研究中有一种"反历史的历史主义"(anti-historical historicism)。郭沫若的战国史剧皆以寓言(allegory)机制为基础——秦国是侵略者与压迫者的形象,男主角代表解放与正义的进步力量,而女主角则象征人民的苦难与牺牲;这里对历史的寓言化完全与卢卡奇对历史小说与历史剧的观点背道而驰。④在卢卡奇看来,以司各特为代表的古典历史小说的真正力量就在于对"历史真实"的忠实再现,当代历史小说的使命也就是正确地把握过去时代与现时代的历史性关联。就此而言,历史题材也应服膺于"伟大的现实主义"的一般法则。⑤而郭沫若历史剧的寓言或讽喻特征,恰恰对应着卢卡奇对当时苏联历史小说的批评:"建基于历史客观的陌生性和不可理解性之上,把对历史的艺术处理视为纯粹的'内摄'(introjection)","本质上是要把历史与当下完全切割开来"。⑥

1930年代中期之后中国左翼文坛对历史题材的态度,至少看上去更接近卢卡奇的主张。从1936年围绕夏衍《赛金花》的论争开始,左翼文坛就形成了对于"历史的真实"的形式

---

① 这让我们重新联想到李初梨对郭沫若的批评:"无论你如何接近那种声音你终归不是那种声音。"李初梨:《怎样地建设革命文学》,《文化批判》1928年2月15日第2号。
② 郭沫若:《历史·史剧·现实》,《戏剧月报》1943年4月第1卷第4期。
③ 郭沫若:《隋代大音乐家——万宝常》,《文学》1935年9月第5卷第3号。
④ Wang Pu, *The Phenomenology of "Zeitgeist": Guo Moruo and the Chinese Revolution,* New York University, 2012, pp. 314-316.
⑤ 参见[匈]卢卡契《人民性和真实的历史精神》,《卢卡契文学论文集》(一),中国社会科学出版社1980年版,第124—148页。
⑥ Georg Lukács, *The Historical Novel,* trans. Hannah and Stanley Mitchell, Humanities Press, 1978, p. 236.

上的共识：历史剧需要在对历史材料的充分研究的基础上，正面地、全面地描写时代，力求把握时代的"精神"和"本质"；但对于一个时代的真实面貌究竟如何，却是众说纷纭。实际上，整个抗战时期对历史剧问题的理论化基本未脱《赛金花》论争的范围，区别只在于对"历史的真实"的理解日益明确，同时也日益官方化，以至于成为当下政治斗争的修辞手段。[①]这不是又陷入"不知其所以然"的缺乏批判的态度了吗？难免郭沫若会质疑，"他们以为史剧第一要不违背史实，但他们却没有更进一步去追求，所谓史实究竟是不是真实。"[②]而正如前文所述，史剧暗示的恰恰是史实的不可能性。

郭沫若的考古学与历史剧似乎构成了对卢卡奇式历史观的异议。但这种异议并未通往对历史真实的取消，而恰恰成了塑造历史真实本身的前奏——它是"前历史"而非"后历史"的。在完成了六个历史剧的写作后，郭沫若重新转向十五年前《中国古代社会研究》所开启的工作。在1943—1945年，郭沫若陆续写出了《青铜时代》与《十批判书》中的篇章，全面修订了他早年的史学观点，阶级分析也就取代了对古物的凝视。正如他自己总结的那样："古器物学的研究使我对于古代社会的面貌更加明了起来了之后，我的兴趣便逐渐转移到意识形态的清算上来了。"[③]随着抗战步入尾声，郭沫若终于走出了他的"文学考古学"。

具有真理性的历史，乃是"人民"的历史。[④]1944年，冯雪峰在《历史的分析和批判》一文中宣布：

> 在无论什么时代，更不能掩盖的历史真理，又正是人类争生存求光明的伟大力量和理想，及作为这力量与理想之主体的人民。……
>
> 对于历史和现实里的人民的伟大理想与力量之认识，不仅是从事历史的分析与批判的实践目的，并且又恰恰是人们获得科学的历史方法之根本的根源；也是发现历史真理的一个根本的契机。[⑤]

一个崭新的政治主体出现在地平线之上："人民"，它既是认识历史的目的，又是研究历史的准则。但福柯在《词与物——人文科学考古学》中曾指出，在19世纪初，有一种"物

[①] 正如德里克所言："当革命成为衡量史学有效性的标准时，历史与革命之间的关系不可避免地沦为一种同义反复——特定的革命目标决定了历史的阐释，而后者又反过来使隐含在这些革命目标之中的革命行动的具体过程合法化。"而历史剧，作为被文学理论所规定了的对"历史真实"的再现，更是沦为这种同义反复的衍生物。参见[美]阿里夫·德里克《革命与历史：中国马克思主义历史学的起源，1919—1937》，翁贺凯译，江苏人民出版社2010年版，第219页。

[②] 郭沫若：《历史·史剧·现实》，《戏剧月报》1943年4月第1卷第4期。

[③] 郭沫若：《十批判书》，群益出版社1947年版，第465页。

[④] 关于郭沫若的"人民"观念，参见王璞《孔夫子与"人民"：郭沫若和革命儒家的浮沉》，《东方早报·上海书评》2018年8月30日。

[⑤] 冯雪峰：《历史的分析和批判》，《抗战文艺》1944年9月第9卷第3、4期合刊。

的历史"先于"大写的历史",现身于"抒情的光晕"之中。①在郭沫若这里,正是对古物的考掘成为人民史学隐含的前提。但是,它也从内部永远地去除了历史书写的神圣性与自明性,而把历史裸露为一个不稳定的、持续的斗争场域。

抗战后期的郭沫若正处在时代的风口浪尖上。"一种历史冲突已经达到高潮,而历史解决仍然是不确定的。"②在《甲申三百年祭》中,郭沫若披露了自己的"隐微心曲":在明廷、满清与李自成的三元讽喻结构之外,他寄予无限同情的,反而是一个未必真的存在的人物李岩。③诚如论者所言,在李岩的悲剧中,郭沫若看到的是"个体对于历史的不可抗拒",是"历史无法解释的黑暗之处";④但《甲申》一文掀起的沸沸扬扬的争论,却往往只把这篇文章看作别有用心的"影射史学"。郭沫若被阻断了的史剧冲动,仍然寄托于对古物的赏玩中。《甲申三百年祭》发表后不久,郭沫若有两首《题新莽权衡》诗:

秦皇冀传万代,新莽亦希亿年。均属昙花一现,人间空剩衡权。
自昔视民如水,王朝兴覆如波。亿年空余文字,万古不改江河。⑤

《甲申》中被冷落的夫子自道,或许就像刻有铭文、遍布锈迹的权衡一般,正是波澜壮阔的"人民之历史"的"遗物"吧。浪漫主义者懂得欣赏这种气氛;但正如我们所见,一位革命的浪漫主义者,更能使之"活动"(active)。

(原载《现代中文学刊》2022年第6期)

---

① [法]福柯:《词与物——人文科学考古学》,莫伟民译,上海三联书店2001年版,第480—482页。
② 王璞:《孔夫子与"人民":郭沫若和革命儒家的浮沉》,《东方早报·上海书评》2018年8月30日。
③ 参见李斌《〈甲申三百年祭〉与郭沫若的隐微心曲》,《首都师范大学学报(社会科学版)》2016年第1期。
④ 吴舒洁:《民族与阶级视野中的"甲申史论"——"明亡三百年"与1940年代的中国马克思主义史学》,《现代中文学刊》2010年第1期。
⑤ 郭沫若:《题新莽权衡》,载《郭沫若全集·考古编》第10卷,科学出版社1992年版,第173—174页。

旅日体验与前期创造社的激情书写

罗振亚

有人郑重地提醒，在中国现代文学史与中日文化交流史上，"1912年前后是一个值得注意的时间点"[①]。之前，第一批留日学生、被称为明治时期"政治青年"的鲁迅、许寿裳、周作人、梁启超等人先后回国；之后，第二批留日学生、被称为大正时期"文学青年"[②]的郭沫若、郁达夫、张资平、田汉、郑伯奇、穆木天等人陆续东渡。距这次代际"轮岗"不到十年光景，中国的现代历史被彻底改写了，回国者酝酿、发动了具有划时代意义的新文化运动和文学革命，拉开了新文学的序幕，东渡者在日本轰轰烈烈地成立了影响广远的文学群体"创造社"，以其汹涌的浪漫主义潮流，与国内文学研究会领衔的现实主义潮流二水分流，双峰并峙，将中国文学界搅得沸沸扬扬，生机一片。其结果或许谁也想象不到，更是任何一个当事人所始料不及的。关于"政治青年"的研究，学界已硕果累累；对"文学青年"的观照也不少见，但尚有裂隙，值得继续探究。一种代表性的观点认为，反映中国知识青年的苦恼和奋斗足迹的"创造社"，"他们的评论和创作，几乎是近于'照抄'日本当时的文艺思潮和理论"[③]，这种判断显然有点言过其实，耸人听闻，毕竟支撑创作主体的是中国人的情感和精神结构，毕竟创造社的作品要在中国的刊物上发表、传播，不可能不受到读者的影响和制约。

一 大正文化：群落孕育的"温床"

关于创造社的兴起，有的学者觉得它是创造社之"魂"郭沫若的感召力所致，并追溯到1918年8月，郭沫若和张资平在日本福冈箱崎神社的海岸邂逅，他们边议论国内令人不满的文化现状，边商议以郭沫若为中心，再联络成仿吾和郁达夫，一起"创办文艺同人杂志"，"终于发起了有名的创造社文学运动"[④]，认为那是创造社成立的最初缘起，即郭沫若所说的创造社"受胎期"。有的学者则认为它是"欧风西雨"影响和社团成员身上的传统文化积淀撞击的产物，以个人欲望为基点，屈辱和焦虑交织的感伤情感和"异化"体验，也颇似西方浪漫主义。

[①] 李怡：《个人欲望：创造社作家日本体验的基点》，《社会科学研究》2008年第2期。
[②] "政治青年"和"文学青年"的提法出自《创造社和日本文学》，参见[日]伊藤虎丸《鲁迅、创造社与日本文学——中日近现代比较文学初探》，孙猛、徐江、李冬木译，北京大学出版社2005年版，第158页。
[③] [日]伊藤虎丸：《创造社和日本文学》，载《鲁迅、创造社与日本文学——中日近现代比较文学初探》，孙猛、徐江、李冬木译，北京大学出版社2005年版，第145页。
[④] [日]目加田诚：《郭沫若和福冈》，济民译，《郭沫若学刊》1989年第1期。

这些说法都不无道理，但均缺少十足的说服力。一个介入历史并影响未来的文学社团，岂是几个远在异国他乡、原本学习实用学科而非文科的毛头小伙子随便一说就能说得出来？"邂逅"仅仅是社团成立的一点线索与细节而已，"邂逅"的点滴活动和1921年7月创造社的正式成立之间还隔着"万水千山"。说创造社是接受西方文学影响而产生，可以仔细找出许多蛛丝马迹，但没有充分的论证就下结论则未免太笼统，至于说记忆中的"传统因子"对郭沫若、成仿吾、田汉、郁达夫等年轻的"脱了轨道的星球"来说，操控力并不十分强大是可想而知的。在这个问题上，我以为伊藤虎丸的"照抄"论尽管有些夸张，却道出了一个实情："创造社"的核心成员是在日本结社，并在借鉴日本文学理论和创作的前提下成长的，它和日本关系的密切超过了中国现代文学史上任何一个社团或流派；或者说它更暗合着大正时期日本浪漫主义文学实质和厨川白村的"苦闷"哲学，当时流行于日本的泰戈尔热、惠特曼热则推波助澜，导致了创造社诗歌的崛起。甚至在某种意义上可以说，前期"创造社"是大正文化孕育的结果。

大正时期（1912—1926年）和有44年历史的明治时期（1868—1912年）相比，它的时间跨度只有短暂的14年，但因特色比较突出而不同寻常，"大正时期形成的教养的观念与明治启蒙时期的政治主义正好相反，是与政治变革无关的文化主义"[1]。淡化了国家和人生责任的政治色彩，对文学或艺术的关注、重视，使"去政治化"的"和平、繁荣、自由和民主"[2]的大正时期文化氛围浓郁健康，作家和艺术家的个性获得了张扬的空间，正是在这样比较理想的文化场域中，创造社拥有了孕育、问世的"温床"。

创造社诸成员在大正时期文化背景之中，失望和痛苦得以宣泄与转移，并本着"内心的要求，从事于文艺的活动"[3]，由放弃"实学"转攻"文学"，走向了"感性的回归"。从郑伯奇先生的《中国新文学大系·小说三集》的编选导言可知，寄居日本的创造社成员因中国的病痛和日本的缺点，感受着双重的失望和痛苦，羁旅怀念祖国，还乡更加空虚，感伤自是免不了的。如果说按照学制规定留学生到日本后首先在东京第一高等学校学习一年预科，那一年他们的生活因为没有专业压力，学习和性情之间尚构不成对立冲突，大多时间宽裕，心情宽松，无目的的文学阅读和精神漫游，滋长了自我的趣味个性，或"每天于读小说之暇，大半就在咖啡馆里找女孩子喝酒"[4]，或"心中真只有春朝的宴欢与生之陶醉"[5]；那么1917年后随着由预科转入大学、专业和爱好之间矛盾锐增，他们的优裕心态便开始中断，代之而来的则是无尽的烦恼和苦闷。原本想"学些近代的科学或技术，使中国强盛起来"[6]的成仿吾、郁达夫、张资平先入东京帝国大学，分学造兵、经济科和地质，而后郭沫若考进福冈的

---

[1] 刁榴：《三木清的哲学研究：以昭和思潮为线索》，社会科学文献出版社2008年版，第14页。
[2] 童晓薇：《创造社的诞生与日本大正时期文化界》，《郭沫若学刊》2005年第1期。
[3] 郭沫若：《编辑余谈》，《创造季刊》1922年8月第1卷第2期。
[4] 郁达夫：《五六年来创作生活的回顾》，载《达夫全集》第3卷，开明书店1927年版，第8页。
[5] 成仿吾：《东京》，《创造周报》1923年10月第23号。
[6] 郭沫若：《兔进文艺的新潮》，《新文学史料》1979年第3期。

九州帝国大学修医，田汉考取东京高等师范学英文，纷纷选择"实学"；可是因为兴趣或身体条件的原因，很快就让他们叫苦不迭，后来主做小说的郁达夫、张资平或每年应付考试外依旧喝酒读书，或课业繁重，辛苦异常，郭沫若更因性情不合和耳障之故，根本无心专业，"天天……只是乌士、鲁士、拉穹、沙穹的死记些外国名辞。一个脑筋成为一个世界漫游者的皮箧，纵横狼藉地贴满了各个口岸、各种文字的旅馆招贴"①。学业的焦虑、处境的尴尬与内心的软弱，使他们这些"脱了轨道的星球"失却了路标，烦闷、倦怠"甚至想自杀"②。在这种痛苦的情境下，是大正时期的文化氛围，确切说是"大高"（创造社作家基本出身于日本帝国大学和高等学校）的学习环境，缓解了他们的精神苦痛，为之提供了一条寄托、表达情感的特殊渠道。据当事者回忆，日本人教外国语"喜欢用文学作品来做读本。因此，在高等学校的期间，便不期然而然地与欧美文学发生了关系"，使他们在"文学基底上种下了根"③，这几乎是每个成员共同的道路缩影。包容宽松而又自由的场域，让西方各种优秀作家和诗人的作品成了他们生活、学习的一部分，是慰藉也是熏陶，成员内心深处对文学的热爱逐渐被重新点燃。穆木天1918年到日本后，很快"被捉入浪漫主义的空气"，"步着法国文学的潮流往前走，结果，到了象征圈里了"④；一向坚定的成仿吾在兵器学专业和研究托尔斯泰间出现摇摆；田汉在《鞋子》中写到在东京读书，"六七年看过的电影何止百十，看后常能为人传述不休"⑤……1916年，获得诺贝尔文学奖之后的泰戈尔访问日本，更在日本掀起了一股"泰戈尔热"。新教养和新知识的长期熏染，慢慢打造出创造社成员的"文学青年"角色，同时激发出他们强烈的创作和表达欲望，大约从1917年开始，郭沫若的《凤凰涅槃》《天狗》、田汉的《朦胧的月亮》《火》、成仿吾的《房州寄沫若》便纷纷流出笔端，几个"随意合拢"的青年，几乎都顺从了"内心的要求"，不约而同地"弃而投文"，完成了社团的初步奠基。难怪陶晶孙瞩目生活、学习环境和创造社诞生的关系，感慨大正影响的巨大，说"使得产生这一批文学同人，不可疑的是他们的日本留学，和日本文学界的影响"⑥。

创造社以浪漫主义姿态问世也不是偶然的，大正文化为其提供了两个相对理想、并行不悖的文学接受平台，一个是日本化的西方文学思潮的"中介站"，另一个是日本本土的文艺思想"资源库"，二者的合力作用促成了创造社创作的审美取向。对中外文学的关系结构，有些海外学者旁观者清，"日本在中国文学的现代化过程中比任何别的国家都更为重要，它发挥了双重的作用，既是启蒙的导师，又是输入西方文学的中间人"⑦。此言不虚，但也规

---

① 郭沫若：《创造十年》，载魏建编《青春与感伤——创造社与主情文学文献史料辑》，人民出版社2013年版，第229—230页。
② 郭沫若：《孤鸿——致成仿吾的一封信》，《创造月刊》1926年4月第1卷第2期。
③ 郭沫若：《我的学生时代》，载《学生时代》，人民文学出版社1979年版，第12页。
④ 穆木天：《我的文艺生活》，载蔡清富、穆立立编《穆木天诗文集》，时代文艺出版社1985年版，第199页。
⑤ 田汉：《田汉散文集》，汇文阁书店1936年版，第106页。
⑥ 陶晶孙：《创造三年》，《凤雨谈》1944年12月第9期。
⑦ [美]恩斯特·沃尔夫：《西方对三十年代中国散文的影响》，盛宁译，载张隆溪选编《比较文学译文集》，北京大学出版社1982年版，第217页。

定了创造社在日本接触、吸收的西方文学营养显然不是原汁原味的，而是带有鲜明的日本烙印。创造社成员留学期间，批判现实主义、自然主义在日本的影响早已超过浪漫主义，但文坛对西方浪漫主义的译介从未停止，社员们认同的拜伦、雪莱、歌德、惠特曼、席勒、屠格涅夫、卢梭、尼采、泰戈尔等外国大家，均是在读书时借日本文坛推荐之力"谋面"的。只是日本化的处理使他们视野中的对象和原本状态有了很大差别，这当然会影响创造社成员的理解和评价，对这个问题有睿智的学者已经充分指认，日本对歌德表现出集体崇拜，将其视为伟大人物、天才、作家、艺术家的集合体，受日本舆论风潮左右，郭沫若把歌德看成至人，翻译其《少年维特之烦恼》，田汉翻译日本人所著《歌德诗的研究》，田汉、郭沫若和宗白华的《三叶集》频繁谈及歌德，创造社对歌德的集体崇尚完全是日本对歌德态度的再版。再如对惠特曼是走日本路线"少走弯路"，惠特曼《草叶集》因描写性和情爱出格在美国出版时毫无市场，但经夏目漱石介绍，惠特曼在日本大受欢迎，其阳刚精神和民主思想得以传播，后来有岛武郎在《叛逆者》中推举其蔑视权威张扬自由的勇气，使阅读此书的郭沫若萌动了创作欲望，田汉写下《平民诗人惠特曼的百年祭》，他们对惠特曼的态度与评价和日本几乎一致①。日本"中介"对西方文学的选择、"改写"和认定，对创造社的阅读视域和兴趣点的确立，无疑具有导向和暗示引领功能，它们和成员们的心态、性情等因素遇合，就内在地规定了创造社自然向世界文学潮流靠拢，走到"新浪漫主义"路上去了。

与西方浪漫主义的转介"平台"并行的，还存在一个日本浪漫主义文艺理论和创作的影响源。创造社的"文学观、艺术观、社会观以及'自我意识'，是和日本近代文学史上'大正时代'的作家们所具有的文学观、艺术观、社会观以及'自我意识'，结成了很深的近亲关系"②。因创造社成员骨子里轻视日本文学，不好寻觅他们直接借鉴北村透谷、森鸥外、与谢野晶子等日本浪漫主义文学代表的佐证，但他们提出的文学要表现"我们内心的要求"的"自我表现"观念和北村透谷文学表现人的"内部生命"说，是高度暗合，极其相似的。这说明一方面时空处境的相似性培育了相似的文学观；另一方面日本浪漫主义对创造社构成了隐性的辐射与启迪。和对日本作家与诗人有所忽视不同，创造社成员对大正时期新浪漫主义文学思想代表人物厨川白村是一致认可的，或者说对于信奉新浪漫主义的创造社，厨川白村的存在不可忽视。厨川介绍19世纪末20世纪初欧洲文艺思潮的《近代文学十讲》，尤其是据弗洛伊德的精神分析说、柏格森的唯心主义学说撰写的《苦闷的象征》，更对创造社文艺观念产生了很大影响。1920年，田汉、郑伯奇曾到东京府上拜望厨川白村，请教新浪漫主义问题，田汉阐释新浪漫主义文学观的《新罗曼主义及其他》，就是在厨川白村理论的基础上建构的。郑伯奇由于读了"厨川白村的《文艺思潮论》对于古尔孟所主张的'灵肉一致'的'新享乐主义'颇感兴趣"③，翻译了《鲁森堡之一夜》。郭沫若也表明自己"所信奉的文

---

① 参见童晓薇《日本影响下的创造社文学之路》，社会科学文献出版社2011年版，第79—85页。
② [日] 伊藤虎丸：《创造社和日本文学》，载《鲁迅、创造社与日本文学——中日近现代比较文学初探》，孙猛、徐江、李冬木译，北京大学出版社2005年版，第144页。
③ 郑伯奇：《忆创造社》，载《沙上足迹》，黑龙江人民出版社1999年版，第15页。

学定义是'文艺是苦闷的象征'"①。对于这个问题，笔者已在《厨川白村的现代中国诗界旅行》②一文中有过详细论述。

大正文化氛围的展示，足以见出它确是理想的"温床"，经过几年的孕育，创造社的诞生可谓"万事俱备，只欠东风"了。于是，创造社成员又从置身的大正文化圈内"同人杂志"模式和思路寻找启示，从1918年设想出一本纯粹刊载文学作品的同人杂志，中经种种波折，终于在1921年7月，由具有长远眼光的泰东图书局老总赵南公，和刚刚回国的郭沫若一拍即合，在出版诗集《女神》等三部书稿之后，推出《创造》季刊，创造社正式"异军突起"。而后，郭沫若、田汉、成仿吾、郑伯奇、邓均吾、洪为法、倪贻德以及穆木天、黄药眠等纷纷聚集在创造社的旗帜之下。

需要强调，是经过日本"中介"接受的西方浪漫主义文学，和创造社主体精神结构中的传统文化两种基因的遇合，共同铸就了创造社"中国"式的浪漫诗学形态。因为浪漫主义绝非英、德等欧洲国家独有，更不是单纯由留学生从日本"舶来"，中国在漫长的历史绵延中也累积了"纵情、任意、放荡不羁"的浪漫"精神品格的传统"，它"符合中国文人的一种自我想象或曰自我期许"，"同样具有相当大的影响力和传承力"③。它说明在创造社生成过程中"非外来思潮"因素有着不可低估的力量。当时，创造社许多"星球"身在异域，但在国内滋生的传统文化因子，仍更内在地规约着他们的生活方式、审美取向与接受视野。所以和大正时期的浪漫主义文学碰撞后，注意适时吮吸厨川白村的"苦闷"理论和日本的惠特曼热、泰戈尔热等养料；但没跟风式地照搬日本文学经验，而是依照自身需求对之进行必要的取舍、扬弃、"误读"和变异，在接受西方以及日本浪漫主义的基础上，既崇尚个性自由，又关爱国家和人民，表现出一定的入世化的儒家倾向，郭沫若、穆木天、邓均吾等诗人在题材和意象选择上都呈现出浓郁的传统气息。并且正是因为有传统文化内化成的审美观念与价值取向的隐性控制，创造社诗歌才能逐渐淡化西方浪漫主义的宗教激情，以科学主义的融入克服了浪漫主义诗歌表现工业文明的薄弱。是否可以说，创造社以对大正文化、中国文化传统两个参照系统的双向敞开和交错互动，完成了自己的背离性创造，在唤起国人稔熟的审美记忆的同时，走上了摆脱模仿的独立自主的民族化艺术道路。

二 在"新浪漫主义"的辐照下

创造社要成立之前，陶晶孙询问将以何种文学思想和方针立社，郭沫若很干脆地回答："新罗曼主义。"④"《创造》发刊时，沫若说要把新罗曼主义为《创造》的主要方针，后来社会都承认创造社为罗曼主义，但沫若的感受性很大，他不知何故爱起表现主义来了"⑤。尽

---

① 郭沫若：《论国内的评坛及我对于创作上的态度》，《时事新报·学灯》1922年8月4日。
② 罗振亚：《厨川白村的现代中国诗界旅行》，《文艺争鸣》2021年第4期。
③ 李怡：《〈女神〉与中国"浪漫主义"问题——纪念〈女神〉出版90周年》，《中国现代文学研究丛刊》2012年第1期。
④ 陶晶孙：《创造社还有几个人》，《一般》1943年2月第1卷第1期。
⑤ 陶晶孙：《创造三年》，《风雨谈》1944年12月第9期。

管为了摆脱和"为艺术而艺术"文学的干系,郭沫若不承认"艺术中会划分出甚么人生派与艺术派的人"①,不再像当初那样标举"新浪漫主义",但这并否认不了"新浪漫主义"曾经是创造社同人初期共同的审美趣味和思想倾向符号,与创造社群落整体上偏于艺术追求的事实;因为对一个作家或流派的判断,不能仅仅看当事者说了什么,而要看其实践和作品表现了什么,一切从事实与文本出发。

　　创造社的"新浪漫主义"是从日本移植而来的事实早已毋庸置疑。据厨川白村的《近代文学十讲》研究,"新浪漫主义"乃19世纪末20世纪初欧洲文艺思潮的主要倾向,其特质在于发挥张扬天赋的个性,充满强烈的主观性,真和美的痕迹明显。这种阐释使"新浪漫主义"一度成为日本文学界流行的"显辞"。事实上,"新浪漫主义"在西方脱胎于浪漫主义,又比浪漫主义更具"现代"色彩,是含括着唯美主义、象征主义、神秘主义、非理性主义等世纪末文艺思潮的复合之物。因"新浪漫主义"正值生命历史的高点,厨川白村突出其和传统浪漫主义关联中积极性的阐释,得到郭沫若、田汉等人的回应传播后,"新浪漫主义"差一点成了导引中国新文学方向的理论,只因其概念不够严密,各种理解宽泛得莫衷一是,进入20世纪20年代末即名存实亡了。廓清了上述理论背景后,人们会愈加清楚前期创造社的酝酿和发生,正是受"新浪漫主义"的辐照,才在《创造》季刊的发刊词《创造者》中,直接擎起浪漫主义大旗,立志以宇宙狂飙、火山喷裂之势力创造新世界,并在创作中呈现出大抵贴近浪漫主义范畴的风貌。

　　文学有多种,有的受"为什么写作"的框架支配,只能使自己降格为生活中"什么"的美学表达和修辞,做附庸性的工具,而有的从不为"什么"而存在,它的价值就是为自身的表达。创造社的追求不似唯美主义"始作俑者"戈蒂耶,倒更近于浪漫主义的自由状态。在这一点上,崇尚自我的日本浪漫主义文学,同本着"内心的要求"的创造社的骨子里是相似的,二者都强调文学要忠实于自己,坚守独立的品格,不为外力所左右。中村新太郎先生说过的"决不允许文学变成游戏娱乐的工具或者简单地为实用的目的效劳"②的观点,和厨川白村如出一辙的"文学是纯然的生命的表现"③主张,在创造社群体中均有正面的回应。成仿吾看到了文学的真正意义,"我觉得除去一切功利的打算,专求文学的全与美,有值得我们终身从事的价值之可能性"④,其"如果她肯愉快地歌舞起来,/请把我的孤独与我的悲哀,/化阵风儿把她的翅儿扛起,/使她可以如意地飞绕旋回"(《诗人的恋歌》)。全诗完全沉浸在孤独感伤情绪的咀嚼交流,和现代四步九言诗音步与顿的自足安置中,除此别无他求,但却纯粹得近乎唯美。郭沫若以诗人的笔调勾画出独立性文学的自然之美,"诗人写出一篇诗,音乐家谱出一个曲,画家绘成一幅画,都是他们天才的自然流露:如一阵春风吹过池面所生的微波,应该说没有所谓目的"⑤。如果说诗有目的,那也只能是他和宗白华讲的"自

---

① 郭沫若:《论国内的评坛及我对于创作上的态度》,《时事新报·学灯》1922年8月4日。
② [日]中村新太郎:《日本近代文学史话》,卞立强、俊子译,北京大学出版社1986年版,第28页。
③ [日]厨川白村:《苦闷的象征　出了象牙之塔》,鲁迅译,人民文学出版社1988年版,第15页。
④ 成仿吾:《新文学之使命》,《创造周报》1923年5月第2号。
⑤ 郭沫若:《文艺之社会使命》,《民国日报·觉悟》1925年5月18日。

我表现"罢了，在他看来文艺的价值只要能够给人纯粹的审美享受即是成功。如"我是个偶像崇拜者哟！"，"我崇拜偶像破坏者，崇拜我！／我又是个偶像破坏者哟！"（《我是个偶像崇拜者》）。"泛神论"思想的烧灼使作者狂躁无比，以"我"为中心的多向辐射将世界裹挟为情绪的光团，摆脱了一切桎梏和束缚的自由精神舞蹈，是个性完全解放的外化，没有任何功利和宗派成分的"歇斯迭里"的混乱里，却蕴蓄着强悍的情思冲击力和震撼力，堪称"前无来者"。邓均吾的《琴音》也是一首清新的纯诗，"是哪儿的琴音，／偷度出那一抹幽林？／袅袅的音波，／随风荡漾，沁入我岑寂的深心。／／林边的月儿／你可也伫立在听？"它似乎排除了一切杂质，就是琴音的波动及感受的复原，纯净自然而又安静婉转，在这里纯粹构成了美的源泉。还有郑伯奇虽然很少写诗，却以批评家身份数次谈到文学的独立和自由问题，表明"艺术是艺术家的自我的表现，再无别的"[①]，其"边鼓"也对创造社的文学独立意识具有推助和点醒之功。难怪谈及创造社的诗情选择时，龙泉明先生称赞其"个性解放与表现自我的情感气度构成了浪漫主义的诗歌境界与格调"[②]。众所周知，文学或诗歌能否产生大影响和其是否与现实"交合"有直接关系，这是后话；但创造社的文学之为文学的本体意识自觉，坚守诗歌抒发内心的定位，对"文以载道"传统深厚的中国文学历史来说，至少是一种成规的定向革命，动摇了长久以来功利主义的诗歌观念。

"主情主义"的核心追求。携着青春火气崛起的创造社抒情群落，在主情说理论柱石的底座下，因西方、日本浪漫主义诗学的制约，和个人、时代心态的渗透，在诗中弹拨出了弘扬主体、歌颂爱情、崇尚自然、追求理想的精神音响，浪漫激越，充满情热。不知是巧合，还是同声相应，在对文艺本质的理解方面，一直标举生命创造性的厨川白村和相对年轻的郭沫若惊人地相似，前者申明"艺术到底是表现，是创造，不是自然的再现，也不是模写"[③]，后者则说"文艺的本质是主观的，表现的，而非没我的，模仿的"[④]。郭沫若坦承自己"作起诗来，也任我一己的冲动在那里跳跃"[⑤]，"我在一有冲动的时候，就好像一匹奔马"[⑥]，典型地体现了他"诗的本职专在抒情"的"主情主义"特征，他早期的诗有强烈的外张性，狂放激情的烧灼如岩浆喷涌，山洪暴发，整本《女神》一半以上的作品都是心灵的震颤，都是感情无遮拦的宣泄与"泛滥"，高昂狂放，元气淋漓。借助神话传说象征中国之再生的《凤凰涅槃》，始终贯通着"毁灭"与"再造"的激情；《天狗》的情绪更达到了满爆的程度，"我是一条天狗呀！／我把月来吞了，／我把日来吞了，／我把一切的星球来吞了。……我便是我呀！／我的我要爆了！"在"泛神论"的精神背景下，诗人和万物沟通，自诩为包举一切、囊括宇宙、吞月食日的"天狗"，压抑亢奋，自我扩张，狂放不羁，无法自控，能

[①] 郑伯奇：《新文学之警钟》，《创造周报》1923年12月第31号。
[②] 龙泉明：《对于一种社会成规的革命——创造社诗歌创作综论》，《西南师范大学学报（哲学社会科学版）》1998年第4期。
[③] [日]厨川白村：《苦闷的象征 出了象牙之塔》，鲁迅译，人民文学出版社1988年版，第33页。
[④] 郭沫若：《文学的本质》，《学艺》1925年8月第7卷第1期。
[⑤] 郭沫若、田汉、宗白华：《三叶集》，亚东书局1920年版，第46页。
[⑥] 郭沫若：《论国内的评坛及我对于创作上的态度》，《时事新报·学灯》1922年8月4日。

量巨大，形象的双重层叠既把个性解放的旗帜举到了最高限度，也昭示了一个具有破坏力和创造力的民族精神之觉醒，其快捷的节奏、急骤的旋律和短促的句式结合，令读者阅读时血流加速筋脉贲张，思绪不得不随之疾驰，当然那"天狗"情绪说穿了是诗人和民族焦灼的折射。"死一般的静夜！/我好像在空中浮起，/渺渺茫茫的。/我全身的热血，/不住地低声潜跃，/我的四肢微微地战着"。成仿吾这首《静夜》虽非郭沫若似的热情洋溢，却也以情为主宰，象征性的意象也遮掩不住青春的感伤和悲哀，他的"檄文"《诗之防御战》认为文学诉诸感情，而非刺激理智的创造，因此确认了"文学始终是以情感为生命的，情感便是它的终始"的浪漫主义诗歌标准，断言"中了理智的毒，诗歌便也要堕落了"[①]。再如穆木天1925年成为象征主义诗人前写下的《心响》，"几时能看见九曲黄河/盘旋天际/滚滚白浪/几时能看见万里浮沙/无边荒凉/满目苍茫"。占据诗歌的全部热点就是千呼万唤的故园恋情，以婴儿渴盼乳母的呼唤比附诗人对神州故土的爱恋，使一种亲和的向心力里绵绵的乡愁渐出，不乏怀念的苦涩忧郁，更见炽热真切的挚爱情肠。洪为法诗歌的感伤气也十分浓烈，《雪》中"洁白的心，被悲哀布满了"。无须再列举，已明白朱自清太识得"浪漫主义与感伤主义是创造社的特色"[②]了，浪漫与感伤交织是创造社心理生长的痕迹，也是西方和日本浪漫主义文学的馈赠。

　　用想象支撑诗歌的艺术"天国"。郭沫若为诗歌开列过一个公式，"诗＝（直觉＋情调＋想象）＋（适当的文字）"[③]，公式本身有无可操作性暂且不论，他在艺术层面十分突出直觉和想象的维度，倒是应了厨川白村在《苦闷的象征　出了象牙之塔》中论述的关于文学"具象性"的理论内核，抓住了诗之为诗的关键所在。不愿做自然的儿子、孙子而"应该做自然的老子"[④]的态度，和富于神奇幻想的天才型心智结构作底，使自以为想象力比观察力强的郭沫若在创作上从不墨守成规，而总是寻求独创的路径和方法，其想象力的奇幻、充沛、高远和繁复，接续了屈原、李白等开拓的中国浪漫主义诗歌传统，并达到了现代诗歌的制高点。如他的《笔立山头展望》，"黑沉沉的海湾，停泊着的轮船，进行着的轮船，数不尽的轮船，/一枝枝的烟筒都开着了朵黑色的牡丹呀！/哦哦，20世纪的名花！/近代文明的严母呀！"诗人站在日本北九州门司市西郊的一座山丘上，诗思泉涌，它兼得入世神思与出世奇想的双重之妙，大都市的活力、生机尽显，凸显出了20世纪的"动"精神和"力"之美，自然与人生的婚礼的浪漫遐想，烟筒乃黑色牡丹与文明严母的越轨绾结，海上放射人生之箭的大胆虚拟，真可谓异想天开之后的神来之笔，把诗人灵魂深处对现代工业文明的礼赞和惊叹酣畅地托出，同时又因为幻象理论的运行，获得了形象大于思想之妙，以实有与虚拟的交错而增加了诗的妩媚。郭沫若对想象和直觉的推崇，也是创造社共同艺术个性的缩写，创造社始终都以想象能力和直觉能力的优劣，作为测试诗人水准的重要艺术指标。如"我听见你的真珠

---

① 成仿吾：《诗之防御战》，《创造周报》1923年5月第1号。
② 朱自清：《中国新文学大系·诗集导言》，上海良友图书印刷公司1935年版，导言。
③ 郭沫若、田汉、宗白华：《三叶集》，亚东书局1920年版，第8页。
④ 郭沫若：《自然与艺术——对表现派的共感》，《创造周报》1923年8月第16号。

的泪滴／滴滴在你的蔷薇色的颊上／在萧萧的白杨的银色荫里／周围罩着薄薄的朦胧的月光"。穆木天在《泪滴》的浪漫精神鸣唱中，已有象征派艺术手段的援助，它完全由幻象铺就，借助想象虚拟恋人的泪滴滴在蔷薇色的颊上、鹅白的绢上、绿绒般的草茵上，仿佛听见杜鹃细啭、芦苇低语、草虫鸣叫，繁富的意象如花雨飘落，美不胜收，想象的介入使想念带上了几许浪漫的诗意。再如成仿吾倡导"诗的职务只在使我们兴感而不在使我们理解"[①]，有一种不可彻底言说的朦胧之美，其《海上吟》从孤帆、潮声、流沙、浮云、小草等秋之意象中捕捉灵感，幽婉地悟出人生之烦恼和悲哀，足见诗人直觉力的出色和感受之细敏迅捷。反思胡适、刘大白等人的初期白话诗，障碍在于怎么想即怎么说，表达过于直接和浅薄，创造社重想象、直觉和灵感的取向，既对之构成了一种有针对性的矫正，也提升了新诗的思维和表达层次。

三 "转向"及其背后

1923年秋天，为抗议泰东图书局老板的苛刻，郁达夫北上接受北京大学教职，转年5月出完最后一期《创造周报》，成仿吾也离沪南下，前期创造社的三块园地《创造日》《创造季刊》《创造周报》先后宣告不再，创造社活动步入消歇。而后，《洪水》周刊1924年8月出版一期即停，1925年9月虽以半月刊方式复刊，和1926年3月创刊的《创造月刊》，各坚持三年左右，好似创造社中期接续，"东山再起"，却已风光不再，一则其撰稿队伍庞杂得远超同人范围，二则和前期创造社已经关系不大。尤其到1926年，创造社以对个人观念、文学主张和办刊方针的三"否定"，进行"方向转换"，刊物内容从个人情感渐趋社会问题，成了"无产阶级革命文学"倡导的阵地。由于创造社崛起之时的"异军突起"之态，归国后又通过"打架""杀开了一条血路"[②]，特别是从纯粹"为艺术"到完全"为革命"转换得过于陡峭，创造社的"转向"格外引人注目，影响所及自然不仅局限于文学文化界，而构成了一次社会性的轰动事件。

缘何出现使中国现代浪漫主义诗歌走向"夭折"的极端"转向"，创造社转向是在何种逻辑置换下完成的，转向背后隐含着怎样的文学内外的动因，转向又给文坛带来了什么影响？必须承认，"转向"首先是创造社逸出大正文化圈的场域转换所致。按照布迪厄的说法，场域有时是某种带有相对独立性的社会空间，其中包含着有生气、潜力、力量的存在。大正文化尽管称不上一些人所说的日本"乌托邦"时代，但它相对平静、浪漫、健康，洋溢着文学艺术的清新气息，创造社成员当年散居在东京、京都、名古屋和九州等地，但均"在场"，能够与日本以及以日本为"中介"的西方浪漫主义文学、文化"短兵相接"，从诸多作家、诗人和理论家身上吮吸必要的精神与艺术营养，所以大正文化才成为孕育创造社的理想"温床"。可是，从创造社成立的1921年开始，先是当年成仿吾回国，1922年田汉、郁达夫回

---

① 成仿吾：《诗之防御战》，《创造周报》1923年5月第1号。
② 参见刘纳《"打架"，"杀开了一条血路"——重评创造社"异军苍头突起"》，《中国现代文学研究丛刊》2000年第2期。

国,1926年郑伯奇、穆木天回国,1921—1923年,郭沫若每年回国,他们生存的时空"场域"整体上都发生了很大的变迁。一方面,结束孤寂却清净纯粹的读书生涯,逸出了大正安静优雅的文学文化氛围,或许日子过得更殷实忙碌了,可那份属于文学的心境、心性也就随之淡漠甚至不见了,"为艺术"的路向只能面临终止;另一方面,回国后的环境和心境都不可能一下子安定就绪,"从1921年下半年至1923年上半年,创造社屡屡在新文坛挑起'打架'"[1],先后和文学研究会以及胡适、张东荪、徐志摩等多方交恶,四面树敌,左冲右突,焦头烂额,"他们弄到在社会上成了一支孤军"[2],无暇更无心于纯粹艺术的经营,只能沉于俗事俗物之中,无奈地任亲自孕育的"新浪漫主义"诗歌夭折。谁也想不到,一小片"场域"对创造社是如此重要,逸出大正文化氛围,也就意味着其纯正的趣味很难长久持续。

其次,"转向"是对个人主义"感伤病"清算的结果。浪漫和感伤是古今中外所有浪漫主义诗歌的通行证与流行病,创造社当然概莫能外,这有时也是尊崇"个性"与"个人"的必要代价,连"男性的音调"代表郭沫若不是也写过颇受厨川白村青睐的《死的诱惑》吗?"我有一把小刀/依在窗边向我笑。/她向我笑道:/沫若,你别用心焦!/你/快来亲我的嘴儿,/我好替你除却许多烦恼"。俏皮的空间里布满的皆是生的苦闷。创造社的"黑旋风"成仿吾在《序诗》中感叹"我生如一颗流星,/不知要流往何处",同样躲不开前途渺茫的悲哀和困惑。《洪水》时期裘柱常的《梦罢》、鉴泉的《先将这颗心儿埋起》等作品更是感伤得难以自拯。针对这种倾向,有人批评"近年来感伤主义繁殖得这样快,创造社实在也应该负一部分责任",它感伤"虚幻得简直叫你看了忍受不住"[3]。创造社的回应即是通过"自我否定"的方式,对过去个人主义的观念"感伤病"惭愧、检讨并进行了清算,他们用"阶级论"思想反观个人主义,发现作为知识分子的自己是需要改造的对象,"罪感"让置身于革命洪流中的他们羞谈曾经尝试过的浪漫主义,至于和"新浪漫主义"的干系更想早日摆脱掉,成仿吾发誓要把"个人主义的妖魔屠倒"[4],主帅郭沫若以革命的名义严明,"浪漫主义文学早已成为反革命文学",对之要采取"一种彻底反抗的态度"[5]。从极力提倡的,到最为反对的,一百八十度"逆转"的决绝态度和做法,令很多人看得吃惊不已;但创造社成员发自内心的反省和否定,还真的没有仅仅停留在口头革命上,而是很快认同"革命",收缩甚或放弃原有的知识分子身份,自觉袪除思想中的个性主义和精神自由因素,努力地向面对宏阔历史和时代的现实主义靠拢,成为倡导"革命文学"的骨干力量。

文学内外各种力量的推助也和创造社的"转向"不无关系。20世纪20年代中期以后,处于五四运动落潮低谷中的时代情绪渐趋高涨,作为新生革命力量的无产阶级,呼唤自己的

---

[1] 参见刘纳《"打架","杀开了一条血路"——重评创造社"异军苍头突起"》,《中国现代文学研究丛刊》2000年第2期。
[2] 麦克昂(郭沫若):《文学革命之回顾》,《文艺讲座》1930年4月10日第1册。
[3] 饶孟侃:《感伤主义与"创造社"》,《晨报副刊·诗镌》1926年6月10日。
[4] 成仿吾:《文学家与个人主义》,《洪水》1927年9月第3卷34期。
[5] 郭沫若:《革命与文学》,《创造月刊》1926年4月第1卷第3期。

文学从感伤中"复苏",介入、干预残酷的现实;以苏联的"拉普"文艺、日本的"新写实主义"为中心的国外社会主义文化思潮传入中国,虽然有些"鞭长莫及",但还是影响了创造社诗人的"转向",它将世界观与创作方法混淆等同,视浪漫主义为主观的唯心的而断然否定。在这种国际背景下,郭沫若、成仿吾、田汉等一大批"新浪漫主义"者逐一检讨,迷失在人性和真理纠结的"林莽"中,纷纷否定自我,皈依现实主义,声讨浪漫主义;车尔尼雪夫斯基和马克思主义文艺理论被无限地抬高,外国社会主义文化思潮被圭臬化的另一面,欧美文艺潮流和文本在无形中被遮蔽和驱逐,个性主义和"自我表现"在中国文坛自然也就渐渐无立足之地了。几种因素的"合力",使《洪水》发生了从"表现自我"到"以读者为本位"再到"指导青年"的办刊方针的不断调整,创造社同人分流加剧,最终促成《创造月刊》在1928年直接刊发了成仿吾的《从文学革命到革命文学》、郭沫若的《桌子的跳舞》等倡导"无产阶级革命文学"的文章。

　　创造社"转向"的必要性与合理性早已得到学界公认,毋庸置疑,将文学融入革命,的确加速了无产阶级革命文学的进程,为诗歌风貌输送了某些新的质素。突破个性和自我的创作天地扩大了,感情相应变得硬朗了,主体和客体关系协调一致了,诗歌的社会性维度强化了,这些都是有目共睹的变化。郭沫若由《女神》到《恢复》所走过的道路,在范本和象征意义上为创造社诗歌审美历史的变化做了充分的佐证。

　　但是,也应该看到,创造社的转向是以断然否定过去的"革命"姿态完成的,由于过于急迫与极端,而没有顾及文学家和文学融入革命的方式,结果不但使作家和诗人自己在主体性建构过程中出现迷失,而且使主体和宏阔的表达对象之间更多时候达不到契合的程度,许多诗歌流于口号和宣传。事后想来,出现这种倾向并不奇怪,让一群浸淫于浪漫感伤的青年,在短时间内就熟悉革命色彩浓厚的现实生活是不大可能的,那些"材料"远难和主体的精神血肉浑然整合为一体,若想到位地反映、传达对象内涵的精神深度,更是他们的实力所不逮的;何况,这其中还存在着一个和原有情调、习惯重新搅拌和磨合的过程。所以和倡导无产阶级革命文学理论的功绩相比较,创造社中后期的诗歌因为不胜其多的活动、理论的挤压,经典锐减,并且影响力日下,其中所蕴含的内涵远远超出"世事难以两全"那句老话。同时,中外文学历史证明,和一个人、一个群体在思想上不断否定自己可能会带来不断的进步不同,一个人、一个群体的审美气质和趣味结构具有相对的恒定性,在艺术上不断地否定过去和自己,可能会减损甚至泯灭个性中最独特的因子而适得其反。谈到创造社的艺术个性,刘纳先生说郭沫若、郁达夫等人的趣味不无"单调",但作品因适应时代青年的心理需求获得了成功,只是他们没有把握住自己艺术伸展的可能性,"并未以切实的努力弥补自己文体能力与艺术经营方面的欠缺,也未能更深入地、更多角度地切入自己的各个精神层面"[①],而停留在即兴、速成的发泄式写作上,这对前期创造社历史就是最大的艺术悲剧。前期创造社在融入革命的过程中,付出了在艺术上走下坡路的代价,如此说来,其"转向"

[①] 参见刘纳《"打架","杀开了一条血路"——重评创造社"异军苍头突起"》,《中国现代文学研究丛刊》2000年第2期。

就绝非"悲剧"那么简单的两个字即能解释得了的。

创造社"转向"标志着当初由日本大正文化滋养的"新浪漫主义"在中国的暂时退潮，但浪漫主义并没有终结，作为一种充满强烈动感和传统积淀的炽热的美学精神，它在稍后的普罗诗歌、中国诗歌会诗歌和七月派诗歌中，又得到了积极的回应，就是它的感伤在象征诗派、现代诗派中，也不无新的生长迹象。在人类的历史上，感伤尚且不可能终止，浪漫的艺术必然永久伸展，长盛不衰。

（原载《文学评论》2022年第2期）

三位留日作家与中国现代文学创生期的主体问题

吴晓东

以郭沫若和郁达夫为代表的留学日本的相当一部分创造社作家,堪称以一种既在场又缺席的方式参与了五四新文学在中国本土的创生。现代文学史上的第一部短篇小说集《沉沦》是郁达夫创作于日本的典型的留学生文学,而郭沫若直至1924年才结束留学生涯彻底归国,其诗集《女神》以及五四初期的一系列小说创作也生成于日本语境,称二人主要是以身处异域的方式置身于现代文学发生的现场,这一判断大体上是成立的。因此,郭沫若、郁达夫等人五四时期创作中所蕴含的中国现代文学主体创生的秘密,就与其留学经验有直接或内在的关联性。如果联想到鲁迅与创造社的郭沫若、郁达夫、成仿吾等留日作家曾经共享过相似的日本经验、日本语境乃至日本资源,研究者就会惊觉原来鲁迅五四时期的《狂人日记》《不周山》等小说其实是呈现出浓烈的创造社风格的作品。

本文即试图以鲁迅的《不周山》(1922)、郁达夫的《沉沦》(1921)以及郭沫若的《残春》(1922)为核心对象,探究鲁迅、郭沫若、郁达夫等留日作家日本经验的重合性以及他们对相同的理论资源的运用,进而描述五四时期诞生于自我分裂之中的现代主体,最后尝试触及鲁迅与创造社同源论的议题。

一 叙事的"错格"

把鲁迅与郭沫若、郁达夫置于同一个问题域进行讨论,不仅因为他们在日本留学阶段都先后经历了弃医从文的过程,更因为他们都曾面临西方现代性和异域文化的巨大冲击,遭遇过主体心理结构的创伤体验,直接催生了诸如民族主体性、文化主体性和个人主体性的多重危机,进而面临着身份和认同的困局,面临主体确证与归属的问题。主体性问题也因此构成讨论三位作家乃至五四创生期现代文学的一个无法规避的视角。

不妨先从对郁达夫《沉沦》的再解读入手。《沉沦》集中表现了一代留日作家所遭遇的主体性危机,也正是在这个意义上,《沉沦》结尾的经典性意义得以彰显,主人公"他"试图蹈海自尽,这种"象征性死亡"即是个人的和民族的双重主体缺失的必然结果。

之所以说《沉沦》主人公是"象征性死亡",是因为小说结尾其实是以"他"的独白结束的:

> "祖国呀祖国!我的死是你害我的!
> 你快富起来,强起来吧!
> 你还有许多儿女在那里受苦呢!"[①]

[①] 郁达夫:《沉沦》,载《郁达夫文集》第1卷,花城出版社、香港三联书店1982年版,第53页。

小说到这里戛然而止，因此，主人公独白之后到底有没有走到深海里去，或者是不是走了一半又回头是岸了，小说第三人称叙事者没有继续讲下去，读者也因此无法确知，至少"他"在小说结尾独白的时候还没有死去。换句话说，小说叙事者其实没有交代主人公最后是否自杀成功。

本文之所以格外重视这一发现，是因为《沉沦》的结尾具有症候性分析的价值，叙事者有意无意中规避了对主人公是否自杀身亡的讲述，其实隐含的是小说主人公最终战胜心理危机的某种可能性，也就意味着，个人主体性的危机其实不是不能克服的。尽管《沉沦》主人公虽然的确可能最终自杀成功了，但作者其实还活着，郁达夫写出了这个故事，在某种意义上就证明了个体生命所经历的心理危机时刻在一定程度上是被"超克"了。

因此，从叙述的层面考察《沉沦》，会发觉小说中也许存在一个美国理论家希利斯·米勒在《解读叙事》一书中提出的无意识的"错格"现象。"错格，即句法上的不一致（例如句中从第一人称向第三人称的转换）产生出一根前后矛盾的故事线条。"米勒通过解读普鲁斯特的小说《追忆似水年华》中的一个片段阐释小说叙事中由这种"错格"所生成的谎言。在《追忆似水年华》的这个片段中，普鲁斯特描述的是惯于撒谎的阿尔贝蒂娜的话语中总是"存在一些前后矛盾和文过饰非之处"，而小说的叙事者也就是主人公"我"则总是能够在阿尔贝蒂娜撒谎的"作案现场将她抓获"，但阿尔贝蒂娜也总是能够逃脱，即通过"突然违背句法规则，采用很像被语法学家称为'错格'一类的修辞手段"胜利大逃亡，例如阿尔贝蒂娜在一直运用第一人称讲述"我"（阿尔贝蒂娜本人）如何如何，但突然间"会在一个'半颤音的停顿'之后，冷不防地把'我'变成'她'：这件事她是作为一个清白无辜的旁观者看到的，而不是她自己干的。这件事的主体可不是她"。米勒称《追忆似水年华》中的这一片段"优雅微妙，令人叫绝"，其叙事手法正是所谓的"错格"[1]。而米勒的解读也因此展示了小说叙事中经常出现的一种"错格"现象，这种现象往往表现为主体的错位，尤其是叙述主体和人物主体之间的错位。

《沉沦》的叙述主体来自小说中的第三人称，讲的是人物主体，一个患了抑郁症的中国留学生"他"蹈海自尽的故事。从小说第三节对主人公生平的追述中读者可以知道，"他"是在十八岁时到日本留学，而通过"他"的日记可以获知，蹈海事件发生在 21 岁：

> 可怜我今年已经是二十一了。
> 槁木的二十一岁！死灰的二十一岁！

在日记中主人公还预言人生"最佳最美的七八年，我就不得不在这无情的岛国里虚度过去"，而这七八年的确是郁达夫本人留学日本的完整时间。1921 年创作《沉沦》的郁达夫实际上是 25 岁，留学生涯已近尾声，并已平安地度过了 21 岁，没有在 21 岁上死掉。读者当然不能要求作者践行笔下人物的任何行为，但问题在于，这个"要求"对郁达夫是有意义

---

[1] [美] J. 希利斯·米勒：《解读叙事》，申丹译，北京大学出版社 2002 年版，第 147—148 页。

的，因为郁达夫认为小说是作者的自叙传，正像他说的那样："我觉得'文学作品，都是作家的自叙传'这一句话，是千真万真的。"①那么主人公如果蹈海自尽，而作者还继续活着，在某种意义上就可能构成对郁达夫自叙传理论的一个反讽。

因此作者永远不可能等同于自己作品中的人物，即使是彻头彻尾的自传体小说也是如此，这是因为小说内部天生就内置了几个主体的声音：隐含作者的、人物的，以及叙事者的。如果对《沉沦》仔细分辨，郁达夫其实在小说中设置了两个声音，一个是主人公的，主人公21岁时遭遇的危机当然可以被读者联想为作者所曾经历的。但《沉沦》中还存在着第三人称叙事者的声音，就小说叙事层面而言，正是这个第三人称叙事者叙述出主人公的危机历程，因此人物主体在自己的21岁时的确发生过蹈海事件，但叙事者声音所代表的叙述主体的存在却意味着小说的作者肯定还活着，才能讲出21岁时的故事。在这个意义上，《沉沦》的叙事者回避在小说结尾把主人公是否自杀的结局坐实，就是一个聪明的选择。这也是一个近乎"错格"的叙事策略。郁达夫在《沉沦》中虽然给人以自叙传般的真诚感，但其实也是遍布了叙事修辞的。而由叙事的"错格"生发开来，还可以进一步分析小说中所存在的某种"主体的误置"。

二 "主体的误置"

所谓的"误置"，是指一个人对外界的情感和判断产生偏差甚至谵妄。而所谓的"主体的误置"，则是说像《狂人日记》、《沉沦》以及《残春》这类小说中都存在人物主体自我认知的偏差甚至偏执。比如《狂人日记》中的狂人一直觉得周边所有人包括自己的大哥都意欲吃掉他：

> 我大哥引了一个老头子，慢慢走来；他满眼凶光，怕我看出，只是低头向着地，从眼镜横边暗暗看我。大哥说，"今天你仿佛很好。"我说"是的。"大哥说，"今天请何先生来，给你诊一诊。"我说"可以！"其实我岂不知道这老头子是刽子手扮的！无非借了看脉这名目，揣一揣肥瘠：因这功劳，也分一片肉吃。②

作为正常人的读者可以辨识出大哥真的是请了医生来为狂人"诊一诊"，而狂人则判断来者"是刽子手扮的"，当然是"迫害狂"的臆想。郭沫若《残春》中的投海自杀者、自封为龙王的贺君也是如此：

> 白羊君坐在我面前痉挛着嘴唇微笑，他看见我在看他，便向我打起话来。
> 他说："贺君真是有趣的人，他说过他自己是'龙王'呢！"

---

① 郁达夫：《五六年来创作生活的回顾——〈过去集〉代序》，载《郁达夫文集》第7卷，花城出版社、香港三联书店1983年版，第180页。

② 鲁迅：《狂人日记》，载《鲁迅全集》第1卷，人民文学出版社1981年版，第425页。

"是怎么一回事？"

"那是去年暑假的时候了，我们都是住在海岸上的，贺君有一天早晨在海边上捉了一个小鱼回来，养在一个大碗里面。他养了不多一刻，又拿到海里去放了，他跑来向我们指天画地的说，说他自己是龙王，他放了的那匹小鱼，原来是条龙子。他一放了下去，一放了下海去，四海的鱼鳞都来朝贺来了。我们听了好笑。"

"恐怕他在说笑话罢？"

"不然，他诸如此类疯癫识倒的事情很多。"[1]

贺君如果真是"龙王"，那么他的跳海就是衣锦还乡，甚至是龙王归位之旅，而几位水手救起他来则是多事之举。这种自认是龙王的"疯癫识倒"也同样是人物主体认知偏差的表征，而《残春》中的白羊君则代表了一个正常人的眼光和判断。在《沉沦》中，主人公也存在认知的偏差，下面的细节写的就是"他"偷窥后的心理过程：

他屏住了气息，尖着了两耳听了一会，觉得门外并无动静，又故意咳嗽了一声，门外亦无声响。他正在那里疑惑的时候，忽听见她的声音，在楼下同她的父亲在那里说话。他手里捏了一把冷汗，拼命想听出她的话来，然而无论如何总听不清楚。停了一会，她的父亲高声的笑了起来，他把被蒙头的一罩，咬紧了牙齿说：

"她告诉了他了！她告诉了他了！"

这一天的晚上，他一睡也不曾睡着。第二天的早晨，天亮的时候，他就惊心吊胆的走下楼来。洗了手面，刷了牙，趁主人和他的女儿还没有起来之先，他就同逃也似的出了那个旅馆，跑到外面来。

官道上的沙尘，染了朝露，还未曾干着。太阳已经起来了。他不问皂白，一直的往东走去。远远有一个农夫，拖了一车野菜慢慢的走来。那农夫同他擦过的时候，忽然对他说：

"你早啊！"

他倒惊了一跳，那清瘦的脸上又起了一层红潮，胸前又乱跳起来，他心里想：

"难道这农夫也知道了么？"

主人公内心独白中的两个判断——"她告诉了他了！她告诉了他了！"以及"难道这农夫也知道了么？"——都是所谓做贼心虚的误判。而小说叙事者则没有表露自己的判断，叙事角度一直聚焦在人物身上，换句话说，《沉沦》中的叙述主体在小说中回避了自己的声音，而完全让人物主体来呈现自己的心理活动。

另一个更值得进行征候式分析的细节是《沉沦》主人公蹈海前在卖酒食的人家里喝酒。小说侧重写了"他"和侍女的交道，付账时的细节值得关注：

---

[1] 郭沫若：《残春》，《创造季刊》1922年第1卷第2期。

他付清了账，又拿了一张纸币给那侍女，他的手不觉微颤起来。那侍女说：

"我是不要的。"他知道她是嫌少了。他的面色又涨红了，袋里摸来摸去，只有一张纸币了，他就拿了出来给她说：

"你别嫌少了，请你收了吧。"

他的手震动得更加厉害。他的话声也颤动起来了。那侍女对他看了一眼，就低声的说：

"谢谢！"

这一段细节中叙事者的叙事也是非常讲究策略的，叙事者不说"她是嫌少了"，而说"他知道她是嫌少了"，也是力避叙事者的主观声音，只想暴露主人公本人的认知和判断，但"他"觉得侍女的拒绝是嫌小费给得少的判断显然也是误判，因为叙事者所叙述出来的侍女，始终温良恭俭让，她起初的拒绝也许只是因为没有接受小费的习惯。而在这个细节中，读者想辨识出主人公同样是"误判"，就相对更有难度，而这一难度显然是由于"叙事者"的狡猾所带来的。由此主人公的主体认知也堪称一种偏差中的"误置"，用郁达夫在《沉沦》中的概括，表现出的即是所谓"夸大妄想症"。

对这种叙事的"错格"以及主体的"误置"的分析有助于更深入了解主人公的病态心理。《沉沦》主人公认知的偏差与他的忧郁症有关，而郁达夫对主人公认知偏差的渲染正是为了凸显疾病主体的病态性格和人格，对于读者认知小说中的人物主体在心理学与病理学意义上的生成，是非常重要的。同时也使读者觉察到，《沉沦》虽然带有明显的自叙传色彩，但这仅仅是从人物主体的意义上而言的，小说的叙述主体其实是相当清醒的，甚至一直在冷静地观察和审视小说人物。《沉沦》中几个主体之间差异性的存在甚至可能改变我们对所谓自叙传小说的文学评价。小说中所内含的几个主体通常都存有差异性，一般来说，几个主体之间的差异不会特别大，除非《孔乙己》一类的反讽叙事小说。不过假如几个主体之间的差异大到读者必须正视，那么其间的分裂就在所难免。"主体的误置"以及"叙事的错格"，都是小说内部有意识或无意识暴露出的主体之间的差异与矛盾或叙事缝隙。这些细微的差异是需要通过叙事分析才能辨识的。

而米勒关于叙事"错格"的揭示也启示我们，小说分析也同样需要对文本细微地观照，不能大而化之地概括或一目十行地泛读。小说有自己的独特的语言、语法和微观诗学。从叙事层面说，小说叙述与历史叙事的不同，或者说小说叙事之所以更复杂，就在于小说中有不同的主体在说话。叙述主体、人物主体、以及隐含作者的主体之间通常无法达成完全的一致性，有时甚至是彼此矛盾冲突的。而其中暴露作者无意识的那些矛盾和裂隙最值得分析。我们总相信历史叙述的叙事者不会弄虚作假，这就是历史学家的职业伦理。但是在小说叙事中叙事者进行欺骗和撒谎，则是小说叙事虚构中的应有之义。在米勒看来，小说叙事者的有意识尤其是无意识的欺骗，正是小说叙事修辞的一部分，也生成了小说的反讽诗学。而反讽也由此构成了小说具有本体性的特征，有叙事就有反讽。米勒下面两句概括堪称道出了小说叙事和文学本质的精髓："所有小说，甚至第一人称小说，都以某种方式取决于叙述者所知与人物所知之间存在的反讽性差异。""假如文学是在语言中进行虚构的永恒可能性的话，那么反讽就是文学的代名词。"①

三 现代主体的危机

为什么要讨论《沉沦》中作者、叙事者和人物三者的关系问题？以往研究者可能不大重视《沉沦》中的第三人称叙事者，更倾向于把《沉沦》当成自叙传小说，如此一来就容易把小说主人公直接等同于郁达夫。当然，《沉沦》中的"他"无疑是以作者自己为原型的，人物主体的声音也必定反映了作者的创作意图。但倘若也留意一下小说叙事者，或许可以说，作者主体也有一部分投射到了叙述主体中，叙事者也一定程度上代表了作者的意志和选择。而考察叙事者的叙事策略以及叙事者相对客观的观察视角，可以看出：《沉沦》是难以完全用"主观自叙传"来概括的，至少第三人称叙事者提供了某种冷静的观察视野，把主人公放在一个被观察的位置来审视，从而使小说生成了具有主体意识的自反性视角。换句话说，郁达夫在小说中是预留了自我反思、自我审视的声音的，这是一个比小说人物要清醒的声音。如果不分析第三人称叙事者，读者就听不到这个声音。简单地说，小说中的叙事者所身处的制高点比人物更高，也就表现出郁达夫对小说所呈现的现代主体性的某种分裂形态是有一定自觉的，他也借助于小说中深藏着的不同声音体察着现代主体诞生之际的某种病态，正像他在《沉沦》自序中所说的那样：

《沉沦》是描写着一个病的青年的心理，也可以说是青年忧郁病Hypochondria的解剖，里边也带叙着现代人的苦闷，——便是性的要求与灵肉的冲突。②

《狂人日记》《沉沦》《残春》等现代文学创生期的小说由此可以进一步深入解读，从主体建构的角度看，这些小说也在讲述现代中国人的主体分裂乃至危机的故事。

五四的反传统是以打倒旧道德和推翻旧秩序为指归的，启蒙运动中诞生的现代自我和主体也从而缺乏传统道德和社会秩序的加持，在寻找新的人生归属感和历史方向感的同时，呈现为分裂的主体、冲突的主体和漂泊的主体的诸种面向。《沉沦》主人公蹈海自尽的原因之一是新的"自我"既无法回归传统秩序也无法见容于正在生成的新的道德体系，"他"的本能欲望显然是"不端方"的，因此小说发表之后郁达夫面临很大的道德压力，一些天真幼稚的读者以为郁达夫本人就是小说中主人公那个样子。于是郁达夫向周作人写信求助，才有周作人出来从"现代"的意义上为《沉沦》背书："综括的说，这集内所描写是青年的现代的苦闷，似乎更为确实。生的意志与现实之冲突，是这一切苦闷的基本；人不满足于现实，而复不肯遁于空虚，仍就这坚冷的现实之中，寻求其不可得的快乐与幸福。现代人的悲哀与传奇时代的不同者即在于此。"③除了"现代"的维度之外，周作人还从"科学"以及"受戒者

---

① [美] J. 希利斯·米勒：《解读叙事》，申丹译，北京大学出版社2002年版，第31、172页。
② 郁达夫：《沉沦自序》，载《郁达夫文集》第7卷，花城出版社、香港三联书店1983年版，第149页。
③ 仲密（周作人）：《沉沦》，《晨报副镌》1922年3月26日。

的文学"诸角度进一步辩护。

鲁迅笔下的狂人形象则更早地构成了五四先驱者主体性危机的象征。这种危机感一直延续到《野草》时期，《野草》中的相当一部分篇章都佐证了狂人主体的分裂性。可以说，即使像鲁迅这样有着尼采般强力意志的作家，也不意味着主体的完整性，《野草》更深刻地揭示了主体的危机感。《影的告别》中那个与"人"告别的"影"，《墓碣文》中"攫心自食，欲知本味"的死尸，《过客》中不知来路、不问去处甚至连自己的名字也不确知的过客……都是分裂主体的象征。鲁迅的"在而不属于两个世界"的体验即是个体在社会秩序的崩溃过程中失去归属的表征，而真正清醒地认识到现代知识分子主体性危机的也正是鲁迅。

郭沫若的《残春》则在自我与本我、意识与潜意识的冲突之中进一步呈现着现代人的分裂性。

《残春》的第一人称主人公"我"——爱牟（"I am"的音译，意为"就是我"），很容易令人联想起郁达夫笔下频频出现的人物于质夫，从人物命名上看也同样透露了自叙传的诉求。"我"在福冈读医学院，这一天有个叫白羊的陌生人来访，告知"我"的朋友贺君在归国的船上投海后被救，住在门司的医院中，希望见上"我"一面。"我"当即赶去门司探视，其间迷上了医院的日本女护士 S，小说接下来的主体部分写的是"我"的一个梦，梦中"我"与 S 姑娘登上了笔立山，S 请"我"为她"诊察"：

> 说着便缓缓地袒出她的上半身来，走到我的身畔。她的肉体就好像大理石的雕像，她袒着的两肩，就好像一颗剥了壳的荔枝，胸上的两个乳房微微倾向上，就好像两朵未开苞的蔷薇花蕾。我忙立起身来让她坐，她坐下，把她一对双子星，圆睁着望着我。我擦暖我的两手，正要去诊打她的肺尖，白羊君气喘吁吁地跑来向我叫道："不好了！不好了！爱牟！爱牟！你还在这儿逗留！你的夫人把你两个孩儿杀了！"
>
> 我听了魂不附体地一溜烟便跑回我博多湾上的住家。我才跑到门首，一地都是幽静的月光，我看见门下倒睡着我的大儿，身上没有衣裳，全胸部都是鲜血。我浑身战栗着把他抱了起来。都又回头看见门前井边，倒睡着我第二的一个小儿，身上也是没有衣裳，全胸部也都是血液，只是四肢还微微有些蠕动，我又战栗着把他抱了起来。我抱着两个死儿，在月光之下，四处窜走。
>
> ……
>
> 惊醒转来，我依然还在抽气，我浑身都是汗水。白羊君的鼾声，邻室人的鼾声，远远有汽笛和车轮的声响。我把白羊君枕畔的表来看时，已经四点三十分钟了。我睡着清理我的梦境，依然是明明显显地没有些儿模糊。啊！这简直是 Medea 的悲剧了！我再也不能久留，我明朝定要回去！定要回去！

在次年写作的《批评与梦》一文中，郭沫若着重解释了《残春》的写作：

> 我那篇《残春》的力点并不是注重在事实的进行，我是注重在心理的描写；我描写的心理并且还在潜在意识的一种流动——这是我做那篇小说时的一个奢望。若拿描写事

实的尺度去测量它，那的确是全无 Climax 的。但是若是对于精神分析学或者梦的心理稍有研究的人看来，他必定另外可以看出一种作意出来，另外可以说出一番意见。[1]

因此，《残春》堪称自觉而形象地诠释了弗洛伊德的释梦学说，"我"在睡梦中体验到了与 S 的两情相悦，但那个梦中放飞的"本我"，马上就遭遇了象征"超我"的白羊"匆匆走来报难，这是爱牟在昼间隐隐感觉着白羊为自己之障碍，故入梦中来拆散他们"[2]也使爱牟的自我被本我和超我拉扯，最终则是超我占了上风，规训了本我。小说结尾那"一片一片地落了下来"的曾被 S 姑娘"簪在鬓上"的蔷薇花瓣，就像爱牟自我破碎后的残片，遗落在历史的风尘中。而《残春》中的"残"字，由此可以看成是主体之残的一个隐喻。

在《沉沦》的结尾，虽然小说叙事者可能骗了读者，即主人公最后并没有真的自杀，但在郁达夫那里，《沉沦》状写的依然是现代主体的危机时刻，而这种个人性的主体危机借助于主人公的独白"祖国呀祖国！我的死是你害我的"，也与现代民族国家的范畴建立了不可分割的联系。因此，《沉沦》所反映的个体主体性的危机也必然是民族主体性的危机，《沉沦》主人公留学生涯中长久累积的压抑感所导致的精神抑郁乃至主体危机，和"他"在日本所遭遇的生存困境和挫折体验有必然的联系，当然不能用单纯的青春期个体心理疾病来解释。从这个意义上说，鲁迅、郭沫若和郁达夫创作中体现出的集体无意识，也可以看作一种政治无意识，三位作家对文本主体性的建构历程，也正是民族主体危机意识的自觉过程。

四 审美主体的创生

因此，《狂人日记》《沉沦》《残春》这几篇小说昭示了文本中的现代主体是诞生于自我分裂之中，诞生于对传统道德的否定时刻，诞生于本我的发现的瞬间。而主体的分裂恰是现代主体的生成与存在状态，中国现代文学在发现自我的同时，也就发现了主体的分裂形式。而这种分裂的主体是缺乏历史的目的性，进而无法进入理性正史的，因为小说中的主体恰恰是在与历史的冲突中诞生的。现代主体似乎都是以非理性的方式反抗既有的秩序，传达自我高亢的声音，但因此也都难以进入历史。鲁迅的狂人只有从疯狂的病态痊愈，恢复了正常人的状态后才获得重新进入权力体系的机遇，最终"赴某地候补矣"，而这时狂人的启蒙主体的形象可能就随之消弭了。《沉沦》的主体则是自虐的主体，郁达夫自命为"零余者"，其命名本身就标志着郁达夫的主体自外于社会历史。鲁迅笔下的女娲既造了人，也使中国历史和文化得以发源，但这个历史却是与她的初衷相背离的，《不周山》中女娲见了她的后人迅速进化，根本没有今天的父母见到自己的子女天天向上时的那种惊喜。鲁迅这样形容女娲的反应：

"那是怎么一回事呢？"伊到此时才知道这些小东西竟会变这么花样不同的脸，所以也想问出别样的可懂的答话来。

"人心不古，康回实有豕心，觑天位，我后躬行天罚，战于郊，天实佑德，我师攻

---

[1] 郭沫若：《批评与梦》，《创造季刊》1923 年第 2 卷第 1 期。
[2] 郭沫若：《批评与梦》，《创造季刊》1923 年第 2 卷第 1 期。

战无敌,殪康回于不周之山。"

"什么?"伊大约仍然没有懂。

"人心不古,……"

"够了够了,又是这一套!"伊气得从两颊立刻红到耳根,火速背转头,另外去寻觅……[①]

最后鲁迅形容女娲"倒抽了一口冷气",她所看到的人之历史正是一种异化的历史,是自己两腿之间的那个古衣冠的小丈夫创造的历史,这就是女娲所象征的自然而原始的生命力在文明进程中的异化,是理性开始统摄和治理的过程。无论是鲁迅的狂人和女娲,还是郁达夫的零余者和郭沫若的爱牟,其非理性的本能力量只能左右奔突却无法进入历史目的论,最终是自暴自弃,是沉沦、湮灭和死亡。

上述小说中的主体如果说不是历史的主体,那是什么类型的主体呢?或许可以称为一种审美的主体。五四创生期小说中令人动容的审美主体正是狂人式的疯狂的主体,是郁达夫式的畸零的主体,是郭沫若式的残缺的主体,其诞生得到了尼采和弗洛伊德的支援与加持,或者说,超人哲学连同精神分析一起帮助五四发生期的小说创建了审美化的主体。其共同的特征是既疯狂又躁动,构成了历史中的不安定因素。而五四时期的审美所激赏的也正是不安和狂躁,是郭沫若笔下的天狗,连《不周山》中的造物主女娲也是烦躁不安的,是雄浑的原始生命力的勃发,人类正是在女娲的烦躁和无聊中创生:

"唉唉,我从来没有这样的无聊过!"伊想着,猛然间站立起来了,擎上那非常圆满而精力洋溢的臂膊,向天打一个欠伸,天空便突然失了色,化为神异的肉红,暂时再也辨不出伊所在的处所。

伊在这肉红色的天地间走到海边,全身的曲线都消融在淡玫瑰似的光海里,直到身中央才浓成一段纯白,波涛都惊异,起伏得很有秩序了,然而浪花溅在伊身上。这纯白的影子在海水里动摇,仿佛全体都正在四面八方的逆散。但伊自己并没有见,只是不由的跪下一足,伸手掬起带水的软泥来,同时又揉捏几回,便有一个和自己差不多的小东西在两手里。

"呵,呵!"伊固然以为是自己做的,但也疑心这东西白薯似的原在泥土里,禁不住很诧异了。

然而这诧异使伊喜欢,以未曾有的勇往和愉快继续着伊的事业,呼吸吹嘘着,汗混和着……

鲁迅对色彩的感觉是非常专业的,他写天空"突然失了色",变成的是"肉红",以至"暂时再也辨不出伊所在的处所",因为天空的"肉红"与女娲浑然一体,"肉红"也为女娲的身体以及生命力提供着既是现实的又是隐喻的背景。而光海则是"淡玫瑰似的",与"肉

[①] 鲁迅:《不周山》,《晨报副刊》1922年12月1日。

红"对应，也可以说是天空的肉红色映到海里就成了淡玫瑰色。而"浓成一段纯白"的"浓"字可谓鲁迅炼字的典范，"纯白"二字则更使人浮想联翩。这就是鲁迅所擅长运用的色彩词的联想与隐喻功能，鲁迅对"肉红"、"淡玫瑰"以及"纯白"等颜色的选择堪称陈望道所谓的"积极修辞"，少见地对笔下人物精雕细刻，与鲁迅更擅长的"白描"的修辞技巧迥异。而恰恰借助于这种积极修辞，作为人类原始感性化身的女娲形象跃然纸上。

鲁迅进而把女娲的力比多转化为审美创造的冲动，女娲所造之人就是她的艺术品，女娲在造人的过程中也充盈着审美化的生命原动力，是感性的极度张扬。而女娲在无聊和烦躁中表现出的创造力，也成为人和审美的双重缘起。人类的创生和艺术的起源就根植于审美的驱动，审美的力量也正在于感性和非理性之中。按弗洛伊德的学说，人类原始生命力和内驱力是内在于人的感性存在和无意识的深处的，文明只是压抑甚至扼杀这种审美无意识的制度性力量，但这种内驱力总在历史的某个时段，当文明的压制力有所松弛之际，便会浮出地表。五四恰恰是所谓王纲解纽的时代，在启蒙理性浮出水面的同时，非理性的力量也同样在蠢蠢欲动。女娲造人时躁动的生命力，并没有随着女娲由于补天力竭而死就从此消亡，而是潜伏在文明的地层深处，随时会化为一种历史无意识的原始躁动。

审美也由此构成了历史中的不安定因素，美的范畴对历史理性的破坏力是很大的。而审美激赏的也往往是不安和躁动，在鲁迅那里是狂人的反抗，有尼采的超人般的意志力，既是一种反世俗反庸众的力量，也是一种反历史反崇高的力量。而在郁达夫那里则是永无休止的漂泊行旅，其间诞生了一系列畸零的主体，建构了郁达夫式主体的生命形式。勃兰兑斯在《十九世纪文学主流》中曾这样评价歌德的《少年维特之烦恼》："它激动了千千万万人的心，在整整一代人中引起了强烈的热情和对死亡那种病态的向往，在不少情况下引起了歇斯底里的感伤、懒散、绝望和自杀"，"这就把维特变成了一个伟大的象征性人物；他不仅代表了新时代的精神，而且代表了新时代的才智"。[1]勃兰兑斯描绘的也是一种新的现代性的审美精神，维特之所以成为新时代的"精神"和"才智"的象征，也正是在一定意义上内化了畸零的情感结构，把某种情感和非理性因素带入人类历史的进程。

从鲁迅到郁达夫，五四小说中的主体形象所内含的审美力量根源于与非理性的结盟。而五四启蒙理性则没有充分消化这些无意识的力量，不仅没有把无意识内化在自身之中，恰恰相反，把非理性看成异己因素而加以排斥，因此启蒙理性常常与非理性发生冲突。《沉沦》就被郁达夫自己看成探讨灵与肉冲突的文本。尽管也有评论家如成仿吾称《沉沦》中似乎只有肉，没有灵，"《沉沦》的主人公，我们很知道他是因为肉的要求没有满足，天天在那里苦闷的"[2]。但启蒙理性缺乏的恰恰是非理性的深厚的肉身性基础，就难免成为无根之木，而不是以非理性为更深厚的支撑。主体的形态因此不能不是分裂与自相矛盾的。

通过文学讨论主体性建构由此构成了一个有效的问题。本尼迪克特·安德森在《想象的共同体：民族主义的起源与散布》一书中指出国家的形成需要语言的本国化，或者说本土化，

---

[1] [丹麦]勃兰兑斯：《十九世纪文学主流》第一分册，张道真译，人民文学出版社1988年版，第22—23页。
[2] 成仿吾：《〈沉沦〉的评论》，《创造季刊》1923年第1卷第4期。

而新闻和小说则起到了这个作用。[1]柄谷行人认为这也可以说明日本的情况："明治维新二十年后，虽然在政治经济等制度上颁布了宪法开设了议会其现代化有了进展，但这里在国家形成上似乎还有些不足。而说小说家完成了添补这一不足的任务也不为过。"[2]这一点在梁启超那里早有认识，在《论小说与群治之关系》的宏文中，梁启超把小说上升为立国救民的"大说"，也印证了安德森与柄谷行人的观察：民族国家的建立，除了政治经济制度层面的支撑之外，还需要有民族的语言和文学的支持，有意识形态的论证，这就是胡适所谓的"国语的文学"与"文学的国语"所起的作用。而鲁迅等留日作家的小说创作，也让我们从中发现了民族共同体的认同问题，同时也是现代中国民族主体性以及个人主体性如何生成的问题。

而鲁迅、郁达夫、郭沫若五四时期的小说构成了讨论主体性问题的范例。在这些小说中最终也许可以发现中国现代主体如何诞生的文学秘密。这个秘密牵涉了心理发生学和历史无意识，从三个作家对弗洛伊德理论的自觉运用中也许可以窥见端倪。

五 苦闷的象征

为什么鲁迅、郭沫若和郁达夫在五四初期集中借鉴了精神分析学理论？他们当然不会意识到弗洛伊德可以帮助自己生成主体性。对弗洛伊德的不约而同的吸纳，首先应该根源于一种探究深蕴心理的共同旨趣。无论是鲁迅在《不周山》中揭示创造的缘起，郭沫若呈现本我和自我的冲突，还是郁达夫讨论压抑的机制，都需要精神分析理论提供一种关于心理深度的阐释和分析模式。现代小说深蕴心理模式的起源也可以在这几部作品中找到踪迹。

因此，三位都有医学背景的作家差不多同时援用精神分析学资源的背后，无疑是出于有意识地探讨笔下人物心理与灵魂深度的考量，同时也集体无意识地呈现了现代知识分子对文本中的主体性的建构历程。而对弗洛伊德的征用，则为几位作家对主体危机时刻的呈现找到了言说的理论语言。精神分析学也因此深刻介入了现代小说主体的建构历程。

按鲁迅在《故事新编》"序言"中自己的解说，《不周山》是"取了弗罗特说，来解释创造——人和文学的——的缘起"[3]，是自觉借用弗洛伊德的精神分析学理论，重新阐释中国的上古神话，关注的也正是起源的问题——人的起源以及文学的起源，反映了每一个时代都需要对起源问题进行追溯和重塑的顽强意志。而对起源问题的追问也是一个时代建构文化自我的重要环节。

《不周山》在鲁迅小说创作中的阶段性意义由此可以得到更充分的估价。或许正是为了凸显对起源的追溯以及《不周山》所表达的内涵所具有的某种文化原点的意义，鲁迅在1930年1月《呐喊》第十三次印刷时，抽掉了《不周山》，最终把它列为《故事新编》中的首篇。如果说《不周山》在《呐喊》中像一个孤零零的弃儿，而到了《故事新编》中就变

---

[1] 参见［美］本尼迪克特·安德森《想象的共同体：民族主义的起源与散布》，吴叡人译，上海人民出版社2003年版。

[2]［日］柄谷行人：《日本现代文学的起源》，赵京华译，生活·读书·新知三联书店2003年版，第11页。

[3] 鲁迅：《故事新编》"序言"，载《鲁迅全集》第2卷，人民文学出版社1981年版，第341页。

成了雄赳赳的长子，名字也改为《补天》，从新题目上看就承载着鲁迅的宏大叙事意图。按黄子平的说法，可以"将《补天》读作那一代写作者在天崩地裂中弥合文化断层的艰巨劳作的寓言"①。

就鲁迅和郭沫若对弗洛伊德理论的运用，我们可以看到其中日本中介的作用，即厨川白村的影响。厨川白村在现代中国也成为影响最大的日本理论家，甚至比他在日本本国的影响大得多，有论者在20世纪40年代曾说：厨川白村的"主要著作，几乎翻完，他在中国所享的盛名，可说超过在本国以上"②。这种情况经常发生在文学作品与文学理论的跨国旅行过程中。厨川白村在五四文坛声名卓著，主要是因为鲁迅、郭沫若和周作人几个大人物对他的追捧，其中鲁迅对厨川白村《苦闷的象征》的翻译和引进是最重要的原因。

厨川白村的"苦闷的象征"理论是把象征主义和弗洛伊德的精神分析学嫁接在一起的文学发生学和文学创作论。对中国文坛来说，象征主义和精神分析都是五四之后最具有先锋性的理论。鲁迅在《苦闷的象征》译者序言中这样阐释该书的主旨："生命力受压抑而生的苦闷懊恼乃是文艺的根柢，而其表现法乃是广义的象征主义。"③在鲁迅的理解中，厨川白村对苦闷的象征的研究既是文学发生论，又是创作心理学，处理的是文学的本质，也是人生的本质，同时也涉及了象征主义的艺术论。厨川白村在该书第一章指出："人生的深的兴趣，要而言之，无非是因为强大的两种力的冲突而生的苦闷懊恼的所产罢了。"④所谓彼此冲突的"两种力"即生命力以及对生命力的压抑之力。厨川白村认为"无压抑，即无生命的飞跃"⑤，对生命力的压抑恰是鲁迅所谓的"人生的深的兴趣"所产生的根源，进而也指向了"文明"的创生，正如伊格尔顿在《审美意识形态》中的判断："对内驱力的压抑是所有伟大艺术与文明的基础。"⑥

因此就很可以理解为什么鲁迅、郭沫若和郁达夫都青睐于压抑的主题。对生命力的压抑在《不周山》《残春》与《沉沦》中既是创生艺术的基础，又是诞生主体的触媒。

先看《不周山》的开头：

女娲忽然醒来了。

伊似乎是从梦中惊醒的，然而已经记不清做了什么梦；只是很懊恼，觉得有什么不足，又觉得有什么太多。煽动的和风，暖暾的将伊的气力吹得弥漫在宇宙里。

---

① 黄子平：《"灰阑"中的叙述》，上海文艺出版社2001年版，第119页。
② 梁盛志：《日本文学对于中国文学的影响》，载［日］青木正儿《中国文学与日本文学》，梁盛志译，"国立"华北编译馆1942年版，第111页。
③ 鲁迅：《译〈苦闷的象征〉后三日序》，载［日］厨川白村《苦闷的象征》，鲁迅译，人民文学出版社2007年版，第3页。
④ ［日］厨川白村：《苦闷的象征》，鲁迅译，人民文学出版社2007年版，第7页。
⑤ ［日］厨川白村：《苦闷的象征》，鲁迅译，人民文学出版社2007年版，第14页。
⑥ ［英］伊格尔顿：《审美意识形态》，王杰等译，广西师范大学出版社2001年版，第235页。

上引第二段中形容女娲的"懊恼"一词也被鲁迅用来翻译《苦闷的象征》。而这种生命力受压抑的苦闷的懊恼直接转化为女娲造人的冲动，她的力比多也在造人的过程中得到宣泄。在鲁迅的设想中，造人也是文学创作的隐喻，对女娲来说所攒之人也恰是艺术品，这一切都在诠释"苦闷的象征"学说。

郭沫若在1923年也说："我郭沫若所信奉的文学的定义是：'文学是苦闷的象征'。"[①]而郁达夫的《沉沦》对男主人公的欲望及其难以满足的压抑描绘得更是淋漓尽致，"也带叙着现代人的苦闷"。鲁迅、郭沫若和郁达夫揭示的正是现代人性自我压抑的历史，而其创作也把这种压抑的历史进程揭示出来，进而把非理性还原为历史的另一种动力。

而从五四时期构建的主体话语的意义上考量，五四文学主体性的建立也有赖于精神分析学的理论支持，尤其是人的非理性的因素更需要在弗洛伊德的潜意识理论中找到所谓科学的解释和话语的合法性。

六 文学与历史的悖反

在一定意义上说，《不周山》《沉沦》《残春》这几篇小说表现出的是文学与历史的某种悖反关系。五四是中国几千年中难得一遇的改天换地时代，总体性的时代精神是狂飙突进的，是郭沫若诗中凤凰涅槃般的个体和民族的新生感，是鲁迅听时代将令的振聋发聩的呐喊。但就本文所讨论的包括鲁迅在内的留日作家的几篇小说而言，主体的体验和主体的建构却复杂得多。这几篇都内化了精神分析理论且都不那么昂扬向上的小说，其意义也正在于，个体的非理性因素以及历史的非理性因素借助于这些小说而终于浮出地表，进而获得了存在的合理性。而当这个非理性的自我一旦自觉之后，主体虚幻的完整性也就被打破了，这就是弗洛伊德理论的破坏力之所在。

五四文学也因此内含了主体性分裂的图景，而纯粹的历史叙述无法呈现这种主体形态的复杂的历史性，五四的主体性危机是在作家的文学叙述中得以呈现的。

通过对《不周山》《沉沦》等五四发生期小说的分析可以见出，中国现代知识分子的深刻危机正掩藏在小说叙事之中。而回归小说叙事，可以在一定程度上弥补历史叙述视角之不足，也会呈现文学叙事与历史叙事的互补性。这些年文学有沦为历史的婢女的迹象，但究其实，两者是互为镜像的关系。小说这面可以携带上路的镜子中自然会映射出社会历史，但镜子里的镜像又并非历史的本原，而是历史的形式化以及幻象化。作家们试图在文学中塑造的主体由此经过了作品形式的镜面的折射，而在更具现代主义色调作品的凹凸不平的形式透镜中，主体的呈现还经过了复杂的变形，小说中的复杂化的主体也正是这种变形化的后果。尤其是小说家们所力图描述的主体内面的深蕴结构，更是需要把精神分析与叙事分析相结合，才能真正揭示小说主人公复杂和隐微的心理流程和主体历程。在揭示人物个体的深层心理结

---

① 郭沫若：《暗无天日的世界》，《创造周报》1923年6月23日第7号。

构的同时，也有助于抵达历史的无意识层面。

文学文本中主体与历史之间错综复杂的关系也由此得以呈现，一方面，历史是文学主体得以生成的最后的和终极意义上的依据，但历史却很难意识到自身的无意识，而这种历史的无意识恰恰在文学叙事中可以找到积淀及其内化的结构形式。

而精神分析学在五四语境下提供了一条洞察和挖掘人的心理、情感和意识深度的途径，提供了探知个体无意识和历史无意识的内在而具体化的理论资源。《狂人日记》中的狂人"我""翻开历史一查，这历史没有年代，歪歪斜斜的每页上都写着'仁义道德'几个字。我横竖睡不着，仔细看了半夜，才从字缝里看出字来，满本都写着两个字是'吃人'！"这种从字缝中看出历史本质的如炬目光，正类似于在精神分析学基础上所进行的文学性叙事观照。而在鲁迅这类知识者眼中，正史中的历史叙事是需要质疑甚至摒弃的。同时历史叙事难以深入心理与主体的深处，一旦进入心理层面或者潜意识层面，就是历史叙事所无能为力的，历史叙事或许也可以提供历史人物的心理表象，而内里则是历史叙事难以抵达的类似弗洛伊德所谓的"黑暗域"；主体的"黑暗域"以及"满本都写着"的"吃人"的历史实质恰是小说家鲁迅从字缝和纸背逼视出来的。

当然，文学和历史也绝不是一种对抗的关系，就像英国学者迈克尔·伍德在《沉默之子——论当代小说》中所说：

> 作为一个当代人，你就得将政治及历史的中心性视为必然，就算你没有一直谈论它也一样。说得明白一些：我不认为政治和历史狭义地决定了文学，但我也不认为文学是超越这两者的。我希望让读者感觉到的是，小说都是政治性的，就算看来离政治最远的时候也是这样，同时小说又是逃离政治的，即使是在它直接讨论政治的时候。
>
> 同样我也不认为对抗一词能说明文学与历史的关系。文学与历史（的书写）距离太近了，以至无法抗拒它，而且很多时候文学就是历史，只是披上了比喻的外衣。……它以更加激进的形式引发历史去做再度思考。①

在迈克尔·伍德的理解中，"很多时候文学就是历史"，但另一方面，由于文学是历史的形式化，因此就有可能"以更加激进的形式引发历史去做再度思考"。同时我们也要意识到文学的力量其实是有限的，小说叙事也是如此。伊格尔顿曾经指出："叙事的残酷方式在于，我们不能有效地消除历史的梦魇。"②在某种意义上说，小说叙事恰恰是历史梦魇在文学中形式化的呈现，是历史梦魇得以显形的方式。鲁迅、郁达夫、郭沫若的小说文本中均显示出主体的分裂和病态，也一再呈现着历史的梦魇，如狂人的噩梦、"爱牟"的惊梦，都可以看作历史梦魇的文本化赋型。而历史梦魇的解除最终还得依靠历史中的实践，而文学文本只是揭

---

① [英]迈克尔·伍德：《沉默之子——论当代小说·导论》，顾均译，生活·读书·新知三联书店2003年版，第19—20页。

② [英]伊格尔顿：《审美意识形态》，王杰等译，广西师范大学出版社2001年版，第226页。

示了历史主体的无意识的那一部分，文本构成的是历史的症候。但也恰恰在这个意义上，文学叙事在历史叙事之外，开辟了另一个蹊径，中国现代历史叙述与文学叙述之间的歧途也正从这里开始。

在拙作《中国现代审美主体的创生——郁达夫小说再解读》中，我倾向于把历史中的主体与文本中的主体视为一种同构关系。[①]如今我的想法有所修正：历史与文本的关系固然是同构的，但是文学文本在积淀历史表象的过程中，还生成了自身的逻辑，这就是审美之维与形式之维的介入。形式之维使思想得以具形，审美之维则使主体获得感性，而这种感性恰恰是理性正史被岁月所掏空的。

通过对《不周山》、《沉沦》与《残春》的叙事分析，或许可以多少揭示出历史所内化在文本中的无意识，同时有助于辨识五四创生期的中国现代作家在建构主体性的过程中所经历的复杂而曲折的心灵历程。

结语　鲁迅与创造社同源论

本文不想塑造一个作为创造社同路人的鲁迅形象，否则鲁迅地下有知估计要嗤之以鼻甚或拍案而起。但鲁迅在留日经验、思想脉络以及所汲取的日本理论资源等方面，和创造社同人的轨迹有相当大的重合之处。他与创造社的郁达夫有着很好的私交，他的《狂人日记》以及《不周山》的风格，也更使人联想起郁达夫与郭沫若等创造社诸君，甚至在鲁迅生命后期与创造社论辩过程中，同样借助于日本的中介了解马克思主义，也得到的是创造社的某种刺激和激励。因此鲁迅堪称在多重意义上与创造社构成了对话的关系。

本文真正想讨论的问题是，在中国现代文学主体创生过程中，相似的日本经验以及思想、文学资源，都内化到鲁迅、郭沫若和郁达夫的小说内景之中，由此在文本风格和主体建构意义上呈现出了诸多的相似之处，这种相似或许超越了文学社团的区隔和分野，也超越了党派政治，从而或许构成了一种文学史判断尺度。而且就美学风格来说，鲁迅的《狂人日记》以及《不周山》与创造社风格也似乎更接近一些，这一点可以在创造社的拼命三郎成仿吾那里获得印证。成仿吾当年曾经对鲁迅的《呐喊》挥过板斧，在文章《〈呐喊〉的评论》中他曾套用法朗士的话称"批评是灵魂的冒险"，而他本人拿《呐喊》来冒险也证明这的确是一次惊险的旅程。他称《孔乙己》和《阿Q正传》为"浅薄的纪实的传记"，《狂人日记》"很平凡"，《孔乙己》《药》《明天》"皆未免庸俗"，《一件小事》"是一篇拙劣的随笔"……不过成仿吾对《不周山》却评价甚高，认为是《呐喊》中"第一篇杰作"，"要进而入纯文艺的宫庭"。[②]遗憾的是鲁迅对这一赞誉毫不买账，他在《故事新编》的序言中称：

《不周山》的后半是很草率的，决不能称为佳作。倘使读者相信了这冒险家的话，一定自误，而我也成了误人，于是当《呐喊》印行第二版时，即将这一篇删除；向这位

[①] 参见吴晓东《中国现代审美主体的创生——郁达夫小说再解读》，《中国现代文学研究丛刊》2007年第3期。
[②] 成仿吾：《〈呐喊〉的评论》，《创造季刊》1924年第2卷第2号。

"魂灵"回敬了当头一棒——我的集子里,只剩着"庸俗"在跋扈了。

尽管如此,成仿吾作为创造社的理论大员,独独欣赏《不周山》,大概一种社团潜意识或文学风格学方面的嗅觉起了作用,成仿吾或许是敏锐地闻出了《不周山》的创造社气息,也为鲁迅与创造社同源论,增加了一个有趣的注脚。

(原载《中国现代文学研究丛刊》2022 年第 10 期)

记忆如何重构历史：创造社同人的"创造社"回忆

李跃力

  作为最知名的新文学社团之一，创造社一直备受瞩目，时人留下不少关于它的历史记录。但耐人寻味的是，创造社同人也留下了数目惊人的回忆性文本。通常情况下，这些文本被视作文献史料，一方面成为展开文学史叙述与创造社研究的重要参考，另一方面成为中国现代文学文献学的关注对象。本文无力借此一新前人之见，也无意对此展开辑佚、校勘、辨伪等文献学研究；而是取法历史研究的"记忆的转向"（turn to memory）基于对回忆之建构性的认识，揭示创造社同人的"创造社"回忆如何重构历史，又如何与集体认同、社会现实、政治话语展开深层互动。

  所谓"记忆的转向"，指的是 20 世纪 80 年代以来，史学研究中的宏大叙事渐趋解体，历史记忆越来越成为历史学研究和史学理论关注的对象，具有高度个体化和私人化特征的记忆成为焦点。[1]伴随着认知科学和心理学对记忆研究的深入，记忆的重构性一极愈加凸显，使史学家们深刻地认识到"过往的记忆是如何根据当下的需求和思考方式而被不断调整的，而非关注记忆中经久持存的东西"[2]。德国历史学家阿莱达·阿斯曼对记忆做了"术"和"力"的区分：前者可以"理解为任何一种以存储和取回的一致性为目的的机械的方法"；而后者则表明在回忆的情况下，"随着时间积极地介入记忆的过程，在存放和取回之间就发生了一个根本的位移"。因此，"回忆的进行从根本上来说是重构性的；它总是从当下出发，这也就不可避免地导致了被回忆起的东西在它被召回的那一刻会发生移位、变形、扭曲、重新评价和更新。……在这种情况下我们不应该把记忆理解为一个保护性的容器，而是一种内在的力量，一种按照自己的规则作用的能量"[3]。这些"重构主义"的观点"鼓励历史学家超越那种简单的对于衡量具体回忆的准确性的方法论关注，而去发展一些技术，用于理解'错误的'细节在更大的回忆模式中占据的位置，并探索关于过往经历的记忆（包括那些'被扭曲'的记忆）所体现或表达的意义"[4]。"如果说记忆有关于过去的那一面未必就那么真确可靠，追索它得以形成和建构的过程，却往往能够让我们对特定个体或人群的经历和感受别有

---

[1] 彭刚：《历史记忆与历史书写——史学理论视野下的"记忆的转向"》，《史学史研究》2014 年第 2 期。
[2] ［英］杰弗里·丘比特：《历史与记忆》，王晨凤译，译林出版社 2021 年版，第 82 页。
[3] ［德］阿莱达·阿斯曼：《回忆空间：文化记忆的形式和变迁》，潘璐译，北京大学出版社 2016 年版，第 21—22 页。
[4] ［英］杰弗里·丘比特：《历史与记忆》，王晨凤译，译林出版社 2021 年版，第 89 页。

意会"①。

"记忆的转向"带来的研究范式的转型别开生面，甚或引发我们对中国现代文学研究"记忆的转向"的思考。我们当然不必对此范式亦步亦趋，但它足以启发我们：无须对回忆本身的"准确性"念念不忘（这当然不等于无视），而应该对回忆的建构方式及其建构之物保有热情。具体到创造社同人的创造社"回忆"，情况无疑更为复杂。回忆的时间跨度，同人性格与身份的复杂多元，创造社介入文学史、革命史的深度，都使得关于创造社的"回忆"不可能成为单纯的"个人记忆"，而只能是一种具有多重功能的话语实践。

一 争夺"真相"与利用"回忆"

如果对创造社同人回忆创造社的动机做一番考察，就会发现阿斯曼所说的"死者纪念、身后功名、历史回忆"三种与过去发生联系的形式②可能无法涵盖这一动机的丰富性与复杂性。但无论如何，"回忆"总是会在特定时机出现，亲历者的身份又为回忆提供了权威性支撑，赋予其不容置疑的"真相"光环。

回忆当然会因同人的逝去而引发。1945年12月9日，郑伯奇在西安写下《怀念郁达夫》，回忆了和郁达夫的交往经历。时值抗战胜利之后，郁达夫"至今生死不明"，郑伯奇"怀念这远去天南，消息断绝的故人"，感叹郁达夫"爱妻离异，老母遇难，长兄为伪组织所暗杀，自己遁迹天南又复下落不明，凶多吉少"，这悲惨遭遇"古今中外的文人中间都不多有"，内心"真不免无限的感慨和伤痛"③。到了1946年3月6日，在得知郁达夫"准定是遭了毒手"之后，郭沫若写了《论郁达夫》一文，深情追忆郁达夫的前尘往事，直言其"自我暴露""坦率"与"不得志"，亦不避讳他和郁达夫之间曾经的龃龉。④1978年6月，郭沫若去世，郑伯奇在病中撰写《深切的哀悼》，"不由得回忆起和郭老第一次见面的难忘情景"⑤。

回忆也会受到特定历史时间的召唤，呈现出与历史及现实间微妙的互动关系。1927年3月，时逢创造社出版部成立一周年，《新消息》周刊创刊，在创刊号上，郁达夫发表《创造社出版部的第一周年》，简述了出版部成立前创造社的发展史。⑥郭沫若在《创造十年》"发端"便说："创造社自1929年二月七日遭了封锁以来，已经满了三年。"⑦1959年，郑伯奇连续写了《忆创造社》《创造社三题》《略谈创造社的文学活动》三篇回忆录，其原因在于"创造社在一九二九年被国民党反动政府非法封闭，于今刚好三十年。在盛大纪念五四运动四十周年的时候，回顾一下创造社的历史，应有双重的意义"⑧。

---

① 彭刚：《历史记忆与历史书写——史学理论视野下的"记忆的转向"》，《史学史研究》2014年第2期。
② [德]阿莱达·阿斯曼：《回忆空间：文化记忆的形式和变迁》，潘璐译，北京大学出版社2016年版，第11页。
③ 郑伯奇：《怀念郁达夫》，《书报精华》1945年第12期。
④ 郭沫若：《论郁达夫》，《人物杂志》1946年第3期。
⑤ 郑伯奇：《深切的哀悼》，《人民文学》1978年第7期。
⑥ 达夫（郁达夫）：《创造社出版部的第一周年》，《新消息》周刊1927年第1期。
⑦ 郭沫若：《创造十年》，现代书局1932年版，第2页。
⑧ 郑伯奇：《创造社三题》，载《郑伯奇文集》，陕西人民出版社1988年版，第1260页。

但更多的时候，创造社同人的创造社回忆常常被当作攻防的武器，用来应对文艺论争和人事纠纷。无论是前期创造社"骂入文坛"的"异军突起"，还是后期创造社"突然转向"的"四面出击"，无不使创造社处于充满紧张关系的竞争性文学场域中。在回应外界批评参与竞争时，"回忆"的作用独一无二。同人们当然需要不遗余力地撰文正面"战斗"，但"回忆"却可借用亲历者的权威身份澄清"真相"，更好地为自己辩诬、辩护。成仿吾的《创造社与文学研究会》写于1922年，当是最早的"创造社"回忆。此文针对汪馥泉发表于《文学旬刊》第55期上的《"中国文学史研究会"底提议》。汪氏在文中分析了创造社和文学研究会"打架"的原因，他认定"自《女神》纪念会后，两派不但不能妥协，反更仇视了"。汪氏强调其叙述的是"见到的听到的事实"，"并没左袒那一边的意思"。[①]文学研究会似乎对成立"中国文学史研究会"不感兴趣，却对文中涉及与创造社关系的部分耿耿于怀——沈雁冰和郑振铎均在文后附了相关的解释和说明。在成仿吾看来，汪氏和沈、郑二人的叙述"不仅于事实不合，并且有许多地方把两方面都冤枉了"，而"关于创造社与文学研究会的交涉史，馥泉君似乎没有听见说过，所以他所举出来的理由完全错了"。对于汪馥泉所说创、文二社交恶"最大的原因"是"他们起初太不接近"的看法，成仿吾认为"这与事实恰恰相反"。成仿吾回忆自己在东京时曾在田汉那里看到过文学研究会写给田汉的两封信，"一封是求他转约沫若同人文学研究会的，一封是骂他为什么不回信的"。由此，"可以知道文学研究会也曾向我们社里拉人，也可以知道文学研究会与创造社打架的远因，不在起初不大接近，而在起初他们来拉人时，有了这么一个不幸的 Prologue，也可以知道因为有了这么一个不幸的 Prologue，文学研究会对于我们才不惜他们种种无聊的军事行动，他们对于我们所怀着的敌忾心，完全是发源于这一点"[②]。成仿吾的"回忆"无疑是"重磅炸弹"，在与文学研究会的论战中发挥的威力不难想象。同样，郭沫若创作《创造十年》，回忆自己"以创造社为中心"的十年间的生活，"发端"于鲁迅的《上海文艺界之一瞥》。郭沫若对鲁迅的创造社评价几乎无一认可且义愤填膺。在"发端"里，他大段翻译摘录《上海文艺界之一瞥》中的文段，逐一进行冷嘲热讽式的点评。郭沫若之所以对鲁迅的"一瞥"如此大动肝火，原因在于其"替创造社作出了一部'才子加流氓痞棍'的历史"[③]。因此，通过亲历者的回忆重构创造社的历史，与鲁迅的历史叙述分庭抗礼，成为郭沫若决心创作《创造十年》的直接动因。

而对创造社同人自身而言，他们的创造社回忆既相互强化、相互补充，却也常常构成竞争和对立。创造社并没有严格的组织和约束力，加之成员性情各异、立场有别、动机多样，在现代中国急剧转型的大潮中难免出现矛盾和分裂。回忆创造社，强调"真相"的揭示，突出自身回忆的客观性，同样也成为创造社同人内部对立竞争的重要方式。1930年7月，王独清创办《展开》半月刊，在第三期上，他发表了《创造社：我和它的始终与它底总账》一文。此时创造社被封已一年有余，王独清"回顾它底过去"，试图"给它本身一个真正的评价"，

[①] 馥泉：《"中国文学史研究会"底提议》，《文学旬刊》1922年第55期。
[②] 成仿吾：《创造社与文学研究会》，《创造》季刊1923年第1卷第4期。
[③] 郭沫若：《创造十年》，现代书局1932年版，第23—24页。

其直接动机是他发现"许多英雄的雇佣者"在"努力地篡改着历史的事实"。而作为"创造社负主要责任的",王独清要把"亲历过的事实狠袒白(按:原文如此)地写出",把那些被"掩盖了的事实"报告出来。他自称拥有"拥护历史事实的这一种义务心",甚至不惜以信仰来保证回忆的真实性:"凡是信仰马克西斯姆的人莫有不尊重历史的事实的。改窜历史,那是资产阶级卑劣的阴谋政策。"①但张资平读了此文后,写下《读"创造社"》一文,非常尖锐地指出:"我觉得王独清的那篇文章……都是废话,其甚者,王独清对事件之经过,不根据经济的关系去分析解剖,而只写了许多似唯心的论调,把他写成煞像一个创造社的领袖。"他详细回忆了王独清在创造社内争权夺利、挑拨离间的种种做派,使王独清苦心孤诣为其"回忆"构筑的"真实"外壳崩塌于一瞬。②

1942年,受上海日文报纸《大陆新报》记者的邀请,附逆文人、创造社成员陶晶孙与日人内山完造做了一场关于创造社的对谈,以《对谈:回忆创造社》之名发表在《大陆新报》上,引发了一阵"创造社热"③,龚冰庐(持平)、周毓英等创造社成员的回忆④也对此推波助澜。1944年,陶晶孙《牛骨集》出版,其中收录《记创造社》《创造社还有几个人》⑤《创造三年》⑥三篇回忆。在《记创造社》文后,陶晶孙特意说明"本文因当时流行谈创造社被迫而写的",《创造社还有几个人》则是对龚持平《创造社的几个人》⑦之补充,《创造三年》为"赠呈日本丰岛与志雄氏而写"⑧。创造社成员陶晶孙、龚冰庐、周毓英的附逆自然令人遗憾,他们此时对创造社的回忆却不由人不浮想联翩。如果考察一下始作俑者《大陆新报》的背景和日本的文化野心,可能就会对他们鼓动陶晶孙等人发起创造社回忆的动机洞若观火。《大陆新报》创刊于1939年1月,"是日本侵华战争及二战期间朝日新闻社和日本军部合作在中国大陆地区发行的报纸","日军占领上海时期,《大陆新报》是当代日侨群体主要阅读的日文大报"⑨。1942年,"日本文学报国会"成立,"该会为了把'大东亚共荣圈'中

---

① 王独清:《创造社:我和它的始终与它底总账》,《展开》1930年第1卷第3期。

② 张资平:《读"创造社"》,《絮茜》半月刊1930年第1卷第2—4期。

③ 最有影响力者当为史蟬(周楞伽)《记创造社》,该文指出陶晶孙和内山的交谈"舛误和疏漏的地方竟然随在可见,不但对创造社的成立、发展、消灭的过程不能原原本本的作系统的叙述,甚至对几个重要的问题(《大陆新报》问的),都回答不出所以然来",因此才决定作此篇,"为中国的新文学运动保留一部分珍贵的史料"。参见《文友》1943年第1卷第2期,又见《华文每日》1943年第11卷第3—4期。关于陶之"附逆",袁鹰指出,陶是受潘汉年指派留在上海做秘密工作的。参见袁鹰《还他清白名——读〈陶晶孙选集〉》,《人民日报》1995年7月11日。又见朱金顺《新文学版本杂谈》,青岛出版社2019年版,第60页。

④ 周毓英:《记后期创造社》,《申报月刊》复刊1945年第3卷第5期。

⑤ 陶晶孙:《创造社还有几个人》,《一般》1943年第1卷第1期。

⑥ 陶晶孙:《创造三年》,《风雨谈》1944年第9期。

⑦ 龚持平:《创造社的几个人》,《风雨谈》1943年第4期。

⑧ 陶晶孙:《牛骨集》,太平书局1944年版,第155、158页。

⑨ 陈童君:《在华日侨文人史料研究——堀田善卫的上海时代》,上海人民出版社2020年版,第1页。

的文人们团结起来,举办了三次'大东亚文学者大会'",1942年11月在东京和大阪举办了第一届,1943年8月在东京举办了第二届,1944年11月由南京的"中日文化协会"在南京举办了第三届。陶晶孙出席此次大会,并担任副会长。尽管陶晶孙对"大东亚文学者大会"并不配合,但"大陆新报倚仗日本军报导部、外交部、兴亚部为后盾,给陶晶孙施加压力逼迫他发表文章、参加文学座谈会"[1]。以此推断,陶与内山的对谈所展开的创造社回忆,应是《大陆新报》对创造社留日背景以及陶创造社成员身份的利用。在对谈的最后,报社记者提出"日本作家与创造社有没有过特别的联系?""除了创造社,这十多年来日本近代作家对中国文学有没有过很大的影响?""创造社的浪漫主义好像也受到了日本文学运动的影响吧?"等问题[2],用意在于引导陶晶孙凸显创造社和日本文学之间的紧密关系,其借助创造社成员的创造社回忆推动"大东亚文学"建构的意图昭然若揭。

二 形象建构与社团认同

如前所述,亲历者因其"事中人"的身份在回忆时拥有一种先天特权,这种特权可以称为优先叙事和权威叙事。前者是一种时间优势,亲历者能第一时间获知相关信息,所以可以比非亲历者率先回忆;后者是一种空间优势,亲历者掌握更多甚或他人不能掌握的信息,所以其回忆在理论上更接近事实的全部,更容易让人笃信不疑。正像丘比特所说的那样,"自传性回忆是一项具有双重建构性的活动:在头脑中建构作为个人经历之要素的过往事件和环境时,我们也在同时建构并维持作为回忆之主体的我们自身——也就是说,作为主体,每个人都意识到自己是一份独特的个人经历记录的所有者,并且因此也是真正有能力回忆这段经历的唯一的人"[3]。这一"亲历者回忆"的"神话"基于一种内在的规定性,一种回忆者需要严格遵守的规约,即回忆者主观上应该尽力追求真实性,尽管这一真实性可能未必能够达成。"人们要求一位自传作者拿出讲真事的计划是很自然的事情,但指责他没有达到这种真实程度也是很幼稚的"[4]。不过,亲历者在回忆时往往对自己的身份优势心领神会且运用自如,可对这一内在规定性的遵守却千差万别因人而异,加之记忆本身的有限性,无不使得亲历者的回忆常常是不可靠的。因此,探究回忆之失真究竟是"主观故意"抑或"客观造成"难度甚大,在记忆研究的"重构主义"者看来也毫无必要,因为"被回忆的过去永远掺杂着对身份认同的设计,对当下的阐释,以及对有效性的诉求。……我们面对的是一汪原液,从中可以塑造身份认同,创造历史和建立共同体"[5]。由此看来,关注回忆呈现出何种"真

---

[1] 详情参见中村翠《沦陷上海的叙述与故事:陶晶孙的文学阵地》,载陈思和、王德威主编《史料与阐释》总第4期,复旦大学出版社2016年版,第308—309页。
[2] 参见[日]内山完造《我的朋友鲁迅》,何花等译,北京联合出版公司2012年版,第211—213页。
[3] [英]杰弗里·丘比特:《历史与记忆》,王晨凤译,译林出版社2021年版,第94—95页。
[4] [法]菲力浦·勒热讷:《自传契约》,杨国政译,生活·读书·新知三联书店2001年版,第18页。
[5] [德]阿莱达·阿斯曼:《回忆空间:文化记忆的形式和变迁》,潘璐译,北京大学出版社2016年版,第85—86页。

实",以及这一"真实"所折射出的主体特征或许可以使我们对回忆的功能有更深刻的体认。

回忆叙事往往是第一人称回顾型叙事,"我"不仅仅是叙述者,也是叙述者着意营构的形象。某种程度上,回忆叙事中的"我"和"他"与回忆主体构成一种互为镜像的关系,"我"和"他"的形象特质作为回忆者着力呈现之"真相",映现着回忆者的意识形态与人格特征。创造社同人的创造社回忆表现出塑造自我与他人形象的浓厚兴趣,"人"甚或成为他们回忆之焦点,这与很多着眼于"事"的回忆截然不同。他们对"人物"的格外关注当然与创造社结社的特点、成员的特异个性有关,但也与回忆作为一种身份认同、集体认同、资源分配的机制相连。

在创造社同人的回忆中,"自我"完全可以视作回忆者人格品性的试金石。在回忆中着力表现自我或美化自我,无论如何都会让人质疑其动机和用心。尤其是对于声名显赫的文学社团创造社,在回忆中凸显自我的重要性和独特贡献,本质上就是将创造社作为一种名利资源进行抢夺。这一点在张资平和王独清的回忆中表现得尤为明显。张资平一生写下不少创造社回忆,如《曙新期的创造社》《胎动期的创造社》《创造季刊时代》《中期创造社》《读"创造社"》等。作为创造社的元老,他的回忆当然具有不可估量的文献价值。但同样不可忽视的,是他不同时期回忆中的微妙变化。《曙新期的创造社》写于1933年5月,其中的"张资平"颇为自谦,充分肯定了郭沫若、郁达夫在创造社前期的贡献,对自己的文学创作也有自知之明。当郭沫若把自己的诗和短篇戏曲拿给他看后,他"在这时候才认识郭确是有文学上的天才,而觉得自己的随笔及短篇小说等存稿,完全不成东西。郭几次要求我写的东西给他看,我因相形见绌,只有完全拒绝"①。而到了1948年发表的《胎动期的创造社》中,张资平回忆与《曙新期的创造社》中同样的经历:"郭沫若写了很多首的新诗和短篇歌剧拿出来给我看",但评价却截然不同:"我看其中一部分确实能够充分地表示他的天才,一部分却是比较雕琢,反丧失了诗的性质,另一部分则完全是游戏文章……"对于郭沫若自以为的一首得意之作,张资平认为"表现似乎太抽象,太空泛了;虽说是几乎浪漫主义,无可非议,但是那种类似超人的神秘语调,实在不合我的脾胃"②。这折射出抗战胜利后附逆文人张资平在人生跌入低谷之后心态的变化。不仅如此,在《胎动期的创造社》以及紧随其后发表的《创造季刊时代》里,张资平一改《曙新期的创造社》的朴实文风,在叙述中夹杂一二对郭沫若、郁达夫、田汉等人的挖苦嘲讽,甚至说郁达夫"对异性有饥不择食的习惯"③,披露郭沫若信中写自己"性欲过剧"的隐私④。而对自己,张资平则采取一种颇为"巧妙"的手法,总是开诚布公地承认自己的缺点和不足,营造出真诚谦逊低调的形象。对于能展现他的高尚品德与个人才情的事件与细节,他不露声色详加展开却绝不自卖自夸,但对这些经历的着意描述已然足够。如通过描写反对"西原借款"军事协定罢课回国表现自己的爱国热情;借陈述《她怅望着祖国的天野》的创作缘由展示自己的有情有义;叙述田汉因为《咖啡店之

---

① 张资平:《曙新期的创造社》,《现代》1933年第3卷第2期。
② 张资平:《胎动期的创造社》,《大众夜报》1948年6月10日。
③ 张资平:《创造季刊时代》,《大众夜报》1948年6月24日。
④ 张资平:《胎动期的创造社》,《大众夜报》1948年6月14日。

一夜》没有排在卷首第一篇而生气，而自己则根本不计较编排顺序，却仍然强调"《创造》季刊一直出到第二卷第一期是由仿吾主编，每期都是以我的短篇创作来冠篇首"[1]，其创作才能与对创造社的贡献自然不言而喻。

与张资平回忆叙事的"婉曲"相比，王独清对自己在创造社中的地位则毫不掩饰。在《创造社：我和它的始终与它底总账》中，王独清一再强调他对创造社的重要性，尤其突出他在创造社"方向转换"中至关重要的作用。他认为李初梨把他和穆木天、冯乃超列为创造社后期的三个人，"在大体上自然是没有甚么错误"。他宣称"创造社底第二时期，可以说是由我结束的"，成仿吾"故意把后期底份子和前期底份子划了一道界限"，而"打破这个隔阂的局面，便是我底彻底转变方向的态度"。王独清认为中国的文化运动，在《新青年》以后，"便要算创造社这个时期底文化运动是最伟大的了"，而他本人在这个时期"是个主要负责任的人"。[2]通过回忆，王独清试图将自己与创造社伟大光辉的历史牢牢捆绑在一起。郭沫若《创造十年》中的自我形象同样遭人诟病，尽管专注于自己经历的描述，但仍免不了对鲁迅、胡适、沈雁冰等人冷嘲热讽。在当时的读者眼中，这本书的价值竟然在于"把一个鼎鼎大名的左翼作家的真面目揭穿：第一，这书显出了作者的心地是狠狭隘——凡足以引起他的嫉妒，或酸葡萄作用者，无一不受他的攻击。……第二，这书显出了作者是个全无主意的人"[3]。更有人批评道："我们只要翻开郭先生的作品来看，不论在那一段，总是看见郭先生昨天由福冈跑到东京跑到上海，今天又由上海跑回东京跑回福冈，明天再由福冈跑来上海。仿佛'创造社'的产生完全是仗他个人的神力一手造成的。"[4]这样的评价虽不无偏激，但足以揭示出回忆在自我形象建构中潜藏的事与愿违的危险。

在郑伯奇的回忆中，郭沫若始终是一个光彩夺目的完美形象。在系列回忆中，郑伯奇从不吝惜对郭的品格与才能的颂赞，他说："沫若待人热诚、坦率、厚重，……对待比自己年纪轻、阅历浅的朋友，他更是处处关心、照顾、帮助，像个长厚的老大哥。"[5]他反复强调郭沫若在创造社中无人能及的地位："创造社毕竟是以沫若为中心而建立起来的，这是不容否认的事实。……沫若对于创造社的功绩，不止是起草新社章，号召同志，交涉杂志丛书的出版而已；充实刊物，处理人事，以至对于外来攻势的防御，这一切都有赖于沫若的苦心和努力。……至于机关刊物的支持，《洪水》半月刊的产生，创造社出版部的成立，这些都是以沫若为中心而实现，那更是彰明较著的事实了"，"所以，我们应该承认，创造社的建立和机关刊物的出版多少是由于沫若的文艺活动促成的"[6]。然而，我们真正需要关注的，可能不是

---

[1] 以上详见张资平《胎动期的创造社》，《大众夜报》"不夜天"副刊1948年5月31日至6月17日连载；《创造季刊时代的创造社》，《大众夜报》"不夜天"副刊1948年6月18日至7月7日连载（7月1—2日未刊）。
[2] 王独清：《创造社：我和它的始终与它底总账》，《展开》1930年第1卷第3期。
[3] 梁秉宪：《郭沫若著〈创造十年〉》，《图书评论》1934年第2卷第6期。
[4] 杨凡：《评郭沫若的〈创造十年〉》，《微音月刊》1933年第2卷第9期。
[5] 郑伯奇：《忆创造社》，载《郑伯奇文集》，陕西人民出版社1988年版，第1241页。
[6] 郑伯奇：《二十年代的一面——郭沫若先生与初期创造社》，载《郑伯奇文集》，陕西人民出版社1988年版，第1172页。

郑伯奇对郭沫若的评价，而是那令郑伯奇久久难忘的"二十年代的一面"，即他与郭的第一次相见。1942年，郑伯奇在重庆《文坛》发表《二十年代的一面——郭沫若先生与初期创造社》，忆及他与郭沫若初见的印象："在四马路泰东书局的总经理室里面，我第一次见了沫若。广额，方脸，一双神采奕奕的眼，十足地表现出一个聪明而又富于热情的性格，方整的身材和广阔的胸围则又显示出他的体格的健康，这不是一个文弱的书生而是一个勇敢的斗士，我深深地得了这么一个印象。"[①] 17年之后的1959年，虽然对见面地点进行了纠正，但郑伯奇仍然用近乎复述的方式强化他对郭沫若的第一印象："他那广额、巨颅、宽阔的胸围、方整的身材都表示了健康的精神和坚强战斗的性格。尤其通过近视镜放射出来的那一双炯炯的目光，更给了我极其深刻的印象。我深深感觉到，他不是一个感伤的诗人，而是一个勇敢的斗士。"[②] 无疑，在随后的回忆中，郭沫若"斗士"的形象被突出和强化了。郑伯奇对郭沫若"一面"的回忆，既是当时当地的深刻感受，也有基于不同时期的政治语境对郭沫若的理解，更有对创造社"斗争"的本质特征的体认。与此相类，在郭沫若对郁达夫的回忆中，也有这样印象深刻而重复出现的情景。在《创造十年》中，郭沫若回忆他和郁达夫喝醉后相扶着走在街道上，静安寺路上"有许多西洋人坐着汽车兜风的"，"那个情景触动了我们的民族性，同时也好像触动了一些流痞性，我们便骂起了西洋人来，骂起了资本家来。达夫突然从侧道上跑到街心去，对着从前面跑来的汽车，把手举起来叫道：'我要用手枪对待！'"[③] 在《论郁达夫》中，郭沫若描写道："达夫曾突然跑向街心，向着一辆飞来的汽车，以手指比成手枪的形式，大呼着：'我要枪毙你们这些资本家！'"[④] 郭沫若对此场景念念不忘，一方面是心有戚戚焉，称"我们是孤竹君之二子"[⑤]；另一方面，这一孤绝悲慨却顽强抗争的形象又何尝不是郭沫若对创造社的认同呢？

三　历史叙述与观念的僭越

施密特说："跟所有意识过程一样，回忆以一系列不可化约的认知、情绪和道德评价为导向并受其制约。"[⑥] 换言之，如果没有认知、情绪和道德评价的导向，回忆就不可能产生。这一观点可以从认知心理学和神经科学的研究中找到依据。心理学家们认为"记忆是从经验的碎片中建构的"，"对经验片段进行建构的过程被称为编码过程（encoding process），即一

[①] 郑伯奇：《二十年代的一面——郭沫若先生与初期创造社》，载《郑伯奇文集》，陕西人民出版社1988年版，第1173页。

[②] 郑伯奇：《忆创造社》，载《郑伯奇文集》，陕西人民出版社1988年版，第1236页。

[③] 郭沫若：《创造十年》，现代书局1932年版，第198页。

[④] 郭沫若：《论郁达夫》，《人物杂志》1946年第3期。

[⑤] 郭沫若：《论郁达夫》，《人物杂志》1946年第3期。

[⑥] [德]齐格弗里德·施密特：《记忆与回忆：建构主义的路径》，载[德]阿斯特莉特·埃尔等主编《文化记忆研究指南》，李恭忠等译，南京大学出版社2021年版，第240页。

个人将他所见、所闻、所想或所感的某件事换成一个记忆的过程"。[①]而回忆则是一个提取记忆的读取或者解码的过程（decoding process），但这个过程并不简单。记忆研究中兴起的"联结主义"或神经网络模型认为："当我们对某一经验进行编码时，那些活跃起来的神经细胞之间的联结就会变得越来越强，脑活动的这种特殊的模式，就构成了对该经验的记忆影像。后来，当我们要回忆这一经验时，某一提取线索所诱导出来的是脑活动的另一模式。如果这一模式与先前被编码的模式足够地相似，那么所引起的便是一次回忆活动。在神经网络模型中，'记忆'并不只是被激活的记忆影像，而是由提取线索和记忆影像共同起作用所产生的一个特殊的活动模式。一个神经网络将眼前环境中的信息与过去所贮存的模式相结合，二者相结合所产生的结果就是神经网络的回忆。"[②]也就是说，回忆实际上是两种认知模式博弈、结合的结果。如果这两种模式截然不同，"由回忆过程建构起的记忆就会被装配起不同的样子，此前记下的细节会丢失，而在有些情况下，或许就连形成连贯的记忆都是困难的"。因此，记忆研究中的"重构主义"更关注对事件的理解、解释在回忆中的重要作用："在回忆一件事时，我们不只是想起从对于该事件的直接经验中得来的一系列形象或印象；相反，我们是去理解这件事，通过结合从其他资源中获得的信息——我们普遍的文化、我们经验的其他领域、我们在回忆时所处的环境——来为我们对这件事的感受赋予意义。我们回忆这件事的能力同样也多多少少依赖于解释它的能力，解释时是通过将它与形成当下普遍理解的概念框架的思想网络和意义系统联系起来。这一事件中易于与这些框架联系起来的方面很容易被保留下来，而不能与这些框架联系起来的，则要么被修改，要么就被简单地遗忘了。"[③]

这样看来，回忆总是具有一种内在的秩序，这一秩序很大程度上由回忆者当下对事件的解释所限定，它常常指向某种意义的生成；而对事件的解释，则往往需要依赖一种当下普遍认可或回忆者认可的理论或观念。由这一种理论或观念主宰的认知模式如果与记忆编码时的认知模式处于一种平衡状态，那更多的记忆就会被提取出来，就会更大程度上逼近"真实"；如果前者和后者相差甚巨，就会出现记忆的遗忘或删改，出现观念凌驾于事件之上的情况，使回忆成为某种观念的注脚。以此来审视创造社同人的回忆，就会发现这种情况不乏其人。一个明显的表征是，他们的回忆性文本中的"述"和"论"严重失衡，"论"所代表的回忆者的主体意识和观念统辖着对过往经验和事件的叙述，这在对创造社历史的回忆中表现得尤为显著，其中固然有回忆自身的运行机制的因素，但更大程度上是回忆者刻意为之的结果。

在"发端"中，郭沫若试图为《创造十年》寻找一个恰当的文体定位。他首先称《创造十年》并不是小说，"因为我的笔太直，不曲"；"也不好说就是历史，因为自来的历史其实就只是小说，是由阶级的立场或个人的私怨所写出的小说"。因此，郭沫若无意进行宏大叙

[①] [美]丹尼尔·夏克特：《找寻逝去的自我——大脑、心灵和往事的记忆》，高申春译，吉林人民出版社2011年版，第30页。

[②] [美]丹尼尔·夏克特：《找寻逝去的自我——大脑、心灵和往事的记忆》，高申春译，吉林人民出版社2011年版，第55页。

[③] [英]杰弗里·丘比特：《历史与记忆》，王晨凤译，译林出版社2021年版，第86、85页。

事，去建构所谓创造社的十年史；而更愿意强调其对自我的意义，把它界定为"一个珂罗茨基的自叙传之一部分"①。一个"流氓痞棍"的自叙传自然带有"流氓痞棍"的个性，因此郭沫若毫不掩饰自己的主观好恶，嬉笑怒骂，淋漓尽致，"完全是站在主观的立场去叙述创造社的诞生，而不是客观地站在第三者的地位去描写十年"②；但另一方面，既然是"自叙传"，就需要有一种内在的逻辑，而绝不是将事件按照时间进行简单的罗列。因为"自传性意识不仅取决于一种对个人存续时间的感受——感受到一个能让一系列经历加诸其上的连续的存在体（自我）——也取决于这样一种感受，即这些经历是依照有意义的次序相继发生的，而它们的一部分意义即在于对个体自我所产生的连续的、累积的作用"③。细读《创造十年》就会发现，郭沫若的回忆暗藏着一条自我思想发展演变的线索，堪称20世纪30年代之前郭沫若的"心灵史"。1932年的郭沫若已经服膺马克思主义，成为一名无产阶级文学家和理论家。在《创造十年》中，他对此前的思想进行了深刻的反思："在政治上我虽然有些比较进步的想法，但在文学的活动上和这种想法并未怎样有机地连络得起来。《女神》的序诗上，我说'我是一个无产者'，又说'我愿意成为一个共产主义者'，但那只是文字上的游戏，实际上连无产阶级和共产主义的概念都还没有认识明白。在《棠棣之花》里面我表示过一些流血的意思，那也不外是诛锄恶人的思想，很浓重地是带着一种无政府主义的色彩。"郭沫若详述自己思想发展演变的脉络，由"进退维谷的苦闷"到清算过去的"泛神论思想"，再到马克思列宁"占据着了意识的中心"。④到了《创造十年续编》中，这一线索一以贯之且更加清晰，从翻译河上肇的《社会问题研究》"形成一个转换时期"到目睹"五卅惨案"之后的"方向转换"，再到与醒狮派、孤军派的对立，进而到"革命文学"的提出可以自豪地称其"和近年苏联的文艺主流所提出的'社会主义的现实主义'的标帜，似乎也并不是两样吧"⑤，一个全新的"郭沫若"呼之欲出。可以说，郭沫若以一种鲜明的阶级意识借由"回忆"重构了自我的历史。

王独清的回忆也灌注着明晰而强烈的历史意识。他重构创造社的历史，不仅仅是争名逐利，更重要的是表明自己对革命、对文化运动方向的与众不同的理解。他的《创造社：我和它的始终与它底总账》甚至可以被视为他的"托派"宣言。王独清认可将创造社的历史分为三个时期的说法，并对三个时期的演进展开剖析。第一个时期是"资产阶级底文艺运动"，但因为"无产阶级底队伍已经在世界露出头角来了"，所以创造社作家无法成为雨果、拜伦那样的"彻头彻尾的资产阶级底作家"，而只能把作品转变为"小资产阶级底形式"，成为"再进一步到革命文学的一个桥梁"。创造社的第二时期开始于"五卅"之后，革命文学口号的提出、对个人艺术的攻击、写实主义的提倡，都表明"这个集团努力向新的方面倾向的事实"。王独清认为，"创造社在社会上的基础大部分是第二时期建立起来的"，其原因"便正

---

① 郭沫若：《创造十年》，现代书局1932年版，第25页。
② 杨凡：《评郭沫若的〈创造十年〉》，《微音月刊》1933年第2卷第9期。
③ [英]杰弗里·丘比特：《历史与记忆》，王晨凤译，译林出版社2021年版，第105页。
④ 郭沫若：《创造十年》，现代书局1932年版，第207、266页。
⑤ 郭沫若：《创造十年续编》，北新书局1938年版，第171页。

在它能够倾向到当时社会需要的思想方面"。至此，王独清的观点尚未显现独特之处，但转向第三期，分歧便尽显无疑。王独清认为创造社第三期的背景是大革命的失败，而大革命的失败"是最高国际本身领导的错误"，是"国际斯大林底曲线的政治"。文学和艺术需要对革命"给一个全部的批判"，"从新来过"，这样一个新的文化运动便应运而生。但第三时期的创造社却令王独清十分失望，只做了"社会科学理论一般地介绍"和马克思主义基本知识在知识青年中的普遍化便中止了，而这只是"第一步的工作"。令王独清痛心的是，创造社第三期的主要份子竟"放弃了主要的第二步工作"，"不但不作检讨过去革命失败的工作，并且还做了掩护过去失败的斯大林派底代言人"，不仅没有成为"拥护真理的中心点"，反而"成了真理中心点的破坏者"。如今，只剩下王独清一人"在突出这种重围"①。王独清的观点涉及中国革命道路选择的关键问题，也关乎中国现代文化运动转型的历史评价，这些自然另当别论，但我们不难从中一窥由于"观念"先行、认知不同而导致的创造社历史叙述的差异和多元。

"观念"对历史叙述的宰制在新中国成立后的创造社回忆中表现得更为明显。此时，历史唯物主义和新民主主义论成为历史叙事的唯一合法性来源。创造社的历史叙事须在主流历史逻辑的框范下展开，成为主流历史叙述的注解。"十七年"时期，郑伯奇写下多篇关于创造社的回忆，无一例外采用了历史叙述的方法，其用意是为了凸显创造社的历史地位。他用主流历史观和文艺观重构创造社历史，解释其中与之相悖之处，附会与强化可能与之相合之处，可谓煞费苦心。郑伯奇首先将创造社置于"在十月革命的影响下所掀起的伟大的反帝反封建运动"的"五四运动"的背景之下，强调创造社是反帝反封建倾向"最鲜明、最强烈、最尖锐"的。②从这一基本判断出发，郑伯奇开始了他对创造社的重新阐释。他认为创造社"无论怎样采用浪漫主义的手法"，"仍然反映了当时的现实"；他回应关于郁达夫是"颓废派"的说法，认为郁达夫和资本主义"世纪末"的"颓废派"并无共同之处，"毕竟是五四时期的进步作家，他具有强烈的爱国主义思想感情和反帝反封建的斗争精神"；他反对将创造社称为"艺术派"，称"……创造社的主要作家，包括郁达夫在内，都反映了反帝反封建的现实斗争，怎么能说是艺术派、艺术至上主义者呢？达夫的作品虽然有些调子低沉，但依然暴露现实的黑暗面，咒骂反动统治的恶势力，对当时的反帝反封建运动也起了一定作用"③。同样，"后期创造社的作品，绝大多数仍然反映了反帝反封建斗争……他们是有意识地要站在劳动者的立场上来进行反帝反封建斗争"④。创造社的反帝反封建性质还体现在与胡适等新月派之间的斗争，郑伯奇重点回忆了这些斗争，并且指出这一斗争的必然性和不可调和："创造社的刊物一出世马上招来了胡适一派的进攻，也可以说是并非偶然。创造社作者的那种反帝反封建的革命激情和胡适一派的买办资产阶级思想感情是格格不入的。"⑤郑伯奇根据

---

① 王独清：《创造社：我和它的始终与它底总账》，《展开》1930年第1卷第3期。
② 郑伯奇：《略谈创造社的文学活动》，载《郑伯奇文集》，陕西人民出版社1988年版，第1268页。
③ 郑伯奇：《忆创造社》，载《郑伯奇文集》，陕西人民出版社1988年版，第1250—1251页。
④ 郑伯奇：《创造社三题》，载《郑伯奇文集》，陕西人民出版社1988年版，第1263—1264页。
⑤ 郑伯奇：《忆创造社》，载《郑伯奇文集》，陕西人民出版社1988年版，第1252页。

毛泽东的《关于正确处理人民内部矛盾的问题》，将这一斗争界定为"敌我斗争"，"根据同样的理由，后期创造社反对胡适、梁实秋等的反动资产阶级文艺思想的斗争，当然也可以看作这一敌我斗争的继续发展"。[1]在《创造社后期的革命文学活动》中，"托派分子"王独清占去郑伯奇不少笔墨，原因在于"创造社新旧成员的矛盾，实际上是没有的，有的只不过是王独清、张资平和大家的矛盾"[2]，而这一矛盾"也是我国革命文艺战线上两条道路斗争的一部分"[3]。因此，郑伯奇说："创造社从成立之初一直到被封为止，始终充满着斗争。"[4]对于创造社的"浪漫主义"，郑伯奇甚至运用毛泽东当时提出的"革命现实主义与革命浪漫主义相结合"的创作方法去解释，认为创造社的"浪漫主义"符合这一方法，只不过"在结合方面，浪漫主义比较多，也更突出"[5]，而"郭沫若同志的浪漫主义是牢固地立足于当时中国的现实之上的，因而他的创作方法仍然符合毛主席所提倡的革命的现实主义和革命的浪漫主义相结合的创作方法，不过其中革命的浪漫主义成分占着更大的比重而已"[6]。可以说，郑伯奇利用亲历者回忆的权威性，将创造社置于新民主主义的历史观和主流文艺观所形成的历史逻辑与阐释框架之内，使创造社的历史成了新中国革命历史叙述的一个组成部分。

创造社同人的创造社回忆一方面作为史料为历史叙事提供依据，另一方面自身也建构丰富多样的历史。对其作"重构主义"意义上的解读，用意不在颠覆其历史的真实向度，而在揭示回忆、历史以及二者关系的复杂性，这对我们重新认识创造社，认识创造社同人，认识中国现代文学史，都是大有裨益的。

（原载《首都师范大学学报（社会科学版）》2022年第4期）

---

[1] 郑伯奇：《忆创造社》，载《郑伯奇文集》，陕西人民出版社1988年版，第1253页。
[2] 郑伯奇：《创造社后期的革命文学活动》，载《郑伯奇文集》，陕西人民出版社1988年版，第1307页。
[3] 郑伯奇：《忆创造社》，载《郑伯奇文集》，陕西人民出版社1988年版，第1225页。
[4] 郑伯奇：《创造社后期的革命文学活动》，载《郑伯奇文集》，陕西人民出版社1988年版，第1304页。
[5] 郑伯奇：《创造社三题》，载《郑伯奇文集》，陕西人民出版社1988年版，第1265页。
[6] 郑伯奇：《略谈创造社的文学活动》，载《郑伯奇文集》，陕西人民出版社1988年版，第1270页。

一本未列入鲁迅书帐的藏书

——鲁迅藏《沫若自选集》的透视与疏解

张 勇

《沫若自选集》是郭沫若应上海乐华图书公司的约请所辑录的一部文学作品选集，被列为该书局"自选集丛书"之一种。1934年1月由上海乐华图书公司出版发行，收录了郭沫若早期作品共12篇，主要可分为小说《鹓鶵》《函谷关》《行路难》《湖心亭》《马氏进文庙》；戏剧《湘累》《广寒宫》《王昭君》《聂嫈》；文论《无抵抗主义者》《歧路》；散文《鸡》等。鲁迅所藏《沫若自选集》题名为郭沫若行草体，并有草书体印刷签名"沫若"二字（见封三），该书共391页，标价为"实价大洋一元二角"，该书有封皮、扉页、插图一幅、作者手稿一页、序、正文、版权页等，在现存郭沫若文学作品单行本、选集本及合集本中，此部作品集乃构成元素最为齐备的一部。

一

《沫若自选集》一书的副文本要素中，相较于郭沫若的同时期其他著作有以下特征：一是《沫若自选集》1934年1月由上海乐华图书公司出版发行后，就再也没有重新印刷，或改版重印过，从而成为郭沫若版本书中为数不多的独版书。郭沫若所出版的各种作品版本，包括单行本、合集本、选集本，绝大多数都多次再版，比较著名的作品版本，不仅由一家出版社初版后多次再版，而且还在同时或之后被多家出版社不断再版印刷、发行，比如《沫若诗集》1928年6月由上海创造社出版部初版后，又分别在1929年3月、12月进行了再版与三版，除此之外，《沫若诗集》上海新文艺书店进行了至少五版的出版发行，上海现代书局进行了至少七版的出版发行，上海复兴书局进行了二版出版发行，而《沫若自选集》却只有1934年1月上海乐华图书公司唯一一种版本，从版本学的角度来看非常珍贵。

二是《沫若自选集》书名是由郭沫若题写的，而且还有沫若二字的印刷签名，这在郭沫若早期出版的作品中也并不太多见。郭沫若早期出版的单行本作品集多是由出版社直接进行装帧设计，书名也多为印刷体的字体，如1921年泰东图书局所出版的《女神》的题名就是泰东图书局所设计的"创造社丛书"的统一字体版式。1925年上海光华书局出版的历史剧《聂嫈》，是较早的由郭沫若题写并签名的单行本作品，此后上海光华书局1925年初版的《文艺论集》、1926年初版的《三个叛逆的女性》等作品集也是由郭沫若题写书名并签字。《沫若自选集》由郭沫若亲自题写书名，并且在题名后签上姓名，进一步强化了自选集编选的初衷与意义，那就是全力凸显原作者元素的编选理念。

三是书的扉页后配有"作者及其家眷"的插图（见封三），这在郭沫若单行本作品及各类作品集中更为少见。该图片是郭沫若与日本夫人安娜及其家人的照片,此幅照片在目前有关郭沫若所存有的图片中是比较罕见的,照片中郭沫若身穿和服站在后排左一的位子,他的夫人安娜则坐在前排,怀中抱着的孩子应该为1933年刚刚出生不久的第五子志鸿,从照片来看郭沫若旁边站立着两位女性,有关她们的身份、姓名以及与郭沫若家的关系,目前则无从考察,不过从此幅图片"作者及其家眷"的说明或许可以推测,站在后排的两位年轻女性是安娜的亲属,更为难得的是此张"作者及家眷"的照片还有郭沫若的亲笔签名。

四是《沫若自选集》中刊出了郭沫若为该著作所撰写序的第一页手稿,史料价值较大,因为"保存、整理和研究作家的创作手稿,是中国现代文学史研究一个必不可少的组成部分"[1],郭沫若现留存下来的手稿多是新中国成立后的,新中国成立前,特别是在1937年7月郭沫若归国抗战前的手稿更是非常稀少。《沫若自选集》中所插入的这一页手稿是郭沫若用钢笔书写的序,行楷字体工整清晰,基本没有修改痕迹。郭沫若早期手稿多为毛笔书写,如此页用钢笔写成的手稿图片,留世较少。因为迁徙、流亡等各种客观原因,郭沫若早期手稿存世较为稀少,《沫若自选集》中虽然仅仅只刊出一张郭沫若手稿图片,但是它的学术价值还是较高的。

五是《沫若自选集》的序后附有郭沫若自叙的"民国三年以来我自己的年表",他基本上将自民国三年(1914)至民国二十二年(1933)这20年发生在他身上的重大事件记录下来,并以年表的形式列举出来,简洁明了、详略得当,这在郭沫若早期作品中也是独一无二的。《沫若自选集》中的早期活动年表,对于今天全面认识和了解早期的郭沫若具有非常重要的意义。该年表,既有郭沫若早期各部重要作品创作的具体时间,也有发生在他身上重大事件的简略记叙,如民国十五年(1926)"北伐"(广州→武汉→南昌),民国十六年(1927)"八一革命"(武汉→南昌→汕头→香港→上海),这分别清晰地勾画了郭沫若参加北伐战争和八一起义时的行走路线,特别是"八一革命"的记叙中,有一段话被涂抹掉了,据判断此条目应为郭沫若所撰写的《请看今日之蒋介石》战斗檄文,有极大可能是印刷后出版社担心审查不过,而做的应急处理,由此也可以推断出当时国内的政治形势还是相当严峻的,不仅如此,由此年表还能获取很多未知的信息,如1931年"译《德意志观念体系》(未发表)"[2],此条信息甚至在目前收录郭沫若资料最为全面的《郭沫若年谱长编》(中国社会科学出版社2017年版)中也未提及,它可以为解读郭沫若所译的《德意志意识形态》《艺术作品之真实性》等有关马克思、恩格斯的译作的考察与研究,提供更全面的资料信息与线索。

以上对《沫若自选集》五个方面的阐释与分析,使其作为"自选"的特征更加鲜明突出,个性化的因素异常明显,也是难得一见的完全由郭沫若亲自编选的代表作品集。

二

顾名思义,《沫若自选集》是郭沫若亲自编选的创作作品的合集,从创作时间来看,《沫

---

[1] 陈子善:《中国现代文学文献学十讲》,复旦大学出版社2020年版,第145页。
[2] 郭沫若:《沫若自选集·序》,上海乐华图书公司1934年版,第6页。

若自选集》所收录的12部作品发表于1921—1933年，它不同于一般以体裁为标准所结集出版的单行本作品集，而是郭沫若将早期除诗歌外多种文学文体创作重要代表作编辑在一起，而形成的作品合集。

在《沫若自选集》出版前后，郭沫若也曾出版过类似的作品选集，其中有1928年创造社出版部出版的《沫若创作集》、《沫若诗集》和《沫若译著选》；1930年上海光华书局出版的《沫若小说戏曲集》，这些作品集都为郭沫若亲自编选后出版的。但相对来说，在民国时期这种自选出版的方式还是较少的，郭沫若绝大多数作品的单行本、选集本或全集本，较多的还是非作者本人编选后再由各家出版社出版，如研因编选，上海民生书店1934年出版的《郭沫若文选》；少侯编，上海仿古书店1936年版《郭沫若小说选》；上海万象书屋编，1936年版《郭沫若选集》等。

郭沫若在《沫若自选集》中选择编入的作品，绝大多数作品编选入此前所出版的单行本、选集本中。《函谷关》《鹓鶵》《行路难》《湘累》《广寒宫》《王昭君》《聂嫈》曾编入1930年上海光华书局版的《沫若小说戏曲集》；《湘累》《广寒宫》《王昭君》《聂嫈》曾编选入1930年上海新兴书店版的《女神及叛逆的女性》；《函谷关》《鹓鶵》《王昭君》《聂嫈》曾编入1926年上海商务印书馆版的《塔》。这些作品反复被编入不同的选集本之中，充分说明了郭沫若对此类风格作品的喜爱。既然是经过郭沫若自己所挑选的各类代表作，基本上可以说是他相对比较满意的作品，而且具有较为典型的代表性，这是与出版者或者读者所编选的作品集有所不同的。郭沫若序言中曾说这些作品："是作者自己选择一些比较可以见人的作品来让读者批判。"①

《沫若自选集》中的作品，虽然文体不同，内容各异，但都是"比较客观化了的几篇戏剧和小说"②。收入自选集中的作品主题与类型比较集中统一，与我们所传统认知到的那个天马行空、浪漫无限的白话新诗人郭沫若的创作风格有所不同。

就作品内容来看，这12篇作品主要可以粗略地分为如下几类。

一类是带有自传性质的日常生活描写。这一类文章主要是散文与小说，如《鸡》《行路难》等。《鸡》在收入《沫若自选集》前未曾发表，它主要描述了郭沫若在日本生活期间，一家人因养鸡所发生的借鸡、还鸡、失鸡、找鸡等一系列日常生活的小事件，并由围绕鸡的"失"与"归"所生发的推测与想象，引发了对于生活在日本社会底层的朝鲜人的同情与怜悯，同时发出了自己流亡期间艰难生存处境的哀叹，特别是透过此篇作品，郭沫若性情中潜在的敏锐艺术感悟力、夸张艺术表现力，在现实生活点滴的触发下淋漓尽致地展现了出来。《行路难》最初发表于1925年4月10日、25日上海《东方杂志》第22卷第7、8号上，是郭沫若自叙传系列小说之一，作者化名为爱牟，将他在日本流亡时期所遭受到民族歧视、生活压迫等细节极尽描摹，爱牟因生活所迫不得不四处迁移，又因支那人的身份备受凌辱，当日本人轻蔑地说道："支那人哟，支那人哟，漂泊着的支那人哟，你在四处找房子住吗？……

---

① 郭沫若：《沫若自选集·序》，上海乐华图书公司1934年版，第1页。
② 郭沫若：《沫若自选集·序》，上海乐华图书公司1934年版，第1页。

我们的房子是狗在替我们守着呢!"①爱牟的愤恨达到了极致,但是他能够做到的还只是无奈地低头,悲惨地隐忍。通过这类作品,郭沫若充分描述了留日青年们"生的苦闷""活的艰辛"的生存现状。

再一类是对中国传统文化的思考。这一类文章主要是历史小说和历史剧,如《函谷关》《王昭君》等。《函谷关》是郭沫若早期的一部历史小说,最初发表于1923年8月19日《创造周报》第十五号,主要讲述的是与老子出关相关联的历史故事,他运用虚构与想象的手法续写了老子出关后的故事,老子出函谷关后,对于自己的文化主张以及思想学说进行了反思,并结合自己出关后的经历对道家思想学说提出了无情的批判,特别是郭沫若借助于关尹之口无情揭露出老子是"有史以来的大滑头!你把你那伪善的经典抱去,又可以向书坊里去骗几张麦饼了"②,从而对道家所提倡"出世无为"思想的欺骗性与虚伪性,进行了无情的批判。其实,这也是对五四新文化运动时期中国历史文化的传承与革新的时代命题进行深入思考与应对,更是对中国传统文化现代型的转变路径的探索与尝试,更是在回归中国文化本源的基础上对生命意义提出理性的思索与解答。以《王昭君》为代表的历史剧创作,也是郭沫若历史类题材的重要写作方式。这些历史剧多由传统社会中寻找到可以阐释的题材,并针对现实的事件进行适当的改编,以阐明郭沫若进步的文化观与审美观。

还有一类就是对转型期中国文化路径反思问题。这一类主要是论说型文章,如《无抵抗主义者》《马氏进文庙》等。《马氏进文庙》最初发表于1925年12月16日《洪水》半月刊第一卷第七号上,文章用虚构的手法描述了中国传统儒家代表孔子与西方思想家马克思的一次偶然碰面,因之二人便就马克思的思想学说与中国传统儒家文化的异同进行了讨论与辨析,最后马克思感叹道"我不想在两千年前,在远远的东方,已经有了你这样的一个老同志!你我的见解完全是一致的,怎么有人曾说我的思想和你不合,和你们中国的国情不合,不能施行于中国呢?"③通过马克思与孔子及弟子们诙谐的对话,郭沫若对马克思主义在中国的传播与接受社会热点问题进行了思索,并就马克思主义中国化提出了有益的路径。

综上所述,《沫若自选集》的编选与出版充分表明了,郭沫若文艺创作观发生了较为明显的转变,那即是由"文学是精赤裸裸的人性的表现,是我们人性中一点灵明的情髓所吐放出的光辉,人类不灭,人性是永恒存在的,真正的文学是永有生命"④的主观审美抒情转向文学创作"只能在社会革命之促进上才配受得文艺的称号"⑤的客观社会描述,《沫若自选集》中的作品与其早期白话浪漫新诗类作品的风格有明显差异,他那着力抒情的浪漫主义追求与文笔几乎不见,客观写实的文笔与生活现实的无奈扑面而来,这或许也是吸引鲁迅购买与阅读此书的原因所在吧。

---

① 郭沫若:《沫若自选集》,上海乐华图书公司1934年版,第200页。
② 郭沫若:《沫若自选集》,上海乐华图书公司1934年版,第76页。
③ 郭沫若:《沫若自选集》,上海乐华图书公司1934年版,第387页。
④ 郭沫若:《论文学的研究与介绍》,《时事新报·学灯》1922年7月27日。
⑤ 郭沫若:《致成仿吾》,载《郭沫若书信集》(上),中国社会科学出版社1992年版,第239页。

三

鲁迅喜欢藏书，他的收入除了应付生活必需的开销外，几乎都用于了购书，"平均下来，每年所费在500元以上"[1]，一本厚厚的书帐记录了他多方购书的复杂而艰辛的心路历程。鲁迅一生共"藏书4000余种，近13800册，范围涉及哲学、社会科学、教育、语言、文学、艺术、历史、考古、宗教、自然科学、医学等各个领域。其中中文书籍2193种，10683册"[2]，鲁迅藏书来源主要有三个方面，一是作者赠送，二是自行购买，三是出版社或友人赠书。

《沫若自选集》是鲁迅通过何种方式收藏的呢？首先，作者赠书应该不是，因为鲁迅藏有的该书并无任何郭沫若的手书题字、签名、赠语或签章等印迹，而且鲁迅与郭沫若均未提及有过赠书之事。再者，上海乐华图书公司赠阅的可能性也不大。鲁迅的书多通过北新书局、良友图书公司等与之有密切关联的书局出版，因而这些图书出版机构也时常将所出版的图书赠予鲁迅阅读[3]，而出版《沫若自选集》的乐华图书公司，"创办于1929年的上海，在上海'孤岛'沦陷时停业，主持人是陈维青。该公司出版的书籍，有一大部分在第二次国内革命战争时期被国民党当局查禁了。"[4]乐华图书公司存在的时间并不太长，而且政治色彩也较为浓郁，在查阅多种资料后也基本可以推断鲁迅与乐华图书出版公司并无任何联系，因此由出版社赠阅的可能性也微乎其微。另外，查阅《鲁迅藏书签名本》等有关学术资料，也无郭沫若或乐华图书公司赠书的相关记录与线索。那么鲁迅自行购买《沫若自选集》的可能性是否存在呢？我认为这个概率也不太大，因为，首先鲁迅是一位思维极其缜密的人，在他每年日记后所附的"书帐"中，非常清晰地记录着自己所购买书籍的书名、数量、价格、日期，每年还都有购书款的总额，以及月均购书的金额等详细的记录，鲁迅所购买的郭沫若9本有关历史学、古文字学的学术著作，也都清晰地记录于"书帐"之中，在这样的情形下，鲁迅唯独遗漏了记录《沫若自选集》的概率很小；其次，"书帐"还有一个非常明显的特征就是"似乎没有他购买过当时文坛上大大小小哪一位作家著作的记录（赠书者例外）"[5]，也即是说鲁迅藏书的同时期作家作品，几乎都不是他购买的，而多为赠书。综上几点来看，就还剩下最后一个可能，那就是《沫若自选集》大概是由鲁迅友人赠送给他的，就如李一氓曾在1931年5月14日赠送给鲁迅两本郭沫若所著的《甲骨文字研究》。由于《沫若自选集》很可能为友人赠送给鲁迅的，因此该著作便没有被鲁迅记录在"书帐"之中，但鲁迅却把他作为藏书保存了下来。

---

[1] 余斌：《有书和没书的日子》，广西师范大学出版社2016年版，第178页。
[2] 赵丽霞编著：《鲁迅藏书签名本·总序》，大象出版社2011年版，第2页。
[3] 鲁迅1934年的《书帐》中就记录了"《革命前一幕》一本，良友图书公司赠"。鲁迅：《鲁迅全集》第16卷，人民文学出版社2005年版，第505页。
[4] 张泽贤：《民国出版标记大观》，上海远东出版社2008年版，第215页。
[5] 蔡震：《于细微处看历史——从鲁迅书账中的郭沫若著作说起》，《平顶山学院学报》2013年第3期。

鲁迅把《沫若自选集》作为自己的藏书保存下来说明了什么问题呢？首先要明确的是，在现存鲁迅藏书的书目中，《沫若自选集》是唯一一本有关郭沫若文学创作类书籍，鲁迅藏郭沫若著作原本就少，据统计鲁迅共藏有郭沫若著作 11 部，除了《沫若自选集》外其余均为古文字、历史学方面的学术著作，20 世纪初期文坛较著名的作家，他们的代表作鲁迅都藏有多本，比如郁达夫的作品，鲁迅就藏有《茑萝行》《迷羊》《达夫代表作》《她是一个弱女子》等，茅盾的作品，鲁迅也藏有《子夜》《春蚕》《茅盾自选集》《路》等多部，而藏有以文学创作著称的郭沫若代表作却数量极少，这其实也从另一侧面反映了鲁迅对郭沫若长期以来的主观认知与交往态度，也折射出二人间极为微妙而复杂的关系。

鲁迅极少藏郭沫若文学类作品的主要原因大致有以下几点。

一是郭沫若文学作品创作的题材、体裁、风格多与鲁迅迥异，而且差异还非常大，郭沫若主创现代白话新诗，出版了《女神》《瓶》《星空》等诸多诗集，而鲁迅则主要致力于现代白话小说以及杂文的创作，他的《狂人日记》《阿Q正传》等作品更是获得了广泛的赞誉。小说与诗歌作为文学创作体裁来讲本就差异非常明显，诗歌创作主情，而小说创作则主理，小说语言特别讲求写作的逻辑推演与变化，而诗歌的语言与结构更多显示出非逻辑性的特征，在《鲁迅全集》内提及到与郭沫若早期作品创作相关评价性的语言也寥寥无几，为数不多的两次还基本上是存有嘲讽的语气，如"肚大两头尖，像一个橄榄。我如有作品，题这名目是最好的，可惜被郭沫若先生占先用去了。但好在我也没有作品。"[1]这也基本可以看出，郭沫若早期文学创作大部分作品多不在鲁迅主要阅读的视野之内。

二是鲁迅较少藏郭沫若的文学作品恐怕还是与二者之间关系密不可分。不可否认，鲁迅与郭沫若之间的私人关系并不太好，甚至在有关"革命文学"论争时剑拔弩张，双方都有不理智的言语交锋，损伤彼此之间本已脆弱的情感基础也在所难免。鲁迅对以郭沫若为代表的创造社同人颇多微词，一直认为他们"许多作品，既和当时的自命才子们的心情相合，加以出版者的帮助，势力雄厚起来了。势力一雄厚，就看见大商店如商务印书馆，也有创造社员的译著的出版，——这是说，郭沫若和张资平两位先生的稿件。这以来，据我所记得，是创造社也不再审查商务印书馆出版物的误译之处，来作专论了。这些地方，我想，是也有些才子＋流氓式的。"[2]更不用说他们用所谓"为艺术而艺术的，专重自我的，崇创作，恶翻译"[3]的文笔构思创作出来的文学作品了，有了这样主观性的前认知，鲁迅对于郭沫若的文学作品极有可能会退避三舍，唯恐躲避不及，更不用说收藏他的作品了。

那么，为什么鲁迅在众多郭沫若作品中单单收藏了这本《沫若自选集》呢？我认为鲁迅可能是基于如下几点的考虑。

第一，《沫若自选集》作为郭沫若亲自选编的具有代表性的作品，本身具有独特的文学审美价值与收藏价值。通过本文第一部分的阐述与分析，可以清晰地看出《沫若自选集》是

---

[1] 鲁迅:《而已集·通信》，载《鲁迅全集》第 3 卷，人民文学出版社 2005 年版，第 466 页。
[2] 鲁迅:《二心集·上海文艺之一瞥》，载《鲁迅全集》第 4 卷，人民文学出版社 2005 年版，第 302—303 页。
[3] 鲁迅:《二心集·上海文艺之一瞥》，载《鲁迅全集》第 4 卷，人民文学出版社 2005 年版，第 302—303 页。

具有较高的史学价值与收藏价值的，通过此部稀缺的郭沫若作品版本既能够全面了解郭沫若早期文学创作的特色，也能够通过丰富的副文本要素全面了解早期郭沫若的生活侧面，因此作为喜好藏书的鲁迅来说，不会看不到此书溢出于文学审美特征之外的独特价值，阅读并收藏它也在情理之中了。

第二，收录于《沫若自选集》内的郭沫若作品代表作，较为契合鲁迅的阅读期待视野。"鲁迅和茅盾、丁玲、郭沫若一道，代表着大部分中国现代文学界有才能的作家。"[①]对于这个观点与判断，鲁迅是基本认可的，而《沫若自选集》中多数作品风格也接近鲁迅创作的模式，比如历史小说创作，鲁迅在20世纪20年代初期，所完成的《补天》《铸剑》《奔月》等有关历史题材的小说，基本与郭沫若《函谷关》《鹓鶵》等作品风格相似，而对于《行路难》《湖心亭》《鸡》等反映留日青年学生窘迫生存困境的作品，鲁迅也并不排斥，特别是他对于郁达夫"零余者"类型的小说是极为欣赏的，便可见一斑，因此郭沫若在《沫若自选集》中所编入作品，绝大多数还是较吻合鲁迅阅读的范畴。还有一个不可忽略的因素就是，在《沫若自选集》出版前《鲁迅自选集》已经在1933年3月由上海天马书店出版，该著作是由鲁迅亲自选出的22篇作品组成，并且"卷前有一帧鲁迅像及鲁迅1932年12月14日所作序言并附该篇影印手稿一页"，"鲁迅自书书名"[②]，自此"自选集"系列图书便相继被不同出版社效仿，天马书店出版《鲁迅自选集》后，茅盾、郁达夫和周作人等人的自选集也陆续出版，乐华图书公司也继此推出了郭沫若、张资平以及王独清等人的自选集，"一时自选之风，大为盛行"[③]，《沫若自选集》采取此种编排方式也可追溯到缘由了。鲁迅与郭沫若两本当时最负盛名的大作家的自选集相继面世，这或许激发了鲁迅阅读《沫若自选集》的兴趣，进而收藏了它。

第三，收藏《沫若自选集》也从另一侧面印证了鲁迅与郭沫若之间逐渐趋向缓和的关系。鲁迅与郭沫若的关系在20世纪30年代初中期逐步出现了缓和的迹象，他们俩因左翼作家同盟的事务有了可以彼此沟通、了解的基点，由此鲁迅也逐步主动增加了对郭沫若全面的审视，虽然二者没有直接的会面、交谈与通信，但此时在不同场合鲁迅和郭沫若借助于别人之力，都彼此向对方传递和释放了较为善意的问候与评价。如"在《杂文》时期，猛克给鲁迅先生去信，鲁迅回信谈及郭沫若在东京致力于甲骨文和金文的考古研究，表示关怀。猛克把给杂文社的信送给住在千叶的郭先生看了，郭也托猛克回信时向上海的鲁迅先生问候致意，两位文艺界前辈互相关怀问候，曾使我们'左联'的后辈非常高兴。"[④]

不仅如此，鲁迅还对郭沫若在日本的现状也极为关注，并作出了积极的评价，后人就回忆道："在国内，左翼作家的作品很难发表出去，郭先生的文章能接二连三地登出来，很好，读了很高兴；但要注意避开当局的注意。郭先生如能长期地出来发表文章和进行活动，影响

---

① [美]埃德加·斯诺编:《活的中国》，文洁若译，湖南人民出版社1983年版，第6页。
② 冯英编著:《鲁迅著译影记》，大象出版社2011年版，第51页。
③ 唐弢:《唐弢文集》第5卷，社会科学文献出版社1995年版，第481页。
④ 臧云远:《"左联记事"》，载《左联纪念集1930—1990》，百家出版社1990年版，第263页。

就会很大。"①而郭沫若也投桃报李,通过多种方式向鲁迅发出了诚挚的谢意,特别是在知晓鲁迅为国内左翼作家联盟的实际领导人后,也未有任何顾虑,非常热情地支持魏猛克等人筹办东京左翼分盟的工作,并成为《质文》的主要撰稿人。而鲁迅藏《沫若自选集》便发生在此期间,我们不能武断地推断并认定鲁迅藏有郭沫若的作品集,就证明了鲁迅与郭沫若关系有了根本性的转变,但至少也可以看出他们之间关系有了进一步向好的方向转变的可能性。

《沫若自选集》在目前郭沫若研究领域中还未有专门的研究成果,其被我们所认知也多为阐述相关论题时作为附带材料被提及,从鲁迅的藏书来透视《沫若自选集》的美学与史料价值无疑是一个非常独特的切入点,这不仅仅能够从阅读者的角度来客观审视《沫若自选集》,而且还可以借助于此进一步深化对鲁迅与郭沫若两者间错综复杂的人际关系的认识与解读。

(原载《鲁迅研究月刊》2022年第9期)

---

① 颜雄:《平凡的圣迹——猛克先生事略》,《新文学史料》1995年第4期。

郭沫若的通史编纂思想

陈时龙

关于郭沫若与通史编纂，宋家钰《郭沫若与〈中国史稿〉》，谢保成《郭沫若主编〈中国史稿〉》，晒姝、应吉《郭沫若主编〈中国史稿〉》以及翟清福《郭沫若与尹达二三事》等数篇文章对其编纂《中国史稿》的缘起与经过、编纂过程、在《中国史稿》编纂中提出的指导性思想和具体修改意见等，都已经进行了详尽的说明，所讨论的时间段集中于20世纪50年代末和60年代初。[①]20世纪是通史编纂兴起与蓬勃发展的阶段，不少史学家热衷于通史编纂，包括夏曾佑、钱穆、范文澜、翦伯赞、吕振羽、周谷城、白寿彝等。作为20世纪最伟大的历史学家之一，郭沫若在主持《中国史稿》编纂之前，已长期关注通史编纂问题。他对范文澜《中国通史简编》和翦伯赞《中国史纲》都有过评论。在1947年《中国古代社会研究》的再版后记中，郭沫若曾写道："我也起过这样的雄心，想写一部完整的《中国古代史》，把社会分析、思想批判等，通统包括在里面。"[②]郭沫若对通史也一直抱持着浓厚的兴趣。他在1942年8月写作《关于"接受文学遗产"》一文时感叹说："中国……缺乏一部很好的通史。"[③]因此，郭沫若对通史编纂的思考，从40年代到60年代一直延续。分析郭沫若的通史编纂思想，可以丰富我们对郭沫若史学思想的理解。

一 为史须求通，但首先必须解决社会形态问题

郭沫若为史求通的思想很早已经形成。郭沫若并不排斥历史考据。相反，从他对各种考古文物的辨析到对唐人武则天出生地、李德裕贬谪地、《再生缘》作者清人陈端生生平等问题的考证来看，郭沫若对历史细节有极强的兴趣。他只是反对漫无目的的考据。在评价清代的乾嘉学派时，他曾说："要讲考据就不能嫌'烦琐'——占有资料。烦琐非罪，问题是考

[①] 宋家钰：《郭沫若与〈中国史稿〉》，载朱绍侯主编《中国古代史研究入门》，河南人民出版社1989年版；谢保成：《郭沫若主编〈中国史稿〉》，载中国社会科学院历史研究所编《求真务实五十载——历史研究所同仁述往》，中国社会科学出版社2004年版；晒姝、应吉：《郭沫若主编〈中国史稿〉》，载《郭沫若研究》第10辑，文化艺术出版社1992年版；翟清福：《郭沫若与尹达二三事》，载中国社会科学院历史研究所编《求真务实五十载——历史研究所同仁述往》，中国社会科学出版社2004年版。

[②] 郭沫若：《中国古代社会研究·后记》，载《郭沫若全集·历史编》第1卷，人民出版社1982年版，第311—312页。

[③] 林甘泉、蔡震主编：《郭沫若年谱长编（1892—1978年）》第2卷（1942年8月8日），中国社会科学出版社2017年版，第953页。

据的目的何在？"①这正是他区别于当时另外一些学者的特点。早在1929年，他在《中国古代社会研究·自序》中将自己的治史之法与胡适等人进行比较后说："我们的'批判'有异于他们的'整理'。'整理'的究极目标是在'实事求是'，我们的'批判'精神是要在'实事之中求其所以是'。'整理'的方法所能做到的是'知其然'，我们的'批判'精神是要'知其所以然'。'整理'自是'批判'过程所必经的一步，然而它不能成为我们所应该局限的一步。"②郭沫若认为自己区别于胡适等人的治学，在于自己要寻求事实背后的规律与原因，寻求一个"所以"。因此，以《中国古代社会研究》为标志，通过将唯物史观运用到中国古代社会的分析上，郭沫若"划出了与胡适为代表的'整理国故'一派的界限"③。郭沫若终身坚持这样的一种史学态度，认为像胡适那样的文化发展上的点滴主义不提普遍规律，只讲量变而不讲质变，而马克思主义者则是从无数的证据归纳出一个规律，然后可以依据规律解决不少未知的问题。④1959年3月13日，郭沫若在中国历史提纲草案座谈会的讲话中提出，《中国史稿》要明确"明确历史发展的规律"⑤。到1963年，他在广西历史学会成立大会开幕式上《谈历史工作者的任务》的讲话中更明确地说：今天的历史研究是"要从人类历史发展过程中发掘出它的规律，掌握住这些规律，回过头来，改造人类社会、促进人类社会的不断发展。这是今天历史研究的使命。"⑥

只是，如何才能明确历史发展的规律？如何编出一部好的通史？其首要任务是什么？郭沫若提出，通史编纂首先要解决好社会形态问题。社会形态问题是唯物史观的基本问题。虽然没有写一部完整的中国古代史，但郭沫若的视野始终是通贯的，这表现在他将马克思主义社会形态学说在中国历史分期问题上进行应用的尝试。他的这一方面的史学实践，始于其在1929年开始写《中国古代社会研究》。在之后的时间里，他对历史分期问题的思考从未停止过，尤其在奴隶社会与封建社会的交替应该放在什么时间段的问题上。郭沫若在1972年《中国古代史的分期问题》一文中说："最早我认为：两种社会制度的交替是在西周和东周之交，即在公元前七〇年左右。继后我把这种看法改变了，我改定在秦、汉之际，即公元前二〇六年左右。一直到一九五二年初，我写《奴隶制时代》那篇文章，才断然把奴隶制的下限划在春秋与战国之交，即公元前四七五年。"⑦在1959年，因编纂《中国史稿》的需要，他就古代史研究系统

---

① 林甘泉、蔡震主编：《郭沫若年谱长编（1892—1978年）》第4卷（1961年5月13日），中国社会科学出版社2017年版，第1832页。
② 郭沫若：《中国古代社会研究·自序》，载《郭沫若全集·历史编》第1卷，人民出版社1982年版，第7页。
③ 谢保成：《郭沫若学术思想评传》，北京图书馆出版社1999年版，第105页。
④ 李斌：《女神之光：郭沫若传》，作家出版社2018年版，第325页。
⑤ 林甘泉、蔡震主编：《郭沫若年谱长编（1892—1978年）》第3卷（1959年3月13日），中国社会科学出版社2017年版，第1734页。
⑥ 林甘泉、蔡震主编：《郭沫若年谱长编（1892—1978年）》第5卷（1963年3月18日），中国社会科学出版社2017年版，第1936页。
⑦ 郭沫若：《中国古代史的分期问题——代序》，《奴隶制时代》，载《郭沫若全集·历史编》第3卷，人民出版社1984年版，第4页。

地表达了他的意见，在论历史分期问题时，则坚定地主张奴隶制和封建制的分期应"定在春秋、战国之交"①。除了思考奴隶社会、封建社会应划界于何时的问题，封建社会的长期停滞也是他关心的。1945年，郭沫若到苏联访问时作了《战时中国的历史研究》的报告，谈到战时中国历史研究虽然"还没有一部良好的通史"，但近三十年来"中国历史学家的智慧是用在解决基本的问题之上"，根据历史发展的法则"指明各个历史时代的人民、文化、科学和艺术应该放在重要的位置，从而在这个基础上重新创造中国的历史"②。所谓"解决基本的问题"，核心在"古代社会的争辩""封建制长期停滞的探源"等。《战时中国的历史研究》的报告探讨了封建制长期停滞的问题。他认为中国历史学家普遍注意的一个问题是：中国封建社会为什么这样长久？为什么不能从封建制度过渡到资本主义？为什么每次农民革命终归失败，即使胜利也没有改变社会的基础？这些问题虽然还没有"确定的答案"，但大多数人都认为由于"中国生产力停滞不进"，因而农民革命"不能造成新的生产方法"，"意识形态的上层构造——政治、文化等等——也就停止不进"③。一部好的通史的编纂，有赖于这些问题的解决。

二 通史编纂应吸收不同学术意见，但要异中求同

在中国古代史的问题上，郭沫若很注重吸收不同史家的观点。1942年，他请了许多观点并不一致的人到文化工作委员会讲学，"邀请了侯外庐、周谷城、吕振羽、杜国庠等史学家来文工会讲中国通史和中国思想史"④。仅在1942年9月4—7日间，郭沫若就连续四天请翦伯赞到文化工作委员会讲中国通史。⑤郭沫若强调说："我是有意识地请这些观点不完全一致的学者来讲的，这一方面是百家争鸣，另一方面能启发大家独立思考问题，我本人也是一家之言，你们大家可以相互比较，择善而从，学问就能深入。"⑥因此，他也一直密切关注那一时期其他史学家在通史编纂上的成绩。翦伯赞《中国史纲》第一卷写成之时，他向翦伯赞写信祝贺说："您的《中国史纲》（第一卷）将要脱稿，这断然是一九四二年的一大事件。"⑦1945年，郭沫若访问苏联，于7月5日、8月3日在苏联科学院历史研究所、苏联对外文化协会历史哲学组作《战时

---

① 郭沫若：《关于中国古史研究中的两个问题》《奴隶制时代》，载《郭沫若全集·历史编》第3卷，人民出版社1984年版，第228页。
② 林甘泉、蔡震主编：《郭沫若年谱长编（1892—1978年）》第3卷（1945年7月4日、8月3日），中国社会科学出版社2017年版，第1100、1104—1105页。
③ 林甘泉、蔡震主编：《郭沫若年谱长编（1892—1978年）》第3卷（1945年8月3日），中国社会科学出版社2017年版，第1105页。
④ 林甘泉、蔡震主编：《郭沫若年谱长编（1892—1978年）》第2卷（1942年1月25日），中国社会科学出版社2017年版，第909页。
⑤ 林甘泉、蔡震主编：《郭沫若年谱长编（1892—1978年）》第2卷（1942年9月4—7日），中国社会科学出版社2017年版，第956—967页。
⑥ 林甘泉、蔡震主编：《郭沫若年谱长编（1892—1978年）》第2卷（1942年1月25日），中国社会科学出版社2017年版，第909页。
⑦ 罗永常：《翦伯赞与郭沫若的深情厚谊》，《党史纵览》2017年第4期。

中国的历史研究》的报告，谈到战时中国历史研究关注的议题包括通史的酝酿、古代社会的争辩、历代农民革命运动的关心、封建制长期停滞的探源等，并在对通史的介绍中综述当时历史学家在通史编纂方面的努力，点评了范文澜主持《中国通史简编》、翦伯赞《中国史纲》等通史著作，说《中国通史简编》"价值不仅在于把中国历史系统化，而且在于写得非常的通俗"，而《中国史纲》，"实则一部大书，全书还没有完成"[①]。从郭沫本人的思想看，他更倾向于集体编纂一部通史著作，在之后主持《中国史稿》编纂时反复强调要集众人之观点成一部通史的想法。

要集体编纂一部通史，就势必要吸收各家观点，兼采众家之长。1956年7月1日，在编写中国历史和中国哲学史教科书的座谈会上，郭沫若的讲话强调，"新教科书应该'百家争鸣'，强调采取民主集中制的办法"[②]。《中国史稿》编纂工作开始后，其筹备工作在1958年底基本完成，提纲也陆续编出，于是，郭沫若在1959年3月13日中国历史提纲草案的座谈会闭幕式讲话中指出，要贯彻百家争鸣的方针，除了执笔者之外，"还要有'参谋部'，请到会的专家作参谋部的'诸葛亮'"[③]，"大家提出了不同意见，执笔者要尽量地补充进去"[④]。事实上，最后《中国史稿》的形成集合了众人之智慧。1960年春《中国史稿》初稿写成后，曾向全国史学工作者征求意见，回收了7000多条意见。[⑤] 1961年12月，郭沫若在广州邀商承祚、容庚、刘节等史学界人士座谈，强调学术研究一定要坚持百家争鸣。[⑥]《中国史稿》第一册的前言总结性地说："为了完成这个艰钜的编写任务，我们一开始就学习着采取群众路线的方法，以期经过共同讨论钻研，收到集思广益的效果。前后参加本书编写工作的单位不下二十，人数将近百人。"[⑦] 对于不同意见，《中国史稿》在写作过程中"进行了认真的、必要的探索，从而也获得了不少的教益"[⑧]。第一册出版前言还说："这部史稿的编写，始终是一个集体工作。"[⑨] 这清晰地表达《中国史稿》是一部集众力而成的通史。到1963年3月18日，郭沫若与翦伯赞等参加在南宁举行的广西历史学会成立大会开幕式，郭沫若作题为

---

① 林甘泉、蔡震主编：《郭沫若年谱长编（1892—1978年）》第3卷（1945年7月4日、8月3日），中国社会科学出版社2017年版，第1100、1104—1105页。

② 谢保成：《郭沫若主编〈中国史稿〉》，载中国社会科学院历史研究所编《求真务实五十载——历史研究所同仁述往》，中国社会科学出版社2004年版，第26页。

③ 谢保成：《郭沫若主编〈中国史稿〉》，载中国社会科学院历史研究所编《求真务实五十载——历史研究所同仁述往》，中国社会科学出版社2004年版，第27页。

④ 林甘泉、蔡震主编：《郭沫若年谱长编（1892—1978年）》第3卷（1959年3月13日），中国社会科学出版社2017年版，第1734页。

⑤ 晒姝、应吉：《郭沫若主编〈中国史稿〉》，载《郭沫若研究》第10辑，文化艺术出版社1992年版，第149页。

⑥ 林甘泉、蔡震主编：《郭沫若年谱长编（1892—1978年）》第4卷（1961年12月），中国社会科学出版社2017年版，第1864页。

⑦ 郭沫若主编：《中国史稿》第一册《前言》，人民出版社1962年版，第1页。

⑧ 郭沫若主编：《中国史稿》第一册《前言》，人民出版社1962年版，第2页。

⑨ 郭沫若主编：《中国史稿》第一册《前言》，人民出版社1962年版，第2页。

"谈历史工作者的任务"的讲话,也指出,面对中国历史丰富的史料,在研究中"分工的办法是必须采用的"①。

然而,虽然要采纳不同的观点,但作为一部前后统一、一以贯之的通史著作,编纂又应于异中求同。郭沫若这种须于异中求同、民主集中的观点,很早就产生了。1951年6月17日,郭沫若作《关于周代社会的商讨》,就范文澜《关于中国通史简编》一文"西周是封建社会"说以及嵇文甫对中国社会早熟性的判断进行商榷,认为嵇文甫的《中国古代社会的早熟性》一文虽然强调了中国的特殊性,但并不能因此将一般规律弄得很含混,说:"并不是由于中国社会发展的本来浑沌,而是由于咱们大家的头脑还有点不澄清——材料不够,分不清阶段,有了材料也还不能正确掌握。"他最后指出:"我们在划分阶段上还不能取得一致,那是由于我们所占有的古代材料还不够充分,也由于还须得有一段时间来等待大家的意识的澄清。……问题是总会要得到定论的,浑沌决不会永远浑沌下去。"②不能"永远浑沌下去",就是在一定时期内必须得出一结论,而这一结论的正确与否可以在将来不断地加以检验,进而加以修正。1959年3月13日,郭沫若在中国历史提纲草案座谈会上讨论奴隶社会和封建社会部分的提纲时指出:"在会上有些小分歧,这不过是大同中的小异。在新旧观点、新旧方法还没有掌握得十分正确之前,是可能发生小异的。旧观点的尽量消除,新观点的尽量建立,材料由集体力量来掌握,那就可以化小异为大同,初步取得一致。要善于采纳不同的意见,听取不同的意见,在不同的意见中尽可能采取辩证的方法取得'同'。……事物总是在发展的,发现的资料会愈来愈多。一件重要的资料足以攻破定说,所以小异总会有些。我们都是马克思主义者,目前还有些小异,我们不能让它长期'异'下去,必须努力求其'同'。"③1962年,郭沫若在《中国史稿》的前言中说:"参加编写工作的同志,在彼此的学术见解上虽然不可能完全一致,但是大家一直合作得很好,这是非常可贵的。我们深切体会到,只要我们和衷共济,实事求是,经过反复的研究磋商,原来分歧的意见,也有可能达到一致。达到一致之后,往往又会产生新的分歧。分歧是永远会有的,为分歧而争论,正是推进学术研究的动力。它可以促进彼此拾遗补阙,解蔽救偏,有利于百家争鸣的开展和学术水平的提高。"④不同的观点或通过折衷或择其之一而从之,但却必须有一个"一致",才可能往下推进通史编纂,例如在古史分期的问题上,就采用了郭沫若的以春秋、战国之交作为封建社会的开端的说法。

---

① 林甘泉、蔡震主编:《郭沫若年谱长编(1892—1978年)》第5卷(1963年3月18日),中国社会科学出版社2017年版,第1935—1936页。

② 郭沫若:《关于周代社会的商讨》,载《郭沫若全集·历史编》第3卷,人民出版社1984年版,第113页。

③ 林甘泉、蔡震主编:《郭沫若年谱长编(1892—1978年)》第4卷(1959年3月13日),中国社会科学出版社2017年版,第1734页。

④ 郭沫若主编:《中国史稿》第一册《前言》,人民出版社1962年版,第1页。

三　通史编纂应有主线，同时要力求全面

党对于通史编纂一贯很注重，但对通史具体怎么写尚未形成具体意见。20 世纪 40 年代范文澜等编《中国通史简编》时，毛泽东对通史写作的写法要求是"夹叙夹议"。[1]《中国史稿》是在新的历史条件下我党的又一次通史编纂计划，其指导思想是马克思主义、毛泽东思想。郭沫若在 1963 年《谈历史工作者的任务》的讲话中也说："毛主席的思想是今天指导科学研究的方针性思想。"[2] 但是，在毛泽东思想的指导之下，通史具体要怎么编？郭沫若虽然没有系统的论述，却也有一些零散的议论。

郭沫若在 1962 年 2 月《中国史稿》第一册前言中说，要把"具有正确的思想体系、严密的结构和独创的风格"作为《中国史稿》"长远的目标，不断地继续共同努力"[3]。这可以说是他对《中国史稿》的总要求。要有正确的思想体系，就是要坚持马克思主义唯物史观。严密的结构与独创的风格，在最早 1960 年的《中国历史初稿》中约略可以看出些来。当时的初稿之一为"原始社会"，一册，分为原始群居社会、母系氏族公社和父权制氏族公社；初稿之二为"奴隶社会"，一册，将奴隶社会分为产生（夏代）、初步发展（商代）、继续发展（西周）、逐步瓦解（春秋）四个阶段。初稿之三为"封建社会"，七个分册，依次阐述了战国、秦、汉直到清代十九世纪初期，王朝的叙述主线较为清晰。[4] 所谓正确的思想体系，除了社会形态理论的正确运用外，还包括经济分析、阶级分析的通篇的贯彻，例如，《中国历史初稿》在写作中很清晰地呈现了经济基础在社会发展中的作用，以及社会矛盾尤其是阶级矛盾对社会发展的推动作用。严密的结构，则表现在全书几乎无溃漏地将历史上的重要发展阶段予以呈现，以及经济的、政治的、文化的线索的交错演进。

除此之外，郭沫若还特别欣赏通史编纂中主线的凸显。在 1962 年 8 月 26 日给刘大年的信中，郭沫若说："《中国史稿》第四册清样火速看了一遍，写得扼要、明确、流畅，有吸引力。反帝反封建的一条红线，像一条脊椎一样贯穿着，这是所以有力的基本原因。我只在枝叶上加了一些小小的添改。"[5] 在这里，郭沫若对通史编纂强调了主线问题。换言之，他认为通史编纂需要主线。在《中国历史初稿》中，不同社会形态的形成、发展和演变、阶级的形成与矛盾是主线。但是，光有主线却又不够。郭沫若强调通史的编纂还需要全面，要照顾到方方面面，更要顾及以前忽略的东西。郭沫若在谈及通史的全面性时说："中国通史的编

---

[1] 陈其泰：《范文澜：承章黄衣钵扬马列学说》，《光明日报》2021 年 3 月 15 日。
[2] 林甘泉、蔡震主编：《郭沫若年谱长编（1892—1978 年）》第 5 卷（1963 年 3 月 18 日），中国社会科学出版社 2017 年版，第 1935—1936 页。
[3] 郭沫若主编：《中国史稿》第一册《前言》，人民出版社 1962 年版，第 2 页。
[4] 中国历史编写组：《中国历史初稿》，1960 年 8 月，油印稿。
[5] 林甘泉、蔡震主编：《郭沫若年谱长编（1892—1978 年）》第 4 卷（1961 年 8 月 26 日），中国社会科学出版社 2017 年版，第 1844 页；刘大年：《刘大年来往书信选》，中央文献出版社 2006 年版，第 231 页。

写是很重的担子，一百万字，几千年的历史，要照顾到各时代经济、政治、思想、学术等方面，并不是容易的事。中国是多民族国家，民族问题的处理很难，很复杂。……要对工艺史应当特别注意……这是劳动人民直接生产的。"① 从《中国历史初稿》看，在王朝更替之外，社会经济的发展、重要历史阶段的思想文化的成绩、重要的民族政权，也都得到过非常全面而细致的呈现。而且，郭沫若还强调，一部好的通史，不仅依赖于全国性的研究，也有赖于地方性历史研究的有序工作和成绩。1963年3月18日，郭沫若在《谈历史工作者的任务》一文中就说："如果地方历史工作做得好，全国性的研究就有了基础，中国通史的写作就能接近完善。"② 所谓"地方历史工作"，可以理解为地方史学工作者的历史研究工作，也可以理解为地方史研究的提升。

四 结语

作为《中国史稿》的负责人，郭沫若对《中国史稿》的贡献是巨大的。实际上，在郭沫若通史编纂思想的指导之下，《中国史稿》的编纂在几年内有序地得到完成。陈高华先生回忆说："我到历史所的时间是1960年9月，当时历史所同样大兴集体编书之风，新来者也立即被卷入这一热潮之中。历史所最重要的集体科研项目是郭沫若先生主编的《中国史稿》，动员了所内的主要力量，还有外单位的同志。力量不可谓不强，进展却相当缓慢。"③ 虽说缓慢，但编纂这样一部集体合作的通史著作，却是创造性的工作，而且工作还是相对完整地完成了。1962年6月，《中国史稿》第一册出版，相当于《中国史稿》的原始社会、奴隶社会部分。据《毛泽东年谱》记载，1963年8月25日，毛泽东在接见以朝鲜科学院院长姜永昌为首的朝鲜科学院代表团时还提到《中国史稿》的撰写进度，说"我们已经做了很多工作，但是可做的文章还不少。历史也了解得很不够。现在还只编了一部上古史（从原始公社讲起，讲到奴隶社会），封建社会时期还未搞出来，越到近代越不了解了。过去历史学家就是不研究近代和现代。"④ 不过，实际上《中国史稿》第四册半殖民地半封建（上），即从鸦片战争到五四运动，应该在1961年8月已写出了初稿，并且在1962年10月出版。⑤ 当时郭沫若参与了接见活动，或者受此激励，加快了《中国史稿》的编纂速度。1963年12月，《中国史稿》第二册由人民出版社出版，即《中国史稿》的封建社会（上）部分，由中国封建社会

---

① 林甘泉、蔡震主编：《郭沫若年谱长编（1892—1978年）》第3卷（1959年3月13日），中国社会科学出版社2017年版，第1734页。
② 林甘泉、蔡震主编：《郭沫若年谱长编（1892—1978年）》第5卷（1963年3月18日），中国社会科学出版社2017年版，第1935—1936页。
③ 陈高华：《读史治史六十年（代序）》，载《元史研究论稿》，中国社会科学出版社2020年版，第2页。
④ 中央文献研究室：《毛泽东年谱（1949—1976）》第5卷，中央文献出版社2013年版，第251页。
⑤ 林甘泉、蔡震主编：《郭沫若年谱长编（1892—1978年）》第4卷（1962年10月），中国社会科学出版社2017年版，第1914页。

的开端即战国时期的七国变法一直写到魏晋南北朝。[①]所以，至1963年底，经六年时间，《中国史稿》一、二、四册已出版，唯封建社会（下）、半殖民地半封建（下）未完。由于"希望进一步集合全国史学界的力量来加以琢磨，使它能够成为比较可以满意的定本"[②]，故称之为史稿。郭沫若在《中国史稿》的编写过程中，不仅有思想方面的指导，在具体细节方面也有大量的批阅意见，从编纂的总体规划到细节处理，都投注了极多的心血。郭沫若的通史编纂思想，具体指导了20世纪五六十年代的通史编纂工作，切实推动了《中国史稿》的编纂，具有重要的史学理论价值。

（原载《郭沫若研究》2022年第17辑）

[①] 谢保成：《郭沫若主编〈中国史稿〉》，载中国社会科学院历史研究所编《求真务实五十载——历史研究所同仁述往》，中国社会科学出版社2004年版。

[②] 郭沫若主编：《中国史稿》第一册《前言》，人民出版社1962年版，第2页。

论文选编

《中国古代社会研究》问世前后的学术史考察

张 越

郭沫若《中国古代社会研究》问世后即引发巨大争议,成为学界和随后在《读书杂志》上展开的中国社会史论战中的热议对象,各方评论毁誉不一。随着中国马克思主义史学的不断发展,特别是新中国成立后中国马克思主义史学居主导地位以来,《中国古代社会研究》已是公认的中国马克思主义史学开创之作。过往对这部史著的争议及研究,更多的是基于文本评析其观点、论定其学术意义以及现实影响。鉴于《中国古代社会研究》在中国近现代史学和中国马克思主义史学中的重要性,尚有必要结合当时的历史情境对这部经典性著作形成、问世前后存在的一些问题进行深入探讨,如在文学和诗坛闻名的郭沫若何以流亡日本后转而进行古代社会及古文字研究?《中国古代社会研究》中各个篇章的撰写与研究间有何关系?郭沫若在撰写各篇论文过程中,在问题意识与研究思路上发生过什么变化?《中国古代社会研究》的撰写和出版动机为何?究竟是郭沫若的个人行为还是中共党组织的策动运作?本文拟从学术史的角度就相关问题作进一步考察。

一 《中国古代社会研究》问世前郭沫若的理论探索和史学实践

《中国古代社会研究》是郭沫若转向历史研究领域后出版的首部马克思主义史学研究专著。《中国古代社会研究》能够成书并问世,对于著者而言,至少需具备两个前提:接受唯物史观和先期的历史研究学术实践。

1955年12月郭沫若率中国科学代表团访问日本期间,曾在九州大学的一次座谈会上说:"我开始学习社会主义,是读了贵国福井准造先生的《近世社会主义》这本著作。"[①]福井准造的《近世社会主义》有专门介绍马克思生平及学说的章节,称"马克思者,一代之伟人","马克思之《资本论》为一代之大著述,为新社会主义者发明之无二真理"[②]。有学者推测:"这是郭沫若留学日本时代最早接触的有关社会主义的一本书。他阅读这本书的时间,大约是1921年6月第二次东渡日本之后不久。"[③]再联系到郭沫若发表于1921年5月的《我国思想史上之澎湃城》一文中有"井田制度始于黄帝,实为我国实行共产主义之最初的历

[①] [日]向坂逸郎:《郭沫若与福井准造的〈近世社会主义〉》,田家农译,载《郭沫若研究》第7辑,文化艺术出版社1989年版,第282页。福井准造《近世社会主义》于1903年由赵必振译成中文在上海广智书局出版,1927年由上海时代书局再版。

[②] [日]福井准造:《近世社会主义》,赵必振译,上海时代书局1927年版,第108、109页。

[③] 林甘泉:《郭沫若早期的史学思想及其向唯物史观的转变》,《史学史研究》1992年第2期。

史"①等表述，大约可以明确的是，郭沫若开始接触了解马克思主义是在1921年前后。此后郭沫若对唯物史观的关注度不断加强，如他在1923年5月20日致宗白华的信中说："马克思与列宁终竟是我辈青年所当钦崇的杰士。"②在同年10月发表的《太戈儿来华的我见》中，他写道："唯物史观的见解，我相信是解决世局的唯一的针路。"③也是在这个时期，郭沫若"的思想上也正感受着一种进退维谷的苦闷"，如他所说："我从前的一些泛神论的思想，所谓个性的发展，所谓自由，所谓表现，无形无影间在我的脑筋中已经遭了清算。从前在意识边际上的马克思、列宁不知道几时把斯宾诺莎、歌德挤掉了，占据着了意识的中心"，这便促使他产生了全面学习马克思主义的强烈愿望，"但是马克思列宁主义我是并没有明确的认识的，想要检讨那种思想的内容是我当时所感受着的一种憧憬"④。另有一个具体事件也对郭沫若有一定影响。1924年3月中旬，郭沫若受邀在中华学艺社杭州年会上作演讲，他讲的内容"不外是从拉斯金的《艺术经济论》、葛罗舍的《艺术原始》、居约的《由社会学上所见到的艺术》那类的书上所生吞活剥地记下来的一些理论和实例，更加上一些半生不熟的精神分析派的见解"，"仅仅是由搜索枯肠而来的一些支离灭裂的野狐禅"。这次演讲很不成功，"没到三十分钟的光景，全场的人退了三分之一"。与之形成鲜明对比的是，在他之前主讲"相对论"的周颂文因其"严整的理论系统"而受到听众的热烈欢迎⑤。反思这次失败的演讲，更让郭沫若对"严整的理论系统"有了更加迫切的需求⑥。

1924年4月1日，郭沫若离开上海再赴日本，是年春夏之季，他在福冈用了五十余天翻译了河上肇的《社会组织与社会革命》，使他的思想发生了重大转变。他在写给成仿吾的信中说："这书的译出在我一生中形成一个转换的时期，把我从半眠状态里唤醒了的是它，把我从歧路的彷徨里引出了的是它，把我从死的阴影里救出了的是它，我对于作者是非常感谢，我对于马克思、列宁是非常感谢。""对于这书的内容虽然也并不能十分满意，如他（河上肇——引者注）不赞成早期的政治革命之企图，我觉得不是马克思的本旨，但我译完此书所得的教益殊觉不鲜呢。"⑦日后郭沫若多次提及翻译这部书对他产生的影响，如1947年他谈道："在1924年，我中止了前期创造社的纯文艺活动，开始转入了对于辩证唯物论的深入的认识，在这儿使我的思想生出了一个转机。"⑧1951年商务印书馆重印这部译作，他在"序"中仍然强调："我自己的转向马克思主义和固定下来，这部书的译出是起了很大的作用

---

① 郭沫若：《我国思想史上之澎湃城》，《学艺》1931年5月第3卷第1号。
② 郭沫若：《论中德文化书（致宗白华）》，《创造周报》1923年6月第5号。
③ 郭沫若：《太戈儿来华的我见》，《创造周报》1923年10月第23号。作者在该文文末注明该文写于"十月十日之夜十二时"，《郭沫若全集·文学编》第15卷所收该文注明"据最初发表于《创造周报》的时间，本篇当写于一九二三年"（《郭沫若全集·文学编》第15卷，人民文学出版社1990年版，第274页）。
④ 郭沫若：《创造十年》，上海现代书局1932年版，第266—267页。
⑤ 郭沫若：《创造十年续编》，上海北新书局1938年版，第17—20页。
⑥ 参见李斌《女神之光：郭沫若传》，作家出版社2018年版，第94—95页。
⑦ 郭沫若：《孤鸿（致成仿吾的信）》，《创造月刊》1926年4月第1卷第2期。
⑧ 郭沫若：《〈盲肠炎〉题记》，《创世纪》1947年6月创刊号。

的。当然我在译出本书之前,早就有革命的情绪和要求,希望对于马克思主义能够有一番深入的了解,因而我决心翻译了这一部书。翻译了的结果,确切地使我从文艺运动的阵营里转进到革命运动的战线里来了。"[1]在当年给成仿吾的信中,他兴奋地写道:"我现在成了个彻底的马克思主义的信徒了。马克思主义在我们所处的这个时代是唯一的宝筏","我要回中国去了,在革命途上中国是最当要冲。我这后半截的生涯要望有意义地送去"[2]。

郭沫若于1924年11月回国,次年,他计划翻译《资本论》,"预定了一个五年译完的计划",由于译成中文有400万字的庞大工作量,他甚至认为"如果能为译《资本论》而劳死,要算是一种光荣的死法",但是"在商务的编审会上却没有得到通过,译其他任何名作都可以,《资本论》却有不便"[3]。他还写了一篇"带有几分游戏的性质"的小说《马克斯进文庙》[4],文中涉及当时思想文化领域的"社会主义论战""科玄论战"和杜威、罗素、杜里舒、泰戈尔来华讲学等事件,并将马克思主义学说与孔子的儒家学说作比较,反映了郭沫若在接受马克思主义的同时,寻找与中国传统思想相通之处的探索诉求。郭沫若认同唯物史观的社会存在决定社会意识的基本原理,在1926年的演讲《文艺家的觉悟》和《革命与文学》中,明显舍弃了以前的纯文艺主张,而是试图用唯物史观阐明文学与社会、文学与革命之间的关系。

他很快投身于轰轰烈烈的大革命中,经历了战火及各种险境。大革命失败后,郭沫若去苏联的计划因病未能成行,在国内养病期间,他阅读了苏联学者德哈林的《康德的辩证法》、日本学者高畠翻译的《资本论》、列宁的《党对于宗教的态度》、马克思的《〈政治经济学批判〉序言》、斯大林的《中国革命的现阶段》、瞿秋白译苏联学者哥列夫《无产阶级的哲学》中的《艺术与唯物史观》等马克思主义理论作品[5]。有人对郭沫若研读《资本论》十分不解,说"很难读,文学家何必搞这个",郭沫若听后自忖:"我仍然是被人认为文学家的"[6],说明他此时已不满足于仅仅作一个文学家了。

此时的郭沫若已经具备了相当高的马克思主义理论素养,并且也有能力去实践他的"要就中国的思想,中国的社会,中国的历史,来考验辩证唯物论的适应度"[7]的愿望。郭沫若在不断的探索中最终选择了马克思主义,成为一位坚定的马克思主义者,这几年间对马克思主义理论的接受与钻研,为他日后撰写《中国古代社会研究》奠定了理论基础。

郭沫若被公认为历史学家,大概是在《中国古代社会研究》出版之后,此前他主要以从事文学创作、评论、翻译等文化活动著称,并不以"史学"闻名,然而他的诗歌和小说创作涉及大量历史题材,反映出他对历史的强烈兴趣,而且他还发表了一些史学方面的论文,如

---

[1] 郭沫若:《序》,载[日]河上肇《社会组织与社会革命》,郭沫若译,商务印书馆1951年版,第1页。
[2] 郭沫若:《孤鸿(致成仿吾的信)》,《创造月刊》1926年4月第1卷第2期。
[3] 郭沫若:《创造十年续编》,上海北新书局1938年版,第52—53页。
[4] 郭沫若:《马克斯进文庙》,《洪水》1926年1月第1卷第7期。
[5] 参见郭沫若《离沪之前》,《现代》1933年11、12月及1934年1月第4卷第1、2、3期。
[6] 郭沫若:《离沪之前》,《现代》1933年11月第4卷第1期。
[7] 郭沫若:《跨着东海》,《今文学丛刊》1947年10月第一本。

《我国思想史上之澎湃城》(1921)、《中国文化之传统精神》(1923)、《论中德文化书》(1923)、《整理国故的评价》(1924)等[①]，其中一些文章反映出郭沫若早期的古史观，与其日后完成的《中国古代社会研究》之间有着些许关联。

《我国思想史上之澎湃城》将秦始皇焚书等专制暴政压制了思想史上的"自由独创之传统精神"比喻为维苏威火山喷发埋没了澎湃城，作者就此阐述上古三代至春秋战国间中国古代思想发展的脉络。郭沫若绘制一幅古代思想发展阶段略图附在文中，将中国古代思想史划分为三期：尧舜以前为第一期，夏殷西周为第二期，春秋战国为第三期。基本观点是：三代以前是中国思想史上的"黄金时代"，以伏羲为标志，"伏羲氏实为我国合理的思想与同一文物制度之创始者"，"用为历史上之光荣"；进入夏殷西周时代的第二期，理想的制度因"夏禹出现而破坏之也"，"殷因于夏，周因于殷，政教专制之暴威，不输于秦汉以还"，中国进入了"第一次之黑暗时代"；及至春秋战国的第三期才又恢复了光明[②]。因该文为未完成之作，看不到作者对"第三期"的更多阐发，不过，郭沫若在两年后发表的《中国文化之传统精神》中有相关表述，认为春秋战国时代"同以三代以前为思想史上的一个黄金时代"，"复归于三代以前的自由思想"[③]。他还把这三个时期与欧洲文化思想发展阶段相对应："我对于古代思想隐隐分为三个时期与欧洲文化发展之路径绝相类。尧舜以前为第一期与希腊拉丁文明之黄金时代相类。夏殷西周为第二期与中世纪宗教专制之黑暗时代相类……第三期……春秋战国时代我国科学思想已渐渐萌芽"[④]。在这里，有三点值得重视：第一，郭沫若早期历史研究主要关注的时代即为三代至春秋战国的上古时代，并且具有明显的时代分期意识，在《我国思想史上之澎湃城》中更是以古代思想史分期"略图"来展示他的分期观；第二，对应欧洲文化发展阶段阐述中国古代思想文化发展阶段；第三，非常重视春秋战国时期，反复强调这个时期所具有的划时代意义。郭沫若在撰写《中国古代社会研究》时已经是马克思主义者，以往的突出泛神论思想和过分夸大思想意识作用的倾向已经为唯物史观所取代，然而这部著作的主要研究时段仍然是上古时代，创新之处是用唯物史观首次划分中国历史上不同社会经济形态发展阶段，并认为殷周之际和周秦之际是重要的历史转折时期，分别开始了奴隶社会和封建社会，这些认知与上述他早期古史研究的问题意识与基本观点不能说没有一点联系。附带说，与《我国思想史上之澎湃城》一文相同的是，《中国古代社会研究》中的核

[①] 相关史学类论文还有《读梁任公〈墨子新社会之组织法〉》(《创造周报》1923年5月第7号)、《惠施的性格与思想》(《创造周报》1923年12月第39号)、《伟大的精神生活者王阳明》(《文艺论集》，上海光华书局1925年版)等。

[②] 郭沫若：《我国思想史上之澎湃城》，《学艺》1921年5月第3卷第1号。该文文末注明"未完"，但一直未见续文发表，是一篇未完成之作。另，该文又以《周秦以前古代思想之蠡测》为题收入1933年商务印书馆出版的《国故论丛》中。

[③] 郭沫若：《中国文化之传统精神》，《创造周报》1923年5月第2号。

[④] 郭沫若：《通信（致张资平）》，《学艺》1921年4月第2卷第10号。该信写于1月24日，曾讲到《我国思想史上之澎湃城》一文的构思与主要观点。

心篇章《中国社会之历史的发展阶段》篇末同样是用一个"略图"展示其"中国社会的历史发展阶段"。

郭沫若在《我国思想史上之澎湃城》《中国文化之传统精神》等论述古代中国思想文化史的文章中，为了符合他泛神论古史观的需要，在明知"唐虞以前之典籍，转于此时代中几于完全散失，周末诸子每多假托神农、黄帝之名以著书"[①]的情况下，仍然大量使用了《列子·天瑞篇》及《皋陶谟》《洪范》等被怀疑是"伪书"的材料。时人已指出这个问题，如周予同认为《我国思想史上之澎湃城》"不能称誉为成功"，文中使用的许多材料，"在我们稍有国学常识的人们，都觉得有点不安，都觉得不能引为正确的材料"[②]。"这样一来，有时就难免对历史采取主观主义的态度"[③]。郭沫若在《中国古代社会研究》中明显更在意史料的真伪[④]，并转而从甲骨卜辞和金文中寻求更为可信的材料。

郭沫若质疑国内兴起的"整理国故"运动，1924年他发表《整理国故的评价》一文，认为"这种现象，决不是可庆的消息"，"这种整理事业的评价我们尤不可估之过高，整理的事业，充其量只是一种报告，是一种旧价值的重新估评，并不是一种新价值的从新创造，它在一个时代的文化的进展上，所效的贡献殊属微末"[⑤]。《中国古代社会研究》仍然延续着对整理国故的批评态度："我们要跳出了'国学'的范围，然后才能认清所谓国学的真相"，"没有唯物辩证论的观念，连'国故'都不好让你轻谈"[⑥]。

综上，郭沫若早期古史研究的观点和方法，在《中国古代社会研究》中既有较大的自我否定，也有若干承续与修正。《中国古代社会研究》问世之前郭沫若对古史的研究，同样是深入了解认识这部著作的一个重要方面。

二 《中国古代社会研究》成书过程的历史情境

大革命失败后，中共党组织安排郭沫若一家赴苏，临行前郭沫若突患重疾（斑疹伤寒）错过了开往苏联的轮船。1928年2月24日，郭沫若抵达日本，开始了长达十年的流亡生活。

为了避免因自己身份引来不必要的麻烦，几经周折后，郭沫若一家选择在东京郊区与千叶县的交界——市川居住。安顿下来的头几个月，除了访问朋友、接待成仿吾等人、参与后期创造社的一些文学论战外，他"主要是贪读了一些书，不仅是'科学的文艺论'，更广泛

---

① 郭沫若：《我国思想史上之澎湃城》，《学艺》1921年5月第3卷第1号。

② 予同：《介绍与批评·〈国故论丛〉》，《一般》1926年9月第1卷第1期。这里"介绍与批评"的郭沫若《周秦以前古代思想之蠡测》即《我国思想史上之澎湃城》。

③ 林甘泉：《郭沫若早期的史学思想及其向唯物史观的转变》，《史学史研究》1992年第2期。

④ 郭沫若在《诗书时代的社会变革与其思想上的反映》（后收入《中国古代社会研究》）中说："《今文尚书》的二十九篇依然包含着一个很大的疑问"，"《虞书》和《夏书》的四篇完全是不可靠的"，"《帝典》《皋陶谟》《禹贡》三篇是后世儒家伪托的"，"要作为古代的信史，那是断断乎不可以"（郭沫若：《诗书时代的社会变革与其思想上的反映》，《东方杂志》1929年4月第26卷第8期）。

⑤ 郭沫若：《整理国故的评价》，《创造周报》1924年1月第36号。

⑥ 郭沫若：《中国古代社会研究·序》，上海联合书店1930年版，第4、6页。

地涉历到了一般的意识形态：哲学、经济、历史等等"[①]，这里提及的意识形态方面的书，他在另一篇文章中说得更清楚："我第二次跑来日本，手里是一本书籍也没有的。开首耽读了一些关于唯物辩证法的书。"[②]郭沫若对于运用唯物史观认识中国问题有了更深入的思考，他说："辩证唯物论是人类的思维对于自然观察上所获得的最高成就，那是毫无疑问的，但只是作为纯粹的方法来介绍，而且生硬地玩弄着一些不容易消化的译名和语法，反而会在这个方法的接受和运用上增加阻碍"，"要使这种新思想真真地得到广泛的接受，必须熟练地善于使用这种方法，而使它中国化。使得一般的尤其有成见的中国人要感觉着这并不是外来的异物，而是泛应曲当的真理，在中国的传统思想中已经有着它的根蒂，中国历史的发展也正是循着那样的轨则而来。因而我的工作便主要地倾向到历史唯物论这一部门来了"[③]。郭沫若这番议论不仅清楚无误地表明了他笃信唯物史观的政治立场和试图阐明唯物史观同样适用于认识中国历史的学术目标，还明确主张若要人们真正接受唯物史观便不能仅局限于译介理论或纠缠于译名和语法，而是要使马克思主义"中国化"。郭沫若对唯物史观的理解认识开始有了突破性进展。

基于这些认识，此时的郭沫若已经难以抑制"写作的欲望"，首先进入他研究视野的是《易经》，"我感觉着那所包含的宇宙观是适合于辩证式的与唯物论的"[④]。他特意跑去东京的旧书店，买了一部日文版的《易经》，用了六天时间（1928年7月26日至31日）写出了《中国古代社会研究》中最早完成的篇章《周易的时代背景与精神生产》[⑤]。接下来写的是《诗书时代的社会变革与其思想上的反映》，写作过程显然没有前一篇那样顺畅，初稿完成后他"踌躇起来"，"初稿的写出至改作足足隔了两个整月"（1928年8月25日至10月25日），问题出在研究资料和研究方法上。郭沫若说："首先我对于我所研究的资料开始怀疑起来了"，"我们纵使可以相信易书诗是先秦古籍，但它们已经失真，那是可以断言的。因此要论中国的古代，单据它们来作为研究资料，那在出发点上便已经有了问题。材料不真，时代不明，笼统地研究下去，所得的结果难道还能够正确吗？"在研究方法上，他认为："我的初期的研究方法毫无讳言，是犯了公式主义的毛病的。我是差不多死死地把唯物史观的公式往古代的资料上套，而我所据的资料，又是那么有问题的东西。我这样所得出的结论，不仅不能够赢得自信，而且资料的不正确还可以影响到方法上的正确。"[⑥]这番话是郭沫若在1947年回忆当年撰写《中国古代社会研究》时说的，后人常常引用来说明郭沫若对《中国古代社会研究》存在着的公式化问题的反思，细读其言，他固然是指出其研究方法存在"犯了公式主义的毛病""把唯物史观的公式往古代的资料上套"等缺陷，但主要原因在于资料的不可信，而不全在于"套"，换句话说，郭沫若一直认为资料问题才是更主要的问题，即使在研究方

[①] 郭沫若：《跨着东海》，《今文学丛刊》1947年10月第一本。
[②] 郭沫若：《我与考古学》，《生活学校》1937年5月第1卷第2期。
[③] 郭沫若：《跨着东海》，《今文学丛刊》1947年10月第一本。
[④] 郭沫若：《跨着东海》，《今文学丛刊》1947年10月第一本。
[⑤] 该文以笔名杜衍首发连载于《东方杂志》1928年11月第25卷第21、22期。
[⑥] 郭沫若：《我是中国人》，《今文学丛刊》1947年11月第二本。

法上，也与资料有直接关系，于是把研究重点"转移到了资料选择上来"①，这是《中国古代社会研究》研究过程中的一次重要转变。

1928年8月到10月间，也就是郭沫若改定《诗书时代的社会变革与其思想上的反映》②期间，他去东京上野图书馆查阅《殷虚书契前编》，又在"东洋文库"找到了丰富的甲骨文、金文资料，浏览《殷虚书契考释》，了解了王国维在甲骨文研究上"建树了那样划时代的不朽的伟业"，用了一两个月的时间"读完了库中所藏的一切甲骨文字和金文的著作，也读完了王国维的《观堂集林》"，"凡是关于中国境内的考古学上的发现记载，我差不多都读了"，终于可以确定"我对于中国古代的认识算得到了一个比较可以自信的把握了"③。在研读甲骨文、金文的这两个月期间，他草就了《中国古代社会研究》中最富学术创新意义的《卜辞中之古代社会》一文，因为是首次使用甲骨文材料，该文从草成初稿到最后定稿，断断续续用了一年的时间④。将新材料注入古代社会研究中，此举获得了学术界对这部著作几乎众口一词的肯定，极大地提升了这部著作的学术品质，而郭沫若在此之后的几年间将主要精力投入到了甲骨卜辞和周金铭文的研究考释中，跻身为"甲骨四堂"之一。还是在这一年的9、10月间，郭沫若又写出了《中国古代社会研究》的核心篇章，也是最富理论创新意义的《中国社会之历史的发展阶段》。1928年夏秋之际的8月、9月、10月三个月间，郭沫若一并写出了《诗书时代的社会变革与其思想上的反映》《卜辞中之古代社会》和《中国社会之历史的发展阶段》三篇堪称在近代中国史学也是马克思主义史学发展史上的重头论文，各种因素汇集在一起促成了他古代社会研究的高峰期，取得了令人惊叹的成就。郭沫若自己在《中国古代社会研究》1947年重版"后记"中也说："本书在思想分析的部分也有它独到的地方，就是十七年后的自己也写不出来了。"⑤

郭沫若曾指出："辩证唯物论的阐发与高扬，使它成为了中国思想界的主流，后期创造社的几位朋友的努力，是有不能抹煞的业绩存在的。""其实就是我也是实实在在被'挤'的一个，我的向中国古代文献和历史方面的发展，一多半也就是被这几位朋友'挤'出来的。"⑥有学者指出："此处选用'挤'一词，含义微妙。这一方面是推崇创造社阐扬唯物辩证论的功劳，让自己大受启发；另一方面，也非常含蓄地表达了不满，所以自己亲自动手。"⑦后期创造社李初梨、彭康、朱镜我、冯乃超等年轻学人的加入，提倡"革命文学"，

---

① 郭沫若：《我是中国人》，《今文学丛刊》1947年11月第二本。
② 该文以笔名杜衎首发连载于《东方杂志》1929年4、5、6、7月第26卷第8、9、11、12期。
③ 郭沫若：《我是中国人》，《今文学丛刊》1947年11月第二本。
④ 郭沫若在《中国古代社会研究·卜辞中之古代社会·附白二》中附言："本文自去岁（1928年）九十月间起稿迄今刚及一年，中间牵以人事屡作屡辍，稿成全部更易者矣四五次"（郭沫若：《中国古代社会研究》，上海联合书店1930年版，第291页）。
⑤ 郭沫若：《中国古代社会研究·后记》，上海群益出版社1947年版，第356页。
⑥ 郭沫若：《跨着东海》，《今文学丛刊》1947年10月第一本。
⑦ 熊权：《革命的思想逻辑——郭沫若〈中国古代社会研究〉再解读》，《现代中国文化与文学》第31辑，巴蜀书社2020年版，第75页。

挑动文艺论争，翻译介绍的诸多域外马克思主义论著观点各异，与中国现实与历史状况时有偏离，且夹杂大量新词汇，令人不知所云。已经完成了《卜辞中之古代社会》一文初稿，且对中国古代社会的研究已经颇有心得的郭沫若，看到了后期创造社主办的《思想》月刊第2期上发表的朱镜我的文章《中国社会的研究》①，认为该文"有不少的很重大的错误的分析，这大约也是他所依据的Wittfogel（魏特夫——引者注）的 Das erwachende China（《觉醒的中国》——引者注）误了他：因为欧美的学者论到东洋的问题来，总不免是有几分隔靴搔痒的毛病的"。为此，他"要发表出关于中国社会的历史的发展阶段的我的意见"，写出了《中国社会的历史的发展阶段》一文，以"杜顽庶"为笔名发表在《思想》月刊第4期②。就此而言，该文确实是被后期创造社同人"挤"出来的。朱镜我没有直接回应，只是在同期《思想》月刊的"编后"语中说："'中国社会的历史的发展阶段'的杜君之论文，并不是我们全部同意的见解……因为这是一个重大的问题，而且只有站在新兴科学的立场才能找寻解决方法的问题。"③或许是郭沫若、朱镜我都属于后期创造社同一阵营的缘故，争论没有展开，但是这涉及了无法绕过的域外马克思主义历史观点与中国历史研究的关系问题，郭沫若在《中国古代社会研究》一书的"序"中仍对此作了有针对性的阐述："清算中国的社会，这也不是外人的能力所易办到"，"Engels的'家族私产国家的起源'上没有一句说到中国社会的范围"，外国学者"只是依据旧有的史料，旧有的解释，所以结果便只是与实际全不相符"，"外国学者已经替我们把路径开辟了，我们接手过来，正好是事半功倍"④。《中国社会之历史的发展阶段》作为《中国古代社会研究》的"导论"部分⑤、中国马克思主义史学史上最早将唯物史观社会形态理论运用于中国古代社会研究著作中的核心篇章，是郭沫若致力于考察唯物史观与中国社会历史"适应度"的首次深度尝试，他在当时甚至认为"本书的性质可以说就是Engels的'家族私产国家的起源'的续篇"，因为"'家族私产国家的起源'上没有一句说到中国社会的范围"⑥，从而证明马克思主义经典作家的理论所具有的普遍意义。还应该注意到的是，郭沫若指出魏特夫等域外学者研究中国历史的错误观点、指明域外学者在史料运用和解释方面的缺陷、纠正中国学者对外国学者相关著述的误读、强调中国学者必须经过自己的努力才能达到清算中国社会的目的等，同样与《中国古代社会研究》的成书有直接关系。

---

① 朱镜我：《中国社会的研究》，《思想》1928年9月第2期。作者在该文"附记"中说："身边没有一本古书，而且逼于时间不能到图书馆中去找此材料……有些地方是介绍Wittfogel的 Das erwachende China 的见解。"

② 杜顽庶（郭沫若）：《中国社会的历史的发展阶段·前言》，《思想》1928年11月第4期。《中国古代社会研究》中的该文并未收入这个"前言"。

③ 朱镜我：《编后》，《思想》1928年11月第4期。

④ 郭沫若：《中国古代社会研究·序》，上海联合书店1930年版，第5—6页。

⑤ 郭沫若说该文"作时的目的原无心作为本书之导论，以其性质相近，故收于此"（参见郭沫若《中国古代社会研究·解题》，上海联合书店1930年版，第1页）。

⑥ 郭沫若：《中国古代社会研究·序》，上海联合书店1930年版，第6、5页。

至此,《中国古代社会研究》的五篇独立论文中的四篇已经完成,在《东方杂志》和《思想》月刊上公开发表了三篇。从1928年底开始,郭沫若将主要精力投入到撰写《甲骨文字研究》中(用时将近一年)。同一时期,国内正值展开中国社会性质问题论战,有着不同政治背景的知识分子就中国社会性质问题展开了激烈交锋,其中代表中共的《新思潮》、代表国民党左派的《新生命》和代表托陈取消派的《动力》等杂志为论战的主要发表平台。1929年1月和6月,陶希圣先后出版了《中国社会之史的分析》和《中国封建社会史》,主旨是"把中国社会史作一决算"①和讨论"中国封建制度及其崩坏过程"②,将问题引向中国社会史领域。身在日本的郭沫若读到《中国封建社会史》后,在全力研究甲骨文之余,写了一篇书评《读〈中国封建社会史〉》③,这是郭沫若在社会性质论战中发表的唯一一篇文章。他对《中国封建社会史》感兴趣的原因,主要是终于看到"中国的学者留心到了中国社会史的述作上来",而他本人不仅在一年前就开始了古代中国社会史的研究,"我自己目前的题目是中国的民族社会向奴隶制度更向封建制的转移,已经研究得稍有头绪,是正想向封建社会突进的"④,而且已经深入到了考释甲骨文、金文等新材料的程度,故而这篇书评首先强调"研究中国的社会须有几个先决的问题,第一是方法的问题,第二是处理材料的问题","方法的问题比较简单","目前除用唯物辩证法的方法以外是没有第二种可以采用的","所以结局还是处理材料的问题困难"⑤。郭沫若正是经过自己对甲骨文、金文等材料的研究,才对"罗王之学"由衷赞赏,还改变了以往对顾颉刚疑古学说的一偏之见,同时对胡适倡导的"整理国故"运动持批评态度⑥。无论是"罗王之学",还是因"整理国故"促成的历史考据,抑或顾颉刚的疑古学说,都已渐趋成为20世纪二三十年代国内的史学主流,郭沫若因唯物史观史学研究而对此主流史学分别所持的褒贬意见,或可一窥唯物史观史学在研究旨趣上与它们存在的区别和联系,而在中国马克思主义史学形成之初便高度重视新史料的学术价值、质疑旧史料的可信度,也可以一定程度地回答那些对中国马克思主义史学仅有理论、没有材料的各种质疑。顺便提及,郭沫若在这篇书评的开头写道:"对于未来社会的展望每每要求我们回顾过往的轨迹"⑦,《中国古代社会研究》开篇"序"中第一句话是"对于未来社会的待望逼迫着我们不能不生出清算过往社会的要求"⑧,几近相同的话语表达出郭沫若对唯物史观

---

① 陶希圣:《中国社会之史的分析》,上海新生命书局1929年版,第1页。

② 陶希圣:《中国封建社会史》,上海南强书局1929年版,第1页。

③ 郭沫若:《读〈中国封建社会史〉》,《新思潮》1930年1月第2—3期。按,陶希圣《中国封建社会史》初版时间是1929年6月10日,《新思潮》发表该书评的文末注明完稿时间是1929年5月2日,疑误。

④ 郭沫若:《读〈中国封建社会史〉》,《新思潮》1930年1月第2—3期。

⑤ 郭沫若:《读〈中国封建社会史〉》,《新思潮》1930年1月第2—3期。

⑥ 参见郭沫若《中国古代社会研究·序》,上海联合书店1930年版,第1—6页;《中国古代社会研究·三版书后·6夏禹的问题》,上海新新书店1930年版,第22页。

⑦ 郭沫若:《读〈中国封建社会史〉》,《新思潮》1930年1月第2—3期。

⑧ 郭沫若:《中国古代社会研究·序》,上海联合书店1930年版,第1页。

史学研究的重视和期待。

1929年9月《卜辞中之古代社会》脱稿前后，适逢张静庐创办的上海联合书店急需稿件，张静庐托李一氓联络到郭沫若，后者也正有出书的想法。郭沫若在9月20日、21日两天写就了全书的"自序"和"解题"，"又赶写了一篇《周金中的社会史观》，便集成了一部《中国古代社会研究》"[1]。《周金中的社会史观》完稿于11月10日，标志着《中国古代社会研究》全书的完成，并于1930年2月由上海联合书店出版[2]。

郭沫若本人虽然在日本，他的中国古代社会研究却与国内学术前沿、史学思潮同频共振、互动反馈。从深入研读马克思主义理论到翻译马克思主义著作，从研究古代社会变革和精神生产到概括中国历史发展阶段，从检讨古典文献史料到探究甲骨卜辞和金文，从批评后期创造社同人的观点到评价陶希圣的著作，《中国古代社会研究》的成书过程包含着极大的学术信息量：认同"罗王之学"促使他钻研甲骨卜辞和周彝铭文；检讨史料真伪让他对顾颉刚疑古学说从曾经的"讥笑"态度转变为肯定其为具有"先见之明"的"卓识"[3]；用唯物史观探析中国古代真相所收获的"知其所以然""实事之中求其所以是"[4]的研究模式，使他更明确地指出"整理国故"运动存在的弊端；关注马克思主义传播动态和域外学者对中国历史的研究观点，启发他更加强调中国学者自己的努力；批评陶希圣社会史研究中存在的各种问题的同时，仍指出其"渐渐生出了对于中国社会的史的研究"的动机"是应该欢迎的"[5]。郭沫若信仰唯物史观，认为它"毫无疑义"是"人类的思维对于自然观察上所获得的最高成就"，但是也意识到"只是作为纯粹的方法来介绍，而且生硬地玩弄着一些不容易消化的译名和语法，反而会在这个方法的接受和运用上增加阻碍"，事实上这正是在当时和稍后展开的中国社会史论战中存在的较为普遍的现象，他就此提出"必须熟练地善于使用这种方法，而使它中国化"[6]。从研究中国历史的角度阐述"马克思主义中国化"观念，郭沫若应该是最早明确提出的[7]。为了真正做到"中国化"，也为了真正达到"知其所以然""实事之中求

---

[1] 郭沫若：《我是中国人》，《今文学丛刊》1947年11月第二本。

[2]《中国古代社会研究》完稿和初版的确切时间在几种材料中并不一致，这里采用蔡震《〈中国古代社会研究〉及版本的几个问题》（《郭沫若学刊》2010年第2期）的考证结论。

[3] 郭沫若说："顾颉刚的'层累地造成的古史'，的确是个卓识"，"他所提出的夏禹的问题，在前曾哄传一时，我当时耳食之余，还曾加以讥笑。到现在自己研究了一番过来，觉得他的识见是有先见之明。在现在新的史料尚未充足之前，他的论辨自然并未能成为定论，不过在旧史料中凡作伪之点大体是被他道破了"（参见郭沫若《中国古代社会研究·三版书后·6夏禹的问题》，上海新新书店1930年版，第22页）。

[4] 郭沫若说："'整理'的究极目标是在'实事求是'，我们的'批判'精神是要'实事之中求其所以是'。'整理'的方法所能做到的是'知其然'，我们的'批判'精神是要'知其所以然'"（参见郭沫若《中国古代社会研究·序》，上海联合书店1930年版，第3页）。

[5] 郭沫若：《读〈中国封建社会史〉》，《新思潮》1930年1月第2—3期。

[6] 郭沫若：《跨着东海》，《今文学丛刊》1947年10月第一本。

[7] 关于最早提出"马克思主义中国化"的人有李大钊、张闻天、毛泽东诸说。参见王小拥《马克思主义中国化的"历史起点"和"第一人"——兼评李大钊研究的一个流行观点》，《马克思主义研究》2013年第9期。

其所以是"的学术研究目标，他潜心研究古文字材料，以求对古代历史的真相有着"比较可以自信的把握"，由此而对古文字研究所取得的成就，赢得了包括非马克思主义史家在内的多数学者的肯定。

深入《中国古代社会研究》成书过程的历史情境中，我们可以看到，郭沫若撰写该书各篇章过程中受到所处时代语境的交互影响、遇到问题时研究路径的相继更新、因各种确定或不确定因素导致课题意识的有针对性调整、用唯物史观"清算"中国古代社会的认识的不断深化，都呈现出"革命的思想逻辑"[1]和研究的学术逻辑逐层递进的明显特点，最终成就了这部中国马克思主义史学的开创之作。《中国古代社会研究》的成书过程，也就是郭沫若转变为中国马克思主义史学家的过程。

三 《中国古代社会研究》的著述是个人行为还是"组织委托"？

关于《中国古代社会研究》的成书缘起，一直有这样一种观点，即郭沫若是接受了中共党组织的委托撰写该书的。20世纪80年代初，曾任周恩来政治秘书的吴奚如在回忆文章中说："郭老去日本隐居，专心从事学术研究和著作，那是经过当年党中央决定，保留党籍，完成党给予他的一项重大任务的。"[2]继而有学者写道："接受党的嘱托而东渡日本、隐蔽待命的郭沫若，为着追求中国'未来的去向'，'生出清算过往社会的要求'，在对中国古代社会的研究中作出了显著的成绩。"[3]还有人说："郭沫若鉴于'六大'所指明的中国社会的性质和反帝反封建的任务遭到了各种'反动势力'的反对，因而才对中国历史的发展作出'清算'。"[4]到了90年代也有类似观点："郭沫若撰写《中国古代社会研究》时，虽然身居异国，但他和党组织并没有完全断绝联系。就连《中国古代社会研究》的撰写和出版，也是靠他的入党介绍人李一氓的帮助才得以完成。"[5]"党中央对郭沫若寄予委托和期望。"[6]从"接受党的嘱托而东渡日本"到"没有完全断绝联系"再到"完成党给予他的一项重大任务"，都或隐或显地把《中国古代社会研究》认定为"完成任务"的成果，并示意与中共"六大"有直接关系。近年来，有学者对此作了更明确的表达："合理的推断应当是一项组织决定了的举措"，"中共文化工作委员会选取郭沫若已经写成的文章，并且督促他补充其他内容，合成一部《中国古代社会研究》在上海出版，以应对陶希圣等人的著述，夺取研讨中国社会史的制高点，这在当时既属必要，也是急需"[7]。"李一氓时任中共中央宣传部文化工作委员会委

---

[1] 参见熊权《革命的思想逻辑——郭沫若〈中国古代社会研究〉再解读》，载《现代中国文化与文学》第31辑，巴蜀书社2020年版，第71—83页。

[2] 吴奚如：《郭沫若同志和党的关系》，《新文学史料》1980年第2期。

[3] 叶桂生、刘茂林：《中国社会史论战与马克思主义历史学的形成》，《中国史研究》1983年第1期。

[4] 该说转引自谢保成《重评〈中国古代社会研究〉——立足于本世纪20年代思想文化的考察》，《中国社会科学院研究生院学报》1992年第6期。

[5] 林甘泉、黄烈主编：《郭沫若与中国史学》，中国社会科学出版社1992年版，第81页。

[6] 叶桂生、谢保成：《郭沫若的史学生涯》，社会科学文献出版社1992年版，第49页。该引文由叶桂生执笔。

[7] 乔治忠：《20世纪30年代中国社会史论战问题探实》，《天津社会科学》2014年第5期。

员，他对郭沫若此书的督促和协助，必然是党组织的既定工作"①。也有学者不同意这样的推断："不知何时一些学者在肯定该书问世的重大意义时，竟将其与中共'六大'决议联系在一起"，"甚至还有论著说，'党中央对郭沫若寄予委托和期望'，云云。这都是极欠科学根据的"②。

就《中国古代社会研究》在中国马克思主义史学乃至中国近现代史学上的重要性而言，对于上述问题，实有继续辨析的必要。要想进一步明确这个问题，最重要的依据还是我们目前所能掌握的史料。

郭沫若在南昌起义撤退途中由周恩来和李一氓介绍加入了中国共产党，大革命失败后他因病无法按中共党组织原来安排的计划赴苏。在沪养病期间，他于日记《离沪之前》中留有李一氓、蔡畅先后探望的记录，蔡畅说有好多同志都想来看望他，李一氓则"交来豪兄答函"，此"豪兄"即周恩来③。这至少表明郭沫若在离沪赴日之前，中共党组织对他的情况是非常关注的。《离沪之前》首次发表于1933年11月，发表前郭沫若"把它们稍稍整理了一下再行誊录了出来，有些不关紧要和不能发表的事情都删去了"④。即便如此，中共高层人士"豪兄"（周恩来）、"蔡大姐"（蔡畅）、"民治"（李一氓）、"太雷"（张太雷）、"叔薰"（李硕勋）等人仍见诸其中，假如《中国古代社会研究》是"党给予他的一项重大任务"，那么，他在日本写就的《中国古代社会研究》正文及"自序""解题""追论及补遗"、他写作并发表于1947年的记述流亡日本期间的自传《跨着东海》《我是中国人》（其中包括《中国古代社会研究》成书前后的一些情况）、《中国古代社会研究》在20世纪40年代至60年代历次修订再版的新重版引言后记中⑤，应该多少会透露出一些"接受党的嘱托"的信息，然而我们却基本没有发现有关记录。

在郭沫若写就的这些文字中，能够引起"组织委托"联想的大约有两处。

一处是在《中国古代社会研究》书前"解题"中，郭沫若提到"本书之出版全靠L.兄之督促斡旋，各种参考书籍的搜集也多靠他，我特别向他感谢"⑥。在自传《我是中国人》中，郭沫若再次提及此事："国内有不少的朋友曾经帮助过我，特别是李一氓，他替我把所

---

① 乔治忠：《中国马克思主义史学史研究的若干理念问题》，《学术研究》2020年第11期。

② 谢保成：《重评〈中国古代社会研究〉——立足于本世纪20年代思想文化的考察》，《中国社会科学院研究生院学报》1992年第6期。

③ 郭沫若：《离沪之前》，《现代》1933年11月第4卷第1期。

④ 郭沫若：《离沪之前》，《现代》1933年11月第4卷第1期。

⑤《郭沫若全集·历史编》"第一卷说明"载："《中国古代社会研究》初版于一九三〇年，上海联合书店印行；一九四七年曾由上海群益出版社修订重印；一九五四年人民出版社改排出版；一九六〇年科学出版社印行新一版；一九六三年人民文学出版社据新一版一九六一年第二次印刷本编入《沫若文集》第十四卷；一九七七年人民出版社沿用新一版一九六四年校本重印。"（见《郭沫若全集·历史编》第1卷，人民出版社1982年版，第4页）其中1947年版作者写了"后记"，1954年版作者撰写了"新版引言"。

⑥ 郭沫若：《中国古代社会研究·解题》，上海联合书店1930年版，第2页。这里的L.兄即李一氓，在《中国古代社会研究》1947年上海群益出版社新版中，此处改为直称李一氓。

有需要的书，陆续地收集、购寄，使我跑东京的时间也就省下了。"①李一氓1928年初加入创造社，是郭沫若在日本期间与国内联络较为频繁的人之一，《中国古代社会研究》《甲骨文字研究》《殷周青铜器铭文研究》都经他联系在国内出版。1929年8月，张静庐退出现代书店和光华书店，创办了他"念念不忘的纯粹社会科学书店"——上海联合书店。为了寻求稿源，张静庐"写了一封信托李一氓先生转给住在千叶市的佐藤和夫——沫若，问他有没有社会科学的译稿。这全是试试看，明白晓得他是弄文艺的，尤其在日本帝国主义者侦探们监视之下，即使有这样的心意，也不会有现成的稿件"，"出乎意外的，居然告诉我，他正赶写一部《中国古代社会研究》已将完成，可以交给我出版。——并且声明，这是他比较满意的一部著作物。这样一来，专门社会科学书店的上海联合书店就在四马路中西药房隔壁大厦上竖起了招牌"②。这些材料说明，李一氓的确为《中国古代社会研究》联系了出版社，但主动方是最初想向郭沫若约稿的张静庐，李一氓是被动地收到张静庐的约稿信再告知郭沫若，恰好郭沫若已有出书打算，三方一拍即合，只是仍不能证明这个环节存在明显的"组织行为"。李一氓应该是郭沫若在日本期间与国内中共党组织保持联系的主要联络人物，然而具体到《中国古代社会研究》的撰写，没有证据表明是因李一氓转达中共党组织的委托所为。假如该书真的是因李一氓转达中共党组织的要求而成书，作为当事人，李一氓日后不会从未提及，但是直到他1990年去世，也未见有这类提示③。合理的推测是，郭沫若在日本时与中共党组织应该没有完全中断联系，但组织上并未给他布置什么任务，李一氓对郭沫若只是在学术研究上提供尽可能的帮助④。1941年周恩来在重庆文艺界纪念郭沫若50寿辰和创作25周年时说："他不但在革命高潮时挺身而出，站在革命行列的前头，他还懂得在革命退潮时怎样保存活力，埋头研究，补充自己，也就是为革命作了新的贡献，准备了新的力量。"⑤坚守信念，埋头研究，补充自己，这是郭沫若当时的实际状态。

另一处是郭沫若写毕《中国古代社会研究》正文最后一篇文章《周金中的社会史观》，在该篇"余论"的最后写道："1929年11月10日夜，一个人坐在斗室之中，心里纪念着一件事情。"⑥1947年郭沫若在《我是中国人》中对当年写的这段话作了解释："心里所纪念着的是什么事情呢？那是和'十一月七日'那个日子有关联的十月革命。"⑦如果当时确为"完

---

① 郭沫若：《我是中国人》，《今文学丛刊》1947年11月第二本。

② 张静庐：《在出版界二十年》，上海杂志公司1938年版，第138页。

③ 李一氓在其回忆录中提及《中国古代社会研究》时也只是说："张静庐向我表示愿意出版郭沫若的著作，在征求郭沫若的同意之后，我就把《中国古代社会研究》交给了张静庐。"（参见《李一氓回忆录》，人民出版社2015年版，第99页）

④ 同时期郭沫若也与李一氓有学术上的合作，如李一氓1928—1929年间翻译的《新俄诗选》（上海光华书店1929年版）和《马克思论文选译》（上海社会科学研究会1930年版），译校人都是郭沫若（参见《李一氓回忆录》，第72—73页）。

⑤ 周恩来：《我要说的话》，重庆《新华日报》1941年11月16日。

⑥ 郭沫若：《中国古代社会研究》，上海联合书店1930年版，第314页。

⑦ 郭沫若：《我是中国人》，《今文学丛刊》1947年11月第二本。

成任务",那么十八年后郭沫若在《我是中国人》对此作解释的时候,即当和盘托出。"余论"末尾的这句话不过是身居异国的郭沫若,作为一位马克思主义者,在自己的首部唯物史观史学著作即将付梓、又适逢俄国十月革命纪念日时发出的感慨而已。

大革命失败后,郭沫若开始考虑"我将来到底还可以做些什么呢?该怎么做?"[①]如前所述,郭沫若在离沪之前养病期间和流亡日本后的头四五个月时间里,他已经基本明确"我的工作便主要地倾向到历史唯物论这一部门来","要就中国的思想,中国的社会,中国的历史,来考验辩证唯物论的适应度"[②]。这是他接受马克思主义后从理论和现实两方面的深入思考所得,也使他确定了致力于唯物史观史学的研究方向。然而从何处着手研究、怎样展开研究,这个过程的明晰还是由若干偶然因素汇集成为必然的,这些"偶然"因素郭沫若其实已经多次并反复提及。他说:"我感受着一种迫切的冲动,想把小时候背得烂熟的《易经》来作一番研究"[③],"在七八月之交,忽尔想到幼小时读得烂熟的《周易》里面,很有丰富的辩证式的意味,便在东京的一家旧书店里,花了六个铜板买了一部'明治十四年辛巳新镌'的易经","继续着作《诗经》和《书经》的研究,但也同样的可怜而且胆大,所凭藉的本子也只是花了几毛钱在东京买的朱注本和蔡传本,一口气又写成了那篇题也长文也长的《诗书时代的社会变革及其在精神生产上的反映》"[④]。请注意这里的"迫切的冲动""忽尔想到""可怜而且胆大"等情绪化的描述,却真实地表现出郭沫若最初开始撰写《中国古代社会研究》时在具体选题和研究路径上的不确定性。完成这两篇文章后,他"有点踌躇起来",原因在于:《诗》《书》《易》流播几千年,掺杂了"无数的先入之见","文字也经过好些次的翻写","三部书的年代都没有一定标准","因此我从那三部书里面所建筑出的古代观,便不免有点仅是蜃气楼的危险。因此我也就切实地感觉着有研究考古学以及和考古学类似的那类学识的必要。我的对于甲骨文字和殷周金文的研究,便从这儿开始了起来"[⑤]。

直到此时,郭沫若才开始摸到了古代社会研究的"边际",研究路径开始变得清晰起来:"当我把《卜辞中的古代社会》写好之后,我便起了一个心,想把那些关于古代文物的研究汇集成为一部书。于是我又赶着写了一篇《周金中的社会史观》,便集成了一部《中国古代社会研究》"[⑥]。这里说得很明白,由于使用了甲骨文材料,郭沫若感到他的古代社会研究明显充实起来,并如后来评论者所说的具有了"例示古史研究的一条大道"[⑦]的意义,于是他"便起了一个心",有了将几篇文章汇集成《中国古代社会研究》的初衷。整个过程,并没有"接受嘱托""完成重大任务"或履行"组织决定了的举措"的任何痕迹,有的是学术研究探索层面的不断深化,如果说有外力推动因素,那就是郭沫若所说的创造社同人的"挤"。

[①] 郭沫若:《神泉》,香港《小说》1948年9月第1卷第3期。

[②] 郭沫若:《跨着东海》,《今文学丛刊》1947年10月第一本。

[③] 郭沫若:《跨着东海》,《今文学丛刊》1947年10月第一本。

[④] 郭沫若:《我与考古学》,《生活学校》1937年5月第1卷第2期。

[⑤] 郭沫若:《我与考古学》,《生活学校》1937年5月第1卷第2期。

[⑥] 郭沫若:《我是中国人》,《今文学丛刊》1947年11月第二本。

[⑦] 素痴(张荫麟):《评郭沫若中国古代社会研究》,天津《大公报》1932年1月4日。

再从作为该书"导论"的《中国社会之历史的发展阶段》一文来看，郭沫若把中国古代历史划分为"原始共产制""奴隶制""封建制"等不同阶段，把"最近百年"中国历史看作"资本制"，把清末"中国社会的革命（性质）"看作"资本制的革命"[1]。众所周知，在莫斯科召开的中共"六大"通过的决议案，提出"中国现在的地位是半殖民地"，"现在的中国经济政治制度，的确应当规定为半封建制度"的论断[2]。相比之下，郭沫若在文中提出的"资本制"与中共"六大"指出的半殖民地半封建社会性质并不一致。中共"六大"结束时间是1928年7月，周恩来在莫斯科参加完中共"六大"回国的时间是同年11月上旬，《中国社会之历史的发展阶段》一文脱稿之时（1928年10月底）郭沫若应还不会及时了解到会议精神，但《中国古代社会研究》全书定稿时间已经是在"六大"结束后一年又四个月的1929年11月，如果是中共党组织委托郭沫若著书立说以"夺取研讨中国社会史的制高点"，他是有时间在该书出版前作出与中共"六大"关于社会性质问题论断相一致的修改调整以"完成任务"的，而不是如书中所写的那样，将近百年中国社会性质写作"资本制"（社会史论战中托陈取消派大体持此观点）。这只能说明郭沫若并不了解中共"六大"决议，《中国古代社会研究》的撰写是他的个人行为。

时值中国社会性质问题论战已在国内展开，不同政治派别的论战参加者纷纷用唯物史观判定中国社会性质，提出各种不同观点。1929年下半年，郭沫若写了针对陶希圣《中国封建社会史》一书的书评，发表在《新思潮》杂志上。《新思潮》是中国共产党所领导的刊物，在中国社会性质问题论战中坚决捍卫了中共六大所分析的中国社会性质和中国革命性质的正确观点[3]，郭沫若的书评发表在《新思潮》上，间接说明他与中共党组织仍有联系，然而从这篇书评的内容上看，郭沫若既未提及中共"六大"对中国社会性质的判断，也未涉及陶希圣的中国现阶段社会性质问题的观点。他在书评中主要是强调史料在古代历史研究中的重要性，指出陶希圣书中对考古和文献材料的错误使用（如"五色陶器"的发现不能论定公元前1700年黄河中部已有石铜兼用的民族、错用"新石器"概念、误判《诗经》成书时代等），批评陶希圣的中国古代不存在奴隶制和中国封建制度早已崩溃的观点，强调西周为奴隶制。文中没有表现出政治立场不同的"斗争式"交锋[4]，反而肯定了陶书有中国社会史的研究意识"是很可贺的现象"，"接到这部书的时候非常欢喜"，"因为中国总有人注意到了这个问题上来，目前我也正在准备研究这个事项，所以我们要算是同志"[5]。就此推断，郭沫若主要是从学术的角度批评陶书，"认为郭沫若写作《中国古代社会研究》是宣传中共

---

[1] 郭沫若：《中国古代社会研究》，上海联合书店1930年版，第23页。
[2]《土地问题决议案》（1928年7月9日），载中共中央文献研究室、中央档案馆编《建党以来重要文献选编（1921—1949）》第5册，中央文献出版社2011年版，第414、409页。
[3] 林甘泉、黄烈主编：《郭沫若与中国史学》，中国社会科学出版社1992年版，第81页。
[4] 如德里克指出："与陶希圣的中国社会分析相比，郭著没有强烈的政治现实意蕴……在这一时期的马克思主义历史著作中盛行的论战性的笔调在郭著中是找不到的。"（[美]阿里夫·德里克：《革命与历史：中国马克思主义历史学的起源，1919—1937》，翁贺凯译，江苏人民出版社2005年版，第114页。）
[5] 郭沫若：《读〈中国封建社会史〉》，《新思潮》1930年1月第2—3期。

'六大'、认为他直接参加中国性质问题论战甚至视之为'主将',都不过是意识形态之见影响下的误解"①。

郭沫若撰写《中国古代社会研究》的起因,更主要的是他对马克思主义的信仰,以及正确运用唯物史观阐释中国历史的责任感。如上文所述,他看到时人用唯物史观看待中国问题时存在着诸如局限于纯粹方法上的介绍、生硬地纠缠于难解的译名和语法等弊端,意识到"要善于使用这种方法""而使它中国化"的必要性和急迫性。郭沫若在日本撰写《中国古代社会研究》期间,应该没有与中共党组织完全失去联系,但是《中国古代社会研究》的完成出版,与中共党组织的"委托"没有直接关系,并非组织行为,这其实丝毫不影响对这部著作多种学术价值和学术意义的判断。与社会性质论战和社会史论战中各派观点背后具有明显的现实政治诉求情形相比,郭沫若的《中国古代社会研究》反倒更显其学术层面的"纯粹",如齐思和评价的那样:"中国社会史的研究到了郭沫若先生才真正的走上了学术的路上。"②从研究语境、背景、动机等方面看,郭沫若《中国古代社会研究》与日后成书的范文澜《中国通史简编》有着很大不同,后者的确是"组织行为"。这两部著作都是中国马克思主义史学的经典性史著,两书对中国马克思主义史学发展的深刻影响却各有特点。《中国古代社会研究》从其作为中国马克思主义史学开创之作的意义上考量,则更为彰显了中国马克思主义史学的学术内涵。

四 《中国古代社会研究》问世之后

顾颉刚在《当代中国史学》中评价《中国古代社会研究》说:"这部书的影响极大,可惜的是,受它影响最深的倒是中国古史的研究者,而一般所谓'社会史的研究者',受到它的影响却反而不大,这是因为当时的'社会史研究者',大部分只是革命的宣传家,而缺少真正的学者,所以郭先生这部伟著,在所谓'中国社会史的论战'中,反受到许多意外的不当的攻击。"③王礼锡主编的《读书杂志》创刊于1931年4月,创刊号即开辟"中国社会史的论战"专栏,并在同年8月至1933年4月间出版四辑"中国社会史的论战"专号,《中国古代社会研究》正是在论战中"受到许多意外的不当的攻击"。王礼锡把《读书杂志》第三期编为"一个挑战的专号,对各方面挑战的文字都有",郭沫若被列为挑战对象之一④。王宜昌把中国社会性质问题论战中"新生命派"和"新思潮派"称为"回想时期之两大派",把随后展开的中国社会史论战称为"研究时期",《中国古代社会研究》被列为"研究时期之四

---

① 熊权:《革命的思想逻辑——郭沫若〈中国古代社会研究〉再解读》,《现代中国文化与文学》第31辑,巴蜀书社2020年版,第78页。
② 齐思和:《近百年来中国史学的发展》,《燕京社会科学》1949年10月第2卷。
③ 顾颉刚:《当代中国史学》,南京胜利出版公司1947年版,第100页。
④ 其他挑战对象是顾孟余、陶希圣、梅思平和陈独秀,参见《读书杂志》1931年5月第1卷第2期"中国社会史的论战"专栏。

大著"之首①。很多人在论战中"差不多一提起《中国古代社会研究》，必大骂一顿"②。有学者认为："这些'攻击'在客观上起到了宣传《中国古代社会研究》的作用，使更多的人从另一侧面了解到了《中国古代社会研究》及其古史主张。"③这部书的关注度也因此获得极大提升，很快再版、三版、四版。时人即评论道："郭君的《中国古代社会研究》是一部风行全国的大著，现在已经四版，快销到七千部了。"④该书出版后"三个月间，共印出六千部，销行之广，为近时出版界所仅见"⑤。"这本书民国十八年十一月初版，到廿一年十月五版时，三年之间已印了九千册"⑥。"当时许多青年学生夹着由联合书店出版的《中国古代社会研究》奔走相告，欣喜雀跃，仿佛从迷雾中看到了一丝光明"⑦。不只是青年学生，很多成名学者也一样重视这部著作。有人回忆道："每逢看见沈尹默先生，老是夹着这部《中国古代社会研究》，简直对它当作小说似的。他说他是非常爱好这部书的。"⑧侯外庐说："1930年我从国外回来不久，便有机会读到郭沫若的新著《中国古代社会研究》"，"我就是在论战高潮中，由于受到郭沫若的影响而开始转向史学研究道路的"⑨。社会史论战确实扩大了《中国古代社会研究》的影响，以至人们对郭沫若的研究动向也产生了极大兴趣，如有读者致函《读书杂志》询问："郭沫若是第一个以辩证方法研究古史者，现在，因为研究的进步，所以他也成为研究与攻击的目标。但是《中国古代社会研究》的出版，至今已有三年，郭氏的意见，还是已有改变？还是更深的维持他的主张？"⑩

  郭沫若没有加入到论战中，主要原因是对古文字的全力研究牵扯了他的大部分精力。因为对这些新材料的研究已成为充实其古代社会研究的重要部分，如他所言，"'甲骨文释'与此自是辅车唇齿"⑪，写作《甲骨文字研究》中的《释干支》一篇时，他甚至到了"昼夜兼勤的研究，昼夜兼勤的写"⑫的程度。正是在论战展开的1931—1934年，他完成出版了《甲

---

① 参见王宜昌《中国社会史论史》，载《中国社会史的论战》第2辑，《读书杂志》1932年3月第2卷第2—3期合刊。王宜昌所谓"四大著"的另外三部著作是马札亚尔的《中国农村经济研究》、严灵峰的《中国经济问题研究》和任曙的《中国经济研究》。

② 何干之：《中国社会史问题论战》，上海生活书店1937年版，第95—96页。

③ 何刚：《他者叙述与自我"作为"——郭沫若〈中国古代社会研究〉"经典之路"再析》，《郭沫若学刊》2011年第3期。

④ 李季：《对于中国社会史论战的贡献与批评》，载《中国社会史的论战》第2辑，《读书杂志》1932年3月第2卷第2—3期合刊。

⑤ 王扶生：《读郭沫若中国古代社会研究质疑》，《中国革命》1934年6月第3卷第24期。

⑥ 董作宾：《中国古代文化的认识》，载《中国现代学术经典·董作宾卷》，河北教育出版社1996年版，第614页。

⑦ 尹达：《郭老与中国古代社会研究——纪念郭沫若同志逝世一周年》，《中国史研究》1979年第2期。

⑧ 华白沙：《古史及古史研究者》，《杂志》1942年9月第9卷第6期（复刊第2号）。

⑨ 侯外庐：《韧的追求》，生活·读书·新知三联书店1985年版，第223页。

⑩ 王凤庭：《对于中国社会史论战的意见（通信四则）》，《读书杂志》1932年9月第2卷第9期。

⑪ 郭沫若：《中国古代社会研究·卜辞中之古代社会·附白二》，上海联合书店1930年版，第291页。

⑫ 郭沫若：《我是中国人》，《今文学丛刊》1947年11月第二本。

骨文字研究》《殷周青铜器铭文研究》《两周金文辞大系》《金文余释之余》《金文丛考》《古代铭刻汇考四种》《卜辞通纂》《古代铭刻汇考续编》等古文字学著作,收获了令人瞠目的研究成果。还有一个客观情况是,1929年2月创造社被查封后,由创造社资助他的每月100元生活费就此断绝,"在研究之外,我总得顾及到生活",郭沫若不得不把精力"又移到了别种文字的写作和翻译",写了《我的幼年》《反正前后》,翻译了辛克莱的小说《石炭王》《屠场》《煤油》和弥海里斯的《美术考古学发现史》等①。

顾颉刚所说的受到"影响最深"的"中国古史的研究者"也少有加入到论战中。《中国古代社会研究》结合新材料研究古代社会的创新之举从该书甫一问世即被学界重视。1930年7月即有书评介绍说:该书"尤其卜辞中之古代社会及周金中的社会史观两篇,因其系根据地下发现的实物而作,更为有价值的文字"②。之后不断有学者强调这一特点。反观社会史论战中的很多人,却轻视古史研究中对新旧史料的考辨,认为"他们只能得到技术上的成绩,因为他们只拿文字学来整理古史,所以只能辨别古史的真伪,却未能触到'古史'的边际"③,"不会有以'理论的思维'为媒介的,对于原始社会的'媒介的具体'的说明"④。总的来看,社会史论战中表现出的明显的非学术色彩、普遍生硬的史论结合特征、烦琐的哲学论辩、颇显勉强的跨学科操作、只论他人之非而不顾他人之是的非理性论战氛围等特征,都使得主流史学界与之有着明显的疏离⑤。

与在论战圈内受到的"攻击"相比,《中国古代社会研究》在论战圈外受到的评价则显得相对平实。《大公报》发表张荫麟的书评,张荫麟把《中国古代社会研究》列为1930年史学界最重要的两种出版物之一(另一种是《古史辨》第二册),认为其贡献"尤在它例示研究古史的一条大道","郭先生所例示的路径是值得后来史家遵循的"⑥。嵇文甫在《大公报》发表的书评中说该书"要算是震动一世的名著",有着"为新史学开其先路的功绩"⑦。张荫麟和嵇文甫在当时都已是成名史家,他们对《中国古代社会研究》一书的学术价值和意义的评价具有一定权威性。《中国古代社会研究》问世后,许多报纸杂志都刊有对该书的介绍和评论文章,与张荫麟、嵇文甫相同的是,都集中肯定该书使用新材料和提出新观点所展现出

---

① 郭沫若:《我是中国人》,《今文学丛刊》1947年11月第二本。
② 讯:《读〈中国古代社会研究〉(续)》,天津《大公报》1930年7月18日。
③ 杜畏之:《古代中国研究批评引论》,载《中国社会史的论战》第2辑,《读书杂志》1932年3月第2卷第2—3期合刊。
④ 王宜昌:《中国社会史论史》,载《中国社会史的论战》第2辑,《读书杂志》1932年3月第2卷第2—3期合刊。
⑤ 参见张越《中国马克思主义史学的形成与社会史论战》,《近代史研究》2021年第5期。
⑥ 素痴(张荫麟):《评郭沫若中国古代社会研究》,天津《大公报》1932年1月4日。文中同时批评该书"无条件"接受摩尔根《古代社会》中"已被近今人类学者所摈弃"的观点,质疑郭沫若周初已发明"铁耕"说、殷商为母系氏族社会、"默证"立论等问题。
⑦ 文甫(嵇文甫):《评郭沫若中国古代社会研究》,天津《大公报》1931年10月12日。文中主要批评了郭沫若的古史分期观点。

的创新意义。《上海青年》发文评论说"全书中最精辟的地方,仍然要算第一篇下篇易传中辩证的观念之展开,最辛勤的要算是第三篇卜辞中之古代社会,因为前者是用唯物辩证法的方法去研究思想的发展,后者是利用新近发见的古代遗物去研究古代社会的基础组织,扩大了历史家的视野的缘〔故〕。""不仅是最近出版界中一部最好的著作,而且是有志研究中国历史、研究中国的真相的人们不可不读的良书,不管你是赞成他的见解或反对,只要你涉及这一领域,你是不能忽视它的,因为它奠下了中国历史研究的一个础石。"[1]《大公报》书评称:"这本书是这几年来很有名的一部著作,其支配青年之思想,有似十年前胡适之的《中国哲学史大纲》",郭沫若具有"开辟新途径的功劳"[2]。《学艺》杂志刊发的文章认为,郭沫若"成《中国古代社会研究》一书,又为史学界开一新研究之途径"[3]。还有人撰文指出:"他承接了罗、王的业绩开辟了一个新天地,这是中国新史学上一个划时代的贡献。""像他那样广泛地应用甲骨和金文来研究古代社会的,确乎是第一人。故其中虽不免有若干错误,然而他在这方面的筚路蓝缕之功,是不能湮灭的。"[4]齐思和说该书"不但依据书本上的资料,又因为研究中国社会而研究甲骨金文,将卜辞金文用到社会史的研究"[5]。董作宾认为:"他把《诗》《书》《易》里面的纸上材料,把甲骨卜辞、周金文里面的地下材料,熔冶于一炉,制造出来一个唯物史观的中国古代文化体系。"[6]

《中国古代社会研究》出版后,还受到外国学者的重视。《中国古代社会研究》日译本译者藤枝丈夫认为:"经过了王国维、罗振玉、孙诒让、商承祚、王念孙、王引之以及日本的林泰辅等诸氏的研究,郭沫若再从唯物史观角度出发,将这些成果重新整理,终于能够赋予古代社会构造一个概览。""当然,这只是最初的一次尝试,郭沫若自己也说过,这只是'一条小径',不过是在未开拓的丛林中砍下的第一斧。总会伴随着不少的缺点。然而,进入这片始终以原始状态被弃置的古代中国的丛林,并对其挥动刀斧的功绩,必须要归于郭沫若。"[7]法国学者马伯乐认为《中国古代社会研究》"表示出强毅的精神,鲜明的思想力,广博的学力",同时指出郭沫若的古史研究"在中国人该认为最是创获的地方,比如根据西方社会学的理论来解释中国社会的某几点,对于一个欧洲的读者自然没有同样的兴趣,尤其因为郭先生的社会学的材料似乎陈旧了一点;再者,他考释古文字的假设,有时也太大胆"[8]。郭沫若致函答复:"马伯乐先生是法国研究东方学问的权威,我的著作蒙他亲切地加以批评,

---

[1]《鉴赏与批评·中国古代社会研究》,《上海青年》1931年5月第31卷第18期。

[2] 张纯明:《书评·中国古代社会研究》,天津《大公报》1933年3月8日。

[3] 陈钟凡:《二十年来我国之国故整理》,《学艺》1937年1月第16卷第1号。

[4] 靖公:《新史学批判》,《杂志》1944年7月第13卷第4期。

[5] 齐思和:《近百年来中国史学的发展》,《燕京社会科学》1949年10月第2卷。

[6] 董作宾:《中国古代文化的认识》,载《中国现代学术经典·董作宾卷》,河北教育出版社1996年版,第614页。

[7]〔日〕藤枝丈夫:『現代支那の根本問題』,東京叢文閣1938年版,第208—209页。感谢郭露凝提供该日文资料并将其译成中文。

[8]〔法〕马伯乐:《评郭沫若近著两种》,陆侃如译,《文学年报》1936年5月第2期。

并在大体上是得到了他的称许……马先生的指摘有很多地方是整整针对着那些缺陷的,但好些地方作者在目前尚碍难表示同意。"①《中国古代社会研究》还获得了法国巴黎某学院的奖学金,相关报道称:"郭著,除由日人松伏村信氏以中日文译成法文寄巴黎外,并由金石学院赫里欧脱特博士译成英法德俄数国文字贡献于世,赫氏在郭著序言中,称郭为'中国摩尔根',谓郭氏此项考古之大著作,在中国是有划时代之意义的。"②郭沫若用唯物史观和新旧史料对中国古代社会研究所取得的成绩,是他成为具有国际影响的中国学者的原因之一。

各种评论在肯定《中国古代社会研究》创新意义的同时,对书中使用古典文献和古文字资料中存在的问题、对摩尔根氏族社会和马克思亚细亚生产方式说的理解、对商周社会性质和古史分期的判断以及井田制是否存在、对先秦诸子的批判等,都有大量或否定或商榷意见。这种局面的出现当在郭沫若的意料之中,他在《中国古代社会研究》的"解题"中已经提示说:"因作者生活的不自由,参考书籍的缺乏,及其他种种纸笔所难写出的有形无形的艰难迫害,使本书的叙述每多草率粗躁的地方,作者自己亦不能以为满足。然而大概的规模路径自信是没有错误,希望更有时间更有自由的同志继续作详细的探求。"③此后,他利用该书新版的机会屡屡表达了类似看法:"我用的方法是正确的,但在材料的鉴别上每每沿用旧说,没有把时代性划分清楚,因而便挟杂了许多错误而且混沌。"④"它在中国古代的社会机构和意识形态的分析和批判上虽然贡献了一些新的见解,但主要由于材料的时代性未能划分清楚,却轻率地提出了好些错误的结论。这些本质上的错误,二十几年来我在逐步地加以清算。"⑤看得出,比起不断检讨具体问题的研究上出现的错误,在"大概的规模路径""我用的方法"方面,郭沫若一直坚信是正确的。面对大量的批评意见,郭沫若基本没有单独给予回应,但是在《两周金文辞大系》《卜辞通纂》《青铜时代》等著述中对他意识到的错误作了纠正,特别是在1945年出版的《十批判书》中,首篇作《古代研究的自我批判》,分"古代研究上的资料问题""论所谓'封建'制""关于井田制"等八个专题,可视为是对过往各种批评意见的总回复。⑥

余论

通过对《中国古代社会研究》问世前后的学术史考察,不仅可以更清楚地认识这部中国马克思主义史学的开创之作在问题意识的形成、研究方法的更新、学术逻辑的延伸、话语体系的构建等方面的发展变化过程,而且可以更全面地了解郭沫若转变为中国马克思主义史学家的经过,从而有助于深入历史情境中更准确地把握中国马克思主义史学形成的必然性。

---

① 郭沫若:《答马伯乐先生》,《文学年报》1936年5月第2期。
② 卫道人:《郭沫若获法国学院奖金·郭著中国古代社会研究法人备极推崇》,《上海报》1936年5月29日。
③ 郭沫若:《中国古代社会研究·解题》,上海联合书店1930年版,第2页。
④ 郭沫若:《中国古代社会研究·后记》,上海群益出版社1947年版,第355页。
⑤ 郭沫若:《中国古代社会研究·一九五四年新版引言》,人民出版社1954年版。
⑥ 郭沫若:《十批判书·古代研究的自我批判》,重庆群益出版社1945年版,第1—62页。

改革开放以来，近代中国史学以及中国马克思主义史学发展史渐成人们所重视的学术史研究方向，《中国古代社会研究》在中国近代史学中的重要地位和对于中国马克思主义史学的开创性意义不断明确。20世纪80年代，《中国古代社会研究》被认定为"是我国马克思主义历史学的第一部重要著作"[①]，"在中国马克思主义历史学发展上立下首创之功"[②]，"是中国学者用马克思主义理论系统地阐述中国历史的第一部书"[③]。

在中国马克思主义史学史叙事中，早期的李大钊和郭沫若是两位具有开创性意义的人物，《史学要论》和《中国古代社会研究》是不能忽略的两部著作。李大钊和郭沫若对中国马克思主义史学的贡献有何不同特点？郭沫若及《中国古代社会研究》对中国马克思主义史学的贡献及意义已如上所述。被今人誉为"是一部关于中国马克思主义史学理论的奠基性著作"[④]的《史学要论》，作为商务印书馆的"百科小丛书"系列第51种于1924年出版后，一段时期内的影响范围并不广泛。《读书杂志》的四辑"中国社会史的论战"专号百万言左右的论战文章中，很少有人引用《史学要论》或李大钊的其他文章。著名马克思主义史家如郭沫若、吕振羽、翦伯赞、范文澜等人在民国时期的著作中也几乎未见提及或引用《史学要论》。当时有人注意到这个情况，指出："惜乎，关于他的学说与方法论，尚未见有专文论述。仅有郭湛波的《近五十年中国思想史》（北平，人文书店；民国二十五年八月再版。据闻，此书有日译本）一书，曾讲到他。"[⑤]除了郭书外，民国时期在刘剑横《历史学ABC》（世界书局1930年版）、周容《史学通论》（开明书店1933年版）、李则纲《史学通论》（商务印书馆1935年版）等史学通论性小册子中部分引用或抄录了《史学要论》，而这些书的作者恐非一流史家，这些小册子也以知识性、介绍性为主。直到1949年前后，李大钊的成就开始引起马克思主义史家的重视，如范文澜、王南发表《中国早期的唯物历史科学家——李大钊同志》，明确表示"大钊同志是中国早期的马克思主义的历史科学家"[⑥]。这种现象当与李大钊去世较早有一定关系，而《史学要论》并未过多涉及中国历史的研究也应该是其中的原因。李大钊也曾撰写了《原人社会于文字书契上之唯物的反映》（1920）、《中国古代经济思想之特点》（1920）、《大英帝国主义者侵略中国史》（1925）、《孙中山先生在中国民族革命史上之位置》（1926）等涉及考察中国古代史、近代史一些具体问题的文章，因其主要精力从事政

[①] 林甘泉、田人隆、李祖德：《中国古代史分期讨论五十年》，上海人民出版社1982年版，第11页。

[②] 叶桂生、刘茂林：《略论马克思主义中国历史学的创立和发展》，《学习与研究》1982年第11期。

[③] 白寿彝、瞿林东：《马克思主义史学在中国的传播和发展——纪念马克思逝世一百周年》，《史学史研究》1983年第1期。

[④] 沙健孙：《李大钊史学思想述论》，《思想理论教育导刊》2019年第9期。

[⑤] 张好礼：《社会科学讲话》，《读书青年》1945年2月第2卷第3期。

[⑥] 范文澜、王南：《中国早期的唯物历史科学家——李大钊同志》，《新华周报》1949年7月第2卷第6期。这个时期的相关文章还有蔡尚思《李大钊的思想评介》（《文汇丛刊》1947年9月第1辑）、吴玉章《中国马克思主义最早的倡导者：李大钊同志》（《新华周报》1949年6月第2卷第1期）、齐思和《近百年来中国史学的发展》（《燕京社会科学》1949年10月第2卷）等。

治事务而无暇开展更深入的学术研究①。

近几十年来对李大钊史学的研究受到更多人的重视，一些结论与实际情况存在一定距离。李大钊是当之无愧的中国共产党和中国革命的先驱者，在马克思主义史学发展史中，李大钊最重要的贡献是传播唯物史观；郭沫若在《中国古代社会研究》中是第一次用唯物史观考察古代社会，并且用社会形态理论概括中国历史的整体发展阶段。他们对于马克思主义史学的影响，侯外庐的感受颇能说明问题："如果说，大革命时期，李大钊同志曾经是指引我学习马克思主义理论的老师，那么，从三十年代初开始，我已经把郭沫若同志看作是指引我学习和研究中国历史的老师。"②对于李大钊和郭沫若的贡献，老一辈马克思主义史学家论述得十分准确。吕振羽1955年10月5日在于莱比锡召开的"东方学讨论会"上发表的演讲中指出："李大钊就首先倡议把马克思列宁主义应用在中国历史研究上。最先用历史唯物主义来系统地研究中国史及思想史，并一直从事于这种专门著述的是现在中国科学院院长郭沫若等人。"③刘大年在1982年纪念郭沫若诞辰九十周年学术报告会上说："中国最先提出应用马克思主义研究历史的有李大钊同志。他写的《史学要论》和其他论著，至今看来仍然是很可贵的。那些论著主要是介绍历史唯物主义观点，而不是应用历史唯物主义研究中国历史的专门著作。郭老《中国古代社会研究》是这种著作的第一部。"④李大钊在传播马克思主义、介绍阐发唯物史观方面作出了重大贡献，但是他还尚未来得及把唯物史观与中国历史相结合起来作更全面系统的研究，这个工作在郭沫若的《中国古代社会研究》中首次得以实践，《中国古代社会研究》也成为中国马克思主义史学形成的标志性著作。

（原载《天津社会科学》2022年第5期）

---

① 如刘林海认为："中国早期马克思主义的代表李大钊在《史学要论》《我的马克思主义观》中涉及到了唯物史观的一些基本原理，但并没有应用于中国史研究，只是在《由经济上解释中国近代思想变动的原因》中从经济基础决定上层建筑的角度少有涉及。"（刘林海：《论中国历史分期研究的两次转型》，《北京师范大学学报（社会科学版）》2014年第1期。）
② 侯外庐：《韧的追求》，生活·读书·新知三联书店1985年版，第223—224页。
③ 吕振羽：《六年来的新中国的历史科学》，载《吕振羽全集》第8卷，人民出版社2014年版，第414页。
④ 刘大年：《学习郭老——在中国史学会纪念郭沫若同志诞辰九十周年学术报告会上的发言》，《近代史研究》1983年第1期。

李大钊、郭沫若与中国马克思主义史学的形成

谢辉元

在中国马克思主义史学的形成过程中，存在两个节点性人物，同时也是马克思主义史学兴起过程中的两大坐标，即李大钊和郭沫若。见诸一般马克思主义史学史著述中，两位学者都曾被赋予马克思主义史学创始者的学术地位，但相关认识之间仍然存在一些微妙的差异。如香港学者许冠三就曾表示李大钊因为唯物史观理解的问题，长期以来不被官方视为正宗，只是被尊为马克思主义史学的奠基人，而非中国唯物史观派的开山。[①]王学典也以为五四到"抗战"历史观念的变动，使得后来马克思主义史学历史观念的源头与李大钊时代没有太多的连续性，而这是唯物史观派史坛长期以来宁愿把自己的学统上续到郭沫若而不肯上续到李大钊的基本原因。[②]许、王二人敏锐把握住了学界在李大钊和郭沫若评价上的差异，但这种差异到底在多大程度上存在？它是否确如许、王二人所说是历史观的差异造成的问题，仍然值得考究，其中还涉及对马克思主义史学起点认知的问题。本文拟通过回溯中国马克思主义史学史叙事，对上述问题进行确认，并就中国马克思主义史学形成史的问题进行一些探讨。

中国近现代史学史叙事中的李大钊与郭沫若

在民国时期的史学史叙事中，人们对于李大钊、郭沫若的史学贡献已有不少讨论。在20世纪二三十年代，李大钊的史学研究所起的引路作用，曾为时人所瞩目。1920年，季融五在讨论井田制问题时就对李大钊所开展的"惟物的研究"作过肯定。[③]20世纪30年代，李大钊的《史学要论》（1924年）颇受史学界的关注。卢绍稷在《史学概要》（1930年）中将该书作为现代重要史学著述作介绍。[④]1933年，刘静白也极力称赞该书"很有理论的意义"，是"新的科学底史学萌芽"，认为"这种立于理论研究底意味上的这种精神底试探，把历史学高调起来，确是值得我们注意"。[⑤]虽然《史学要论》在当时也因与日本学者内田银藏的《历史理论》有诸多相近之处，而为朱谦之等人所诟病，但两书的差异性实际要大于相似性，[⑥]而朱氏也

---

① 许冠三：《新史学九十年》，岳麓书社2003年版，第289、298页。
② 王学典：《从"五四"到"抗战"：唯物史观派历史观念的重要变动》，《齐鲁学刊》2000年第3期。
③ 季融五：《井田制度有无之研究（三）》，《建设》1920年第2卷第5号。
④ 卢绍稷：《史学概要》，商务印书馆1930年版，第121—122页。
⑤ 刘静白：《何炳松历史学批判》，辛垦书店1933年版，第16—17、146—147页。
⑥ 叶建：《李大钊〈史学要论〉与内田银藏〈历史理论〉的比较》，载瞿林东主编《史学理论与史学史学刊（2006年卷）》，社会科学文献出版社2006年版，第328—341页。

终究承认李大钊是中国史学界"马克思派"的代表。[1]此外,在刘剑横、周容、李则纲、杨鸿烈等人的史学著述中,李大钊的观点也一再被引用。[2]李大钊围绕中国历史做的一些具体研究,在五四时期有一些回响,此后人们关注更多的是他在理论方面的贡献,尤其是《史学要论》备受推崇。对于李大钊史学工作的总体评估,人们更多放在思想史中进行。如邓中夏1923年在《中国现在的思想界》中,称呼李氏为中国思想界倡导科学研究的"唯物史观派"的"巨子"。[3]鲁迅1933年在为《守常文集》作序时,称李大钊的遗文是"先驱者的遗产,革命史上的丰碑"。[4]郭湛波在《近三十年中国思想史》(1935年)中对李大钊的评价更高,认为:"李先生是研究历史最有成绩的人,也是唯物史观最彻底最先倡导的人;今日中国辩证法、唯物论、唯物史观的思潮这样澎湃,可说都是先生立其基,导其先河。"[5]由此看来,李大钊传播唯物史观以及倡导将它运用于史学研究过程中的理论贡献,最为20世纪二三十年代的学者所看重。

李大钊虽然是20世纪20年代史坛"马克思派"的代表,但其史学研究还未臻于成熟便因李氏的牺牲而中断,此后为以郭沫若史学研究为代表的社会史大论战绽放的光芒所掩。在20世纪30年代的学者眼中,郭沫若无疑是马克思主义史学界最耀眼的那颗明星。嵇文甫在《评郭沫若〈中国古代社会研究〉》(1931年)中强调:"对于中国社会之科学的研究,是三年以来中国思想界的一个主潮。其在历史方面,郭沫若先生的《中国古代社会研究》要算是震动一世的名著,就大体看,他那独创的精神,崭新的见解,扫除旧史学界的乌烟瘴气,而为新史学开其先路的功绩,自值得我们的敬仰。"[6]何干之在《中国社会史问题论战》(1937年)中也指出,郭沫若的新史料和新见解,"确为中国古史的研究开了一个新纪元","目前中外的新史家,差不多都以它的研究为出发点"。[7]郭湛波亦予以高度评价:"郭先生是用唯物史观研究中国社会史最有成绩的人,也是研究甲骨文字最有成绩的人。不只开中国史学界的新纪元,在中国近三十年思想史上也有莫大的贡献。"[8]翦伯赞在《历史哲学教程》(1938年)中也表示:"在中国开始以史的唯物论把历史来作系统研究的,要算是郭沫若",其《中国古代社会研究》虽然有许多错误,"但由于他从唯物论的观点出发,从物质

---

[1] 朱谦之:《历史科学论》,《现代史学》1935年第2卷第3期。
[2] 刘剑横:《历史学ABC》,世界书局1930年版,第33—35页;周容:《史学通论》,开明书店1933年版,第5页;李则纲:《史学通论》,商务印书馆1935年版,第161—162、165页;杨鸿烈:《史学通论》,岳麓书社2012年版,第238、285页。
[3] 中夏(邓中夏):《中国现在的思想界》,《中国青年》1923年第1卷第6期。
[4] 鲁迅:《南腔北调集·〈守常全集〉题记》(1933年5月29日),载《鲁迅全集》第4卷,人民文学出版社1981年版,第402页。
[5] 郭湛波:《近三十年中国思想史》,大北书局1935年版,第135页。
[6] 文甫(嵇文甫):《评郭沫若〈中国古代社会研究〉》,载李霖编《郭沫若评传》,现代书局1932年版,第219页。
[7] 何干之:《中国社会史问题论战》,生活书店1937年版,第104页。
[8] 郭湛波:《近三十年中国思想史》,大北书局1935年版,第196页。

基础上去说明中国古代社会的政治乃至意识形态，所以他在中国历史的研究上，是有着其相当供（贡）献的一个人。"①郭沫若的史学研究在20世纪30年代受到唯物史观论者的高度认可，其社会史研究成就尤其受到肯定。

在20世纪四五十年代，郭沫若的史学贡献仍然备受瞩目。马克思主义者对其评价甚高，视其为新史学的旗手和引路人，这从他在新中国成立后当选为中国史学研究会首任会长即可看出，自不待言。即使是非马克思主义学者，对郭沫若的工作也大加肯定，他们看重的是郭沫若将唯物史观与古史材料结合、开拓中国社会史研究的贡献。周予同在《五十年来中国之新史学》（1941年）一文中，将马克思主义史学称作"释古派"，认为"释古派的初期代表人物是胡汉民"，而"使释古派发展而与疑古派、考古派鼎足而三地成为中国转变期的新史学的是郭沫若"，并认为《中国古代社会研究》（以下称《古代社会》）关于史学以"批判"为目的的主张，是"释古派之坦白的宣言"。②与此相近，靖公在《新史学批判》（1944年）一文中，认为新史学有三个代表人物，即梁启超、胡适和郭沫若，而郭沫若"使释古派发展而与疑古派、考古派熔冶而成为一中国转变期的新史学"，"像他那样广泛地应用甲骨和金文来研究古代社会的，确乎是第一人。故其中不免有若干错误，然而他在这方面的筚路蓝缕之功，是不能湮灭的"。③顾颉刚在《当代中国史学》（1945年）中也指出："研究社会经济史最早的大师，是郭沫若和陶希圣两位先生，事实上也只有他们两位最有成绩"；郭沫若《古代社会》是"一部极有价值的伟著"，"书中虽不免有些宣传的意味，但富有精深独到的见解"，"中国古代社会的真相，自有此书后，我们才摸着一些边际"；"我们认为：郭先生的贡献偏在破坏伪古史上，而陶先生的贡献却在揭发整个中国社会史的真相，虽然他的研究还是草创的，但已替中国社会经济史的研究打下了相当的基础"。④齐思和在《近百年来中国史学的发展》（1949年）中认为，中国社会史的研究在北伐后就逐渐展开，但"到了郭沫若先生才真正的走上了学术的路上"。《古代社会》《十批判书》《青铜时代》，"都对于中国古代社会有许多重要的贡献"。⑤1951年，董作宾在台湾撰文，认为郭沫若将纸上材料和地下材料熔冶于一炉，"制造出来一个唯物史观的中国古代文化体系"。⑥

20世纪30年代中后期以后，史学界对李大钊的关注度降低，论者寥寥，故40年代有研究者呼吁对其思想予以重视。张好礼在《中国新史学的学派与方法》（1945年）中，就前述周予同有关"唯物论派"的评断提出不同意见："周予同先生讲述此派时，曾说此派初期的代表人物是胡汉民。这话诚然不错，然而他竟然完全忘掉了李大钊，实不能不说是一个遗漏。"李氏留下的著作并不算多，"似仅有《史学要论》一书与十余篇论文"，"然而他在唯物史观派内所应占的地位，恐亦不在胡汉民先生之下"，"惜乎，关于他的学说与方法论，尚未

---

① 翦伯赞：《历史哲学教程》，新知书店1946年版，第17页。
② 周予同：《五十年来中国之新史学》，《学林》1941年第4辑。
③ 靖公：《新史学批判》，《杂志》1944年第13卷第4期。
④ 顾颉刚：《当代中国史学》，上海古籍出版社2006年版，第97—98页。
⑤ 齐思和：《近百年来中国史学的发展》，《燕京社会科学》1949年第2卷。
⑥ 董作宾：《中国古代文化的认识》，载《中国现代学术经典·董作宾卷》，河北教育出版社1996年版，第614页。

见有专文论述,仅有郭湛波的《近五十年中国思想史》一书,曾讲到他"。[1]另外,齐思和的《近百年来中国史学的发展》(1949年)指出:"中国最初介绍唯物史观的学者是李大钊先生","尝作《史学要论》《史学思想史》《史观》《唯物史观在现代史学上之价值》等文,介绍唯物史观的精义。"[2]非马克思主义者对李大钊史学贡献的认同,更多地体现在对《史学要论》等专门性的史学理论著述上。

不过在马克思主义者方面,抗战时期对李大钊史学虽关注不多,但并未遗忘,他们关注的重点是,李大钊拿唯物史观考察中国史的一些具体问题时的贡献。这主要是因为能够更好地接续此后郭沫若等开创的史学道路,契合革命需要。如金灿然在《中国历史学的简单回顾与展望》(1941年)中简单提到李大钊曾初步运用唯物史观分析中国伦理关系。[3]解放战争时期,随着马克思主义者对中国革命史总结的增多,李大钊史学逐渐引起更多重视。1947年,杨荣国在纪念李大钊的文章里,肯定他在五四时代从经济基础去分析孔家店理论的工作,认为李大钊的《由经济上解释中国近代思想变动的原因》(后称《近代思想》)"可以说是中国最先一篇用唯物史观来看中国历史的文章"。[4]1949年,范文澜、王南在《中国早期的唯物历史科学家——李大钊同志》一文中,称李大钊为"中国早期的马克思主义的历史科学家",肯定其史学可以影响人生、变革社会的提法,并将《近代思想》视作"中国早期企图用唯物史观的方法来处理中国历史问题的尝试"。[5]同年,吴玉章在评述李大钊倡导马克思主义的贡献时,亦称该文为"开始运用历史唯物论来作发现中国历史规律的尝试"。[6]新中国成立初期,针对李大钊史学的专门研究并不多见,既有成果也重在总结李大钊阐述历史唯物主义基本原理及以之观察中国历史的成就。如刘绍孟的《李大钊同志和历史科学》(1959年)、杨丙元的《李大钊同志在中国史学上的贡献》(1965年)两文,结合《史学要论》《近代思想》等多种材料,较全面地讨论了李大钊"运用历史唯物主义的观点来探究中国历史的发展规律"的工作,称李氏为"中国早期的历史科学家"和"我国第一个伟大的马克思主义史学家"。[7]

对李大钊史学的研究在改革开放以后迎来了全新的局面。随着国内史学理论与史学史研究热潮的涌动,中国马克思主义史学史研究兴起,引发了人们对李大钊学术地位的再审视。皮明庥明确指出,李大钊"作为中国早期的马克思主义理论传播者"是人所熟知的,但"作为中国马克思主义史学的先驱,还没有充分地被认识",而这项研究工作将"有助于弄清马克思主义史学在中国建立和发展的源流"。[8]从当时以及后来的研究成果看,人们一

---

[1] 张好礼:《中国新史学的学派与方法》,《读书青年》1945年第2卷第3期。
[2] 齐思和:《近百年来中国史学的发展》,《燕京社会科学》1949年第2卷。
[3] 金灿然:《中国历史学的简单回顾与展望》,《解放日报》1941年11月20—22日连载。
[4] 杨荣国:《李守常先生的思想》,《读书与出版》1947年第2卷第1期。
[5] 范文澜、王南:《中国早期的唯物历史科学家——李大钊同志》,《人民日报》1949年4月28日。
[6] 吴玉章:《中国马克思主义最早的倡导者——李大钊同志》,《新华周报》(无锡)1949年第2卷第1期。
[7] 刘绍孟:《李大钊同志和历史科学》,《史学月刊》1959年第7期;杨丙元:《李大钊同志在中国史学上的贡献》,《史学月刊》1965年第4期。
[8] 皮明庥:《李大钊史学思想初探》,《江汉论坛》1979年第4期。

般将李大钊的史学贡献总结为三个方面：系统传播唯物史观及其基本原理；探索建立史学理论体系；以唯物史观指导研究中国历史。与此前相比，马克思主义史学史叙事新增了对李大钊之史学理论贡献的全面考察与认同，《史学要论》的重要性也逐渐凸显，成为李大钊最富特色的史学贡献。这无疑是史学理论及史学史研究热潮下重新建构的结果，也与20世纪三四十年代许多非马克思主义者对于李大钊史学成就的评价暗合，而人们对李大钊史学成就的认识也变得更加全面。

对于郭沫若的史学成就，经过长期的研究积累，人们已经获得了较为全面的认识，即主要涉及创立中国马克思主义史学、中国古史分期问题、甲骨金文研究、古代思想史研究、整理古籍等五个领域，此外还有历史人物、农民战争、历史剧等方面的贡献。[①]郭沫若史学成就范围广、影响大，随着相关研究的不断深化，郭沫若作为中国马克思主义史学创立者的学术定评，非但没有被撼动，反而愈加巩固。

在上述情况下，中国马克思主义史学史叙事围绕李大钊与郭沫若的学术定位，出现了一定的张力。人们对李大钊的评价是："在建立中国马克思主义史学的长征路中，李大钊同志确有破土动工，铺垫下第一块基石的功绩"；[②]"亲自倡导历史学革命的先驱者，中国马克思主义史学的奠基人"，[③]"对史学体系的全面阐发，最先为中国无产阶级史学的建立打下了坚实的基础"；[④]"我国历史科学的奠基人"；[⑤]等等。人们对郭沫若的评价则是："马克思主义历史学的开创者"；[⑥]"中国马克思主义史学的开山祖之一"；[⑦]"中国马克思主义史学的主要开创者"；[⑧]"中国马克思主义史学创立者"，[⑨]等等。20世纪七八十年代，人们更多地赋予李大钊以马克思主义史学"先驱者""奠基者"的身份，郭沫若则是"开创者""开山者"。90年代以后，这种区分仍然存在。如蒋大椿评价李大钊是"中国马克思主义史学的最早奠基者"；"郭沫若是创建中国马克思主义史学的第一位大师"，其《古代社会》是"中国马克思主义史学的开山作"。[⑩]朱政惠也认为"李大钊是中国马克思主义史学的奠基人，郭沫若是中

---

① 黄烈：《郭沫若在史学上的贡献》，《人民日报》1983年8月29日；又见《郭沫若研究：学术座谈会专辑》，文化艺术出版社1984年版。
② 皮明麻：《李大钊史学思想初探》，《江汉论坛》1979年第4期。
③ 叶桂生：《李大钊的史学思想》，《中国史研究》1979年第4期。
④ 李润苍：《李大钊同志对中国史学的巨大贡献》，《史学史研究》1981年第4期。
⑤ 佟佳凡：《李大钊同志的史学思想初探》，《齐齐哈尔师范学院学报（哲学社会科学版）》1982年第3期。
⑥ 尹达：《郭沫若所走的道路及其杰出的学术贡献》，《史学月刊》1983年第2期。
⑦ 上海图书馆文献资料室、四川大学郭沫若研究室编：《郭沫若集外序跋集·后记》，四川人民出版社1983年版，第386页。
⑧ 李世平：《郭沫若在史学方面的巨大成就》，《南充师院学报（哲学社会科学版）》1983年第4期。
⑨ 黄烈：《郭沫若在史学上的贡献》，《人民日报》1983年8月29日。
⑩ 蒋大椿：《唯物史观与史学》，吉林教育出版社1991年版，第433页；蒋大椿：《20世纪中国马克思主义史学》，载罗志田主编《20世纪的中国：学术与社会》（史学卷上），山东人民出版社2001年版，第136、144页。

国马克思主义史学的第一位开山大师"。①

为什么有"奠基"与"开山"的区别？蒋大椿说得最清楚："一幢大楼从奠基到建成有一个过程。中国马克思主义史学从奠基到形成也有一个过程。李大钊等先驱者对马克思主义史学的奠基性贡献，主要表现为对以唯物史观为核心的马克思主义历史理论和史学理论的介绍和阐发，以及使之初步运用于历史实际的个别问题和个别领域。马克思主义史学的形成，则意味着用马克思主义的历史理论和方法对中国历史发展过程进行系统的研究和阐发。这项工程1928年便开始了。1930年1月，郭沫若出版《中国古代社会研究》，这是中国马克思主义史学形成的标志。对于中国马克思主义史学的形成，郭沫若无疑有首创之功。"②这种认识集中反映了许多学者在区分李大钊和郭沫若史学功绩时的依据。"奠基"与"开山"本属描述不同事物创生时期的词汇，但在他们看来，却明显有着先后之分，"开山"便意味着"开创""形成"，也即一座史学大厦的成形。所以在上述著述中，李大钊著述的"不成熟""局限""缺点"，经常被提到。

不过，上述区分也并不绝对，20世纪90年代以后，很多学者并不在意这种词汇上的差别，用"开山""开创"描述李大钊。如李华兴有李大钊"开始应用唯物史观来研究和解释历史，成了中国马克思主义史学的开山祖"的判断③；侯且岸有李大钊有关著述是"我国现代史学理论的开山之作"的认识④；张艳国也言李大钊是"中国马克思主义史学的开山""中国现代史学的奠基人"⑤；吴汉全言李大钊是"中国马克思主义历史哲学的开创者"⑥；欧阳哲生言李大钊是"近代中国历史理论的奠基者之一"，"在历史理论建构方面具有开山的地位"。⑦亦有用"奠基"描述郭沫若的。如桂遵义认为《中国古代社会研究》是"我国马克思主义古史研究的奠基之作"⑧；林甘泉既称该书为"最早尝试用唯物史观来指导历史研究的开山之作"⑨，也称其为"中国马克思主义的奠基之作"⑩；陈其泰言郭沫若是"中国马克思主义史学的奠基者"，《中国古代社会研究》是"中国马克思主义史学的奠基作品"⑪；葛懋春认为

---

① 朱政惠：《吕振羽学术思想评传》，北京图书馆出版社2000年版，第330页。
② 蒋大椿：《20世纪中国马克思主义史学》，载罗志田主编《20世纪的中国：学术与社会》（史学卷上），山东人民出版社2001年版，第143—144页。
③ 李华兴：《马克思主义史学在中国的命运》，载上海社会科学学会联合会编《马克思主义与中国社会主义实践》，中国大百科全书出版社上海分社1991年版，第179页。
④ 侯且岸：《李大钊历史思想述论》，《史学理论研究》2000年第4期。
⑤ 张艳国：《李大钊阐解唯物史观评析》，载《史学理论：唯物史观的视域和尺度》，华中科技大学出版社2009年版，第282页。
⑥ 吴汉全：《李大钊与历史哲学理论》，《史学史研究》2002年第2期。
⑦ 欧阳哲生：《李大钊史学理论著述管窥》，《史学理论研究》2010年第2期。
⑧ 桂遵义：《马克思主义史学在中国》，山东人民出版社1992年版，第200页。
⑨ 林甘泉：《郭沫若早期的史学思想及其向唯物史观的转变》，《史学史研究》1992年第2期。
⑩ 林甘泉：《20世纪的中国历史学》，《历史研究》1996年第2期。
⑪ 陈其泰：《郭沫若史学的时代精神》，《史学理论研究》1993年第1期。

郭沫若是"中国马克思主义史学的奠基者",[①]等等。而除了"奠基""开山"外,诸如"开端""兴起""建立""开创""诞生""开拓""拓荒"等名词,都曾用于描述李大钊和郭沫若对马克思主义史学的贡献。要之,人们对于李大钊和郭沫若之所谓"奠基"和"开山"的区分,逐渐变得模糊。而这种区分在20世纪七八十年代的出现,可能是时人为了更好地接续此前的史学史叙事传统而作出的选择。

回到前面许冠三的指称,学界对李大钊、郭沫若的评价,确实在一定程度上存在着"奠基"与"开山"的区别,尤其是改革开放初期更为明显,但在此前或此后,这种区分远不像许冠三所描述的那样截然两分。其中潜藏的区分理由,即学术贡献和典范意义的不同,与许冠三描述的——根源是对唯物史观理解的不同——并不一样。实则这两者都应该是造成李大钊与郭沫若学术定位差异的根源。只不过,前述许冠三对大陆学界的指摘,只提及唯物史观理解差异这一单一因素,似乎具有某些意识形态的偏见。而所谓"内地官方"长期不把李大钊视为马克思主义史学正宗的现象,在20世纪90年代以前可能在潜意识中存在,但在此后随着李大钊史学理论贡献的"再发现",这种意识已经淡化。

中国马克思主义史学形成史的不同分期

学界对于李大钊、郭沫若的评价,也牵涉中国马克思主义史学形成史问题。郭、李两人主要史学贡献存在差异,李大钊的贡献主要在倡导唯物史观和构建史学理论体系,郭沫若的贡献则在推进运用唯物史观研究中国历史。改革开放后学界对于郭、李两人的学术定位,虽然表述上比较多样,但在内容上基本都承认上述差异。对于郭、李史学贡献之重要性的认识,影响人们对于中国马克思主义史学产生与发展过程的分期。

对中国马克思主义史学产生历程的考察,在20世纪40年代就有过一些尝试。金灿然在《中国历史学的简单回顾与展望》(1941年)中指出,"唯物史观初步运用下的历史学"开始于五四时代。他说:"在《新青年》上,李大钊先生已初步的用唯物史观的观点来分析中国的伦理关系。后来,随着中国共产党的成立及唯物史观理论的输入,不少人尝试着以之运用于中国历史的研究。大革命失败后,更由于革命实践的要求,从社会性质的研究进入到社会史的研究。"社会史论战中,"在研究中国历史——尤其是社会史上,唯物史观的方法已占了统治的地位,在这个光辉的方法论面前,封建的及资产阶级的历史方法已显得黯淡无光,失却了活力"。[②]这种认识已经触及后来人们对马克思主义史学发展史的阶段性认识。齐思和的《近百年来中国史学的发展》(1949年)认为,北伐以后中国思想界的中心思想由五四时代的自由主义转到了社会主义,这时是"以唯物史观的观点对于中国过去的文化加以清算"。中国社会史论战是北伐后新史学的象征。其间,李大钊是中国最初介绍唯物史观的学者,陶希圣的著述是社会史论战第一炮,郭沫若则使中国社会史走上学术道路。[③]金灿然和齐思和对

[①] 葛懋春主编:《历史科学概论》第3版,山东教育出版社2006年版,第115页。
[②] 金灿然:《中国历史学的简单回顾与展望》,《解放日报》1941年11月20—22日连载。
[③] 齐思和:《近百年来中国史学的发展》,《燕京社会科学》1949年第2卷。

于马克思主义史学诞生期的判断各有侧重，前者强调五四时代；后者强调北伐后，尤其郭沫若史学的展开。

中国马克思主义史学史研究的正式兴起，是在改革开放以后。在多样化的史学史撰述中，人们对中国马克思主义史学形成的历史，做了不同的阶段划分，大体分为以下几种方式。

第一，将五四和大革命时代的马克思主义史学视作萌芽（奠基）期，将社会史论战时期视作形成期。在这种史学史叙事下，李大钊通常被视作马克思主义史学的先驱者、奠基人，而郭沫若则是开创者、开山者，郭沫若的学术地位比较凸显。持此种分期观的学者占学界多数。如尹达以20世纪20年代为马克思主义史学的萌芽时期，30年代为形成期，称李大钊作为"亲自倡导并努力实践历史学革命的先驱"，是"中国马克思主义新史学的奠基者"；郭沫若是中国马克思主义史学"第一个辛勤的开拓者"，其《古代社会》"标志着中国马克思主义新史学的诞生"。尹达认为，在20年代的中国，受现实革命影响，"全面地运用新观点来重新研究和编著中国历史，实际并不可能"，"中国马克思主义新史学是三十年代社会史论战的直接产物"。[①]吴泽也以五四运动时期（1919—1927）为诞生期，土地革命时期（1927—1937）为形成期，称李大钊为"开创者"，郭沫若《古代社会》"标志着中国马克思主义史学的形成"。[②]

持类似分期观点的学者还有很多，兹例举如下。叶桂生、刘茂林的分期：1919—1927年，理论准备阶段（萌芽期），李大钊的新史学是"萌芽期的产物"；1928—1940年，形成阶段，郭沫若是"新史学形成期的开拓者"。[③]

马金科、洪京陵的分期：李大钊是"中国马克思主义史学的奠基人"，他与蔡和森、李达、邓初民等，为马克思主义史学的产生"奠定了思想基础"；中国社会性质和社会史大论战"催生了我国的马克思主义历史学"，其标志是《古代社会》的出版。[④]蒋大椿的分期：奠基阶段，代表人首推李大钊，其次则有李达、蔡和森、瞿秋白；形成阶段，从1928年开始，以《古代社会》出版为标志，郭沫若有首创之功，吕振羽是第二位大师。[⑤]吴怀祺的分期：20世纪20年代，李大钊奠定了基础；20世纪30年代，郭沫若写出《古代社会》，标志马克思主义史学的产生。[⑥]王东、胡逢祥等的分期：1927年以前，草创阶段（萌发阶段）也是理论准备阶段，李大钊是贡献最大者，此外还有李达、蔡和森等；社会史论战时期，形成

---

① 尹达主编：《中国史学发展史》，中州古籍出版社1985年版，第487、491、517、522、523页。
② 吴泽主编：《中国近代史学史》（修订本）（上），人民出版社2010年版，前言第7页。
③ 叶桂生、刘茂林：《略论马克思主义中国历史学的创立和发展》，《学习与研究》1982年第11期；叶桂生：《中国马克思主义史学的萌芽》，《晋阳学刊》1988年第4期；史学史研究室编：《新史学五大家》，社会科学文献出版社1996年版，第2—4页。
④ 马金科、洪京陵编著：《中国近代史学发展叙论（1840—1949）》，中国人民大学出版社1994年版，第261、325页。
⑤ 蒋大椿：《20世纪中国马克思主义史学》，载罗志田主编《20世纪的中国：学术与社会》（史学卷上），山东人民出版社2001年版，第136、143—144页。
⑥ 吴怀祺：《中国史学思想史》，商务印书馆2007年版，第399页。

阶段。①王学典、陈峰的分期：萌芽（发轫）于20世纪20年代初，李大钊、胡汉民分别从理论建构和具体研究两个方向推进；1930年陶希圣《中国社会之史的分析》和郭沫若《古代社会》出版，唯物史观派史学"正式登台亮相"，并在社会史论战中"崛起"。②乔治忠的分期：1927年以前，李大钊、蔡和森等人的理论探讨，为马克思主义史学建立作了史学理论的准备；社会性质论战和社会史论战时期，建立和发展，其中有郭沫若、熊得山及《新思潮》撰稿诸人的努力。③周文玖的分期：五四运动后，不断发展壮大，李大钊是其奠基人；社会史大论战时，正式形成和产生，《古代社会》是"开山之作"。④李红岩的分期：建立于20世纪20年代的大革命中，李大钊是"直接建立者"，瞿秋白、蔡和森、恽代英等同样是"创建者"；形成于30年代的社会史大论战中，《古代社会》是形成的"标志性著作"，郭沫若、吕振羽都是"形成期的代表人物"。⑤张越的分期：社会性质问题论战之前，是形成前的准备阶段，李大钊、瞿秋白、蔡和森等为之打下了理论基础；《读书杂志》发起中国社会史论战时期，初步形成，《古代社会》是"开山之作"，"标志着中国马克思主义史学开始建立"。⑥

此外，美国学者阿里夫·德里克将中国马克思主义史学的起源划定在1919—1937年，认为1918年到20世纪20年代中期，是马克思主义理论的酝酿时期，国民革命时期为1927年后马克思主义思想的繁荣准备了基础，在中国社会性质和社会史论战时期马克思主义历史学形成。⑦德国学者罗梅君将1927年以前马克思主义的输入以及马克思主义历史研究的开始，作为马克思主义史学形成的前提来处理，认为李大钊促成了马克思主义史学的发轫，社会性质和社会史论战则是奠基，标志着狭义的马克思主义历史学的开始。⑧这两种观点与前述分期主张相近。

第二，将五四和大革命时期视作马克思主义史学的产生期，社会史论战则是发展期。这种情况下，李大钊和郭沫若都被视作马克思主义史学的奠基者、拓荒者，但郭沫若史学的典范意义不像第一种分期那样突出。持这种主张的学者人数比第一种分期论者要少。如朱仲玉的分期方法是：产生（1919—1927）、在几次论战中奋勇前进（1927—1937）、在民族命运

---

① 王东、王兴斌：《二十世纪上半期的中国马克思主义史学》，《历史教学问题》2005年第5期；胡逢祥等著：《中国近现代史学思潮与流派（1840—1949）》中册，商务印书馆2019年版，第758、760、873页。

② 王学典、陈峰：《20世纪中国历史学》，北京大学出版社2009年版，第83—87页。

③ 乔治忠：《中国史学史》，中国人民大学出版社2011年版，第374—389页。

④ 周文玖：《因革之变——关于历史本体、史学、史家的探讨》，北京师范大学出版社2010年版，第193、236、248、251页。

⑤ 李红岩：《中国近代史学史论》，中国社会科学出版社2011年版，第1、5、7、8、10、16页。

⑥ 张越：《中国史学史研究入门》，北京大学出版社2019年版，第44页；《中国马克思主义史学的形成与社会史论战》，《近代史研究》2021年第5期。

⑦ [美]阿里夫·德里克：《革命与历史：中国马克思主义历史学的起源，1919—1937》，翁贺凯译，江苏人民出版社2005年版，第17、37页。

⑧ [德]罗梅君：《政治与科学之间的历史编纂：30和40年代中国马克思主义历史学的形成》，孙立新译，山东教育出版社1997年版，第3、59、64页。

接受严重考验的关头有了较大的发展（1937—1949），认为李大钊是"第一个拓荒者"，"安放了第一块奠基石"，郭沫若《古代社会》是"运用马克思主义解释中国历史的第一部史学论著"。①白寿彝、瞿林东将1919—1949年视为中国马克思主义史学的初步建立期，并指出：1919—1927年是第一个阶段，中国马克思主义史学产生；1927—1937年为第二个阶段，其特点是用马克思主义的历史理论观察整个中国历史进程并与革命实践结合。其间，李大钊是"第一个奠基人"，《史学要论》是"我国第一部系统地阐述历史唯物主义并把它跟一些具体的史学工作相结合的著作，是为我国马克思主义史学开辟道路的著作"。"郭沫若开辟了运用马克思主义理论研究中国历史的科学道路"，《古代社会》是"中国学者用马克思主义理论系统地阐述中国历史的第一部书"，也是"中国史学史上第一部试图以马克思主义解释中国历史发展全过程的著作"。②施丁受白寿彝影响，有着基本相同的分期观点。③桂遵义的《马克思主义史学在中国》是国内首部马克思主义史学史专著，其分期为：五四新文化运动前后诞生，中国共产党成立后在捍卫其革命纲领的斗争中初步形成，中国社会性质和社会史论战时期在斗争中逐步成长起来。作者认为，李大钊是中国马克思主义史学"最早的开创者"，也是"奠基者"，李达、杨匏安也是"开创者"；郭沫若是"我国运用马克思主义研究中国历史的开拓者"，其《古代社会》是"我国马克思主义古史研究的奠基之作""马克思主义史学的开山之作"。④彭卫、杨艳秋的《中国马克思主义史学思想的形成和发展：1949年以前》是首部中国马克思主义史学思想史专著，其分期是：1919—1927年为马克思主义史学思想的奠基期，1928—1937年为成长期，1937—1949年为发展期；就马克思主义史学整体来说，则1919—1927年被视为"酝酿与初步建立时期"，"中国马克思主义史学从此起步"，李大钊则为"奠基人"。⑤

除上述两种主流的分期主张外，还有一些个别性的分期主张。如陈其泰主编的《中国马克思主义史学的理论成就》的分期是：20世纪初到30年代初是产生时期；20世纪30年代初到40年代末为迅速发展时期。书中称《史学要论》为"中国马克思主义史学在理论上的奠基石"，《古代社会》是"最早尝试把马克思主义理论与中国的历史实际相结合、用唯物史观来指导历史研究的开山之作"，"标志着中国马克思主义史学的真正建立"，社会史论战则被划入了初步发展期。⑥这种分期像是前两种分期方式的融合。谢保成《增订中国史学史（晚清至民国）》将李大钊史学当作"新史学"，称《史学要论》是"中国马克思主义历史学

---

① 朱仲玉：《一九一九至一九四九年间中国的马克思主义史学》，《史学史研究》1981年第3期。
② 白寿彝、瞿林东：《马克思主义史学在中国的传播和发展——纪念马克思逝世一百周年》，《史学史研究》1983年第1期；白寿彝主编：《中国史学史教本》，北京师范大学出版社2000年版，第430、433页。
③ 施丁：《中国史学简史》，中州古籍出版社1987年版，第225—226、267—268页。
④ 桂遵义：《马克思主义史学在中国》，山东人民出版社1992年版，第1、11、12、93、200、208页；桂遵义：《中国马克思主义史学的产生和发展》，《上海师范大学学报（哲学社会科学版）》1979年第3期。
⑤ 彭卫、杨艳秋：《中国马克思主义史学思想的形成和发展：1949年以前》，中国社会科学出版社2015年版，第92页。
⑥ 陈其泰主编：《中国马克思主义史学的理论成就》，国家图书馆出版社2008年版，第38—42页。

理论的奠基之作";郭沫若"为中国马克思主义新史学开出草径",《古代社会》"确立全新体系","开出中国史学的新方向"。① 作者无意于作明确的阶段划分,而是概括性地提到了中国马克思主义史学骨干队伍与基本框架在20世纪三四十年代的形成与确立。赵国华的分期也比较独特,即称1919—1930年为奠基(萌芽)时期,1930—1940年为开拓时期,1940—1949年为形成时期,它将郭沫若《古代社会》出版和毛泽东史学思想形成看作分期的节点。②

以上对学界有关中国马克思主义史学形成史分期的基本情况作了梳理,虽然各家分期方法存在差异,但对于李大钊和郭沫若的史学贡献,绝大多数学者都是持高度肯定态度的。比照本文第一部分来看,人们对他们的评价,也被吸收、融入马克思主义史学史叙事中,很多时候人们甚至把他们当作分期的节点。

辩证认识中国马克思主义史学诞生的历程与节点

马克思主义史学的诞生是一个客观的过程,对这个过程的划分,需要通过设置一些具有象征意义的节点来实现。郭、李二人之所以经常被当作节点来看待,除了其史学成就较大外,也是因为他们分别代表了不同时期和不同路径的马克思主义史学,而这影响到人们的分期标准。那么,郭、李二人之史学到底有什么样的时代和路径的差异?人们对他们的学术定位又受到什么样的因素影响呢?

从以往学界的考量来看,或认为郭、李学术贡献各有侧重,或认为二人之史观理解存在差异,其实都揭露了问题的部分根由。但如果全面考察,则还有一些更为复杂、深层的因素需要考虑。

一是理论渊源各异。自李大钊时代起,马克思主义者就陆续开始用唯物史观研究中国历史,并产生过相应的史学作品,但由于人们对唯物史观的初期理解,与20世纪20年代中期自苏联逐渐传入的历史唯物主义理论存在较大差别,使得早期马克思主义史学作品中的观点,在某种程度上不同于斯大林式的苏联马克思主义理论。如以进化史观的历史撰述模式为主,界定或划分中国史的时代,较多注意经济分析,而对阶级分析重视不够,中国史分期中忽略了奴隶制存在等。③ 早在1933年鲁迅就曾预言过李大钊著述的无法风行:"赤者嫌弃颇白,白者怕其已赤,读者盖必寥寥,大约惟留心于文献者,始有意于此。"④ "他的理论,在现在看起来,当然未必精当。"⑤ 范文澜等总结李大钊史学成就时也坦言:"在我们今天看来,其著作当然难免有不成熟的地方。"⑥ 所以,前述许冠三和王学典的判断,是有一定合理性

---

① 谢保成:《增订中国史学史(晚清至民国)》,商务印书馆2016年版,第228、502页。
② 赵国华:《中国马克思主义史学的发生与发展》,《江汉论坛》1992年第7期;赵国华:《中国马克思主义史学论析》,《史学理论研究》2017年第3期。
③ 谢辉元:《进化史观与中国马克思主义史学撰述的诞生》,《中国史研究》2020年第3期。
④ 鲁迅:《致曹聚仁》,载《鲁迅家书全编》,国际文化出版公司1994年版,第271页。
⑤ 鲁迅:《南腔北调集·〈守常全集〉题记》(1933年5月29日),载《鲁迅全集》第4卷,人民文学出版社1981年版,第402页。
⑥ 范文澜、王南:《中国早期的唯物历史科学家——李大钊同志》,《人民日报》1949年4月28日。

的。回溯马克思主义历史观念的演进,李大钊是中国思想界由进化史观向唯物史观转换的时代旗手,是站在进化史观史学向马克思主义史学转向的起点上的人物,郭沫若则可视作站在这种转向的终点上的人物。而由于这种转向所带来的史学研究的巨大差异,自然也就深深烙印在中国马克思主义史学史上。

二是实作与否。讨论近代史学典范改变时,区分"理念"与"实作"是很重要的,前者注重里程碑式的文献,后者则是在各种场合模仿、套用成书,习得各种新的书写范式的历程。①对于一种史学形态而言,其形成既要有理念,也要有实作。在李大钊这里,对马克思主义史学最大的贡献,在于旗帜鲜明地倡导唯物史观研究,并就唯物史观史学理论发表了许多重要、鲜活的见解,甚至还构建了相应的史学理论体系。从这个角度看,他树起了马克思主义史学的大旗,其《史学要论》确乎是中国马克思主义史学"理念"上里程碑式的文献。但在"实作"层面上,他并没有以唯物史观所提供的理论资源为基础,构建出一个中国史的体系,尤其是未能将社会形态论所内含的历史撰述模式,与中国的具体历史事实相结合,为后世马克思主义史学提供一种可供效仿的书写范式。李大钊生前在北京女子高等师范学校授课时曾惋惜地说道:"现在还没有人用唯物史观的观点编出一部中国历史来。现在历史教不好,就是因为缺少这样一本书。"②这说明李大钊已经意识到唯物史观中国史撰述缺失的问题,可惜壮年牺牲志不逮,留下了历史的遗憾。作为结果,李大钊的史学作品以史论为多,与史料结合还不够紧密,也多偏重近代史的阶段性研究。这自然都是时代的局限。20世纪20年代的李大钊与30年代的郭沫若,在思想史上的距离是十分遥远的。毕竟,中国近代学术史上的十年间隔无疑是一个观念和实践的鸿沟。这也是众多学者在中国马克思主义史学史叙事中,用以区分李大钊和郭沫若史学贡献时的主要理由和依据。

三是影响大小有别。这主要是看对学术传统产生的影响。第一,李大钊在近代史学上的贡献是足以名世的,但其史学作品在塑造史学传统上影响力有限,郭沫若则不同。尽管李氏是唯物史观史学研究的首倡者,但在大家形成了这种共识,需要进一步前进,开展更具体的操作和需要相应的参考对象时,就难以在他那里寻找到更有效的资源了。这主要在于,他在中国史的分期上调和使用进化史观和唯物史观的分期方式。郭沫若的工作则恰恰弥补了这一短板,而且还首倡了战国封建论等许多重要观点,成为后来者争相效仿的对象。正如其本人所言:"草径已经开辟在这儿,我希望更有伟大的工程师,出来建筑铁路。"③论者指出,马克思主义史学的发展,在李大钊和蔡和森那里就出现了分途。李大钊的《史学要论》是倡导以马克思主义最基本原理做各个专题的历史研究,最后达到共同构建"人类经历论"的历史理论;而蔡和森《社会进化论》则欲申明历史发展总规律,以指导具体的历史认识和现实斗争。④这种论断有助于理解李大钊、郭沫若所代表的学术理路的差异问题,因为郭沫若很明

---

① 王汎森:《近代中国的史家与史学》,复旦大学出版社2010年版,第34页。
② 李星华:《回忆我的父亲李大钊》,上海文艺出版社1981年版,第71页。
③ 郭沫若:《中国古代社会研究》,人民出版社1954年版,第241页。
④ 乔治忠:《中国史学史》,中国人民大学出版社2011年版,第378页。

显是沿着蔡和森所走的路径继续向前推进并取得切实成就的学者。第二，李大钊的思想和学术确实影响到很多人，但其中多是共产党内的革命领袖，而其学术衣钵的继承者则相对乏人；但在郭沫若，后来在史学界声名显赫的吕振羽、侯外庐、尹达等，都自称是其学生或追随者，他们是沿着郭沫若所开辟的道路前行的人。

四是组织支持与否。李大钊虽然是中共党内唯物史观史学研究的先行者，但一直是作为革命领袖受到推崇的，其史学贡献较晚才引起党内学者的重视。在郭沫若，其知识分子领袖地位很早就得到确立并获得中共党组织有意识的支持。郭沫若曾在大革命时期担任北伐军总政治部副主任，在国共两党内部都有一定威望。1927年3月，当上海工人武装起义后国内政局云谲波诡之际，周恩来提出建议——推举郭沫若为知识分子领袖，以推进民众运动的发展。①此后较长时期，中共都比较注意树立郭沫若的形象。1941年10月，周恩来在纪念郭沫若创作二十五周年和五十寿辰中直接将郭沫若和鲁迅作比，称其为"革命文化的班头"，认为郭氏身上所体现出来的"丰富的革命热情，深邃的研究精神，勇敢的战斗生活"值得大家学习。②新中国成立后，郭沫若作为中国史学会会长、中国科学院院长兼历史研究所所长，学术影响力进一步增强。1978年，在郭沫若逝世之际，邓小平代表中共中央对郭沫若作出评价，称他是"我国运用马克思主义观点研究中国历史的开拓者"，是"继鲁迅之后，在中国共产党领导下，在毛泽东思想指引下，我国文化战线上又一面光辉的旗帜"。③这种源自党组织的支持，对于塑造郭沫若的学术地位和影响力有着重要作用。

跳出李大钊与郭沫若的对比，重新检视中国马克思主义史学在20世纪二三十年代逐渐兴起的历程，会发现还有许多值得关注的史学作品。如蔡和森的《社会进化史》（1924年）、《中国共产党史的发展》（1926年），杨明斋的《评中西文化观》（1924年），恽代英的《中国民族革命运动史》（1927年），萧楚女的《帝国主义侵略中国史》（1927年），吴玉章、林伯渠的《太平革命以前中国经济、社会、政治的分析》（1928年），④熊得山的《中国社会史研究》（1929年），瞿秋白的《中国共产党历史概论》（1929年）等，它们或许由于各种原因而达不到学术路标的意义，但都是中国马克思主义史学在相关领域的开创性作品。

在以往的史学史叙事中，一些学者其实已经关注到这些问题。他们在讨论中国马克思主义史学的产生时，也往往会提到李大钊、郭沫若同时代学者的贡献，诸如李达、蔡和森、瞿秋白、恽代英、熊得山、吕振羽等就常被讨论，甚至胡汉民、陶希圣也会被提到，参见前述分期主张即可知。但也有学者因为过度强调了郭、李二人的标志性意义，而对蔡和森等其他人物的开创性贡献有所轻视，从而使得学术史过于简单化。乔治忠曾言："郭沫若《中国古代社会研究》是一个创树，但也不应独当中国马克思主义史学建立的标志。"⑤这种反思适用

---

① 力平、方铭主编：《周恩来年谱（1898—1949）》（修订本），中央文献出版社1998年版，第112页。
② 力平、方铭主编：《周恩来年谱（1898—1949）》（修订本），中央文献出版社1998年版，第532页。
③ 邓小平：《在郭沫若同志追悼大会上的悼词》，《人民日报》1978年6月19日。
④ 张剑平认为该文在中国马克思主义新史学发展中有开山作用，同样标志着中国马克思主义新史学的诞生。参见张剑平《中国马克思主义史学研究》，人民出版社2009年版，第71—73页。
⑤ 乔治忠：《中国史学史》，中国人民大学出版社2011年版，第388页。

于对整个中国马克思主义史学形成史的认识。所以应当辩证看待马克思主义史学兴起的历程与节点之间的关系，在讨论个别重要人物和著述之标志性意义的同时，也注意给予其他人物和著述以相应的学术史地位。

对于中国马克思主义史学形成史的分期，目前学界的主张见仁见智。论者有将唯物史观的倡导及其史学理论体系的构建作为马克思主义史学产生的标准的，即重视"理论"，这意味着其产生时期比较早，以理论性著述的出现为标志。有将唯物史观理论与中国历史的深度结合作为产生标准的，即重视"实作"，如乔治忠言，"一种新型史学的建立，需要两个条件：一是形成新的史学理论，二是具有依照新理论撰成的历史著作"。[①]王东、王兴斌言："像任何一门学科都有着理论研究与实际研究一样，马克思主义史学也有着理论建树和实际研究的双重任务。"[②]这意味着马克思主义史学的产生，必然会划分为理论奠基和实际撰著前后两个阶段，并以后者，即中国史研究的某些拓荒性著作的出版为主要标志，深入一点，则是以史著中的某些书写范式、史学体系的生成为标准，如此则容易将社会史论战或20世纪30年代末40年代初革命史体系、通史体系的生成作为主要标志。有将史学形态的形成作为马克思主义史学产生的标准的，史学形态牵涉历史观、史学著作、基本问题、史学范式、史学队伍、史学方法、史学特色等众多要素，那社会史论战或是整个20世纪40年代的马克思主义史学都可能被当作诞生标志。

就诸种分期方法和标准比较而言，以史学形态为产生标准可能最为合适。我们讲一种新的历史学类型的诞生，更多的应该是就史学形态而言，对诸种史学要素的产生进行整体性考察，而不宜以单一史学要素的产生为标准。首先，如果单以"理论"的提出为标准，则中国马克思主义史学的特质难以凸显出来，比之于其他国家的马克思主义史学，中国马克思主义史学何以称"中国"？必然具备中国历史和史学之彩色，才可称"中国"，故与中国历史相结合是为必要条件之一。其次，如果仅以"实作"为标准，则前述列举的从蔡和森到熊得山的一系列著述（其中多是著作），都是唯物史观与中国历史的结合的产物，且覆盖了从古代史、近代史、中共党史等领域，无视这些成果，而硬将郭、吕或社会史论战的成果视作产生标志，是说不过去的。但如此，则与后来人们所熟知的中国马克思主义史学存在较大差异，因为20世纪20年代中后期人们对历史唯物主义理论的认知尚未定型，专业史家队伍没有出现，史学共同体和史学范式都未能形成，基本问题和研究方法也不稳定。再次，史学范式是史学形态最核心的内容之一，以史学范式为标准和以史学形态为标准，具有一定相似性，但又存在差异，因为同一史学形态可能包含多种范式或演变为不同范式。最明显的是，"革命史范式"在改革开放后遭遇了"现代化范式"的挑战，但我们不会否认，以"现代化范式"书写近代史，仍然属于中国马克思主义史学。同时，在中国古代史、世界史、考古学等不同的领域，马克思主义史学都有独特的解释体系或范式。故以所谓范式的生成为标准，到底有些理由不够充分。最后，以史学形态作为产生标准，能够更为有效地描述中国马克思主义史学诞

---

① 乔治忠：《中国史学史》，中国人民大学出版社2011年版，第379页。
② 王东、王兴斌：《二十世纪上半期的中国马克思主义史学》，《历史教学问题》2005年第5期。

生时的状态，在容纳前述标准的同时，回避相应弊端。不过其中也有一个问题，史学要素过多，生成时期不一，以何者为标准？这需要综合把握。

以史学形态为标准，判定中国马克思主义史学的产生，则中国社会性质和社会史论战为较合适的标志。这期间，中国马克思主义史学的大多数要素已经逐渐具备：历史唯物主义的基本内涵已较为稳定，经典史学著作不断出现，马克思主义史学队伍、史学共同体、基本史学方法、基本问题、史学特色也初步形成，史学范式、史学体系虽然还缺乏总结性工作（这是在抗战时期完成的，以毛泽东史学思想和中国通史体系的形成为代表），但基本内容已经出现。笔者以为，中国马克思主义史学在此前经历了五四前后的萌芽阶段、国民革命时期的起步阶段，到社会史论战时期，才发展出了相对成熟的形态，才是具有完整意义的中国马克思主义史学。[1]作为节点，李大钊和郭沫若分别为中国马克思主义史学萌芽期和形成期的标志性人物。他们与蔡和森、熊得山、吕振羽等人一样，都为中国马克思主义史学的开创作出了重要贡献。

（原载《江海学刊》2022年第4期）

---

[1] 谢辉元：《唯物史观与中国马克思主义史学（1919—1949）》，福建教育出版社2021年版，第190页。

观点摘编

【《卷耳集》之争与古代文学研究机制的生成】

吴寒

发生在 1922—1924 年的《卷耳集》讨论，背后隐藏着以郭沫若为代表的创造社和以郑振铎、顾颉刚为代表的文学研究会之间的时代争论。以"整理国故"为指导思想的文学研究会，对于古典资源的基本态度是以科学方法进行"整理"，而郭沫若借助《卷耳集》实践所呼吁的，则是以审美体验为本位的基本取向，这是《卷耳集》争论中一个重要的理论维度。两种路径的碰撞反映了"现代"学者在"如何研究和定位古代文学"上的深入思考，呈现出古代文学研究"规范性"与"独立性"之间的张力。在百年后的今天回顾这场论争，不仅能够使我们重温"新文学"的艰难创生，而且对于古代文学研究机制等也提供了有益的启示，其中的诸多问题仍值得深入省思。

（原载《文艺理论与批评》2022 年第 2 期）

【百年中国新文学史著作中郭沫若书写的嬗变】

古大勇

百年中国新（现代）文学史中的郭沫若书写经历了三个阶段。民国时期，郭沫若进入新文学史的版图，但其重要性并没有凸显，核心作家的地位在文学史秩序中并没有确立。"十七年"时期，由于受到"鲁郭茅巴老曹"国家命名工程的影响，郭沫若成为文学史秩序中最重要的作家之一，其文学成就受到重视，但阐释视角比较单一，带有鲜明的意识形态印记。新时期以来，郭沫若文学史格局中的中心化特征仍然延续，文学成就也仍然得到高度评价，在具体作家作品的阐释上，摆脱了"十七年"时期的那种"意识形态化"缺憾，回归到文学本位，同时表现出多元化、个性化的解读倾向。

（原载《郭沫若学刊》2022 年第 1 期）

【从话剧《屈原》看皖南事变后中国共产党统一战线对敌斗争的政治智慧】

吴文杰

统一战线是中国共产党战胜敌人的"三大法宝"之一。皖南事变后，国民党"消极抗日，积极反共"发展到了顶点，为巩固抗日民族统一战线，中国共产党采取了"政治攻势、军事守势"的策略。在中共中央南方局的领导下，郭沫若的话剧《屈原》在戏剧舞台上打开了一个缺口，掀起宣传抗日的高潮，从话剧的酝酿、创作、演出到论争，将中国共产党反分裂促抗战的政治主张、借古喻今讽今的政治策略、有理有利有节的政治斗争、以斗争求团结的政治较量表现得淋漓尽致，充分体现了中国共产党统一战线对敌斗争的政治智慧。话剧《屈原》的成功，对今天的统一战线工作和文艺工作，仍然有着重要的启示和借鉴意义。

（原载《西南大学学报（社会科学版）》2022 年第 6 期）

【郭沫若《女神》中人神关系的互文性建构——以《女神之再生》《湘累》《棠棣之花》三部诗剧为中心】

袁宇宁　冯超

《女神》第一辑所收录的组诗《女神之再生》《湘累》《棠棣之花》作为郭沫若早期代表作，除却诗体、语词上等外在形式的突破外，渗透其内的"泛神"思想亦极大丰富了作品的精神气质。具体表现为五四张扬"自我"的主潮下，"我"与"女神"之间的文本距离从各自独立、对峙到彼此之间融通合一，最终在人性、神性试探磨合的张力中，获得了个体意识最大限度的喷张。

（原载《郭沫若学刊》2022年第4期）

【郭沫若与"青记"关系考】

杨华丽

"青记"全称为中国青年新闻记者学会，1937年11月8日创始于上海，1938年3月30日正式成立于武汉，1941年4月28日被查禁于重庆。在战时的动荡局势中，郭沫若的漂泊轨迹与"青记"的变迁历程颇为相似，因而文化界名人、政治部第三厅厅长郭沫若就与"青记"有了交集。《郭沫若年谱长编》第二卷中的相关记录共有六次，颇为翔实。细考文献可知，郭沫若出席"青记"成立大会的准确时间应为1938年3月30日而非29日；记录中所言郭沫若乃"青记"名誉理事的说法符合历史事实；郭沫若1938年9月1日出席"青记"举行的记者节纪念会、1938年10月20日出席"青记"举行的茶会的相关描述不尽准确；郭沫若1940年3月17日所做演讲《写作的经验》的记录稿，尚有其他几个版本值得关注。

（原载《海南师范大学学报（社会科学版）》2022年第5期）

【破体与变体：郭沫若新诗文体观探赜】

景立鹏　傅修海

人们肯定郭沫若诗歌的汉语新诗史价值，却往往忽视了其在新诗文体上的贡献。郭沫若的文体实践既表现出强烈的破体冲动，又包含着自觉的创体意识，在二者的互动中实践着"五四"时期对新诗形式的探索。郭沫若的新诗探索始终紧扣时代，呈现辩证开放的文体观：《女神》时期"是自由与自律的辩证，"左翼时期"是自我与他我的辩证，"颂歌时期"是传统与现代的辩证。这一方面反映了郭沫若的诗歌文体探究与时代、个体之间的扭结关系，另一方面也暴露出郭沫若的新诗写作在过分迎合历史的同时，也导致其对新诗文体本体的迷失。

（原载《中国社会科学院大学学报》2022年第11期）

【五四前后郭沫若对孔子儒学与马克思主义关系之思考】

张　明

五四新文化运动期间，中国传统文化遭到了釜底抽薪式的清算，一大批激进学者如陈独秀、鲁迅、胡适、吴虞等纷纷加入对孔子和儒家学说的批判当中。然而，在对孔子儒学的一片讨伐声中，曾开五四时期创造风气之先的郭沫若却逆势而行，表达了对传统文化特别是孔子学说的强烈认同。郭沫若的这种文化认同并未仅仅停留在精神思辨的层面，而是转化成了一种政治实践行为，成为他投身救亡图存革命活动的强大动力。更为重要的是，这种文化认同还成为郭沫若实现儒家文化的现代转化与马克思主义中国化的思想基础。时至今日，马克思主义与儒家文化的关系依然是一个重大的时代命题，作为这个命题的较早提出者，郭沫若的这种探索对于我们当前的中国特色社会主义文化建设，无疑仍具有不可低估的启示意义和借鉴价值。

（原载《理论学刊》2022年第1期）

【新发现的郭沫若函电、佚文与演讲】

金传胜　钱程

新发现郭沫若1937年至1949年的四通函电、1937年的佚文《日军部的"防共"》和1938年在广州岭南大学的演讲《抗战之前途》等。这些佚文（史料）承载了郭沫若学术交往、文学创作、革命活动的丰富信息，反映出他在左翼文化界的领导地位及其和进步人士的广泛联系与密切合作，体现了他坚持真理、追求正义、高举爱国主义大旗的一贯姿态。

（原载《郭沫若学刊》2022年第2期）

【自我与身体：郭沫若早期写物诗的"抒情"与"物质性"】

王玮旭

郭沫若早期诗歌中存在两种截然不同的写物模式：以《梅花树下醉歌》为代表的"抒情写物诗"模式和以散文诗《女尸》为代表的"身体书写"模式。前者表面上引用英国浪漫派写物诗的形式，却因为"抒情"因素极端化而忽略了物象的物质性因素，物象直接成为象征、表达情感，这背后是郭沫若"唯我论"的诗人主体。这一现象发生的原因之一，是郭沫若对雪莱诗学及浪漫主义诗歌的误读。后者则是受到日本现代文学和自身"解剖室"经验的影响，形成的恶美和精细化等特征，背后是唯美—颓废主义影响下的另一种强调"认知"的诗人主体。这两种模式既创造了早期新诗在胡适以外的写物范式，也对新诗的历史产生了深远的影响。

（原载《现代中文学刊》2022年第2期）

【后社会史论战时期的学术转向与中国马克思主义史学的形成——以陶希圣、郭沫若、侯外庐为例】

程鹏宇

"后社会史论战时期"即《读书杂志》1933年停刊至1937年中国全民族抗战爆发这一历史阶段。在此期间史学界出现了三种相对于社会史论战的学术转向，代表人物分别是陶希圣、郭沫若以及侯外庐。陶希圣转向史料整理而回避马克思主义，走回类似胡适"多研究些问题，少谈些主义"的实验主义路径；郭沫若在马克思主义的指导下转向史料的整理与考证；侯外庐则潜心于马克思主义政治经济学理论的研究与运用。郭沫若和侯外庐从史料和理论两个方面推动了经典意义的中国马克思主义史学的最终形成，他们的学术风格也成为中国马克思主义史学的两大优良传统，对当代中国史学的发展仍然具有路径式的典范意义。

（原载《近代史研究》2022年第3期）

【郭沫若的铁器研究与先秦社会形态研究体系的建立与发展】

王舒琳

随着唯物史观的传播，马克思主义社会形态理论被引入中国古史研究领域。其中，郭沫若发挥了"旗手"作用。由于受到摩尔根和恩格斯的影响，他将铁器的发展水平与中国古代社会的变迁看得异常紧密。于是，他致力于寻找中国历史上的铁。通过从文献学、古器物学及社会经济史层面的探索，他以现代金石学家章鸿钊的《石雅》为重要参考，形成了对中国古代铁器沿革史的系统认知，进而视铁器工艺水平为主要衡量标尺，考订古代社会的经济发展程度，划分中国先秦时期的社会形态。尽管后起的马克思主义史学家的社会形态研究学说各有千秋，但大多深受郭沫若社会研究模式的影响。要之，郭沫若将唯物史观在中国的运用推向新高度，开创了以经济史与社会形态相链接的新范式，促进了中国马克思主义史学的崛起。但同时，他太过倚重以"铁"来判研生产力水平，容易错估甚至掉入"生产工具决定论"的泥沼，成为其他史家诟病与攻击的"要害"因素之一。

（原载《河北师范大学学报（哲学社会科学版）》2022年第6期）

【战国时代有纵横之士而无纵横之学论——兼论郭沫若《十批判书》不"批判"纵横家】

杨胜宽

汉代刘向、刘歆父子首提春秋战国时代诸子"九流十家"之说，班固因之为《汉书·艺文志》，千百年来，纵横家皆被视为诸子学派之一。然而考之史籍，先秦并无此说。纵横之士勃兴于战国诸侯力强争霸的特殊时期，他们纵横捭阖，重轻天下，靠游说之术耸动人主，博取功名利禄，并无独立而一贯的思想主张，也未形成清晰可考的学术传承体系，不应与战国时代的诸子百家相提并论。郭沫若《十批判书》不"批判"纵横家，自有其独特的学理逻辑。

（原载《郭沫若研究》2022年第17辑）

【郭沫若《管子》研究没有剽窃马非百《管子轻重篇新诠》考】

廖久明

吴营洲的《马非百与郭沫若》发表后，在社会上产生了较大影响。结合相关材料可以知道，"马非百将其十数年的研究心得，写成文稿，让学生交给当时的权威杂志《历史研究》"的"文稿"不是《管子轻重篇新诠》第三稿，应该是发表在《历史研究》1956年第12期的《关于"管子""轻重"篇的著作年代问题》，它确属"初稿"。郭沫若研究《管子》的《侈靡篇的研究》《管子集校》问世于马非百的《关于"管子""轻重"篇的著作年代问题》脱稿之前，前者不可能"剽窃"后者。根据考证可以知道，郭沫若的《侈靡篇的研究》不可能"剽窃"马非百的《管子轻重篇新诠》，《管子集校》对《管子轻重篇新诠》"引用过近百条"是"集校"这一研究方法本身所要求的。由此可知，郭沫若"剽窃"马非百的说法不成立。

（原载《管子学刊》2022年第4期）

【郭沫若流亡时期论学书札三考】

李红薇

郭沫若流亡日本时期的文献史料相对较少且尚存在一些误读。该文检出郭沫若致田中庆太郎、容庚致郭沫若、郭沫若致于省吾的三封函札，勾稽相关史料，综合排比、重新解读信文，一一考辨其写作时间，将其写作时间分别考订为：1933年9月2日、1931年5月19日后不久、1936年12月24日。

（原载《郭沫若学刊》2022年第4期）

（张勇、王静摘编）

年度访谈

年度访谈

郭沫若研究的历史追忆与视野方法

——访陕西师范大学李继凯教授

受访人：李继凯（陕西师范大学人文高等研究院首任院长、文学院教授、博士生导师）
访谈人：张勇（中国社会科学院郭沫若纪念馆研究员）

张勇：非常高兴李老师能够接受《郭沫若研究年鉴》的访谈，我们将就有关郭沫若研究的话题向您咨询请教。李老师，您在上个世纪80年代就已经开始进行郭沫若诗歌的研究，特别是《女神再生：郭沫若的生命之歌——重读〈女神〉》等成果，用原型批评及心理分析的方法，提出了郭沫若作为诗歌创作主体"心理真实"的学术命题，并以此揭示出郭沫若超时代文化价值的本真内涵，请问李老师，您是如何选择郭沫若作为研究方向的？

李继凯：张勇兄好！谢谢你的访问，也谢谢《郭沫若研究年鉴》编辑部的关照。你问的这个问题，一下子让我想起了我的青葱岁月，我之所以后来研究郭沫若就与我年轻时的阅历有关。可以说，我年少时就通过上学读书接触到了郭沫若的作品。记得比较清晰的，还是我当知青时候的情形：1975年夏至1978年初，那时候我在苏北万亩果园（占城果园）里不仅能够看到许多果树的开花结果，同时伴随枕畔的便有郭沫若的书，尤其是他诠释并手书的毛泽东诗歌集，书页破烂且有残缺，但却是我珍爱的宝书。后来恢复高考，我侥幸考上了大学，给我们本科上课或开讲座的老师如吴奔星、陈金淦、邓星雨等，也时或讲起郭沫若，还曾从南京请来吴功正先生为大家专题讲郭沫若历史剧及诗歌，他的激情洋溢、精彩生动的讲座给我们这些"77级"学子留下了极为深切的印象。吴奔星老师还与徐放鸣合编了一本《郭沫若诗话》，也使我窥见了关于郭沫若诗话研究的光影。当然，真正有了研究郭沫若的想法，还是在考上研究生之后。我于1983年秋"西游"到了西安，顶着研究生的头衔满世界晃悠，接触到许多学者，自然包括自己的"亲导师"黎风先生，以及教研室中的傅正乾等老师，他们当时大都是搞"鲁郭茅"研究的。那时候是"新启蒙"时代，文学大家研究是很走红的选题，郭沫若研究也是学术界的一个热点，全国郭沫若研究会更是热闹，本人厕身其间，其乐融融，师友交往，受益良多。更要感谢四川省郭沫若研究中心和中国郭沫若研究会诸位老师的提携帮助，立项支持我从事郭沫若研究，这些都成了我研究郭沫若的动力，也是我选择郭沫若作为一个研究方向的重要原因。

张勇：李老师，在中国现代作家研究中，您对于郭沫若研究比较感兴趣，您做郭沫若研究的经验和方法有哪些呢？

李继凯：说到对郭沫若研究感兴趣，我确实对郭沫若这个人及其相关的一切都有相当大的兴趣。前面已经介绍了一些相关情况。也正是因为有兴趣，才在年轻时节衣缩食购买郭沫若的书以及研究郭沫若的书，才会点灯熬油去撰写自己感兴趣的或长或短的文章。如果说有相关研究的经验和方法，这就是要捕捉兴趣点然后进行深究细研，秉持实事求是的学术精神进行材料的梳理和论述。比如，我的兴趣点之一是郭沫若如何读书的，他的读书生涯可以给我们带来哪些启示。于是就积累相关的材料和阅读笔记，在此基础上撰写了《才子的书缘：郭沫若的读书生涯》这本小书。它是写给年轻人看的，也是写给自己的，其中也带有某种励志的意味。另一个兴趣点是郭沫若与女性文化的内在关联，这方面的关注度很高，但误解的地方很多，我在这方面主要借鉴心理分析、文化原型理论进行了若干探讨，这方面已有论文发表，知网查阅也方便，此处不再赘述。还有一个兴趣点是郭沫若与书法文化。这不仅因为郭沫若本身是书法大家，而且确实来自于自己从小就对书法包括郭沫若书法感兴趣，特别是对郭沫若的行草书法感兴趣，经常搜集和欣赏他的书法，叹服于他深厚的书法功力及情感灌注的神来之笔。用传统的书写工具从事书法文化创造，无疑是作为文化巨子的郭沫若对"大现代"中国文化的一个巨大的贡献。这方面的情况在后面再专门细述吧。

此外，还要有参加相关学术组织及其活动的兴趣，因为找到组织就有了学术上的归属感，而通过学术会议，也可以打开视野和思路，结交新朋友。我为了获得参加相关会议的"门票"并进行比较到位的发言，就要进行比较充分的准备。我的相关会议论文也是这么"生产"出来的。如为了参加中国郭沫若研究会牵头召开的多次会议，撰写了《女神再生：郭沫若的生命之歌》《论郭沫若与中国书法文化》《人生如沧海　翰墨蕴乾坤——再论郭沫若与书法文化》《接受、创造与误读——关于早期郭沫若读外国书的札记》《从尊孔到批孔——略论郭沫若、毛泽东与孔子》等；为了参加东亚汉学研究的年会，我撰写了《书法文化视野中的郭沫若与日本》。借此机会，我要衷心感谢这些会议的组织者和相关朋友的邀约，感谢相关学术期刊如《中国现代文学研究丛刊》《郭沫若研究》《郭沫若学刊》《现代中国文化与文学》《中华书画》《陕西师范大学学报》《长江学术》《延安大学学报》《人文杂志》等期刊的责任编辑。还要感谢中央团委和中国社科院联合组织的第一届全国青年优秀社会科学论文评选委员会，我的《女神再生：郭沫若的生命之歌》有幸入选，并受邀参加了在人民大会堂举行的隆重颁奖典礼。这些学术上的经历也无形中增强了我的学术自信。

由此可以说，我的学术兴趣以及组织的召唤、朋友的期待、会议的交流等都会化为我学术探索的动力。我至今还很难忘记1989年春夏之交在青岛参加郭沫若会议时心潮澎湃的情形，难以忘记多次参加四川大学、四川师大及乐山师院召开的会议，其间的学术交流以及会后的九寨沟畅游、餐后喝茶畅谈等都留下了极为深刻的印象。结交的朋友中也有多位成了一生的挚友，促进了我的学术研究，甚至也丰富了我的人生经历。

张勇：您由郭沫若诗歌研究入手，进而扩展到郭沫若文化研究的领域，特别是近年来您一直致力于郭沫若书法研究，而且取得了丰硕成果，也提高了郭沫若书法研究的水准，您在郭沫若书法研究方面的心得和方法有哪些呢？

李继凯：说起郭沫若与书法文化研究，我曾潜心进行了一些探索，独立或与研究生合作，撰写了几篇论文。主要如《书法文化视野中的郭沫若与日本》《郭沫若：现代中国书法文化的创造者》《人生如沧海　翰墨蕴乾坤——再论郭沫若与书法文化》。后来还把这些文章的主要内容综合起来，写了一篇长文，作为一章收入廖久明主编的《文化巨子郭沫若》中。我在《书法文化视野中的郭沫若与日本》(《现代中国文化与文学》2015年第2期）中，主要从书法文化视角考察了郭沫若与日本的关联，强调了文化交流尤其是"书法外交"的价值意义。《郭沫若：现代中国书法文化的创造者》(《陕西师范大学学报》2007年第3期），着力从古今中外化成现代的层面，强调郭沫若的书法文化实践不是简单的因袭古代书法的书写，而是从事"大现代"文化创造的现代文人行为。《人生如沧海　翰墨蕴乾坤——再论郭沫若与书法文化》一文，曾被收入《中国社会科学论坛文集》，后被中央文史馆主办的豪华本《中华书画家》全文刊载。在此文结尾部分我格外强调：综观郭老的书法世界，尽管也有"败笔"，但可以说是瑕不掩瑜，书法灿烂；功底深厚，书风浪漫；飘逸动荡，笔随意转；点划从容，气势当先；应用广多，佳作时见；书文互彰，超群卓然；翰墨瑰宝，永存人间。有鉴于此，笔者曾咏郭老书法，云："书迹琳琅遍中华，翰墨腾挪是大家。飘逸飞动笔纵横，挥斥方遒意潇洒！"此外，我还与研究生钱克兴合作了《晚年郭沫若的诗墨情怀和行旅书写——以郭沫若与古都西安为中心的考察》，在文化地理视域中探究郭沫若与西安的内在关联，将行旅和书写中的郭沫若结合起来，不仅可以发现郭沫若与古都西安有着密切关系，而且可以发现"在墨迹中永生"的郭沫若以及众多文化地理（文艺地理）中的郭沫若——其足迹和墨迹永久折射着郭沫若不朽的生命光辉！值得说明的是，我主要是从书法文化视角而非书法艺术技巧的视角来观察郭沫若的。也正是基于我对郭沫若等现代文化名人从事现代文化创造的一些探讨，使我更有信心去争取国家社会科学基金项目，先后获得了"20世纪中国文学的文化创造"和"中国现当代作家与书法文化"两个项目的资助，后来这两个课题都结项出书了，也都收入了研究郭沫若与书法文化的相关成果。此外还受到了四川郭沫若研究基地的立项资助，并出版了《郭沫若：现代中国文化的创造者》一书（与冯超合著），其中也收入了论及郭沫若与书法文化的前期研究成果。

张勇：您现在以中国文化的学术视野来观照中国现代文学作家作品的研究，使中国现代文学的文化内涵更加厚重，郭沫若作为一位文化巨匠，他对中国传统文化的现代性改造以及继承创新方面的研究目前还是薄弱的环节，请问李老师对郭沫若的文化价值以及文化研究我们应该如何展开全面的研究呢？

李继凯：应该说，以中国式现代文化视野来研究中国现代文学作家作品确实可以有很多收获，也有许多问题需要继续探究。包括郭沫若研究及"郭学研究"，也有不少问题值得继续探讨。有人说"中国式现代化"其实就是"中国特色"的另一种表达，但我以为两者有很重要的区别。在文化语境中，前者特别强调了"现代化"，是古今中外文化在中国长期"磨合生成"的现代化，看重的是多元多样文化元素的磨合，思维取向基本是"向前看"和"看世界"，着眼于构建与时俱进的适应时代和未来需求的中国现代化，由此也才能积极建构和创造出新世纪的具有"复合"形态的新文化；后者所强调的"特色"则总容易令人想起乃至回归固化且强大的传统文化，思维取向基本是"向后看"和"守自我"，遂导致单向度的"复古"与"怀旧"，催生、引导着"厚古薄今"的文化思潮汹涌而来。比如，恰是在这样的回归传统文化的思潮中,从传统"旧道德"视角评说乃至贬损郭沫若的言论也就相当常见了。我曾在9年前写的短文《难忘郭沫若》中说过一些话,至今也不觉得过时。因为该文仅收入"走向世界的郭沫若与郭沫若研究"学术会议论文集(2014)且没有正式出版,这里且引用两段文字:

> 其一,恰恰是那些在历史上复杂万端而又颇多争议的人,往往蕴涵着更为丰富、更为沉重的历史内容及现实启示。这些冷静的学者们很希望能够从各个方面接近"全人"(不是"完人")意义上的郭沫若,亦即并非完美却又是活生生的整体的郭沫若。因此,他们就要主动进入全息化的"郭沫若世界",努力关注他的方方面面,他的全部人生和文化实践,以及"郭沫若周边"的人和事,事无巨细,文无雅俗,品无高下,皆应观照。由此也很想通过自由而又认真的探寻,找到"见微知著"的路径,从而获得多方面的有益启示。

> 其二,我以为,郭沫若最基本的"身份"不是政治家,而是"文化人",就其多方面的文化业绩而言也可以说是名副其实的"文化名人"。这是最基本的历史文史事实,无人可以否定。如众所知,郭沫若的人生涉猎面甚广,社会角色之多及入世之深也常常令今人感叹不已,争议不断。尤其是作为现代文化名人,郭沫若毕生致力于在世界文化磨合、交融中进行民族优秀文化的传承与创新,其成就巨大诚非寻常之人可比。那些肆意贬低或诋毁他的人们,往往只是从固化的政治或伦理角度抓住一点尤其是关涉"道德"或"人品"的某个"事件",大加鞑伐而不及其余。

既然认定郭沫若是文化名人,文化巨匠,就要进行全面和深入的研究。人类包括中国人所创造的文化大致可以分为物质文化、精神文化和制度文化,据此还可以细分为各种文化领域及现象,在文化世界里我们可以发现郭沫若建构了他自己的文化世界,研究者自然可以从中发现自己的兴趣点来进行相关研究。我曾经尝试对鲁迅与茅盾进行"全人比较研究",这自然也适用于"郭沫若与N"的比较研究,于是在上世纪90年代尝试过将郭沫若与毛泽东、孔子进行关联性研究,撰写了《略论郭沫若、毛泽东与孔子》,该文认为郭沫若与毛泽东在面对孔子及儒学时,既力求科学地认识孔子及儒学,但又在较大的程度上代表了"美化"与"丑化"这种分立而又交叉的文化倾向,显示着当代中国人"孔子观"的矛盾性与复杂性。为我们留下了一些思想成果,也留下了一些经验教训。故此对郭沫若与毛泽东的孔子观及儒学观进行比较研究,很有必要。我向来以为,以郭沫若的敏感和视野,他早已意识到人类文化的海阔天空,所以他的文学创作和学术研究也都有了"天马行空"和跨学科、跨中西的意味。即使他用文学手法提出的"马克思进文庙",其实也触及了关乎中国命运、民族之问的宏大命题。事实上,学术界已经有人探究了这方面的问题,但能否在"中国式现代文化"语境中重新阐释一番?事实上这方面的问题还在中华民族复兴的道路上存在着,包括在中国式现代文化建构过程中郭沫若本人的贡献及局限,他由此产生的各种复杂感受及困惑,都还有许多具体论题可以深究细研。比如从文化创造、文化磨合的视角,就会看到郭沫若的突破性贡献,看到郭沫若的马克思主义文化观、历史观、革命观、性别文化意识、农民文化反思、文物保护意识、书画文化观等也都还有继续研究的必要。即使仅从"红色文化"及"多色文化"视角也会发现郭沫若的独特贡献及局限。我个人曾经比较喜欢进行广义的文化心理分析，窃以为这在郭沫若不同年龄段、不同职业及异性的选择中也都会有所体现，也都可以有对应的深究细研。还有对郭沫若与时代巨人或枭雄、国内外文化名人的关联性研究关注的人多，但对他的每一幅书法作品的"书法心态"及"文化寄托"却缺少深入细致的分析，窃以为仅就他题写的"黄帝陵"、"中国银行"和"乐山大佛"等书法墨迹进行文化心理分析，也会有不少超越"书法"本身的耐人寻味的东西。总之，如果有越来越多的研究者从文化的方方面面对郭沫若进行持续的深究细研，日积月累，就自然会有越来越多的创新性成果，也会有日趋全面的郭沫若研究了。

张勇： 您认为在郭沫若研究中目前还存在哪些主要问题，我们应该如何去解决呢？郭沫若研究要想取得突破，应该在哪些方面着手呢？

李继凯： 我前面主要结合本人的学术经历谈了与郭沫若研究相关的问题。其中一些回答也是对你这里提出的问题的应答。其实，我所触及的郭沫若研究诸多问题都仍然存在一些问题，"熟知而非真知"，学术研究本身就是持续探讨熟知和不知的问题。每个较有造诣的学者其实在探索中都会发现让自己都"忙不过来"的问题或"学术命题"，几乎不用他人来耳提面命。我这里仅想对比较年轻的学人说几句：其一，郭沫若是很值得研究的，哪怕你只是想拿郭沫若研究来"练练手"也是有助于你的学术成长的，郭沫若一生饱含了一个男人太多成功的经验和失败的痛苦，从他这里总会受到一些刺激或启发的。其二，一定要重视研究史料。尽管郭沫若研究史料的搜集整理已经有很多人努力过，郭沫若纪念馆、中国现代文学馆工作人员及郭老家人也多有奉献，从而积累了较为丰富的史料，但年轻学人不仅要熟悉这些史料，而且要在现代史料学建构层面注意辨析已有各类史料及研究中存在的问题，并且要努力发现和积累新的史料，包括网络时代的郭沫若"网络传播"史料、与郭老有接触的亲友及老一代郭沫若研究者的口述史、发掘社会上及档案馆中存在的郭沫若相关史料等。其三，在新时代倡导新文科的教育文化、学术文化的氛围中，年轻学人一方面要向郭沫若学习如何扩大视野，如何通古今之变、察中西之异，探讨郭沫若如何积极参与中国式现代化道路早期的探索进程，另一方面也要利用高科技在人文数字化、智能化领域，探索郭沫若研究的新途径，这方面要做的事情不少，难度也很大，年轻人在这方面有优势，也责无旁贷。

张勇： 由您提议并主办的鲁、郭、茅高端论坛目前已经举办了4届，您当时创办这一学术活动的初衷是什么呢？

李继凯： 谢谢你关注到这个论坛。这个论坛如今已经办了4届，分别在西安、青岛、乐山、杭州举办。这次第五届论坛仍在杭州，将在2023年11月17日召开，主办单位从杭州师范大学转换到了浙江财经大学。主办单位还增加了中国现代文学研究会。加上鲁郭茅三家研究会及高校，就是五家合办了，而且浙江及四川等地高校仍有续办此论坛的想法。作为最早发起和积极参与这个论坛的学者，自然是很欣慰的。我原来设想，这个论坛每年或每两年举办一届，持续下去，将来就成了一个"学术现象"了，对推进鲁郭茅研究乃至整个现当代文学的学科学术发展肯定是有益的，同时也可以持续验证"鲁郭茅"恰是"言说不尽的学术命题"。这个应该就是我的初衷吧。

之所以有这个论坛方案，也是因为我本人和这三个研究会的主要领导都比较熟悉，作为三家研究会的积极分子之一能够得到他们的支持。值得说明的是，每次鲁郭茅论坛的具体名称和学术会议主题可能会有不同之处，但会议性质基本都是一样的，都本着促进学术发展、学人团结的目的来开展学术交流活动的，这对各个相关研究会也是有积极意义的。我还曾经表达过一个愿望：如果将来国内没有高校或单位愿意承办这个论坛了，那就由陕西师范大学文学院继续两年一次承办下去。我希望我的这个愿望不要落空。

张勇： 李老师，您在陕西师范大学人文高等研究院创办了《文化中国学刊》等很多学术期刊，有丰富的办刊经验，您对《郭沫若研究年鉴》今后的编撰方针有何好的建议吗？

李继凯： 这个问题我不便回答啊，因为我担心有班门弄斧之嫌。我近些年倒是积极参与创办《文化中国学刊》《东亚汉学研究》《大西北文学与文化》《文化文本》等刊物，还担任《陕西社会科学年鉴》的主编，花费了不少心血，但说到经验，还真的乏善可陈。办好这些期刊、辑刊、年鉴，都要有一颗坚韧的善良的细心的"大心脏"，否则很难承受。我现在就随着年龄渐高而在积极寻求接班人。没有愿意为编辑刊物而奉献和牺牲的学者，刊物自然也办不好。编辑年鉴可以说也是一个事业，成熟的各行各业往往都有自己的年鉴。既然是事业，就总要有人接续下去，没有人接续下去就说明这个事业要衰微了。如果要避免衰微，就要有相关政策的支持，要有人力、物力的保障，所以我最关心或体会最深的是政策与经费的支持，因为有了政策支持，才会有人干事情或有事情可干。自然，政策和人力物力也要有人去争取，尤其要有人能够争取到一定的经费，没有经费保障，巧妇难为无米之炊，就办不成任何刊物了。在此我特别希望全国唯一的《郭沫若研究年鉴》能够持续不断地获得各方面的支持，尤其是充足经费的支持。而有了充足的经费，那就可以"想方设法"办好这本有重要学术价值的年鉴了。比如，如果有经费支持，就可以聘请栏目主持人及特稿（可以中国郭沫若研究会或郭沫若纪念馆正式的课题项目的形式下达）撰稿人了，甚至可以聘请专兼职的编校人员了，这对提升年鉴质量肯定是大有帮助的，也可以适当减轻主要责任人的压力。

如果篇幅允许，我想附上两篇密切相关的文章，一篇是我的并未正式发表过的《难忘郭沫若》，一篇是由中国人民大学博士生马杰撰写的相关书评，也算是对上述诸多问题的补充回答。

受访者简介：

李继凯，文学博士，陕西师范大学文学院教授，博士生导师，全国优秀博士论文指导教师、享受政府特殊津贴专家。兼任中国现代文学研究会副会长等，主要从事中国现当代文学研究、人文学科教育研究及书法文化研究。在《中国社会科学》《文艺研究》《文学评论》《中国现代文学研究丛刊》等期刊上发表文章200余篇。主持国家社科基金重大项目、一般项目和后期资助项目等多项，获教育部、陕西省等省部级社科奖 10 多项。

附录一

难忘郭沫若

李继凯

多年前，笔者曾为来自陕西泾阳的吴宓先生认真写过一篇《难忘吴宓》(《东方》2000年第5期)，如今却忍不住很想写几句《难忘郭沫若》了。

难忘，不是因为与郭沫若先生沾亲带故，而是因为鄙人学业或专业本是中国现当代文学，由此便了解了他的经历，他的情感，他的文学和成就，以及他的无奈和屈从。这样的了解原来并不客观——那时不仅是非要由鲁迅来判断，经常也要由郭沫若来判断。如今，这样的简单判断方法已经大部分失效，因为可以参照的标准已经多元多样了。何况，即使那些诅咒、嘲笑郭沫若的刺耳话语，恰恰也是别一种"难以忘记"郭沫若其人其事的生动表现！

如今究竟如何面对郭沫若呢？

窃以为，还是要从常识亦即从知人论世的角度来看郭沫若，由此自然应该把他当成"人"，而非把他当成"神"来看待。过去有人曾经把他高抬入云，而今有人竭力把他贬之入地，甚至认为最好能把他打入十八层地狱。但作为笃信学理和实证的"学院派"的人们，对此显然都不能予以认同。尤其是那些长期从事学术探索的人，沉静、理智、宽容，注重学术规范，且总是喜欢探究真实的历史和历史中真实的人，方可能意识到：恰恰是那些在历史上复杂万端而又颇多争议的人，往往蕴含着更为丰富、更为沉重的历史内容及现实启示。这些冷静的学者很希望能够从各个方面接近"全人"（不是"完人"）意义上的郭沫若，亦即并非完美却又是活生生的整体的郭沫若。因此，他们就要主动进入全息化的"郭沫若世界"，努力关注他的方方面面，他的全部人生和文化实践，以及"郭沫若周边"的人和事，事无巨细，文无雅俗，品无高下，皆应观照。由此也很想通过自由而又认真的探寻，找到"见微知著"的路径，从而获得多方面的有益启示。

不久前，鄙人曾出差至宁夏固原，顺道看过丝绸之路上的须弥山及其雄立山巅的摩崖大佛（第五窟中高达20.6米的大佛），觉得它就像四川郭沫若故乡著名的乐山大佛，只要见上一面就会令人思绪万千。但无论从空间还是时间，无论从内在构造还是外在形貌，即使是平凡的世人也能够发现他的种种局限，尤其是它那已被千年风雨损毁却难以自我修复的外观。大佛如此，何况并未成佛成仙的郭沫若呢。所以，业已"作古"36周年的郭沫若于"此在"多元世界遭遇"毁誉参半"和"两极阅读"，也就并不奇怪了。

确实，如今在网络等新媒体中诋毁或倾向于否定郭沫若的看法及言论已相当流行。因此，研究郭沫若，在当今之世也确是一件相当困难且较为寂寞并时常会令人颇感困惑的工作。但鄙人以为，愈是艰难也就愈加需要有识者的坚持和掘进，更需要不断地总结既有的学术经验、成果，发现存在的诸多问题，积极求索前沿性的相关课题。而国内及境外郭沫若研究的专题会议及期刊，大抵都体现了这样的学术取向，为有志于深入研究郭沫若的不拘地域限制、不畏学术难题或权威的学者特别是年轻学人，提供了一个又一个重要的交流平台。遗憾的是，如今愿意用心用力撰写关于郭沫若其人其文的学者学子却越来越少了。

因为有人业已遗忘而鄙人依然"难忘"郭沫若的缘故，在此，我不妨简要谈谈个人对郭沫若的一些观感或理解吧。

在20世纪80年代末，亦即那个令人难忘的特殊的春夏之交，鄙人曾参加在青岛召开的全国性的郭沫若研究学术讨论会，为此撰写了万字论文《女神再生：郭沫若的生命之歌》（此文获全国首届青年学者优秀论文奖），表达了对郭沫若心理世界的某种理解。拙文指出，《女神》中有爱国精神，有个性解放，有泛神与爱情，有反抗与破坏，有赞美与诅咒，等等，然而这一切都是因为拥有了"女神"！她的"仁慈之爱"具有无限的魅力。这"女神"已如新造的太阳升起在诗人的心中。古老的"女神"被诗人吹嘘进了新的生命，具有了无限的活力及魅性。而这又根基于人类生命文化（包括女性崇拜、生命之爱及神话原型等）的积淀，从而使《女神》诗集中的优秀之作具有了超时代、超性别乃至超民族的人类意义。至今我也依然认为，郭沫若是一位名副其实的文化巨人，尽管他也有他的不足或"短板"，但倾其心力，他的文化创造包括诗歌创作所取得的实际业绩，综合观之确实蔚为大观，非同寻常。即使仅仅从诗学探索、新诗创新的视角看，郭沫若也确实是"五四"以来一位激情洋溢的真正的浪漫诗人，尽管他也有嗓音嘶哑或变声的时候，但其用情甚多、敢于闯荡的新诗实验或求索，毕竟给中国新诗带来了一种独特的诗风，真正开启了一个汉语新诗的新纪元。

我以为，郭沫若最基本的"身份"不是政治家，而是"文化人"，就其多方面的文化业绩而言也可以说是名副其实的"文化名人"。这是最基本的历史文史事实，无人可以否定。如众所知，郭沫若的人生涉猎面甚广，社会角色之多及入世之深也常常令今人感叹不已，争议不断。尤其是作为现代文化名人，郭沫若毕生致力于在世界文化磨合、交融中进行民族优秀文化的传承与创新，其成就巨大诚非寻常之人可比。那些肆意贬低或诋毁他的人，往往只是从固化的政治或伦理角度抓住一点尤其是关涉"道德"或"人品"的某个"事件"，大加鞑伐而不及其余。反驳者也常常被牵着走，费尽心力举出反例来试图予以开脱。这几乎形成了一个"死结"或"怪圈"。其实，那些漫骂郭沫若的人并非仅仅缺乏"历史的同情理解"，而是常常自知个人并不及郭沫若，却深知如此进行"解构"的策略技巧——骂名人者可以尽快出名，骂名人不是"好东西"即可迅速找到"不过彼此彼此"甚至"还不如我"的感觉，大骂名人或大骂"流氓"也至少可以得到宣泄的快感并获得某种心理安慰。自然，也有某些辱骂名人者不是为了消除嫉羡心理而是为了指桑骂槐并试图达到居心叵测的斗争目的。这就比通常说的"嫉妒羡慕恨"可要严重多了。

我以为，总体看，郭沫若还是一位勇敢挺立而又能热烈爱国的真正男人。尽管他的勇敢并非每次都表现上佳，也尽管他的爱国并非每一次行为都很机警、很智慧，但从现代文人的"新三立"（立人、立家、立象）追求来看，却着实可圈可点。传统文人恪守的"立德、立功、立言"，特别强调"以德为先"，而一切皈依封建道德的结果，便使其功业和言论也受到了极大的限制。与此不同，郭沫若在现代"立人"方面，确实有其张扬个性、努力创造的风范及先驱作用，体现了明显异于古人的致力于建树现代人格的自觉追求。在"立家"的追求方面，也对不同层面的"家"都有尝试性的探求和建构——从个人小家、社团之家、民族国家乃至人类之家，都有深入思考和非常勇敢的尝试。尽管这些尝试中也时有失败甚至惨败，但他对传统婚姻的反抗、对跨国婚恋及现代性际关系的探索和建构，还有他对前期创造社、抗战文化团体的杰出贡献，以及他毁家纾难而对国家民族的勇敢捍卫，都可以引起人们足够的注意和持久研究的兴趣。而对"立象"的追求，无论是其诗歌中"抒情主人公"的形象，还是其历史剧中的正面人物形象，或其檄文"请看近日之某某"所显示的气概气象，以及作为诗人、作家及学者进行不懈写作的书写者形象，都基本是能够站立起来或"立得住"的。特别是他那挥毫不止的"书写行为"以及留下的大量手稿及书法作品，为世人展示的是一位直观的面目清晰、卓立于世的大家形象。仅就书法文化创造而言，与其丰富的人生体验、多样的文化实践相对接，也可谓用其毕生的心血、不懈的追求，倾心建构了"人生如沧海，翰墨蕴乾坤"的浩大境域，从而演绎出20世纪中国文化长河中一脉不息的且极具个性特色及美感特征的"书法生涯"。其实，人立于世的言行举止，大都与自己的"形象塑造"息息相关；他人或旁观者的印象和评说，往往也带有为人"立象"的意味。也就是说，关于郭沫若的"立象"大抵有"自立"和"他立"两种，这自然可以从更多的方面去加以深入的讨论，由此也表明，郭沫若研究确实还有着颇为广阔的探索空间。

国人即使入梦，也许仍然难以忘却那噩梦般的战争岁月。而难忘当年的抗战岁月，就很难忘记当年那位娶了日本妻子、养了多个日籍儿女却依旧深爱祖国的郭沫若。他那毅然回国的"捐躯赴国难，视死忽如归"的壮举，以及归国后的忘我工作，使很多人都将他目为当之无愧的文坛领袖和民族英雄。而这样的民族英雄所体现出的坚强意志和爱国精神，在日本军国主义阴魂游荡、萦绕乃至嚣张之际，则尤其令人难忘，且迫切需要大力弘扬才是。

当然也需要特别说明：我们固然需要作为民族英雄的郭沫若，但这并不意味着我们需要战争。我曾于2010年7月24日在日本长崎大学召开的第一届东亚汉学研究会闭幕式上致辞，其中便说过这样的一席话："各位学者同道，在此共话'东亚汉学'，后顾前瞻，各抒高见妙论，或宏观或微观，或古代或今世，或个案或比较，虽角度有异，见解不同，未必皆能达成共识，却能够切磋互补，拓宽视域，分享思想自由、学术有道之快乐，更能以文会友，增益人生及学缘之友谊！……在当今语境中，身处长崎的我们或可形成这样的基本共识：其一，在当今东亚，我们宁愿低吟学术之声，也不愿听那原子弹（或导弹）的巨响；宁愿沐浴山中汩汩温泉，也不愿重温连绵战争（或纷乱）的噩梦！其二，就'会议文化'而言，话不在多，而在可心；会不在大，有神则灵！由此赞曰：扶桑风光好，吾侪兴致高；热浪扑面来，汉学涌新潮。"众所周知，近期东亚政治、经济和文化的整体形势都相当严峻，文人们游乐的兴致大减，忧患的意识猛增，我们为了和平而祈祷，为了寻求沟通而进行更多的学术探讨，但愿我们能够为增益文化和沟通心灵、减少人为灾难尤其是避免战祸贡献微薄之力。

笔者从事郭沫若研究的时间已经超过三十年了，断续写过多篇论文且出过小书，但其间我的兴趣时或转移到某些新的课题并经常忙于世间俗务，总在往前赶路，亲近郭老的时日并不多。但当许多人似乎已经遗忘或正在遗忘和疏远郭沫若的时候，我却再次想起了郭老，衷心给他一个纪念和敬礼，并期盼着能借助于媒体在更为广阔的范围传扬郭沫若其人其事以及相关的研究成果，让更多的人能够了解更为真实的郭沫若及与其相关的社会人生。

写于郭沫若先生逝世36周年之际（2014年6月12日），

2023年11月7日略改

附录二

"全人视境"下的掘进与开拓
——以《"大现代"文化视域中的郭沫若》为例

马 杰

一 郭沫若研究"再出发"

诚如魏建先生在第三届郭沫若青年论坛开幕式上的致辞,"郭沫若研究的春天已经到来"[①],呈现出回暖的趋势,一批崭新的研究成果陆续面世,极为重要的史料工作也取得了很大突破,新近出版的《郭沫若年谱长编(1892—1978)》《郭沫若研究文献汇要》等鸿篇巨制亦为郭沫若研究的"再出发"提供了可靠的史料文献资源,李斌《女神之光:郭沫若传》、王璞《革命的可译性:郭沫若与20世纪中国文化》(*The Translatability of Revolution: Guo Moruo and Twentieth-Century Chinese Culture*, Harvard University Asia Center, 2018)等学术专著更是对郭沫若研究的深入开掘。四川郭沫若研究中心也适时设立了"郭沫若研究文库"以资助出版研究郭沫若的学术著作,目前已顺利出版了第一辑,即王锦厚著《在郭沫若研究的路途上》,李继凯、冯超著《"大现代"文化视域中的郭沫若》两部学人专著,既是对过往研究的总结整理,也预示了往后研究的方向路径。《"大现代"文化视域中的郭沫若》(以下简称《"大现代"》)这部书是有着鲜明著者风格的学术著作,是对从事郭沫若研究30余年来的一次自我总结,也是治学道路中一以贯之的学术理念的融通之作。

立足于当前政治环境与学术背景,可以说目前已进入了重新评价郭沫若的时代,尽管社会舆论与网络空间中"非难"之语仍不绝于耳,但研究界仍保持着清醒的认知与敏锐的学术嗅觉在新的时代环境下耕耘于郭沫若研究的广阔天地。"郭沫若的多重身份和复杂经历,使他成为我们研究现代中国的一个绝佳标本"[②],但也是因其如此这般,更是为郭沫若研究设置了不小的难度以及千丝万缕的掣肘。郭沫若研究作为一种"史"的研究,自然要忠实于史学之道,同时作为人文学科,亦需人文情怀。陈寅恪先生曾在冯友兰《中国哲学史》审查报告中讲其治史理念:"所谓真了解者,必神游冥想,与立说之古人,处于同一境界,而对于其持论所以不得不如是之苦心孤诣,表一种之同情,始能批评其学说之是非得失,而无隔阂肤廓之论"[③],这自然是肺腑之语。郭沫若先生已作古40余年,固可以算作"古人",而因其人生达到的常人所难以企及的深度与广度,给试图"真了解者"自身提出了颇高的要求,

---

① 魏建:《郭沫若研究的春天已经到来——在第三届郭沫若青年论坛开幕式上的致辞》,《郭沫若学刊》2018年第1期。
② 李斌:《作为镜像和资源的郭沫若》,《东岳论丛》2018年第12期。
③ 陈寅恪:《〈中国哲学史〉审查报告》,载《陈寅恪先生全集》下,里仁书局1979年版,第1361页。

并且随着时代语境的转换,郭沫若所处时代与当下已然大相径庭,"文学史叙述的标签化、其作品在现代文学视域下的均质化,以及大众谈论郭沫若时不自觉流露出的道德姿态,构成郭沫若在当代的基本处境之一"①,这造成研究者同研究对象间的隔阂也是难以回避的事实,正如著者本人在"代序"中所言:"研究郭沫若,在当今之世也确是一件相当困难且较为寂寞并时常会令人颇感困惑的工作"②。

而"再出发"的意义与内涵就在于立足当下、梳理得失,并谋划未来。对于郭沫若研究的回顾与展望是学界近期以来最为重要的学术视点,"郭沫若研究如何深入"是目前阶段具有导向意义的研究课题。蔡震"注意到一个实际上影响着郭沫若研究学术动向和发展的问题:怎么阅读郭沫若,不只阅读他的著作,还要阅读他的人生","阅读郭沫若,需要全面、完整的历史阅读"③。李斌则认为:"郭沫若研究必须在文献史料的基础上,勇敢面对各种质疑和挑战,激活作为思想文化资源的郭沫若,将郭沫若作为当下社会文化论争的镜像,这才是研究向纵深发展的应有之意。"④而《"大现代"》一书便是李继凯教授对这一问题的思考与回答,认为郭沫若研究要跳出"贬低/诋毁—反驳/开脱"的"死结"或"怪圈",拒绝被故意夺人眼球的谩骂与后见之明的责难"牵着鼻子走",致力于"人化"郭沫若而非"神化",坚守自我的学术定力,"从'大现代'的文化视域观照郭沫若,看到他作为'古今中外,化成现代'的典型人物或文化名人,以及这种'大现代'文化所具有的优势和难以避免的遗憾之处"⑤。

二 "大现代"文化视域中的"全人"观照

"大现代"文学与"文化磨合思潮"是李继凯教授基于自身的学术理念,并对现代中国文化、文学的诸多难点问题的深入思考下提出的概念或范式。所谓"大现代"自然是区别于一般认为的"现代"概念,"是指从晚清直至当前仍在延续的现代历程"⑥,是"古今中外化成现代"的"大现代"文化观念,是"文化磨合思潮"所衍生出的"大现代"文化形态。而以"大现代"的文化视域来观照郭沫若是极为契合的。众所周知,郭沫若的身份是极为复杂多元的,李继凯教授认为"郭沫若最基本的'身份'不是政治家,而是'文化人'",而且是"一位名副其实的文化巨人"⑦。这为《"大现代"》一书的研究对象——郭沫若——定下了一个明确而响亮的基调,郭沫若也确实是沁浸于古今中外诸多文化从而磨合成的"文化才子"。

以"大现代"文化视域来观照郭沫若,其作为20世纪中国当之无愧的"文化创造者","毕生致力于在世界文化交融中进行民族优秀文化的传承创新",是《"大现代"》一书编写的

---

① 刘奎:《郭沫若的简单与复杂》,《东岳论丛》2018年第12期。
② 李继凯、冯超:《"大现代"文化视域中的郭沫若》,四川文艺出版社2017年版,第2页。
③ 蔡震:《如何深入郭沫若研究》,《东岳论丛》2018年第12期。
④ 李斌:《作为镜像和资源的郭沫若》,《东岳论丛》2018年第12期。
⑤ 李继凯、冯超:《"大现代"文化视域中的郭沫若》,四川文艺出版社2017年版,第5页。
⑥ 李继凯:《"文化磨合思潮"与"大现代"中国文学》,《中国高校社会科学》2017年第5期。
⑦ 李继凯、冯超:《"大现代"文化视域中的郭沫若》,四川文艺出版社2017年版,第3页。

核心思路。在这一核心观念的指引下，著者从郭沫若多重文化身份入手，来考察其在不同文化领域内所取得的文化成就或遗憾之处。但具备了多重文化身份的郭沫若并不是以片面形象散落于该书的各章节之中，而是以一种"全人视境"从不同角度来接近这个"并非完美却又是活生生的整体的郭沫若"。对于"全人视境"，鲁迅曾这样谈道："不过我总以为倘要论文，最好是顾及全篇，并且顾及作者的全人，以及他所处的社会状态，这才较为确凿。要不然，是很容易近乎说梦的"[①]，"全人视境"下的郭沫若，实际上达到了现代文人所追求的理想境界。郭沫若曾致信宗白华论及孔子与歌德："我常想天才的发展有两种 Typus：一种是直线形的发展，一种是球形的发展。直线形的发展是以他一种特殊的天才为原点，深益求深，精益求精，向着一个方向渐渐展延，展到他可以展及的地方为止：如像纯粹的哲学家，纯粹的科学家，纯粹的教育家，艺术家，文学家……都归此类。球形的发展是将他所具有的一切的天才，同时向四方八面，立体地发展了去。这类的人我只找到两个：一个便是我国底孔子，一个便是德国底歌德。"[②]这固然是郭沫若极为推崇的完美范型，并致力于这种理想人格的自我构建。"大现代"文化视域中的郭沫若亦可视为是一位"球形的天才"，正如李继凯教授在书中所言："尽管这'球形'不很巨大、不很圆满，球面有些斑点和凹凸不平之处，但他所取得的多方面成就毕竟不是一般读书人所能企及的。"[③]

　　由此可见，《"大现代"》在"全人视境"下所呈现出的作为"文化创造者"的郭沫若形象是极为鲜活、立体的，并在此基础上所进行的郭沫若研究也是较为客观、理智的。《"大现代"》从郭沫若诸多文化身份，如文学家（尤其作为诗人与史剧家）、历史学家、古文字学家、书法家、翻译家、实践教育家、编辑家等作为切入点，努力开掘、总结郭沫若在这些文化领域所取得的杰出成就以及对当下文化的辐射观照，同时亦不讳言其人生中的缺憾与不足之处，作为书法家，郭沫若亦有"败笔"之书；作为诗人，也有缺乏诗意之作（尤其是后期创作）；作为读书人，也存在着"双向误读"的现象；作为文人，也曾有对鲁迅精神与文人风骨的抛却；作为教育家，其"教育实践也出现了一定程度上的定位混乱乃至偏颇错误"等，但又力避一叶障目而不见泰山，在"全人视境"下的郭沫若所进行的文化创造与达到的人生高峰是多么波澜壮阔、蔚为大观！

　　《"大现代"》一书凝聚了李继凯教授多年从事郭沫若研究的思考与心得，他在该书"代序"（"难忘郭沫若"）与"后记"中真诚地吐露了自己青葱的"知青生涯"中是郭沫若的书"打发许多徜徉于树林中的寂寞时光"，在许多人逐渐疏远或遗忘郭沫若时，他却能时时反观，"逆流而动"，在不断地阅读与研究中形成了自己独特的"郭沫若观"，即从"大现代"文化视域中去审视和考察郭沫若"全人"的荣辱得失，并以"理解之同情"的历史眼光指出："往往是那些在历史上复杂万端而又颇多争议的人，蕴含着更为丰富、更为沉重的历史

[①] 鲁迅：《且介亭杂文二集"题未定"草（七）》，载《鲁迅全集》第7卷，人民文学出版社2005年版，第444页。
[②] 郭沫若：《郭沫若致宗白华函》，载《郭沫若全集·文学编》第15卷，人民文学出版社1990年版，第19页。
[③] 李继凯、冯超：《"大现代"文化视域中的郭沫若》，四川文艺出版社2017年版，第173—174页。

内容及现实启示"①。《"大现代"》不仅是他对郭沫若的"纪念与敬礼",亦是对自我的臧否与总结。

三 郭沫若研究的掘进与开拓

《"大现代"》是李继凯教授及其弟子30余年涉论郭沫若的文章结集,既然是对自我的臧否与总结,故收纳旧文,又添有新作,从多条独特的研究路径出发,展现作为"文化人"的郭沫若在风起云涌的大时代中迸发出的"文化创造力",掘进、开拓了郭沫若研究的深度与广度。

李继凯教授不仅是一位长期从事现当代文学研究的科研工作者,其另一身份则是一位极善挥毫泼墨的书法家,兼具此两种身份与知识素养来研究郭沫若(尤其是书法文化创造)自然是当仁不让的。曾有学者指出:郭沫若研究中"还有某些内容,似乎一时无法纳入我们既有的现代中国文学、文化、学术史研究格局之中,例如郭沫若的书画作品,仿佛就只好交给拍卖商和爱好者去品鉴了"②,而《"大现代"》便是给予此种观点的直接回应,此书"上篇"便集中研究了郭沫若作为现代中国的书法名家与书法文化的密切关系,但著者并未拘泥于"书法艺术"本体来"就事论事",进行一些专业层面的技艺品评,而是将郭沫若的书写行为视为一种文化创作,将其纳入现代中国文学、文化的研究格局却又不局限于此,仍是立足于一种"大现代"的文化格局中去观照郭沫若的书法文化创造。作者认为:"文学与书法都是艺术,都是作家思想境界、人品性格以及时代精神的真实写照,因此两者在很大程度上有互操作性"③,书中细致剖析了郭沫若在书法创作与诗歌、史剧创作所显露出的共同的人格气质,"点画的飞动与结体的奇变",瑰丽奇谲的想象与激情澎湃的宣泄,无论是书体还是文风,诞于郭沫若笔下的文化创作都深深地烙上了其自身鲜明的印记,"郭沫若在文学上的成就使他拥有了人格的浪漫与自由,转换成书法作品时,即有了'意'的挥洒与'狂飙'的天成"④,既有西方文化的浪漫诗意,又有中国传统文化古典浪漫的余脉,这是著者对郭沫若文学与书法关系研究的重要观点,此外著者通过郭沫若书法创作考察其积淀的深厚的文字学功底对于书法创作与鉴赏的内在增益,以"四为书写"(为社会、为文学、为朋友、为情人)概括了郭沫若的"翰墨生涯",并且从"文化地理学"的视角考察了"行走"中的郭沫若在国内外所进行的文学与书法创作的文化行为,所到之处皆能挥毫直书,广留墨宝,发散才思,对现代中国文化的塑造、传播与接受产生了深远的影响。

《"大现代"》一书对郭沫若研究疆域的开拓是其最为重要的成绩,郭沫若书法文化的研究自然是其内在之意,其次该书还从郭沫若的读书生活进入其文化世界中,考察其读书的方法、喜好及心得,尤其是阅读外国书、女作家的书以及读书与译书的转换中"探究读书

---

① 李继凯、冯超:《"大现代"文化视域中的郭沫若》,四川文艺出版社2017年版,第1页。
② 王璞:《郭沫若研究的多重困境以及突破的必要》,《东岳论丛》2018年第12期。
③ 李继凯、冯超:《"大现代"文化视域中的郭沫若》,四川文艺出版社2017年版,第20页。
④ 李继凯、冯超:《"大现代"文化视域中的郭沫若》,四川文艺出版社2017年版,第21页。

生活对他的学术视野、爱情生活、政治生涯、个人命运带来的多方面影响"[①],厘清各种形态的思想文化通过其阅读行为融汇于郭沫若的文化生命,并从其个人化的读书生活中探析这位"文化才子"的隐秘心史,尤其是对晚年郭沫若在尴尬境遇下读诗与翻译的考察,更是对"晚年郭沫若研究"这一极有难度且相当重要课题的关注与聚焦:"他尽管可以作许多表面文章去应付纷乱的骚扰,从而流露出令人困惑乃至厌憎的'庸人气味',但他在虚伪的'超我'下面,毕竟还葆有真实的'自我'——他的最后一部译著《英译诗稿》,便是一个不朽的见证!"[②]此外,学术界对郭沫若与中国高等教育的关联性研究长久以来被忽视,郭沫若的实践教育家的身份也因其文名尤盛而被遮盖,《"大现代"》在基于历史事实与史料文献的基础上,以客观平实的态度对郭沫若与高等教育,尤其是文学教育之间的复杂关系进行了深入细致的考察,并从"施教"与"受教"的角度将郭沫若与文学教育间的关系分为两个方面进行阐释,即"郭沫若接受的文学教育",包括学校文学教育(私塾、新式学堂及留学)、家庭文学教育(父母与兄长)以及自我文学教育(阅读),"郭沫若从事的文学教育",包括社团活动与报刊编辑、通信教育与作序题跋、语文教材的选入以及高校任教与文学教育改革。通过这两个方面翔实的梳理与剖析,基本上廓清了郭沫若从多个层面所接受的文学教育对于其文学生涯的成就,并且其在众多领域以多种形式从事着文学教育,同时也指出由于时代困境与个人局限,郭沫若在文学教育的"施受"中也存在着明显的不足与缺陷。另外,郭沫若作为编辑家所从事的文学编辑与出版实践也在该书中有所呈现。《"大现代"》除了对郭沫若诸多文化身份所进行的文化创造予以深度观照外,也用了很大的篇幅对其脍炙人口的现代文学经典,如《女神》《凤凰涅槃》《屈原》《牧羊哀话》等作了充盈着浪漫气息的文本细节与文学阐释工作,从而高度肯定郭沫若在文学领域所达到的艺术境界。

郭沫若已作古数十年,《"大现代"》一书作为李继凯教授数十年郭沫若研究所凝成的心血之作,为我们还原出一个鲜活立体的郭沫若形象,一个处在风云变幻的大时代仍创造出令人惊叹的文化业绩的"歌德式"文化人。"大现代"文化视域下,郭沫若的人生所蕴蓄的深厚内涵与历史启示仍需要研究者持之以恒的开掘。阎晶明曾著有《鲁迅还在》描绘出一个仍"活在人间"的鲁迅,推而及此,《"大现代"》也呈现出一个"活在当下"的郭沫若,这位"文化巨人"留于后人的艺术瑰宝使其长久地"存在着",参与着现代中国文化的构建与发展,其强烈的"在场感"不仅显现于故宫博物院、黄帝陵等名胜古迹匾额之上恢宏大气的墨象,也通过文学教育映现于每个人的文学审美中,要之,郭沫若并未"离开",郭沫若研究也正奏响其"回春之曲",郭沫若仍"活"在这个"大现代"的文化中国。

[①] 李继凯、冯超:《"大现代"文化视域中的郭沫若》,四川文艺出版社2017年版,第131页。
[②] 李继凯、冯超:《"大现代"文化视域中的郭沫若》,四川文艺出版社2017年版,第180页。

学人回忆

学人简介

王戎笙（1929—2022），湖北汉川人，中国社会科学院历史研究所（现古代史研究所）研究员。1955年毕业于中国人民大学历史系研究生班，同年留校任教。1956年调至中国科学院历史研究所（后中国社会科学院历史研究所）工作，曾任清史研究室主任。长期从事中国古代史，主要是秦汉史和明清史的研究。主要著作有《清代全史》（主编）、《太平天国运动史》（合著）等。

王戎笙先生曾长期担任郭老秘书，在郭沫若研究领域亦有建树，著有《郭沫若书信书法辨伪》（兰州大学出版社2005年版），并发表多篇郭沫若研究论文。

傅斯年与郭沫若

王戎笙

郭沫若和傅斯年，中国现代史上两位卓越的文化名人，无论从他们的党派立场、政治信仰、意识形态、历史观点上看，都是不同，甚至对立的。郭沫若和胡适，大体上也是这样。而胡适和傅斯年，在以上诸方面大体是一致的，两人的私交也十分好。郭沫若与胡适之间，有过长期而激烈的笔墨官司，这场笔墨官司至今还有一些问题需要深入一步认真研究。而郭沫若与傅斯年却不曾有过什么笔墨官司，相反，他们之间在考古学、历史学上还有许多共同点，并且还有一些颇具情趣的私交，这是郭沫若与胡适之间所没有的。对郭沫若与傅斯年之间的不同点是大家都清楚的，可以存而不论；对他们之间的相同点，作一番比较研究是很有意义的，也许有助于我们理解郭沫若与胡适之间的旷日持久的笔墨官司。

一 重视史料所见略同

在20世纪二三十年代，崛起了一个以傅斯年为领袖的学派，因其主张"考史而不著史"，故有人称之为考据学派，又由于其考据方法不同于乾嘉，故有人称之为新考据学派。由于其主张"史学本是史料学"，故有人称之为史料学派，又由于其提倡"以自然科学看待历史语言之学"，故有人称之为科学派。这个学派的中心便是傅斯年领导下的中央研究院历史语言研究所。

为了突出学派宗旨，傅斯年有时把话说得惊人的激昂。例如："我们高呼：一、把些传统的或自造的'仁义礼智'和其他主观，同历史学和语言学混在一起的人，绝对不是我们的同志！二、要把历史学语言学建设得和生物学地质学等同样，乃是我们的同志！三、我们要科学的东方学之正统在中国！"如果以此为标准，在中国史学史上是找不到符合这样要求的著作的，中国的史学的优良传统是经世致用和求真求实。如果真的按傅斯年在这里所说的这个标准去衡量，那些"太史公曰""臣光曰"等辉煌名著，都算不上是历史学著作了。他提出"考史而不著史"，却在1932年写成《东北史纲》（初稿）第一卷，根据历史资料，运用民族学、语言学理论，驳斥日本侵略者所说"满蒙在历史上非支那领土"的谬论。他在该书卷首的"引语"中，满怀激情地说："今东寇更肆虐于上海，国民革命军第十九路军奋起御敌，世界观瞻为之一变。国人不尽无耻之人，中国即非必亡之国！"他的《东北史纲》，不仅打破了他自定的"考史而不著史"的戒律，也没有能够避免"传统的或自造的'仁义礼智'和其他主观"了。

史料学派为了突出学派宗旨，许多话说得十分武断。例如："近代历史学只是史料学""史学便是史料学""史学本是史料学"。"只是""便是""本是"，这些武断的措辞，以及那些激昂的口号，我认为并不能科学地、准确地表达该学派的宗旨。比较平实、准确、简洁地说明史料学派宗旨的，是《〈史料与史学〉发刊词》中的一段："本所同人之治史学，不以空论为学问，亦不以'史观'为急图，乃纯就史料以探史实也。史料有之，则可因钩稽有此知识，史料所无，则不敢臆测，亦不敢比附成式。"①这样说也比较符合这个学派的实际情况。

作为同时代的文化名人，和傅斯年又属于不同学派的领袖人物，郭沫若也十分重视史料。他在很多场合都用强烈的语气，说明史料对史学研究的头等重要地位。这是他流亡海外从事古史研究之后最深刻的亲身体会，也可以说是他研究古史时先用《诗》《书》《易》之后觉得这些史料并不可靠转而研究甲骨文、金文最重要的起因。他在总结自己古史研究的经历时，说了一段很深刻的话："无论作任何研究，材料的检讨是最必要的基础阶段。材料不够固然大成问题，而材料的真伪或时代性如未规定清楚，那比缺乏材料还要更加危险。因为材料缺乏，顶多得不出结论而已，而材料不正确便会得出不正确的结论。这样的结论比没有更要有害。"②"《易》《书》《诗》是先秦典籍，但他们已经失真，那是可以断言的。因此要论中国的古代，单据他们来作为研究资料，那在出发点上便已经有了问题……所得的结果，难道还能够正确吗？"③郭沫若与傅斯年不同的地方在于，他在强调史料的重要性时，从不否定史观的作用，并且一开始就认定了唯物史观的指导作用。关于史观与资料的关系，即史与论的关系，他说过："研究历史，和研究学问一样，是不允许轻率从事的。掌握正确的科学的历史观点非常必要，这是先决问题。但有了正确的历史观点，假使没有丰富的正确的材料，材料的时代性不明确，那也得不出正确的结论。"④郭沫若收集资料，力求其多，力求其全，力求其真。不管时间怎样紧迫，社会活动怎样繁忙，他都不惮劳苦，亲自动手，一字一句地阅读和摘抄原始资料，几十年中养成了良好习惯。

郭沫若为什么不畏艰难去研究原本一字不识的甲骨文、金文呢？其目的就是探讨中国古代社会而掌握最真实最可靠的资料，真可谓是上穷碧落下黄泉。在研究了甲骨文之后，郭沫若用极其兴奋的心情，评论了它的史料价值："靠着殷墟的发现，我们得到一大批研究殷代的第一手资料，是我们现代考古的最幸福的一件事。就这一发现，中国古代的真面目才强半表露了出来。"

除了甲骨文以外，金文也有极高的史料价值。郭沫若说：

在古代研究上与卜辞有同等价值或甚至超过它的，是殷周青铜器的铭文。关于这项资料的研究，在北宋时已开其端，已经有一千年的历史了。

近五十年来研究这项学问的人才辈出，如吴大澂、孙诒让、王国维，都是很有贡献的。

这项资料之所以与卜辞有同等价值或甚至超过它，是因为它也是第一手的资料，数量既多，而且铭文有长至四五百字的，与卜辞的简短而几乎千篇一律的情形不同。但这项资料也有它的缺陷，便是出土地多不明白，亘殷周两代千有余年，各器的时代相当混沌。故如深懂

---

① 傅斯年：《傅孟真先生集》（第二册），台湾大学出版社1952年版，第276页。
② 郭沫若：《古代研究的自我批判》，载《十批判书》，人民出版社1954年版，第2页。
③ 郭沫若：《我是中国人》，载《沫若文集》第8卷，人民文学出版社1958年版，第338页。
④ 郭沫若：《中国古代社会研究·引言》，人民出版社1954年版，第v-vi页。

科学方法的王国维,他便发出了这样的慨叹:"于创通条例,开拓闳奥,慨乎其未有闻"(《殷墟书契考释序》)。这是很知道甘苦者的评判,而决不是漫无责任、任意抹煞一切者的放言。王氏心目中的"条例"究竟是怎样,因为他自己没有"创通"出来,我们无从揣测。但我们准一般史料研究的公例,大凡一项资料,总要它的时代性准确,然后才有充分的史料价值。殷周的年代太长,浑而言之曰殷周,或分而言之曰殷曰周,都太含混了。因此自北宋以来无论仅存于著录或尚流传于人间的器物尽管将近万件,而却是一团大混沌。①

  金文的史料价值很高,但不经过研究,不确定它的时代,仍然不便使用。郭沫若费了五六年的时间,自己动手,完成了《两周金文辞大系》的《图录》和《考释》。先找到了一些铜器本身表明了年代的,把它们作为标准器,再就人名、事迹、文辞的格调、字体的结构、器物的花纹形式等进行比较、参验,由此找出一个比较明晰的或比较近是的时代顺序。郭沫若一共整理出323个器皿,都是铭文较长而史料价值较高的。经过整理之后,作为研究两周八百年的社会历史资料,就可以比较踏实了。

  郭沫若的一项重要探索,是把金文研究与文献辨伪密切结合起来,以确切可信的金文材料作为衡量古文献的尺度。他在《金文丛考》的重印弁言中说:"而旧有文献的真伪与时代性,在此也找到了一个可靠的尺度。例如天地乾坤之对立,仁义道德之并举,八卦五行之建说,九州五服之划分,在西周金文辞中均了然无痕迹。由此可为托古改制说找到确凿的根据,也为封建思想的体系找到初期的胚胎。"②

  郭沫若对许多上古史资料持怀疑态度,但又在一些文字中嘲笑过古史辨派的顾颉刚。当他读了顾颉刚编著的《古史辨》第一册之后,却又自责了,原来他在古书真伪的基本点上与顾颉刚不谋而合:

  顾颉刚所编著《古史辨》第一册,最近始由朋友寄来,我因为事忙,尚没有过细地翻阅;但就我东鳞西爪的检点,我发现了好些自以为新颖的见解,却早在此书中由别人道破了。

  顾颉刚的"层累地造成的古史",的确是个卓识。从前因为嗜好不同,并多次夹有感情作用,凡在《努力报》上发表的文章,差不多都不曾读过。他所提出的夏禹的问题,在前曾哄传一时,我当时耳食之余,还曾加以讥笑。到现在自己研究了一番过来,觉得他的识见是有先见之明。在现在新史料尚未充足之前,他的论辨自然并未能成为定论,不过在旧史料中凡作伪之点大体是被他道破了。③

---

① 郭沫若:《古代研究的自我批判》,载《十批判书》,人民出版社1954年版,第6页。
② 郭沫若:《重印弁言》,载《金文丛考》,人民出版社1954年版,第4页。
③ 郭沫若:《夏禹的问题》(1930年2月7日),《中国古代社会研究》附录九,人民出版社1954年版,第273、274页。

二 同受王国维"二重证据法"的影响

王国维运用二重证据法，即用出土的甲骨文、金文证合《史记》《山海经》《竹书纪年》《楚辞》等书，有力地证明了《殷本纪》所载殷王朝的世系是可信的，并订正了先公先王的位次。

陈寅恪认为，王国维最重要的贡献，首在"转移一时之风气而示来者以轨则"。此"轨则"有三：（一）"取地下之实物与纸上之遗文互相释证，凡属于考古学及上古史之作，如《殷卜辞中所见先公先王考》及《鬼方昆吾玁狁考》等是也。"（二）"取异族之故书与吾国之旧籍互相补正，凡属于辽金元史事及边疆地理之作，《萌古考》及《元朝秘史之主因亦儿坚考》等是也。"（三）"取外来之观念与固有之材料互相参证，凡属于文艺批评及小说戏曲之作，如《红楼梦评论》及《宋元戏曲考》等是也。"①而王国维自己则说："吾辈生于今日，幸得纸上之材料外，更得地下之新材料。由此种材料，我辈固得据以补正纸上之材料，亦得证明古史之某部分全为实录。……此二重证据法，惟在今日始得为之。"②

郭沫若与傅斯年差不多同时读到王国维的著作。傅斯年自己说："十六年八月始于上海买王静安君之观堂集林读之。"③这时的郭沫若正处于烽火连天的国内革命战争时期，他参加了南昌起义，失利后经党组织的安排，流亡日本，暂时还没有机会读王国维的著作。1928年8—9月间，经专卖中国古书的东京文求堂老板的介绍和日本友人的引见，一座藏书丰富的私人图书馆东洋文库向他敞开了大门。在这里，他第一次阅读了王国维的《观堂集林》。自1928年底始，在两个月的时间内，他便读完了东洋文库中"所藏的一切甲骨文字和金文的著作，也读完了王国维的《观堂集林》"。

郭沫若受王国维影响最大的，莫过于他此时对殷周社会性质的认识了。王国维《殷周制度论》中关于"中国政治与文化变革莫剧于殷周之际"的论断，则成为郭沫若以"殷周之际当即所谓'突变'之时期"的出发点和依据，从而认为殷代是原始社会末期，周代是奴隶社会的开始。

王氏在卜辞研究之余有《殷周制度论》之作，认为"中国政治与文化之变革莫剧于殷周之际"，这是一篇轰动了全学术界的大论文，新旧史家至今都一样地奉为圭臬。④

卜辞的研究要感谢王国维，是他首先由卜辞中把殷代的先公先王剔发了出来，使《史记·殷本纪》和《帝王世纪》等书所传的殷代王统得到了物证，并且改正了它们的讹传。……我们要说殷墟的发现是新史学的开端，王国维的业绩是新史学的开山，那是丝毫也不算过分的。⑤

---

① 陈寅恪：《〈王静安先生遗书〉序》，载王国维《海宁王静安先生遗书》，商务印书馆1940年版，第1页。
② 王国维：《古史新证·总论》，清华大学出版社1994年版，第2页。
③ 傅斯年：《新获卜辞写本后记跋》，《安阳发掘报告》第二期，中央研究院历史语言研究所专刊之一，1930年。
④ 郭沫若：《古代研究的自我批判》，载《十批判书》，人民出版社1954年版，第5页。
⑤ 郭沫若：《古代研究的自我批判》，载《十批判书》，人民出版社1954年版，第4页。

我们现在也一样地来研究甲骨,一样地来研究卜辞,但我们的目标却稍稍有点区别。我们是要从古物中去观察古代的真实的情形,以破除后人的虚伪的粉饰阶级的粉饰。本篇之述作,其主意即在于此。得见甲骨文以后,古代社会之真情实况灿然如在目前。得见甲骨文字以后,《诗》《书》《易》中的各种社会机构和意识才得到了它们的泉源,其为后人所粉饰或伪托者,都如拨云雾而见青天。我认定古物学的研究在我们也是必要的一种课程,所以我现在即就诸家所已拓印之卜辞,以新兴科学的观点来研究中国社会的古代。①

郭沫若深深体会到王国维等人从甲骨、金文入手研究中国古代的"科学性",肯定"中国之旧学自甲骨之出而另辟一新纪元,自有罗、王二氏考释甲骨之业而另辟一新纪元。"因此凡是谈论"整理国故""批判国故"者,若不知甲骨文字之学,必然是"盲人摸象者之流亚而已"(《卜辞中的古代社会》序说《卜辞出土之历史》)。他一边攻读,一边考释甲骨文字,完成了《甲骨文字研究》一书初稿,通过甲骨文字的考释,以阐述殷代的生产方式、社会结构和意识形态。在这同时,"已基本完成"《卜辞中的古代社会》这一篇,并将该篇的主要理论根据和主要观点写进后来作为"导论"的《中国社会之历史的发展阶段》一、二两节中。

傅斯年的史学理论,和他的治所方针,受王国维的"二重证据法"影响很深,这一点和郭沫若是完全相同的。所不同的是,郭沫若主要是从自己的学术研究实践中概括出来的,傅斯年主要是从学术界的实践中概括出来的。傅斯年说:"古代历史,多靠古物去研究,因为除古物外,没有其他的东西作为可靠的史料。我国自宋以来,就有考古学的事情发生,但是没有应用到历史去。"②"古代的历史多不可靠,就是中国古史时期,多相信《尚书》《左传》等书,但后来对于《尚书》《左传》,亦发生怀疑,不可信处很多很多,于是不能不靠古物去推证。中国最早出土的东西,要算是钟鼎彝器了。周朝钟鼎文和商代彝器上所刻的文字去纠正古史的错误,可以显明在研究古代史,舍从考古学入手外,没有其他方法。在光绪末年以前,尚无人注意到发掘古物;就是有的,亦无可考。在光绪末年,河南安阳(彰德)西北,洹水以南的小屯,有甲骨发现,甲骨上刻有卜辞。最先得者为商人刘铁云,他虽收罗的不少,但是以龟甲为古董,所以没有什么贡献。其次得者就算是孙诒让了。他把甲骨文考订出来,断为商朝古物;他考订的成绩,足与钟鼎相印证。再其次为罗振玉王国维二人。罗振玉收有一万多片,他的著作,有殷墟书契考释等书。王国维更应用于历史方面,确有不少的贡献,如对于帝系文字,有极大的帮助;如王恒王亥为史记上所无,现在已把他补正;又如商代世系表上外丙之外字系讹误,又已把他修正了。所以我们研究古史,完全怀疑固然是不对的;完全相信,也是不对的。"

傅斯年以王国维的《殷卜辞中所见先公先王考》一文为例,说明直接史料的重要性。他说"王君拿直接的史料,用细密的综合,得了下列的几个大结果。一、证明史记袭世本说之

---

① 郭沫若:《卜辞中的古代社会·序说·卜辞出土之历史》,载《中国古代社会研究》,人民出版社1954年版,第169—170页。

② 傅斯年:《考古学的新方法》,载《傅斯年选集》,天津人民出版社1996年版,第185—186页。

不虚构；二、改正了史记中所有由于传写而生的小错误；三、于间接材料之矛盾中（汉书与史记），取决了是非。这是史学上再重要不过的事。"[1] "若是我们不先对于间接材料有一番细工夫，这些直接材料之意义和位置，是不知道的；不知道则无从使用。所以玩古董的那么多，发明古史的何以那么少呢？写钟鼎的那么多，能借殷周文字以补证经传的何以只有许瀚、吴大澂、孙诒让、王国维几个人呢？何以翁方纲、罗振玉一般人都不能呢？"（《殷墟书契考释》一书原是王国维作的，不是罗振玉作的）这里所说"《殷墟书契考释》一书原是王国维作的，不是罗振玉作的"，傅斯年这样说，郭沫若也这样说，其他一些学者也这样说，成为当时比较流行的说法。罗氏手书的原稿本尚完整保存，陈梦家先生在20世纪50年代，据罗氏手稿本在《殷墟卜辞综述》中已予澄清，此说有误。[2]

三 同受西方自然科学的影响

1919年夏，傅斯年毕业于北京大学国学门，同年秋，考取山东省官费留学。1920年夏，进入英国伦敦大学研究院，从史培曼（Spearman）教授研究实验心理学及生理学，兼治数学。1920年8月1日，他在"此后当专致力于心理学，以此终身，到也有趣。"[3]

为什么一个北京大学国学门毕业、文史根底深厚的青年要跑到国外去改学实验心理学等自然科学呢？傅的好友罗家伦说："要明白他这个举动，就得要明白当新文化运动时代那般人的学术心理背景。那时候大家对自然科学，非常倾倒；除了想从自然科学里面得到所谓可靠的知识而外而且想从那里面得到科学方法的训练。认为这种训练在某种学科以内固然可以应用，就是换了方学问，也还可以应用。这是孟真要治实验心理学的原因。"[4] 1923年傅从英国到德国哲学院研究。1926年冬，结束在柏林大学的研究归国。

郭沫若于1914年春去日本留学，同年秋考入东京第一高等学校预科，1915年秋转入冈山第六高等学校。后来决定学医，于1918年夏升入九州帝国大学医科。在日本学医，必须熟练掌握德文，读德国的医学著作，以及与医学有关的科学著作。郭沫若自己说，他在日本读的是西洋书，受的是东洋气。在他的翻译作品中，比较多的是英国和德国的文学作品。在我国文化界产生了广泛影响的是郭沫若所译歌德的作品，如《少年维特之烦恼》《浮士德》。而对他本人影响最大的是1929年翻译出版的德国米海里斯（A·Michaelis）所著《美术考古学发现史》。此书初版时采用日译书名，1931年再版时改名《美术考古一世纪》。在译者序中，郭沫若指出："受着这些外来的刺激（指受西方近代考古学的影响——引者注），中国内部也有一部分有志者起来从事考古学的检讨了。如像一两年来的殷墟发掘，便是这种例证。"[5]在

---

[1] 傅斯年：《史学方法导论》（节选），载《傅斯年选集》，天津人民出版社1996年版，第195—196页。

[2] 王世民：《〈殷墟书契考释〉的罗氏原稿与王氏校写》，载《胡厚宣先生纪念文集》，科学出版社1998年版，第284—289页。

[3] 胡适：《胡适来往书信选》上册，中华书局1979年版，第104页。

[4] 傅乐成：《傅孟真先生年谱》，传记文学出版社1979年版，第20页。

[5] 郭沫若：《译者序》，载［德］亚多尔夫·米海里斯《美术考古学发现史》，郭沫若译，湖风书局1931年版，第4页。

"殷墟发掘"四字下，郭沫若还加了着重点，以引起读者的特别注意。

郭沫若在译者序中还说："这种学问上的势在中国是方兴未艾的。中国在不久的时期之内会有一个考古学上的黄金时代到来，由这儿可以解决得无数的问题。这是国内的有识者所期望的事，同时也是环球的学术界所期望的事。"[1]这段话是郭沫若1930年12月12日在日本写的，这时中央研究院历史语言研究所专刊之一的《安阳发掘报告》第二期刚刚出版，旅居日本的郭沫若还没有机会读到，对殷墟发掘的成果所知甚少。凭着他丰富的学识和敏锐的眼光以及对近代科学考古的信赖，对殷墟考古发掘作出了高度的赞扬和充满信心的预料。果然，到抗日战争全面爆发，经过15次的科学发掘，真的出现了"一个考古学上的黄金时代"："中国落后，自然一切都很幼稚，但落后者也有它的便宜，便是可以借鉴于他人，采取最妥当最捷便的道路，而免得作种种暗中摸索与种种无意义的错误与迂回。"[2]

在1948年该书重新出版时，他在《序》中进而写道："我的关于殷墟卜辞和青铜器铭文的研究，主要是这部书把方法告诉了我"，"作者不惜辞句的教人要注意历史的发展，要实事求是地作科学的考察，要精细地分析考证而且留心着全体"，"假如没有译这本书，我一定没有本领把殷墟卜辞和殷周青铜器整理出一个头绪来，因而我的古代社会研究也就会成为沙上楼台的。"[3]

郭沫若于1936年发表了《我与考古》一文，其中说："这种学问是要以纯粹的客观的态度，由地面或地底取出古人遗下的物证来，实事求是地系统地考察出人类文化从古以来所历进着的过程。"他批评中国旧时的金石学，"只是一些材料的杂糅"，"材料的来历既马虎，内容的整理又随便，结果是不出一个骨董趣味的圈子"。又说："我自己没有发掘的经验，也没有和发掘物多么接近的机会"，"于考古学依然还在门外"，"不过我是明白，就和其他的学问是必要的一样，考古学也是有必要的，尤其在我们中国。我们中国古代的详情，至今还是在墓里。民族的来源是怎样，文化的分布步骤是怎样，和外来文化的交流是怎样，以及古代社会的构成，各个构成阶段的递禅……都是急待解决的问题"，"应该赶那最前进最有效的方法选来，努力运用，追赶上去。"[4]

四 几乎同时想到了对小屯殷墟进行科学发掘

郭沫若在《中国古代社会研究》一书中说："真实地要阐明中国的古代社会还须要大规模地做地下的挖掘，就是要仰仗'锄头考古学'的力量，才能得到最后的究竟。这事在目

---

[1] 郭沫若：《译者序》，载［德］亚多尔夫·米海里斯《美术考古学发现史》，郭沫若译，湖风书局1931年版，第4页。

[2] 郭沫若：《译者序》，载［德］亚多尔夫·米海里斯《美术考古学发现史》，郭沫若译，湖风书局1931年版，第4页。

[3] 郭沫若：《译者序》，载［德］亚多尔夫·米海里斯《美术考古学发现史》，郭沫若译，湖风书局1931年版，第4页。

[4] 郭沫若：《我与考古》，原载《生活学校》1936年第1卷第2期，重载《考古》1982年第5期。

前当然是俟河清之无日。然在目前有一件不可缺少的事情便是历代已出土的殷周彝器的研究。"①

"本来罗氏所记者（指罗振玉《五十日梦痕录》——引者注）不过是粗枝大叶的观察，将来如有学术团体能于小屯举行科学的大规模的掘发，则古器物之出土必且更丰富而可信赖；而地层之研究，人体之研究，如有宫址或墓址存在时则古代建筑之研究，与营葬习之研究等等必更能有益于学术的记述。"②这是《卜辞中的古代社会》的"序说"，于1928年9月至10月间动笔，1929年9月20日脱稿。远在日本的郭沫若，希望"有学术团体能于小屯举行科学的大规模的掘发"。大约正是在这时候，即1928年8月史语所建立之际，傅斯年经过审慎的考虑，选定安阳小屯为系统发掘的第一个遗址，派专任编辑员董作宾前往安阳调查殷墟遗址。调查后报告说："其地虽经三十年来之未加保护，损失不可胜计，然尚有工作之可能。"③1928年11月，傅斯年派董作宾赴安阳小屯作第一次试掘。这是中国科学发掘甲骨文的开始。当时郭沫若在日本东京乡下，傅斯年在广州，两人相隔数千里，所见竟不谋而合。

五　傅斯年及其学派推崇郭沫若的学术成就

作为在野的无党派人士，傅斯年的基本立场是反共的，最能说明傅斯年政治立场的是1947年2月4日他给胡适的一封信。其中说："一、我们与中共必成势不两立之势，自玄学至人生观，自理想至现实，无一同者。他们得势，中国必亡于苏联。二、使中共不得势，只有今政府不倒而改进。三、但，我们自己要有办法，一入政府即全无办法。与其入政府，不如组党；与其组党，不如办报。四、政府今日尚无真正开明、改变作风的象征，一切恐为美国压力，装饰一下子。……五、我们是要奋斗的，惟其如此，应永久在野，盖一入政府，无法奋斗也。……六、保持抵抗中共的力量，保持批评政府的地位，最多只是办报，但办报亦须三思，有实力而后可。"④

傅斯年在评论郭沫若的学术成就时，不以政治立场、党派观念、意识形态为准则。大革命失败后，郭沫若以"钦犯"身份流亡日本，《甲骨文字研究》一书完稿后，曾寄给容庚请教。1930年2月6日，郭沫若致信容庚，谈到《甲骨文字研究》出版的事。其中说："希白吾兄：《古史新证》昨夜奉到，正欲专复，顷复奉手教，拙著蒙为介绍出版处，甚慰。更名事本无足轻重，特仆之别著《中国古代社会研究》一书不日即将出版，该书于《甲骨文释》屡有征引，该书系用本名，此书复事更改，则徒贻世人以掩耳盗铃之消耳。近日之官家粟亦雅不愿食。谨敬谢兄之至意，兼谢傅君。"信中"傅君"是傅斯年。据容庚回忆，该书经他介绍，准备出版，但"当时主事者考虑到诸种关系，虽同意出版，但以改用笔名发表为

---

① 郭沫若：《周代彝铭中的社会史观·序说》，载《中国古代社会研究》，人民出版社1954年版，第225页。
② 郭沫若：《卜辞中的古代社会·序说·卜辞出土之历史》，载《中国古代社会研究》，人民出版社1954年版，第167页。
③ 傅斯年：《安阳发掘报告》第二期，中央研究院历史语言研究所专刊之一，1930年。
④ 胡适：《胡适来往书信选》下册，中华书局1980年版，第170页。

条件。这当然是郭沫若所不能同意的，因为那将出版的《中国古代社会研究》一书系用本名，而该书屡次征引《甲骨文字研究》说，此书若用笔名，'徒贻世人以掩耳盗铃之诮'，所以他说：'近日之官家粟亦雅不愿食。'后来由于朋友之介绍，这部书终于在大东书局出版了"①。郭沫若在《沫若文集》第8卷《海涛集·我是中国人》中曾谈及此事："原稿寄给容庚后，他自己看了，也给过其他的人看。有一次他写，说中央研究院的傅孟真（斯年）希望把我的书在《集刊》上分期发表，发表完毕后再由研究院出单行本。发表费千字五元，单行本抽版税百分之十五。这本是看得起我，这样的条件在当时也可算是相当公平，但我由于自己的洁癖，铁面拒绝了。我因为研究院是官办的，我便回了一封信去，说：'耻不食周粟。'"②

这大概是傅斯年首次知道"五四"时期的诗人郭沫若，现在研究起中国的古文字来了。而且在不到三年的时间里，便写出《甲骨文字研究》一书，这样大的反差，傅斯年读后想必有些惊讶。不过，傅斯年毕竟是傅斯年，他是很有眼力的，希望一部好的研究著作，能在他领导下的《中央研究院历史语言研究所集刊》上分期发表，然后再汇集成册，以《中央研究院历史语言研究所专刊》中的一种单独出版，而且稿酬从优。但傅斯年也有难处，郭沫若是蒋介石下令通缉的"钦犯"，用真名实姓连续发表和出版单行本，是犯大忌讳的，所以建议改名发表。郭沫若除了他自己所说的"洁癖"之外，也有难处。因为署名郭沫若的《中国古代社会研究》即将出版，其中多处引用《甲骨文字研究》一书，真假之间，会引出意想不到的许多麻烦。双方都有难处，虽未办成，郭沫若还是请容庚转达对傅斯年的谢意。

从这件事可以看出傅斯年的为人与治学的特点。他对待学术问题，不受学术外因素的干扰，好的就扶持，就推崇，管他是不是通缉犯，虽然改名，也有风险。从这件事看傅斯年，一有眼力，二有魄力。

1947年，傅斯年在美国波士顿白利罕医院养病，以通讯方式提名推举郭沫若为中央研究院院士候选人，对郭沫若在考古学及古文字学上的成就，作出了高度的评价。所谓研究院院士是终身荣誉职，按中央研究院院士选举规程第六条规定："本院院士五人，或评议员五人提名院士候选人时，其中至少应有三人与所提名者为同一组别。"第六条规定："凡提名院士候选人时，须依本规程所附'院士候选人提名表'之格式填写，连同有关之著作及其他文件，挂号寄送本院院士选举筹备委员会。"

傅斯年提名郭沫若为院士候选人的提名表现在还保存着。承王汎森先生指教，表中的文字，不是傅斯年先生亲笔，可能是工作人员所填。据我推论，当时傅先生正在美国养病，原文当是傅先生所拟，而由史语所的工作人员照填。因此这份"院士候选人提名表"完全可以认为是傅斯年的意见。在"被提名人资格之说明"一栏内，傅斯年写道：

---

① 容庚：《怀念郭沫若同志》，《学术研究》1978年第4期。
② 郭沫若：《我是中国人》，载《沫若文集》第8卷，人民文学出版社1958年版，第351页。

郭君研究两周金文以年代与国别为条贯，一扫过去"以六国之文窜入商周，一人之器分载数卷之病"，诚有"创通知例开拓闾奥之功"；其于殷商卜辞，分别排比，尤能自成体系，其所创获，更不限于一字一词之考订，殆现代治考古学之最能以新资料征史者，合乎第一项之规定。

（一）《两周金文辞大系图录》，民国廿四年出版，日本东京文求堂。《考释》，民国廿四年出版，日本东京文求堂。

此书集两周青铜器铭文有年代及国别可征者三百余器，详加考释，附以图录，创为南北二系之说，为研究古金文者一大进程。

（二）《金文丛考》，民国卅一年出，日本东京文求堂。

此为大系之姊妹篇，以青铜器铭文为资料，释其文字并讨论其含义与经史纪录比较互证，尤多卓见，为研究古代思想及社会史最注意原始资料之作。

（三）《卜辞通纂》民国卅一年出版，东京文求堂发行。

此书选传世卜辞之菁粹者凡八百片，分类排列，比珈释词，创见极多，为研究殷墟卜辞一最有系统之作。[①]

1948年，中央研究院评议会开会，傅斯年当选为中央研究院（历史组）院士；郭沫若当选为中央研究院（考古组）院士；人文组中从事考古专业的同时当选的还有李济、董作宾、梁思永。

人称甲骨四堂之一的董作宾，是反对唯物史观的，但他也十分推崇郭沫若的学术成就："不用说，大家都知道的，唯物史观派是郭沫若的《中国古代社会研究》领导起来的。这本书民国十八年十一月初版到二十一年十月五版时，三年之间已印了九千册。他把《诗》《书》《易》里面的纸上史料，把甲骨卜辞、周金文里面的地下材料，熔冶于一炉，制造出来一个唯物史观的中国古代文化体系。"[②]

六 郭沫若尊重傅斯年及其学派的学术成就

抗日战争胜利之后，1946年5月，郭沫若离上海赴南京，作为第三方面的代表之一，参加促进和平谈判工作。郭沫若利用这个机会，访问了中央研究院历史语言研究所，与傅斯年、李济进行了学术交流。郭沫若对此有生动的记述：

历史语言研究所在中央研究院的最后一进。因为今天是做三分之一的主人，在两点半钟

[①] 与此同时，胡适也填写了院士提名表，可惜原件至今尚未发现。承王汎森先生转寄潘光哲先生提供的胡适日记复印件可知，胡适1947年5月22日记载了"发出中央研究院第一次院士选举'人文组'的'人文'部分的拟提名单"。在这个名单的"考古学及艺术史"项下，有董作宾、郭沫若、李济、梁思成四位。很遗憾，因为未见胡适的提名表原件，不知道胡适在提名表中是怎样评论郭沫若的学术成就的。

[②] 董作宾：《中国古代文化的认识》，载《中国现代学术经典·董作宾卷》，河北教育出版社1996年版，第614页。

的时候我提前赶到了。

研究所正在修缮，在装门上的花格，漆楼梯上的栏杆。我在杂沓中被领导着上楼，而傅斯年却打着赤膊刚好从左手最末一间的后房中走出。手里拿着一把蒲葵扇，和他有点发福身子两相辉映，很有点像八仙里的汉钟离。这不拘形迹的姿态我很喜欢，但他一看见我，发出了一声表示欢迎的惊讶之后，略一踌躇又折回后房里去了。他是转去披上了一件汗衫出来。

——何必拘形迹呢？打赤膊不正好？我向他抱歉。

傅斯年只是笑着他那有点孩子味的天真的笑。他只连连地说：还早还早，他们都还没有来，我引你去见济之。

接着郭沫若叙述了在傅斯年引导下去见李济。他用如下的文字，描写见到李济时的感受：

毕竟搞学问的人又另外是一种味道。……李济之的上身穿的是一件已经变成灰色折卫生衣，背上和肘拐上都有好几个窟窿。这比起那些穿卡几服、拴玻璃带的党国要人，觉得更要发亮一些。

李济提议一起去看看殷墟发掘的古物，郭沫若欣然同意了。因为时间短促，只能大致看看，听听李济的介绍。开会的人到齐了，便结束参观，到傅斯年的办公室。郭沫若记述道：

——这是个好地方，可以取而代也！罗隆基笑着说。

——你以什么资格来取而代呢？傅斯年回答他，又反过来向我说：联合政府成立，我们推你为国师，你可以来代了。

——轮不到我名下来，你的姓就姓得满好，你不是太傅吗？

傅斯年又天真地笑了。……

在这期中，傅斯年因为有事，坐起他的吉普车到外边去跑了回来。他却买了一把新的纸扇要我替他写一面，我就在他的办公桌上写了。他就叫我索性在另一面上随便画几笔，这，我却失悔我从前没有学陆军。假使我是一位中国军人，那我一定具有这样的胆量：使不可能的事成为可能。[①]

这些都是会外的一点花絮。从郭沫若与傅斯年之间的无拘无束的谈笑，生动地表现出两位文化名人之间以文会友的情谊。而党派立场、政治信仰、意识形态、历史观等方面的不同，甚至对立，并不妨碍在学术上互相交流，评点得失，取长补短，郭沫若和傅斯年这两位学术大师正是我们的表率。

（原载《文史哲》2005年第3期）

[①] 郭沫若：《南京印象》，载《郭沫若全集·文学编》第14卷，人民文学出版社1992年版，第492—494页。

学人回忆

郭沫若关于历史编纂体裁的思考

王戎笙

　　中国历史上许多卓越的历史学家，总是努力探索新的历史编纂体裁，以期能更好地反映自己对历史的理解，因而出现了多种多样的历史编纂体裁。其中影响最大的是纪传体、编年体和纪事本末体。尤其是纪传体，在叙述史实方面具有很多优点，并有不少伟大作品传世，因而成为历史编纂的典范体裁。编年体和纪事本末体，也有各自的优点。随着社会的进步，历史学的不断发展，人们逐渐感到传统的历史编纂体裁有很大的局限。例如，纪传体把同一事件分散于纪、传、书（志）等篇之中，有利于叙述个人事迹，不便分析群体和社会；纪事本末体则有利于叙述某一历史事件的发展过程，但不便于说明同一时期各历史事件之间的相互影响；编年体不能完整地叙述某一事件的全过程，更难以叙述不能按年月编排的重大史实，如经济现象，思想倾向，文学艺术流派的形成和发展，特别是历史发展的大趋势。

　　清末，在讲新学和鼓吹维新的浪潮中兴起的一种新的历史编纂体裁，人们称之为章节体。这是从夏曾佑开始的。他用一种新的体裁编写了《最新中学中国历史教科书》（自上古至隋），1933年商务印书馆重版时改名为《中国古代史》。这虽然是一本中学历史教科书，但在中国近现代史学史上占有重要地位，它标志着对一种新的中国历史编纂体裁的一次大胆尝试。这种编纂体裁很受欢迎，为史学家们广泛采用，并在中国史学界居主导地位长达一个世纪之久。

　　这种编纂体裁是从西方引进的，对中国传统体裁的优点，未能注意吸收。它的最明显的缺点是没有人物传记，不能充分展现历史人物的活动。这种体裁在中国风行半个世纪以后，人们不能不加以思索，这是不是一种最完善的历史编纂体裁，要不要进行新的探索和新的尝试。首先探索这个问题的是郭沫若同志。

　　中华人民共和国成立以后，郭沫若一直想抽出时间写一部太平天国的历史著作。20世纪50年代后期，他利用工作间隙，阅读了大量的太平天国史料和国内外学者发表的论文及专著，对太平天国历史中许多重要问题，形成了一些初步看法。

　　20世纪60年代的第一个春天，郭老决定自己动手，写一部约30万字的太平天国史。他要我与当时的中国科学院哲学社会科学部近代史所、历史所的负责同志商量，物色几位青年同志组成一个小组，与他的研究工作相配合。他反复强调研究工作要从收集整理史料开始，一定要注意史料的考证和辨伪。这一工作得到各方面支持，进展十分顺利。但采用什么编纂体裁，是必须在动笔之前首先解决的问题。

　　为了设计出较为理想的体裁形式，郭老参阅了20世纪30年代至50年代出版的太平天国专著和几部中国近代史中的太平天国部分。这些论著大都是把太平天国分成三或四个历史阶段，然后分章分节叙述各阶段内国际国内形势的变化，敌对双方力量的消长，太平天国的军事活动、政治设施以及经济文化等方面的政策。这种流行的体裁有它的优点，但不能完全令人满意。郭老在把各种新旧体裁的优缺点进行比较之后，决定进行新的探索。探索的途径是对新旧各种体裁，进行新的综合，扬其长而避其短。具体地说，新体裁应该符合下列要求：对历史事件要记其本末，重要人物要有传记，典章制度及政策措施要集中论述并充分展开。设计中的体裁，吸取了传统体裁及现代流行体裁的优点，特别是加强了著作的专题性。也可以说，郭老设想的新综合体，其基本特点是专题式结构。全书是由一系列专题组成，作者对任何一个专题，都有机会根据自己研究的深度和广度，充分展开论述。这样就给作者提供了一个广阔天地，用以反映自己多年苦心钻研的成果。同时也给读者提供了一个广角镜头，便于集中地了解作者对该问题的全部观点。

郭老对这一编史体裁的思索是很细致的，也是充满信心的。可惜后来忙于其他工作，由我和龙盛运、贾熟村、何龄修四人集体完成。此书由人民出版社于1986年出版，书名为《太平天国运动史》，共34.1万字。我们在"后记"中，对郭老关于历史编纂体裁的探索做了如下说明："对全书的体例，他提出了一个大胆的设想，要吸收我国史学史上纪传体和纪事本末体的长处。为此他亲自拟定了全书的章节安排。"我们在实践中也碰到一些麻烦，主要是如何妥善处理各章各节的关系。因为各专题之间有紧密联系，特别是在四人分头写作的情况下，既要避免重复，又要防止缺漏。我们有几次通改，主要精力就放在这一点上。虽然如此，从实践中我们感到，郭老设计的这个体裁形式具有很多优点。比如，当代流行的编史体裁是没有人物传记的。写太平天国不能没有洪秀全、杨秀清、石达开等人的传记，也不能没有曾国藩、李鸿章、左宗棠等人的传记。为此，郭老特设两章人物传记，一章是太平天国方面的领袖人物，一章是清军方面的主要将领。清方入传的原有曾国藩、左宗棠、李鸿章和胡林翼，后出于多方面的考虑，付排时我们尊重责编的建议抽出来另行处理。这种体裁形式还有一个明显的优点，对研究成果有较大的容量，我们用了一万字的篇幅，集中地分析了《天朝田亩制度》中所反映的小生产者的理想社会，用两万多字的篇幅论述了太平天国在土地和农业方面所实行的政策，用了一万五千字的篇幅论述手工业和商业，这是用当代流行的编史体裁所难以实现的。其他如政治制度和社会政策，太平军的战略战术，上帝教，文化教育和对外关系等等，这些太平天国史上的重大问题，都用大量篇幅集中在一节里，充分地展开论述。如用当代流行的体裁，就必须把这些问题横切成若干段，分散在各章各节。即使作者对某些重要问题经过多年精心研究，有独到见解，也因章节体的限制无法展开，否则就显得局部肿胀。再如，纪事本末体能完整地叙述历史事件的全过程，具有明显的优越性，郭老在设计新的编史体裁时也考虑吸取其长处，故特设一章叙述太平天国兴亡始末。

郭老的探索留给我们一些重要启示：历史编纂体裁应该多样化，要根据不同的撰述内容选用不同的体裁，要认真研究各种体裁的成败得失，要不断地探索和创新。

郭老的探索向我们提出了一个重要课题：在20世纪居于主导地位的编史体裁，远未达到止于至善的境地，需要我们共同研究和改进。这是我们在迎接新世纪时面临着的一个新问题。

（原载《历史研究》2000年第1期）

依然是警钟
——重读《甲申三百年祭》

王戎笙

郭老为什么要写《甲申三百年祭》？或者换一个问法，郭老当初写《甲申三百年祭》的本意是什么？我认为郭老当初写《甲申三百年祭》的本意，并不是要给共产党提供一面历史的镜子，不是给共产党人敲一敲警钟，不是要告诫共产党人不要犯胜利时骄傲的错误。主要理由如下。

一 写作的背景

1944年1月15日，重庆文化界的一些朋友在郭沫若家集会，商量如何纪念甲申三百周年的事，这时，郭沫若正在研究先秦诸子和西周社会性质。2月上旬，他完成了后收在《青铜时代》里的《从周代农事诗论到周代社会》一文，此文脱稿后，他的研究兴趣转移了，在《十批判书·后记》中写道："在这前后，我以偶然的机会得以读到清初的禁书《剿闯小史》的古抄本。明末农民革命的史实以莫大的力量引起了我的注意。适逢这一年又是甲申年，是明朝灭亡的三百周年纪念。我的史剧创作欲有些蠢动了。我想把李岩与红娘子搬上舞台，因此我对于古代研究便生出了在此和它告别的意思。"2月8日致函翦伯赞，商借明末史料。3月10日郭沫若完成了著名论文《甲申三百年祭》。

二 发表的背景

首次发表的时间是1944年3月19日，正是三百年前闯王进京、崇祯上吊、标志明朝灭亡的那一天。而且《甲申三百年祭》的第一句话便是："今年是明朝灭亡的第三百周年纪念"。发表的地点是国民党统治中心的重庆，而不是在共产党中央所在地的延安。

3月19日，《新华日报》的《新华副刊》开始连载郭沫若《甲申三百年祭》的第一日，还发表了署名宗顾的《三百年前》。其中说："这段历史虽是整三百年前的事，但特别因为现在我们正挣脱出一次新的亡国危机，回味起来，是更能感受到新鲜的意义的。何况至今，许多无耻的汉奸所干的正是当年的洪承畴、吴三桂的勾当，而因为受了传统历史书的束缚，还有人把明末的农民起义目为寇贼，反把卖国求荣的洪承畴当作贤哲，那么，把这段三百年前的历史弄弄清楚更是有意义的事了。"

3月20日，连载郭沫若《甲申三百年祭》的第二日，还配发了《甲申事变——明末亡国的历史》一篇短文，其中说："这种对外战争的失败正是明政权本身腐败的反映。明代用八股文考试来选用忠实的官僚，以求束缚全国人的心智，结果却整个官僚机构贪污无能到极点。……"

三 不同党派的不同反应

《甲申三百年祭》由重庆《新华日报》分四日连载，于22日全部载完。国民党中央认为这篇文章是"影射当局"的，并于3月24日，迫不及待地在《中央日报》上发表一篇社论，题为《纠正一种错误思想》，由陶希圣执笔。其中竟有1848年巴黎公社云云，可见其匆忙之极。这篇社论指责《甲申三百年祭》是"出于一种反常心理，鼓吹败战主义和亡国思想"。社论还说："三百年前，蔓延于黄河流域及黄河以北的流寇，以李自成为首领，于外患方亟之时，颠覆了明朝。其所得的结果是什么？就是二百六十年的亡国局面。""郭沫若今天把流寇夸扬为革命，把策应敌寇，断送国家，灭亡民族的流寇夸扬为革命，这不但是民族主义的羞辱，并且是马克思主义的曲解和玷污。"4月1日，重庆《商务日报》也发表社论，题为《论赫尔的名言》，学着《中央日报》的腔调说："有人写出《甲申三百年祭》的文章，散播败战思想，把不正确的毒素，渗进社会内层。这种文章是时代错误的结晶。"4月13日的《中央日报》又发表一篇《论责任心的》的社论，其中说："由于一部分人士责任心的缺乏，于是就有一种决不至于流行而竟然流行的思想，这就是把今日革命抗战建国途中的中国，比拟于宋末或明末亡国时代的中国。文学、戏剧、史论，渲染着亡国的怨望和牢骚。"4月20日叶青发表了长文，题为《郭沫若〈甲申三百年祭〉平议》。他说："际此甲申三百年，特利用明亡的历史事实来作材料，而妄想以明朝来影射国民政府"[1]。有一篇署名黄义本、题为《败战主义与思古幽情》的文章竟然含沙射影地说："因为郭氏主张当外寇入侵，应当加入流寇以打政府。"又说："郭沫若怀着的幽情也有所顾忌而说不响嘴，只能在暗中指古骂今。这种幽情心理上是想帮助'李自成'，而实际只帮助了外寇。"[2]

延安《解放日报》于4月18日和19日全文转载《甲申三百年祭》时，加了长篇编者按，其中指出："郭先生根据确凿的史实，分析了明朝灭亡的社会原因，把明思宗的统治与当时农民起义的主将李自成始末作了对照的叙述和客观的评价——还给他们一个本来面目。郭先生虽然推翻了流俗关于李自成的无知胡说。但是对于他的批评也是极严格的。不过无论如何，引起满清侵入的却决不是李自成，而是明朝的那些昏君、暴君、宦官、佞臣、不抵抗的将军，以及无耻地投降了民族敌人引狼入室的吴三桂之流（吴三桂在后来又'变卦'了，而且真的变卦了，不像现在有些吴三桂们，表面上'反正'了，实际上还在替日本主子服务）。李自成的部下，后来还继续抵抗清兵，他的侄子李过还被明隆武帝赐名赤心，永历帝封为兴国侯。这些事实，当然是那群歌颂满清曾胡的败战亡国主义者所不敢提的。郭先生在他的文章里充满了爱国爱民族的热情，但是他究竟只是在科学地解说历史，没有去想着居然有以吴三桂、阮大铖自拟的人们来向他狂吠一通。"这篇"编者按"是反击《中央日报》3月24日社论的，文中的吴三桂"变卦"云云，显然是暗指陶希圣。

延安《解放日报》转载之后几天，即4月22日，毛泽东同志在《学习和时局》的报告

---

[1] 叶青：《郭沫若〈甲申三百年祭〉平议》，载叶青编《关于〈甲申三百年祭〉及其他》，独立出版社1944年版。

[2] 黄义本：《败战主义与思古幽情》，载叶青编《关于〈甲申三百年祭〉及其他》，独立出版社1944年版。

中提到《甲申三百年祭》。他说:"我党历史上曾经有过几次表现了大的骄傲,都是吃了亏的。……近日我们印了郭沫若论李自成的文章,也是叫同志们引为鉴戒,不要重犯胜利时骄傲的错误。"①毛泽东的这篇讲话,一反众说,独出新解,第一次提出《甲申三百年祭》所总结的历史经验是不要重犯胜利时骄傲的错误。5月7日,中共中央宣传部和军委总政治部在印发此书时的联合通知中也是这个精神。该通知指出,这部著作"对我们的重大意义,就是要我们全党,首先是高级领导同志,无论遇到何种有利形势与实际胜利,无论自己如何功在党国,德高望重,必须永远保持清醒与学习态度,万万不可冲昏头脑,忘其所以,重蹈李自成覆辙。"

1945年10月上海野草出版社出版时,书名改为《明末亡国史》,副题为《甲申三百年祭》。可见当时的人们是根据各自的不同理解来看待《甲申三百年祭》的中心思想的。

四　历史比拟的始作俑者

国民党的《中央日报》指责郭沫若"把今日革命抗战建国途中的中国,比拟于宋末或明末亡国时代的中国。"叶青的文章说:"际此甲申三百年,特利用明亡的历史事实来作材料,而妄想以明朝来影射国民政府。"其实,这种历史比拟的始作俑者是蒋介石。

蒋介石鼓吹的"攘外必先安内"的理论,是以明末的历史作为依据的。影响所及,当时各界、各派政治势力在谈古论今时,都有一个共同的模式:把明朝比作当时的国民政府,把李自成、张献忠领导的农民军比作共产党领导下的八路军、新四军(或此前的红军),把雄踞关外虎视眈眈的清军比作入侵的外敌即日本帝国主义者。这个极不恰当而流行极广的历史比拟,是由蒋介石在发挥"攘外必先安内"的理论时首先提出来的。1933年5月31日,塘沽协定签字,国民党政府决定集中全力围歼红军,并创办庐山训练团,蒋介石每次向军官团讲话时都要引证历史事实,讲一遍先安内才能攘外的道理。他说:"如果剿匪不能成功,抗日就没有基础。因为一方面抵御外侮,一方面势必要分力剿匪,那就与从前明末的情形一样。当明末之时,一面陕西、山西的土匪猖獗,他没有先去剿清,因之满清乘机入关。假使明朝只竭全力在山海关那边抗战,他何尝不能抵御外侮。可是后方的土匪李闯猖獗,等他打到了北京,结果只有亡国。多尔衮写给史可法的信也说:他之天下乃得之于闯贼,非取之于明朝。这虽然是他的狡辩的话,可是我们细按当时的情形,却不得不承认明朝之亡国不是亡于满清,而是亡于匪乱。现在我们的国难同明朝的情形差不多一样,所以我们要以明朝为前车之鉴……只要……如果……恐怕结果也只好重演一回明朝亡国的故事。"②这样的历史比拟到处传播,流风所及,形成了一种思维定式。所以,《甲申三百年祭》一发表,各派政治势力以及持各种不同政治见解的人,都把它看作是一篇借古喻今的文章。

五　从内容上看

《甲申三百年祭》发表之后,国民党的宣传部门迅速作出了异乎寻常的反应,认为该文

---

① 毛泽东:《学习和时局》,人民出版社1953年版,第18页。
② 张其昀:《党史概要》,台北中央文物供应社1954年版,第958—960页。

是"影射当局"的。所谓"影射"，也许是下列文字引起了敏感。如说明朝"事实上它久已失掉民心"，"在这一年使明朝最专制的王权统治崩溃了"。崇祯帝"承万历、天启之后做了皇帝，内部已腐败不堪，东北边患又已经养成，而在这上面更加以年年岁岁差不多遍地都是旱灾、蝗灾"。但官家仍征比搜刮，诛求无已，军队到处虐民，使"人不得守其田园""有其家室""无论是饥荒或盗贼，事实上都是政治所促成的。"崇祯帝虽天天在说励精图治，但实际上所作所为都是在祖庇豪家。"但对于当时政治的腐败认识得既已如此明了，为什么不加以彻底的改革呢？""对于军国大事的处理，枢要人物的升降，时常是朝三暮四，轻信妄断。十七年不能算是短促的岁月，但只看见他今天在削籍大臣，明天在大辟疆吏，弄得大家都手足无所措。"文中的"十七年不能算是短促的岁月"如何如何，可能是最敏感的一段，因为从1927年到1944年也恰好是十七年。《甲申三百年祭》有17000字，揭露明末政治腐败、饥民遍野、官逼民反内容的，约5000字，几占全文三分之一。

郭沫若在描述农民军攻入北京以后"纷纷然，昏昏然，大家都像以为天下就已经太平了的一样"，确实是入木三分。《甲申三百年祭》中描述胜利时骄傲，包括"过分的胜利陶醉中一二位清醒的人"，总共约5000字，也占全文三分之一。假如当年郭沫若撰写《甲申三百年祭》的本意是给共产党提供一面历史的镜子，敲一敲警钟，他就不会写出如下这一段文字："（李）自成的大顺朝即使成功了（假使没有外患，必然是成功了的），他的代表农民利益的运动早迟也会变质，而他必然也会做到汉高祖、明太祖的藏弓烹狗的'德政'，可以说是断无例外。"

六　把《甲申三百年祭》作为整风文献的深远意义

国民党作为一个执政党，本应从明末政治腐败、官逼民反中吸取教训，革新政治，广开言路，以免重蹈崇祯皇帝的覆辙。但国民党计不出此，对《甲申三百年祭》大张挞伐，由党中央机关报《中央日报》连发两篇社论，大打棍子，大扣帽子，指责《甲申三百年祭》是"鼓吹败战主义和亡国思想"。堵塞言路到了这种地步，是注定了要失败的。1948年，也曾一度下决心清除贪污腐败，以作亡羊补牢之计。由蒋经国主持，决心不可谓不大，也曾大刀阔斧地搞过一阵，但触及孔氏大家族的人和事，便不了了之，最后以彻底失败告终。

中国共产党对《甲申三百年祭》采取了与国民党完全相反的态度。尽管郭沫若撰写《甲申三百年祭》的本意，不是为了给共产党提供一面历史镜子；尽管《甲申三百年祭》中对李自成领导的农民军提出了尖锐的批评。但中共中央却主动拿来，作为一面历史的镜子，号召全党学习《甲申三百年祭》，以后还利用各种文艺形式进行宣传。要求全党吸取李自成农民军由胜利到失败的历史教训，在胜利面前要经得起考验，永远不能骄傲，要继续保持艰苦奋斗的本色，以免重蹈李自成的覆辙。这表明当时毛泽东同志时刻在考虑如何使自己的队伍保持艰苦奋斗的本色，善于并且敢于听取不同意见，善于并且敢于从历史中吸取教训。

尽管郭沫若撰写《甲申三百年祭》的本意，不是为了给共产党人敲警钟，但对共产党人来说，它依然是警钟！《甲申三百年祭》发表也已半个世纪了，我们今天正在进行廉政建设，反对腐败，重温这段历史，它依然是警钟！

（原载《中国史研究动态》1994年第5期）

年度课题

立项课题

国家社科基金项目

1. 李斌:《郭沫若文学著作版本收集整理与汇校》(22BZW132)一般项目。
2. 唐文娟:《民族精神、民众想象与历史美学:郭沫若历史剧在重庆文化场(1941—1946)》(22FZW096)后期资助项目。

2022年度四川省教育厅人文社会科学（郭沫若研究）立项课题

编号	单位	部门	项目负责人	项目名称	成果形式	项目类别
GY2022A01	中国社会科学院文学研究所		田美莲	当代视域下的郭沫若性别观研究	论文	重点
GY2022A02	中国科学技术大学		方黑虎	"郭沫若与中国科大"专题史料编纂	史料汇编	重点
GY2022A03	陕西师范大学	文学院/人文社科高等研究院	赵学清	郭沫若《两周金文辞大系图录考释》研究	专著、论文	重点
GY2022A04	乐山师范学院	文新学院	可晓锋	郭沫若前期的文化自觉意识研究	论文	重点
GY2022A05	乐山师范学院	文新学院	赵学斌	《新华日报》郭沫若研究资料收集整理与研究	资料集	重点
GY2022B01	四川长江职业学院		邓梦	郭沫若与司马相如研究	论文	一般
GY2022B02	绵阳师范学院	传媒学院	冯清贵	郭沫若历史剧演出史料搜集整理与研究（1941—1949）	论文	一般
GY2022B03	四川轻化工大学	文学院	唐瑛	在成就斐然与个性张扬之间——郭沫若古代文学研究的成就与检讨	论文	一般
GY2022B04	华东理工大学	外国语学院	金春岚	日本郭沫若研究学会主题研究	论文	一般
GY2022B05	中国社会科学院文学研究所		徐刚	当代文学视野中的郭沫若后期诗歌研究	论文	一般
GY2022B06	西南科技大学	文学与艺术学院	高树浩	于立群与郭沫若"合作"书法研究	论文、研究报告	一般

续表

编号	单位	部门	项目负责人	项目名称	成果形式	项目类别
GY2022C01	乐山职业技术学院		周啸	基于本体用户画像挖掘的郭沫若文化游空间模型构建——以成渝地区双城经济圈为背景	论文	青年
GY2022C02	四川师范大学	文学院	任旭岚	郭沫若早期新诗篇章修辞研究	论文	青年
GY2022C03	乐山师范学院	文学院	赵艺玲	影视作品中的郭沫若形象研究	论文	青年
GY2022C04	重庆师范大学		郑雅馨	郭沫若与"条件反射"理论的中国传播	论文	青年
GY2022C05	天津中医药大学	文化与健康传播学院	段煜	"e考据"背景下郭沫若史料的整理与修订研究	论文	青年
GY2022C06	北京邮电大学	马克思主义学院	刘大胜	郭沫若历史剧创作过程中的心境呈现与想象虚构研究	论文	青年
GY2022C07	东南大学		於璐	郭沫若诗歌的海外译介与研究	论文	青年
GY2022C08	乐山师范学院		杨蓓蓓	中华剧艺社与《孔雀胆》演出研究	论文	青年
GY2022C09	乐山师范学院	美术学院	向珂	青年郭沫若接受的经学教育及其背景——以廖平的影响为中心	论文	青年

四川省教育厅人文社会科学重点研究基地
四川郭沫若研究中心
2022年5月18日

结项课题

当代学术视野下的郭沫若与马克思主义史学研究

成果编号： 18XZS001
课题负责人： 何　刚
课题组成员： 陈镜颖　刘开军　邹大勇　熊泽文　石攀峰

该项目由乐山师范学院四川郭沫若研究中心何刚教授主持，2018年6月立项，2022年5月顺利结项，成果为共计36万字的《当代学术视野下的郭沫若与马克思主义史学研究》书稿。该成果从20世纪中国史学近代化和中国马克思主义史学发展史的角度，研究了郭沫若的史学源流、史学实践、史学思想、史学批评等。

在史学源流方面，探讨了郭沫若史学与中国传统史学、近代史学的关系。该成果认为中国马克思主义史学与传统史学的关系丰富复杂，二者在治史方法、史籍整理、史料考辨、治史功用等方面有着相通和前后相承的关系。郭沫若的治史历程和史学成就具体鲜明地体现了中国马克思主义史学与传统史学的复杂关系；成果以郭沫若史学为具体实例，从郭沫若与梁启超"史学新义"、郭沫若与"罗王之学"、郭沫若与近代新考证史学等方面，指出中国马克思主义史学产生并发展于近代史学激荡变化的大环境之中，是在吸收继承近代史学科学进步的有益成分后，实现了对近代史学的批判性超越。

在史学历程方面，该成果从"唯物史观史学"到马克思主义史学，以及早期中国马克思主义史学发展历程的视角，论述了郭沫若及其《中国古代社会研究》等著作的研究方法、格局特征和学术影响，李大钊、郭沫若等人在中国马克思主义史学建立过程中的地位和贡献，其他运用唯物史观而又持不同政治立场的人在中国马克思主义史学早期酝酿建立过程中的作用和地位等问题。成果认为，20世纪30年代郭沫若的史学研究既是《中国古代社会研究》开启的古代社会史研究的继续和延伸，与之一道构成了30年代郭沫若古史研究的整体发展脉络，也为郭沫若抗战归国后特别是在40年代的史学研究奠定了基础；抗战时期郭沫若的史学研究范围广泛，既有先秦思想文化研究，也有一直未曾间断的古代社会史研究。二者紧密结合，鲜明体现了唯物史观的治史路径。

在史学思想方面，该成果从更为宽泛的"人"的概念，如人性主义、人道主义等，对郭沫若的历史人物研究进行了再研究；成果认为，在郭沫若史学批评中，"新史学"是一个重要概念和工具，影响着他的马克思主义史学阵营意识和史学批评风格；成果认为历史编纂思想是郭沫若史学思想的重要组成内容，郭沫若批判性地继承了中国历史编纂学的优秀遗产，以更为宏阔的格局和视野，在多部"姊妹"著作的紧密关联中，在单部著作的目次中科学设置编纂体例，将古文字学、古器物学与古史研究结合起来，更好地服务于其历史编纂时"所怀抱之系统"，以"探讨中国之古代社会"。他的通史编纂主张和实践，为马克思主义史学通史理论的建构，为新中国通史编纂提供了经验借鉴。

在史学批评和史学生产方面，该成果从马克思主义史学的学术生产机制的视角，以郭沫若史学为例，探讨了马克思主义史学与现代出版机制之间、马克思主义史学阵营与史家群体之间的紧密互动。成果认为，20世纪三四十年代的中国马克思主义史学家"信仰相同而观点各异"，进行"相互间的刺激与鼓励"，在坚持以唯物史观为理论指导的共同研究范式之下，不约而同地与郭沫若进行了坦诚热烈的学术批评；成果认为郭沫若主持的文化学术刊物《中原》杂志是抗战时期重庆马克思主义学术场域的重要营构者和联络站，团结了一批左翼文化阵营的作家和学者，在一定程度体现出了抗战时期重庆马克思主义史学阵营的潮流气象，也从一个侧面反映了当时思想文化战线上的激烈斗争和马克思主义学术发展的艰难历程；成果以《金文丛考》为中心，对郭沫若青铜器及其铭文研究的"标准器断代法"的探索确立，以及《金文丛考》相关篇章引起的学术讨论进行了研究，认为郭沫若在20世纪30年代不断推出的甲骨金文研究成果，预入当时考古古文字研究和现代史学注重"史料的尽量扩充"和辨伪考证的学术潮流；成果以20世纪五六十年代新中国初期的几种重要学术出版媒介为例，认为在"十七年时期"中国史学发展过程中，郭沫若的学术研究及其体现出的论学主旨、学术风格、学术语言等，与当时的编辑出版机制之间构成了紧密的"互动"关系。

该成果以唯物史观为指导，在研究视角、研究领域进行创新拓展，推进了郭沫若史学研究，同时以郭沫若史学为个案，在具体实证层面深化丰富了中国马克思主义史学史研究，回应了当代学术语境中唯物史观和马克思主义史学被边缘化等现实问题，具有重要学术意义和创新价值。专家在评定审核时对其给予较高评价，认为："这是马克思主义史学史方面的颇有建树的成果，具有较为重要的价值"；"该成果即站在当代学术视野中，从历史学的角度对郭沫若在中国马克思主义史学上的开创性学术建树作了较为全面系统的研究，取得了较为突出的研究成果，具有明显的学术价值和现实意义"；"进一步凸显了郭沫若在中国马克思主义史学中的地位和贡献，为客观评价中国马克思主义史学起到了十分积极的作用，是近年来系统研究郭沫若史学的佳作。"

图1 "当代学术视野下的郭沫若与马克思主义史学研究"结项证书

郭沫若金文著作的文献学研究

——以《两周金文辞大系》为中心

成果编号： 21FYB053
课题负责人： 李红薇
课题组成员： 无

2021年10月，国家社会科学基金后期资助暨优秀博士论文出版项目"郭沫若金文著作的文献学研究——以《两周金文辞大系》为中心"（批准号：21FYB053）正式立项。

2022年9月，经全国哲学社会科学工作办公室审核准予结项，结项证书号：F20220374。项目成果拟于2023年由中国社会科学出版社出版。书稿简介如下。

郭沫若在古文字研究方面贡献卓荦，其代表作《两周金文辞大系》依年代与国别科学系统地整理了两周金文，开创了"标准器"断代法，奠定了现代金文研究的范式。该书是郭沫若所有学术著作中修改次数最多，持续时间最久的一部，也是20世纪金文研究最重要的著作之一。

全书以《两周金文辞大系》为中心，参考郭沫若其他著述中的相关意见，以文献学理念观照郭沫若古文字著作，并广求论学书信、日记、批注等材料，在考辨的前提下，钩沉相关史料，梳理观点演变脉络，考索变更的背景及原因，尽可能还原学术研究历程，通过细节考证深入学术史的书写。目前古文字研究日趋精密，学科的学术史也同样需要展开。以传统文献学方法观照古文字经典学术著作，不仅有助于细致深化古文字学术史的书写，也为古文字学科体系建设的深化与拓展指明了新的方向。

全书由六部分组成。

一、绪论。简要介绍古文字学术史研究概况、郭沫若古文字学的研究现状、以往研究中的不足，该书的选题意义及研究方法。

二、《两周金文辞大系》成书史及其版本缕述。从版本学出发探求《大系》的成书史，从文献学角度厘清《大系》成书过程，在鉴别版本的基础上梳理源流及嬗变关系，确定有校勘价值的异本。

1932年初版《大系》与其他诸版实属两个系统。1957年版、全集版《大系考释》均以1935年版为底本影印，增加批注、挖改字句。1957年版《大系图录》以1935年版为母本作了增删抽换，全集版又在1957年版的基础上增删修改。

三、《两周金文辞大系图录》研究。对所收器图、铭文逐一溯宗考源，辑录诸版差异，从学术史的角度认识其价值。一直以来学界多重视《大系》的考释成果，而对《大系图录》关注不多，我们穷尽地比对了《图录》每一帧图像与之前著录的关系，察考《图录》中每一帧图像的来源。尽可能还原了郭沫若编纂《图录》时使用的所有著录，甚至精确到同一著作的某个版本。

通览《图录》，足见郭沫若搜罗勤苦与鉴别精审，《图录》并非简单的图像汇编，而是凝结了作者的大量见解与学术创造。作者有意识地利用考古类型学知识，将器形、花纹相同或相近的器物图像排在一起，开创了我国以类型学著录青铜器图像的先河。

四、《两周金文辞大系考释》研究。利用校勘学方法，以对校法逐字逐句比对同一著作的不同版本，并综合运用本校、他校、理校等方法，参以郭沫若其他论著，依时间为序，梳理其观点演变脉络，综合考察，找到作者生前关于某问题的最终意见。总结观点变动原因，并详细考索了全集版《大系考释》的底本来源。

目前通行易得、学者最常使用的全集版《大系》存在较多问题，1957年修改版才是最接近作者原意的学术性善本。全集版在1935年版基础上，重新剪裁粘贴原1957年版眉批，且正文中存在多处编辑挖改、错改的现象，不少地方甚至与作者观点相乖，违背作者本义。

五、专题研究。该部分包括《郭沫若全集》金文著作相关问题的考订；订正关于《大系》版本信息的错误记载并分析产生的原因；新见日藏郭沫若手批《两周金文辞大系考释》的介绍研究。

六、附录。包括郭沫若金文著述编年长编、著录简称表两部分。

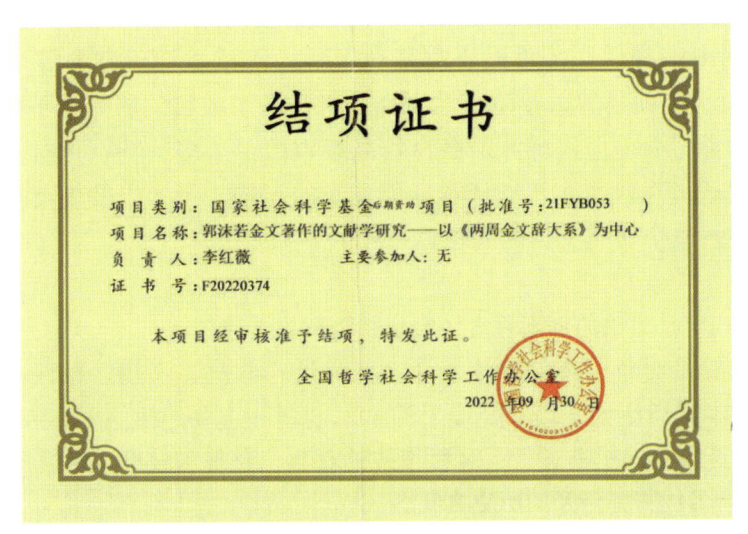

图1 "郭沫若金文著作的文献学研究——以《两周金文辞大系》为中心"结项证书

郭沫若翻译作品版本演变研究及语料库建设

成果编号：16BWW018
课题负责人：张 勇
课题组成员：熊 辉 蔡 震 梁雪松 徐 彬

一 项目预期研究计划的执行情况

该项目自2016年6月由全国哲学社会科学规划办公室立项以来，项目负责人带领课题组成员严格按照国家社会科学基金项目立项通知书和申报书中研究计划的要求，经过四年多的时间对各个历史时期郭沫若翻译作品的不同版本进行收集、考辨、整理和研究，完成了既定的工作目标和计划，研究成果资料丰富、研究方法特色鲜明，创新性突出。

目前该课题组已经收集到郭沫若不同时期的翻译作品版本共计230余部，汇编成《郭沫若译文作品全编》（附录成果一）。出版了学术著作《复调与对位：〈郭沫若全集〉集外文研究》，发表了有关郭沫若翻译作品研究的学术论文20余篇，其中项目负责人张勇的该项目成果论文多数在《中国翻译》、《鲁迅研究月刊》和《民族文学研究》等全国中文核心期刊（CSSCI）刊物发表。该项目的这些阶段性研究成果提升了项目的研究水平。

尽管课题组非常努力，但因郭沫若翻译作品版本数量太多，特别是对其进行语料库数据的建设时，课题组成员对收集到不同译本、原文本的扫描、录入以及中英文的比对工作，比预想的要繁重得多，整个研究工作因之推迟一年。

二 成果研究内容及方法的创新程度、突出特色和主要建树

该研究成果主要是对单行本的郭沫若译文作品进行收集、考辨、校注和整理，并在此基础上对这些译文版本进行研究。该研究成果的学术创新和主要建树主要表现在以下几个方面。

1. 对郭沫若翻译作品的版本进行了全面细致的收集、整理和校勘，发掘出丰富的文献资料，还原了郭沫若作为一名优秀翻译家的历史真实。

早在该课题立项之前，课题负责人已经开始关注郭沫若翻译作品版本的问题，并着手收集各个不同时期郭沫若翻译作品。课题立项后，一方面继续收集相关的版本资料，另外一方面开始着手对已搜集到的翻译作品进行核查、考订、辨析和整理，目前已经对所收集到的230余种版本按照文体进行了分类整理，并完成了将500余万字的纸质版作品转换成电子版的工作。通过上述的实际工作，我们深切地感受到郭沫若内蕴丰富的翻译世界，以及其借助于对国外名篇的译介，为"五四"中国传播了新的文化理念，有力地推动了传统中国的现代性转型的不懈努力，以此也还原与确立了他作为现代著名翻译家的历史事实。

2. 通过对翻译作品的研究，纠正了以往有关郭沫若研究成果中的许多既成的"定论"或"共识"的偏狭。

该课题组成员通过对郭沫若翻译作品进行的有效利用和研究，大大深化了郭沫若现有的

研究成果，拓展了对郭沫若的全面认识，特别是对郭沫若及其创作的复杂性获得了许多新的学术发现。例如，我们目前对于20世纪30年代郭沫若流亡日本十年期间的认识多停留在其学术成就的开端和自觉，但是对于他这一阶段的翻译成就认识就非常不足，通过研究我们发现郭沫若在流亡日本十年期间翻译了十四部十五篇国外作品，这些作品体裁广泛，题材多样。这期间的翻译活动不仅仅为郭沫若的学术活动提供了经济支持，更为重要的是通过这些作品的翻译使郭沫若在学术研究方法上获得了提高，构建起自己独特的历史观和方法论，从而完成了《中国古代社会研究》等一系列的学术专著。他在此期间通过翻译作品继续保持了对现实社会的持续关注，延续了此前积极入世的文化心态，另外，郭沫若通过翻译、研究和创作的实践完成了复杂和丰富的文化个体的建构。

3. 通过郭沫若翻译作品语料库的建设，开辟郭沫若研究的新路径，在此基础上提出新的具有文化价值的课题。

随着信息技术以及各种软件的普遍应用，它们对于科学研究的辅助性作用日渐明显，特别是在中国文化"走出去，请进来"的大背景下，利用平行语料库的建设来研究郭沫若翻译作品，已经成为可能。课题组依据郭沫若翻译的《屠场》《煤油》《生命之科学》等著作，制作了双语平行语料库。语料库的规模达到了近500万字。该语料库能够揭示郭沫若文学和科学翻译中的用词、造句等方面的特点。通过分析一些特色词的词汇密度和分布，能够细致观察现代汉语白话文在形成时期的特征。语料库为今后的翻译研究提供了第一手的素材。如通过语料库建设和分析，我们发现了郭沫若译著中的一些省译、略译的现象。造成省译、略译现象的原因应该是多样的，既有郭沫若当年所依据的外文书的版本方面的原因，也有当年资料匮乏的原因，有些生僻词或文化现象，由于缺乏资料，无法适当译出，只能暂时省略。《生命之科学》是英国著名学者威尔斯（H.G.Wells）等撰写的一部介绍生命科学的严肃的科普巨著。该书版本众多，郭译本是根据1931年英国出版的版本译成汉语。郭译本产生的时代，现代科学刚刚被介绍进入中国，很多科学名词还缺乏统一的译法，郭译的过程之艰辛，单从这一点就能窥见一斑。鉴于这部巨著具有极高的科学普及价值，我们在21世纪有必要对该著作进行修订乃至重译。为这部巨著创建双语平行语料库，即是重译该书的重要的基础工程，因为这些平行语料可与翻译技术工具挂接，供译者参考。借助新的翻译技术平台，即可随时查阅郭译的具体句段，以便新译能"站在巨人的肩膀上"。

三 成果的学术价值和应用价值，以及社会影响和效益

首先，该课题的研究成果之一《郭沫若译文全集》的整理将是继《郭沫若全集》之后最具有应用价值的文献工程，将填补郭沫若翻译作品至今未能系统结集的缺憾，丰富和完善现有的郭沫若学术思想体系；该成果之二《郭沫若翻译作品版本研究》系统研究郭沫若翻译文学系列成果，不仅仅从单篇作品进行分析研究，而且还从不同时代，不同场域的角度宏观解析郭沫若翻译的文化现象和成就；该成果之三《郭沫若翻译作品语料库建设》，初步建设了郭沫若翻译作品平行语料库，完整系统地对郭沫若代表性翻译作品进行语言的比对，可为研究者提供相关的数据和资料，这些系列研究成果既有开垦处女地、提供新的学术生长点的学术价值，又有将当前处于徘徊状态的郭沫若研究推向深入的现实意义。

其次，该课题的研究成果将会对以郭沫若为代表的中国现代作家、学者的相关研究提供可供借鉴的思路。在中国现代历史上，像鲁迅、周作人、老舍、茅盾等都是著译等身的文化大家，对于上述人物的翻译作品研究目前还停留在较低的水平，因此借助于该课题所提供的研究路径、研究方法以及研究成果，将会深化对上述文化大家相关领域的研究，因此该课题的研究超越了郭沫若研究的本身，而对于同类型的研究具有示范性的价值与意义。

再次，受现在学科划分的影响，目前郭沫若的研究不可避免地呈现出碎片化和局域化的现象。该课题的研究力图打破学科间的壁垒，尽可能采用跨学科研究的方法，将文学研究、翻译研究与理论研究融为一体，并借助现代信息技术的方法提供客观的依据，改变过去论证的方式与方法，这对于改变文学研究的学风具有一定的启示性价值。

四　成果存在的不足或欠缺，尚需深入研究的问题等

由于郭沫若翻译作品的版本数量过多，涉及英、日、德、俄等多种语种，因此该课题组成员对郭沫若翻译作品版本的研究还只是初步的。成果的主要欠缺是还有诸多郭沫若具体的翻译作品版本还并没有进行深入研究。另外，由于时间、人力和物力等多方面因素的制约，课题组在进行郭沫若翻译作品语料库建设时，还仅仅只是针对英语语种，日语、德语和俄语等因受技术和设备等多方面原因，还尚未进行，这些都需要今后在各个条件充裕的情况下进一步完成。

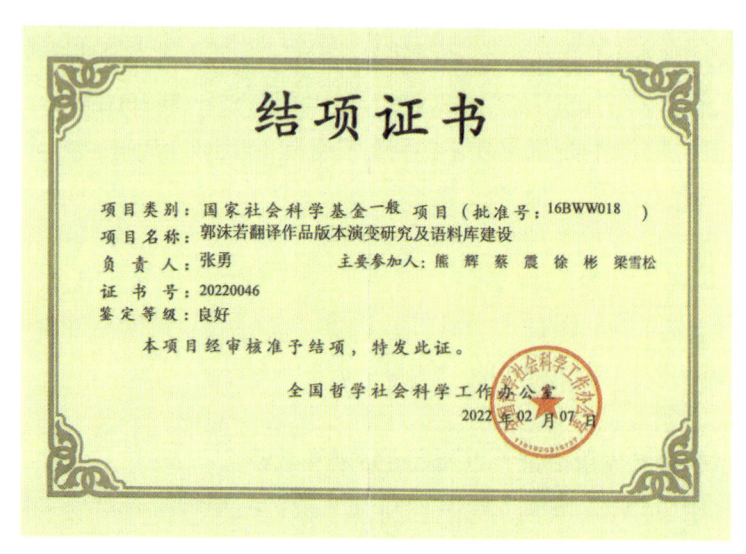

图1　"郭沫若翻译作品版本演变研究及语料库建设"结项证书

新书推介

新书推介

【郭沫若学术述论】

著　者：谢保成

出版社：社会科学文献出版社2022年7月版

内容简介：

该书是作者研究郭沫若学术近40年的总结，是其在郭沫若研究领域的一本代表作。收文36篇，附3篇，分一总论、四分论，论述郭沫若的学术体系、学术思想、学术成就、学术交往，附作者研究郭沫若的经历。该书反映了作者"从郭沫若所研究的学术内容入手"，看20世纪学术演进之路的研究特色；以郭沫若为"联络站"，从学人交往考察20世纪学术的研究思路；以陈寅恪"与立说之古人，处于同一境界"的"真了解法"，认识郭沫若所处年代和那个年代郭沫若的研究方法。

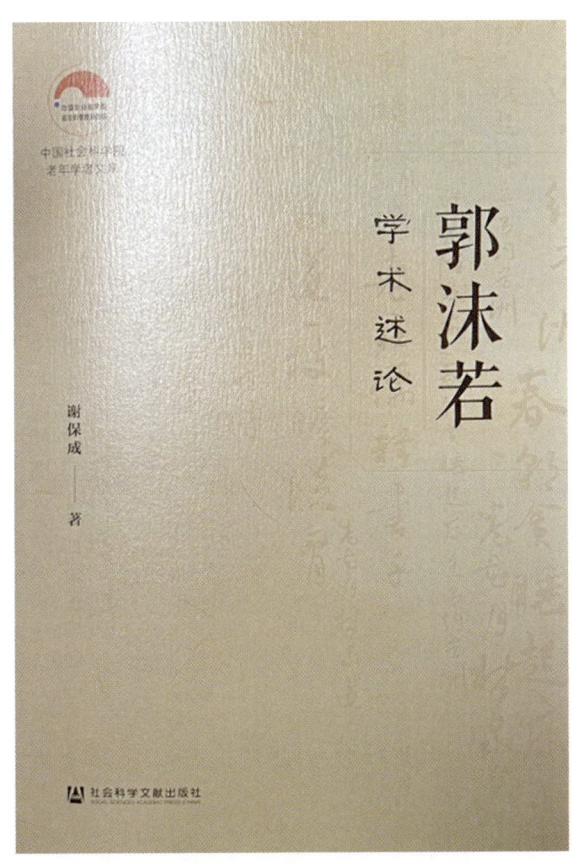

图1 《郭沫若学术述论》封面照片

书评：郭沫若史学研究的集成与创新——读谢保成先生的《郭沫若学术述论》

张　勇

谢保成先生是我最尊敬的中国史学理论和郭沫若研究领域的学术前辈之一，他学识渊博，坚守学术，平易近人，奖掖后进。近期谢先生的《郭沫若学术述论》由社会科学文献出版社出版发行了，先生嘱我为其写一篇书评，接到任务后诚惶诚恐，一直未敢下笔。通读专著多遍后，深切感受到先生对郭沫若研究之深，用心之专，无不令人击掌敬佩。现只能将拜读后的一些肤浅的感想付诸笔端，恳请先生与众学批评！

一

在我的学术视野中，谢保成先生从事郭沫若研究是"半路出家"的，他是以史学理论作为自己学术的出发点和主攻点，这就使他的郭沫若研究一开始便站在非常高的起点上，乃至最后成为名副其实的郭沫若研究的学术大家，截止到笔者开始落笔撰写书评之时，先生还在80岁高龄之际刊发了《晒戏单戏报，忆郭沫若与京剧二札》(《郭沫若学刊》2022年第4期)和《读郭沫若校订〈再生缘〉及整理出版》(《郭沫若研究》第18辑)两篇鸿文，如此高龄还保持着清晰的思路、研究的热情、缜密的逻辑，这在郭沫若研究领域中是较少见的。

谢保成是郭沫若史学研究领域的代表性学者，他有关郭沫若研究的学术成果极其丰富，目前可查询到的学术论文共有50余篇，除此之外，他还著有《郭沫若评传》《郭沫若学术思想评传》《近代思想家文库·郭沫若卷》《郭沫若的史学生涯》《郭沫若学术述论》等有关郭沫若研究的学术专著5部，以上成果无不展现出他对郭沫若研究浓厚的史家情

437

怀与宽广的学术视野。特别是《郭沫若学术述论》的出版，集中展示了谢保成先生有关郭沫若研究的成果、观点、思路与历程。

谢保成先生从事郭沫若研究学术起点高、持续时间长。1982年11月16日，谢保成先生代替其恩师尹达先生在纪念郭沫若诞辰90周年的学术报告会上发言，自此便进入郭沫若研究领域，直至今日，前后算起来已有40余年时间，是唯一一位"参加过郭沫若诞辰90周年、100周年、110周年、120周年纪念会者"[①]。如此长久地专注于郭沫若研究，目前也只有屈指可数的几位研究者可以做到，在郭沫若史学研究领域，谢老师持续时间用力之久、取得学术成果之丰确是第一人。40年间，谢保成先生逐渐完成了自己郭沫若史学研究体系的建构，主要体现在如下几个方面。

1. 着力对郭沫若学术思想的理论思辨与学理阐述。《郭沫若与20世纪学术文化》一文写就于21世纪初，此时正是郭沫若研究由"冷"转"热"的一个重要时期，很多青年学者开始逐步涉足于郭沫若研究，对他们来说如何从文化整体性上全面认识郭沫若的学术思想、知识体系、历史贡献和时代价值等方面的重大问题，对他们树立起从事郭沫若研究的信心来讲至关重要，此文的出现恰恰解决了这一时代难题，该文以史学理论的视角高屋建瓴地阐释了郭沫若文化思想的时代性、学术性和整体性，认为郭沫若"始终站在文化大潮的潮头，肩负着'弄潮儿'的历史时代"[②]。

2. 重点阐释作为"人民学问家"郭沫若的史学成就与学术价值。郭沫若文学创作成果广泛地为民众所知，但其作为历史学家所取得的辉煌成就却不被大众完全知晓，甚至在学术领域中也存在诸多认知上的偏差。《郭沫若的历史人物研究》一文以郭沫若的历史人物研究为切入点，对郭沫若史学研究的丰硕成果、不同形式，进行了系统性、完整性的梳理与阐述，认为"郭沫若研究历史人物和评价历史人物，是有着十分明确和极为严格的标准的。这标准体现了郭沫若整个史学研究的高度的历史唯物主义自觉性和实事求是的科学性"[③]。

3. 注重将郭沫若与同时代其他学者进行比较研究。郭沫若的学术思想绝对不应该孤立地来评判与研读，谢保成先生便将郭沫若置于20世纪20年代中国复杂多变的社会环境之中，特别是在与众多时代名家的生活交往、学术交锋等方面进行全面而客观的审视，"力求对郭沫若的学术研究有一个系统的了解和把握"[④]。《郭沫若与20世纪三大历史考据家》一文重点阐述了郭沫若与同时代的三位考据大家王国维、陈垣、陈寅恪交往的历史事件，在此基础上论析了郭沫若历史考据的学术思想和学术方法，

---

① 谢保成、王静：《"真了解法"治郭学——谢保成先生谈郭沫若研究》，载《郭沫若研究年鉴2015》，中国社会科学出版社2016年版，第400页。

② 谢保成：《郭沫若与20世纪学术文化》，《郭沫若学刊》2002年第1期，修改后收入《郭沫若学术述论》，并加副标题。

③ 谢保成：《郭沫若的历史人物研究》，载《郭沫若研究》第2辑，文化艺术出版社1996年版，后更名为《贯彻"人民本位"的历史人物研究》收入《郭沫若学术述论》。

④ 谢保成、王静：《"真了解法"治郭学——谢保成先生谈郭沫若研究》，载《郭沫若研究年鉴2015》，中国社会科学出版社2016年版，第400页。

并纠正了"郭沫若是'只有唯物史观、没有历史资料'的'史观派'的代表"[①]这一观点认识的偏差。

以上代表性的学术论文，在进行了细节上的校改后均收入了《郭沫若学术述论》之中。由此可见，《郭沫若学术述论》是谢保成先生郭沫若研究学术体系建构完成的重要标识。

二

很明显《郭沫若学术述论》是一部论文合集，但是它并非简单的论文合集，而是超越了传统意义上学术论文集的样态与属性，所带给读者的感观是思想体系的建构、学术观点的深化以及研究历程的梳理。

《郭沫若学术述论》是谢保成先生郭沫若研究成果的集大成，共分为总论、思想体系、学术研究、学界交往、辩污纠谬以及研究历程等六个部分，全书共35万字，是近几年所出版的郭沫若学术专著中最具综合性的研究成果，全书从学术、思想、文化和生活等不同的视角，全面涉及了郭沫若的史学、古文字学、翻译学以及大众传播学等学术领域范畴。《郭沫若学术述论》为我们全面、客观、整体地展示了谢保成先生从事郭沫若研究的学术发展历程。

通读《郭沫若学术述论》给我印象最深刻的便是，谢保成先生解决了长期以来困扰郭沫若研究的重要问题，那便是"学术与政治"的纠缠与剥离。他以思想文化与学术活动为研究主线，界定出郭沫若学术研究范畴的内涵与外延，特别是"注意在'学术与政治'的纠缠中分辨哪些属于学术性研究或基本属于学术性研究，哪些是其一贯的学术思想，哪些受政治、社会影响较深，哪些基本属于带宣传性的文字或应景、奉命之作，以及各种情况在其著作中的不同表现。"[②]

"学术与政治"问题，可能是20世纪20年代的中国知识分子都无法回避的一个重要时代命题，在风雨如晦的岁月，在民族危亡的时刻，恐怕谁也无法独善其身，而以民族救亡图存为己任的郭沫若更是其中最典型的代表之一，他参与社会革命之深，活跃政治舞台之久，参与历史事件之多，恐怕是同时代知识分子无法企及的，正是基于如此繁复历史的真实，郭沫若研究中政治话语与学术话语的交错、碰撞、互斥等现象不可避免地产生。谢保成先生在《郭沫若学术述论》中便很好地解决了困扰郭沫若研究的学术难题，那就是尽可能地还原郭沫若的学术思想与文化成就，恢复郭沫若作为一名知识分子的文化属性，正如著者在开篇所说"郭沫若在从政、创作的同时，形成贯穿他整个人生和全部文化历程的学术思想体系，因而具有独特的学术研究体系，取得多方面有重要影响的研究成果，是谈20世纪学术文化不可或缺的一位学术大家。"[③]正是基于上述的研究思路，如《郭沫若与二十世纪学术文化》《吞吐中西的世界文化观》《吸收异民族优秀文化，创造中华民族新文化——立足于郭沫若译著的考察》《追求艺术与社会双重价值的美学思想——关于郭沫若美学通信三札及补记》等以阐释郭沫若学术文化思想的代表成果被收入本专著之中，并编排在了重要位

---

① 谢保成：《郭沫若与20世纪三大历史考据家》，《郭沫若学刊》2012年第4期，修改后收入《郭沫若学术述论》。
② 谢保成、王静：《"真了解法"治郭学——谢保成先生谈郭沫若研究》，载《郭沫若研究年鉴2015》，中国社会科学出版社2016年版，第400页。
③ 谢保成：《郭沫若学术述论》，社会科学文献出版社2022年版，第3页。

置,由此可见,谢保成先生对郭沫若研究形成了清晰的学术思路和明确的学术判断。

我对《郭沫若学术述论》印象之二,便是整部专著理性的学术思辨与严密的理论逻辑,显示出谢保成先生超于常人的学术素养。谢保成先生是史学理论研究的专家,他一直秉承着"从事历史研究,开展学术交流,吸纳包括异域的前沿理论和方法推进我们的学术研究不断创新和发展"[1]的研究思路,在进行郭沫若研究时,谢保成先生也将此理念与方法移植过来,极大提高了郭沫若研究的理论水平。他的郭沫若研究多从宏观视角入手,进行系统而全面的理论辨析与归纳,如《创建唯物史观中国古代文化体系——从20世纪思想文化趋势认识〈中国古代社会研究〉》一文,改变了此前仅仅从或文本分析、或时代背景阐述、或个人发展等研究《中国古代社会研究》单一而狭窄的分析路径,而将其纳入20世纪20年代中国思想文化发展的大背景、大趋势之中去阐说,从而更加全面、客观、理性地解析了《中国古代社会研究》之所以能"建立起一个全新的郭学体系——跳出'国学'的范围,认清国学的真相。"[2]此外,谢保成的郭沫若学术研究的理论阐述,并非单纯地进行学理思辨和逻辑解析,而是基于扎实、丰富、真实的史料作为辨析基础和框架支撑,《还其本来面目——重读〈甲申三百年祭〉》便是其中的代表,著者在阐释《甲申三百年祭》写作真实意图为"既'祭'明亡,又'祭'农民军悲剧结局,……《甲申三百年祭》的本来面目——一定要坚持'以人民为本位'的原则"[3]时,并非仅仅进行语言的逻辑思辨,而是借助于对《明史》《明亡述略》《烈皇小识》等相关史料进行解读的基础,得出了令人信服的学术结论。

谢保成先生的学术专著《增订中国史学史》"是近年来中国史学史学科在研究趋向、学科体系、发展模式等学科理论的自身建设方面进行深入反思、讨论的集中反映。"[4]同样,其近期出版的《郭沫若学术述论》中所收录的学术成果也完全体现了沿袭了这样的学术路径,即为郭沫若研究史学史的建构提供了可行性的路径与方法。

---

[1] 周文玖、王舒琳:《人生历沧桑 读史情深长——谢保成教授访谈录》,《史学史研究》2017年第4期。
[2] 谢保成:《创建唯物史观中国古代文化体系——从20世纪思想文化趋势认识〈中国古代社会研究〉》,载《郭沫若学术述论》,社会科学文献出版社2022年版,第101页。
[3] 谢保成:《还其本来面目——重读〈甲申三百年祭〉》,载《郭沫若学术述论》,社会科学文献出版社2022年版,第407页。
[4] 张越:《评谢保成著〈增订中国史学史〉》,《中国史研究动态》2017年第3期。

【郭沫若纪念馆藏品图录：郭沫若藏书·古籍卷】

主　编：刘曦光
执行主编：梁雪松、赵欣悦、王静
出版社：中国社会科学出版社 2022 年 12 月版

内容简介：

郭沫若纪念馆在完成古籍清理核实工作的基础上，对馆藏古籍进行了整理与研究，编辑出版了《郭沫若纪念馆藏品图录：郭沫若藏书·古籍卷》。该图录是"郭沫若纪念馆藏品图录"的第一辑，也是纪念馆首次向社会集中公布馆藏文物的整理成果，是提高馆藏资源开放共享水平，向社会公众提供古籍资源服务的实践。

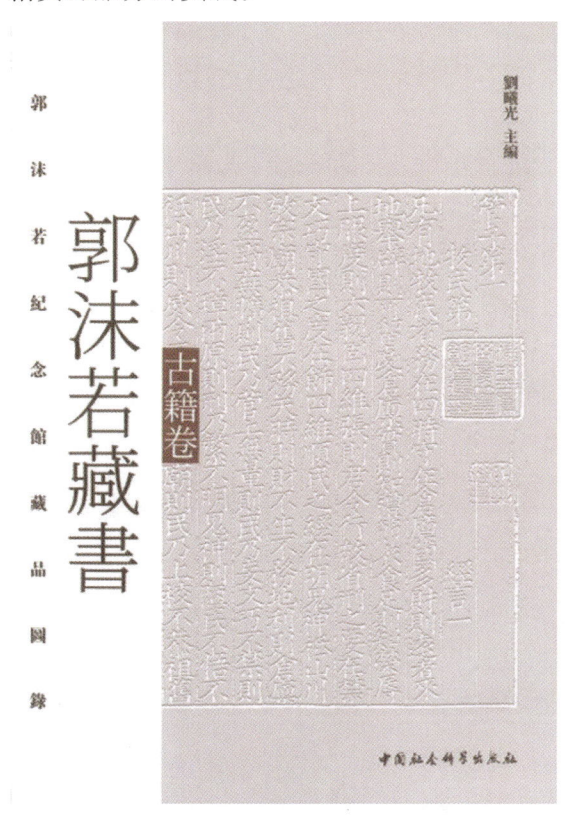

图1 《郭沫若纪念馆藏品图录：郭沫若藏书·古籍卷》封面照片

该书主要收入郭沫若收藏的清代及清代以前的古籍，分为两编。

第一编收入郭沫若收藏的各种古籍，按照版本时间先后顺序排列。第二编收入郭沫若收藏的成系列古籍，即《管子》《西厢记》《李太白文集》相关古籍。为保证系列的完整性，亦收入若干民国线装书。

《郭沫若藏书·古籍卷》反映了郭沫若的藏书与学术研究的兴趣所在，为郭沫若研究与古籍研究提供了资料支撑。

学位论文

【硕士学位论文：近四十年郭沫若《天狗》的接受研究】

著　者：何琪
导　师：王学东
学　校：西华大学
专　业：中国语言文学

《天狗》最初发表于1920年上海的《时事新报·学灯》，后收入郭沫若的第一部诗集《女神》，是"五四"时代的郭沫若作品中最具代表性，同时也是影响较大的作品之一。王富仁先生把《天狗》看作郭沫若诗中的《狂人日记》，给了《天狗》高度的重视，甚至认为："无论从哪个角度，《天狗》都应是郭沫若全部诗作中最值得重视的一首"。该文主要从近40年郭沫若《天狗》的接受研究出发，试图厘清《天狗》近40年来的接受情况，思考其接受情况与其地位形成的关系，同时以《天狗》的接受过程为例对新诗接受过程进行反思。之所以将时间跨度放在近40年，是因为近40年来，经由改革开放之后，社会各方面都发生了许多变化，而社会的改革变化也推动了文学研究和文学批评的不断发展。那么，在这样的时代变化发展之后，类似于《天狗》这样的经典作品的阅读接受状况如何？是否只停留在发表初期20世纪的叙述中？还是在之后的读者中又激发了新的思考？这些都是值得思考的问题。因此作者选择了近40年也就是改革开放后的这个时间段，来对《天狗》的接受研究进行梳理和分析。

该文选取了选本、教材、研究三个角度来对近40年《天狗》的接受做出分析，这三个部分的关系首先是并行的，每个部分都有各自的主要目的：通过分析选本对《天狗》近40年的接受，可以了解选本对《天狗》以及经典文本塑造的作用；从教材角度探析《天狗》的接受程度，可以看出《天狗》在专业化、学院化群体中的接受状况，构建其在文学史、诗歌史的地位；从研究角度切入，则是可以理清近40年来针对《天狗》的研究主要集中在哪些方面，对其的研究过程具有哪些倾向特征，能为我们带来怎样的诗学启示。这三个部分也是一个整体，需要将它们联系在一起才能对《天狗》近40年的接受情况做一个较为完整的回顾。通过在选本、教材以及研究三个维度对《天狗》近40年的接受进行分析之后，进而反思《天狗》的接受给《女神》整部诗集以及诗人郭沫若带来的意义乃至对新诗传播与接受的意义。

第一部分是从选本角度分析近40年《天狗》的接受，通过数据的统计，从文学选本的角度对《天狗》的接受进行共时性与历时性的考察，主要分析了不同时期的选本对作品地位构建的作用，在这一章节得出结论：无论是数据上还是接受内容来看，文学选本在《天狗》近40年的接受过程中对其经典文本地位的塑造都起到了积极意义。

第二部分是从教材角度分析近40年《天狗》的接受。通过数据收集统计发现，不同阶段的教材对《天狗》的选用与接受情况有所差异。在此章节分析归纳教材对《天狗》文学史地位有何意义。得出结论：高校教材对《天狗》接受与传播的加持，从整体上使得《天狗》的地位更具有权威性，《天狗》在高校教材中的不断入选，也逐步构建出了《天狗》的文学史与诗歌史地位，并且其文学史地位与接受印象很大程度上与《女神》联系在一起。

第三部分从研究角度分析近40年《天狗》的接受，对近40年《天狗》接受的整体情况进行概括，同时，对其阶段性的研究特点做出归纳。总结出近40年《天狗》的接受在研究角度上呈现了20世纪70—80年代"浪漫主义"特征的阐释到2000年后"现代性"的关注上的转变,从整体上由政治功能的关注转向对其文学本身艺术成就的关注。并在这一章节还总结分析了近40年《天狗》在研究中呈现的诗学启示。

透过研究近40年《天狗》的接受情况,发现不论是选本对《天狗》的遴选,还是教材对《天狗》权威性的承认与传播,抑或是研究文章对《天狗》的不断挖掘,都在一定程度上为《天狗》经典地位的形成、文学史地位的塑造、《天狗》本身的文学价值的挖掘提供了不少的助力,对其的接受研究也帮助我们进一步了解了《天狗》的接受情况与接受程度。以此为例,以小见大,在一定程度上也可以帮助我们理解《天狗》对《女神》整部诗集以及对诗人郭沫若的价值。除此之外,其接受情况也可对当代新诗的"经典"之路提供一些启示:新诗地位的形成应是一个动态的考察机制,我们对一部作品的接受情况与地位形成的考量不应只放在某一个阶段,而是应该从更长远的时间段上去分析。

【硕士学位论文:日本体验与郭沫若的旧体诗词创作】

著　者: 梅旻璐
导　师: 李遇春　余迅
学　校: 华中师范大学
专　业: 中国现当代文学

郭沫若(1892—1978)是中国著名的文学家、政治家、历史学家、古文字学家。对于中国现当代文坛而言,郭沫若特别的生命角色在于既是新诗奠基人之一,又创作了体量庞大的旧体诗词。目前学界关于郭沫若旧体诗词的研究比较充分,但是这些研究大多聚焦在抗战时期或新中国成立以后的诗词创作,而对郭沫若三次赴日时期的旧体诗词创作不甚关注。该文旨在探究日本体验与郭沫若旧体诗词创作的关系,以郭沫若留日旧体诗词为本位,以"日本体验"为切入视角,通过内部文本细读与文本外部研究相结合,对日本体验与郭沫若留日旧体诗词的思想意蕴、情感内涵、艺术价值等方面进行较为系统的总结与探究,以展现更为真实、全面且立体的郭沫若日本体验下的旧体诗词创作。

该论文主要分为绪论、正文五章及结语三个部分。

绪论部分首先介绍该文的研究意义,其次从"日本与郭沫若文学创作"研究、郭沫若旧体诗词研究两个方面对相关研究现状进行梳理概括,最后介绍该文的研究方法与创新之处。

第一章主要探讨郭沫若的日本经历与日本体验。首先,作者从郭沫若的日本经历入手,将其赴日经历聚焦于三个时期,并分析郭沫若三个时期的身份转变。其次,从体验与艺术体验切入,探讨日本体验的概念。从而将视角延伸到郭沫若的日本体验,在宏观背景层面初步探寻郭沫若的日本体验与旧体诗词创作的关系。

第二章主要研究郭沫若旧体诗词中的留学生体验书写。作者聚焦于郭沫若留学日本时期,分别从爱情、文化、政治三个方面探讨其跨国爱情体验书写、异域文化体验书写及域外政治体验书写,借以勾勒出郭沫若在留学日本时期的复杂心绪与思想内涵。

第三章主要论述郭沫若旧体诗词中的流亡者体验书写。作者聚焦于郭沫若流亡日本时期,立足于这一时期的旧体诗词文本,从流亡者的民族身份认同、流亡者的家国情感冲突、异域交往的复杂心理三个方面探寻郭沫若日本体验下的情感变化与矛盾选择。

第四章主要分析郭沫若旧体诗词中的出访者体验书写。作者聚焦于郭沫若出访日本时期,运用诗词细读、诗史互证的研究方法,从中日友好的和平愿景、故地重游的即景抒怀、赠怀故友的深挚诗篇三个方面尝试还原郭沫若在出访日本时期的心灵图景。

第五章主要探寻郭沫若留日旧体诗词的艺术特色。作者从日本自然观与郭沫若泛神论、中日冲淡意境的融合、颓废与唯美倾向三个角度来探讨郭沫若留日旧体诗词的艺术旨趣与美学品格。郭沫若留日旧体诗词受到日本传统审美文化的影响，融合了日本的美学品格、人文旨趣与审美理念，形成了独具特色的艺术风格。该章侧重从郭沫若的留日旧体诗词中具体分析日本文化是如何影响郭沫若的创作风格的，又是如何在郭沫若的主观调和下形成一个包容、丰富的诗词世界。

【硕士学位论文：初中语文郭沫若作品教学研究】

著　者：张盼盼

导　师：刘恒　郭伟忠

学　校：洛阳师范学院

专　业：学科教学（语文）（专业学位）

郭沫若是继鲁迅之后，我国文化战线上的又一面光辉旗帜。他在社会活动、文学、戏剧、历史学、古文字学、文字考古和古籍整理等诸多领域，都有着不平凡的贡献。新中国成立以来，郭沫若作品一直是中学语文教材中的常选篇目。该文对郭沫若的身份以及文学创作历程进行了介绍，并对郭沫若作品入选语文教材的历史进行了梳理，探讨郭沫若作品的选文现状及教学价值，提出有效的教学策略，帮助中学生对郭沫若及其作品形成全面正确的认识，希望对中学语文郭沫若教学有所帮助。

第一章对郭沫若的多重身份进行了介绍，学生借助教材了解到的郭沫若形象较为单一，学生难以对郭沫若形成全面、正确的认识。所以该章对郭沫若教材之外的身份进行了补充。此外，还介绍了郭沫若文学创作的历程和特点，为帮助学生理解郭沫若作品奠定基础。

第二章对郭沫若作品入选中学语文教材的历史情况进行了梳理，理清增删历史，该章重点以人教社出版的语文教材为主，梳理新中国成立以来郭沫若作品入选教材的情况，同时也对其他版本教材中入选过的郭沫若作品进行了整理，以表格的形式呈现更加清晰明了的郭沫若作品入选教材的情况。

第三章对现行部编版初中语文教材中的郭沫若作品进行了选文分析，从学科价值和文化价值两个方面分析郭沫若选文的教材价值，并提出了教师在教学中要提升自身的专业素养，转变教学方式和挖掘郭沫若作品中的课程思政资源并将其融入到教学当中的教学策略。

第四章对郭沫若的作品进行教学拓展，首先探讨郭沫若作品中可以开发的资源，对教材之外的郭沫若作品加以利用，在此基础上探究郭沫若作品教学拓展的方法。主要围绕郭沫若本人和郭沫若作品两个方面进行教学拓展，力求中学生能够对郭沫若其人其作品有正确的认识，激发学生的学习兴趣。

【硕士学位论文：郭沫若旅日期间的石鼓文研究与书法创作】

著　者：孔诗雨

导　师：胡抗美

学　校：中国艺术研究院

专　业：艺术　美术（专业学位）

郭沫若（1892—1978），四川乐山人，字鼎堂，是书法史上的文人书家，同时也是一位古文字学家、考古学家、史学家、文学家，在很多领域都有所建树，曾两次渡日，第一次是公派留学；第二次是避难，也是其学术研究、知识生产的高峰期。该文着眼于分析郭沫若旅日期间的石鼓文研究与书法创作,尤其是郭沫若古文字研究背后的动机及写作过程,试图分析郭沫若在日本环境下,对于世界范围内考古大发现和汉学热的积极回应,通过阅读、译著获取最新的研究方法,思想观念的变化导致的研究方向由文学到史学,研究对象经历由古代社会、古代文献到对古文字研究的变化,与日人交往获取研究资料的情况,并分析其作为文人书家,在对书法资料的文字研究过程中的审美过程、思想观念、取法来源与书法创作实践。

绪论部分,主要阐述了该文的选题意义、国内外的研究现状和研究方法。

第一章分析了郭沫若旅日的时代背景、学术环境及其交游情况,在中国"广译日本书,大派留学生"的环境下,郭沫若东渡赴日,日本处于明治维新后的日洋结合的社会背景,考古大发现、东洋学热、兰学热的时节,这些外部环境因素对郭沫若的思想观念及学术生涯的走向产生了直接影响。

第二章阐述了郭沫若开展石鼓文研究的动因与契机,通过分析郭沫若在日本利用人脉获得资料开展了对于中国古代社会的研究,后又转变为对于中国古文字的研究。此时此地可获得的第一手资料,最具有典型性的即中国当时见不到的石鼓文北宋拓片三种,尤其是石鼓文先锋本,得自田中庆太郎和河井荃庐,是郭沫若石鼓文研究的必要条件。

第三章分析了郭沫若石鼓文研究的主要方法与内容,包括历史上的宋代的金石学、传统考据法、王国维的二重证据法、德国米海里司的美术考古学研究方法等。这些方法有些得自郭沫若少时的小学基础,也有来日本后通过读书、翻译习得。郭沫若将上述方法用于自身的古文字研究,足见其古为今用、洋为中用的研究视野,这种将现代科学与传统考据法并举的研究方法,使郭沫若的石鼓文研究有独到的成果,也为后人树立了研究框架和路径。

第四章对郭沫若在日期间的书法作品做形式分析,同时追溯其研究过程中,基于石鼓文等研究对象的学习与审美接受,对于创作体裁上以文人尺牍手稿为主,展现了其作为文人书家的深厚学养,"我手写我口"的风范,体现出浓厚的时代气息。也体现了郭沫若对于经典的学习和转译过程,从日常研究的对象中取法,创作形式上对于经典的临摹、转译与突破,展现了书法中的文本、形式、情感等的多位一体的创作情况。

结语,对郭沫若石鼓文研究中的日本契机做总结性的概括。郭沫若作为研究者,旅日是其本人的学术创作高峰;郭沫若作为书家,旅日期间以《文求堂书简》为代表的书法创作,有别于新中国成立后的"郭体",面貌多元,取法明晰,能看到郭沫若的书法学习过程,是郭沫若早期书法作品的集中体现,旅日也是其书家生涯的典型时期,旅日经历对郭沫若的学术研究与书法创作的走向都产生了直接影响。

【硕士学位论文:翻译视域下的中日革命文学交流——以郭沫若的《屈原》为例(翻訳視野における中日革命文学の交流——郭沫若の『屈原』を例とする)】

著　者:郝逍遥
导　师:郝蕊
学　校:天津师范大学
专　业:外国语言学及应用语言学

"革命文学"作为中国左翼文学运动中震耳欲聋的口号之一,长期受到中国现当代文学界的关注。郭沫若的五幕历史剧《屈原》写于革命文学盛行的1942年,在中国一经上演就引起巨大的轰动和影响，它为我国抗日提供了强大的文化武器。在短短的十年后，这部用于鼓舞中国人民抗日热情的文学作品竟然就被日本著名评论家须田祯一译成日文，而且，最不可思议的是截至1972年，累计演出500余场，场次远远超过了中国。想要探究这个现象背后的原因以及《屈原》这部革命文学作品上演后给日本社会带来什么样积极的影响，作者带着这样的疑问选择了该论文题目。

该文运用多元系统理论尝试探索了五幕剧《屈原》的创作成因，在厘清了《屈原》成书、日译、在日传播的脉络后，呈现在笔者眼前的是一条清晰的中日革命文学交流路径，这一个案更是中国文学海外传播的典范，诚然，也验证了多元系统理论在翻译研究领域的指导意义。该文共分四个部分。

第一部分介绍郭沫若和历史剧《屈原》的内容。从中国革命文学来说，郭沫若作为中国文坛占有重要地位的人物，他的影响不可忽视。

第二部分以《屈原》在日本的两次大型公演为中心，整理了其上演契机与上演后在日本产生的影响。

第三部分详细分析在翻译视域下利用多元系统理论论述历史剧《屈原》的创作成因以及《屈原》在日本的受容。

第四部分梳理了以郭沫若的历史剧《屈原》为代表的中日革命文学的交流。挖掘《屈原》剧本的诞生和日本革命文学的联系。

【硕士学位论文：论《棠棣之花》四十年代的写作与演出】

著　者：刘蓉
导　师：廖久明
学　校：西南大学
专　业：中国现当代文学

郭沫若作为现代文学研究不可忽视的一代大师，其诗歌成就令人赞叹。除诗人身份之外，作为戏剧家的郭沫若同样留下了许多脍炙人口的作品，如《屈原》《虎符》《高渐离》等。作为郭沫若大型史剧的第一部，《棠棣之花》或许远不如其他几部剧作有名，但它也有着自己独特的光芒。

五幕史剧《棠棣之花》是郭沫若在参考《史记》《战国策》《竹书纪年》等史书记载的基础上创作的一部重要剧作，全剧分为"聂母墓前""濮阳桥畔""东孟之会""濮阳桥畔""十字街头"五幕。作品塑造了聂政、聂嫈、酒家女春姑等一系列光彩照人的艺术形象，歌颂了"主张团结，反对分裂""士为知己者死"的崇高主题，具有较高的戏剧性与艺术性。剧作自1941年作为"寿郭"运动的重要节目在重庆首次亮相后，一直受到广大观众的热烈欢迎，尽管此后剧坛上涌现出了许多优秀作品，但《棠棣之花》依然保持着较高的上演率。究其原因，除却剧作本身的艺术魅力之外，更与当时的社会环境密不可分。

《棠棣之花》自1920年双十节在《时事新报》的《学灯》增刊上首次发表到1941年搬上舞台，其创作时间绵亘20余年。其中，1941年的修改为整个剧的定型及演出提供了剧本保障，在整个剧本创作过程中至关重要。论文以剧本1941年的修改为切入口，将作品放到整个20世纪40年代的大环境中加以考察，力求从社会政治文化语境与作者个人角度两个方面出发，探讨促使郭沫若对《棠棣之花》进行此次修改的重要原因，进而关注作品在剧本成型后走向剧场所呈现的演出风貌；其次是对作品何以在20世纪40年代受到观众的欢迎展开论述，借此呈现郭沫若大型史剧创作的另一个切面。

除了绪论与结语外，论文共分三章。绪

论部分主要介绍《棠棣之花》的写作概况及研究现状进而阐发研究空间，随之说明该论文的研究意义并简要概述行文思路。第一章从文艺大环境、作者职务及艺术主张的转变、个人创作实践等方面入手，分析促成《棠棣之花》1941年剧本定型的深层原因。第二章细致梳理《棠棣之花》20世纪40年代的演出情况，主要以该剧1941年在"寿郭"运动中的首次亮相、昆明和成都的大后方演出、以汉口和上海为中心的演出高潮以及陕西和柳州的演出等几次集中上演为中心，从相关报道、剧评入手，力图呈现剧作在20世纪40年代的演出风貌。第三章从观众基础、剧团运作模式、剧作艺术魅力等方面切入，探讨作品何以能从剧本走向剧场并获得成功。

通过对《棠棣之花》20世纪40年代的写作情况进行考察以及对演出情况加以梳理，可以呈现《棠棣之花》的一个剪影，进而透视郭沫若作为一个文人在民族国家立场下所做出的选择。

【硕士学位论文：中国现代文学思潮中的屈原形象建构】

著　者：张艳
导　师：邵宁宁
学　校：海南师范大学
专　业：中国现当代文学

在中国现代文学的诞生和发展过程中，一方面是"反传统"的旗帜不时被举起，另一方面是"传统"也时而成为现代文学召唤的对象。而"屈原"作为传统的一个"文化符号"，他在现代文学思潮中的形象建构，不但呈现出学术、文化和政治等多重面相彼此交叠的状态，而且清晰地折射出了现代文学与传统之间复杂多变的关系，同时蕴含着丰富的现实意味。该文将以屈原形象的建构为焦点，梳理中国现代文学思潮中屈原形象所经历的一系列变换及其变换背后的深层动机。

20世纪初叶到"九一八"事变之前，在启蒙与救亡两大时代主题的相互碰撞、纠缠中，启蒙主义思潮和民族主义思潮纷纷将"屈原"作为宣传的"工具"，选择屈原形象的不同侧面建构出迥然不同的屈原形象。具体来说，启蒙话语一方面将屈原视为传统纲常名教的符号进行严词批判，另一方面又将屈原塑造成个人主义的先驱并给予毫不吝啬的赞美。民族主义话语则随着民族国家安危越来越迫切逐渐成为构建屈原形象的主流话语，不仅是悄然将"忠君"置换成"爱国"，而且诸多早期注重屈原个人的、文学的层面价值的塑造也都转向了民族国家的、政治层面的价值塑造。

20世纪40年代诗人节无疑是现代文学史上有关屈原言说的高潮，"屈原"转而成为了身份认同和民族认同的"途径"。战火的蔓延迫使知识分子们对自身身份的定位顺应着环境做出调整，他们共同建构出诗人节这样一种回忆文化的方式，在想象中建构自我形象。而通过突出屈原民族文化英雄的身份，"更新"端午节内在文化意蕴的同时又达到了增强民族认同感，增强抗战信心与决心的目的。值得注意的是，在诗人节的"众声喧哗"中，屈原的形象呈现出了诸多面相，还出现了屈原到底是"民族英雄"还是"文学弄臣"等诸多争论。

郭沫若在20世纪40年代对屈原形象的塑造经历了一系列颇具意味的变换。"屈原"作为其批判社会的"武器"，他依据不同时期的现实需要选择塑造并突出了屈原形象的不同侧面，并先后呈现出"爱国诗人"、"民族诗人"、"革命诗人"和"人民诗人"等形象。而郭沫若有关屈原的研究和历史剧《屈原》的创作之间也存在着双向互动。历史剧

《屈原》对屈原形象的建构呈现出了"传统化"与"现代化"、"学术化"与"虚构化"相互交织的特征。

闻一多秉持着文化国家主义的思想，力图从中国传统文化中寻找现代民族国家建构的思想资源。同时，他还从五四的遗产中继承了对个人主义的张扬和对民间文学的重视与挖掘。而这些思想正融汇于他对屈原形象的阐发之中。闻一多不但凸显屈原的"孤高与激烈"而否认用"爱国"来定义屈原，而且坚持从个人价值层面和作为被统治者的人民层面来阐释屈原的"人民诗人"身份。而《〈九歌〉古歌舞剧悬解》不仅是他将《九歌》研究成果投入创作中实践的典范，更是他为"恢复人民艺术本来面目"做出的切实努力。

【硕士学位论文：体验式教学法在初中现代诗歌教学中的应用研究】

著　者：李佳
导　师：邢军
学　校：辽宁师范大学
专　业：教育硕士（专业学位）

现代诗歌用通俗易懂的白话文抒写出更贴近现代人生活与情感、审美价值取向的文辞。它映射了人们期望的理想世界，彰显了新时代的精神风貌，成为了新时代青年人精神上的指路明灯，具有独特的音乐美、形式美、意境美、情感美等。目前，在中高考的压力下，现代诗歌部分的教学往往被师生忽视，处于边缘化状态。在《义务教育语文课程标准》（2011版）中，"体验"一词出现次数高达17次。可见，以"体验"为核心的体验式教学备受关注。体验式教学体现了初中生身心发展的规律，重视教学中的认知发展价值，丰富了学生生命体验，符合语文课程工具性与人文性的统一。

该文从体验式教学出发，以现代诗歌为研究文体，立足于初中现代诗歌教学的现状，针对现代诗歌教学中存在的学生缺失体验的现象，探讨了现代诗歌体验式教学的实施策略。该文主要研究内容如下：

第一部分，主要围绕体验式教学进行了详细概述。首先对体验、体验式教学、现代诗歌体验式教学这三个核心概念进行了界定。其次探讨了现代诗歌体验式教学的理论基础和特征。

第二部分，探究体验式教学法运用于现代诗歌教学中的必要性和可行性。该部分先对部编本初中语文教材中出现的现代诗歌篇目从数量、空间、体裁和题材进行了分类与归纳。一方面，从现代诗歌体验式教学在教学、育人中的重要性以及在实际现代诗歌教学过程中的价值这两个角度探讨了现代诗歌体验式教学的必要性。另一方面，从中学生学习特点、现代诗歌文体特征、新课程改革学习方式这三个层次阐述了现代诗歌体验式教学的可行性，为该文的研究提供了理论基础。

第三部分，探讨现代诗歌体验式教学现存问题。该部分通过问卷调查和访谈结果了解现代诗歌体验式教学的困境，针对存在的困境及原因进行论述。

第四部分，探讨现代诗歌体验式教学的实施策略。该部分主要针对现代诗歌体验式教学存在的困境，从宏观上提出教学策略，主要从唤醒体验、深化体验和生成体验这三个方面展开论述，让体验式教学在现代诗歌课堂上发挥应有的作用。

第五部分，探讨体验式教学在现代诗歌教学中的分析及课后反馈。该部分主要选取了郭沫若先生的《天上的街市》进行课例分析，并进行教学反思，总结现代诗歌体验式教学的有效性。

【硕士学位论文：多元智能理论视域下的初中语文中国新诗教学研究】

著　　者：王露甜
导　　师：王桂荣
学　　校：辽宁师范大学
专　　业：教育硕士（专业学位）

中国新诗继承了中国古典诗歌的意境，兼具外国诗歌的自由，以一种独特的美感传播新思想，展现新生活，对于提高青少年的语文素养乃至建立其世界观起着重要作用。新诗教学也成为初中语文教学中必不可少的一个板块。

该文从盘锦市兴隆台区康桥学校入手，对学生和语文教师进行问卷调查和访谈。笔者结合相关教学案例及自身教学实际，对初中新诗教学进行探索，在多元智能理论的指导下提出了相应策略，以期对初中语文教学实践中新诗类文体有所帮助。

该文主要从以下几个方面进行论述。

引言部分对论文的研究对象——中国新诗的相关概念进行了界定，阐述了该论文的研究缘起，该论题的研究综述以及研究价值：激发文学兴趣，丰富情感体验；培养审美情趣，塑造正确价值观；提升鉴赏能力，启迪理性思维。

正文第一章首先从智力的结构、智力的本质、启发智力的教学方式三方面阐明了初中语文新诗教学研究的理论基础——加德纳的多元智能理论。其次分析了新诗的特点：语言高度凝练，形式自由；风格各异，内涵开放；意象经营重于修辞。最后论述了二者的关联性：新诗意蕴深厚；新诗形式的含蓄内敛；新诗主要培养言语语言智力。

第二章探讨目前初中语文新诗教学存在的问题及原因。作者对兴隆台区康桥学校的语文教师和学生分别进行了对话访谈和问卷调查，将统计结果进行整理得出教学实践中的现存问题：学生对中国新诗学习兴趣不够浓烈；学生对中国新诗理解能力有待加强；中国新诗教学课堂效率低；语文教师未将新诗教学评价落到实处。并对其进行了归因分析：新诗教学没有为学生创设良好的学习环境；教师教学对新诗的内蕴把握缺少深度；课堂教学忽视了学生的主体性；教学评价单一化。

第三章论述多元智能理论视域下的初中语文新诗教学的实施策略。创造适宜环境，激发学生学习兴趣；聚焦多项智能，提升学生鉴赏能力；挖掘潜在智能，打造高效新诗课堂；立足个体差异，实施多元评价战略。

作者在教学实践中，运用以上策略执教了郭沫若的《天上的街市》，并将课堂实录记在了附录C中。

【硕士学位论文：郭沫若创造性气质论】

著　　者：周倩
导　　师：古世仓
学　　校：兰州大学
专　　业：中国现当代文学

郭沫若作为中国现代文学史上富有独创性的诗人与戏剧家，在文学创作的实践经历中充分彰显出开创者的意识，作品文本中饱含创造性的激情，蕴含破旧立新的理念。这种气质与郭沫若的艺术思维、文化心理乃至深层精神结构紧密联系，是探求郭沫若艺术创作规律中深层制约机制的有效路径，也在奠定郭沫若文学创作的文学史价值这一方面起到了根本性作用。

论文从时代社会背景、地域文化、家庭构成、求学经历等诸多方面探寻影响郭沫若创造型人格塑造的复杂多元因素。贯通郭沫若一生的文学探索与追求历程，以"叛逆者""漂泊者""先觉者"三种身份标识为核心，考察郭沫若创造性气质中典范性与典型性的统一、批判性与建设性的统一、独立性与顺应性的统一。

作为降生于20世纪这一"再生时代"的"天生的反逆者"，郭沫若在打破传统的时代精神号召下，养成叛逆出格、挑战权威、蔑视偶像的性格特点。他以英雄的塑成来释放抗争与破坏的伟大力量，以女神的精神符号承载反叛与创造、破坏与新生的生命意义，为现代中国的思想文化注入崭新鲜活的精神能量。

在决绝的叛逆意识驱动下，郭沫若在现实与精神层面进行了双重的层层突围与出走，否定并突破一个又一个"世界"，历经"父辈""师长""兄长"三大偶像的树立与破坏，成为时代、环境、自我的突围者，在人生不同阶段始终以日日自新的自我建构机制勇立时代潮流最前端。同时又在突围出走之后处于否定来处、失去归所的漂泊状态，以"游子"身份在异域建构起现代主体意义上的作家自我，在文学内部不断试验、曲折探求的历程中，致力于寻找、重建精神原乡的理想诉求。

身为时代的先觉者，现代知识分子在思想革新与社会转型中寻求身份认同、实现自我价值，自觉肩负启蒙与救亡的历史使命。这意味着他们将直接经受宏大的历史背景所决定的现实压力，自我的发展往往受到历史局限性的处处限制，因此陷入文学创作的二元矛盾困境。在宏大的时代背景下，郭沫若所形成的创造性气质既具有开创性，成就了他的文学创作，又具有限定性，对他的创作形成限制。诗歌、历史剧、小说三种体裁的成就与缺憾，显示出郭沫若作为一个未能自我完成的"创造者"在文学道路发展中的局限性。根据郭沫若的文学创作实绩与读者接受，论文能够论证文学史的经典和文学的经典之间的相关性与区别性，进而对文学史经典的形成机制与文学经典的构成状况，以及郭沫若真正的文学价值与定位进行探讨。

【博士学位论文：中国戏曲传统与郭沫若历史剧的民族形式】

著　者：宋宁
导　师：魏建
学　校：山东师范大学
专　业：中国现代文学

郭沫若历史剧是通过对中国戏曲传统的再发现和重构，创造性转化而成的具有民族形式的现代戏剧。以往研究者大多简单地比较郭沫若历史剧和中国戏曲，泛泛而谈所谓的"影响"。然而，一方面，不可以视中国戏曲传统为统一的整体，因为中国戏曲有着漫长的发展过程和不同发展阶段，有着多种艺术的源流和形态。概括地说，郭沫若高度评价和汲取了元杂剧的文学性，而对于京剧为代表的地方戏，则主要借鉴其剧场性。另一方面，传统是"发明"出来的，现代作家对传统的接受和借鉴都经过了再发现和重构。该文全面探讨郭沫若如何认知和创造性转化中国戏曲传统，如何建构具有民族形式的历史剧，从而揭示其艺术内部机制和建构过程。

郭沫若对于中国戏曲的认识和态度的变化，首先与20世纪上半叶中国的文艺运动密切相关。郭沫若接受了晚清和五四两次戏剧改良运动的基本观念，但与新文化运动主流不同，他对于中国传统文化一直保持着积极态度。在20世纪30年代文艺大众化运动初期，郭沫若参与其中，开始认同新文艺可以借鉴旧戏，促进大众化。在抗战时期文学的民族形式讨论中，郭沫若建构了系统的相关理论，主张新文学借鉴民间形式，弥补自身缺陷，创造文学的民族形式。其次，郭沫若对于中国戏曲传统有着独特的再发现过程。在20世纪20年代，他曾经改编《西厢记》，并与西方戏剧进行比较，一度得出"中国剧曲在文学构成上优于西洋歌剧"的结论。再次，郭沫若在话剧创作实践中，不断修正对于中国戏曲传统的认识和转化方式。早期作品的诗剧、剧曲、戏曲等命名的混乱，也反映出他在中西戏剧比较视野中初创现代戏剧时不同观念的冲突和实验。

除了西方诗剧的影响，郭沫若历史剧所呈现出的强烈抒情性，还与中国戏曲的抒情传统有着密切联系。比如在郭沫若历史剧中为人所称道的抒情独白，并非单纯地运用西方戏剧中的独白艺术，而是中西抒情传统的相互激发而成，是郭沫若长期实验的"剧中曲"的变体。郭沫若历史剧中的"剧中曲"，经历了一个逐步成熟的过程，从表达戏剧主题，烘托故事氛围，营造特定意境，最终成为表现人物内心世界和塑造人物性格的重要艺术手法。在《三个叛逆的女性》中，郭沫若用现代思想改编古代传奇故事，承续古代戏曲的"写意"，同时运用西方浪漫主义戏剧手法，但两者并不能很好地融合。从《棠棣之花》开始，"剧中曲"在郭沫若历史剧中逐渐成熟，并演化出"配乐诵"和"吟"等变体。郭沫若对于中国戏曲传统的创造性转化，促进了历史剧台词艺术的发展，使话剧适应本土观众审美，在中国社会"落地生根"。"剧中曲"及其多种变体，可以说是郭沫若历史剧民族形式的一种创造，是在历史剧抒情美学上的一种成功探索。

对于中国戏曲中有无悲剧这一问题，晚清以来争论不断。值得反思的是，由于民族文化心理和文学传统的不同，以西方悲剧观照中国戏曲往往看到艺术缺陷及其背后的所谓"乐天"精神和国民性问题，而套用西方悲剧模式来创作话剧也注定得不到中国观众的认可。郭沫若历史剧取材古代史实和故事，这些题材往往携带着中国历史文化的悲情底蕴，而他把戏曲传统中"冤"的悲情进行了现代性转化，逐渐建构了历史剧的悲剧艺术，乃至创作出优秀的历史悲剧。历史剧《屈原》中被陷害、受辱而癫狂的"民族诗人"屈原形象获得抗战时期观众的同情和认可，说明郭沫若成功地把"忠君"的传统道德伦理转化为"爱国"的现代民族国家伦理，但剧作的悲剧性仍建立在忠臣受冤屈的情感结构上，并且显豁的政治寓意也使得悲剧效果具有时效性。而在历史剧《孔雀胆》中，郭沫若把戏曲传统中忠臣蒙冤、女子为爱牺牲的悲情与西方英雄悲剧、马克思主义悲剧观熔为一炉，既契合民族文化心理，又突破传统戏曲的"大团圆"结局。因而，《孔雀胆》在战后仍深受观众喜欢，具有强烈而持久的悲剧艺术魅力。

郭沫若在20世纪40年代提出"古今共通"与"失事求似"的创作方法，从而保证历史剧具有良好演出效果的"剧场性"。历史剧《虎符》的创作与修改，生动地说明如何面向时代选取具有"古今共通"效果的语言，如何达到"古语"与"今语"的动态平衡，营造历史剧的"古代的幻象"。而《高渐离》中多次改变秦始皇、赵高等人的形象，同样是为了在不同历史时期取得最好的剧场效果。因为，秦始皇、赵高等人如同京剧等地方戏中的"丑角"，只要传达出"古今共通"的时代精神，这些"丑角"的具体表现可以完全改变，属于"失事求似"中可以"失"的部分。郭沫若的创作实践表明，历史剧的"古代的幻象"，可以通过"古今共通"的历史剧语言等方式来营造，也可以通过剧中的反面人物或者丑角来打破，与观众互动。而两者的目的是一致的：既要实现时代精神的"古今共通"，又能取得艺术上的剧场性。

中国戏曲中历史故事戏可谓数量庞大，帝王将相则是戏中的主要人物。郭沫若有意识地尝试将人民本位这一思想投射到历史人物身上，用人民性过滤掉诸如忠君等封建意识，建构出具有现代意识的历史剧。1943年历史剧《南冠草》的创作显露出郭沫若的思想动向，这启发我们重新思考郭沫若"人民本位"文艺观的提出过程和话语特征。郭沫若以"人民本位"为标准，重新评价了传统士大夫精神在整个中国文化中的地位和价值。他不仅把夏完淳放在顾炎武、王夫之、李岩等明末清初的同时代士大夫阶层中，而且梳理了整个封建社会中士大夫阶层的精神谱系，进行整体性反思。郭沫若在《蔡文姬》《武则天》中为曹操、武则天"翻案"，曹操、武则天本属于帝王身份，却被塑造成具有"人民本位"思想的形象，因而没有得到普遍的认可。但不可否认，郭沫若的"人民本位"文艺观对于历史剧乃至古代历史题材作品具有较强的适用性。

总之，郭沫若通过重新认识和转化中国戏曲传统，成功地建构了历史剧的民族形式。他创作的历史剧，尤其是六部抗战历史剧，反映现实生活，与时代精神发生共振，是中国新文学重要的收获；而且克服了新文学发展初期的弊端，为大众喜闻乐见，得到了观众的认可。郭沫若的历史剧在抒情性、悲剧性和剧场性方面，既具有中国气派，又符合现代戏剧的规范，称得上具有民族形式的历史剧经典。

活动展览

"甲申三百年祭——反腐倡廉话甲申"主题展览在甘肃武威巡展

胡 淼

初秋八月，金风送爽。"甲申三百年祭——反腐倡廉话甲申"主题展览在甘肃武威巡展。展览由中国社会科学院古代史研究所主办，郭沫若纪念馆和武威市凉州文化研究院共同承办。

2022年8月21日，巡展开幕式在武威市委党校举行。中国社会科学院古代史研究所所长卜宪群，副所长邬文玲，武威市委书记柳鹏，市委副书记、市长王国斌，市委副书记、市委政法委书记曾国俊出席开幕式并参观展览，市委常委、市委秘书长李宏伟主持开展式，副市长陆世平参加开幕式。

图1 中国社会科学院古代史研究所所长卜宪群；武威市委书记柳鹏，市委副书记、市长王国斌等参观展览

郭沫若纪念馆副馆长刘曦光介绍了巡展相关情况。中国社会科学院古代史研究所、郭沫若纪念馆专家学者、武威市直相关部门负责同志30多人参观展览。

该展览分为"居安思危 温故知新""以史为鉴 可知兴替""经典长传 历久弥新"三个部分，展出了经郭沫若亲笔录入的《明史·李自成传》《剿闯小史》《明季北略》等史籍手稿，及《甲申三百年祭》历年版本书等大量馆藏珍贵文物图片和资料。

观今宜鉴古，无古不成今。通过郭沫若纪念馆馆藏文物的图片展，讲述郭沫若创作《甲申三百年祭》的故事，回顾明朝和明末农民起义人亡政息的历史教训，传承郭老优秀的思想和文化遗产，对于永葆党的先进性和纯洁性、开创中国特色社会主义事业新局面，具有十分重要的现实意义。

当天下午，郭沫若纪念馆研究室副主任、研究员李斌为武威市文化系统干部作题为"关于郭沫若的党籍与党龄"的专题讲座。凉州文化研究院副院长席晓喆主持。

8+ 名人故居纪念馆联盟 2022 年活动展览

徐 萌　王润泽

　　8+ 名人故居纪念馆联盟产生于 2000 年，是宋庆龄故居、李大钊故居、北京鲁迅博物馆、郭沫若纪念馆、茅盾故居、老舍纪念馆、徐悲鸿纪念馆、梅兰芳纪念馆八家名人故居凝聚力量，整合资源，挖掘优势，相互连接的产物。之后又有李四光纪念馆、詹天佑纪念馆、天津李叔同故居纪念馆、天津梁启超故居纪念馆、青岛康有为故居纪念馆、红线女艺术中心、广州鲁迅纪念馆、重庆郭沫若纪念馆、乐山郭沫若纪念馆、桐乡市茅盾纪念馆、泰州梅兰芳纪念馆加入。从最初的"八家"变成"8+"，联盟成员分属全国 8 地，包括 14 位名人的 19 家故居纪念馆，连接京津冀、长三角、珠三角地区。

　　8+ 联盟紧扣时代脉搏确定主题，在国内外不间断开展主题展览、出版、讲座、演出等文化活动，弘扬以 8+ 名人为代表的中华名人精神，展现他们实现中华民族伟大复兴的不懈追求。由于活动主题鲜明，形式灵活多样，引起了社会各界的广泛互动和反响，长期以来被誉为"博物馆界的乌兰牧骑"。

图 1　特展在徐悲鸿纪念馆

一 "开启新征程　博物馆的力量——文化名人与时代同行"特展

　　这是一个关于"力量"的展览，这力量来自一批胸怀救国救民、实现中华民族伟大复兴理想信念的时代先行者。他们无私奉献、追求真理、自强不息，创造的不朽业绩最终汇聚为推动中华民族不断前行的伟大精神力量延续至今。

　　篇章：通过"力量·追寻""力量·创作""力量·保护""力量·传承"四个篇章，生动呈现这 14 位文化名人在时代洪流中所展示的精神能量。

展品：展览中汇聚14家名人故居具有代表性的重要展品109件套，其中不乏珍贵文物，有的展品为首次对公众展出。

影像：展览中观众可观赏到名人的珍贵影像资料。

研究成果与文创：展览中集结了众多名人故居近年来取得的卓越科研成果与极具特色的文创产品。

展览地：

2022年5月	北京	徐悲鸿纪念馆
2022年8月	宁夏彭阳	彭阳县博物馆
2022年11月	海南文昌	文昌华侨城宋氏祖居
2022年11月	广西贺州	贺州学院

二 8+名人故居纪念馆联盟年度巡展

8+联盟2022年度主题巡展"梦想之志 力量之源——文化名人与名作"以图片展的方式进入社区、校园、乡村、企事业单位，发挥"博物馆界的乌兰牧骑"作用，服务社会的文化需求。

图2 巡展在密云博物馆

三 参加中国国际服务贸易交易会

2022年中国国际服务贸易交易会（以下简称服贸会）8月31日至9月5日在国家会议中心和首钢园举办。在服贸会上，8+名人故居纪念馆联盟展台征集展出了19家名人故居纪念馆近百件文创展品。除了琳琅满目的文博文创产品，展区还特别准备了一系列文创互动体验活动和各具特色的艺术展演，在为期 5 天的服贸会公众开放日内，8+ 联盟展台共推出了 4 场活动。

图 3　8+ 名人故居纪念馆联盟展台

郭沫若纪念馆
馆藏资料

1941年纪念郭沫若五十寿辰暨创作生活廿五周年贺词贺诗选编（三）

【编者按】

　　1941年11月，重庆、延安、成都、桂林、昆明、香港等地的文化界及各党派人士分别举行了"庆祝郭沫若五十寿辰暨创作生活廿五周年"活动，重庆的庆祝活动由周恩来、冯玉祥、孙科、黄炎培、沈钧儒等100多人联合发起。郭沫若纪念馆藏有多位名人的贺词、贺诗，本卷从中选取3篇予以公布。

沫若先生五秩大庆[*]

冯玉祥[**]

沫若先生是一面灿烂的大旗，
您招展着竖立在中国新文艺的园地。
您曾带给中国以北欧的暴风狂雨，
将窒息的封建文化扫荡洗涤。
您的热情如熊熊的烈火，
您的一枝大笔多么酣畅淋漓。
北伐时代您作了一位号鼓手，
您的声音大如霹雳。
您含辛茹苦从事于古史的研究，
几本巨著打破了世人多少谜。
神圣抗战把您召回祖国，
您是公私分明，有国家没有自己。
一贯的精神，
不拔的坚毅。
您是革命急先锋，
始终为了国家民族而努力。
而今祖国方在起死回生的途中，
您的奋斗已经有二十五的勋绩。
但您还只是一位壮年的小伙子，
因为我看您定会活二百岁年纪。
绿水长流山不老，
您的热力如晨曦。
努力呀努力，

---

[*] 此诗发表于《时事新报》1941年11月11日，题为《寿沫若先生》。手迹中"因为我看您定会活二百岁年纪"，发表时作"因为我看你定会活一百岁年纪"。

[**] 冯玉祥（1882—1948），字焕章，安徽巢县人，爱国将领。早年从军，1924年发动北京政变，将所部改编为国民军。1926年响应北伐，任国民革命军第二集团军总司令。九·一八事变后力主抗日，全面抗战时期任国民政府军事委员会副委员长，积极从事抗日活动。1948年响应中国共产党号召回国参加中国人民政治协商会议，途中因轮船失火遇难。

争取光荣的胜利
多赖着您。
新中国文化开花结果
多赖着您。
您的汗是为正义而流,
您的血是为真理而滴。
您是钢铁的汉子,
您是灿烂的大旗。

冯玉祥敬祝

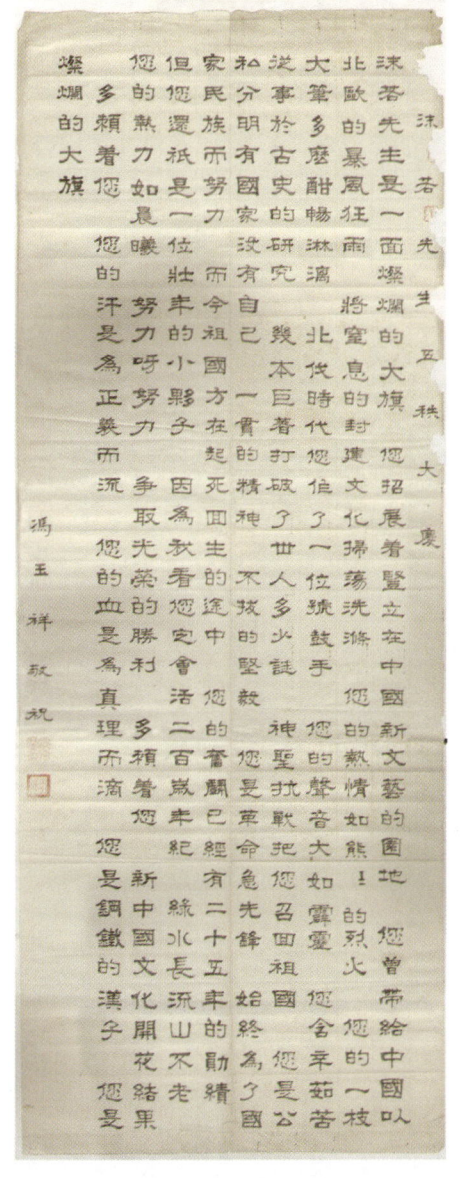

图1　冯玉祥《沫若先生五秩大庆》手迹

孩子剧团献诗*

孩子剧团

郭先生：

孩子们的爸爸呀！
数十年来，
你不辞劳苦，
为民族，
为国家，
为着孩子们幸福的将来，
奔走呼号。

数十年来，
你的声音，
你的笔杆，
曾撕烂了假好人的心，
打死了社会的蛀虫；
也曾激动起无数人的心，
更教育了你后一代孩子们，
在艰险的路上要更加坚定，
为着我们幸福的将来只有努力
前进。

正直的爸爸，
刚强的爸爸，
勇敢的爸爸，
坚苦的爸爸，
慈爱的爸爸呀！
在你——

---

* 题目为编者所加。1937年9月，在中国共产党领导下，孩子剧团成立于上海，成员是难民收容所里的少年儿童，他们开展了一系列的演唱、演戏等抗日宣传活动。1942年9月，孩子剧团遭到国民党当局"改组"，团员们逐步撤出剧团。

五十寿辰，
廿五年创作纪念的今天，
我们带着欢乐诚挚的心，
祝你永远健康快乐，
再加
一个五十年，
二个五十年，
带着你的孩子们走向"乐园"！

郭沫若先生五十寿辰、创作二十五周年纪念
孩子剧团敬献 三十年十一月十六日

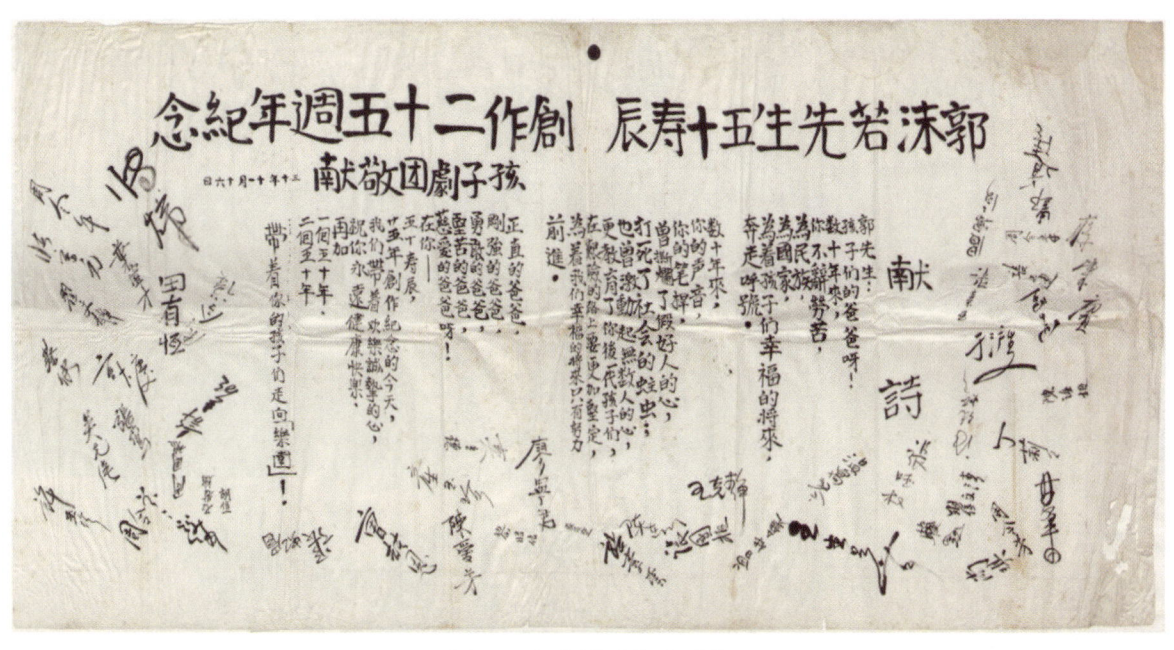

图1 孩子剧团献诗手迹

张志让祝诗 *

张志让 **

铁板铜琶碧玉箫，廿年往事诉今朝。
云生风起东南角，突涌珠江革命潮。

辅佐元戎事讨惩，昔今一例著勋能。
檄成灯下千军发，声吼台前万众兴。

持节当年事可寻，樱花沾水泪沾襟。
四瞻故国沧波阔，驰骋萦回万里心。

家国兴亡生死争，全民合力见精诚。
从今应更勤诛伐，一扫寰区贼寇清。

民国三十年十一月沫若先生创作生活廿五周年纪念，时值抗战建国迈步前进之际，勉成俚句以祝将来。

张志让敬祝

---

* 题目为编者所加。

** 张志让（1893—1978），字季龙，江苏武进人，法学家、法学教育家。1936年，为营救爱国人士沈钧儒等"七君子"，担任辩护律师，同国民党当局进行针锋相对的斗争。新中国成立后，1951年任最高人民法院副院长。

郭沫若的藏书：郭沫若藏《管子》

1953年至1955年，在公务繁忙之余，郭沫若耗费两年时间完成《管子集校》，凡130万字，是当时最为完善的《管子》汇校本。这项工作以许维遹、闻一多的《管子校释》为基础，参考了所有可及的《管子》版本，经过校订原文、标点、誊录，在冯友兰、余冠英等人分别帮助校阅后，由郭沫若再作总校。郭沫若谓此书"虽有种种疵病，然于历来《管子》校勘工作，已为之作一初步总结"。

郭沫若纪念馆藏有郭沫若使用过的多种《管子》，以下是其中较为珍贵的版本。

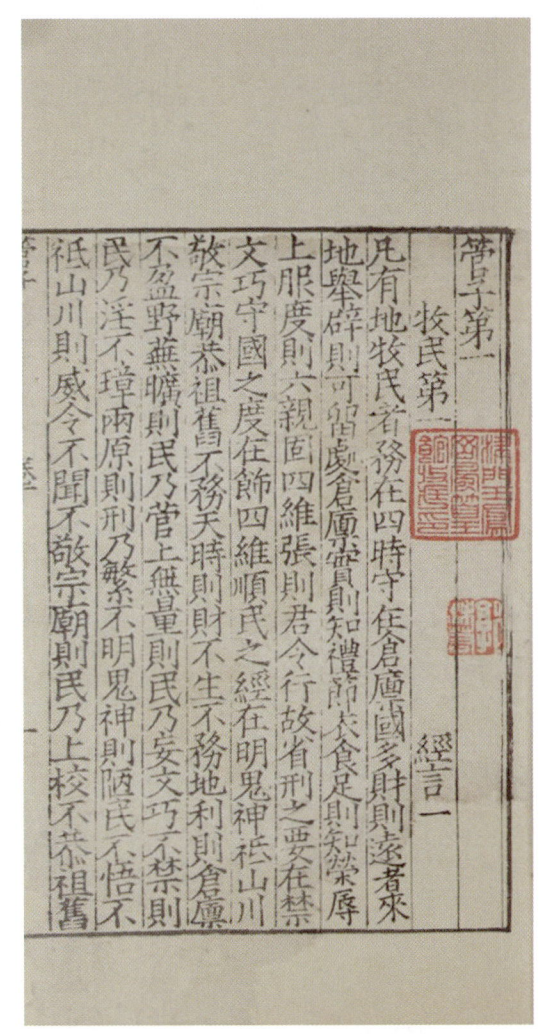

图1 管子二十四卷 明刻十行无注本

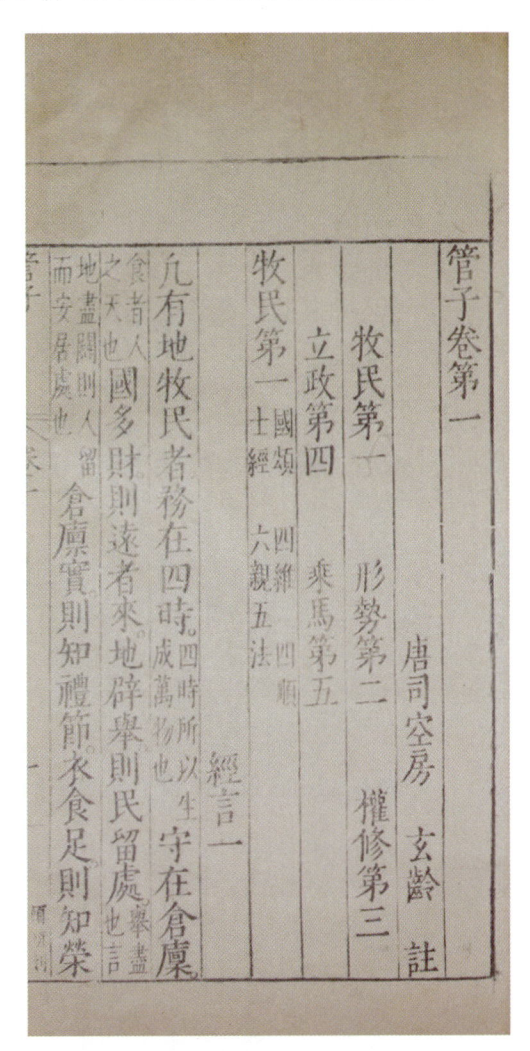

图2 管子二十四卷
明万历十年（1582）赵用贤刻本

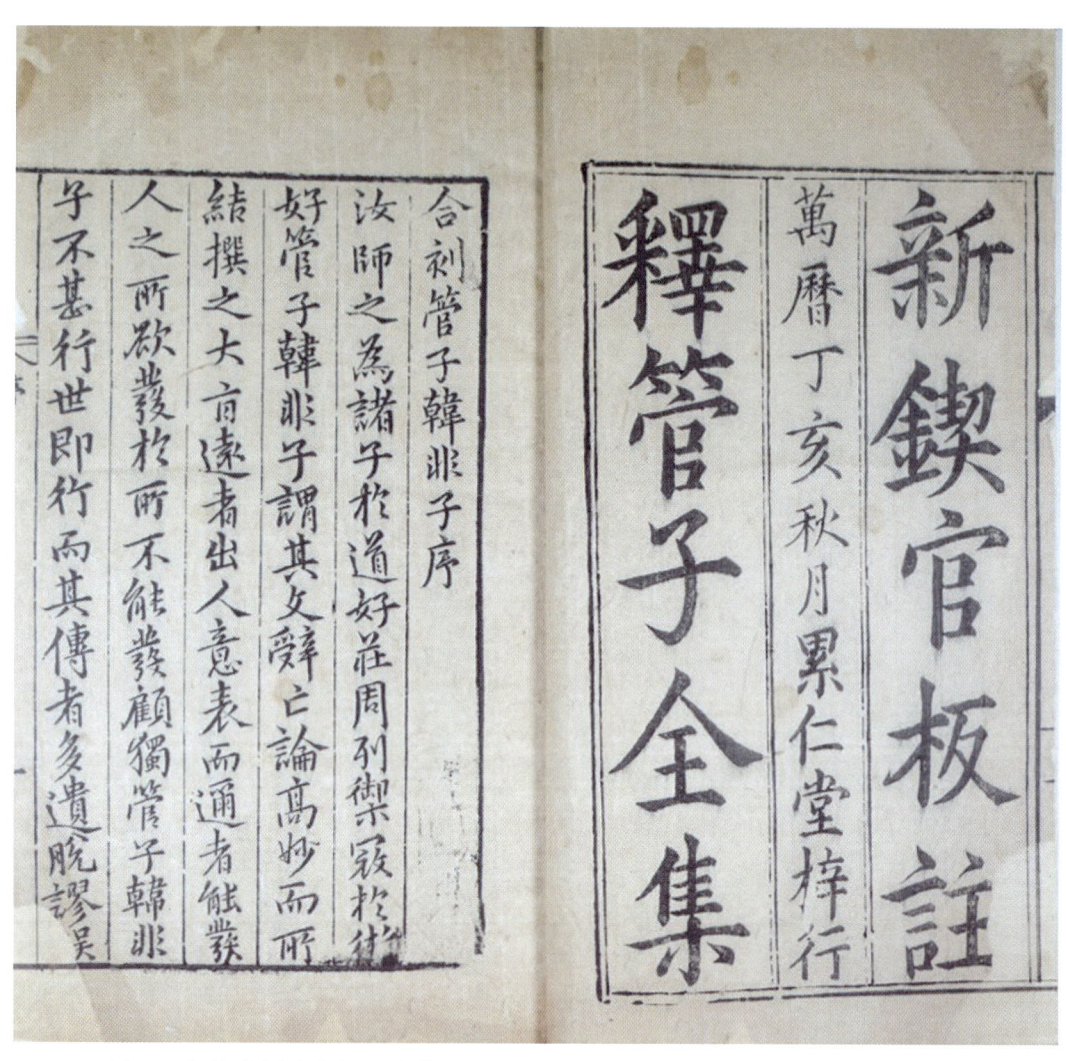

图 3　新锲官板注释管子全集二十四卷　明万历十五年（1587）累仁堂刻本

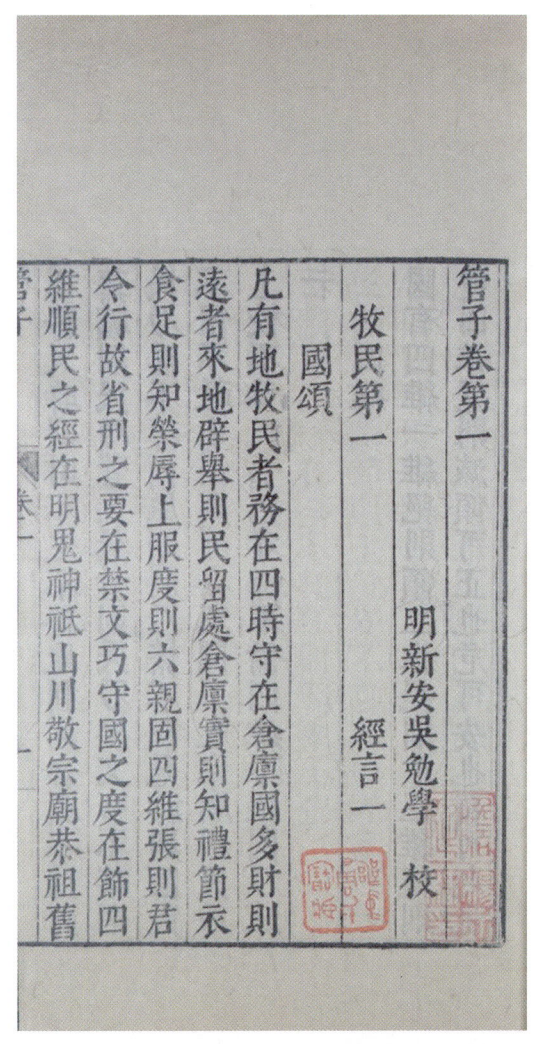

图 4　管子二十四卷　明万历（1573-1620）吴勉学刻本

（王静　整理）

2022年郭沫若研究资料索引

（一）著作

女神 [M]/ 郭沫若著 // 北京：高等教育出版社，2022

平等·多元·包容——2020年"8+"名人故居纪念馆活动纪实 [M]/ 赵笑洁，王红英编 // 北京：中国社会科学出版社，2022

郭沫若研究总第17辑 [M]/ 赵笑洁，蔡震主编 // 北京：社会科学文献出版社，2022

郭沫若学术述论 / 中国社会科学院老年学者文库 [M]/ 谢保成著 // 北京：社会科学文献出版社，2022

甲申三百年祭 [M]/ 郭沫若著 // 北京：国家行政学院出版社，2022

中小学生阅读指导丛书屈原 [M]/ 郭沫若著；朱永新总主编 // 海口：南方出版社，2022

战争与和平（第1卷）[M]/ [俄]列夫·托尔斯泰著；郭沫若，高地译 // 北京：生活·读书·新知三联书店，2022

战争与和平（第2卷）[M]/ [俄]列夫·托尔斯泰著；郭沫若，高地译 // 北京：生活·读书·新知三联书店，2022

战争与和平（第3卷）[M]/ [俄]列夫·托尔斯泰著；郭沫若，高地译 // 北京：生活·读书·新知三联书店，2022

战争与和平（第4卷）[M]/ [俄]列夫·托尔斯泰著；郭沫若，高地译 // 北京：生活·读书·新知三联书店，2022

（二）学位论文

近四十年郭沫若《天狗》的接受研究 [D]/ 何琪；指导导师：王学东 // 西华大学硕士学位论文，2022

日本体验与郭沫若的旧体诗词创作 [D]/ 梅旻璐；指导导师：李遇春，余迅 // 华中师范大学硕士学位论文，2022

初中语文郭沫若作品教学研究 [D]/ 张盼盼；指导导师：刘恒，郭伟忠 // 洛阳师范学院硕士学位论文，2022

郭沫若旅日期间的石鼓文研究与书法创作 [D]/ 孔诗雨；指导导师：胡抗美 // 中国艺术研究院硕士学位论文，2022

翻訳視野における中日革命文学の交流——郭沫若の『屈原』を例とする [D]/ 郝逍遥；指导导师：郝蕊 // 天津师范大学硕士学位论文，2022

论《棠棣之花》四十年代的写作与演出 [D]/ 刘蓉；指导导师：廖久明 // 西南大学硕士学位论文，2022

中国现代文学思潮中的屈原形象建构 [D]/ 张艳；指导导师：邵宁宁 // 海南师范大学硕士学位

论文，2022

体验式教学法在初中现代诗歌教学中的应用研究 [D]/ 李佳；指导导师：邢军 // 辽宁师范大学硕士学位论文，2022

鲁迅与曹禺的创造性气质比较研究 [D]/ 贺燕燕；指导导师：古世仓 // 兰州大学硕士学位论文，2022

多元智能理论视域下的初中语文中国新诗教学研究 [D]/ 王露甜；指导导师：王桂荣 // 辽宁师范大学硕士学位论文，2022

郭沫若创造性气质论 [D]/ 周倩；指导导师：古世仓 // 兰州大学硕士学位论文，2022

（三）期刊文章

郭沫若的汉字情缘——从"幼稚而陈腐"的《敝帚集》谈开 [J]/ 钱晓宇 // 大西南文学论坛 .2022（0）

《管子》论"名"[J]/ 郭丽 // 先秦文学与文化 .2022（0）

躁郁疏解与《女神》的"死亡书写"[J]/ 王棋君 // 大西南文学论坛 .2022（0）

郭沫若甲骨文书法 [J]/ 郭沫若 // 殷都学刊 .2022（1）

读郭沫若手札 [J]/ 张瑞田 // 鸭绿江 .2022（1）

郭沫若早期小诗的外来资源探究 [J]/ 邹建军，邹茜 // 昭通学院学报 .2022（1）

论郭沫若历史剧《屈原》的浪漫主义色彩 [J]/ 肖满 // 中文科技期刊数据库（全文版）社会科学 .2022（1）

历史剧语言如何"古今共通"——以郭沫若历史剧《虎符》的修改为中心 [J]/ 宋宁，魏建 // 济南大学学报（社会科学版）.2022（1）

五四前后郭沫若对孔子儒学与马克思主义关系之思考 [J]/ 张明 // 理论学刊 .2022（1）

艺术真实的两极想象——同题材历史小说鲁迅的《出关》和郭沫若的《函谷关》[J]/ 姜振昌，袁堂红 // 鲁迅研究月刊 .2022（1）

郭沫若为古籍诠译馆筹备事致尹达信写于哪一年 [J]/ 廖久明 // 新文学史料 .2022（1）

释散氏盘中的从柚从遊之字 [J]/ 李春桃 // 青铜器与金文 .2022（1）

师旂鼎铭文新释 [J]/ 于靖涵 // 青铜器与金文 .2022（1）

"五四"诗歌翻译与创作之考辩——一个互文性视角研究 [J]/ 冯正斌，汪学冰 // 亚太跨学科翻译研究 .2022（1）

论郁达夫的交游及与其文学创作的关系 [J]/ 李宗刚，范丽媛 // 江苏社会科学 .2022（1）

基于 Keywords 的郭沫若诗歌翻译风格研究 [J]/ 王玥珉，李崇月 // 文学教育（中旬版）.2022(1)

郭沫若研究的新收获——《掘开历史地表》评介 [J]/ 王本朝 // 郭沫若学刊 .2022（1）

百年中国新文学史著作中郭沫若书写的嬗变 [J]/ 古大勇 // 郭沫若学刊 .2022（1）

关于赵南公和郭沫若关系的历史还原 [J]/ 张耀杰 // 郭沫若学刊 .2022（1）

郭沫若史学研究的学术再检视 [J]/ 何刚 // 郭沫若学刊 .2022（1）

郭沫若《日记应该怎样写？》释读 [J]/ 唐丽红 // 郭沫若学刊 .2022（1）

郭沫若题词二则 [J]/ 郭沫若 // 郭沫若学刊 .2022（1）
郭沫若诗歌"单色的想象"特质简论 [J]/ 白国茜 // 郭沫若学刊 .2022（1）
时代的"异质"与"同质"——论郭沫若抗战时期的悼挽诗 [J]/ 赵刘昆 // 郭沫若学刊 .2022（1）
重庆《时事新报》郭沫若研究资料综述 [J]/ 冯雨蕾，简忆 // 郭沫若学刊 .2022（1）
坚持使古文物研究事业走社会主义的正确道路 [J]// 郭沫若学刊 .2022（1）
从郭沫若的误解说到邓析对古代法制建设的特殊贡献 [J]/ 杨胜宽 // 郭沫若学刊 .2022（1）
论黄现璠对奴隶社会肯定论的批判与先秦社会形态理论重构 [J]/ 周书灿 // 郭沫若学刊 .2022（1）
时代的"异质"与"同质" [J]/ 赵刘昆 // 郭沫若学刊 .2022（1）
从译者主体性差异视角分析雪莱诗歌 ASong 的三个译本 [J]/ 王霞艳 // 现代英语 .2022（1）
郭沫若与陪都血案 [J]/ 胡平原 // 重庆陶研文史 .2022（2）
郭沫若甲骨文字考释述要 [J]/ 孙泽仙，江翠华 // 赤峰学院学报（哲学社会科学版）.2022（2）
郭沫若早期诗歌鉴赏教学策略研究 [J]/ 陈彩奕，刘小文 // 散文百家（理论）.2022（2）
郭沫若从未写过"毛主席赛过我亲爷爷"——兼论郭沫若与毛泽东的交往 [J]/ 王婧倩 // 党史博采（上）.2022（2）
从郭沫若佚诗《隔海送时珍赴德行》谈起 [J]/ 梁仪 // 新文学史料 .2022（2）
从身体视角看郭沫若历史剧中反面角色的形象 [J]/ 王明娟，王学振 // 楚雄师范学院学报 .2022（2）
郭沫若题赠沈钧儒《水龙吟》词考 [J]/ 何志文 // 印刷文化 .2022（2）
郭沫若前期文艺观历史流变考论 [J]/ 孟文博 // 山东师范大学学报（社会科学版）.2022（2）
郭沫若"人民本位"文艺观再认识——以历史剧《南冠草》及相关文献资料为中心 [J]/ 宋宁，魏建 // 山东师范大学学报（社会科学版）.2022（2）
《老虎》三个汉译本的翻译动机探析 [J]/ 敬淇钧 // 外国语文论丛 .2022（2）
"名辩思潮"视野下的先秦论证思想论析 [J]/ 李雷东 // 国学论衡 .2022（2）
红色史学家的不朽风采——北京师范大学春秋学社社会实践队与郭平英老师的访谈录 [J]/ 刘喆，徐佳炘 // 郭沫若学刊 .2022（2）
田汉：历史狂飙中的一枚落叶 [J]/ 李辉 // 名人传记 .2022（2）
论《女神》的艺术特征 [J]/ 魏万顺 // 名家名作 .2022（2）
《玩偶之家》和《三个叛逆的女性》中的女性主题 [J]/ 王俊茹 // 外国语文论丛 .2022（2）
《鲁拜集》中国百年经典化研究 [J]/ 李宏顺 // 中国翻译 .2022（2）
《卷耳集》之争与古代文学研究机制的生成 [J]/ 吴寒 // 文艺理论与批评 .2022（2）
庙底沟文化与天鼋 [J]/ 许永杰 // 华夏考古 .2022（2）
革命与颓废：从"创造社"看"马洛团体"的浪漫主义复杂面相 [J]/ 张旭春 // 英语文学研究 .2022（2）
20 世纪前期马克思主义史家的先秦民主论 [J]/ 徐国利，陈晨 // 江淮论坛 .2022（2）
自我与身体:郭沫若早期写物诗的"抒情"与"物质性" [J]/ 王玮旭 // 现代中文学刊 .2022（2）
郭沫若诗话（五）[J]/ 蔡震 // 郭沫若学刊 .2022（2）
中共中央文委发给郭沫若的特殊信件 [J]// 郭沫若学刊 .2022（2）
郭沫若楷书结体特征探析 [J]/ 吴胜景 // 郭沫若学刊 .2022（2）

郭沫若佚文《少年殉国诗人夏完淳》的发现与解读 [J]/ 刘世浩 // 郭沫若学刊.2022（2）
研究生学位论文：透视郭沫若教学和研究的窗口 [J]/ 乔世华 // 郭沫若学刊.2022（2）
日本学者对郭沫若的研究——以丸山升为例 [J]/ 徐慧 // 郭沫若学刊.2022（2）
打开了郭沫若研究一扇神秘的大门——读咸立强《郭沫若翻译文学研究》[J]/ 张勇 // 郭沫若学刊.2022（2）
新发现的郭沫若函电、佚文与演讲 [J]/ 金传胜，钱程 // 郭沫若学刊.2022（2）
郭沫若大革命前后的思想转变——以《前茅》版本修改为中心 [J]/ 杨淼 // 郭沫若学刊.2022（2）
郭沫若戏曲改革思想考——以1940年代为考察对象 [J]/ 王淼，耍世君 // 郭沫若学刊.2022（2）
从"失事求似"到"旧瓶装新酒"——莫言、郭沫若史剧观及创作比较 [J]/ 康建兵 // 郭沫若学刊.2022（2）
拨开迷雾明晰真相——《流言与真相：革命视野中的郭沫若》读后 [J]/ 刘超燕 // 郭沫若学刊.2022（2）
一部平实谨严之作——读何刚《中国现代史学与史家脞论》[J]/ 李斌 // 郭沫若学刊.2022（2）
浅谈《喀尔美萝姑娘》中的近代日本都市空间与空间中的身体 [J]/ 胡杨媛 // 郭沫若学刊.2022（2）
"诗以序之"——郭沫若为四本印谱作序 [J]/ 冯锡刚 // 郭沫若学刊.2022（2）
夏氏兄弟书信中的郭沫若 [J]/ 邱田 // 新文学史料.2022（3）
郭沫若与中国现代文学史 [J]/ 李怡 // 中国史研究.2022（3）
郭沫若与原配夫人张琼华关系始末 [J]/ 郭平英，陈俐 // 新文学史料.2022（3）
抗战时期郭沫若逸事 [J]/ 石曼 // 领导文萃.2022（3）
郭沫若怎样成为马克思主义者 [J]/ 蔡震 // 中国史研究.2022（3）
郭沫若译《少年维特之烦恼》版本考 [J]/ 李斌 // 新文学史料.2022（3）
稀见的郭沫若家庭照——纪念郭沫若（1892—1978）诞辰130周年 [J]/ 郭沫若纪念馆 // 新文学史料.2022（3）
郭沫若出任"三厅"厅长之动因考察 [J]/ 范鑫 // 现代中国文化与文学.2022（3）
郭沫若与中国马克思主义史学体系构建 [J]/ 卜宪群 // 中国史研究.2022（3）
论郭沫若新编历史剧中的歌词书写——以《棠棣之花》《虎符》《屈原》为例 [J]/ 张明，赵树勤 // 四川戏剧.2022（3）
唯物史观与格物致知——郭沫若马克思主义与中国文化相结合的史学贡献 [J]/ 冯时 // 中国史研究.2022（3）
后社会史论战时期的学术转向与中国马克思主义史学的形成——以陶希圣、郭沫若、侯外庐为例 [J]/ 程鹏宇 // 近代史研究.2022（3）
新诗"情绪节奏"的内涵、机制与实践 [J]/ 王雪松 // 文学评论.2022（3）
海外赤子艰险归国路 [J]/ 李红 // 党员文摘.2022（3）
今天的铜器断代研究本质上是考古学研究——兼论新材料能否挑战"康宫说"[J]/ 韩巍 // 中国史研究动态.2022（3）
紧扣文本提升想象力——以《天上的街市》教学为例 [J]/ 罗丽娜 // 语文天地.2022（3）

凤凰涅槃 [J]/ 王蒙，康笑宇 // 读书 .2022（3）

郭沫若：绝代风流绝代痴 [J]/ 黄子云 // 华声文萃 .2022（3）

创造社与日本左翼文学阵营的内部分裂——来自日本作家的证言 [J]/ 单援朝 // 郭沫若学刊 .2022（3）

档案聚焦：85年前淞沪会战中的郭沫若（一）关于战地服务队的组建与经费问题——郭沫若致陈诚的一封信 [J]/ 肖玫 // 郭沫若学刊 .2022（3）

档案聚焦：85年前淞沪会战中的郭沫若（二）郭沫若对淞沪会战战况的六点意见 [J]/ 肖玫 // 郭沫若学刊 .2022（3）

郭沫若诗话三则 [J]/ 蔡震 // 新文学史料 .2022（3）

郭沫若"写作的经验"的演讲记录稿版本差异考 [J]/ 郑雅馨 // 郭沫若学刊 .2022（3）

有关郭沫若留学九州帝国大学的几个细节问题 [J]/ 武继平 // 郭沫若学刊 .2022（3）

《笔的三阶段》：郭沫若的特殊演讲稿 [J]/ 周红 // 郭沫若学刊 .2022（3）

折返与重构——重译视角下对郭沫若《迷娘歌》译诗（1923）策略的探析 [J]/ 尹田田 // 郭沫若学刊 .2022（3）

郭沫若1938年签呈稿本辑录、释读——抗战文艺宣传的行政权力运作 [J]/ 沈卫威 // 郭沫若学刊 .2022（3）

论郭沫若早期小说中的疾病书写与现代身体观的形成 [J]/ 李海宁，庞锦清 // 郭沫若学刊 .2022（3）

郭沫若《英诗译稿》中刻意隐喻的认知解读及翻译策略研究 [J]/ 陈析西 // 郭沫若学刊 .2022（3）

郭沫若书法艺术 [J]/ 李务起 // 黄埔 .2022（4）

李大钊、郭沫若与中国马克思主义史学的形成 [J]/ 谢辉元 // 江海学刊 .2022（4）

谢保成新著《郭沫若学术述论》出版 [J]/ 隆闻 // 中国史研究动态 .2022（4）

新见郭沫若给西迁交大师生的复信 [J]/ 曾祥金 // 现代中文学刊 .2022（4）

郭沫若《管子》研究没有剽窃马非百《管子轻重篇新诠》考 [J]/ 廖久明 // 管子学刊 .2022（4）

墨宝映照的关怀——郭沫若与安徽文化教育事业 [J]/ 万绚 // 江淮文史 .2022（4）

立足本土的"突变"：郭沫若与20世纪20年代社会科学思潮 [J]/ 熊权 // 首都师范大学学报（社会科学版）.2022（4）

SOLO分类评价理论在诗歌教学中的应用探索——以郭沫若诗歌《静夜》为例 [J]/ 郑云月 // 齐齐哈尔师范高等专科学校学报 .2022（4）

嫡庶之分：论殷墟卜辞中一类特殊的亲属称谓"合" [J]/ 李聪 // 中国史研究 .2022（4）

"新史学名家"与图书馆 [J]/ 林万成 // 河南图书馆学刊 .2022（4）

花木兰的姐姐们：抗战时期历史剧中的"在家女性" [J]/ 罗雅琳 // 中国现代文学研究丛刊 .2022（4）

20世纪前期马克思主义史家的先秦民主论——以郭沫若、吕振羽和侯外庐为中心 [J]/ 徐国利，陈晨 // 江淮论坛 .2022（4）

郭沫若《女神》中人神关系的互文性建构——以《女神之再生》《湘累》《棠棣之花》三部诗剧为中心 [J]/ 袁宇宁，冯超 // 郭沫若学刊 .2022（4）

书信反映的郭沫若与《历史研究》及下属的关系 [J]/ 廖久明 // 郭沫若学刊 .2022（4）
郭沫若笔名谈 [J]/ 蔡震 // 郭沫若学刊 .2022（4）
抗战初期郭沫若史实新考 [J]/ 金传胜，何怡熹 // 郭沫若学刊 .2022（4）
书信所见夏鼐与郭沫若之交谊 [J]/ 王兴 // 郭沫若学刊 .2022（4）
郭沫若的"井田制"研究及其价值 [J]/ 卢中阳 // 郭沫若学刊 .2022（4）
郭沫若复刘敦愿佚信一封 [J]/ 骆炀 // 郭沫若学刊 .2022（4）
"亲密战友"：王礼锡生命中的"郭沫若"之影 [J]/ 张望 // 郭沫若学刊 .2022（4）
郭沫若流亡时期论学书札三考 [J]/ 李红薇 // 郭沫若学刊 .2022（4）
晒戏单戏报，忆郭沫若与京剧二札 [J]/ 谢保成 // 郭沫若学刊 .2022（4）
从"蜜月"到终结:郭沫若对中苏科学合作的思考与应对 [J]/ 向明，陈诺 // 郭沫若学刊 .2022（4）
寓所·街道·风景：郭沫若早期小说中上海租界的空间体验与文学书写 [J]/ 游翠萍 // 郭沫若学刊 .2022（4）
从"人情"观看慎到的思想构成——兼评郭沫若论慎到的法家思想 [J]/ 杨胜宽 // 郭沫若学刊 .2022（4）
郭沫若与铜奔马新论 [J]/ 张勇 // 海南师范大学学报（社会科学版）.2022（5）
郭沫若的南下与新国家想象 [J]/ 邹佳良，张武军 // 文艺理论与批评 .2022（5）
郭沫若与"青记"关系考 [J]/ 杨华丽 // 海南师范大学学报（社会科学版）.2022（5）
郭沫若民国历史剧中反面角色写作成因 [J]/ 王明娟，王学振 // 文学教育（上）.2022（5）
郭沫若五四时期诗歌中的反殖民斗争与民族自决 [J]/ 李斌 // 文艺争鸣 .2022（5）
《女神》诗人的诗性本格与郭沫若的位格意识 [J]/ 朱寿桐 // 文艺争鸣 .2022（5）
郭沫若地方文化课程开发与应用：文献综述 [J]/ 曾蕾，邢晓寅 // 花溪 .2022（5）
宇宙写真——从《女神》中的歌德神话到郭沫若早期作品的镜像构造 [J]/ 王璞 // 文艺争鸣 .2022（5）
新发现抗战期间郭沫若未刊电文稿本91件释 [J]/ 沈卫威 // 文艺争鸣 .2022（5）
"白话文百人百论"十一白话文百人百论之鲁迅、周作人、郭沫若 [J]/ 李春阳 // 社会科学论坛 .2022（5）
说不尽的《女神》[J]/ 蔡震 // 文艺争鸣 .2022（5）
吕振羽和翦伯赞史学观点的异同及特点——以20世纪30年代为中心的考察 [J]/ 刘超燕 // 天津社会科学 .2022（5）
《中国古代社会研究》问世前后的学术史考察 [J]/ 张越 // 天津社会科学 .2022（5）
多种艺术因素与美学力量的辩证统一——重读《立在地球边上放号》[J]/ 邹茜 // 语文教学与研究（上半月）.2022（5）
以诗意之光引导青春——关于《立在地球边上放号》的几点思考 [J]/ 杜银慧 // 语文天地 .2022（5）
近代蜀学的转型与面向——以语言文字学为切入视角 [J]/ 彭华 // 天府新论 .2022（5）
论郭沫若对鲁迅遗产的理解与接受 [J]/ 李斌 // 中国现代文学研究丛刊 .2022（6）
周恩来与郭沫若的深厚情谊 [J]/ 沈利成，沈浩 // 红岩春秋 .2022（6）
论郭沫若与宗白华讨论墨子的通信 [J]/ 廖久明 // 现代中文学刊 .2022（6）

郭沫若译《鲁拜集》的"是"字句综论 [J]/ 吴彦，咸立强 // 现代中文学刊 .2022（6）

南京谈判期间周恩来致郭沫若的三封信 [J]/ 沈利成 // 世纪风采 .2022（6）

"借文学来鸣我的存在"——郭沫若散文的历史价值 [J]/ 李怡 // 中国现代文学研究丛刊 .2022（6）

郭沫若的铁器研究与先秦社会形态研究体系的建立与发展 [J]/ 王舒琳 // 河北师范大学学报（哲学社会科学版）.2022（6）

"广州郭沫若"：从文学家到"革命名流" [J]/ 邹佳良 // 现代中文学刊 .2022（6）

"把人当成人"：郭沫若"战国剧"的历史想象及其根源 [J]/ 唐文娟 // 现代中文学刊 .2022（6）

郭沫若：中国 20 世纪的文化巨人 [J]/ 史公 // 阅读（书香天地版）.2022（6）

郭沫若：做文艺工作的政治家 [J]/ 温伯陵 // 领导文萃 .2022（6）

自我表达、现实介入与文本的历史性——郭沫若《棠棣之花》创作过程考论 [J]/ 谭嫦嫦 // 西南民族大学学报（人文社会科学版）.2022（6）

从歌德遗产到"时代精神"——文化政治中的郭沫若、冯至和卢卡奇 [J]/ 王璞 // 中国现代文学研究丛刊 .2022（6）

"左派文人的大本营"：抗战时期郭沫若与《中原》杂志述论 [J]/ 何刚 // 现代中文学刊 .2022（6）

诗歌的下沉与诗人的去界域化——重新理解郭沫若的当代诗歌 [J]/ 徐刚 // 华中师范大学学报（人文社会科学版）.2022（6）

文学考古学：试论郭沫若的考古研究与抗战历史剧之联系 [J]/ 张千可 // 现代中文学刊 .2022（6）

"左翼浪漫派"在战时中国的历史展开——评刘奎《诗人革命家：抗战时期的郭沫若》[J]/ 冷嘉 // 现代中文学刊 .2022（6）

漫谈马克思主义的历史剧难题（上）——从郭沫若历史剧说起 [J]/ 王璞 // 现代中文学刊 .2022（6）

作为精神资源的歌德学——文学革命和抗日救亡背景下的歌德研究 [J]/ 谭渊，宣瑾 // 社会科学论坛 .2022（6）

从话剧《屈原》看皖南事变后中国共产党统一战线对敌斗争的政治智慧 [J]/ 吴文 // 西南大学学报（社会科学版）.2022（6）

抗战时期"第三厅"内的中共党员及其工作表现——以 1939 年年度考绩为例 [J]/ 代荣，廖利明 // 中国国家博物馆馆刊 .2022（6）

中国歌德学百年史述略 [J]/ 贺骥 // 社会科学论坛 .2022（6）

革命理想的远古投射——唯物史观派中国原始社会研究旨趣探析 [J]/ 朱茱丽 // 湖北大学学报（哲学社会科学版）.2022（6）

"经"与"权"的辩证法——重评《在延安文艺座谈会上的讲话》的两个基本原则 [J]/ 陈黎明 // 甘肃社会科学 .2022（6）

新中国成立初期郭沫若科技管理实践、思想凝练与启示 [J]/ 张月遥，陈劲 // 科学与管理 .2022（6）

郭沫若小说的艺术特色 [J]/ 王洪艳 // 武侠故事 .2022（7）

郭沫若的《满江红·灵渠》[J]/ 蒋廷瑜 // 文史春秋 .2022（7）

郭沫若为司马迁祠墓题诗再辨 [J]/ 刘宏伟 // 渭南师范学院学报 .2022（7）

一场特殊的斗争——历史名剧《屈原》问世前后 [J]/ 朱安平 // 党史博览 .2022（7）

郭沫若纪念馆：寻访马克思主义学问家的风采 [J]/ 张勇 // 北京支部生活 .2022（8）

张治中与郭沫若之间的一桩"笔墨官司" [J]/ 秋实，王戡 // 党史博览 .2022（8）

在边上，也在中心——重读郭沫若《立在地球边上放号》[J]/ 詹丹 // 语文学习 .2022（8）

话剧《屈原》公演的前与后 [J]/ 田正超，龚燕杰 // 文史天地 .2022（8）

"决不当李自成"——《甲申三百年祭》的现实启示 [J]/ 刘韫劼 // 党课 .2022（8）

戏曲移植创编刍议：以豫剧《虎符》为例 [J]/ 刘江元 // 中国戏剧 .2022（8）

近代以来的"墨辩"研究与墨学复兴 [J]/ 田宝祥 // 理论界 .2022（8）

统编小学语文教材中名家散文教学策略探微——以五年级上册《白鹭》为例 [J]/ 林通 // 江西教育 .2022（8）

唯物史观的戏剧实践——以郭沫若《屈原》为例 [J]/ 白璟 // 戏剧之家（下半月）.2022（8）

李一氓与郭沫若 [J]/ 李燕 // 百年潮 .2022（9）

郭沫若武汉三镇革命之行 [J]/ 程竹怀 // 文史春秋 .2022（9）

郭沫若题名"双凤亭" [J]/ 裴高才 // 书屋 .2022（9）

一本未列入鲁迅书帐的藏书——鲁迅藏《沫若自选集》的透视与疏解 [J]/ 张勇 // 鲁迅研究月刊 .2022（9）

新课标下高中语文教学中渗透郭沫若文学作品的思考 [J]/ 周镭 // 中华活页文选（高中版）.2022（10）

新文科背景下郭沫若文学融入外语课程思政的价值和路径 [J]/ 廖百秋 // 时代报告（奔流）.2022（10）

论《女神》的爱国主义思想 [J]/ 代江平 // 文学艺术周刊 .2022（10）

三位留日作家与中国现代文学创生期的主体问题 [J]/ 吴晓东 // 中国现代文学研究丛刊 .2022（10）

"为曹操翻案"的三层"翻案"结构考察 [J]/ 唐蕾 // 中国现代文学研究丛刊 .2022（10）

郭沫若与马克思主义 [J]/ 蔡震 // 中国现代文学研究丛刊 .2022（11）

郭沫若研究的"自我批判" [J]/ 王璞 // 中国现代文学研究丛刊 .2022（11）

郭沫若屈原言说的时代性及内在张力 [J]/ 李斌 // 中国社会科学院大学学报 .2022（11）

郭沫若与沈钧儒的交谊 [J]/ 李斌 // 百年潮 .2022（11）

郭沫若研读翻译马克思主义理论著作若干史料的重温 [J]/ 郭平英 // 中国现代文学研究丛刊 .2022（11）

破体与变体：郭沫若新诗文体观探赜 [J]/ 景立鹏，傅修海 // 中国社会科学院大学学报 .2022（11）

郭沫若《蒋委员长会见记》版本的由来及用途 [J]/ 商金林 // 中国现代文学研究丛刊 .2022（11）

中国红色外交的先驱者郭沫若 [J]/ 陈汉初 // 党史博采（上）.2022（11）

郭沫若的戏剧《武则天》《蔡文姬》人物的形象刻画 [J]/ 王洪艳 // 武侠故事 .2022（11）

诞生于都市中的诗人：论1920年代郭沫若诗歌里的城市书写 [J]/ 吴辰 // 中国社会科学院大学学报 .2022（11）

郭沫若、廖平与古今诗学问题——从神游经验到文明立法 [J]/ 冯庆 // 中国现代文学研究丛刊 .2022（11）

弘扬沫若文化　谱写时代新篇——纪念郭沫若先生诞辰130周年 [J]// 现代艺术 .2022（11）

"现代"何以入新诗——赏读《立在地球边上放号》[J]/ 赵文清 // 高中生学习（阅读与写作）.2022（11）

《天上的街市》的教学经验分享 [J]/ 马荣 // 语数外学习（高中版上旬）.2022（11）

惠特曼海洋诗对中国新诗中海洋意象的影响——以郭沫若的《女神》为例 [J]// 陈子尧 // 名作欣赏（学术版）.2022（11）

这匹铜奔马"不合群" [J]/ 黄逸 // 华声文萃.2022（11）

郭沫若诗集《女神》中的时代之音 [J]/ 孙青 // 开封文化艺术职业学院学报.2022（12）

读懂席勒才能更懂鲁迅郭沫若——"经典与美的界限"之四 [J]/ 叶子犀 // 博览群书.2022（12）

五四文学中的"自我"形象建构与审美情感表达 [J]/ 王丹丹 // 文学教育（上）.2022（12）

学习任务群视域下郭沫若作品教学研究初探 [J]/ 刘璐瑶，何清 // 长江丛刊.2022（14）

现代视域下郭沫若文学中西文化融通的理路 [J]/ 廖百秋 // 名家名作.2022（15）

"五四"以来中国话剧舞台上蜕变的"娜拉"——以《终身大事》《卓文君》及《泼妇》为例 [J]/ 陈群 // 新纪实.2022（16）

郭沫若与创造社 [J]/ 蔡震 // 郭沫若研究.2022（总17）

创造社与郭沫若翻译活动关系述论 [J]/ 张勇 // 郭沫若研究.2022（总17）

变与不变之间：郑伯奇的文学思想与批评 [J]/ 刘竺岩 // 郭沫若研究.2022（总17）

创造社与现代中国文化——纪念创造社成立一百周年学术研讨会综述 [J]/ 吕若枚 // 郭沫若研究.2022（总17）

对"兰亭论辩"的认识与思考 [J]/ 谢保成 // 郭沫若研究.2022（总17）

重觅郭沫若《先秦天道观之进展》与《周易的构成时代》法译本 [J]/ 鲍劲源 // 郭沫若研究.2022（总17）

建构"新文化"：郭沫若翻译《鲁拜集》原因辨析 [J]/ 黄英豪 // 郭沫若研究.2022（总17）

谈谈郭沫若历史剧教学 [J]/ 乔世华，田泥 // 郭沫若研究.2022（总17）

郭沫若在抗战时期"所应当关心的" [J]/ 李斌 // 郭沫若研究.2022（总17）

战国时代有纵横之士而无纵横之学论——兼论郭沫若《十批判书》不"批判"纵横家 [J]/ 杨胜宽 // 郭沫若研究.2022（总17）

郭沫若的通史编纂思想 [J]/ 陈时龙 // 郭沫若研究.2022（总17）

《〈侈靡篇〉的研究》书后——郭沫若《侈靡篇》断代证据复核 [J]/ 张沛林 // 郭沫若研究.2022（总17）

试论郭沫若西周彝铭人物研究的贡献 [J]/ 刘婧妍 // 郭沫若研究.2022（总17）

蒙俱生、蒙俱外史与蒙俱 [J]/ 李红薇 // 郭沫若研究.2022（总17）

郭沫若《替鲁迅说几句话》的生成与流变考论 [J]/ 杨华丽 // 郭沫若研究.2022（总17）

郭沫若怎样悼念鲁迅——兼析三篇郭沫若纪念馆馆藏手稿 [J]/ 王静 // 郭沫若研究.2022（总17）

"全人视境"下的掘进与开拓——评《"大现代"文化视域中的郭沫若》[J]/ 马杰 // 郭沫若研究.2022（总17）

郭沫若《凤凰涅槃》的现代精神及其表达方式 [J]/ 赵晶晶 // 长江丛刊.2022（17）

特定时代的审美形式——聚焦郭沫若《立在地球边上放号》教学 [J]/ 李芹红 // 中学语文教学

参考 .2022（18）
论《浮士德》与《女神》"宇宙我"思想建构的互文及其差异 [J]/ 郑云龙 // 长江丛刊 .2022（19）
《群众》周刊与郭沫若的《十批判书》[J]/ 段培华 // 群众 .2022（22）
郭沫若影视形象构建——兼与同类型作家比较 [J]/ 陈安然 // 美化生活 .2022（22）
屈原在 20 世纪中国戏剧文学里的接受 [J]/ 郭丰涛 // 三角洲 .2022（24）
文化名人形象传播原则与策略研究——以郭沫若为例 [J]/ 陈安然 // 花溪 .2022（26）
郭沫若与赵南公的恩怨是非 [J]/ 张耀杰 // 名作欣赏 .2022（28）
小诗集里的"大"意象——郭沫若的《女神》[J]/ 唐澜 // 美化生活 .2022（28）
首尾照应写白鹭 [J]/ 周燕芳 // 作文周刊（小学五年级版）.2022（28）
郭沫若《女神》的浪漫主义色彩研究 [J]/ 吴鸿雁 // 名作欣赏 .2022（29）
关联标记与郭沫若早期新诗 [J]/ 任旭岚 // 乐山师范学院学报 .2022（30）
郭沫若新诗话语模式与思维特征探析 [J]/ 王宗楚，钱云华 // 名作欣赏 .2022（30）
《天上的街市》教学中需要注意的三个问题 [J]/ 胡习之 // 安徽教育科研 .2022（30）
论甲骨文"小"与"少"的关系 [J]/ 张满月 // 名作欣赏 .2022（30）
《立在地球边上放号》教学价值蠡测 [J]/ 孙玲玲，康宏东 // 语文教学通讯 .2022（31）
走近郭沫若 [J]/ 胡新林 // 中学语文教学参考 .2022（33）
统编教材郭沫若作品的教学 [J]/ 尹雪梅 // 中学语文教学参考 .2022（33）
郭沫若的"崛起"[J]/ 邹士方 // 作文周刊（七年级版）.2022（45）

（四）报纸文章

1957 年中国科学研究体制之"争"[N]/ 储著武 // 文萃报（周二版）.2022（29）
郭沫若的静坐养生法 [N]/ 董天恩 // 三门峡日报，2022.1.11
郭沫若译《石炭王》[N]/ 万鲁建 // 今晚报，2022.1.18
郭沫若、马叙伦离沪入港　民主力量形成团聚之势 [N]// 中国新闻，2022.1.21
郭沫若改诗 [N]/ 汪云寿 // 团结报（北京），2022.1.29
郭沫若曾回重庆过春节 [N]/ 丁英顺 // 重庆政协报，2022.2.8
宗白华的四封佚信释读 [N]/ 管勇 // 中国社会科学报，2022.2.16
巢湖市档案馆为郭沫若诞辰 130 周年展览提供相关资料 [N]// 中国档案报，2022.2.17
刘大年：新中国哲学社会科学的引领者 [N]/ 黄仁国 // 中国社会科学报，2022.2.22
郭沫若的野菜情结 [N]/ 汪云寿 // 团结报（北京），2022.2.26
祝贺 . 我市寄赠日本市川市"郭沫若诗碑"正式落户并对外开放 [N]// 乐山日报，2022.2.28
郭沫若喜受"一字"[N]/ 包广杰 // 山东工人报，2022.3.14
喜受"一字意见"[N]/ 郭沫若 // 山西商报，2022.3.18
以史为镜明初心 [N]/ 徐维维 // 中国档案报，2022.3.18
作为翻译家的郭沫若 [N]/ 王春燕 // 中国社会科学报，2022.3.25
两份与郭沫若研究有关的吴伯箫手迹 [N]// 济南日报，2022.3.29

屈原·秭归·宜昌情结 [N]/ 郭沫若 // 三峡晚报，2022.3.30

爱读书想读书能读书 [N]/ 余良 // 贺州日报，2022.4.15

北京人艺的另类经典 [N]/ 陈均 // 北京晚报，2022.5.8

郭沫若"考证"地震 [N]/ 周惠斌 // 团结报（北京），2022.5.14

繁荣发展新时代中国史学 [N]/ 张丽 // 人民政协报，2022.5.16

郭沫若的台州之行 [N]/ 何达兴 // 今日临海，2022.5.20

鲁迅、郭沫若弃医从文的比较 [N]// 中华读书报，2022.5.25

郭沫若："三百年前我是汀州人！" [N]/ 张鸿祥 // 闽西日报，2022.5.25

烽火硝烟里的端午记忆　历史戏剧中的爱国精神 [N]/ 张琳 // 中国档案报，2022.6.3

郭沫若·黄裳·阿英 [N]/ 桑农 // 南方都市报，2022.6.4

探究武山石岭下文化 [N]/ 郭沫若，胡厥文，启功，潘天寿 // 天水晚报，2022.6.10

郭沫若与《金鸡水利工程记》[N]// 中国水利，2022.6.16

鲁迅与郭沫若昨"相遇牵手" [N]/ 周能兵 // 绍兴晚报，2022.6.22

"鲁迅"牵手"郭沫若""文化走亲"越来越亲 [N]/ 杨心梅 // 三江都市报，2022.6.23

邱家祠堂汤恩伯卧室里的郭沫若手书条幅 [N]/ 雷家炳 // 商洛日报，2022.6.23

绍兴鲁迅纪念馆、乐山郭沫若纪念馆结为友好纪念馆 [N]/ 杨心梅 // 乐山日报，2022.6.23

郭沫若戏剧文旅产业化发展现状及对策研究——沫若戏剧文创园调研报告 [N]/ 王兰兰，张俊雅，游新，易闻丹 // 企业家日报，2022.6.28

缘何热心郭沫若研究？ [N]/ 吴伯箫 // 济南时报，2022.7.4

一万年太久只争朝夕——读《满江红·和郭沫若同志》[N]/ 许厚今 // 江淮时报，2022.7.8

乐山郭沫若故居活化历史资源赓续精神文脉 [N]/ 赵径 // 乐山日报三江周末，2022.7.17

郭沫若慧眼识"铜奔马" [N]/ 黄逸 // 运城晚报，2022.7.22

持之以恒四十载　郭沫若研究结硕果 [N]// 中国社会科学报，2022.7.27

乐山师范学院郭沫若研究 40 年学术历程 [N]/ 廖久明 // 中国社会科学报，2022.7.27

85 年前郭沫若的三次南桥之行 [N]/ 王昌年 // 奉贤报，2022.7.29

孙次舟致中国史学会函札考释 [N]/ 孔令通 // 中国社会科学报，2022.8.10

郭沫若先生题写"盐城电影院" [N]/ 陈雪峰，程兰霞 // 盐阜大众报，2022.8.24

郭沫若咏茶 [N]// 株洲晚报，2022.8.29

张英豪笔下的郭沫若 [N]/ 郭明兴 // 三江都市报，2022.11.11

"行合趋同，千里相从"——毛泽东与郭沫若的相识相知 [N]/ 焦钰巧 // 中国档案报，2022.11.11

"把红旗高举起来，插上科学的高峰" [N]/ 包信和 // 中国教育报，2022.11.14

中国现代文学史上的郭沫若 [N]/ 李怡 // 文艺报，2022.11.16

郭沫若：潜心积累绽放风华 [N]/ 廖久明 // 光明日报，2022.11.16

《光明日报》上的郭沫若足迹 [N]// 光明日报，2022.11.16

郭沫若与"特殊年代的学术避风港" [N]// 中华读书报，2022.11.16

"一首韵在骨子里的散文诗" [N]/ 叶沛霖 // 光明日报，2022.11.16

研究与传承郭沫若学术思想 [N]// 中国社会科学报，2022.11.18
郭沫若眼中的杜甫 [N]/ 黄政钢 // 巴中日报，2022.11.19
研究郭沫若"人民本位"的学术路径 [N]/ 曾江，朱娜 // 中国社会科学报，2022.11.21
郭沫若：中国红色外交先驱者 [N]/ 陈汉初 // 汕头日报，2022.11.25
郭沫若考证"天涯" [N]/ 罗丕智 // 海南日报，2022.11.26
郭沫若：让女神穿透百年沧桑 [N]// 燕赵都市报，2022.12.4
广州"报馆街"，中国报业发祥地 [N]/ 吴小攀，甘卓然，文艺，梁善茵，刘天曲 // 羊城晚报，2022.12.9
郭沫若屈原研究的时代气象 [N]/ 汤洪 // 光明日报，2022.12.12
郭沫若与合川的两次结缘 [N]/ 兰梦宁 // 重庆政协报，2022.12.22

（卿玉弢　郑爱菊　整理）

2022年郭沫若研究大事记

二月

中国社会科学院郭沫若纪念馆张勇主持的国家社科基金一般项目"郭沫若翻译作品版本演变研究及语料库建设"（批准号：16BWW018）结项，等级为良好。

三月

26—27日，中国鲁迅研究会、中国郭沫若研究会、中国茅盾研究会、杭州师范大学文艺批评研究院联合主办的第四届鲁迅、郭沫若、茅盾研究高端论坛——鲁郭茅与中国精神文化传统学术研讨会在杭州师范大学举行。

四月

22日，郭沫若与中国共产党国际学术研讨会暨中国郭沫若研究会第五届青年论坛在中国历史研究院召开。

郭沫若纪念馆与中国郭沫若研究会编撰的《郭沫若研究》总第17辑，由社会科学文献出版社发行。

五月

乐山师范学院四川郭沫若研究中心何刚教授主持的国家社科基金西部项目（批准号：18XZS001）"当代学术视野下的郭沫若与马克思主义史学研究"结项，等级为合格。

六月

12日，由郭沫若纪念馆开设的"银杏讲坛"开讲，中国郭沫若研究会长、郭沫若纪念馆研究员蔡震作了题为"郭沫若与内山完造和内山书店"的文化讲座。

八月

8日，在中国现代文学研究会第十三次会员代表大会暨第十四届理事会上，中国郭沫若研究会监事长魏建、学术委员会主任李怡，分别当选中国现代文学研究会副会长。

九月

郭沫若纪念馆李红薇主持的国家社会科学基金后期资助暨优秀博士论文出版项目"郭沫若金文著作的文献学研究——以《两周金文辞大系》为中心"（批准号：21FYB053）结项。

郭沫若纪念馆李斌申报的"郭沫若文学著作版本收集整理与汇校"获得国家社科基金一般项目立项。

十月

郭沫若纪念馆编撰的《郭沫若研究年鉴2020》由中国社会科学出版社出版发行。

十一月

16日，纪念郭沫若诞辰130周年暨"新文科"视野下的郭沫若研究国际学术研讨会在四川乐山师范学院召开。

十二月

刘曦光主编的《郭沫若纪念馆藏品图录·郭沫若藏书古籍卷》由中国社会科学出版社出版发行。

（张　勇　彭冠龙　整理）

后 记

2022年迎来了郭沫若诞辰130周年，本卷《郭沫若研究年鉴》也主要围绕这一主题与思路进行组稿与编撰。

回顾2022年郭沫若研究的状况，总体感觉还是令人欣慰的，研究者们越来越从多元、学理和历史的角度来阐释郭沫若的文化成就与精神内涵，郭沫若研究也越来越显现出文史融合的研究趋向，这不仅仅只是郭沫若研究未来发展的方向，而且也是人文社会科学研究的必经之途。郭沫若是马克思主义学者、唯物史观的重要代表人物，他的马克思主义观是如何形成的，又在中国现代文化发展进程中发挥了何种作用，需要我们仔细梳理，因此本卷年鉴将"郭沫若与马克思主义"作为专栏转载了五位郭沫若研究学者的精品佳作，此栏目选编五篇文章既是在"两个结合"思想指导下的学术成果，同时也是以习近平文化思想诠释郭沫若历史与时代价值的有益尝试。近些年来郭沫若研究出现了一大批致力于理论探索的青年学者，他们尝试从大历史观、大文学观的视野与高度，全面阐释郭沫若各类作品、文化思想等方面的历史贡献，在本卷的论文选编中便着力推荐了这方面多位优秀青年学者的学术成果。

很多已故的老一辈学者为郭沫若研究作过重要贡献，他们的学术成果至今还多被当下学人所引用，他们的学术路径如今还在延续与拓展，重温他们的代表性成果，集中梳理他们的经典学术观点和学术思想是《郭沫若研究年鉴》必须要有的学术担当和责任，在今后《郭沫若研究年鉴》中还会增加这方面的内容。

"学术访谈""活动展览""郭沫若纪念馆馆藏资料"等栏目也是常设常新，都值得郭沫若研究界的学者们阅读与思考。

人文社会科学领域各个学科的研究需要交流互鉴，在碰撞中前进，在借鉴中发展，当下郭沫若研究现状也恰恰体现了学科融合发展的态势，《郭沫若研究年鉴》将会秉承存史、鉴往的学术特色，为郭沫若研究、人文社会科学研究做出有益的尝试与探索。

《郭沫若研究年鉴》编辑部
2023年仲冬于北京